国家社会科学基金重大项目

"孙中山史事编年"（13&ZD095）成果

第 一 卷

1866.11—1905.12

孙中山史事编年

主 编 桑 兵

副主编 关晓红 吴义雄

於梅舫 陈 欣 著

中 华 书 局

图书在版编目(CIP)数据

孙中山史事编年/桑兵主编;关晓红,吴义雄副主编. —北京:
中华书局,2017.8
ISBN 978-7-101-12459-0

Ⅰ.孙⋯ Ⅱ.①桑⋯②关⋯③吴⋯ Ⅲ.孙中山(1866～1925)
-年谱 Ⅳ.K827＝6

中国版本图书馆 CIP 数据核字(2017)第 058359 号

书　　名	孙中山史事编年(全十二卷)
主　　编	桑　兵
副 主 编	关晓红　吴义雄
著　　者	於梅舫　陈　欣　安东强　赵立彬　何文平　陈　喆
	李欣荣　李　源　张文苑　谷小水　谭群玉　楚秀红
	曹天忠　周　楠　敖光旭　孙宏云　庄泽晞
责任编辑	欧阳红　潘　鸣　李闻辛
装帧设计	周　玉
出版发行	中华书局
	(北京市丰台区太平桥西里 38 号　100073)
	http://www.zhbc.com.cn
	E-mail:zhbc@zhbc.com.cn
印　　刷	北京市白帆印务有限公司
版　　次	2017 年 8 月北京第 1 版
	2017 年 8 月北京第 1 次印刷
规　　格	开本/920×1250 毫米　1/32
	印张 212　插页 24　字数 5550 千字
印　　数	1-2000 册
国际书号	ISBN 978-7-101-12459-0
定　　价	990.00 元

凡　例

一、本书以记述谱主的生平活动思想为主,并围绕谱主的直接史事,展开相关人事的历史,以便理解谱主的言行,详略视其与谱主的关系而定。

二、本书纪年,统用阳历,后附阴历,民国时期仅纪阳历。每年于篇首标明清帝年号或中华民国纪年以及岁次干支。谱主岁序以足龄计算,即 1866 年为诞生之年,1867 年为一周岁,以此类推。记事依年月日次序,具体日期不详者,系于可定年月之后,或置于相关史事处。

三、本书采用纲目体裁。凡下列情形之一者,仅列纲文,目文从略:(一)纲文纪事已足以说明问题者;(二)谱主活动仅知行踪,缺乏详细资料者;(三)简短函电、批示。

四、纲文、目文中尽可能省略谱主称谓。若无法缺省时,则直书"孙中山"。引文称谓照录。

五、本书引用资料,如系引录原文,概加引号。记述事件过程,一般采用综述;函电、批示、讲演词等则择要摘引。资料出处以夹注形式简要注明,各类说明性注释用页下注。征引文献附全书后。

六、凡记事有异说者,经考订后取其一说,其余在页下注义中酌加说明。

七、本书记事,时间相同者,首条标明时间,其余各条用△标示。各条一般依时序、主次先后排列。

八、本书对国家、政府、党派、团体等，均用正式名称或通用简称，引文则按原状。有关主要人物以字号行者，视情况或于初见时注明原名。外国人名、地名，采用当时通用译称，或于初见时附注原文。全书末附人名(字号)索引。

九、本书引文订正错字及增补脱字置于〔　〕内，缺字或无法辨识字用□表示。原文未加标点或仅断句者，均重加标点，或酌予分段。

十、谱主生平思想与活动的各时段内容多寡不一，故全书各卷所涵盖的时长有别，大体而言，民国成立前分为两卷，国民党改组后分为三卷，中间部分为七卷，共计十二卷。

提升孙中山研究的取径

在起步较晚而进展显著的中国近代史领域,孙中山研究显得相对成熟。近年来,孙中山研究总体上由显学退隐,同时,在基本认识和具体史事判断方面却遭遇越来越多的挑战,表明即使这样的领域也还存在巨大潜力和广阔空间。只是要在既有丰富成果的基础上摸高探深,必须扩张材料,拓展视野,讲究方法。人是历史活动的中心,但又最为复杂多变,人物研究,看似容易上手,实则做好最难。充分吸收二十余年来的相关新成果,竭泽而渔地搜罗各类材料,善用长编考异之法,前后左右比较参证史料史事,可以推动孙中山研究更上层楼。

一　枢纽性的历史人物

自二十世纪七八十年代起,海峡两岸轮番竞相编辑更加完整的孙中山全集,相关的年谱、年谱长编以及各种专题性的资料汇编和史事编年也陆续问世,各种专题论著更是种类繁多,数量惊人,孙中山研究一度成为万众瞩目的"显学"。然而,一番热火朝天之后,逐渐归于平静。社会上虽然不乏关注者,学界也还有坚守人,逢五逢十的纪念持续进行,可是显学退隐,大概是普遍情形和长期趋势。专门从事此项研究者在新进中几乎无人,即使兼习者也日渐减少。在学位论文和研究课题方面,一般很少选取孙中山或相关问题进行专题研究和撰述。这样的情形，一方面显示孙中山研究在经历了曾经的繁荣之后，初创时期进入门槛较低的状况已经过去；另一方面，则反映学界对于孙中山研究摸高探深的成熟期到来准备不足，因而无缘以求精进。

学术之事，随时代风尚的变化有所转移，应是社会常态和人之常情，无所谓当否。不过，学问之道，还有万变不离其宗的根本，时事转移，只不过上下波动而已。类似孙中山这样的历史要角，如果完全离开研究者的视线，甚至成为学界的陌生人，无论学问怎样求新出奇，都很难说是大道正途。况且，尽管孙中山研究的成果相当丰富，可是要说已经没有下手的空间余地，恐怕言之过早。其中不仅还有许多说不清道不明的言论行事，即使史事清楚，如何解读认识，看法大相径庭以致聚讼纷纭的也不在少数。尤其是一些至关重要的思想行为，通行理解与史事本相及前人本意相去甚远，要想更上层楼，依然任重而道远。

有两种相似相近的现象，说明孙中山仍然受到社会和学界的高度关注，相关研究决非已经达到可以束之高阁的程度。一是坊间不断有人从各方面发表新解，对于以往的孙中山研究提出种种挑战，其中固然不无随心所欲的妄说，但也有值得认真思考的灼见，即便一些似是而非的质疑，也反映了普遍的困惑，在相关研究中应当有所回应。二是个别海外学人将冷门做热，关于30岁以前的孙中山，就写出洋洋洒洒的七十余万言。撇开各种牵扯，对于孙中山研究具有实际价值的也有十余万字。也就是说，无论从哪一角度看，孙中山研究都远远未能达到令人满意的程度，从资料到问题，还有不小的探究空间。

更为重要的是，这些有待开发的空间往往牵涉历史的根本大节。历史活动的中心是人，人物研究始终是史家关注的要项。见事不见人的史学，肯定不会是高明的史学。如果历史是人的有意识活动与社会有规律运动的相反相成，那么人无疑是最为复杂的成分。历史上的人事均为单体,不可能重复,所以不可能有两件完全相同的史事①,所谓"历史上事,无全同者,为了解之,须从其演化看去,史学之作用正在此。如以横切面看之,何贵乎有史学?"②与社会科学的求同有别,史学更加着重于见异。历史规律即为所有事实因缘发生演化而形成无限延伸的普遍联系。把握这样的联系,只能依据对史事的比较贯通,不宜用后来的观念勾勒连缀归纳。而且,即使以今日分科的眼光,好的历史传记,与文学传记至少有一点相同,即应当见事见人,举手投足,一言一行,便可见其音容笑貌。若是隐去名讳,便千人一面,只知其事,不见其人,则不过表面文章而已。

后来者治史,容易自以为是,以为历史进化,今人一定较前人踞有政治和道德的制高点,可以纵论古今,激扬文字,动辄评价批判,任意褒贬。殊不知但凡史册留名者,无论善恶正邪,都非常人可比,其为人行事,往往不循常规,要想具有了解同情,诚非易事。以为人物研究容易上手,选不到合适的题目才转而以人物为题,一流人物不好下手便瞄准二三流人物,其实是浅学者的误解谬见。对于研究者而言,理解非比寻常的人与事,是对自己功力见识的一大考验。况且历史认知必须凭借材料,而相关记述即便多数之汇集,也不过是片断,要想连缀拼合还原,而不至于图画鬼物,更加困难。陈寅恪《杨树达论语疏证序》针对材料简少的上古所举探究圣贤思想的办法,若是运用于材料庞杂繁多的晚近历史,还需延伸扩张。那种先设定题目甚至范围,研究谁只看谁的资料的做法,以及举例求证的方式,实在是相当危险的。望文生义的穿凿附会固然比比皆是,盲人摸象、看朱成碧甚至指鹿为马,也是在所难免。如此这般地强古人以就我,在时下的人物研究中,恐怕并非个别例外。

研究孙中山之所以重要,固然由于其至今仍然得到全球华人最

---

① 1935 年 10 月 1 日《教与学》第 1 卷第 4 期,引自欧阳哲生主编:《傅斯年全集》,第 5 卷,长沙:湖南教育出版社,2003 年,第 52—55 页。

② 欧阳哲生主编:《傅斯年全集》第 7 卷,第 267 页。

大限度的认可,在众多近代人物之中,恐怕无人能出其右,尽管异议甚至非议者也不乏其人。或者指孙中山的形象不无后来拔高利用之嫌,毋庸讳言,这显然是历史的一部分。但如果过度解释,则难免重蹈一味疑古的覆辙,陷入阴谋论的泥淖,假定所有历史都由少数人主观臆造,而不能全面如实地将其形象逐渐放大的史事复杂纠结的本相过程还原展现。在近代中国的历史上,孙中山风云际会,常常处于漩涡中心。研究孙中山,有助于将近代历史勾连贯通,避免陷入今日学人治学分门别类的畛域自囿,误将落草为寇当作占山为王。当年包天笑撰写关于清季民初中国大变动的小说,选取梅兰芳为主角,即因为由此可以充分展现上下九流的社会各层面。孙、梅两人的历史地位与作用差别不小,但无疑都是枢纽性人物。

　　研究近代史上的要角,取材相对容易,但难度并不一定有所降低,甚至还会大幅度增加。原因之一,是观念变化影响史事的认识及史料的解读。例如孙中山的历史地位如何形成,从来就有不同看法。其中之一认为孙中山的形象,主要是后来国民党有意形塑的产物,如谢文孙《辛亥革命的历史编纂学》。也有人认为孙中山本人从一开始就有意自我塑造,自我拔高[①]。近年来更有人专门研究孙中山死后国民党如何利用各种形式进行纪念,并且使之神化。这些看法,固然有所依据,但也稍嫌简单,不无阴谋论的痕迹。以不同的形式纪念孙中山,还在其生前已经开始,如辛亥革命期间,就发行过孙中山的明信片,1912 年已有人公开提议尊其为国父。这些事未必都是同盟会、国民党人所为。至于自我塑造,大概每一位具有舍我其谁抱负的政治活动先行者乃至参与者,都有诸如此类的意识和行为,只是未必人人都能得偿所愿,可见历史的选择并非完全以某人或某些人的意志为转移。否则就很难解释何以诸多有意识的塑造只有某些特定人

---

　　① 　谢缵泰的《辛亥革命秘史》即有此意。黄宇和关于孙中山伦敦蒙难的研究亦发挥此意。

事可以成功,而且所谓成功也并非完全按照其主观意愿。

孙中山逝世后,各地各界各党各派陆续开展纪念活动,因利害不同,取向、态度各异。中国共产党人以孙中山的继承者自认,指国民党为背叛,但是究竟何为孙中山的精神,则与国民党各执一词,在一定的历史时期内,还对孙中山及其三民主义予以尖锐批判,甚至全盘否定。国民党内各派各方也分别朝着有利于自己的方面解读发挥。各种地方势力则希望利用纪念孙中山靠近正统,取得更多的政治合法性。而社会各界对于孙中山的看法,更是因时因地因人而异,不存在统一意向。一言以蔽之曰国民党造神,未免太过夸张其影响力。如果国民党的宣传机器真的如此高效,何以在其他方面的鼓动作用却往往适得其反? 如此,则非但打不破国民党的造神,反而有神化国民党宣传力的误导。

研究近代历史要人的难度反而增加的另一要因,是史料的极大丰富,不仅难以搜罗完整,而且种种相歧相悖的记述使得真相更加扑朔迷离,大量错综复杂的细节不易坐实,立论不难,反证亦易,信而有征变得捉摸不定。由于材料多,研治近代史好用举例为据的办法作为论点的支撑,而论点往往借由外在架构产生,像孙中山这样的政治人物,平生在不同阶段与中外敌我多方发生联系,思想和行事,又有宗旨与权谋的分别,如果不能全面关照、梳理贯通、罔顾整体,各执一偏,势必导致各自心中的孙中山形象彼此矛盾的情形,以致材料虽多,反而陷入图画鬼物的窠臼。

有鉴于此,应当尽可能完整地汇集各方面的相关资料,依照时空顺序全面仔细地梳理所有材料史事,寻绎来源不一、去向各异的各种说法的发生及其衍化。若能将本事与附加清晰划分,并以附加作为当时的实事而非所指的本事,则伪材料亦可见真历史,因为附加也是真实历史进程的一部分。能够胜此重任的恰当形式,当以编年体为首选。

二　编年体裁的现代意义

史无定法,而万变不离其宗。要想解决各说各话的棘手难题,编年体是重要的凭借。编年体本来是中国固有史学的主要体裁之一,晚清民国以来,一般被视为传统史学,与章节新体不大合拍。时下历史学的学位论文,除文献学外,更明确规定不能以编年体的编年、长编、年谱之类为体。编年体之所以被打入另册,原因大概有二,一是觉得有史无论,与强调史论结合的所谓现代史学格格不入,二是误以为编年仅仅简单地排比罗列史料,没有史学。其极端的看法,甚至对于编年体能否算著作也高度怀疑。

通行观念与高明的见解明显有别。编年体的最高境界,当属宋代的长编考异,而近代学术大家卓有成效的治学方法,正是在宋代史家良法的基础上发展演变而来。宋代治史,尤以长编考异之法最为适用有效。此法在近代的讲究,概括者如沈曾植以俱舍宗治俱舍学之说[①],稍详者如陈寅恪《杨树达论语疏证序》所说:"夫圣人之言,必有为而发,若不取事实以证之,则成无的之矢矣。圣言简奥,若不采意旨相同之语以参之,则为不解之谜矣。既广搜群籍,以参证圣言,其言之矛盾疑滞者,若不考订解释,折衷一是,则圣人之言行,终不可明矣。今先生汇集古籍中事实语言之于《论语》有关者,并间下己意,考订是非,解释疑滞。此司马君实李仁甫长编考异之法,乃自来诂释《论语》者所未有,诚可为治经者辟一新途径,树一新楷模也。"[②]更为

　　① 据说欧阳渐治俱舍学,三年不成,后于沪上遇沈曾植,沈告以不要治俱舍学,而要治俱舍宗。欧阳渐回到南京,寻找俱舍前后各书以及同时他家诸书读之,结果三个月就灿然明白俱舍之义。此典型事例显示,即使近代佛学界堪称大师级的高人,也不能直面文本领悟内典的精义,必须前后左右比较研读,才能异同自见,大义顿显。蒙文通:《治学杂语》,蒙默编:《蒙文通学记(增补本)》,北京:生活·读书·新知三联书店,2006年,第3页。

　　② 《杨树达论语疏证序》,陈美延编:《陈寅恪集·金明馆丛稿二编》,北京:生活·读书·新知三联书店,2001年,第262—263页。

详尽的发挥，则见于傅斯年《史学方法导论》比较不同的史料以近真并得其头绪的阐释①。

陈寅恪主张尽力吸收外来文化与不忘本民族地位相辅相成，对待西学则效仿宋儒，取珠还椟，将域外正宗的比较研究与合本子注、长编考异相融合。傅斯年则干脆宣称宋代已是比较不同史料的新史学。在他们的眼底心中，古今中外并无扞格抵触，传统的编年体史学，与欧洲时兴的比较文献学、比较语言学和比较宗教学是一脉相通的。三说详略各异，要旨则一。认真揣摩这一治史最根本也是最重要的方法，并且根据具体研究对象的千差万别而灵活运用，能够立于不败之地，且臻于化境。

三位前贤的说法，主要还是针对古代，而古代文献相对简少，立说不易，反证亦难。史料愈近愈繁，各种记录，层出不穷，不仅覆盖史事的全过程和各层面，而且罗生门的现象所在多有。按照自圆其说的标准治近代史事，误判亦有证成实事的可能。学人对此认识显然不足，以为资料易得，史事易证。其实恰好相反，由于资料繁多，当事人的记载不一，除了人时地等基本信息外，详尽再现史事各层面的真反而不易确证。简单依照时间顺序排比材料的做法，既不能比较关于同一事件的不同记载而近真，亦无法比较前后相连的几件事而得其头绪，更不要说理解前人思想言说的本意。而要囊括所有材料，勾连贯通，解释疑滞，将各说整体及部分的真伪异同详加比勘互证，必须卷帙浩繁，才能容纳。

近代学人关于研治中国近代史相对容易的普遍误判，自然会影响到编年体应用于近代史研究尤其是近代人物研究的领域。编年体之于人物研究，最常见的形式就是年谱及年谱长编。受晚近历史的研究比较容易观念的误导，民国一些学人以为编撰近代人物的年谱

---

① 详见桑兵:《傅斯年"史学只是史料学"再析》,北京:《近代史研究》,2007 年第 5 期,收入桑兵:《晚清民国的学人与学术》,北京:中华书局,2008 年。文字有所调整。

并非难事,梁启超就明确说:"大概考证的工夫,年代愈古愈重要,替近代人如曾国藩之类做年谱,用不着多少考证,乃至替清初人如顾炎武之类做年谱,亦不要多有考证,但随事说明几句便是,或详或略之间,随作者针对事实之大小而决定。"①

今人未必有多少注意到梁启超的这一说法,可是近代人物的编年体著作的确普遍存在类似于梁启超所说的情形。相对于材料的极大丰富,各种年谱或长编于征引的广泛,比勘的精密,取舍的讲究,拿捏的当否等等方面,颇多可议。尤其是以长编考异之法的应有之义作为标准,显然还有相当大的差距。

近代史研究起步较晚,在方法应用方面,应当借助中古史大家的成熟经验。而陈寅恪等人关于长编考异法的各种论述,正是对症的良药。所谓自圆其说,不能只是论著的取材立论可以讲得通,而必须将所有材料史事贯通无碍。若是误以为自圆其说的重心在于"自",悬问题以觅材料,用后来的系统各取所需地采集论据,形成论点,难免断章取义,穿凿附会,有此说不知不觉间变成如此事。不能达到贯通所有材料事实的"圆",则自圆就成了互异的根源,见仁见智非但无助于近真和得其头绪,反而导致无休无止的聚讼纷纭。

近真又有本事之真及当事人记录之真的双重性,不知后者,于前者势必模糊不清。而逐一坐实后者,则还有无限延伸的事实联系。因此,研究特定人物,不宜只看其人的直接材料,也不能单纯以其眼界看周围人事,以致以其是非为是非,结果反而无是非可言,必须将前后左右上下内外各事各说相互比较参证,才能置于历史本来脉络的适当位置加以理解把握。

考异为长编必不可少的辅助方法,以宋《通鉴考异》最为史家所称道。其本意是将同时各说加以排比,取其近真,留存诸异。因为史料之于史事,往往为残篇断简,有时各说相互排斥,或间有异同,而难

---

① 《中国历史研究法(补编)》,《饮冰室专集》第1册,第6、80页。

以其中一说否定其余,于是只能权衡前后左右,选取相对较能贯通且近情理者立说,而将其他各说依近真度顺序存列,一则留待新材料的发现,二则高明者目光如炬,均有可能重新解读史料史事,不至于以一己之见强加于古人和天下。晚近史料繁多,可以征实之事远较古史为多且易,治史又由通史转向专题研究,遂以归纳代贯通,一般多重考证而轻存异。实则史料多既使研究层面深入扩展,又增加了史事记载的歧异,如何近真以及如何才是真的问题较古史更为复杂。除人时地等简单层面外,要考证史事准确恰当,极费工夫笔墨。

有鉴于此,考异至少应当包括:前说有误,排比史料能够纠正至当;未有成说,汇聚史料可以立说无碍;诸说并立,取比较近真之说其余存异;诸说真伪正误间杂,须相互参证,酌情条贯;实事往往无实证,须以实证虚,而不涉附会。各种情形,或分别,或兼具,须根据具体问题有针对性地灵活运用,为编年排比连贯史料史事提供有力的支撑。

研究历史人物,若仅就特定人物的言行立论,很容易误读错解其言行的本意本相,并且流于以其好恶为是非,以至于无是非可言。如此这般描述出来的历史人物,实为研究者心中的形象,与历史人物的本身貌合神离,似是而非。近年来孙中山研究的切实进展,往往并非专门研究孙中山而得,而是由其他相关研究取得意料之外的收获。单就孙中山的言行反复解释,反而如陈寅恪批评民国时文化史著述所说,只抄旧材料或仅就旧材料作新解释,非滞即诬。

中国为伦理社会,最重人伦关系。所谓礼法纲纪,即以伦常为根本。相应地处世治学,也极为讲究人脉。影响及于治学的具体取法,又有形似而实不同的两种,一是以所研究人物为主线放射扩展,一是将其人置于整体关联脉络之中。前者无非是定向放大,难免先入为主,后者才能得其所哉,安放于合适的位置并恰如其分地解读相关材料和史事。编辑孙中山史事编年,虽然看似仍以孙中山为中心主线,取径却是力求将孙中山放到整个历史联系的相应位置,使得理解孙中山的言行与认识历史的风云变幻相辅相成。

　　同理,研究人物的思想学说也不宜简单地直面文本加以揣度解释。以三民主义为主体的孙中山的思想政见,从问世之初,就不断引起内外各方的争论,这些争论反映了时人的意见分歧之大,同时也折射出孙中山的主张认识往往牵涉中国前途命运的大节,为同代人及后来者的目光所聚焦。对于这些分歧论争,可以说从来就是史学界关注讨论的重要领域。如革命党与保皇派的几番论战,前人研究较多;同盟会内部关于三民主义的取舍,亦有所论列;国民党内对于一大宣言的分歧,也已经揭示。

　　不过,这方面可以扩展的空间仍然相当广阔。例如关于社会主义的讨论,从一开始就与孙中山的思想相牵连,现有的认识有待解惑的问题很多,远远不能覆盖当时各种社会主义的实情,以及国人对于社会主义的引进传播和理解。要想恰当认识孙中山自认以及同时代各方他指的民生主义与社会主义的关系,还须细心解开各种剪不断理还乱的纠结。孙中山言及对于社会主义的认同,以及民生主义与社会主义的关系,心中所指的社会主义显然与今人通常所以为的有别。阅读西文的能力较强、足迹又遍及世界多国的孙中山,能够更加直接地接触各种社会主义的思想理论乃至组织人员,与一般有赖于翻译西书或中文介绍的国人对于社会主义的认识也有所分别。这些分别或多或少体现在他的民生主义主张之中。同时,孙中山要在中国的社会环境中传播民生主义,不能不对源自欧洲的社会主义有所取舍,也不能不考虑国情的实况,而国人对于社会主义的理解便是要项之一。如果对于当时欧美各国的社会主义及其在中国的际遇缺乏全面深入的了解把握,很难对孙中山的社会主义观及其民生主义与社会主义的关系理解得当。

　　共和的问题同样如此。共和的概念有本意与新解的分别,虽然都不是由孙中山提出,可是以共和作为与帝制对立的政治制度而且列为组织政纲,并且通过不断发动革命运动使之普及深入,却与孙中山关系密切。只是当共和思想普及之日，却有虚君共和、五族共和、甚至帝国共和等等观念的参入，即使作为政治制度，也不再简单地与帝制对立。而孙中山的共和思想一开始就包含的联邦制构想，源自美国和瑞士的体制，如何应用于中国，解决分治与统一的两难，在清季乃至民初相当长的一段时间里，成为立场不同、派系各异的国人关注和讨论的中心问题。由于各方意见纷繁，牵连到历次制宪如何确立国本，于此始终摇摆不定。与此相关，省的地位及其设置，直到国民政府时期，仍然困扰着当局和各方人士，其影响至今依然深刻存在。梳理南北各方各界的诸多意见，包括所谓帝国共和主义，对于认识共和思想观念在中国的传衍影响及其演化，可以大进一步，同时也有助于把握民国时期许多长期争议不绝、变动不居的观念和体制的来龙去脉。

或者以清朝为正统，评议辛亥时期南京临时政府的合法性。姑不论革命就是要破除旧法统，建立新法统，即使以袁世凯而论，虽然他后来千方百计要将自己的权力来源与清朝正统相联接，其目的只是为了避免与南方民党政府有所牵扯。实际上，南北和谈时南方民党的前提就是承认共和，否则免谈。袁世凯既然接受这一前提，等于将清朝的正统性连根拔起。而袁世凯接受共和，看似情非得已，却不无自己的盘算。继续帝制，即使立宪，实行责任内阁，充其量不过是政府首脑，而非国家元首。况且清朝的各种势力对其不无掣肘，即便当上内阁总理，也不能随心所欲，远不如做大总统逞心如意，尽管也不得不面对内外危局的考验。只是在清王朝大势已去，大统已绝，失去继续掌控国家权力的资格的情势下，袁世凯才利用这副空架子的所谓正统来抵消南方民党对自己的种种限制。

孙中山一生中的确有些言行备受质疑，尤其是用今日的观念看待，更加难以理解。可是，回到历史现场，与同时代人比较，则又并非不能理解。例如清季民初社会矛盾激化，政争之际，使用暗杀行刺等非常手段，相当平常，不仅革命党崇尚，政府当道惯用，就连表面主张和平变革的康梁等人也屡屡暗中买凶，甚至公开鼓吹游侠刺客，令一班少年热血沸腾。矛头所向，不仅仅是敌对方，也包括同道者。孙中山所牵连的数起著名命案，姑且不论本人是否知情尚难定论，就算由其指使授意，也并无多少特别之处。用所谓恐怖主义来检视，就仿佛将道法自然说成绿色和平，迹近荒唐。至于孙中山与日本关于满洲的交涉，脱离清朝长期禁止汉人出关以维系龙兴之地的禁锢，以及日本趁机不断渗入的背景，简单地从民族主义的视角加以评论，难免隔靴搔痒，似是而非。诸如此类的时代意见，在今日的历史研究当中相当普遍，高谈阔论者浑然不觉与历史意见大相径庭。

由此可见，长编考异既是基础性建设，又有很高的史学要求。治史是否经过长编的训练以及专题研究是否具有长编的底蕴，高下立判。当然，若以为长编仅仅是将资料按时序编排罗列，则有无亦区别不大。

三　扩张孙中山研究的材料

史学的重要功能在于整理材料，而运用长编考异之法的基础正是掌握和融汇贯通材料。以长编考异为法则扩张材料，才能为编年体的应用奠定坚实的基础。

孙中山研究在整个近代中国研究中相对成熟，海峡两岸学人多年努力，良性竞争，形成接力式的材料扩充和研究深化，不仅撰写了多种传记和大量专题研究论著，而且编辑出版了各种名目的全集、年谱、长编、实录和资料集。只是相对于历史事实的错综复杂以及相关资料的极为丰富而言，可以进一步扩充的领域比比皆是。只要转换观念，调整做法，仍然有很大的拓展空间。要言之，下列三项尤其值得关注：

其一，由于条件的改善，能够利用的各类资料大幅度增加，可以大量增补充实内容，订正误说，扩展视野，丰富层面。全集不全，是编辑晚近资料的一大困扰。近代文献太多,图书、档案、报刊以及未刊稿本钞本,任何一类均在古代文献总和的百倍以上。加上海外公私档案、文献,数量更加巨大,几乎可以说是漫无边际。由于著录编目的缺漏和收藏保存的限制,无人能够全部接触,遑论逐一过目。孙中山全集虽经两岸学人接力式地持续努力,能够扩展的空间余地仍然不小,可以预期将来还会不断增补。

既往搜罗相关文献,受限于利用条件和技术手段,近年来这些方面有了长足进步。除了公私藏档逐渐披露之外,书、刊、报的利用较以前大为便利,可以尽可能竭泽而渔地将所有资料一网打尽。迄今为止编辑的孙中山文集,有的初版底本尚未找到,所依据的再版本已经有所修订,不能完全反映当时的实情。如《孙文学说》1919年的初版本中没有关于将行易知难说质证于杜威的内容,而中华版《孙中山全集》所据《建国方略》1922年再版本,则将后来增补的附注混入正文。近年来出版的各种日记、文集日渐增多,其中不少涉及相关史事,可以补充原来的缺失。

孙中山在世时国内各报刊多有相关报道,1912年以后不待言,即使此前的负面报道,也颇有参考价值。限于条件,既往主要查阅了《申报》《大公报》《民国日报》《民立报》等少数报刊,其他如《中外日报》《香港华字日报》《时报》《顺天时报》《盛京时报》《时事新报》《神州日报》等数以千计的报纸和数以万计的期刊,并未系统翻检。各种媒体的报道看似大同小异,其实各有分别,汇集起来可以解决许多问题。如1912年孙中山北上,在京期间与逊清皇室多有往还,以往各书较少提及,或多所错误。参酌各报的报道,不仅能够大体重现本事,把握孙中山的民族主义及其具体主张的内涵外延,还能进而探究和平解决战事纷争对于清室和民党的后续影响。

孙中山长期活动于海外,足迹遍及日本、美洲、欧洲和南洋,革命党、保皇会以及其他政治流亡者也长期以海外为活动基地,尤其注重依靠华侨。各地华侨先后创办过数以百计的中文报刊,不仅大量报道各地华侨及其社团的情况，而且反映各派人士的海外活动。以数量及重要性而言，日本、美洲和南洋的中文报刊最具价值。除日本外，其他各地的中文报刊很少得到利用。而这些报刊有的至今仍然存在，有的保存相当完整，只是由于收藏分散，未经汇集，使用不便。这可以说是相关文献搜集整理最为薄弱的部分。以前条件有限，无法大规模搜集整理出版，现在应当适时着手进行。具体做法，可以先易后难，首先将海峡两岸收藏的海外中文报刊汇集编目，然后通过各种途径和方式对美洲、南洋、英国、澳洲等地的收藏机构进行调研搜集，争取协助。在汇集整理的基础上，系统出版所有相关报刊，以推动文献编辑和历史研究。

其二，已出各类孙中山文献和论著，着重于孙中山本人的文字、言论和活动，这当然是首要和常规的做法。可是，由于孙中山始终处于时代的中心，其思想、活动及其与各方联系，集中体现了近代中国社会的发展脉动。应该进一步扩张视野，追究古今中外、前后左右相关的思想言论和派系人事，力求充分准确地理解孙中山的言论行事。近年来，直接以孙中山为题的论著虽然相对减少，晚清史民国史相关专题研究的展开，却有效地推进了孙中山研究的实质性进展。资料的发掘与编辑同样如此。例如新近发现的康有为书信中关于1905年刺杀孙中山的计划，不仅进一步坐实保皇会后来矢口否认的暗杀行为，而且有助于深入考察革保双方的关系。

也就是说，作为研究孙中山的基础性建设，编辑孙中山本人的文字言论无疑至关重要，而要恰当全面地理解其言行，还应该广搜群籍，采集与之相关的文字，加以比较参证。所谓相关文字，直接联系者大别为三类，一是各方致孙中山的函电，二是讨论与孙中山的政见主张相关的各种问题，三是有关孙中山言行及其相关史事的记述。前者取舍较为明确，其次则包括支持、反对和异议的各方面，甚至延伸到孙中山身后，至今不绝。第三项虽然时间限度清楚，空间的边际则相对模糊。尤其是要将孙中山放到历史的整体联系之中,而不仅仅以孙中山为轴串联历史。循着先易后难的途径,由编辑函电入手,其他陆续展开。在此基础上,理解孙中山的文字言论行事,孙中山与各方的关系,以及与孙中山相关的各种大事要人,乃至于把握领悟近代以来中国观念文物制度的变化,不仅言之有据,而且彼此参证。尤其是依时序综合考察孙中山的所有言行及其与各方关系的发生演化,无论本事还是心路,较由一点一面立论,更易近真且得其头绪。

孙中山生活的晚清民国时期,恰值西学、东学、中学交汇融合,各种思想、学说、主义、制度等,经由日本传入中国,这方面相关研究的重要性更加凸显。清季民初,国人逐渐脱离"西方"的笼统观念,进入分别取舍欧美各国之所长的阶段,渊源不同,取法各异,自然少不了争论,连带在具体政制设计方面,也会因人而异。关于这些争论,以往的看法过于笼统模糊,不能在来源实行层面深究其详。

例如,一般而言,说民权主义旨在实行欧美的民主制度并无异议,可是代议制进入中国,始终争议不断。孙中山从来赞赏瑞士的直接民权,而对美国式的代议制不以为然,认为国务由政党包办,政党轮替,则官员全部更换,这不仅不胜其烦,而且流弊匪浅。单纯通过选举来录用人才,使那些善于辞令的人上位,无口才但有学问思想的人却被闲置。"美国国会内有不少蠢货,就足以证明选举的弊病。"[①]为此,他要在立法、司法、行政三权之外另设考选权和纠察权,实行五权分立,以改善三权分立制度。

孙中山的主张不为同党所接受,民初议会制与政党政治相辅而行。不过,北京政府时期的政治建制,形式上却包含了并非来自孙中山的考选和纠察两权。随着议会中的党派代表逐渐沦为各省和中央军政实力派的附庸,使得各方极为不满,酝酿着各式各样的改革方案。1920 年前后,越来越多的人意识到,国会的不良是导致现行政

---

① 《孙中山全集》第 1 卷,北京:中华书局,1981 年,第 319—320 页。

体失效的主要原因,原来竭力鼓吹开国会的梁启超、汤化龙以及张君劢等人,纷纷宣称代议制不适宜中国,在世界上亦已过时,甚至公开宣判国会的死刑。至于如何进一步改良政体,存在两种不同的取径:一是在现行政体的框架下,削减国会的权力;二是引入直接民权,建立真正的人民主权机关,并以此作为各权力机关之母。

孙中山本来就主张直接民权,实行全民政治,只是为了反对北方的军阀官僚政客,才打出护法的旗帜。1923 年 1 月 1 日,国民党发表宣言,指"现行代议制度,已成民权之弩末,阶级选举易为少数所操纵"。并提出三点主张:"甲、实行普选制度,废除以资产为标准之阶级选举;乙、以人民集会或总投票方式,直接行使创制、复决、罢免各权;丙、确定人民有集会、结社、言论、出版、居住、信仰之绝对自由权。"[①]孙中山放弃护法不过是大势所趋,而将国民大会正式列入政纲,则是直接民权的一种选项。至于是否诉诸武力,不过是手段,况且护法也并非纯然和平形式。

自辛亥提出用国民会议公决国体政体以来,每当遇到重大国事问题,就不断提出并召集国民大会(会议)予以应对。开始是因为没有正式国会,后来则是国会不足以担此重任,再后来就对国会的正当性产生怀疑,甚至主张根本抛弃代议制。重新设计政体,一方面是削减国会的权力,从国会析出部分权能归属于其他机关;另一方面是尝试特设能够真正代表民意的主权机关,并以主权机关作为凌驾于各权之上的常设机关。国民大会(会议)一是要在割据分裂的政局之下发挥民意在解决诸如政争、制宪等重大问题时的作用,二是要更好地体现主权在民的思想,使得全体国民能够普遍、常态、有效地行使主权。

在众多加强直接民权的设想中,孙中山参照综合各种国民大会方案修订的五权宪法,将国民大会正式列为国家行政体制的常设机

---

① 《中国国民党发表宣言》,《大公报》1923 年 1 月 1 日,第 2 张第 2 页。

关和最高机关，不仅拥有法律上创制与复决的最终裁决权，还有对国家各机关人事选举与罢免的最高决定权。这样的政治架构，成为国民政府的正式建制，也影响了此后国家政权的政治建制。若以为人民代表大会只是对苏维埃体制的简单移植，忽略了民初实行代议制的诸多流弊以及国民大会产生实施的渊源流变，则是错解历史，误读现实。至于新的政治架构仍然难以解决国民直接和常态行使主权的难题，则应当进一步向前探索，而不是简单地反向诉诸历史已经证明不能很好代表民意的代议制，重蹈以西为新的覆辙，避免陷入循环往复的泥淖，走出一片前无古人的崭新天地。

以孙中山为枢纽，将其放到历史的整体联系之中，凡涉及相关的思想言论人事，尽可能多角度呈现历史的复杂本相，而不仅仅以孙中山为轴串联历史，不但可以提供进一步深化孙中山研究的坚实支撑和有力凭借，而且能够充分展示孙中山作为时代枢纽的广泛联系和巨大作用。

其三，应注意平衡忠实历史与兼顾现实的关系。搜集、整理、编辑、出版文献，以及编撰长编，应尽可能完整地呈现原状，只做技术性加工，不要预设取舍的立场，或溢美，或讳饰，强古人以就我。即使不同版本的文本比勘甚至文字校正也要十分谨慎，千万不可自以为是。应当相信，孙中山在历史上的重要和正面，不会因为别有用心者在个别问题上断章取义的曲解或是用后来的道德、政治评判准则加以裁量而改变，反而是多此一举的考量行事容易令人心生疑惑，以为真有不能公诸天下的见光死。如此做法，等于坐实了神化的指摘，让妖魔化的用心得逞。

与此相应，编辑征引孙中山及其同志、同道、对手甚至敌方的文献，也不必多所忌讳。所谓学术无国界，至少在历史研究领域得到相当程度的体现，学人若不能全面掌握相关资料，便会在学术话语权方面处于明显的劣势。例如，与孙中山关系紧密的胡汉民、戴季陶、汪精卫等人，至今没有较完整的全集，早年出版以及后来台湾方面编辑

的文集,限于条件,缺漏较多。作为孙中山曾经的亲信助手,他们的
文字言论当中,有不少是传达和解释孙中山的思想主张,当然也有曲
解之处。清朝官员和民初北京政府时期的军政人物,大多是孙中山
的敌手,但在一定情况下,也与孙中山有所交集,甚至形成同盟关系。
这些人的文集,不少付诸阙如。其中自然包含对应孙中山言行的部
分,不能联系比较,很难前后左右理解孙中山的言行达到得其所哉的
程度。

由于孙中山及其相关资料分散于海峡两岸,以往分别编辑,遗珠
之憾,在所难免。若能合作进行,不仅还有广阔的空间,成效也会更
加显著。

善用材料者,伪书亦可见真历史。孙中山在世之时,各方就不断
传出其死讯,就事实而言,这些传闻至少是以讹传讹,甚至是故意散
布的谣言,绝不可能属实。但是转换角度,却能够反映散布传播者的
动机目的以及传播的途径形式,反衬孙中山在中国政坛上的影响
地位。

孙中山逝世后,各种政治势力围绕三民主义的解读发挥,继续展
开论争,余绪至今不绝。而孙中山的历史形象及作用,也会在各方持
续进行的纪念过程中朝着各自心仪的方向不断重新塑造。只有将涉
及孙中山所有思想政见的赞同、反对、异议的所有意见全部汇集,不
单单从孙中山的角度,或以孙中山为中心立论,而是四面看山地考察
把握孙中山思想政见的渊源流变、社会反响以及时代影响,才能跳出
各执一偏的争讼,认识深入一层。

处理晚近文献史料的另一重困难,即如何整理的问题。编年不
是资料长编,必须将各种资料融会贯通,但无疑也要大量征引史料,
才能接近前贤所说将材料整理完备,史学功能已毕的标准。依照傅
斯年的看法,材料越生越好。此说固然不免抹杀前人本意之嫌,忽略
了加入主观也是客观历史的组成部分,却显示后人的加工往往容易
扭曲歧误。通常情况下,越是增加所谓学术含量,错误的可能性越

大。所以征引文献，首重内容，版本的价值，则要权衡其对于理解文本史事的作用。有鉴于此，编年确定两项原则：

注重文本的异同联系。印刷术等普及之前，文籍多借传抄流行于世，手民之误，在所难免。于是后世学人搜求各种古本，加以校勘，以便恢复本来面目。不过，文本歧义，原因甚多。如记录者不一，或是本人的说法因时因地而异，都可能造成同题异文。只不过上古文献留存不足，难以征实。晚近以来，刻书印书日趋便利，学人著书立说，随刻随印随改之事日渐平常。或学问精进而认识调整（如陈澧），或时事变化而有所权通（如梁启超），虽不至于人人都以今日之我与昨日之我战，也是千变万化，莫衷一是。前者可以窥见作者的心路轨迹，后者更能显现时局的跌宕变幻。各处异文的背后，往往隐藏着重要的故实。简单地断为今是昨非，则不能把握历史的本相及变相。恰当的办法应是将各种版本的异文逐一标注，求其古以求其是。而不能仅仅依据今日自己的经验学识，定于一是。但凡不先求其古便求其是的，不仅抹杀异文背后复杂生动的史事，而且往往形成新误的根源。须知中国历来很少形而上的抽象思维，言论著述，大都有具体的时空人缘由等因素作为条件，抽离具体条件，以今人心中之是为是，则无从考察历史人物何时何地因何为何之是。

不擅改字。清代学人系统地整理历代文献，遇到不能通解之处，每每指为错误，且好擅改字。实则彼时彼处本来可以通，改后反而误。此所谓"以明清放浪之才人，而谈商周邃古之朴学。其所著书，几何不为金圣叹胸中独具之古本，转欲以之留赠后人，焉得不为古人痛哭耶"①？今日学人同样好改近人文字，相关部门又鼓励统一规范和标准化。殊不知征引近人文献，起码应于古今之间求得平衡，而不能一味强古人以就我，今人再高明，能量再大，也无法改变已经过去的历史。近代虽然距今不远，而语言文字及词汇概念的意涵变化极

---

① 《刘叔雅〈庄子补正〉序》，陈美延编：《陈寅恪集·金明馆丛稿二编》，第258页。

大。今人不解近人的通则惯例，却自以为是地裁量判断，以自己的知识习惯以及现行规定为准则，动辄指为不通而擅改，往往笑话百出。即使未必改错，如将异体字一律改为所谓本字，殊不知前人遣词用字，不仅有正异之分，还有雅俗之别，强求一致，则失却本意。

四　史事编年的取向

作为振兴中华的倡导者和民族复兴的先驱者，孙中山迄今得到全球华人的普遍认同，其思想及人格具有持续影响力和广泛凝聚力。而不断的重新解读，应当依据事实，逐渐近真，以免在见仁见智的托词之下断章取义，穿凿附会，各逞私臆。2016 年的孙中山诞辰 150 周年纪念，将是全球华人共同的盛大活动，一套能够充分吸收已有研究成果，取材丰富，事实准确，考证精当，全面展现新的研究水准的《孙中山史事编年》，不仅有助于推进学术的良性发展，还可以在公共话语方面发挥影响引导作用。

孙中山研究经过二十余年的相对沉寂和不断积累，现在到了总结和提升的适当时间节点，主要体现于：陆续出版发表了一批孙中山研究论著，其中的新发现新进展，尤其是依据新材料或整合新旧材料纠正原有误说，提出可信的新说，应当及时全面地总括吸收；包括档案及文献汇编、网络资源和数据库在内的各种新出史料，使得学人可以接触利用的资料较以前大为增加，大幅度扩充了历史认识的范围和内容。南京临时政府档案，北洋政府档案，以及围绕清史工程、纪念辛亥革命和各省地方文献丛书的海量出版，加上海内外各种网络资源陆续开放和多种报刊文献数据库的开发，极大地丰富和便利了资料的查阅使用，很大程度解决了近代史料数量庞大而利用不便的两难，从中可以发掘出大量新材料，有助于扩展研究的视野，提高论证的精度，深化研究的层面；与孙中山直接间接有关的晚清民国史专题研究进展显著，覆盖广泛的专门论著，拓展深化了对于孙中山活动的时代以及与之相关的各种人事的认识,为重新检讨和推进孙中山研究提供了有力支撑。

业师陈锡祺先生原来治隋唐史,后转而研究中国近代史,尤其着重于孙中山研究。或因学术渊源有别,取径与一般不同,最为重要的,一是强调思想与活动相辅相成,二是重视长编的作用。所主持编撰的《孙中山年谱长编》,颇受海内外学人赞誉。近年来,不断有师友提示可以增订再版。鉴于牵动太多,考虑再三,还是奉其宗旨,另行编撰为宜。相较于资料的扩张和研究的进展,已有的同类成果,或字数有限,只能以孙中山为中心裁剪取舍,难以充分展现浓缩一部中国近现代历史的应有之义,以及体现长编考异法的精妙所在;或类似资料长编,篇幅虽然膨胀,内容未必拓展。至于分门别类的专题研究新成果,各有建树,也各有偏重,有必要与新出资料进行全面整合,系统梳理,重新检讨和进一步深化历史认识。也就是说,在充实内容,订正误说,扩展视野,丰富层面等方面,编年还有很大的拓展空间。

虽然孙中山研究在整个近代中国研究中比较成熟,但是相对于历史的错综复杂以及相关资料的极为丰富而言,可以进一步探讨的问题俯拾皆是,《孙中山史事编年》当然不可能解决所有问题。本书努力的主要方向在于:以孙中山为枢纽,充分吸收国内外已有研究成果,全面爬梳排比档案、报刊、日记、函电、书籍等各类资料,经过仔细的勘验比较,按照时间顺序编排孙中山的言行思想以及与此直接或间接相关的各种人事,大幅度扩充相关史事的内容层面,努力还原历史的复杂本相,充分展示孙中山作为时代枢纽的广泛联系和巨大作用,表明始终处于时代中心的孙中山的思想、活动及其与各方联系,集中体现了近代中国社会的发展脉动。

具体而言,就是力求尽可能完整地搜集掌握海内外已有的研究成果,充分地加以吸收,尤其是注意订正错误和由新材料确证新事实的部分;尽可能完整地搜集各类资料,大幅度扩充各方面史事,以事实为依据,实事求是,写成详实的信史;尽可能全面地把握孙中山与各方关系,最大限度地展现与孙中山有关的各个层面的实情,包括将思想还原为历史的实际进程;尽可能全面地梳理贯通所有研究成果和各类材料,对相关史事加以严谨考订,并力求揭示表象背后的内在联系,形成能够体现当代学术高水准的著作。

为达成上述目标,主要从以下方面努力进取:

——利用近代中国史料极大丰富的特点,努力揣摩长编考异法的精妙并且应用得当,充分展现编年体之于近代中国研究的重要价值。宋代长编考异法与欧洲近代比较研究相契合,受欧洲学术影响至深的学人往往极为推重。只是此法用于近代中国研究,反而有力不从心之憾。其难主要有二,一是材料多难以全录,二是史事繁难以尽取。因此两难,加上认识不足,重视不够,即使有所运用,也只是简单地顺序排列史料史事,未能体现长编考异法的高妙。实则近代史料种量繁多,史事曲折复杂,最适宜充分展现长编考异法的优长,将所有材料相互参证,勾连贯通,以免随心所欲的解读导致尽信书不如无书的尴尬;从不同视角考察所有史事的各个层面,避免以偏概全,以某人之是非为是非,结果无是非可言的乱相,矫正时下近代中国研究中常见的随意立说和格义附会两种偏蔽,破解各式各样的罗生门,逐渐接近并恰当呈现错综复杂的历史本相,展示长编考异与比较研究的相互融合之于近代中国研究的效能。

——借鉴近代中国的知识与制度转型研究的成果和经验,破除各种先入为主的成见,努力回到“无”的境界,探寻“有”的发生及其演化。从西学、东学、中学的交汇融合把握知识与制度的千变万化,考察形形色色的亲历者思维行事变动不居的各说各话。在古今中外的整体关怀之下,因缘观念和事物从无到有发生演化的历史进程,理解因时因地因人而异的前人本意和史事本相,探究孙中山及其时代的观念与体制变动的渊源流变;力求将与孙中山密切相关的思想、学说、制度、人物、事件安放于适当位置,多层面地加以观照和解读。

——不仅仅以孙中山为轴串联历史,不仅关注孙中山本人的言行,不仅从孙中山的角度考察其与同时代人、事的关系,也不仅从孙中山的视角来看待其所经历的一切大事要人,而要将孙中山放到历史的整体联系之中,依时序综合考察孙中山的所有言行及其与各方关系发生演化的全过程各方面,从而进一步夯实孙中山研究的基础,大幅度提升相关研究平台,深入理解孙中山的文本言论行事、孙中山与各方的关系、与孙中山相关的各种大事要人,乃至于把握领悟近代中国观念文物制度的变化,为孙中山研究这类相对成熟的领域提供进一步摸高探深的实例,进而推动整个近代中国研究的全面深化。

悬的高意味着难度大,处理好下列矛盾,是成败的关键:

其一,发现新材料与贯通新旧材料相辅相成。历代文献多经反复整理,且大都以纸本或电子版形式出版,除了深究版本以及出土文献之类的问题,一般而言掌握完整并非难事。晚近史料大幅度扩张,不仅数量繁多,很少整理,而且收藏分散,不易把握边际。即使老师宿儒,也难以完全掌握驾驭。要想胸有成竹,应努力突破时空条件和学识功力等主客观局限,总体掌握史料的规模、形态以及收藏情况,竭泽而渔地搜集各类资料,并把握不同类型的文献本来的条理系统。在全面掌握国内外先行研究成果和汇聚新出史料的基础上,比勘贯通新旧材料,多视角多层面认识相关史事,探寻所有历史人物活动及事件背后的内在联系。

其二,拿捏以孙中山为枢纽,贯穿近代中国大事要人的分寸。既不能局限于孙中山本人的言行,以免望文生义地解读,或是仅仅从孙中山的角度看待评判与其有关的人事,也不能漫无边际,脱离中枢,变成中国近代史的浮泛缩写。应提纲挈领,充分体现孙中山的枢纽性地位作用与四面看山地观察把握近代中国的大事要人相得益彰,展示长编考异与比较研究法之于近代中国研究的重要价值和意义。

其三,把握古今中外的联系与区别,注意分别时代意见与历史意见,从无到有地用历史眼光考察近代中国观念行事变化发展的实际进程及真意本相。

实现以上各点，可望从几方面体现新时期孙中山研究应有的水准以及彰显编年的价值：

——编成一部内容详实、能够体现时代水平的信史，提升孙中山研究的水准，保持和进一步增强孙中山研究的优势地位。

——打造高度与深度相辅相成的研究新平台。通过梳理孙中山的言行及其与各方关联，深入认识近代中国的社会变动、制度建构、思想脉络乃至中外关系，使得理解孙中山的言行与认识近代中国历史的风云变幻相辅相成，促进近代中国研究的深入发展，尤其是强化相对薄弱的民国北京政府时期的研究，为进一步深化孙中山研究提供坚实支撑和有力凭借。

——确立检验各种研究和评价孙中山的观点说法的衡量尺度。通过汇聚梳理各种史料史事，订正误说，缩小歧见，保存异解，实事求是，不溢美，不附会，不趋时，为学术界和全社会提供全面认识孙中山以及近代中国的凭借和保障，防止随心所欲的曲解和盲人摸象的瞎说，成为检验神化和妖魔化的试金石。

扩而大之，《编年》之于中国近现代史研究还有进一步的意义。

长编考异之法最为适合晚近史研究，却普遍被轻视和忽视，应努力探索发挥编年体裁在近代中国研究中的潜在价值和重要作用，并提供经得起学术检验、具有展示度的研究成果。作为编年体的最高体现，长编考异法与域外比较研究有异曲同工之妙。将两种治史良法相互参合，应用于史料极大丰富的近代中国研究领域，能够有效地纠正和防止各种局限偏蔽，掌握比较不同的史料寻绎历史发生演化脉络的能力，由碎立通，减少穿凿附会的曲解和随心所欲的妄言，使得解读材料和认识问题均能够适得其所。

史无定法，看似今是而昨非，实则万变不离其宗。那些追仿域外新法、貌似引领时趋的新说，本来就多为边缘迎合主流的折腾。而汉语言文字的特性，又容易格义附会，倡言与附从，对于所鼓吹附和的大都相当盲目。但凡良法，必然高妙，决不会不学而能。集众的研究,在人文学科未必是理想的形式,可取的方面,要项之一,就是训练人才。而人才的培养,最重要的是基础性和基本性的训练。只有本宗扎实,根本确立,才能以不变应万变。通过集众的研究,可以为孙中山研究保留必要的种子和培训适当的骨干,使之能够薪火相传,先因后创,温故知新,具有可持续发展的强劲动力;帮助参与者揣摩掌握长编考异之法的精妙,能够熟练应用,具备长编考异的底蕴基础,转治其他专题,效果大不相同;促使研究者打破分科的局限,跳出专门的窠臼,多头并进,相互贯通,提升治学的境界。

取法乎上,仅得乎中。集众式研究的参与者较多,各人的学识功力及态度难免参差,对于长编考异和比较研究法的理解领悟有所差异,势必对相应时段的成果质量产生影响。为了确保整体理念及具体做法能够落到实处,已经采取了多项措施,尽可能减少差别。至于是否达成,还有待于方家的检验,予以针砭,以便随时修订。即使编年本身未必完全达到前述理想的境界,经由编年的训练,利用编年的累积,有心之士也有望在今后的研究中做出令人瞩目的成果。

桑　兵

总　目

第 1 卷　1866. 11—1905. 12

第 2 卷　1906.1—1911.12

第 10 卷 1924.1—1924.8

第 11 卷 1924.9—1924.12

第 12 卷 1925.1—1925.3

目　录

1866 年(清同治五年　丙寅)诞生

11 月 12 日(十月初六日)　诞生于广东省香山县翠亨村①。

孙氏先世居广东东莞,五世祖礼赞(瓒)公于明代中叶迁居香山,十四世祖殿朝公始定居翠亨村②。(孙氏:《孙氏家谱》,孙中山故居纪念馆编:《孙中山的家世——资料与研究》,第 1—8 页)

曾祖恒辉公,生乾隆三十二年丁亥(1767),卒嘉庆六年辛酉(1801),年三十五岁。祖敬贤公,生乾隆五十三年戊申(1788),卒道光二十九年己酉(1849),年六十二岁。(孙氏:《列祖生没纪念部〔簿〕》,孙中山故居纪念馆编:《孙中山的家世——资料与研究》,第 10 页)敬贤公娶黄

---

①　香山县于 1925 年改为中山县,1983 年撤县为中山市。孙中山诞生时,香山县尚包含今珠海市斗门区、金湾区之大部及广州市番禺区之一部。有关孙中山诞辰日有异说。1896 年 11 月,孙中山应英国汉学家翟理斯(H. A. Giles)编纂《中国名人词典》之邀所撰自传,称:“生于一千八百六十六年华历十月十六日。”(中华书局版《孙中山全集》第 1 卷,第 47 页)据孙氏《列祖生没纪念部〔簿〕》载:“十八世祖考字德明,达成公三子,生同治丙寅年十月初六日寅时。”(孙氏:《列祖生没纪念部〔簿〕》,孙中山故居纪念馆编:《孙中山的家世——资料与研究》,第 11 页)原配卢慕贞遗物中孙中山生辰八字则说明:“乾诞于同治五年十月初六寅时(丙寅、己亥、辛卯、庚寅)。”(黄季陆:《国父生辰考证的回忆》所附影印件,《传记文学》[台北]第 11 卷第 2 期)

②　自罗香林《国父家世源流考》提出孙氏十二世祖连昌公于清初康熙年间从广东紫金经广东增城辗转迁至香山后,颇有人以广东紫金为孙中山祖籍者。后经学者根据翠亨孙中山故居所藏《孙氏家谱》(原为孙妙茜保存)、《孙梅景等卖田契》、《孙达成兄弟批垦山荒合约》(两件)、孙妙茜对中国国民党党史委员会钟公任关于祖籍在东莞的自述及翠亨村附近孙氏祖墓等文物、文献,认定孙氏先于明代已从东莞迁居香山,并非清初始从紫金迁来。(邱捷等:《关于孙中山的祖籍问题——罗香林教授〈国父家世源流考〉辨误》,《孙中山和他的时代——孙中山研究国际学术讨论会文集》下册,第 2274—2297 页)

氏,生三子,长达成公、次学成公、三观成公。(孙满编:《翠亨孙氏达成祖家谱》,孙中山故居纪念馆编:《孙中山的家世——资料与研究》,第 17 页)父达成公,名观林,生于嘉庆十八年癸酉(1813)。早岁家境小康,后因故中落①,遂于十七岁时赴澳门学鞋艺,充鞋匠,至三十二岁始返里。又一年,娶隔田村杨胜辉之女。(黄彦等:《孙中山的家庭出身和早期事迹》,《广东文史资料》1979 年第 25 辑,第 278—279 页)婚后十年,始生长子眉(字德彰,号寿屏,1854—1915),又三年,生长女金星,又三年,生次子典。金星四岁,典六岁,俱殇。又三年,生次女妙茜(1863—1955)。又三年,孙中山诞生。(孙氏:《列祖生没纪念部〔簿〕》,孙中山故居纪念馆编:《孙中山的家世——资料与研究》,第 11 页)

孙中山谱名德明,幼名帝象,稍长取名文。初字日新,后易为逸仙。1897 年旅居日本,又署名中山樵。为从事秘密活动,亦化名高野长雄、陈文、陈载之、中山二郎、吴仲、高达生、杜嘉诺、艾斯高野、阿罗哈(Dr. Alaha)等。至民国后,国内始多称孙中山。日本习称孙文,欧美则常称孙逸仙(Sun Yat-sen)。公文、函电多自署孙文。

孙中山自述"文之先人躬耕数代",(《上李鸿章书》,《孙中山全集》②第 1 卷,第 18 页)而至当时,家境更为困苦。翠亨村位于香山县之东南,距县治石岐二十九公里,离澳门三十七公里。虽背山临海,小溪绕村,风景秀丽,然土近沙质,种植水稻杂粮,产量皆低,故乡人多外出谋生。孙中山诞生前后之翠亨村,居民约六七十户,以杨、陆为两大姓,占有村中大部土地。达成公赴澳门谋生,未能改变家道中落之事实,返乡后靠租种为生,曾租祖赏田两亩余及弟媳程氏(学成之妻)田地四亩,种植水稻杂粮。1862 年,尝以兄弟三人名义批耕一块祖

---

①　关于敬贤公家境,说法歧异。今取罗香林所记孙妙茜忆述。(罗香林:《国父孙公家世试探》,《更生评论》第 2 卷第 2 期)孙妙茜述祖、父因迷信风水,由小康而至贫困,当大体可信。然罗香林所记"敬贤公以耕读发家,颇有钱",则恐有夸大。

②　本书征引《孙中山全集》,除特殊说明外,均指中华书局版。详细版本信息参见"征引文献"。

产山地,欲种植果树,后因缺乏钱力,开垦果园之计划未果。达成公尚兼充村中更夫,勉强维持全家生计。一家蜷居于村边长约二丈六尺、宽约一丈二尺之简陋泥砖屋中,日以番薯为主粮,艰难度日。(黄彦等:《孙中山的家庭出身和早期事迹》,《广东文史资料》1979 年第 25 辑,第287—290 页;《孙达成兄弟批垦山荒合约》[同治二年、三年两件],孙中山故居纪念馆编:《孙中山的家世——资料与研究》,第 64—65 页;罗香林:《国父家世源流考》,第 33—42 页)然其中简单古朴之风,亦深刻影响孙中山。"家庭中虽是守旧一些,但却是古朴可风,另有一种美德存在着,我因为要博他们重视,所以一心上进。所说的那种美德,是保守的,并不是进取的,不过却是很适合于人生道德的。我的母亲希望我能得家庭中的信仰,和全村人的敬礼,使我自己得以身心愉快。"([美]林百克著、徐植仁译:《孙逸仙传记》,第 42—43 页)

1867年(清同治六年 丁卯)一岁

9月5日(八月初八日) 叔观成去世。

叔学成公生于道光六年丙戌(1826),观成公生于道光十一年辛卯(1831),均尝渡美谋生。学成公于1864年卒于美国加利福尼亚金矿区,观成公于本日卒于上海。学成公遗妻程氏,观成公遗妻谭氏,均由达成公留养于家。(孙氏:《列祖生没纪念部〔簿〕》,孙中山故居纪念馆编:《孙中山的家世——资料与研究》,第11页;中国国民党中央执行委员会党史史料编纂委员会:《总理年谱长编初稿》,第5页)

1868 年(清同治七年　戊辰)二岁

是年　日本改元明治,实行改革维新,奠定日后富强根基。孙中山日后常以明治维新观照中国事务,称:"日本维新是中国革命的第一步,中国革命是明治维新的第二步。中国革命同日本维新实在是一个意义。"(《与长崎新闻记者的谈话》,《孙中山全集》第11卷,第365页)

1869 年(清同治八年　己巳)三岁

10 月 9 日(九月初五日)　祖母黄氏病逝。

幼时深受祖母之钟爱,常听祖母讲述故事,潜移默化,激发志趣。祖母于本日卒,享年七十有八。时已晓举哀,家人以其稚也,抱之送殡,勿欲,拟负以行,亦勿欲,卒随众以行。(孙氏:《列祖生没纪念部〔簿〕》,孙中山故居纪念馆编:《孙中山的家世——资料与研究》,第 10 页;中国国民党中央执行委员会党史史料编纂委员会:《总理年谱长编初稿》,第 11 页)

是年　兄孙眉至邻乡南萌墟程名桂家充长工。(黄彦等:《孙中山的家庭出身和早期事迹》,《广东文史资料》1979 年第 25 辑,第 281 页)

1870 年(清同治九年　庚午)四岁

7月至9月(六月至八月)　普法战争,法国战败,普鲁士完成德意志统一。

日后尝论德国之形势,论其兴旺之由,以为:"德国之形势与俄反对,故其立国基础,其历史,各不相同。俄为负嵎之国,受攻击者只有西南方面,复有沼泽之阻,与严寒冰雪之困难。德国则不然,其地四战,接境之国,旧不相能。故俄以退婴持久立国,而德不能不猛进,征之近世之史,俄虽屡败,不见其损,而普鲁士自有国以来,非战功煊赫,即国势衰颓,决无能暂时保守之理。而其军制,经三度之改革,即三树功名,始以非烈特力大王之力,发挥其军国精神,遂一跃伍于强国。拿破仑战争时,一旦败,即全国失所倚恃,王后路易沙以为法所侮,力倡复仇之议。当时以法国之限制,常备军额极稀,商何斯德乃采用后备续备兵役之制,豫养成多数之军队,于是在拿破仑战争末期,普之兵威,在大陆诸国上。暨乎威廉第一,再改革兵制,扩充军备,即破奥破法,建造德意志帝国。盖以其地形无自然扩张之余地,一出而图发达,则有战争,一不利于战争,则阻其发达。"(《中国存亡问题》,《孙中山全集》第4卷,第84页)

1871年(清同治十年 辛未)五岁

9月3日(七月十九日) 妹秋绮(1871—1912)生。

是年 兄孙眉赴檀香山。

孙眉此次乃随雇主程名桂而行,同程尚有同邑郑强诸人。抵檀香山后,孙眉最初与郑强在当地华侨所办菜园充工人,月薪十五元,每月寄家十元。工作十一个月后,转赴某夏威夷人所设农牧场充长工。如是几年后,转徙茂宜岛垦荒耕种,渐渐积有资本,遂开设米铺、杂货店,兼涉畜牧、酿酒、伐木诸业,家业始大。(黄彦等:《孙中山的家庭出身和早期事迹》,《广东文史资料》1979年第25辑,第281页)日后遂成为孙中山革命事业之坚实后助。

△ 听婶母程氏述洋人情状。是为记忆能及最早之事①。

从程氏处听闻外国轮船停泊于金星门外,甚为不妥,因常有可怕之事发生。所闻洋人皆富足,穿着怪异,不蓄辫,而留长髯,偶见火红髯须。用餐惯用刀具,使火枪,甚惧之。遂引发思考,以为既然洋人如此使人不安,必有值得研究处。([美]林百克著、徐植仁译:《孙逸仙传记》,第5—6页)

———————

① 时间不可考。孙中山自述此为记忆最早之事,故至少应早于对劳作之回忆,姑系于是年。([美]林百克著、徐植仁译:《孙逸仙传记》,第5—6页)

1872 年(清同治十一年　壬申)六岁

是年　随四姐赴金槟榔山打柴,拾猪菜。亦替人牧牛,以获得驱牛犁自家二亩半地之工价。闲时亦帮同家人做零活。(陆天祥:《孙中山先生在翠亨》,《广东辛亥革命史料》,第454页)

因幼年生活之艰辛,激发对于中国农民与民生问题之思考。自称:"农家子也,生于畎亩,早知稼穑之艰难。"(《拟创立农学会书》,《孙中山全集》第1卷,第25页)又谓:"幼时的境遇刺激我,……我如果没出生在贫农家庭,我或不会关心这个重大问题(按:指民生主义)","当我达到独自能够思索的时候,在我脑海中首先发生疑问,就是我自己的境遇问题,亦即我是否将一辈子在此种境遇不可,以及怎样才能脱离这种境遇的问题。"(宫崎寅藏著、陈鹏仁译:《宫崎滔天论孙中山黄兴》,第6页)且"认为中国农民的生活不该长此这样困苦下去。中国的儿童应该有鞋穿,有米饭吃"。(宋庆龄:《为新中国奋斗》,第5页)

△　接孙眉来函,得闻火奴鲁鲁风情。

与兄孙眉通信,主要凭借往返于火奴鲁鲁与中国间之侨民,故大致需一年时间书信方能往返。日后尝忆及:"大哥去了不到一年,他们就接到了他的消息。他很平安的到了火奴鲁鲁,并且很是顺利,他的信里讲着那儿的美景,土地的肥沃,食物的丰富,棕树绕着的海滨,果园与葡萄园的众多,的确是宝藏的群岛。"([美]林百克著、徐植仁译:《孙逸仙传记》,第83—84页)

1873年(清同治十二年 癸酉)七岁

是年 继续参与农作。

年稍长,开始随父下田插秧、挑水、除草。若遇合潮,亦随外祖父杨胜辉驾小艇至金星门附近海域采蚝①。(黄彦等:《孙中山的家庭出身和早期事迹》,《广东文史资料》1979年第25辑,第282页)

---

① 时间不详,姑系于此。

1874 年(清同治十三年　甲戌)八岁

是年　抗击"豆腐秀"二子之欺凌。

幼时好动,喜游戏,爱放风筝、踢毽子、跳田鸡、量棒、劈甘蔗。([美]林百克著、徐植仁译:《孙逸仙传记》,第 37 页)游戏中屡现勇气,见仗义之气概。孙妙茜忆述:"总理幼时即喜为人打仗,见群儿被人欺凌,则大抱不平,必奋勇以打,即打不赢,亦不稍退。村童衣服,每为扯破,母亲必代为补好,并严责总理。"(罗香林:《国父家世源流考》,第 38 页)因其倔强奋勇,乡人称之"石头仔"。邻有专营豆腐者,乡人呼为"豆腐秀",育二子,年皆长于孙中山。因屡遭此二子无端欺凌,一日愤而反抗,直追至豆腐店,以石破豆腐锅。虽"豆腐秀"自知理亏,然杨太夫人念"豆腐秀"生活艰辛,愿赔偿损失。"豆腐秀"甚感,之后其二子亦不再欺凌他人。(陆天祥:《孙中山先生在翠亨》,《广东辛亥革命史料》,第 455 页)

1875 年(清光绪元年　乙亥)九岁

1 月 12 日(甲戌年十二月初五日)　同治帝爱新觉罗·载淳病故,醇亲王之子爱新觉罗·载湉继位,改元光绪。

是年　入村塾读书①。

孙妙茜忆述:"总理少即聪颖,惟以达成公家计不丰,故至十岁,始正式入乡塾读书。"(罗香林:《国父家世源流考》,第 38 页)

村塾设于翠亨村冯氏宗祠,由杨姓外之九姓联合举办,以祖庙名义开设。塾师由村董聘任,学生每年需缴学费若干。最初塾师为王姓(一说为黄姓),绰号"蟛蝶王"(粤语蟾蜍之谓),所习功课有《三字经》《千字文》《幼学故事琼林》,以及《四书五经》选读等。(黄彦等:《孙中山的家庭出身和早期事迹》,《广东文史资料》1979 年第 25 辑,第 283 页)

入塾后,熟读《三字经》《千字文》等课文,"瞬即背诵无讹",(罗香林:《国父家世源流考》,第 38 页)然因塾师不讲书义,不免疑惑。故询问塾师:"我一些不懂,尽是这样唱是没有意思的。我读他做什么?""我一些不懂书中的意义。为什么要天天这样无意识地念呢?""我到学堂里来是要先生教我读的,而我竟不明白我所读的。""世上不论什么事情都有理由的,所以为什么这种文字没有意义呢?"要求塾师"启发我知道我所读的书中的意义"。塾师虽未能满足要求,却激发求知之

---

①　一说入塾读书时为十岁,即 1876 年,今从孙妙茜说。孙妙茜所说皆为虚龄,十岁即九岁。村塾面积极小,条件简陋。可参看黄宇和实地考察内容。(黄宇和:《三十岁前的孙中山:翠亨、檀岛、香港 1866—1895》,第 133—134 页)

欲,认定"就是这个经书里面一定也有道理的。我总有一天要寻求出来"。(〔美〕林百克著、徐植仁译:《孙逸仙传记》,第 45—47 页)

△　放学后,每参与家务劳作。

孙妙茜忆述:"总理自小任事勤敏,自塾回家,必帮助农作,如打禾之类,皆所擅长。又喜泅水,入水如蛙,村中儿童,皆不能及。"(罗香林:《国父家世源流考》,第 38 页)

△　得闻太平天国故事[①]。

翠亨村老农冯爽观,曾入太平天国军,参与反清起事。常在孙中山住屋门前榕树下憩息,对孩子们讲述太平天国反清故事。孙中山每听之入神,因此颇为敬慕洪秀全其人,尝称:"洪秀全灭了满清就好咯。"(黄彦等:《孙中山的家庭出身和早期事迹》,《广东文史资料》1979 年第 25 辑,第 282 页)

△　因人辱及父母,起而相争,受重伤昏厥[②]。

同村杨培初,恃年较长,言语侮辱孙中山父母,遂起而争辩,继而动手,因气力不敌,终被杨培初抓住辫子,头部被猛撞于冯氏宗祠门口之墙角,以致昏厥。经乡人与母亲之急救,得以苏醒。虽年幼,受重击而未哭,乡人见其倔强,称他为"石头仔"[③]。(李伯新:《孙中山史迹忆访录》,《中山文史》1996 年第 38 辑,第 60 页)

---

① 　具体时间不可考,姑系于此。
② 　具体时间不详,因事发地在村塾,故系于入塾之年。
③ 　对于"石头仔"之得名缘由,陆天祥所记与此略异。而强调孙中山之倔强不屈则一贯,姑存两说。

1876年(清光绪二年 丙子)十岁

是年秋 阅孙眉信,兴出洋之志。

孙眉至檀后,原为人佣作。稍有积蓄后,旋向当地政府领地开垦,数年后,更租得茂宜岛滨海之地,广事畜牧种植,渐致富厚,"至是驰书家人,详述岛中政俗之优良、土地之肥沃及所营事业之发展。总理阅之,勃然兴航洋之志"①。(中国国民党中央执行委员会党史史料编纂委员会:《总理年谱长编初稿》,第29页)

△ 继续在村塾读书。

△ 对社会黑暗现象屡表不满②。

于村塾读书期间,某日水盗入村抢劫一位美国侨商寓所。虽大部分孩童因惊吓返家,仍勇敢前往观看。侨商泣告,水盗将其冒着生命危险从洋人处做苦工积攒之积蓄全部掠去,倘使留于洋人处,有法律保护,中国则只有禁令而无保护。遂思索中国为何无类似洋人之真切保护当事人的法律。([美]林百克著、徐植仁译:《孙逸仙传记》,第51—55页)

又某日,得见清朝官兵赴翠亨查抄因贩卖"猪仔"而暴富之杨姓三兄弟家产,并乘机洗劫邻人杨启恒的金银器皿,封其房舍。抄查时,尝有人劝其躲避,遂答曰:"他是人,我也是人,怕他什么!"且一直

---

① 孙眉1871年赴檀,"至是驰书家人",恐不合情理,因孙眉此前已有汇钱至家之事。似应系孙眉境况渐好,至是驰书招家人赴檀,孙中山乃"兴航洋之志"。

② 以下数事时间不详。惟陆天祥回忆查抄杨姓兄弟事在1876年,今姑系于本年。

跟随清兵查封,俟其每查封一间,即回家报讯。且愤愤不平,告知其父道:"他们多像强盗一般,假使他们人少,我就上前跟他们拼,看他们能奈我何! 我们一定要报复!"①(孙中山年谱新编编纂组:《孙中山年谱新编》初稿第 1 分册,第 23 页;陆天祥:《孙中山先生在翠亨》,《广东辛亥革命史料》,第 456 页)

孙家前代因故几次变卖田地,计有数千亩。在变卖时,因回避高昂的买卖契税,按通常习惯采用白契转手,没有正式在官府粮册上变更田主,未用官方之红契,故孙家仍须每年按册交纳赋税,甚至贿赂征税官。此事屡次使孙家陷入困境,因此幼年的孙中山对此印象深刻。日后忆述:"我一遍一遍问我自己,为什么那些官吏对于红契要这样勒索重费而使人家用这种白契的权宜方法呢? 为什么这般官吏不依经书上合于道德的办法做呢? 为什么所谓天子的容许这样不公平的法律使百姓许多诡计逃过官吏加的苛税呢? 而且我一遍一遍自行打量道,'一定有补救的方法反对官吏的罪恶的'。"但村中一位长者告知:"没有补救的方法,因为这是天子的规例。"([美]林百克著、徐植仁译:《孙逸仙传记》,第 60—63 页)

△　赴邻村三合会武馆观看习武。

三合会在翠亨附近之石门坑、佋福隆、峨嵋、大象埔、山门诸乡村设有武馆,故常与村塾同学杨帝贺、孙梅生等,偷跑去观看三合会员练习技击。回家后便仿效起来,舞弄拳棒。(黄彦等:《孙中山的家庭出身和早期事迹》,《广东文史资料》1979 年第 25 辑,第 283 页)

---

① 此事又见《孙逸仙传记》第 56—58 页。该书称三兄弟"致富之由,是从勤俭坚忍得来的",还提到孙中山于抄查后曾到该三兄弟的花园向清朝官员抗议,官吏大怒,拔刀追刺孙中山,孙中山走避得免。此书并未说明此事发生时间。

△　反对给妹妹缠足①。

---

①　此事发生时间不详,姑系于本年。据[美]林百克著、徐植仁译《孙逸仙传记》:"孙家的人对于缠足的风俗心里当然以为有些野蛮,但因为这是中国积习,所以认为好的;于是中山的姊姊自然也免不了这个痛苦了。伊……一夜一夜地辗转反侧,呻吟着,竭力忍受……后来中山对于此事不能再忍下去了。他爱他的姊姊同爱家中别人一样。他勇敢地走到他母亲那里说:'母亲呵,这个痛苦对于伊太厉害了,请不要再缠伊的脚罢。'……他又复抗议说,中国女子把两足毁伤实在是毫无理由的。"(第 71—73 页)英文原著(P. Linebarger *Sun Yat-sen and Chinese Republic*, p. 79. New York, 1925)均作"sister",未确指姐抑妹。昔日缠足一般在幼年时进行,孙妙茜长于孙中山三岁,孙秋绮小于孙中山五岁,孙中山反对为之缠足者,应系孙秋绮较合情理。

1877 年(清光绪三年　丁丑)十一岁

是年　继续在村塾读书。王姓塾师病故,村塾改聘南蓢人程植生(籍笙)任教①。(孙中山年谱新编编纂组:《孙中山年谱新编》初稿第 1 分册,第 36 页)

△　接触基督教。

"总理最初和西教士的接触,是在民国前三十五年,他十二岁,在香山县翠亨乡,从美教士克尔习英文。这位克尔教士,可以说是他开始认识西方文化的启蒙师,同时也可以说是他最初和基督教接触的开端。"(陆丹林:《革命史谭》,荣孟源、章伯锋主编:《近代稗海》第 1 辑,第 560 页)

---

①　据村民杨连合回忆,王姓塾师去世后,"请程植生之父任教。植生当时是伴读的,年纪比中山大不过五岁,乳名帝根。可能植生之父稍事外出,即由植生来代管一下儿童的"。(李伯祥:《孙中山史迹忆访录》,第 88 页)另据黄宇和实地考察,程植生故居正门上楣匾额有邹鲁题书"帅傅遗居",可证实际继任者确为程植生。(黄宇和:《三十岁前的孙中山:翠亨、檀岛、香港 1866—1895》,第 135 页)程名步瀛,字守坚,别字籍笙,号君海。其事略及与孙中山关系可参阅程祥开:《孙中山先生拨款助师的手令》,《香山》报《孙中山先生诞辰 121 周年纪念专刊》。

1878 年(清光绪四年　戊寅)十二岁

是年　反对赌博,遭赌博者毒打。

孙妙茜忆述:"总理自小反对赌博,十三岁时,值群儿集祠堂为牌九之戏,其中有杨帝卓者,年十七矣,总理拉其辫子,劝其勿赌。帝卓以拉辫子必败赌运,深致不满,俄而大败,遂擒住总理,拉辫子以头击壁,至剧痛气绝不省人事。后众人以药涂之,一时许始苏。母亲乃携之回家。母亲教子甚严,遇总理与他家儿童无理殴打,必唤返鞭责,是番以曲在帝卓,故未被责。"(罗香林:《国父家世源流考》,第 38 页)

△　拟随回乡完婚的孙眉赴檀,未果①。

孙妙茜忆述:"寿屏读书仅四年,年十八,即赴檀香山经商。二十五岁返里与谭氏结婚。"(罗香林:《国父家世源流考》,第 38 页)

孙眉向乡人介绍檀香山景色、物产,并以自己致富事实鼓励乡人同往,遂于返檀前招募一批移民。受兄孙眉之影响,遂亦恳求父母准许偕行,遭严拒,大失所望。([美]林百克著、徐植仁译:《孙逸仙传记》,第 90—93 页)

△　结束村塾学习阶段,"毕经业"。(《复翟理斯函》,《孙中山全集》第 1 卷,第 47 页)

---

① 一说孙眉完婚在 1877 年。

1879 年(清光绪五年　己卯)十三岁

3 月(二月至三月)　美国经济学家亨利·乔治(Henry George)撰成《进步与贫困》一书,是书出版后在欧美引起轰动。日后此书对孙中山民生主义思想形成影响甚大。

5、6 月间(四月至五月)　与母同赴檀香山[①]。

"十三岁随母往夏威仁岛(Hawaiian Islands),始见轮舟之奇,沧海之阔,自是有慕西学之心,穷天地之想。"(《复翟理斯函》,《孙中山全集》第 1 卷,第 47 页)本次旅程从 5 月 21 日出发,经过约二十五天的旅程,到达了夏威夷群岛的奥阿厚岛的檀香山。(黄宇和:《三十岁前的孙中山:翠亨、檀岛、香港 1866—1895》,第 189 页)

此次旅程从澳门出发,乘坐孙眉事先雇好的铁汽船。林百克记道:"1879 年中山是十四岁了,他由水道从翠亨村直接到澳门去。"先是,孙眉已在翠亨村外设一移民事务分所,聘共事者留居处理移民事

---

① 关于孙中山首次赴檀时间,常见的有 1878 和 1879 年两说。查《孙逸仙传记》所记系据孙中山本人忆述,记赴檀事以 1879 年与孙中山当日年龄 14 岁(虚龄,英文原著作"in 1879, then in his fourteen years". p. 104)并提,且从 1879 年起另写一章,作为孙中山一个新时期的开始,误记可能性较小。孙妙茜忆述孙中山赴檀时为 14 岁(虚龄)。(罗香林:《国父家世源流考》,第 38 页)孙中山在意奥兰尼学校的同学钟工宇也说"国父是十四岁那年来到檀岛"的。(钟工宇:《我的老友孙逸仙先生》,尚明轩等编:《孙中山生平事业追忆录》,第 726 页)据上述资料,遂采 1879 年首次赴檀之说。关于同行赴檀者亦有多种说法。孙中山自云随母,冯自由记为与孙眉同行。(冯自由:《革命逸史》第 2 集,第 2 页)孙缌则确指同行者为郑强夫妇。(孙中山年谱新编纂组:《孙中山年谱新编》初稿第 1 分册,第 44 页)今据自述。

务。至此,"他的哥哥的共事者,已在那里雇定了一只约二千吨的英国铁汽船,叫做格兰诺去的,预备载运中国侨民,到火奴鲁鲁去了。这是中山离家的第一次,他向来对于西方的生活不大知道,像和他同年的别的中国小孩一样"。

"到澳门的时候,这辉煌的城中,有赌室、鸦片馆、花船、妓女等等的引诱,他知道这些都是错的。""这些不正常的浮华,大违背中山先生的天性,所以虽然年幼,亦不愿深询,他甚至不愿登陆。"

此行中,对外国轮船机器之便利深有感触。日后告知林百克:"这么重的一个梁,要多少人才可以把它装配好。忽的想到那已发明这个大铁梁的天才,又发明了应用他一个机械的用法。外国人所做的东西,我们中国人不能做,吾立刻觉得中国总有不对的地方了。"旅途中,目睹船员海葬,亦引发思考。

抵檀后,对当地便利的邮政事业、良好的秩序和法制印象深刻。认为当地人生活状况是好的,"为什么呢? 因为那里有法律,正是翠亨村遭水盗劫掠者所说的中国所没有的法律。他相信,中国所急需的,就是美国式的法律"。([美]林百克著、徐植仁译:《孙逸仙传记》,第95—109页)

是年夏秋间 协助孙眉处理店务①。([美]林百克著、徐植仁译:《孙逸仙传记》,第114页)

9月中旬(七八月间) 入火奴鲁鲁意奥兰尼学校就读。

自述:"是年母复回华,文遂留岛依兄,入英监督所掌之书院(Iolani College, Honolulu)肄业英文。"(《孙中山全集》第1卷,第47

---

① 据《孙逸仙传记》,孙中山系在孙眉设于珍珠港区"爱槐"之商店司业。一说孙中山抵檀后赴孙眉在茂宜岛茄荷蕾埠开设之店协助店务。(冯自由:《革命逸史》第2集,第2页)据钟工宇记,其时"孙眉在火奴鲁鲁不远的依华(Eva)地方,辟一个农场,1880年,他在火奴鲁鲁的京街(King St.)至贺梯厘街(Hotel St.)之间的怒安奴街(Nuuanu Ave.)之左边,开了一爿商店。三年以后,孙眉迁至茂宜岛(Maui)姑哈禄岛(Kahului),在那里他又开了一爿商店。"(钟工宇:《我的老友孙逸仙先生》,尚明轩等编:《孙中山生平事业追忆录》,第726页)郑东梦称《檀山华侨》(檀香山1929年出版)"檀山华侨"第11—12页称孙中山抵檀时,孙眉在衣华仔炉(按当系Eva Waipahu之音译,其地在珍珠港之西)业农,已有积蓄。若据上两说,孙中山当年似不可能赴茂宜之茄荷蕾埠。

页)

　　孙眉初衷乃望孙中山来檀后帮助店务,学习商道,以便日后能独立经商,出人头地。故最初安排,一是派入店内参与实际商业操作,一是命其在私立商业学校补习算术等从商必须之学科。后因见孙中山求知欲极强,又具极好之领悟力,故改变主意将其送至意奥兰尼读书。(黄彦等:《孙中山的家庭出身和早期事迹》,《广东文史资料》1979 年第 25 辑,第 284 页)

　　钟工宇回忆,他本人于 1879 年入意奥兰尼学校为寄读生,开学时华侨学生仅得唐雄和李弼二人。两周以后,孙中山始以孙帝朱(Sun Tai-chu)①的名字来入学。(钟工宇:《我的老友孙逸仙先生》,尚明轩等编:《孙中山生平事业追忆录》,第 726 页)孙中山亦是寄读生。1902 年接管意奥兰尼学校的热斯塔日特主教(Bishop Henry Bond Restarick)称:"阿眉拜会了韦礼士主教,结果帝象这孩子就在 1879 年的暑假后就进入意奥兰尼当寄宿生。"(黄宇和:《三十岁前的孙中山:翠亨、檀岛、香港 1866—1895》,第 206 页)陆灿也回忆:"孙眉说他将送帝象到一个名叫洛拉尼(即意奥兰尼)的教会学校去上学,校长是艾尔弗雷德·威利斯(即韦礼士)主教。遗憾的是孙眉住在一个遥远的、名叫莫衣(即茂宜)的海岛上,他在这个岛上经营一个牧牛场。因此帝象必须住校,而且不能常去他哥哥那儿。"(陆灿:《我所了解的孙中山》,第 6 页)其后,其他的中国学童也跟着进来,这一年里,已有十位侨生,七位寄读,三位走读。(钟工宇:《我的老友孙逸仙先生》,尚明轩等编:《孙中山生平事业追忆录》,第 726 页)该校最初仅招收夏威夷及混种夏威夷青少年,后也招收华侨学童。孙中山入学时该校由韦礼士主持。该校收费较其他学校高,但孙眉爱弟心切,不吝资助,故孙中山始终未转校。(钟工宇:《我的老友孙逸仙先生》,尚明轩等编:《孙中山生平事业追忆录》,第 727 页;郑东梦编:《檀山华侨》,第 12 页)

———————————

　　①　孙中山用"孙帝朱"之名,目前仅见于钟工宇的回忆。

　　意奥兰尼学校系英国圣公会史泰利主教(Bishop Staley)于 1862 年创立,韦礼士主教(Bishop Willis)于 1872 年接替史泰利主教①。1879 年 9 月,孙中山入意奥兰尼学校就读时,该校校长是埃布尔·克拉克(Abell Clark,1875—1880 年任职)。孙中山就学时期,该校教员为:

　　Baker,Brookes Ono,M. D. ;Headmaster 1880—1881.

　　Blunden,F. ;1873—?

　　Clark,Abll;1874—1879. Headmaster 1875—1880.

　　Hore,Edward;1872—1877,1878—1881.

　　Meheula,Solomon;1880—?

　　Merril,Frank Wesley;Teacher (Iolani) 1878—1880.

　　Supplee, Thomas; Headmaster 1879 (Bishops College [Iolani]).

　　Swan,William Alexander;1873—1874,1881—? Headmaster 1873—1874,1882—?

　　Taylor,Wray;Teacher (Iolani) 1880.

　　Whalley,Herbert F. E. ; Headmaster 1882.

　　在该校接受英国式教育。该校教学方式完全按英女王的学校督察团属下考试委员会所制定的教学方案办事。讲授科目包括主流的英国课程和商业课程,包含历史、算术、代数、几何学、生理学、拉丁文与绘图。其中历史课程,全是英国历史,教科书都从英国运来。其他历史诸如美国史都不在教授之列。算术课程也只讲授英国方面知识。商业课程则包括一些特殊项目,如木工和印刷。为配合讲授特殊项目,韦礼士主教在学校里设置了木匠作坊和印刷作坊。(黄宇和:

---

　　① 黄宇和根据 Benjamin O. Wist 的著作 *A Century of Public Education in Hawaii October 15, 1840—October 15,1940*(Honolulu:Hawaii Educational Review,1940),称意奥兰尼学校由韦礼士在 1872 年创办,并且该校所占土地、建筑物,全由其出资购买、建筑,为其私有物。(黄宇和:《三十岁前的孙中山:翠亨、檀岛、香港 1866—1895》,第 193 页)

《三十岁前的孙中山:翠亨、檀岛、香港1866—1895》,第195—196页)

在意奥兰尼学校的日程当遵照该校规章:

05:30 值班学生摇铃,所有宿生一块起床,列队步行到山溪上洗澡。

06:30 在宿舍阳台列队,点名,然后列队进入学校的教堂早经。

07:00 学生轮班集体打扫卫生。

07:30 集体早操(餐前餐后由舍监带头祈祷祝福与谢恩)。

08:15 军事锻炼(逢星期一与星期五);诗歌练习(逢星期二与星期四)

09:00 上课。

12:00 集体午餐(餐前餐后由舍监带头祈祷祝福与谢恩)。

13:00 上课。

15:45 集体体力劳动(诸如种菜、栽花、木工、印刷、大扫除)。

16:15 列队步行到山溪上游泳。

17:30 集体晚餐(餐前餐后由舍监带头祈祷祝福与谢恩)。

18:30 在学校教堂晚课。

19:00 集体在大堂自修。

21:00 上床。

21:20 关灯。(黄宇和:《三十岁前的孙中山:翠亨、檀岛、香港1866—1895》,第200—201页)

除此之外,每个学生都必须参加每天在该校教堂举行的早经晚课,由韦礼士主教亲自讲授基督教义,教导他们必须破除迷信和批判神像崇拜。(Lyon Sharman, *Sun Yat-sen*: *His Life and Its Meaning* [New York, 1934]. p. 13,引自黄宇和:《三十岁前的孙中山:翠亨、檀岛、香港1866—1895》,第198页)韦礼士主教还规定所有寄宿生在星期天必须上教堂,参加主日崇拜,崇拜仪式在主教的准座堂(procathedral)举行。同学们列队从位于卑斯街(Bates Street)的意奥兰尼学校,像行军般步操经过奴安奴街(Nuuanu Street),到达贝热坦尼阿街(Beretania

Street)，左转到堡垒街(Fort Street)，然后直趋娥玛王后街(Queen Emma Street)的圣安德烈(St. Andrew's)准座堂，参加 11 时举行的英语早祷礼拜及圣餐礼拜。(黄宇和:《三十岁前的孙中山:翠亨、檀岛、香港 1866—1895》，第 199 页)

参照同学钟工宇的回忆，可以想见孙中山在该校的日常生活。钟工宇回忆:

"我们第一年级共有九名学童，一位年轻的夏威夷教员名叫保罗(Paul)的，教我们初级英语，从 a、b、c 等字母开始。几个月后，保罗被调走，继而由英人慕驲先生(Mr. Merrill)接替他教导我们。每天早上教我们拼字。我们每犯一个错误，他都认真地记录下来。当我们犯了三次错误时，他就用他那象牙戒尺打我们手心三次。若犯五次错误，惩罚就更严厉。慕驲先生可真是严师，晚上监督我们集体温习功课时，谁也不敢吭声。上床以后，整个宿舍更是鸦雀无声。有时候我们几个华裔学童，熄灯上床后还偷偷地重新亮灯看书，但煤油灯逃不过韦礼士主教雪亮的眼睛，他马上前来制止。从此就再没人犯规。

"每天下午课余时分，我们就结队上山到阿乐可基(Allekoki)池游泳，是为每天最快乐的时光。混血儿吉姆·莫士(Jim Morse)自告奋勇地当我们的教练，他非常耐心，我很快就游得很出色，甚至从 12 英尺高的悬崖跳进水里也毫无惧色。每个星期六的下午，就改为进军卡盆纳瀑布(Kapena Falls)，在那里游泳两三个小时，直到晚餐时间快到了，才依依不舍地回校。

"韦礼士主教安排我们华裔学童共六人全权负责种植学校所拥有的一个菜园。该菜园在校外约 500 英尺的地方。我们种了生菜，但吃不完，以至生菜老得开花了，我们就向菜花扔石头取乐。虽然这个种菜的活儿枯燥乏味，但我们还是非常喜爱这份差事，因为我们可以借此多做户外活动。

"韦礼士主教希望我们七名华裔宿生都信教，故特意雇请一名华人宣教师，名叫黄硕仁（Wong Shakyen）者，用汉语来教我们《圣经》。条件是每月薪金六圆，并免费让他当走读生来学校学习英语。黄硕仁老师每天下午就在阳台讲授《圣经》。当初，我们乖乖地听他讲，后来我们觉得枯燥乏味，就威胁他说，除非他改为讲述中国历史故事，否则就罢课。他马上向主教报告。主教批示说：若孩子们不爱听《圣经》，他不会强人所难。于是批准黄硕仁改为讲述中国历史故事，如是数年。"（钟工宇：《我在夏威夷的七十九年 1879—1958》[*My Seventy Nine Years in Hawaii*，1879—1958]，引自黄宇和：《三十岁前的孙中山：翠亨、檀岛、香港 1866—1895》，第 213、199—200、200、218 页）

入学之初，完全不懂英语，遵照教师指示，坐看十数天后，遂渐渐体会到英语的拼写方法，读写二者均有很快进步，算术学习也进步很快。

当地同学曾拉孙中山发辫以取乐，遂忍无可忍，予以反抗。但他对年幼的同学却不动手，因为伤害弱者为他的天性所不容许。（［美］林百克著、徐植仁译：《孙逸仙传记》，第 116—117 页）

常有友善的外国人问："你为什么不把你的发辫剪掉呢？"答曰："我们为剪辫最后的目的，应该大家联合起来，等到全体的中国人都可剪辫时，才把辫剪掉。若是一个一个的把发辫剪下，是不相宜的。这种愚蠢的风俗，是满洲人强着我们做成的，必须等全体的中国人决心把它去掉，或者至少要有一个大多数，使全世界都知道才行。并且这发辫不过是中国所受许多耻辱中的一种，我们应该立刻的把许多耻辱全体去掉的。"（［美］林百克著、徐植仁译：《孙逸仙传记》，第 119—120 页）

1880 年(清光绪六年　庚辰)十四岁

是年初　校长埃布尔·克拉克(Abell Clark,1875—1880 年任职)辞职,由托马斯·萨普利(Thomas Supple)代理。3 月,韦礼士主教聘请英国人布鲁克斯·奥诺·贝克(Brookes Ono Baker)医学博士当校长。此人于纽约取得博士学位,在英国和美国有丰富的教学经验。(黄宇和:《三十岁前的孙中山:翠亨、檀岛、香港 1866—1895》,第 194 页)

12 月下旬(十一月下旬)　邀请钟工宇共度圣诞。

钟工宇忆道:"我在火奴鲁鲁的第一个圣诞和农历新年假期,是单独一个人在意奥兰尼学校度过的,继续我看管水泵的生涯。其他宿生都回家去了,唯独我在火奴鲁鲁没有亲人,只好如此。第二个圣诞新年假期就不同了,到了那个时候,我与孙帝象已成为密友,他邀请我一同到他哥哥孙眉的商店欢度节日。阿眉的商店在奴安奴街,即过去梁钊(Leong Chew)的商店所在地。孙眉非常好客,既邀请我也邀请了其他好友一起庆祝,宾主尽欢。"(钟工宇:《我在夏威夷的七十九年 1879—1958》[My Seventy Nine Years in Hawaii,1879—1958],引自黄宇和:《三十岁前的孙中山:翠亨、檀岛、香港 1866—1895》,第 216 页)

是年　继续就读于意奥兰尼学校,课余学习中国固有学问,阅读关于华盛顿、林肯的书籍。

就读期间,竭诚遵守校中纪律,对各科都努力学习,故成绩甚好。

（[美]林百克著、徐植仁译：《孙逸仙传记》，第121页）

　　据同窗唐雄追述："孙公在檀读英文时，而中文根柢颇深，西文课余有暇，常不喜与同学游戏，自坐一隅，辄读古文，吟哦不绝，有时笔之于纸，文成毁之，不知所书为何。且为人沉默寡言，不苟言笑，好读史乘，故英文进步甚速。"所读者为"华盛顿林肯诸先进的革命过程史乘"。（郑东梦编：《檀山华侨》，第15页）

　　当时，杜南（广东顺德人）正应驻粤美国领事邀请居留檀香山，教授当地美国政府人员学习华文粤语，因于课余另设夜学，以便华侨子弟习读中文。遂报名参加，与之过从甚密①。（陈占梅：《杜南先生事略》，《杜南先生哀思录》，第2—3页）

　　陈少白称孙中山在檀就读时"晚上回家②，温习功课后，他还是勤读中国书。"（陈少白：《兴中会革命史要》，中国史学会主编：《辛亥革命》第1册，第22页）

───────────

　　①　黄宇和考证该校制度，称"有些年长的学童在熄灯后偷偷地到外边玩，但由于主教查房时没有固定时间，他们被抓获重重有罚"。晚上寄读生还必须在老师监督下集体温习功课。据此谓上述论说与该校制度不符。（黄宇和：《三十岁前的孙中山：翠亨、檀岛、香港1866—1895》，第214页）

　　②　孙中山当为寄宿生。

1881 年(清光绪七年　辛巳)十五岁

1月底2月初(正月)　与孙眉、钟工宇共度新春。(钟工宇:《我在夏威夷的七十九年 1879—1958》[*My Seventy Nine Years in Hawaii*, 1879—1958],引自黄宇和:《三十岁前的孙中山:翠亨、檀岛、香港 1866—1895》,第 216 页)

是年　继续就读于意奥兰尼学校,始习军事体操。

是时,对校中救火会甚感兴趣。联想及故乡若遇火灾便顿起恐慌,更感在处理此类事件上,外国人究比国人优胜。第三学年学校设兵式体操,内心十分高兴,学习很热心。([美]林百克著、徐植仁译:《孙逸仙传记》,第 120 页)

1882 年(清光绪八年　壬午)十六岁

7 月 27 日(六月十三日)　毕业于意奥兰尼学校。

是日,学校举行毕业礼,来宾甚众,在座有檀香山国王架剌鸠、王后奄麻、公主利利奥架兰尼。英文文法科得第二名,由国王颁奖。(郑东梦编:《檀山华侨》,第 12 页)

在该校之生活,大体如其同学钟工宇之体会:"星期天安静地上教堂,平日吃得好、住得好,种菜、游戏、游泳,互相打架及与外人打架,听中国历史故事,当然还有正规的课程和同志般的友谊,让我在意奥兰尼的三年,过得愉快极了。"(钟工宇:《我在夏威夷的七十九年 1879—1958》[*My Seventy Nine Years in Hawaii*,1879-1958,pp.60-61],引自黄宇和:《三十岁前的孙中山:翠亨、檀岛、香港 1866—1895》,第 216 页)

毕业后,到孙眉经营的商店协理店务数月。([美]林百克著、徐植仁译:《孙逸仙传记》,第 122 页)

是年底　参加火奴鲁鲁奥阿厚书院预备学校的入学考试①。

自述在意奥兰尼学校毕业后,"再入美人所设之书院(Oahu College,Honolulu)肄业,此为岛中最高之书院。初拟在此满业,即往美国入大书院,肄习专门之学"。(《复翟理斯函》,《孙中山全集》第 1 卷,第 47 页)

---

①　或称孙中山在意奥兰尼学校毕业后,曾肄业于圣路易学校和夏威夷大学。按据《檀山华侨》"檀香山"载,圣路易学校(St. Louis College)、夏威夷大学(University of Hawaii)分别成立于 1883、1908 年。据此,孙中山肄业于夏威夷大学绝无可能。另孙中山于 1896 年《答翟尔斯教授函》中亦仅提到奥阿厚书院而未提及圣路易学校。

　　该校于 1841 年由美国的纲纪慎会海外传道会（The American Board of Commissioners for Foreign Missions，Congregational Church）所创办，为男女混合中学，初衷是为了教育教会子弟，以便他们返回美国本土升大学。到了 1853 年，开放给夏威夷社会人等。1855 年，美国纲纪慎会海外传道会总部决定撤销对该校直接的经济援助，由火奴鲁鲁本市名流成立一个信托委员会（Board of Trustees）接管，从此奥阿厚书院成为私立学校。（Benjamin Wist，*A Century of Public Education in Hawaii*，October 15，1840-October 15，1940，pp. 105-106. 引自黄宇和:《三十岁前的孙中山：翠亨、檀岛、香港 1866—1895》，第 221 页,黄将该校译为瓦胡书院）奥阿厚书院虽然脱离了美国纲纪慎会海外传道会，却并未放松耶教教育。1867 年 9 月 17 日修订的校规规定:"每天上课前必须朗诵《圣经》数段，然后祈祷……每周必须有一课的时间用于朗诵《圣经》。""学生若讲粗言秽语，亵渎神灵，说谎话，偷窃与干了其他不道德的事情如喝酒等，则必须驱逐出校。"（奥阿厚书院档案室藏，Oahu College，*Catalogue of Trustees*，*Teachers and Pupils of Oahu College*，1869-1870，p. 26. 引自黄宇和:《三十岁前的孙中山：翠亨、檀岛、香港 1866—1895》，第 222 页）

　　1881 年，奥阿厚书院筹建预备学校（Preparatory School），进行公开募捐，成功筹得巨资，遂购买火奴鲁鲁市闻名之"大石屋"（Stonehouse）。楼高两层，位于贝热坦尼阿街 91 号，毗邻意奥兰尼学校与唐人街，距离奥阿厚书院颇远。预备学校学制两年，奥阿厚书院本身学制为四年，加起来共六年之中学课程。（Irma Tam Soong，"*Sun Yatsen*"［1997］，pp. 160-170. 引自黄宇和:《三十岁前的孙中山：翠亨、檀岛、香港 1866—1895》，第 221 页）

　　1882 年底，奥阿厚书院预备学校举行招生入学考试，试题范围包括算术（分数程度）与北美洲地理，阅读能力则必须达到《威尔逊四级读本》（*Wilson's Fourth Reader*）。（奥阿厚书院档案室藏，Oahu College，*Catalogue of Trustees*，*Teachers and Pupils of Oahu College*，*June*

1883，p. 10. 引自黄宇和:《三十岁前的孙中山:翠亨、檀岛、香港 1866—1895》，第 221 页)孙中山顺利通过了入学考试。

1883 年(清光绪九年　癸未)十七岁

1月15日(壬午年十二月初七日)　正式入读奥阿厚书院预备学校。

是日,奥阿厚书院预备学校正式开课。遂与男女新生共十五人,分男女两组在新校舍集合,男列侧门,女列正门,列队步操上二楼,分入两个课室上课。(奥阿厚书院档案室藏, Oahu College, *Catalogue of Trustees*, *Teachers and Pupils of Oahu College*, *June 1883*, p. 10. 引自黄宇和:《三十岁前的孙中山:翠亨、檀岛、香港 1866—1895》,第 221—222 页)

奥阿厚书院预备学校的校长是莫露露小姐(Miss Lulu Moore);副校长是斯多斯小姐(Miss Storrs)。其他教师包括罗热先生(Mr. F. J. Lowrey),白奥姑斯达小姐(Miss Augusta Berger),柏文美小姐(Miss May Baldwin),阿玛丽小姐(Miss Mary Alexander)。(奥阿厚书院档案室藏, Alexander and Dodge, *Punahou 1841—1941〔1941〕*, p. 359. 引自黄宇和:《三十岁前的孙中山:翠亨、檀岛、香港 1866—1895》,第 222—223 页)

该校第一年的教科书包括罗宾逊著《实用算术》(Robinson's *Practical Arithmetic*);康奈尔著《地理》(Cornell's *Geography*);康奈尔著《英文文法》(Cornell's *English Grammar*);巴恩斯著《美国历史》(Barnes's *History of the United States*)。(奥阿厚书院档案室藏, Alexander and Dodge, *Punahou 1841-1941〔1941〕*, p. 359)其他科目包括

阅读、拼字、书法、作文、朗诵、绘图和歌唱。(奥阿厚书院档案室藏,Oahu College,*Catalogue of Trustees, Teachers and Pupils of Oahu College, June 1883*, p.13. 以上均引自黄宇和:《三十岁前的孙中山:翠亨、檀岛、香港 1866—1895》,第 222 页)

学费每周一银元,一学期十二周,一学期学费共十二银元。一学年分三学期:秋季学期从 9 月到 12 月;圣诞新年放假两周;冬季学期从 1 月到 3 月;复活节放假两周;春季学期从 4 月到 6 月;然后放暑假。

在奥阿厚书院预备学校读了冬、春两个学期后,在 1883 年 6 月 19 日预交了下一年度的学费和杂费共五十银元之后,1883 年度的学年就于 1883 年 6 月 30 日结束。(黄宇和:《三十岁前的孙中山:翠亨、檀岛、香港 1866—1895》,第 224 页)

7 月(六月)　因欲受洗入基督教,孙眉令其回国。

早在意奥兰尼学校学习时,已密切接触基督教。韦礼士主教当时专门请华人宣教师为华裔学童讲授《圣经》。学校制度还规定学童早晚需在学校教堂祈祷,星期日则在圣安德烈堂(St. Andrew's Cathedral)礼拜。奥阿厚书院同样属于教会性质很浓郁的学校,与纲纪慎会渊源很深。

曾在该校任教后为纲纪慎会专职主持夏威夷华民教务的芙兰·谛文对孙中山印象极佳。芙兰·谛文 1876 年离开已教了三年书的奥阿厚书院,担任夏威夷王国驻柏林公使馆的秘书,1880 年秋随德国神学大师杜勒(Friedrich A. G. Tholuck)的遗孀学习神学,1881 年 9 月回到夏威夷,并被美国纲纪慎会海外传道会夏威夷分会委任专职主持夏威夷华民教务。不久,芙兰·谛文就主持纲纪慎会在檀香山华人教会的主日学、《圣经》课、圣诗班,并在华人助手何培的协助下,与当地华人深入接触。孙中山入奥阿厚书院预备学校读书后,该校华裔学生都参加芙兰·谛文举办的主日学。芙兰·谛文对这些华裔学生的影响当不小。

据说"该校华人同学已多成为基督教徒"。与孙中山原在意奥兰尼同学的钟工宇和唐雄,也渐受影响。唐雄告知钟工宇,"他与孙帝象已经愈来愈渴望受洗入耶教"。钟工宇也承认,自己也愈来愈深信基督真理。而孙中山研究教义,勤谨异常,凡与论教理者,口若悬河,滔滔不绝。孙中山亦拟受洗入教,以告孙眉。孙眉大为不满,且后悔孙中山入该校,责骂备至。时有翠亨同乡杨鲲池语孙眉:"此子有大志,信教亦何害,不可过于束缚。"孙眉怒仍未已,暗禀达成公,拟促孙中山回乡,加以严训。孙中山以有志未遂,求助于同学钟工宇,且居留于其家。(黄宇和:《三十岁前的孙中山:翠亨、檀岛、香港 1866—1895》,第227—232 页;郑东梦编:《檀山华侨》,第 12 页)孙中山亦自述:"后兄因其切慕耶稣之道,恐文进教为亲督责,着令回华,是十八岁时也。"(《复翟理斯函》,《孙中山全集》第 1 卷,第 47 页)

陈少白谈到,孙眉的反对"并不是有什么理由,不过,他以为只有中国的教化最好,除了中国的教化以外,无论什么教,都是不正派,都要反对的"。(中国史学会主编:《辛亥革命》第 1 册,第 22 页)

在檀学习数年,深受影响,日后自述:"忆吾幼年,从学村塾,仅识之无。不数年得至檀香山,就傅西校,其教法之善,远胜吾乡。故每课暇,辄与同国同学诸人,相谈衷曲,而改良祖国,拯救同群之愿,于是乎生。当时所怀,一若必使我国人人皆免苦难,皆享福乐而后快者。"(《在广州岭南学堂的演说》,《孙中山全集》第 2 卷,359 页)

韦礼士主教在 1896 年称:"据记忆所及,帝象在校的时间,并没有表现有后来那些发展的情况,也没有遗留关于反对官府的计谋。"(罗香林:《国父与欧美之友好》,第 7 页)

△　回乡途中反抗清朝官吏勒索,并向同行乘客宣传中国政治改造之必要。

自檀香山抵香港后,改乘一中国沙船①回乡。途中清朝官吏分别以征收关税、厘金,查缉鸦片、火油为借口,对乘客进行四次勒索。

①　据黄宇和考证,林百克原著"沙船"对应"a Chinese junk",是一种普通帆船。

在最后一次官吏以查缉火油为名勒索时,遂与之抗争,并准备到港口时向官厅控诉。因此沙船被官吏扣留一整天,经船主行贿后始得开航。乃向同行乘客演说中国政治改造之必要:"中国在这些腐败万恶的官吏掌握中,你们还坐视不救么?"在船中尽力宣传,直到沙船到了金星港才停止。([美]林百克著、徐植仁译:《孙逸仙传记》,第 126—131 页)

"当时的所谓金星门港,不是一个正规的港口,哪里有沙滩,船就在哪里靠岸,乘客涉水上岸。金星门港是靠近淇澳的那段水域,所以孙中山要从淇澳坐船到长沙埔(崖口以南),下船后步行回翠亨村。长沙埔也没码头,乘客同样是必须涉水上岸。"(黄宇和:《三十岁前的孙中山:翠亨、檀岛、香港 1866—1895》,第 235 页)

是年夏秋　在乡居住,努力改良乡政,向村民抨击清政府之腐败。

日后谈及:"我回到双亲膝下后,乡间的宿老和朋友们都要我说我在夏威夷所得的见闻给他们听。而我所说的,都为他们所欢迎,因此,他们终于推我做资深议员,参与乡政之事,更多采纳我的意见。改修道路,在街道点夜灯;为防御盗贼,以轮流方式,用壮丁设置夜警队,令这些壮丁带枪等事皆是。"(宫崎滔天著、陈鹏仁译:《宫崎滔天论孙中山黄兴》,第 7 页)

常向村民抨击清政府的腐败,指出百姓交了赋税,却没有从这个政府中得到益处,又悲叹人民互不联络、迷信和愚昧,曾对村民们说:"这是不能归咎你们的。这是你们所称的天子的不是。一个政府至少应该使他的人民得到些便利于商业的基础。……满洲人不但在政治上不替你们干什么,并且对于种种道德教育都是忽略的。"他还以铜钱为例,指出上面的字不是中国字而是满洲字,统治中国的不是中国人而是满洲人。([美]林百克著、徐植仁译:《孙逸仙传记》,第 134—139 页)

是年秋　与陆皓东毁坏乡中北极殿神像,被迫赴香港。

陆皓东(原名中桂,字献香)原随在上海经商的父亲居住,父死后随母回乡。孙中山与陆为总角交,至是重聚,更为投契。两人常谈论中国政治的腐败。某次,从陆皓东处得闻香山濠头乡清军操演时之腐败情形,与人谓若有革命健儿五六十人,则可夺得虎门炮台。(黄彦等:《孙中山的家庭出身和早期事迹》,《广东文史资料》1979 年第 25 辑,第 285 页;陆灿:《孙中山公事略》,《孙中山研究》第 1 辑,第 340 页)又常集合青少年,演说太平天国与华盛顿、拿破仑事实。(中国国民党中央执行委员会党史史料编纂委员会:《总理年谱长编初稿》,第 51 页)

回乡后极力破除迷信,常劝拜神者,木偶无知,信奉无益。某次,与陆皓东到北帝殿将玄天上帝及金花娘娘的神像损坏。事后乡人大为鼓噪,达成公应允修复神像,遂被迫离乡赴香港,陆皓东亦赴上海。(冯自由:《革命逸史》第 2 集,第 2、10 页;黄彦等:《孙中山的家庭出身和早期事迹》,《广东文史资料》1979 年第 25 辑,第 285—286 页)

是年秋冬之交　结识喜嘉理牧师。

喜嘉理记:"1883 年秋冬之交,余与先生初次谋面,声容笑貌,宛然一十七八岁之学生,时其方自檀香山归。"(喜嘉理:《孙中山先生之半生回观》,尚明轩等编:《孙中山生平事业追忆录》,第 521 页)喜嘉理出生于瑞士,幼随父母移居美国,后进入加州奥克兰神学院(Oakland Seminary),是年年初甫毕业即被派往香港创建教堂。他于 3 月 31 日抵达香港,后在香港中环必列者士街 2 号租了一幢三层小楼,自己住顶楼,二楼接待教友,一楼作为课堂教授华童英文《圣经》。孙中山从家乡遁往香港举目无亲,或在此地暂住过。(黄宇和:《三十岁前的孙中山:翠亨、檀岛、香港 1866—1895》,第 324—328 页)

11 月至 12 月(十月至十一月)　就读于香港拔萃书室。

1896 年 11 月致函翟理斯,忆及"先入拔粹〔萃〕书室,数月之后转入香港书院"。(《复翟理斯函》,《孙中山全集》第 1 卷,第 46—48 页,集内有原函影印件)香港历史档案馆藏《拔萃男校编年史》载:"孙逸仙是本校 1883 年走读生,翌年转读皇仁书院。"《皇仁书院校史》亦载:"据 Featherstone 所著的《拔萃男校与拔萃孤儿院史录》,他来中央书院读书前,曾在拔萃读过书,时间是 11 月到 12 月之间。"(黄宇和:《三十岁前的孙中山:翠亨、檀岛、香港 1866—1895》,第 246—247 页)

拔萃书室的前身为创办于 1860 年的拔萃女子训练学校(Diocesan Native Female Training School),赞助人为港督罗便臣(Hercules Robinson)的夫人,董事局成员皆为香港权贵夫人,清一色洋人。学员都为香港富裕华人女儿。1870 年该校改组并易名为拔萃收容所暨孤儿院(Diocesan Home and Orphanage)。赞助人为港督麦当奴(Richard Graves MacDonnell),三位副赞助人为香港海、陆军司令和首席法官。总监为香港圣公会主教。办校目的为"按照圣公会的教义,为身心健康的男女儿童提供住宿、温饱和教育,以便培养工业人才和基督教信徒"。原本接受"父母有能力缴交一切费用的男女儿童",因实际情况不允许,该校大多容留交不起学费的学生,而向社会募捐。因经费问题,该校董事局在1877—1878 年度决定暂不接受男宿生,1878—1879 年决定从此不接受新的女宿生,待已入宿的女生毕业离开后,该校便变为纯粹男校。1886—1887 年决定不再接受不能缴费的学生。故孙中山入学时,尚容纳交不起学费的学生入读。(黄宇和:《三十岁前的孙中山:翠亨、檀岛、香港 1866—1895》,第 260—261 页)

入读之年,该校共收容五十名儿童,年龄在六到十七岁之间。该校规定入校的十二岁以下学童每人每月缴费(包含学费、食宿费、衣服、医疗和洗涤费)12.5 元,十二岁以上学童每人每月收费 15 元。该费用部分自付,部分向社会人士募捐而来。孙中山当时是该校的走读生。该校由一位教师(master)和一位舍监(matron)分别负责教学和住宿事务。当时该校讲授的科目有英语阅读、英语作文、英文文法、算术、地理、历史六门。(《拔萃男校编年史》,引自黄宇和:《三十岁前的孙中山:翠亨、檀岛、香港 1866—1895》,第 247—262 页)

12 月(十一月)　中法谈判破裂,法军进攻驻守越南北部之清军,中法战争爆发。

是年　中西扩论会在檀香山成立。会员主要为受过西方教育的华裔知识分子。聚会的原意为习说英语,研究学术,交换知识,亦讨论国事。会员何宽、李昌后都加入兴中会。

1884 年(清光绪十年　甲申)十八岁

4 月 15 日(三月二十日)　转学香港中央书院(The Central School)。

是日,以"孙帝象"之名在中央书院注册入学,登记号 2746 号,所填居住地址为必利者士街(Bridges St.)2 号,该地点系当时的公理会(孙中山住该会二楼的信众宿舍)。父母则在香山。中央书院建于 1862 年,是香港第一所官立中学,亦是一所新式英语学校,有多位中国近代著名人物曾先后在此就读。1889 年改称维多利亚书院(Victoria College),1894 年改称皇仁书院(Queen's College)。(中山大学孙中山研究所等编:《孙中山在港澳与海外活动史迹》,第 10—14 页)

中央书院实行英国教育制度,当时校长是英国人胡礼,教师多具备大学或大专学历。书院设有高中(High School)二级、初中(Middle School)三级、高小(Lower School)三级、初小(Preparatory School)三级共十一级,高中第一级又分高年班(senior division of Class Ⅰ)和低年班(junior division of Class Ⅰ)。孙中山入学时为第一级低年班。书院课程偏重英文教学。所设英文课程包含语文、文学、英文文法、历史、地理、几何、代数、算术、卫生、机械绘图、簿记及常识等。自 1884 年始,缘于香港政府为资助优秀香港学生赴英国大学留学而设立每年 200 英镑之奖学金,中央书院于最高级班中增设文学、拉丁文、英国历史、数学诸课程。后英国历史又在中学第三级中增设。中央书院同时亦举行中文考试,科目包含作文、信函、作诗法。（吴伦霓霞：《孙中山早期革命运动与香港》，中山大学学报编辑部：《孙中山研究论丛》1985 年第 3 集，第 70 页；黄宇和：《三十岁前的孙中山：翠亨、檀岛、香港 1866—1895》，第 273—312 页）

4 月 26 日（三月三十一日）参加由港督主持的中央书院新校舍奠基典礼。（黄宇和：《三十岁前的孙中山：翠亨、檀岛、香港 1866—1895》，第 279 页）

5 月 2 日（四月初八日）　芙兰·谛文携新婚妻子在香港拜访喜嘉理。

5 月 4 日（四月初十日）　受洗入基督教①。

1884 年 5 月 5 日，喜嘉理致函波士顿总部，称他在香港新建立的传道所当前有两位教友，第二位是在早先一个主日（last Sabbath）由他亲自施洗，是"一位正在政府中央书院读书的年轻人"。根据香港公理堂受洗人名单，宋毓林是第一位被喜嘉理在香港施洗入教的人，第二位则是孙日新。孙日新正是孙中山领洗时由喜嘉理所命之名。（黄宇和：《三十岁前的孙中山：翠亨、檀岛、香港 1866—1895》，第 316—317 页）

喜嘉理记述："1883 年秋冬之交，余与先生初次谋面，声容笑貌，宛然一十七八岁之学生，时其方自檀香山归。檀香山，其兄营业之地也。先生从兄游，肄业檀埠者已数年，余职在布道，与之觌晤未久，即以是否崇信基督相质问。先生答云：基督之道，余固深信，特尚未列名教会耳。余询其故，则曰：待时耳，在己固无不可也。嗣后数月，果受礼奉教，余身亲其事。其受礼之地，在香港旧设之华人学堂中，距现有之美以美会教堂，约一箭地，地不著名，仪不繁重，而将来中华民国临时第一大总统，于是受圣礼皈救道焉。"（喜嘉理：《孙中山先生之半

───────────

①　冯自由称孙中山于上年年底就学拔萃书室时与陆皓东一起受洗入基督教。其言谓："先生在拔萃书室肄业时，课余恒从伦敦会长老区凤墀补习国文，复结识美国传教士喜嘉理（C. R. Hager）。因喜嘉理之劝，偕陆皓东受洗入教。入教时署名'孙日新'，区凤墀为先生改号'逸仙'。"（冯自由：《革命逸史》第 2 集，第 10—11 页；李观森编：《中国之命运与孙总理》第 5 页附影印照片，中华福音电台全国总会 1946 年印行）

生回观》,尚明轩等编:《孙中山生平事业追忆录》,第521页)

5月26日(五月初二日)　在翠亨村与同县外壆村(今珠海市外沙村)卢耀显之女慕贞(1867—1952)结婚①。(罗家伦主编,黄季陆、秦孝仪增订:《国父年谱(增订本)》上册,第37页)

喜嘉理牧师记:"1884年,余与英人某,偕先生赴香山县,即其钓游地焉。未行之先,余等置备福音书若干,拟于途中分售于人,道经澳门,销售颇多,因暂驻足。先生导余等至一中国旅馆,膳宿之费,日仅三四角,食息与共,自澳门复行一二日,乃抵先生家,颇蒙其优待。观其居室服御,知其为殷裕之家,资产在中人以上,殆由其兄营业发达之所致也。余于客居数日之中,尝一晤其夫人,礼意亦甚渥,当时其好客之情况,及今思之,犹历历如在目前焉。"(冯自由:《革命逸史》第2集,第13页)

8月至10月(六月至九月)　从香港及各地人民反法斗争中获得巨大鼓舞。

攻打台湾受伤的法舰开到香港修理,中国工人拒绝工作;法国商船到香港,艇民及水上居民拒绝卸货;法国船至香港采买,中国商民不与之交易。为抗拒英国当局的强迫与镇压,各行各业纷纷罢工罢市;秘密结社打算起义,终迫使香港政府让步。广东、福建、浙江、云南、贵州等地人民焚毁法国教堂、驱逐法国传教士之事屡有发生。旅居美国、日本、古巴等地的华侨纷纷捐款回国支持抗法战争。(中国史学会主编:《中国近代史资料丛刊·中法战争》第5册,第24—39页)香港《循环日报》一则报道评论说:"中法自开仗之后,华人心存敌忾,无论商贾役夫,亦义切同仇","此可见我华人一心为国,众志成城,各具折冲御侮之才,大有灭此朝食之势,人心如此,法尚不知难而退,岂欲败亡而后已耶?"(香港《循环日报》1884年10月9日影印照片,中山大学孙中山研究所、香港中文大学联合书院:《孙中山在港澳与海外活动史迹》,第16页)

---

①　孙中山与卢慕贞结婚时间,或记为1885年。

深知清政府腐败及军备之落后,对此十分失望,故对战事盲目乐观者解释,以当日中国政府的军备和军队不能战胜法国。然若依靠民众之力量,欲战胜法国则非难事。此时,深受香港工人拒修法舰行动之鼓舞,认为中国人已具相当觉悟,表明中国人尚具种族团结力,虽然微小而被动,但可证转移到自动的动作将要来了。在战争中,考察了清政府的军备和军法规例。([美]林百克著、徐植仁译:《孙逸仙传记》,第158—163页)日后忆述:"余自乙酉中法战败之年,始决倾覆清廷,创建民国之志。"(《建国方略》,《孙中山全集》第6卷,第229页)

11月(九月至十月)　再赴檀香山。

在家乡破坏神像及在香港入教之事为兄长孙眉得知后,孙眉写信佯称在檀香山的生意遭遇失败,须孙中山赴檀协助,遂再次赴檀。在姑剌牧场与孙眉见面,孙眉大发雷霆,不仅罚令锯木,且加以责打。对此不甘示弱,跑至孙眉书房,将悬在壁上之关帝神像取下扔进厕所。此事之后,被孙眉送至茄荷蕾埠之商店帮做生意,并收回以前赠予之财产。(黄彦等:《孙中山的家庭出身和早期事迹》,《广东文史资料》1979年第25辑,第286页;冯自由:《革命逸史》第2集,第2、11、14页)

11月17日(九月三十日)　清政府在新疆改建行省,以刘锦棠为巡抚。

12月(十月)　朝鲜金玉钧、朴泳孝等人之开化党在日本支持下发动政变,在驻朝清军干预下失败。

1885 年(清光绪十一年　乙酉)十九岁

3 月 18 日至 24 日(乙酉年二月初二日至初八日)　冯子材大败法军于镇南关,27 日乘胜攻克谅山。法国茹费理内阁因之倒台。清廷决定继续与法议和,下诏停战。

4 月(三月)　自檀香山归国。

学做生意原非本意,又因受孙眉之责打遭店伙的轻视,终于无法忍受,避至火奴鲁鲁钟工宇处。对钟工宇表示决意回东亚读医科,惜苦无盘川。后得奥阿厚书院教师芙兰·谛文(Frank Damon)及同学钟工宇等人资助,筹得三百金,乘搭赫格飞(Hackfeld's)公司的轮船回国。孙眉赶往火奴鲁鲁慰留未果。(冯自由:《革命逸史》第 2 集,第 2 页;钟工宇:《我的老友孙逸仙先生》,尚明轩等编:《孙中山生平事业追忆录》;黄彦等:《孙中山的家庭出身和早期事迹》,《广东文史资料》1979 年第 25 辑,第 286 页)

4 月 8 日(二月二十三日)　康有为开始撰写《人类公理》。

6 月 9 日(四月二十七日)　《中法会定安南条约》(即中法新约)在天津签订,中法战争结束。至此越南完全沦为法国殖民地。

8 月(七月)　往香港中央书院复学。(中国国民党中央执行委员会党史史料编纂委员会:《总理年谱长编初稿》,第 59 页)

10 月 12 日(九月初五日)　清政府设立台湾行省,授刘铭传为台湾巡抚。

△　清政府设立海军衙门。

是年　始决志倒清。

日后忆述："余自乙酉中法战败之年,始决倾覆清廷,创建民国之志。"(《建国方略》,《孙中山全集》第6卷,第229页)

△　上海格致书院成立,王韬为掌院并任《申报》编纂主任。

△　读西译《四书五经》。

后自述："尝效村学生,随口唱过《四书五经》,数年以后,已忘其大半。但念欲改革政治,必先知历史,欲名历史,必通文字,乃取西译之《四书五经》、历史读之,居然通矣。"(《在沪尚贤堂茶话会上的演说》,《孙中山全集》第3卷,第321页)邵元冲亦记其言,谓"幼时旅港肄业,所习多专于英文,嗣而治汉文,不得合用之本,见校中藏有华英文合璧《四书》,读而大爱之,遂反复精读,即假以汉文之教本,且得因此而窥治中国儒教之哲理。又英译本释义显豁,无汉学注疏之繁琐晦涩,领解较易。总理既目识心通,由是而对中国文化,备致钦崇,极深研几,以造成毕生学术之基础"。(邵元冲:《总理学记》,尚明轩等编:《孙中山生平事业追忆录》,第694页)当时将《四书五经》全文英译的是英国汉学家理雅各,1843—1873年担任英华书院院长期间,在王韬的帮助下完成译事,于1861年至1886年陆续出版。理雅各且被《皇仁书院校史》尊为该校创始人。故所读《四书五经》很可能即此译本。(桑兵:《孙中山的活动与思想》,第323页;黄宇和:《三十岁前的孙中山:翠亨、檀岛、香港1866—1895》,第304页)

1886年(清光绪十二年　丙戌)二十岁

5月(丙戌年三月至四月)　美国工人大罢工,争取实现八小时工作制。后来5月1日被定为国际劳动节。

7月4日(六月初三日)　中俄订立《珲春界约》。

7月24日(六月二十三日)　中英签订《缅甸条款》,清政府承认英国对缅甸的占领。

是年秋　入广州博济医院(Canton Hospital)学医。

之前,曾希望中学毕业后学习陆军、海军或法律,但均未能实现。([美]林百克著、徐植仁译:《孙逸仙传记》,第172页)后决定习医,经喜嘉理介绍,入广州博济医院学习。该院创办于1835年,系亚洲最早之西医院。1855年开始招收学生习医。当入校时,该院主持为嘉约翰(Dr. John G. Kerr),学费每年二十元,学生入学后住院内哥利支堂十号宿舍,同学男十二人,女四人。在校情形,据同学忆述:"先生年少聪明过人,记忆力极强,无事不言不笑,有事则议论滔滔。九流三教,皆可共语;竹床瓦枕,安然就寝;珍羞藜藿,甘之如饴。"(孙逸仙博士医学院筹备委员会编:《总理开始学医与革命运动五十周年纪念史略》,第4、8页)日后解释习医的动机是"以学堂为鼓吹之地,借医术为入世之媒"。(《建国方略》,《孙中山全集》第6卷,第229页)

学医课余,聘请陈仲尧在课余讲授儒学,有时与之辩论学问直至深夜。有一次陈讲解"知之非艰,行之惟艰",孙中山表示反对,说应是"行之非艰,知之惟艰"。(黄彦等:《孙中山的家庭出身和早期事迹》,《广东文史资料》1979年第25辑,第287页)简又文称孙中山在宿舍藏有自置之《二十四史》全部,"学友每嘲笑之,以为购置此书,不事攻读,只供陈设而已。一日,同学何允文抽检一册,考问其内容,思以难之。先生应对如流,分毫不爽。历试数册,皆然。允文惊奇钦佩"。(罗家伦主编、黄季陆、秦孝仪增订:《国父年谱(增订本)》上册,第42页)

期间,反对学校当局规定男学生不能参加产科实习,向嘉约翰献议:"学生毕业后行医救人,遇有产科病症也要诊治。为了使学生获得医学技术,将来能对病者负责,应当改变这种不合理的规定。"此项建议终被采纳。(黄彦等:《孙中山的家庭出身和早期事迹》,《广东文史资料》1979年第25辑,第287页)

是年　结识郑士良、尤列①。

自述:"当予肄业于广州博济医学校也,于同学中物色有郑士良号弼臣者,其为人豪侠仗义,广交游,所结纳皆江湖之士,同学中无有类之者。予一见则奇之,稍与相习,则与之谈革命。士良一闻而悦服,并告以彼曾投入会党,如他日有事,彼可为我罗致会党以听指挥云。"(《建国方略》,《孙中山全集》第6卷,第229页)

郑士良,名安,号弼臣,广东归善县淡水墟人,少有大志,习武术,与邻近的绿林豪侠及洪门会党有往来,渐渐产生反清复汉思想。初在广州德国教会所设礼贤学校读书,受洗加入基督教,毕业后入博济医院与孙中山同学。(冯自由:《革命逸史》初集,第24页)

尤列,别字少纨,广东顺德人,少肄业于广州算学馆,历充广东舆图局测绘生、香港华民政务司署书记等职。自幼好与洪门会党游,青年时代曾游历日本、朝鲜及国内各地。是年与族人尤裕堂至博济医

---

① 尤曾家丽谓:"尤嘉博著《尤氏考证》(载《尤列集》第329页)有详细说明尤字有点无点的因由。他解释《正字通》及各大字典如《康熙字典》《中华大字典》等,皆指出尤乃属尤本字。他更忆述尤列的一番话:无锡尤氏本来亦无点,后来清高宗乾隆皇南游时,抵无锡,曾将尤字误写作尤。族人当即禀告谓尤字并无一点。高宗乃将错就错说'既然如此,由朕御赐一点可也'。尤列既从事反清革命,自然要摒弃所谓的御赐,故坚持以尤字为本。"(《尤列与辛亥革命》,2009年香港大学硕士论文)

院访友,得识孙中山,然此时交谊未深。(冯自由:《革命逸史》初集,第
26、29—30 页)

　　在博济时期的师友可得而述者,尚有杨襄甫、尹文楷、练达成等。
杨先于孙中山就读博济医院,精研化学,后为传教士,博通中西群籍,
尤留心时务。此后数年,孙中山常在寒暑假访杨,并约尤列来纵谈国
事。尹时在博济医院,已任医务,兼译医书,与孙中山友善。(高良佐:
《总理业医生活与初期革命运动》,《建国月刊》1936 年第 14 卷第 1 期)

1887 年(清光绪十三年　丁亥)二十一岁

2 月 17 日(正月二十五日)　何启创办之雅丽氏医院(Alice Memorial Hospital)开业。

何启,字迪之,号沃生,广东南海人,早年毕业于香港中央书院,后赴英国学医及学法律。1882 年回港,以律师为职业。自是年起,与胡礼垣(1847—1917)合作发表政治论著,主张改良变革。1884 年 9 月 5 日,何启与湛约翰牧师商议,双方决定由伦敦传道会筹款买地,何启出资建筑医院。是日开业。为纪念亡妻英国人雅丽氏(Alice),以妻名命之。(黄宇和:《三十岁前的孙中山:翠亨、檀岛、香港 1866—1895》,第 376 页)稍后,以医院为基础筹建医学院。

3 月 26 日(三月初二日)　葡萄牙强迫清政府订立《里斯本议定书》,承认葡萄牙永据澳门。

3 月 29 日(三月初五日)　中法订立广东、广西、云南《中越交界界约》。

4 月(三月)　何启在《德臣西报》发表《中国之睡与醒——与曾侯商榷》,后胡礼垣译成中文并加以阐发,更名《曾论书后》,阐释改革思想。

先是,2 月 8 日,香港《德臣西报》转载曾纪泽在英国伦敦发表的《中国先睡后醒论》。何启撰是文反驳曾氏。六七月间,胡礼垣将是文译成中文,加以阐发,更名《曾论书后》。是文指出"今者中国,政则有私而无公也,令则有偏而无平也。庶民如子,而君上薄之不啻如奴隶也。官吏如虎，而君上纵之不啻如鹰犬也"。则中国仍在昏睡之中。进而提出"君民共主"之论，谓："民之于君为更贵，以有民，不患其无君。而有君，独患其无民也。""民之于君为尤先，以有民，然后可有君。无君，必先以无民也。""国之所以自立者，非君之能自立也，民立之。国之所以能兴者，非君之所以能自兴也，民兴之也。""为君者，其职在于保民，使民为之立国也。其事在于利民，使民为之兴国也。"若欲振兴国势，须加以改革，谓："当今之世，而不变今之法，虽使尧舜临朝，禹皋佐绩，仲由慎诺，公绰无私，加以管晏之才，苏张之辩，亦无以决疑征信，大得于民。"改革需"国有公平，然后得民信，先得民信，然后得民心，先得民心，然后得民力，先得民力，然后可以养民和，先得养民和，然后可以平外患"。"君民相继，上下一德，更张不变，咸与维新，庶可有益于民生。"（胡礼垣：《胡翼南先生全集》，第 229—292 页）民国后，孙中山"时常谈起受何启教益之种种，自谓其革新思想颇受何启之启发"。（沈云龙主编：《傅秉常先生访问记录》，第 10 页）

10 月 1 日（八月十五日）　转学香港西医书院（The College of Medicine for Chinese，Hong Kong）。

自述："予在广州学医甫一年，闻香港有英文医校开设，予以其学课较优，而地较自由，可以鼓吹革命，故投香港学校肄业。"（《建国方略》，《孙中山全集》第 6 卷，第 229 页）《檀山华侨》记其入校经过："香港雅丽士医校成立，招考通中西文学生者数人，无以应，特派员在广州访选，适在佛山仁济医院得二生，广州博济医校得二生，孙公其一也。"（郑东梦编：《檀山华侨》，第 16 页）

香港西医书院之发起，康德黎（James Cantlie）最为关键。该书院第一任名誉司库骆克称："香港西医书院之诞生，全赖康德黎医生的倡议和孕育。"该书院第一任常务法律顾问弗朗西斯大律师亦谓："可以说，康德黎是香港西医书院的创始人。"（黄宇和：《三十岁前的孙中山：翠亨、檀岛、香港 1866—1895》，第 373—374 页）8 月 30 日，康德黎召集香港雅丽氏医院湛约翰（Rev. John Chalmers）、何启、杨威廉

(William Young)、孟生(Patrick Manson)、格拉克(D. Gerlach)、卡特奥(W. E. Crow)、佐敦(Gregory P. Jordan)等人,于雅丽氏医院内开会。会议公推湛约翰为大会主席,主持会议。由会议召集人康德黎说明会议宗旨,讨论成立一所西医书院。会议讨论了西医书院的蓝图,一致决定由当天会议出席人士共同组成该西医书院的学术委员会(senate),并推举孟生为教务长(dean),负责在当年 10 月 1 日于香港大会堂的创校仪式上致创院词。同时推举康德黎医生为秘书,负责印刷创院计划并广为传播,同时在报章上刊登创院启事。会议又通过邀请香港辅政司史特渥地(Dr. Stewart)为院长,以及港督为庇护人(patron)的决议。9 月 27 日,西医书院董事局举行第一次会议。出席者有:康德黎、孟生、杨威廉和史钊域。会议一致通过邀请雅丽氏医院派出代表,作为董事局成员之一,决定首任代表应为湛约翰。西医书院与雅丽氏医院既联系紧密又相互独立。(黄宇和:《三十岁前的孙中山:翠亨、檀岛、香港 1866—1895》,第 363—365 页)香港西医书院按英国医科大学五年学制,设备及师资条件较优,史特渥地为首任院长,由孟生与康德黎先后任教务长负责实际院务。李鸿章等为该校名誉赞助人,何启兼任名誉秘书,汤姆生医生(J. C. Thomson)任秘书。各科教师十余人,多为专门学者与医师。(罗香林:《国父之大学时代》,第 17 页)

　　是日,香港西医书院在香港大会堂正式宣布成立,孙中山遂与同学一起出席典礼。嘉宾包括署理港督金马伦。大会由署理港督致开幕词,孟生医生致辞阐明书院宗旨、院规与发展计划。(黄宇和:《三十岁前的孙中山:翠亨、檀岛、香港 1866—1895》,第 369 页)此后正式开学。入学之第一年课程有植物学、化学、解剖学、生理学、药物学、物理学、临床诊察七门。(罗香林:《国父之大学时代》,第 17 页)

　　在西医书院第一学期上课时间表[①]为:

星期一　　星期二　　星期三　　星期四　　星期五

---

① 罗著罗列课程七门,黄著仅提及六门,两者有异,姑存两说。

解剖学	07:30	07:30	07:30	07:30	07:30
生理学	19:00	19:00	19:00	19:00	19:00
化学	08:30	——	08:30	——	08:30
植物学	20:00	——	20:00	——	20:00
临床诊察	17:30	——	17:30	——	17:30
物理学	——	20:00	——	20:00	——

（黄宇和：《三十岁前的孙中山：翠亨、檀岛、香港 1866—1895》，第 377 页）

11 月 1 日（九月十六日）　英国传教士在沪创办同文书会，是会于 1894 年改称广学会。

是年冬　因达成公病重，随孙眉回乡奉侍。（中国国民党中央执行委员会党史史料编纂委员会：《总理年谱长编初稿》，第 71 页）

是年　随康德黎出诊①。

江英华回忆：某天，康德黎医生带了他和孙中山出诊，为一位洋人治病，该洋人痊愈后，感激之余，就捐了一笔钱给西医书院作为奖学金。此项资金在第二年生效成为奖学金。据西医书院学术委员会的会议纪录："1888 年 3 月 20 日开会时，康德黎医生向会议报告说，堪富利先生慷慨解囊，捐赠了两个奖学金予西医书院，为期十年，每个奖学金每年值 60 元。堪富利先生不愿意别人知道他捐赠了这笔款项，但西医书院可以把该奖学金命名为屈臣奖学金。至于如何颁发，则授权西医书院学术委员会便宜行事。准此，该会决议，把该奖学金每年颁发一次给两名品学兼优的学生。得奖者每月可领到五元。若翌年还是品学兼优者，仍有资格竞争该奖学金，直到四年期满为止。"结果，孙中山与江英华二人皆获此奖学金。（黄宇和：《三十岁前的孙中山：翠亨、檀岛、香港 1866—1895》，第 377、399 页）

———————

①　因奖学金 1883 年 3 月到位，而 1882 年年底达成公病危，1883 年 3 月去世，故酌定孙中山与康德黎出诊在是年。

1888 年(清光绪十四年　戊子)二十二岁

3 月 24 日(二月十二日)　达成公病逝。(孙氏:《列祖生没纪念部〔簿〕》,孙中山故居纪念馆编:《孙中山的家世——资料与研究》,第 11 页)与孙眉冰释前嫌。

"戊子年(1888)春达成公病故,德彰于数月前闻父病重,已回粤奉侍汤药,至是对于总理爱护备至,凡总理所需学资,均允源源供给,故总理在粤港肄业医学多年,用度宽裕,皆德彰所给予者也。"(冯自由:《革命逸史》第 2 集,第 2 页)

8 月 6 日至 10 日(六月二十九日至七月初三日)　通过第一学年考试。

本年各科成绩为:植物学 43,化学 92,解剖学 65,生理学 81.5,药物学 39,物理学 92.5,临床诊察 70,平均成绩 69,在同学十三人中名列第三。(罗香林:《国父之大学时代》,第 60 页)

9 月(七月至八月)　继续第二学年课程。

第二学年课程有解剖学、生理学及新增之医学、产科及妇科、病理学、外科学等六种。医学复分原理与实习、临症等二类。外科学亦注重临症。(罗香林:《国父之大学时代》,第 18 页)

12 月 17 日(十一月十五日)　北洋海军正式成军,共有新式船舰二十五艘。

是年　郑士良辍学回乡,开设同生西药房,为联络会党机关,被推为三合会首领。(孙逸仙博士医学院筹备委员会编:《总理开始学医与革

命运动五十周年纪念史略》,第 8 页)

　　△　美国传教士在广州创立格致书院(岭南大学前身)。

1889年(清光绪十五年 己丑)二十三岁

3月4日(二月初三日) 西太后宣布"归政",光绪帝开始"亲政"。

是年夏 通过第二学年考试。

本年考试科目为两门,成绩如下:解剖学80,生理学85,定为优等,在同考九人中名列第一。(罗香林:《国父之大学时代》,第61—63页)

7月14日(六月十七日) 第二国际在巴黎举行成立大会。

10月18日(九月二十四日) 名字首次见诸香港报端。

本学期成绩均名列前茅。是日,《德臣西报》刊登有关香港西医书院之专载,除介绍该书院组织及课程外,并发表该年各科考试题目及学生考试成绩。是为其名字第一次在香港报纸出现。(中山大学孙中山研究所等编:《孙中山在港澳与海外活动史迹》,第27页)

是年秋 开始第三年课程,学科渐减,实习增加。(罗香林:《国父之大学时代》,第18页)

是年 结识陈少白。

陈少白,一名陈白,原名闻韶,号夔石,广东新会人。幼年从其叔处得读翻译西书,1888年入广州格致书院就读。陈忆述:"孙先生在雅丽氏医学校读了两年,那时我在广州念书。有一天,我有事到香港去,在没有到香港去以前,在广州见到一位姓区的老朋友,这位老朋友,既是认识我,又是认识孙先生的。他说:'你到香港我可以介绍给你一个人,这个人恐怕同你见解很相合的。'我说:'很好。'他就写了一封介绍信给我,这是我第一次到香港。到了香港,就请王宠惠的父亲王煜初牧师,领我到雅丽氏医学校内见孙先生。王煜初介绍过我们之后,就告辞去了。孙先生见到那封介绍信,就很高兴的同我谈起话来。""谈谈时局,觉得很入港,谈到革命的事,也是很投机。""过了几星期,我自己因为家境日就艰困,预备到香港去半工半读,减轻家里的负担。一到香港,自然时常到医院里去,在孙先生的宿舍内谈天,天天谈革命的事,总是很高兴的。"(陈少白:《兴中会革命史要》,中国史学会主编:《辛亥革命》第 1 册,第 24 页)陈提及的"姓区的老朋友",当为区凤墀。此后,与陈关系日密。二人"曾相拜盟为兄弟,故通信皆以吾弟称之,总理对同志中如此称呼者,少白一人而已"。(冯自由:《革命逸史》初集,第 3 页)

　　△　言谈中充满反清革命思想,"想推翻满清政府,还我汉族山河"。

　　同学关景良忆述:"至 1889 年,总理的言论已充满革命思想,要推翻清廷,废除帝制","关母见其言论激烈,尝问云:'你志高言大,想做什么官?—广东制台吗?'总理答:'不!''想做钦差吗?'又答:'不!''然则想做皇帝吗?'总理则答:'皆不想,我只想推翻满洲政府,还我汉族山河,那事业比做皇帝更高更大了。'"(简又文:《国民革命文献丛录》,广东文物展览会编:《广东文物》中册,第 102 页)

1890年(清光绪十六年 庚寅)二十四岁

1月(己丑年十二月) 介绍陈少白入香港西医书院。

陈少白记述:"孙先生那时碰到我,常常劝我学医,说:'医学是很有用的。'我因为习性不近,总是不愿意。有一天,我照常在他那里谈天,他忽然说:'请你坐坐,教授来了,我要听讲去,散课后,再回来同你谈天。'隔了一回,他匆匆的跑回来对我说:'康德黎博士请你见面。'康德黎博士,当时是医学校的教务长。我说:'不认识他。'他说:'有事情才请你去。'我说:'人既不认识,那里会有什么事情呢?'他不待我说完,就抓了我的衣袖拉到教务长室内,见康德黎博士。当时康德黎先生见了我,说:'我们是很欢迎你的。'其实他所说的欢迎,是因为方才孙先生说我要到这里来读书。那时我又蒙在鼓里,听了康德黎博士的话,无从致答,只说'Yes, thank you'而已。"(陈少白:《兴中会革命史要》,中国史学会主编:《辛亥革命》第1册,第25页)

4月(庚寅年闰二月至三月) 湖广总督张之洞设立两湖书院。

是年秋 开始第四学年课程。

第三学年考试成绩不详。第四学年新设课程,有法医学、公众卫生及实用初级外科三种。(罗香林:《国父之大学时代》,第18—19页)

12月30日(十一月十九日) 与康德黎夫妇前往广州麻疯村,作为翻译与病人交流,赠每位病人五元及香烟等物。(吴相湘:《孙逸仙先生传》,第57页;黄宇和:《三十岁前的孙中山:翠亨、檀岛、香港 1866—1895》,第379页)

是年 张之洞在湖北创立湖北炼铁厂、湖北枪炮厂、湖北织布局,后陆续增设纺纱、缫丝、制麻三局。

△ 上海商人设立燮昌火柴公司。不久,又有华商在上海设立荣昌、燧昌两家火柴厂。

△ 在华基督教第二届传教士大会决定将1877年设立之基督教学校教科书编纂委员会改组为中华教育会。

△ 上书郑藻如,就农业、禁烟、教育等问题提出建议。

郑藻如,广东香山濠头乡人,曾任津海关道及出使美国、日斯巴尼亚(西班牙)、秘鲁三国大臣,是李鸿章的重要幕僚,1886年病休居乡。

上书自谓:"留心经济之学十有余年矣,远至欧洲时局之变迁,上至历朝制度之沿革,大则两间之天道人事,小则泰西之格致语言,多有旁及。"针对郑藻如本人"无善不举,兴蚕桑之利,除鸦片之害,俱著成效",欲顺势"推而广之,直可风行天下"。有关农桑,"农民只知斩伐,而不知种植""蚕桑则向无闻",究其原因,在于"无人为之倡者",倡议"可以人事培之","道在鼓励农民,如泰西兴农之会,为之先导"。关于禁烟,认为:"议焚议辟,既无补于时艰;言禁言种,亦何益于国计。事机一错,贻祸无穷,未尝不咎当时主持之失计也。"建议"立会以劝戒,设局以助戒。推贵乡已获之效,仿沪上戒烟之规"。诸事症结则在人才教化,谓"人才之盛衰,风俗之淳靡,实关教化。教之有道,则人才济济,风俗丕丕,而国以强。否则返〔反〕此"。"弃天生之材而自安于弱,虽多置铁甲、广购军装,亦莫能强。"建议:"必也多设学校,使天下无不学之人,无不学之地。则智者不致失学而嬉;而愚者亦赖学以知理,不致流于颓悍;妇孺亦皆晓诗书。"而兴学校,需"先立一兴学之会,以总理其事。每户百家,设男女蒙馆各一所。""又于邑城设大学馆一所。"三者毕举,"有关于天下国家甚大,倘能举而行之,必有他邑起而效者。将见一倡百和,利以此兴,害以此除,而人才亦以此辈出,未始非吾邑之大幸,吾国之大幸也"。(《致郑藻如书》,《孙中山全集》第1卷,第1—3页)此文为目前可见孙中山最早之论著。

　　△　与陈少白、尤列、杨鹤龄等大谈反清言论,被称为"四大寇"。

　　后自述:"数年之间,每于学课余暇,皆致力于革命之鼓吹,常往来于香港、澳门之间,大放厥辞,无所忌讳。时闻而附和者,在香港只陈少白、尤少纨、杨鹤龄三人,而上海归客则陆皓东而已。若其他之交游,闻吾言者,不以为大逆不道而避之,则以为中风病狂相视也。予与陈、尤、杨三人常住香港,昕夕往还,所谈者莫不为革命之言论,所怀者莫不为革命之思想,所研究者莫不为革命之问题。四人相依甚密,非谈革命则无以为欢,数年如一日。故港澳间之戚友交游,皆呼予等为'四大寇'。此为予革命言论之时代也。"(《建国方略》,《孙中山全集》第6卷,第229页)

　　陈少白忆述:"每遇休暇,四人辄聚杨室,畅谈革命,慕洪秀全之为人。又以成者为王,败者为寇,洪秀全未成而败,清人目之为寇,而四人之志,犹洪秀全也,因笑自谓我侪四人,其亦清廷之四大寇乎!其名由是起,盖有慨乎言之也。时孙先生等尚在香港医学堂肄业,而时人亦以此称之。实则纵谈之四大寇,而非尽从事于真正之革命也。"(陈少白:《兴中会革命史别录》,中国史学会主编:《辛亥革命》第1册,第83页)

　　与"四大寇"一起纵谈反清言论的尚有郑士良及陆皓东。冯自由记"四大寇"聚谈之杨耀记:"同志郑士良、陆皓东等来往广州、上海过港时,亦常下榻其间,故该店可称革命党人最初之政谈俱乐部。"(冯自由:《华侨革命开国史》,荣孟源主编:《华侨与辛亥革命》,第2页)此外,王孟琴、何隆简、杨乃安等人亦常至西医书院聚谈。(罗香林:《国父之大学时代》,第29页)

1891年(清光绪十七年　辛卯)二十五岁

1月22日(庚寅年十二月十三日)　由康德黎带领,与西医书院学生一起组成救伤队参加香港建埠五十周年阅兵典礼。(《德臣西报》1891年1月23日,引自黄宇和:《三十岁前的孙中山:翠亨、檀岛、香港1866—1895》,第395页)

3月27日(辛卯年二月十八日)　与同人创立教友少年会。

是年,在上海广学会出版之《中西教会报》第五册发表署名"后学孙日新稿"之《教友少年会纪事》:

"辛卯之春,二月十八日,同人创少年会于香港,颜其处曰'培道书室'。中设图书、玩器、讲席、琴台,为公暇茶余谈道论文之地;又复延集西友于晚间在此讲授专门之学。盖以联络教中子弟,使毋荒其道心,免渐堕乎流俗,而措吾教于磐石之固也。

"溯夫圣道之传诸我邦,始于唐代,当时风行海内,上下尊崇,帝皇敕以建寺,庶士乐而朝宗,固不可谓不盛矣!乃竟如种之播乎硗地,苗之长于棘中,一时即英华发外,浸假而本实消磨,奕祀而后泯灭无存,此岂非人心之未植道种之失培者乎!尝读景教残碑,辄为之唏嘘不已。方今中西辑睦,圣道昌明,欧洲教士航海而来,复传圣道于我邦,印书建堂遍乎直省,数十年来,日见兴盛。然而人心不一,硗沃无常,习俗移人,邪僻易染,世情奸恶,窄路难循。始非不虔心恪守,及乎与世周旋,多为所诱。趋势利,慕声名,竟致讳道媚人,猥投时尚,此真为吾教之大可忧也。

"日自出山中,游学海缴〔徼〕,每询教会兴衰。当闻某文人、某职道,其幼固从游于教中而虔心向道者,乃一旦显达,则随俗毁誉,忌道如仇。呜呼! 是岂道之不足重哉,亦适以见其人之可羞耳。又每见教中子弟与恶少交游,以致流入邪途而不悟。父兄虽作道干城,而子弟之邪淫莫挽,斯可慨矣! 夫人不能无交游也,朱赤墨黑默移于不觉,习焉成性,善恶斯分,少年交游,讵可不慎哉! 此培道会所由设也。甚矣! 道之不可无培也。一人所守之道,固可由渐而失,一代所尊之道,亦莫不由渐而亡。景教其足鉴已。况人心惟危,道心惟微,不有善机以诱掖,良法以奋兴,安望其固守而毋替也哉。此会之设,所以杜渐防微,消邪伪于无形,培道德于有基。集俊秀于一室,交游尽属淳良,备琴书于座右,器玩都成雅艺。从此耳濡目染,有不潜移默化,油焉奋兴,发其苗于沃壤,结实以百倍者乎!

"是晚为开创之夕,同贺盛举,一时集者四十余人,皆教中俊秀。日叨从其列,喜逢千古未有之盛事。又知此会为教中少年之不可少者,望各省少年教友亦有仿而行之,故不辞谫陋,谨书之以告同道。"

(陈建明:《孙中山早期的一篇佚文——〈教友少年会纪事〉》,《近代史研究》1987年第 3 期)

是年春　康有为聚徒讲学于广州城内长兴里之万木草堂。

7 月(六月)　通过第四学年考试。

本年考试科目为法医学、公众卫生学及实用初级外科。法医学笔试 80 分为满分,口试 40 分为满分。此次考试得分笔试 66 分,口试 32.5 分,合计 98.5 分,按百分比数为 82 分。公众卫生学笔试 100 分为满分,口试 40 分为满分。此次考试得分笔试 86 分,口试 30 分,合计 116 分,按百分比数为 83 分。实用初级外科得 90 分。三科平均成绩 85 分,等别列为优等,在同考五人中名列第一。(罗香林:《国父之大学时代》,第 63—64 页)

△　日本东邦协会创立。

该会发起人为小泽豁郎、福本诚、白井新太郎等。以保障东邦和平、企图人文发达为目的,在详细了悉邻邦诸国近况而保持势力于国外,以制定与泰西诸国均衡势力于东亚之计,以教导未开化地方、扶持不幸国家为义务。该会以与陆实、三宅雄二郎有关的《日本》《日本人》一派为中心,会头是副岛种臣。该会不但集中了自由党系统的板垣退助、中江笃介,改进党系统的犬养毅、尾崎行雄等,而且伊藤博文、松方正义等也都参加了(不参加的只有山县有朋的国民协会一派)。它是一个集中了政界以及新闻出版界著名人士的亚细亚主义性质的重要团体。孙中山日后与该会多有交涉。(狭间直树:《关于〈支那保全分割合论〉的若干考察——孙文访日初期革命活动的一个侧面》,林家有等主编:《孙中山与世界》,第 392—393 页)

8 月(七月)　康有为刊行《新学伪经考》。

是年秋　开始第五学年。本学年课程注重医学、外科、产科之深造。(罗香林:《国父之大学时代》,第 19 页)

10 月 20 日(九月十八日)　长子孙科(字哲生,1891—1973)出生。

是年　结识杨衢云。

杨衢云,名飞鸿,字肇春,福建海澄人。受过西式教育,曾在船厂工作,后充任招商局之船务书记长,为人任侠好义。(冯自由:《革命逸史》初集,第 4 页;《革命逸史》第 4 集,第 1 页)

1892年(清光绪十八年　壬辰)二十六岁

是年初　返乡设计新居①。

先是,孙眉从檀香山汇款回翠亨,拟兴建新居,乃返乡亲自设计图样,将1885年孙眉所建一所房宅扩建,成一中西结合之二层楼房(即今"孙中山故居")。新居既成,亲笔书联悬于门首:"一椽得所,五桂安居。"(黄彦等:《孙中山的家庭出身和早期事迹》,《广东文史资料》1979年第25辑,第288页)

3月13日(二月十五日)　辅仁文社在香港成立。

辅仁文社主要成员有杨衢云、谢缵泰、陈芬、周超岳、黄国瑜、罗文玉、刘燕宾等人②,该社成立于香港百子里一号二楼,以拉丁文

---

①　翠亨孙中山故居现藏有当时由香山县下栅乡(今属珠海市)长福号开列的建屋造价原件,内开工料银总额九百三十余两,立单时间是光绪十八年(1892)阴历二月。

②　有关辅仁文社成员数与姓名仍存有争议。杨衢云堂弟杨拔凡回忆,曾在谢缵泰家得见辅仁文社印制的结盟兰谱,"用中英文铅字打印","以兰谱内结盟兄弟为基干社员,余则相知友辈"。(杨拔凡:《杨衢云家传》,杨衢云纪念特辑编辑委员会:《百年英烈:杨衢云纪念特辑》[非卖品],第3页)可惜已经遗失。谢缵泰在《辅仁文社序》中称:"兹我同志七人,以为此社",则创始会员为正文内七人。冯自由另将温宗尧、胡幹之列为辅仁文社会员。(冯自由:《中华民国开国前革命史》上编,第6页)尤列则说:"港中学友何汝明、温德、及谢缵泰、刘燕宾、温宗尧、周昭岳、胡幹之诸君,公与之最交稔。而公则与谢、刘诸君同组辅仁文社。"(尤列:《杨衢云略史》,《百年英烈:杨衢云纪念特辑》,第17页)吴伦霓霞据此认为辅仁文社成员可考姓名者十二人,除谢氏所称七人外,再加尤列所说四人,尚有陆敬科。(《孙中山早期革命运动与香港》,《孙中山研究论丛》第3集,第72—73页)莫世祥则认为陆敬科、何汝明、温德不可能是辅仁文社会员,但应增加陈镟勋。(《中山革命在香港(1895—1925)》,第37—38页)

"Ducit Amor Patriae"(热爱祖国)为座右铭。(谢缵泰著,江煦棠等译:《中华民国革命秘史》,中国人民政治协商会议广东省委员会文史资料研究委员会编:《孙中山与辛亥革命史料专辑》,第292—293页)

《辅仁文社序》称:"六合以人为贵,而人之贵责明道也。道本无影无形,循乎道而事事悉归于正者曰理。是则理之不可须臾离也明矣!人欲明道达理,必先内修心性,外尽伦常,而朋友乃五伦中之一;审是,友道其容缓乎?友道求则相与以成道者,友助其切切也。一曰扶危济困,异姓何殊同脉。二曰劝善规过,益不啻严师。三曰切磋琢磨,学识均能增益。能尽乎此则声应气求,自当行乎道而应乎理焉。兹我同志七人,以为此社曰辅仁文社,但愿同心同德,有始有终,恪守社义,历久不渝其载,是为至要。"

社纲原为英文,共六条:"1.磨砺人格,臻于至善;2.不得沉溺于当世之恶习;3.为未来中国青年作表率;4.以多途增进中外文、武两种学识;5.精通西学;6.以爱国者自励,努力扫除吾国所遭之屈辱。"(美国马里兰大学教授薛君度赠抄件,社纲由贺跃夫翻译)

陈少白称辅仁文社"研究学业,盖一变相之俱乐部也"。(陈少白:《兴中会革命史别录》,中国史学会主编:《辛亥革命》第1册,第76页)冯自由亦称此社"为香港侨商有志者所组织之小俱乐部"。"以开通民智、讨论时事为宗旨,是为港侨设立新学团体之先河。""此社内容仅在多购新学书报,以开通民智,尚未含有政治上之激烈性质。然是时风气仍极闭塞,闻者佥以洋化二字讥之,且时不免香港警吏之窥伺也。"(冯自由:《中国革命运动二十六年组织史》,第7页)

7月23日(六月三十日) 在香港西医书院毕业。

是月,通过最后一学年考试,成绩如下:产科笔试80分,口试80分,平均80分;外科笔试62分,口试及临症80分,平均71分;医学笔试85分,口试60分,临症60分,平均68分。三门均及格,总平均成绩73分,在应考四人中名列第一。

同月,又参加毕业考试,成绩如下:植物学H,化学H,解剖学之骨学 H，解剖学之普通的 H，生理学 H，药物学 H，病理学 H，法医学 H，公众卫生 H，产科 H，医学 P，外科 P。"H"代表荣誉成绩，"P"代表合格成绩。孙中山十二门功课获荣誉成绩者共十门，荣誉名次列第一名。

是日，香港西医书院举行首届毕业典礼。毕业生为孙中山及江英华两人。香港总督罗便臣（Sir W. Robinson）、首席法官兼掌院辜拉克先生（Mr. Fielding Clarke）、教务长康德黎等出席典礼。罗便臣向成绩优秀者颁奖。孙中山因医学、产科、卫生与公共健康学第一名，获得丹那氏与美阿都氏合著《婴孩与儿童之病症》、纽曼氏著《外科肾症》、鲍尔比斯著《神经之损伤与病症及其治疗》三书作为奖品。

颁奖后康德黎演说，报告香港西医书院创立之意义与院务景况。称："经过五年的辛劳，现在我们毫无保留地把我们的劳动成果无私地奉献给伟大的中国，因为在目前的中国，科学还鲜为人知，也没人懂西医，外科手术亦没人尝试过去做。"演说后即向孙中山及江英华颁发毕业执照，执照为中英文合璧，大意相同。中文为："香港西医书院掌院并讲考各员等，为给执照事：照得……在本院肄业五年，医学各门历经考验，于内外妇婴诸科，俱皆通晓，确堪行世，奉医学局赏给香港西医书院考准权宜行医字样，为此特发执照，以昭信守。须至执照者。右仰该学生收执。一八九二年　　月　　日。"（黄宇和:《三十岁前的孙中山:翠亨、檀岛、香港 1866—1895》，第 429 页；罗香林:《国父之大学时代》，第 64—72 页；简又文:《国民革命文献丛录》，广东文物展览会编:《广东文物》中册，第 103 页）

当晚，西医书院在太平山顶柯士甸山酒店举行首届毕业生晚宴，教务长康德黎主持，宴请港督罗便臣、陆军少将伯加、首席按察司兼西医书院名誉院长克拉克、辅政司骆克、丹尼斯①等五十余位宾客。(黄宇和:《三十岁前的孙中山:翠亨、檀岛、香港1866—1895》,第374页)孙中山与江英华作为优秀学生代表出席。据两天后的《德臣西报》报道,港督在致辞中说:"除了今晚站在我们大家面前的两位尊贵的学生典范之外,政府还将襄助西医书院培养出更多的合格毕业生。"随后,孙中山致答谢词谓:"我所想要说是,感谢所有在座嘉宾接受我的祝酒,不仅为我们自己,而且为所有在香港的人们,祝愿母校成功!"(引自莫世祥:《中山革命在香港(1895—1925)》,第45—46页)

在香港西医书院学习期间,除致力医学专业外,还进行广泛的课外学习。据关景良忆述:"总理在院习医科五年,专心致志于学业,勤恳非常,彼于日间习读医学,夜则研究中文,时见其中夜起床燃灯诵读。但最爱读之书乃《法国革命史》(蓝皮译本)及达尔文之进化论,后乃知其思想受此二书之影响为不少也。"(简又文:《国民革命文献丛录》,广东文物展览会编:《广东文物》中册,第101页)康德黎称孙中山:"习医科如他习别的科学一般地勤奋",他"研究国际法、军事学、海军建设、各种财政学、国政、各种派别的政治学"。(康德黎等著,郑启中等译:《孙逸仙与新中国》,第143—144页)在《上李鸿章书》中自述:"曾于香港考授英国医士,幼尝游学外洋,于泰西之语言文字,政治礼俗,与夫天算地舆之学,格物化学之理,皆略有所窥;而尤留心于其富国强兵之道,化民成俗之规;至于时局变迁之故,睦邻交际之宜,辄能洞其阃奥。""于圣贤六经之旨,国家治乱之源,生民根本之计,则无时不往复于胸中,于今所谓西学者概已有所涉猎,而所谓专门之学亦已穷求其一矣。"又称:"文游学之余,兼涉树艺,泰西农学之书间尝观览,于考地质、察物理之法略有所知。每与乡间老农谈论耕植,尝教之选种之理、粪溉之法,多有成效。"(《孙中山全集》第1卷,第8、16、17页)

---

① 丹尼斯即孙中山于1895年10月广州起义失败返回香港向康德黎请教行止时,康德黎转而请教的资深律师。(黄宇和:《三十岁前的孙中山:翠亨、檀岛、香港1866—1895》,第374页)

1923年，孙中山在香港大学演说，谓："我之此等思想发源地即为香港。至于如何得之，则我于三十年前在香港读书，暇时辄闲步市街，见其秩序整齐，建筑宏美，工作进步不断，脑海中留有甚深之印象。我每年回故里香山二次，两地相较，情形迥异。""我恒默念香山香港，相距仅五十英里，何以如此不同？""由市政之研究，进而为政治之研究"，"又闻诸长老，英国及欧洲之良政治，并非固有者，乃人经营而改变之耳。从前英国政治，亦复腐败恶劣，顾英人爱自由，众曰：'吾人不复能忍耐此等事，必有以更张之'，有志竟成，卒达目的。我因此遂作一想曰：'曷为吾人不能改革中国之恶政治耶？'我因此于大学毕业之后，即决计抛弃其医人生涯，而从事于医国事业。由此可知我之革命思想，完全得之香港也。"（《在香港大学的演说》，《孙中山全集》第7卷，第115—116页）

8月（闰六月至七月） 俄国出兵帕米尔地区，强占萨雷阔勒岭以西中国领土二万多平方公里。

是年秋 拟赴北京任职，因两广总督衙门刁难，不果。

江英华忆述："1892年，余与孙先生同时毕业于雅丽氏医院，余年廿一，孙先生年廿六。同班三十余人，仅吾二人及格而已。毕业后，因英政府未有位置，香港总督罗便臣乃驰书北京英公使，托其转荐于北洋大臣李鸿章①，谓孙先生与余两人识优学良，能耐劳苦，请予任用。李复书，云可来京候缺，每人暂给月俸五十元，并欲授吾二人所谓'钦命五品军牌'。孙先生为潜身京都，运动诸人臣反满计，允即前行。吾二人遂偕康德黎师上广州②，请英领带见两广总督德寿（应为李瀚章）领牌，然后晋京，免惹清政府之忌。讵德寿诸多为难。

---

① 李鸿章与西医书院渊源颇深。1887年11月，李鸿章被告知患了舌癌，自忖必死，姑且召孟生医生从香港赴津诊治。孟生诊断结果是舌下脓肿，经排脓即痊愈。（陈锡祺：《关于孙中山的大学时代》，《孙中山与辛亥革命论集》，第62页）有过这种关系后，1888年该院董事局就邀请李氏当该院的庇护人。李氏回信接受院长（president）殊荣。（黄宇和：《三十岁前的孙中山：翠亨、檀岛、香港1866—1895》，第429页）

② 据康德黎夫人日记：康氏于9月22日星期四起程前往广州，24日星期六下午2时回到香港。（黄宇和：《三十岁前的孙中山：翠亨、檀岛、香港1866—1895》，第427页）

欲吾二人填写三代履历,方准领得。孙先生气怒而返港;余亦劝其莫轻易进京,以免身危,遂不果。自是孙先生愈不满于清史,而反满之心益决,此事外人知之者绝鲜,孙先生亦不喜对人言。"(郑子瑜:《孙中山先生老同学江英华医师访问记》,原刊于1940年1月26日《华侨日报》第三版,后附录于郑子瑜《一页开国史料——记中山先生指示江英华密谋在穗发难书》,《近代中国》[台北]1987年第61期,第112—114页,引自黄宇和:《三十岁前的孙中山:翠亨、檀岛、香港1866—1895》,第427页)

是年秋　入澳门镜湖医院行医,成为澳门首位华人西医。

先此,自入香港西医书院学医后,数年间常往返于港、澳间,不时驻停于水坑尾杨鹤龄寓所"杨四寇堂"。(冯自由:《革命逸史》初集,第8—9页)澳门华商曹善业、何连旺等乘此便利,曾邀其为家人治病,疗效极好。遂与澳门绅商相熟,其医术亦在澳门渐有影响。(孙逸仙博士医学院筹备委员会编:《总理开始学医与革命运动五十周年纪念史略》,第17页)故在以优异成绩毕业后,便由卢九、何连旺、曹善业、吴节薇等人引荐,并经其本人"屡请",被镜湖医院"破例"聘用,"当地有镜湖医院为华人公立,向用中医中药施治贫病,总理屡请其兼用西医西学,以济中医所不及,并愿充当义务,不受薪金,该医院竟破例从之"①。(冯自由:《革命逸史》初集,第9页)

"镜湖医院者,为澳门华人所设立,向用中医中药施赠贫病。中国医药经验数千年,当有可采取之虑,惟欠缺近世科学之研究,先生屡以此献议于该院值理,卒得其接受。一旦破除旧例,兼用西医西药,聘先生为之主持,先生慨然担任义务,不受薪金。""先生经多年观

---

①　究竟是谁引荐孙中山进入镜湖,说法不一:或说是吴节薇,或说是何连旺,或说是曹善业。林广志认为,卢九、何连旺、曹善业、吴节薇等人为当时知名绅商,分别于1879年、1881年、1890年、1893年任镜湖医院总理,均在1892年前后参与镜湖医院的管理工作,且对孙中山的医术人品早有认识。因此,他们一起或分别向镜湖医院绅董推荐孙中山,较有可能。也有学者认为,孙中山在香港法院认识的好友葡人飞南第也参与了推荐。(参见卡洛斯·高美士·贝萨:《澳门与共和体制在中国的建立:孙逸仙致若塞·卡洛斯·米那总督的一封信》,第17页;林广志:《澳门华商与孙中山的行医及革命活动》,《历史研究》2012年第1期)

察与实习,手术之精,在华人中一时无两。""在澳门开业,不及数月,求医者日众,不止华人信仰,即葡人亦多就先生诊治。"(孙逸仙博士医学院筹备委员会编:《总理开始学医与革命运动五十周年纪念史略》,第17—18页)澳门《镜海丛报》曾登载赞扬孙中山医术之文字:"陈宇香山人,六十一岁,患沙淋八年矣,辛楚殊常,顷在医院,为孙医生割治,旬日便痊,精健倍昔。又西洋妇某,胎产不下,延孙治之,母子皆全。又卖面食人某,肾囊大如斗,孙医用针刺去其水,行走如常。"①(《镜海丛报》1893年7月18日)

每逢有重要手术,康德黎常从香港赶来协助,并力赞孙中山诊断之明确及手术之熟练、敏捷。(康德黎等著,郑启中等译:《孙逸仙与新中国》,第27页)

由此成为澳门第一位华人西医。

12月18日(十月三十日)　拟在澳门开设中西药局②,向镜湖医院借到本银两千元。(《揭本生息赠药单》,《孙中山全集》第1卷,第6页)

此款由吴节薇做担保人,以便开创中西药局,寄办西国药材。镜湖医院1896年2月19日堂期向下届移交财产记录内有两单。其一曰:"存孙中山翁揭本银1440两,壬十一月初一日(1892年12月19日)单吴节薇翁署保。"其二曰:"存中西药局孙中山揭本银1728两(即2400银元),五年揭单一纸吴节薇翁署保。"利息为"每百圆每月行息一圆"。(澳门镜湖医院慈善会:《镜湖医院慈善会创办一百三十周年纪念特刊》第66页所附照片,引自黄宇和:《三十岁前的孙中山:翠亨、檀岛、香港1866—1895》,第474页)

---

① 《镜海丛报》发刊于1893年7月18日,存在三年多时间。说者或谓孙中山担任该报"匿名编辑和主笔",是孙中山"为宣传革命,得到费尔南德斯的大力支持"而开办的。(《创办镜海丛报与飞南地结友谊》,《澳门日报》1986年11月11日)按《镜海丛报》创办人系澳门土生葡人飞南第(Francisco H. Fernandes),该氏为孙中山友人,曾为孙中山谋办行医执照,未果。《镜海丛报》逢周二出版,中、葡文各一张,馆址在下环正街3号。孙中山是否"曾为该报纸主持者及编辑者",迄无资料可供佐证。

② 中西药局原址在澳门草堆街84号,今为"大生匹头"店。

1893 年 8 月以后，《镜海丛报》连续刊登中西药局广告："本局拣选地道良药，各按中西制法，分配成方。中药则膏丹丸散，色色俱备，并择上品药料，监工督制。每日所发汤剂，皆系鲜明饮片。参著术桂，不惜重资购储极品，以待士商惠顾，冀为传播。所制西药，早已功效昭昭，遍闻远近，无烦赘述焉。中西各药，取价从廉。"（《中西圣药》广告影印件；参看梅士敏：《孙中山澳门行医史料新探》，《香山》报《孙中山先生诞辰 121 周年纪念专刊》）

是年　在翠亨试验炸药，炸裂树口闸门"瑞接长庚"石匾。（翠亨孙中山故居该闸门石匾所标之说明；黄彦等：《孙中山的家庭出身和早期事迹》，《广东文史资料》1979 年第 25 辑，第 288—289 页）

△　郑观应《盛世危言》编成（于次年刊行），其中《农功》记述孙中山活动①。

《农功》内称："今吾邑孙翠溪西医颇留心植物之理，曾于香山试种罂粟，与印度所产之味无殊。犹恐植物新法未精，尚欲游学欧洲，讲求新法，返国试办。惟恐当道不能保护，反为之阻遏，是以踌躇未果。"（郑观应：《盛世危言》，夏东元编：《郑观应集》，第 737 页）

△　陈虬著《治平通议》刊行。

△　陈炽著《庸书》。该书分内外两篇，主张设议院、办报馆、保护工商业。

①　或谓《农功》系孙中山执笔，经郑观应酌加修改后辑入《盛世危言》，其说详见《孙中山全集》第 1 卷第 3 页解题。

1893年(清光绪十九年 癸巳)二十七岁

1月(壬辰年十二月) 檀香山推翻君主制度,建立夏威夷共和国临时政府。此后,檀香山渐为美国吞并。

2月14日(壬辰年十二月二十八日) 檀香山华人集会,反对临时政府重提限制华人法例之旧议。

7月至9月(癸巳年六月至八月) 医术屡获澳门《镜海丛报》称颂。

有具名"濠镜榷舍主人前山军民府魏"者①,于7月25日、9月5日、9月12日连续刊登题为"神乎其技"之广告,称自己患痔廿余年,愈治而愈甚,"友人何瑞田闻之见访,力陈孙逸仙之人品学问及所习欧洲医法,坚嘱延其施治。予久闻孙逸仙之名,亦知其医法,无论内外奇难杂症,莫不应手回春,奏效神速,且非以此谋利者。及经何瑞田力荐,予愈信之不疑,遂于去岁腊月封篆后延请孙逸仙诊视。据云,医有数法,或刀、或剪、或烧、或线扎、或药水激,愿用何法治之,听裁。予请以药水激。又云,此痔甚老,激一次恐不能除根,姑试治之。遂用水激之法,略与针刺相似,并无甚苦,约五六秒之久,离针便照常矣。次日又激,兼服药丸,每泻一次,其痔略枯,数次后枯缩过半,不过七日之功,其痔遂脱,毫无他害。廿余年痼疾,一旦顿除,因之家内男女老幼上下人等,亦皆信之不疑,请其医治。或十数年之肝风,或

---

① 此"前山军民府魏",当系指魏恒。

数十年之脑患,或六十余岁之咯血,均各奏效神速"。("神乎其技"广告影印件;参看梅士敏:《孙中山澳门行医史料新探》)

7 月 18 日(六月初六日)　《镜海丛报》记孙中山与江英华为凶案受害人医治。

《凶案堪骇》:"李献廷者,本澳公信和闱姓厂东,兼充省城闱姓代理人,□□□□□□□八打钟由赌榜花馆核算数目而出,行至王家新街,突有凶人用刀连刺,身受三伤,一在小腹,□□□□李乃健汉,经执凶人辫发,嗣因伤重脱放。当时西洋官及官医皆到,验明伤痕,问取供状。适逢逸仙西医乡旌其友江医,偶尔来游,李家延治,如法救之,无如伤重势危,延至次晨而逝。"(《镜海丛报》1893 年 7 月 18 日,澳门基金会 2000 年影印本)

7 月 25 日(六月十三日)　在《镜海丛报》发表声明。

《声明告白》:"启者:本医生写字楼及中西药局各伴如有在外揭借银两,赊取货物,倘无本医生亲笔签名,不得作数,一惟经手人是问,本医生概不干涉。恐有冒托本医生之名,向人揭借银两,赊取货物等事。特此声明,以免后论。"(郝盛潮主编、王耿雄等编:《孙中山集外集补编》,第 1 页)

7 月 29 日(六月十七日)　中西药局正式开业。(郝盛潮主编、王耿雄等编:《孙中山集外集补编》,第 2 页)

8 月 1 日(六月二十日)　在《镜海丛报》刊登广告。

《中西圣药》:"本局拣选中西地道良药,各按中西制法,分配成方。中药则膏、丹、丸、散,色色俱备。并择上品药料,监工督制。每日所发汤剂,皆系鲜明饮片。参芪、桂术,不惜重资购储极品,以待士商惠顾,冀惠传播。所制西药,早已功效昭昭,遍闻远近,无烦赘述焉。中西各药,取价从廉,已于十七日开市。中西药局谨启。"其后半年内,几乎每周复登一次,合计二十多期。(郝盛潮主编、王耿雄等编:《孙中山集外集补编》,第 2 页)

9 月至 10 月(八月)　《镜海丛报》刊登行医广告。

9月26日、10月7日,卢焯之、陈席儒、吴节薇、宋子衡、何穗田、曹子基为孙中山刊登"春满镜湖"行医告白:"大国手孙逸仙先生,我华人而业西医者也,性情和厚,学识精明,向从英美名师游,洞窥秘奥;现在镜湖医院赠医数月,甚著功效。但每日除赠医外,尚有诊症余闲。在先生原不欲酌定医金,过为计较,然而称情致送,义所应然。今我同人,为之厘定规条,著明刻候:每日由10点钟起至12点钟止在镜湖医院赠医,不受分文,以惠贫乏;复由1点钟至3点钟止在写字楼候诊,3点钟以后出门就诊,其所订医金,俱系减赠。他如未订各款,要必审视其人其症,不事奢求,务祈相与有成,俾尽利物济人之初志而已。下列条目于左:

"一、凡到草推街中西药局诊症者,无论男女,送医金贰毫,晨早7点起至9点钟止。

"一、凡亲自到仁慈堂右邻写字楼诊症者,送医金壹元。

"一、凡延往外诊者,本澳街道送医金贰元,各乡市镇远近随酌。

"一、凡难产及吞服毒药延往救治者,按人之贫富酌议。

"一、凡成年包订,每人岁送医金五十元;全家眷口不逾五人者,岁送医金百元。

"一、凡遇礼拜日10点钟至12点钟,在写字楼种牛痘,每人收银一元;上门种者,每人收银三元。

"一、凡补崩口、崩耳,割眼膜、痛疮、病瘤、淋结等症,届时酌议。

"一、凡奇难怪症,延请包医者,见症再酌。

"一、凡外间延请,报明急症,随时速往,决无迁延。

"一、凡延往别处诊症,每日送医金三十元,从动身之日起计。"

("春满镜湖"广告影印件;梅士敏:《孙中山澳门行医史料新探》)

9月25日(八月十六日) 以有事晋省,在《镜海丛报》刊登"声明告白"。

是日以"孙逸仙"具名刊登声明告白:"启者:本医生晋省有事,所有中西药局事务统交陈孔屏兄代理。一切出入银两、揭借汇兑等件,

陈孔屏兄签名即算为实，别无异言。"（"声明告白"广告影印件）

是年　被澳门葡籍医生排挤，转至广州继续行医①。后自述："予既任事于医局，求治者颇众，而尤以外科为繁。然亚东之闭塞，甫见开通，而欧西之妒焰已起而相迫。盖葡人定律，凡行医于葡境内者必须持有葡国文凭，澳门葡医以此相龃龉，始则禁阻予不得为葡人治病，继则饬令药房见有他国医生所定药方，不得为之配合。以是之故，而予医业之进行猝遭顿挫，虽极力运动，终归无效。顾予赴澳之初，并不料其有是，资本损失为数不少，旋即迁徙至广州焉。"（《伦敦被难记》，《孙中山全集》第1卷，第50页）

冯自由则谓，孙中山在澳门时，与之交往者多为绅商，"居澳半载，时欲物色热心同志如郑士良、陈少白其人者，杳不可得。只有同邑人陆皓东、杨鹤龄、杨心如等数人往来石岐、香港、澳门间，相与畅谈时政，余人皆不敢引为知己，因之遂有易地广州创门面之意。适是时当地葡医因总理医业兴盛，大招所忌，遽提出禁止外籍医生在澳门操业之议。总理早认澳门一地不能为政治之活动，乃乘机收束中西药局而移于广州，即第二次开设之广州洗基东西药局是也"。（冯自由：《革命逸史》第4集，第72—73页）

初在广州开业，悬牌于双门底圣教书楼，书楼内进为基督教礼拜堂，传教士为王质甫。（孙逸仙博士医学院筹备委员会编：《总理开始学医与革命运动五十周年纪念史略》，第18页）

东西药局设于广州西关洗基，孙中山每日在局应诊，晨10时至12时为赠诊时间，下午出诊，酬金由病者随意致送，若难产、服毒急症，不论贫富，一邀即至。医务之盛，一如澳门，粤中官绅与民众，无不知有孙逸仙医生之名者。当时孙中山藉医生职务，出入衙署，一无阻碍，所结人物日多，而于会党之联络，尤为急进。东西药局司理为庞文卿，所常往来者则同学廖德山、梁乾初等。（高良佐：《总理业医生活

---

①　一说转至广州在是春间。按《镜海丛报》有关告白，脱离澳门医务应在是年9—10月之后。前此是否往返澳门、广州行医，不详。

与初期革命活动》,《建国月刊》1936年第14卷第1期)

又与香山南萌乡人程北海合资,在县城石岐西门开设一间规模较小之药局,亦称东西药局,以该药局作为在石岐发售西药及诊治病人的地方①。(黄彦等:《孙中山的家庭出身和早期事迹》,《广东文史资料》1979年第25辑)

诊所及药局业务兴盛。日后提及"我前此卖药行医每年所得亦不止万余元"。(《致吴稚晖函》,《孙中山全集》第1卷,第420页;又见陈少白:《兴中会革命史要》,中国史学会主编:《辛亥革命》第1册,第27页)但因交游日广,所费浩大,药局资金多挪作他用,是冬遂有不支之势,寻赴香港,拟向亲友再集资补充,亦无所得,乃派陈少白至广州结束所业。(冯自由:《中国革命运动二十六年组织史》,第11页)

12月(十一月)　东西药局刊登广告,聘请尹文楷医生协助诊治②。

广告以"杏林双帜"为题,内中称:"本东西药局,自敦请孙医生逸仙来省济世以来,甚著成效,以故四乡延聘,日不暇给,本城求诊者反觉向隅,今特请尹医生文楷来局合办。""尹君与孙君并驾齐驱,皆称国手,久为中外所闻矣。"(孙逸仙博士医学院筹备委员会编:《总理开始学医与革命运动五十周年纪念史略》,第20页)

是年冬初　首次倡议组织团体,以"骚除鞑虏,恢复华夏"为宗旨,但未正式成立组织。孙中山继续物色反清志士,畅谈时政。冯自由称,孙中山在"广州行医期间,时得同志左斗山、魏友琴、程璧光、程奎光、王质甫、程耀宸诸人,遂假双门底圣教书楼后进礼拜堂及广雅书局内南园抗风轩为密谈时政之俱乐部,旧友尤列、陆皓东、区凤墀等与焉"。程璧光、程奎光、程耀宸均香山人,水师武员。(冯自由:《革命逸史》第4集,第1—2页;第2集,第25—26页)

---

①　澳门《镜海丛报》1894年10月10日载"代派报纸之处"有"石岐西门外中西药局",当系此药局。

②　原广告未署时间,该报日期亦不详,今据同时刊登之广告之日期酌定。

孙中山自述:"及予卒业之后,悬壶于澳门、羊城两地以问世,而实则为革命运动之开始也。时郑士良则结纳会党,联络防营,门径既通,端倪略备。"(《建国方略》,《孙中山全集》第 6 卷,第 229 页)

"冬初,开会议于城南广雅书局内南园之抗风轩。盖尤列尝为附设书局内广东兴图局之测绘生,与局员习熟,因得借用之。时到会者,有总理及程耀宸、奎光、璧光、陆皓东、魏友琴、郑士良、尤列诸人。总理提议宜先成立团体,以驱除鞑虏、恢复华夏为宗旨。众赞成之,而不及制定会名。"(冯自由:《革命逸史》第 5 集,第 9 页)"然是时会员寥寥,尚无如何具体之组织也。"(冯自由:《中华民国开国前革命史》第 1 册,第 3 页)

是年冬　为陆皓东、尤列创办之兴利蚕子公司书写门联。

孙中山于 1895 年前多次偕陈少白等到顺德县北水乡(尤列家乡)小住。在那里,有一个由陆皓东、尤列、周昭岳等人合资创办之兴利蚕子公司。该公司以改良蚕种为号召,宣称用科学方法化育蚕子。孙中山曾为该公司书写对联"兴创自我,利尽归农",贴于公司门口。(黄彦等:《孙中山的家庭出身和早期事迹》,《广东文史资料》1979 年第 25 辑)

1894年(清光绪二十年　甲午)二十八岁

是年初　拟与康有为结交,未果。

"康初讲学于长兴里,号长兴学舍,好浏览西学译本,凡上海广学会出版之书报,莫不尽量购取。长兴学舍旋移于广府学宫,改名万木草堂,与双门底圣教书楼相距甚迩。时总理假圣教书楼悬牌行医,因康常在该书楼购书,知其有志西学,欲与结交,爰托友人转达。康谓孙某如欲订交,宜先具门生帖拜师乃可,总理以康有为妄自尊大,卒不往见。"(冯自由:《革命逸史》初集,第 47 页)陈少白记:"我想到那年的春天,我和孙先生特地到广州去找他,到他那广府学宫里面教学的万木草堂,刚巧他还没有开学,没有见着。"(陈少白:《兴中会革命史要》,中国史学会主编:《辛亥革命》第 1 册,第 45 页)

1月至2月(癸巳年十二月末至甲午年正月初)　在翠亨起草上李鸿章书。

"癸巳年十二月,孙总理因广州东西药局营业失败,遂回翠亨乡与家人团聚十余日,始赴香港。及晤陈少白,乃出其在乡所草上直隶(总督)李鸿章书稿,与少白斟酌字句,谓吾辈革命有二途径,一为中央革命,一为地方革命,如此项条陈得鸿章采纳,则借此进身,可以实行中央革命,较地方革命为事半功倍,少白亦以为然。"(冯自由:《中国革命运动二十六年组织史》,第 13 页)

1890 年上书郑藻如时曾谓:"每欲上书总署,以陈时势之得失。"(《孙中山全集》第 1 卷,第 1 页)或谓上李鸿章书"即肄业雅丽士时腹稿也"。(冯自由:《中国革命运动二十六年组织史》,第 5 页)陈少白记:"有一天,我在香港,他在广州,忽然药房里有信来,说:'孙先生失踪了,药房中开销很难,收入不敷,只剩十几块钱了。'我接到信,就到广州去,替他维持店务。等了多天一点消息都没有,心里非常焦急。到十六那天他忽然跑来了,手里拿了很大一卷像文件的东西,他见了我就说:'对不起! 对不起!'我问他:'你跑到什么地方去的?'他说:'这些事情不要去管他了。'就打开他手里的一卷纸给我,我拿起来一看,纸里面乃是一篇上李鸿章书。我方才知道他是跑到翠亨村的家里关起门来做文章去的。他叫我替他修改修改,我就随便稍为修改一下。以后,他对于药房也不管理了,就到上海去要把这封信上给李鸿章,我没有办法,就让他去,同时我就替他把两间药房收拾起来,交回那些出过股本的人。"(陈少白:《兴中会革命史要》,中国史学会主编:《辛亥革命》第 1 册,第 27—28 页)

2 月 8 日(正月初三日) 朝鲜东学道起事,提出"驱逐倭夷""尽灭权贵"的口号。

2 月 9 日(正月初四日) 《中西日报》刊登鸣谢广告盛赞孙中山之医术与人品。

有具名武泌者刊登广告称:"孙逸仙先生学宗孔孟,业绍岐黄,合卢扁而擅专家,内治与外施并美;统中西而探奥旨,针砭并刀割兼长。其平生医学精纯,业经大绅诸公合词称颂,登诸岭南等报矣。余也不敏,质朴无文,偶罹牙齿之灾,竟彻晨宵之痛。疾俨不伸之指,秦楚寻医,患同如捣之心,星霜屡易。诸医罔效,累月经时,幸遇先生略施小技,刀圭调合,著手成春,数月病源,一朝顿失。复荷先生济世为怀,轻财重义,药金不受,礼物仍辞。耿耿私心,无以图报,谨将颠末,爰录报端,用志不忘,聊摅微悃,不特见先生医学之良,抑以表先生人品之雅云尔。"(孙逸仙博士医学院筹备委员会编:《总理开始学医与革命运动五十周年纪念史略》,第 21 页影印件,日期按《文明之路》旬刊第 26 期邓慕韩《总理之医学时代》)

2 月 15 日（正月初十日）　返回广州，继续在东西药局开诊。

东西药局于 2 月 27 日在《中西日报》刊登广告："本局敦请大医生孙君逸仙来省济世，旧岁底因事返澳度年，今已由澳回省，谨择月之初十日开办，所有赠医出轿规矩，一律如前：每日 10 点钟至 12 点钟在局赠诊，不受分文"，"午后外出诊症"①。（孙逸仙博士医学院筹备委员会编：《总理开始学医与革命运动五十周年纪念史略》，第 21 页影印件）

3 月 17 日（二月十一日）　清政府与美国在华盛顿签订《中美华工条约》。

是年春夏间　偕陆皓东由粤赴沪，寻找上书李鸿章之门径。

"甲午春，遂偕陆皓东买舟北上"，"既抵沪，暂寓三洋泾桥名利客栈，藉港友函介，分访王韬、郑观应诸人"。"总理出示上李书稿，韬深为赞许，仅代修订数语，并为函介于直督幕友罗丰禄、徐秋畦等。""时总理复结识陈廷威、宋跃如二人。廷威为水师将弁，由官〔观〕应介绍相识"，"跃如字嘉树，粤之琼州人，为耶教传道士"。（冯自由：《中国革命运动二十六年组织史》，第 13—14 页）

在穗曾请魏恒致书盛宙怀，托盛宙怀向其堂兄盛宣怀推荐，郑观应亦致函盛宣怀予以推荐。

魏恒曾任澳门海防同知。魏致盛宙怀函云："兹恳者：香山县医士孙生名文号逸仙，人极纯谨，精熟欧洲掌故，政治、语言、文字均皆精通，并擅中西医术，知者甚多，妒者亦复不少。现拟远游京师，然后仍作欧洲之游。久仰令兄观察公（按即盛宣怀，时任津海关道）德望，欲求一见，知侄与世丈处，既有年谊世好，又蒙青照有素，特属函恳赏赐书于令兄观察公前先容。"

遂携魏函见盛宙怀，宙怀乃致函宣怀介绍："顷有沪堂教习唐心

---

①　或记于是年 2 月启程赴沪，（如《国父年谱》该年条）似不可能。广告所指"返澳度年"，殆即回乡起草上李鸿章书稿时间。盖其时自广州至翠亨当以取道澳门为便捷。孙中山在粤医务甚为发达，"四乡延聘，日不暇给"，故停诊后重新开诊，药局乃于报端刊登广告。广告登时已开诊十余日。惟此次重新开诊后执业时间甚短。

存兄之同窗孙逸仙兄，系广东香山县人，精熟欧洲医理，并由广东前山同知魏直牧函托求转吾哥俯赐吹植。"此信由孙中山带往天津，盛宣怀于 6 月 26 日（五月二十三日）收到。

郑观应致盛宣怀函云："敝邑有孙逸仙者，少年英俊，曩在香港考取英国医士，留心西学，有志农桑生植之要术，欲游历法国讲求养蚕之法，及游西北省履勘荒旷之区，招人开垦，免致华工受困于外洋，其志不可谓不高，其说亦颇切近，而非若狂士之大言欺世者比。兹欲北游津门，上书傅相，一白其胸中之素蕴，弟特以尺函为其介，俾叩谒台端。"并谓："孙逸仙医生拟自备斧资，先游泰西各国，学习农务，艺成而后返中国，与同志集资设书院教人，并拟游历新疆、琼州、台湾，招人开垦，嘱弟恳我公代求傅相，转请总署给予游历泰西各国护照一纸，俾到外国向该国外部发给游学执照，以利遄行。"①（沈渭滨：《一八九四年孙中山谒见李鸿章一事的新资料》，《辛亥革命史丛刊》第 1 辑，第 89—90 页；戈止義：《对〈一八九四年孙中山谒见李鸿章一事的新资料〉之补正》，《学术月刊》1982 年第 8 期）

6 月（四月至五月）　日本出兵朝鲜。清廷应朝王之请，派兵镇压东学道起事。

6 月下旬（五月中下旬）　由沪抵津，上书李鸿章建议改革，未被采纳。

是年夏间，偕陆皓东行抵天津，寄寓法国租界佛满楼客栈，持港沪友人介函访直督幕僚罗丰禄、徐秋畦等，道达上书意见。罗、徐均允相机协助，旋将上李鸿章书投递。然李鸿章借辞军务匆忙，拒绝延见，仅由罗丰禄代领得农桑会出国筹款护照一纸。由是，更深知清廷腐败无可救药。（冯自由：《中国革命运动二十六年组织史》，第 14 页）

此次上书主张"欧洲富强之本，不尽在于船坚炮利，垒固兵强"，

---

① 魏恒与盛宙怀致盛宣怀函月份不详，而收函为五月二十三日（6 月 26 日），收郑函为五月（6 月）。魏函署二十八日，盛宙怀函署初十日，应是分别发于四月二十八日（6 月 1 日）与五月初十日（6 月 13 日）。盛宣怀曾否推荐，不详。

强调学习欧洲各国"富强之本",做到"人能尽其才,地能尽其利,物能尽其用,货能畅其流"。此为"富强之大经,治国之大本"。对"徒惟坚船利炮之是务"的做法有"舍本逐末"之批评。又详述四项主张的具体内容:人尽其才,在于"教养有道,鼓励有方,任使得法",大要在于"用人也,务取所长而久其职。故为文官者,其途必由仕学院,为武官者,其途必由武学堂,若其他,文学渊博者为士师,农学熟悉者为农长,工程达练者为监工,商情谙习者为商董,皆就少年所学而任其职。总之,凡学堂课此一业,则国家有此一官,幼而学者即壮之所行,其学而优者则能仕。且恒守一途,有升迁而无更调。夫久任则阅历深,习惯则智巧出,加之厚其养廉,永其俸禄,则无瞻顾之心,而能专一其志。此泰西之官无苟且,吏尽勤劳者,有此任使之法也"。地尽其利,在于"农政有官,农务有学,耕耨有器"。"无遗地利,无失农时,故特设专官经略其事,凡有利于农田者无不兴,有害于农田者无不除。"大要在于"农政有官则百姓勤,农务有学则树畜精,耕耨有器则人力省,此三者,我国所当仿行以收其地利者也"。物尽其用,在于"穷理日精,机器日巧,不作无益以害有益"。分别天生之物、地产之物、人成之物,各尽其道,"天生之物如光、热、电者,各国之所共,在穷理之浅深以为取用之多少。地产者如五金、百谷,各国所自有,在能善取而善用之也。人成之物,则系于机器之灵笨与人力之勤惰。故穷理日精则物用呈,机器日巧则成物多,不作无益则物力节"。货畅其流,在于"关卡之无阻难,保商之有善法,多轮船铁道之载运"。"无关卡之阻难,则商贾愿出于其市;有保商之善法,则殷富亦乐于贸迁;多轮船铁路之载运,则货物之盘费轻。""货流既畅,则财源自足。"

且谓四者"条目工夫不能造次,举措施布各有缓急"。虽"首在陶冶人才",而揆诸实情,"伏莽时闻,灾荒频见,完善之地已形觅食之艰,凶祲之区难免流离之祸,是丰年不免于冻馁,而荒岁必至于死亡。由斯而往,其势必至日甚一日,不急挽救,岂能无忧"。故"农政之兴尤为今日之急务"。主张"先设农师学堂一所,选好学博物之士课之,三年有成,然后派往各省分设学堂,以课农家聪颖子弟。又每省设立农艺博览会一所,与学堂相表里,广集各方之物产,时与老农互相考证。此办法之纲领"。表示愿出国考察农业,"拟有法国之行,从游其国之蚕学名家,考究蚕桑新法,医治蚕病,并拟顺道往游环球各邦,观其农事"。强调"天下之事,不患不能行,而患无行之人;方今中国之不振,固患于能行之人少,而尤患于不知之人多"。(《孙中山全集》第 1 卷,第 8—19 页)上书全文八千余字,当年上海出版之《万国公报》月刊第 69、70 两册以《上李傅相书》为题连载。

7 月 25 日(六月二十三日)　中日甲午战争爆发。

7 月(六月)　游历京津,以窥清廷之虚实,深入武汉,以窥长江之形势。

上书失败,决志以革命手段推翻清廷。日后自述:"吾党于是怃然长叹,知和平之法无可复施,然望治之心愈坚,要求之念愈切,积渐而知和平之手段不能不稍易以强迫。"(《伦敦被难记》,《孙中山全集》第 1 卷,第 52 页)

又记:"李曾经积累了怎样大量的财富是远近皆知的","正在中日战争开始以前,我在天津,有很好的机会看到他发财致富的方法之一,就是各级文武官员从整个国家各部分成群而来请求任命,但是就在他们的呈文到达李鸿章以前,他们必须支付大量的贿赂给李的随员。"(《中国的现在和未来》,《孙中山全集》第 1 卷,第 99—100 页)在北京则看到"满清政治下之醒醯,更百倍于广州"。(《在香港大学的演说》,《孙中山全集》第 7 卷,第 116 页)

"予乃与陆皓东北游京津,以窥清廷之虚实;深入武汉,以观长江之形势。"(《建国方略》,《孙中山全集》第 6 卷,第 229 页)

7 月至 12 月(六月至十一月)　清军对日作战迭遭失败。日军连陷九连城、金州、旅大、海城、盖平。

是年秋　赴檀香山。

上书既失败,"至甲午中东战起,以为时机可乘","遂于是岁秋自上海重游檀岛,拟向旧日亲友集资回国,实行反清复汉之义举"。莅檀后,先赴茂宜牧场就商于兄孙眉,得兄赞成,愿划拨财产为助,更移书檀埠各亲友为之先容。其时华侨风气尚极闭塞,闻有作乱谋反言论,"咸谓足以破家灭族,虽亲戚故旧亦多掩耳却走"。经多方游说,奔走逾月,仅得同志数十人。(《建国方略》,《孙中山全集》第6卷,第229—230页;冯自由:《革命逸史》第4集,第3页)

11月中下旬(十月)[①]　在檀香山与当地华侨同志组织中国近代第一个反清政治团体兴中会,提出振兴中华,挽救危局;以"驱除鞑虏,恢复中国,创立合众政府"为秘密誓词。

"冬十月间,假卑涉银行华经理何宽宅开第一次成立会,列席者有何宽、李昌、刘祥、黄华恢、程蔚南、郑金、邓松盛(号荫南)、郑照、黄亮、钟木贤、许直臣、李多马、李禄、卓海、林鉴泉、钟宇、刘寿、曹彩、刘卓、宋居仁、夏百子、侯艾泉、李杞等二十余人。总理为主席,即由总理提议,定名曰兴中会,规定以'振兴中华、挽救危局'为宗旨,并宣布所起草章程九条,众无异议,遂依章程规定投票,选出永和泰商号司理刘祥及何宽二人为檀埠本会正副主席。永和泰商号司账黄华恢为管库,程蔚南、许直臣为正副文案。李昌、郑金、邓松盛、黄亮、李禄、李多马、钟宇、林鉴泉等为值理。""会毕,总理令各会员填写入会盟书,其辞曰:'联盟人某省某县人某某,驱除鞑虏,恢复中国,创立合众政府,倘有二心,绅明鉴察。'宣誓时,由李昌朗诵誓词,各以左手置耶教圣经上,举右手向天依次读之,如仪而散。自是陆续入会者,尚有孙眉、杨文纳、杨德初、卫积盛、李光辉、陆灿、叶桂芳、尹煜传、邹德明、容吉兆、简永照、张福如、许帝有、郑仲昭、伍云生、程祖安、刘森、

_____

① 檀香山兴中会成立时间目前难以确证。据何宽所存兴中会会员缴纳会费名册,会员最早于是年11月24日缴费。1955年,中国国民党据此规定11月24日为兴中会成立日期。之后,《孙中山年谱长编》等史书亦采此说。

陆望华、郑发、古义等九十余人,会员总数约一百三十人。"①(冯自由:《中国革命运动二十六年组织史》,第 15—16 页;关于誓词的记载最早见于《檀山华侨》第 30 页《中国国民党茂宜支部史略》)

《兴中会章程》称:"中国积弱,非一日矣! 上则因循苟且,粉饰虚张;下则蒙昧无知,鲜能远虑。近之辱国丧师,剪藩压境,堂堂华夏,不齿于列邦,文物冠裳,被轻于异族,有志之士,能无抚膺! 夫以四百兆苍生之众,数万里土地之饶,固可发奋为雄,无敌于天下。乃以庸奴误国,涂〔荼〕毒苍生,一蹶不兴,如斯之极。方今强邻环列,虎视鹰瞵,久垂涎于中华五金之富、物产之饶。蚕食鲸吞,已效尤于接踵;瓜分豆剖,实堪虑于目前。有心人不禁大声疾呼,亟拯斯民于水火,切扶大厦之将倾。用特集会众以兴中,协贤豪而共济,抒此时艰,奠我中夏。"

章程规条载明:"是会之设,专为振兴中华,维持国体起见。盖我中华受外国欺凌,已非一日。皆因内外隔绝,上下之情罔通,国体抑损而不知,子民受制而无告。苦厄日深,为害何极! 兹特联络中外华人,创兴是会,以申民志而扶国宗。"章程还对会员入会之会底银、兴中会机构及选举办法、议事办法等作了规定。(《孙中山全集》第 1 卷,第 19 页)

12 月(十一月)　致函陈少白,告知将归国活动。

据陈少白忆述,函称:"前次从香港到澳门去,在香山轮船栏杆旁所说的话,不要忘记。""这件事可以做得到的,你预备,我就要来了。"陈少白解释:"究竟他所说的在轮船讲的什么呢? 就是讲到将来有机会的时候,预备怎样造反。"据函文,"这时候,已是十一月"。(陈

---

①　据《革命逸史》第 4 集《兴中会人名事迹考》及《革命文献》第 3 辑《兴中会人名事迹考补遗》,1894 年入会的会员为一百二十九人。另据《兴中会会员及收入会银时日与进支数簿》记载,从 1894 年 11 月 24 日到 1895 年 9 月 2 日,先后共有一百一十二人加入兴中会。经费,综合会员所缴的会费、售卖股单等所获,仅得 1388 美元。(马兗生:《孙中山在夏威夷:活动和追随者》,第 20—22 页)

少白：《兴中会革命史要》，中国史学会主编：《辛亥革命》第 1 册，第 29 页）

是年冬　组织华侨兵操队，准备日后归国举义。

檀香山兴中会成立后，提议组织华侨兵操队，操练各会员，以得军事预备，便于日后回国起义。各会员欣然赞成，遂假业师芙兰·谛文牧师所设寻真书室之校外操场为兵操之用。"各会员报名者，有邓松盛、李杞、侯艾泉、郑金、郑照、许直臣、杜守传、程宸臣、宋居仁、陈南、夏百子、陆灿等二十余人，延一丹麦人名柏者为教师，每星期操练二次，柏前曾到中国充任南洋练兵教习，饶有经验。"（冯自由：《中国革命运动二十六年组织史》，第 17 页）后华侨兵操队因各人对军事训练的兴趣不同，不能持久，遂告解体。（钟工宇：《我的老友孙逸仙先生》，尚明轩等编：《孙中山生平事业追忆录》，第 730 页）1900 年 4 月 29 日，梁启超致康有为函称："前中山在此之时，创一兵会，习者数十。然人皆有业，罕暇晷，不能大成，久而遂懈。"即指此。（丁文江等编：《梁启超年谱长编》，第 152 页）

是年底　决定归国实行起义，得孙眉、邓荫南捐助经费。

后忆述，兴中会成立后，"不图风气未开，人心锢塞，在檀鼓吹数月，应者寥寥，仅得邓荫南与胞兄德彰二人愿倾家相助，及其他之亲友数十人之赞同而已。时适清兵屡败，高丽既失，旅、威继陷，京津亦岌岌可危，清廷之腐败尽露，人心激愤。上海同志宋跃如乃函促归国，美洲之行因而中止。遂与邓荫南及三五同志返国共策进行，欲袭取广州以为根据"。（《建国方略》，《孙中山全集》第 6 卷，第 229—230 页）

兴中会成立之初，收得经费甚少。从 1894 年 11 月 24 日到 1895 年 6 月 2 日，共有一百一十四名会员交来会底银 228 元，股份银 1100 元，共 1328 元。（郑东梦编：《檀山华侨》，第 16—17 页）

兴中会除收会底银外，"另设银会集股举办公家事业，每股科银十元，成功后收回本利百元，文中尚不便明言筹饷起兵字样，以免会员有所戒惧"。"是月二十七日（阳历 11 月 24 日）开始收取会员底银及银会股银，月余所得，仅得美金千余元。总理以事机日迫，急于返国,而所集戋戋之数,去预算需要之数尚远,为是异常焦灼。德彰闻之,乃更以每头六七元之价贱售其牛牲一部,以充义饷。邓松盛亦尽变卖其商店及农场,表示一去不返之决心。总理综合各款,所得仅美金六千余元,伸港币约一万三千元,遂于十二月间取途回国。"(冯自由:《中国革命运动二十六年组织史》,第16页)

1895 年(清光绪二十一年 乙未)二十九岁

1 月 22 日(甲午年十二月二十七日) 兴中会发行中国商务公会第一号股单。

股单内容如下:中国商务公会第一号。一股。一八九五年一月二十二日。兹证明李多马持有已付清的中国商务公会股款一份。凭于此背书并转认此股券,可过户列入公司总账。司库刘祥(签名)会长孙逸仙(签名)夏威夷岛火奴鲁鲁。(火奴鲁鲁孖毡街二□九号格雷夫厂承印)①。(中国国民党党史委员会编:《国父全集补编》,第 619 页)

1 月下旬(约甲午年十二月末至乙未年正月初) 由檀香山返香港,准备策划武装起义。途经横滨,与华侨陈清等接触。

兴中会成立后,因革命活动迟滞,拟往美洲。时适清兵屡败,京津岌岌可危。清廷腐败尽露,人心愤激。上海同志宋跃如乃函促归国,美洲之行因而中止。本月 22 日,签发第一号股票予李多马(Lee Toma),即携款百元,与邓荫南、宋居仁、侯艾泉、李杞、何早、陈南及欧美技师将校数人离檀返国以策进行。(《建国方略》,《孙中山全集》第 6 卷,第 230 页;邹鲁:《中国国民党史稿》,第 655 页)船经日本横滨,在船上向侨胞演讲逐满救国。该埠侨商陈清闻后,走告冯镜如、冯紫珊、谭有发等。冯等奇之,亟派陈复上轮邀请登陆,商谈国事。孙中山因船行

---

① 底本原件系译文。每股股金为一百美元。李多马(Lee Toma)系兴中会员,檀山杂货商。

在即，授陈以兴中会章程及讨满檄文一大束，令转交冯等照章设立分会，取名义兴会，以作后援。且谓广州不日起义，杀满复明，陈可到香港投效。冯镜如等得陈归报，遂召集少数同志为组织预备。陈清乃于数月后赴香港投效①。（冯自由：《革命逸史》第 4 集，第 14—15 页；冯自由：《中华民国开国前革命史》第 1 册，第 31 页）

1 月 26 日（乙未年正月初一日）　返抵香港，与陈少白商设机关。

是日，抵香港。当晚，乘夜航船赴广州晤陈少白，次日晚偕之返港，觅所设立机关。陈少白寻赴澳门见郑士良。十数日后，派陈少白前往上海就商郑观应等寻求帮助。复至广州，与尤列晤于海关外寓寄闲别墅，盘桓数日。一日，因小故犯关员何某，被下逐客令，即日赴港。（冯自由：《革命逸史》第 5 集，第 10 页）又派人至内地，运动联络郑金部下的安勇，北江、香山、顺德的绿林，三元里的乡团等。

陈少白在时与康有为、梁启超同住洋泾浜全安栈，遂往见之。谈及中国情况危急，必须改革满清政府，康表赞成，并问以长江一带情形如何？人才多少？陈略述局面，康亦点头称是。一月后，陈少白偕水师学堂毕业生、曾任兵船大副的陈廷威归港。（陈少白：《兴中会革命史要》，中国史学会主编：《辛亥革命》第 1 册，第 45—46 页）

1 月（十二月）　与日人梅屋庄吉订交。

据车田让治《孙中山与梅屋庄吉》记述，1895 年 1 月 3 日（按日期疑误），二人于香港某慈善团体举办之宴会上结识，乃由康德黎从中介绍。康德黎之所以介绍庄吉，原因在于庄吉易于帮助购买革命所需武器，有助于实现革命计划。结识之后，1 月 5 日下午，又往中环大马路 28 号梅屋照相馆拜访，有所深谈。语告庄吉："康德黎老师

---

①　陈少白《兴中会革命史要》记："陈清听了孙先生的话，回去就对他的同乡说：'今天船上有一个人，很奇怪，他说要在中国造反呢！'这个同乡好奇心起，就跑到船上去见孙先生。孙先生见他，问起他的姓名，知道他姓谭名有发，在横滨开一间洋服店。两个人就谈了一会。最后，谭有发还答应以后有什么事，可以帮帮忙。"

对我说过,你是爱中国的,是关心亚洲人前途的人。这是真的,我明白。这是光荣的事,凡是有意关心亚洲前途的人,无论何人,都是如此。"又谓:"但是,怎么办?睡着的人太多了,你不感觉吗?所以欧美各国人都称中国为睡狮。如果是狮子,要醒起来才有用,睡着的虽不是整个中国国民,但眼睛被蒙蔽,不管事的人实在太多了。"并认为这"是清朝的腐败政治所致。在中国所谓清国只是一个名称,国家只是在形式上存在,实际上等于没有国家。不独这样,将来沦为白种人奴隶的命运,也是不可避免的"。语甚激烈。且强调道:"现在的情况,如果继续下去,中国就会被西欧列强殖民主义者所瓜分。不独是中国,所有亚洲各国都将成为西欧的奴隶。中日两国不幸发生战争,但我们非团结起来不可。使中国脱离殖民化的危机,是保卫亚洲的第一步,为了拯救中国,我与同志们正准备发动革命,打倒清朝;我发誓要建立一个真正汉民族的国家。""不打倒满清,中国是没有前途的!"是为孙中山与梅屋交往之始。嗣后,梅屋对孙中山革命事业给予巨大帮助。(车田让治著、李择邻译:《孙中山与梅屋庄吉》,中国人民政治协商会议广东省委员会文史资料研究委员会编:《孙中山与辛亥革命史料专辑》,第259—270页)1929年3月10日,梅屋庄吉悼念孙中山时亦忆及此事:"三十有五年前,一日于香港之敞屋始迎先生,兴酣,谈天下事,中日之亲善、东洋之兴隆,以及人类之平等,所见全同,为求其实现,先行大中华之革命,先生雄图与热诚,甚激我之壮心,一午之谊,遂固将来之契。"(俞辛焞、熊沛彪:《孙中山宋庆龄与梅屋庄吉夫妇》,第17页)

2月13日(正月十九日) 清廷以李鸿章为全权大臣,与日本商定和约。

2月21日(正月二十七日)与杨衢云等辅仁文社成员合作,成立香港兴中会,设活动会所于香港中环士丹顿街13号,取名"乾亨行",以避警探耳目。

各方面筹备略具规模后,即召集旧友陆皓东、郑士良、陈少白、杨鹤龄、区凤墀等创设香港兴中会,并拟联合各地同志扩大檀香山兴中会之组织。因素知辅仁文社社员杨衢云等平日宗旨相同,遂与接洽组党事宜。杨及一部分社员欣然赞成,且愿取消旧社名义。(冯自由:《中华民国开国前革命史》第1册,第7页)陆续缔盟者有谢缵泰、黄咏商、周昭岳、区凤墀、余育之、徐善亭、朱贵全、丘四等数十人。筹备既竣,即于是月下旬租定中环士丹顿街13号为会所。黄咏商为之定名曰"乾亨行",盖取乾元奉行天命,其道乃亨之义,借避警探耳目。是日召开兴中会成立会,推黄咏商为临时主席①。凡入会者须一律高举右手向天宣誓:驱除鞑虏,恢复中华,创立合众政府。倘有二心,神明鉴察。更将檀香山章程修订为十条。(冯自由:《革命逸史》第4集,第8—9页;初集,第6页)"因避清、英二国官吏干涉,文中只言救亡,仍未敢公然排满及明示合众政府之宗旨也。"章程规定:"总会设在中国,分会散设各地。""本会之设,专为联络中外有志华人,讲求富强之学,以振兴中华,维持国体起见。""无论中外各国人士,倘有心益世,肯为中国尽力,皆得收入会中。"(冯自由:《中华民国开国前革命史》第1册,第8—11页)

3月1日(二月初五日)　与日本驻香港领事中川恒次郎会晤,请其援助起义。

据中川3月4日致原敬函:"本月1日,经朋友介绍,清国人孙文(西医)来馆。该人如前日所报,正是欲颠覆现政府,他与晚大致同龄,懂英语,可能是耶稣教徒。据称他打算于去年北洋舰队大演习后,立即举事,不慎失去机会。然而时至今日,特别是在广东省,徒党受到严重注视,不易举事。而更重要的是当前缺乏武器,需要步枪二万五千枝,手枪一千枝,欲求为之筹措。

"晚答以本人职务只注意通商贸易之事,与政治之事完全无关,故甚困难。然足下等人的意图可嘉,衷心襄赞。首先想知道足下等人的目的方法。该人答曰:其党称为兴中会,即振兴中国之会。其中

---

① 据香港兴中会章程,该会领袖称为"总办",副手称为"帮办"。

有哥老会员，党员人数难以明言。原因是一有行动立刻就要被发觉，而当最终决定起事时则不能彼此来往通信。然而一旦发难，必定四方响应。统领为广东省海南岛人康祖诒（儒者，其著作被禁止印行），原任神户领事吴（名逸，号汉涛），曾纪泽之子某等四人。然而，当问到成功后谁为总统时，答曰尚未及考虑。如允诺给与前述武器，当即往各处招募党员。

"今日清国民间人士稍受教育，并了解外国事情者，对现政府施政，尤其是官吏的腐败必然十分不满。但该人主张尚可怀疑。假设该人所说属实，然而，其统领的才干、经历和人望等，皆很不够，而且各派间的联络也不通畅，因此即使举事的步骤和手段已经定下，其举事能否成功，尚有怀疑。尤其在清国，自古农民起义，渐渐酿成革命，一旦爆发，前途为何，亦难审知。考虑到像孙文这样壮年人，毫无经历，难以令人放心。然而他们对满清政府确实非常不满，对汉人李鸿章总督等的腐败也很愤慨。另外，以前提到的立法会议议员何启虽不很赞成我国进行干涉，但其他人则希望我国予以声援帮助。""总之，今日之势，我国并无到处扩张势力之余地，如果说该人等举事使内地开放，我国人也不能充分扩大通商，享其权益……""若使清国兵力多聚于北方抵抗我，他们在南方举事，可使之有后顾之忧，是为削弱其势力之一策也。"（［日］原敬文书研究会编：《原敬関係文書》第2卷，第392、393页）

4月17日函稿："其后，孙文仍时时来馆，提出务欲我国予以声援，但后来与我方并无关系，且不说内部事宜，亦不谈党员人数，又无勃兴之准备。孙文说已制定由码头附近运入武器的计划，只要我国给予一些声援，即可充分举事。又近日广东三合会党有所活动，常有我国军队进攻广东之传说，动摇民心。风闻两广总督李瀚章已将其眷属送回家乡安徽，巡抚知县等也不断发出镇抚布告。该港之广东人也对官吏不满，由于孙文等一伙暗中宣传打倒得到我国支持的官吏，故现在中国人对我国人怀有敌意。该港三合会党众多，传说该会以福建省为基地,试图推翻清朝。该地会党原来的目的是秘密共济结社,而现在他们煽动此事则可干出大事。中国百姓本来就无知,而他们信仰的有力者又起来,不管他们提出的善恶不平的原因是否存在,也必然跟随这些有力者一齐起义,从而成为一种反常的状态。总之,称为某会的秘密结社之事,官吏与人民的关系,尊强盗为英雄豪杰等事,皆恰有阅读《水浒传》时的感觉。总之,孙文等所说的要在两广独立成立共和国,只不过是空中阁楼而已。但广东、广西、云南、贵州等地,自古就与中央政府不通气脉,土民性格又不羁,有可能发生分离。由于外国互相嫉妒,反而使土民得不到谋反机会。"([日]原敬文书研究会编:《原敬関係文書》第2卷,第392—396页)

3月13日(二月十七日)　初识谢缵泰,并与谢氏、杨衢云、黄咏商等在香港商议筹划发动广州起义。

谢缵泰记:"我同孙逸仙博士和其他一些人的第一次见面是在一八九五年三月十三日,那时我们两党早经联合。孙氏的言貌,当时对我并未构成良好的印象,我有过一种奇怪的感觉,觉得对他还是以躲开一点为妙。"此日,"杨衢云、孙逸仙博士、黄咏商和谢缵泰共同商量重新组织攻取广州的行动"。(谢缵泰著、江煦棠等译:《中华民国革命秘史》,中国人民政治协商会议广东省委员会文史资料研究委员会编:《孙中山与辛亥革命史料专辑》,第287、294页)经众人议决,孙中山驻广州专任军务,郑士良、陆皓东、邓荫南、陈少白等佐之。(冯自由:《革命逸史》第4集,第8—9页)

3月14日(二月十八日)　梁启超致函汪康年品评孙中山。

略谓:"孙某,非哥中人,度略通西学,愤嫉时变之流,其徒皆粤人之商于南洋、亚美及前之出洋学生,他省甚少。闻香帅幕中,有一梁姓者,亦其徒也。盍访之,然弟度其人之无能为也。"(上海图书馆编:《汪康年师友书札》二,第1831页)

3月16日(二月二十日)　与杨衢云、谢缵泰等讨论起义计划。

是日,与杨衢云、黄咏商和谢缵泰商议,欲用三千人马攻占广州。

欲通过日本领事获日本政府暗中支持,拟采用青天白日旗作为标志,何启负责起草宣言。谢缵泰会见《德臣西报》编辑托马斯·哈·黎德①,得其应允支持。(谢缵泰著、江煦棠等译:《中华民国革命秘史》,中国人民政治协商会议广东省委员会文史资料研究委员会编:《孙中山与辛亥革命史料专辑》,第294页)

　　"初,孙先生之谋克复广州也,其计划以发难之人,贵精不贵多,人多则依赖而莫敢先,且易泄露,事败多由于此。……只有敢死者百人奋勇首义,则事便可济。概是时广州之重要衙署不外将军、都统、总督、巡抚、水提等六七处,虽为军事机关,然承平日久,兵驻左右,有名无实,绝不防卫,只有衙役数人把守而已。孙先生拟以五人为一队,佩足长短枪械及炸弹,进攻一署,直入署后官眷之房,将其长官或诛或执,如是全城已无发号施令之人。尚恐有城外兵队闻变入援,则择最重要之街道,双门底、惠爱街二处,伏于店铺两旁,以宝垄掩护,伺其来突发枪掷弹击之,援兵不知虚实,突遭迎头痛击,必不敢前。犹虑其由横街小巷经过,则预先将此道路轰炸,则两旁铺屋倾塌,粤垣街道阔仅数尺,铺砌白石,投以炸弹即易爆炸,砖瓦堆塞,援兵必不能过。担任据守重要街道之敢死队须二三十人便足,西门、归德门二处城楼则以二三十人占领,以延城外响应者入。围攻旗界又以一二十人,与进攻衙署任务已完之队分头放火为号,且壮声势,如此则大事成矣。孙先生以此计划与同志商,多以为人少力薄,偶有蹉跎〔跌〕,同归于尽,冒险太甚,赞成者只得三数人。"(邓慕韩:《乙未广州革命始末记》,丘权政等编:《辛亥革命史料选辑》上册,第12—13页)

----

　　① 邹鲁《乙未广州之役》说,由何启联系两报主笔。(《辛亥革命》第1册,第225页)黄宇和认为:"由于谢缵泰英语甚佳,毕业后在香港政府服务,由此认识了香港两大英语报章的主笔:《德臣西报》的黎德(Thomas H. Reid)和《士蔑西报》(Hong Kong Telegraph)的邓勤(Chesney Duncan),争取他们对革命的同情。黎德回到英国以后,还写信给谢缵泰:'当在华和在远东地区的其他报章皆视阁下之改革运动如蛇蝎之时,鄙人带头在《德臣西报》公开表示支持,至今仍以为荣为幸。'邓勤则在1917年于伦敦出版了一本题为《谢缵泰的政治与记者生涯》的著作。"(黄宇和:《三十岁前的孙中山:翠亨、檀岛、香港1866—1895》,第537页)

在此前后,曾拜会德国驻香港领事克纳普。([美]史扶邻:《孙中山与中国革命的起源》,第 68 页)

3 月 12 日至 18 日(二月十九日至二十五日) 香港《德臣西报》连续发表多文支持兴中会起事。

3 月 12 日,《德臣西报》发表社论道:中国人"缺乏人类应有的果断行动与优越的智慧,以踏着先烈的尸体去实现他们的理想。他们对现存制度不满的表达方式,不是同心同德地团结起来推翻那猛于虎的苛政,而是加入秘密会社寻求庇护"。"而那些秘密会社又是那么散漫,以至于他们数不清的举义的企图都以失败告终。"终于,现在有"不属于任何秘密会社的开明人士,为了改革中国政治制度,正准备采取不流血方式(如果那是可能的话)进行政变。他们改革党(Reform Party)希望成立的政权是对外开放、欢迎西方文明和贸易的,一改目前那种闭关自守的作风"。"他们的计划值得支持,列强理应欢迎这种自发的、要求彻底改变中国政治制度的企图。内战,无可避免会扰乱贸易和带来其他可怕的暂时困难。但是,若列强不付出这种代价,苛政猛于虎的局面将永远不会改变,而中国广大的市场也永远不会获得开放。"故呼吁:"我们希望,列强不要用过去对付太平天国的那种态度与手段来对待目前正在酝酿中的政变。太平天国诸王倒行逆施,充分证明当时英人戈登之协助满清政府镇压太平军是做得对的。但是,如果列强默许目前正在酝酿中的文明政变,则该政变肯定会成功。对于该政变的具体行动细节,我们还不太清楚。但有一点我们却可以肯定地说,他们所草拟的宪法,是以西方模式作为基础,并借此作为沟通中国古代文明与当今世界的桥梁。"改革党人拟有良好的施政大纲,包括"中央政府和地方政府的一切行动均依照这宪法办事。彻底整顿司法制度,废除严刑逼供,建立陪审员制度和辩护律师制度。以西方制度训练文武官员。定期发俸,而薪俸必须高到能杜绝贪污纳贿的行为。承认所有现存条约。承担一切外债并继续以海关盈余作为该等债务的抵押,废除厘金"。"因此,只要改革运动能发动起来，则成功可期。成功以后，就像日本和埃及一样，中国必须聘请外国专家来指导各个政府部门的成立和运作，直到一切都上了轨道为止。接着大修铁路，开发矿场。这一切都会为英国的企业家和资本家提供大展宏图的机会，以至我们长期以来梦寐以求的、可盼而不可达的开放中国的夙愿，终于将会得到实践。"（引自黄宇和：《三十岁前的孙中山：翠亨、檀岛、香港 1866—1895》，第 538—539 页）

3 月 15 日，《德臣西报》又全文转载《北京与天津时报》社论："中国人民对官吏的贪污腐败都非常清楚。""民众心中都很清楚，正是这批贪官污吏的昏聩无能把他们的国家弄到目前这个凄惨的地步。""朝廷四分五裂，军队是乌合之众，饱受迫害的民众只会发出无奈的哀鸣。中国的现状真让人绝望！难道在好几亿的中国人当中，就找不到几位爱国者挺身出来，振臂高呼说：'我们再也受不了！现在是决裂的时候了！'"同日，又全文转载《上海信使报》社论："中国的广大民众是否永远蹲在无知与黑暗当中而不吭一声？是否永远不会出现一位领袖来解放这大批可怜的、被压迫得死去活来的贫苦大众？我们相信，不，我们确信，这个陷人民于水深火热之中的腐败政府很快就会被打倒。"（引自黄宇和：《三十岁前的孙中山：翠亨、檀岛、香港 1866—1895》，第 540 页）

3 月 18 日，《德臣西报》发表社论，披露兴中会的"救亡草案"，称："在政制方面，他们不打算成立一个共和国。将来的中央政府将以一位君主（Emperor）为国家元首……至于这位君主将会从过去哪个朝代的后人当中挑选出来，则不是当前急务，留待将来再从长计议……中央政府各部门则包括内政部、外交部、财政部、陆军部、海军部、最高法院、工务部、农业部、贸易部、警察部和教育部。总的说来，是把西方的施政方法灌进现存的架构，用旧瓶装新酒的办法来适应中国国情。""特别值得一提的是该改革党所提出对司法制度的改革。众所周知，中国的司法制度真是糟糕透顶，其最大的污点是对证人和嫌疑犯严刑逼供……判刑必须符合人道与文明的标准；监狱必须彻底改革，法制必须为原告与被告都提供辩护律师的服务，陪审员制度必须确立。"若兴中会"成功地改变现状，在外国顾问的协助下按照现代的标准重新组织一个新政府……满清政权将会从地球上消失后，而那可笑的、作为臣服于满清统治象征的辫子，也会随风而逝……只要中国人能向全世界证明他们有诚意建立一个不再是压迫和愚民的政府，列强将会承认并全力支持这个新政权"。（引自黄宇和：《三十岁前的孙中山：翠亨、檀岛、香港 1866—1895》，第 542—544 页）

3 月 21 日（二月二十五日）　在兴中会总部与《士蔑西报》记者邓肯（C. Duncan）会晤。

是日"杨衢云、孙逸仙博士、黄咏商和谢缵泰跟香港《士蔑西报》编辑切尼斯·邓肯在士丹顿街 13 号会商，他保证支持我们"。"《德臣西报》编辑托马斯·哈·黎德（T. H. Reid），香港《士蔑西报》编辑切尼斯·邓肯都是首先在他们的报纸上公开地和不怕危险地支持这个伟大事业的，而那时几乎所有的人都在嘲笑这个运动。"①（谢缵泰著、江煦棠等译：《中华民国革命秘史》，中国人民政治协商会议广东省委员会文史资料研究委员会编：《孙中山与辛亥革命史料专辑》，第 295、294 页）

3 月下旬（二月末至三月初）　偕陆皓东、郑士良等到广州建立兴中会分会，联络会党、绿林、游勇、防营、水师等。

兴中会总部决议在粤大举后，即偕郑士良、陆皓东等赴广州设立分会。租得双门底王家祠、云岗别墅为会所，外假农学会名义，以掩

---

① 《中华民国革命秘史》记："1895 年 3 月 18 日，《德臣西报》发表长文支持我们。"当日该报社论指出，起义成功后，成立君主立宪政制，未确定由谁充任君皇。但新政府会推行扑灭贪污，改善科举教育和法制，兴建铁路，开发矿业等一系列改革。另查《士蔑西报》在起义前没有发表过任何支持革命运动的报道评论。（孙中山研究学会编：《回顾与展望——国内外孙中山研究述评》，第 452—453 页）

饰外界耳目①。(冯自由:《革命逸史》第 4 集,第 10 页)"当时襄赞干部事务者,有邓荫南、杨衢云、黄咏商、陈少白等;而助运筹于羊城机关者,则陆皓东、郑士良并欧美技师及将校数人。总理则往来于广州、香港之间,主持大计。"(邹鲁:《中国国民党史稿》,第 16 页)之前,以医术结交于军政各界,督抚司道以其学术优越,咸器重之。因得以高谈时政,放言无忌。虽语涉排满,而闻者仅目为疯狂,不以为意。(冯自由:《中华民国开国前革命史》第 1 册,第 17 页)粤中官绅潘宝璜、潘宝琳、刘学询等署名赞助者数十人,无有疑为挟有危险性质者。在粤机关成立后,同志加入兴中会者,较香港尤为踊跃。孙中山且亲自出面,发展会员。"总理闻程璧光落魄返里,遂使奎光约会于西关某机关,语之曰:'清廷丧师失地,均由政治不良所致,君身预战事,自无不知。吾今顺天应人,提倡大义。君前年亦赞同此议。即请宣誓入会,共成美举'云云。璧光闻言,意甚犹豫,良久不欲署名。总理遂托故离席,密使奎光向乃兄说辞。奎光曰:'此地乃造反大营,吾兄到此,已知一切机密,各人何能任兄徒然外出? 弟已入会多时,决以身许国,兄亦断不能置身事外。请即毅然入会,勿再迟疑。'璧光度不能免,乃援笔书誓而出,其意未释然也。"(冯自由:《革命逸史》第 2 集,第 28—29 页)先后填写誓约者,有左斗山、魏友琴、程奎光、程璧光、程耀宸、陈廷威、王质甫、朱淇、朱浩、汤才、陈涣洲、吴子材、梁大炮、李芒、刘秉祥、黄麓彬、莫亨、程次、梁荣、苏复初等数百人。(冯自由:《中国革命运动二十六年组织史》,第 19—20 页)孙中山除亲往北江、香山等处接洽发动者外,且时往来粤港之间,又与尤列、陈少白主持农学会机关,另在东门外咸虾栏张公馆组织一分机关,由陆皓东常驻于此,负责招待各方同志,制造炸药炸弹。(邓慕韩:《乙未广州革命始末记》,丘权政等编:《辛亥革命史料

---

① 按:农学会正式成立日期,据 1895 年 10 月 6 日广州《中西日报》所刊《拟创立农学会书》,似 10 月甫告成立。然谭钟麟称李瀚章曾赞助之。查李于是年 4 月 14 日即因病危去职。且成立农学会目的在于方便联络筹备活动,故该会设立,应在此之前。

选辑》上册，第 12—14 页)其余储物及招待之所，省河南北，无类数十处。小轮船亦购置二艘备用。东西北江会党及军队同志，往来如织。而诸事则亲总指挥之。（冯自由：《革命逸史》第 5 集，第 10 页）"及革命风声日急，有密告于粤督谭钟麟，钟麟大笑曰：'孙文一医生耳，其创农学会，李少帅（指前任粤督李瀚章）且赞助之，虽好狂言，何至遽反耶？'告者嗒然而退"。（高良佐：《总理业医生活与初期革命活动》，《建国月刊》1936 年第 14 卷第 1 期）

△　谋与康有为合作，未果。

"孙文革命事未暴露时，曾在羊城开办农学会。适马玉山（丕瑶）巡抚广东，极为赞成。故康有为此时亦相与往还，两人宗旨亦不大异。"（《大陆报》1904 年第 9 号）康有为于 2 月 25 日由桂林返回广州，3 月 8 日与梁启超北上入京。其间，偕陈少白往万木草堂访康有为①。（陈少白：《兴中会革命史要》，中国史学会主编：《辛亥革命》第 1 册，第 44—45 页）冯自由记："中山、衢云、少白在香港澳门间，尝与康广仁、何易一、陈千秋商略革命。"（冯自由：《中华民国开国前革命史》第 1 册，第 40 页）"乙未总理倡设农学会于广州，尝请康及其徒陈千秋等加入，陈颇有意，以格于师命而止。"（冯自由：《革命逸史》初集，第 47 页）高良佐记：农学会成立后，"总理尝征有为加入，有为及其徒皆拒之②。革命派及君宪派以主义思想之不同，而不能合作，实肇端于此"。（高良佐：《总理业医生活与初期革命活动》，《建国月刊》1936 年第 14 卷第 1 期）

4 月 17 日（三月二十三日）　清政府与日本签订《马关条约》。

5 月 21 日（四月二十七日）　台湾民主国宣布成立，唐景崧任总统，刘永福为民主将军，丘逢甲为义勇统领，陈季同为外务大臣，俞明震为内务大臣，李秉瑞为军务大臣，林维源为议院议长。

5 月下旬（四月底至五月初）　何启、胡礼垣合作撰成《新政论

---

①　2 月上旬，陈少白已受孙中山派遣上海，此处所记似有可疑之点。

②　按孙中山于 3 月下旬始返广州，农学会成立当在此之后，其时康有为已赴京会试，"征有为加入"农学会一说，或系误记。

议》，分别于《德臣西报》及《香港华字日报》上发表，随即合订成册，在内地发行，为兴中会其事宣传。

胡礼垣在《新政论议序》中称："中国此时改革之为，实有不容再缓者。"行此可以"维君民，洽上下，服远迩，致安和，绝危机，绥福祚"。提出"复古七事"与"因时九事"的革新纲领。复古七事为：择百揆以协同寅，厚官禄以清贿赂，废捐纳以重名器，宏学校以育真才，昌文学以救名士，行选举以同好恶，开议院以布公平。因时九事为：开铁路以振百为，广轮舶以兴商务，作庶务以阜民财，册户口以严捕逮，分职守以厘庶绩，作陆兵以保疆土，复水军以护商民，理国课以裕度支，宏日报以广言路。（胡礼垣：《胡翼南先生全集》，第320—322页）

5月30日（五月初七日）　谢缵泰在《德臣西报》《士蔑西报》及新加坡、远东其他报纸发表致光绪帝公开信。（谢缵泰著、江煦棠等译：《中华民国革命秘史》，中国人民政治协商会议广东省委员会文史资料研究委员会编：《孙中山与辛亥革命史料专辑》，第295页）

谢缵泰在信中宣布大汉华胄洗脱奇耻大辱、恢复失去荣耀的时刻已经到来，批评清政府专制腐败，不对百姓施以良法，反而恣意践踏愚弄，禁止国人与西方先进文明国家携手共进，百姓对世界形势浑然无知，国家因此衰弱受辱。申明唯有仿行西法的革新，才能救治此症结。呼吁实行宪政改革，开放言论自由，立即撤销清朝强迫男人剃发蓄辫的丑恶陋习。信中向光绪皇帝提出六项请求：一、宣布宪政，全面进行有益之改革。二、裁撤所有庸官。三、颁旨废除有辱人格的蓄辫陋习。四、颁旨禁止缠足陋习。五、颁旨禁止吸食鸦片。六、颁旨实行自由办报。信末警告："倘若无视忠于皇上的卑贱而敢铤而走险的子民心声，他们将不得不颠覆大清王朝。"（《德臣西报》1895年5月30日，引自莫世祥：《中山革命在香港（1895—1925）》，第76—77页）

5月至6月（四月至五月）　在香港筹备起义工作。

5月5日，在兴中会机关会见谢缵泰，之后谢氏记述："孙逸仙看来是一个轻率的莽汉，他会为建立'个人'的声望而不惜冒生命的危险。他提出的都是易招物议的事情，他认为自己没有干不了的——事事一帆风顺——'大炮'！"谢氏6月23日又记："孙念念不忘'革命'，而且有时全神贯注，以致一言一行都显得奇奇怪怪！他早晚会发疯的。我也是一个认为不能将领导运动这个重大责任信托给他的人，一个人固然可以置生死于度外，但在行动上，却必须认识到领导人的生命不能作无谓的牺牲。我相信，孙是希望每一个人都听从他，但这是不可能的，因为他的经验一直都表明，光靠他，是会要冒风险的。"（谢缵泰著、江煦棠等译：《中华民国革命秘史》，中国人民政治协商会议广东省委员会文史资料研究委员会编：《孙中山与辛亥革命史料专辑》，第287—288页）

在港尝接纳三点会首领，且亲赴实地考察其实力。相约于茶楼饮茶，适孙中山进入时，凡起立者即会员。遂如约前往，至十余处，每处茶客起立者百数十人，喜出望外。实则其头目事先邀集工人充数，为一骗局。（田桐：《革命闲话》，《太平杂志》第1卷第2号）

6月7日（五月十五日）　日本占领台北，台湾人民展开抗日武装斗争。

7月19日（闰五月二十七日）　张之洞上《吁请修备储才折》，提出亟练陆军、亟治海军、亟造铁路、设枪炮厂、广开学堂、速讲商务、讲求工政、多派游历人员、豫备巡幸之所九条措施。（赵德鑫主编：《张之洞全集》第3册，第256—262页）

7月（闰五月）　广西按察使胡燏棻上《条陈变法自强疏》。

8月17日（六月二十七日）　康有为、陈炽等在北京创办《万国公报》，因与外国传教士所办《万国公报》同名，自四十六期改名《中外纪闻》。梁启超、麦孟华任编辑。

8月27日（七月初八日）　完成起义计划，关闭乾亨行。

"1895年8月27日——攻占广州的计划已完成。设在士丹顿街十三号的'乾亨'俱乐部奉命封闭。"①(谢缵泰著、江煦棠等译:《中华民国革命秘史》,中国人民政治协商会议广东省委员会文史资料研究委员会编:《孙中山与辛亥革命史料专辑》,第295页)"是秋七月,各方运动将次成熟,众以乾亨行渐有警察窥伺,遂于是月初八日撤销之。"(冯自由:《中国革命运动二十六年组织史》,第19页)

是役所费款项,黄咏商鬻其苏杭街洋楼一所,得资八千元。邓荫南鬻其私产,得资万数千元,余育之助款万数千元。(冯自由:《革命逸史》初集,第6、43、45页)孙中山自述:"且当日图广州之革命以资财资助者,固无几人也。所得助者,香港一二人出资数千,檀香山人出资数千,合共不过万余耳。而数年之经营,数省之联络,及于羊城失事时所发现之实迹,已非万余金所能办者也,则人人皆知也。其余之财何自来乎? 皆我兄及我所出也。"(《致吴稚晖函》,《孙中山全集》第1卷,第420页)

8月29日(七月初十)　与兴中会其他领导成员举行会议,阐述起义后将组织的临时政府的政策。

"1895年8月29日——杨衢云、孙逸仙博士、黄咏商、陈少白、何启博士、托马斯·哈·黎德和谢缵泰会于杏花楼酒店。何启博士担任发言人。我们略述临时政府的政策。托马斯·哈·黎德同意尽力设法争取英政府和英国人民的同情和支持。"(谢缵泰著、江煦棠等译:《中华民国革命秘史》,中国人民政治协商会议广东省委员会文史资料研究委员会编:《孙中山与辛亥革命史料专辑》,第295页)是日议决攻取方略甚详。(冯自由:《中华民国开国前革命史》第1册,第14页)

9月至10月(十月至十一月)　决定重阳节发动起义。

改变策略,将内起外应之计改为分道攻城之策,"计定,分头前往民团、会党接洽,其慕义而起者有顺德一路,香山一路,北江一路,届时会齐于羊城。然人数既众,驻地难觅,可虑者一;埋城之后,其有以

---

① 《国父年谱(增订本)》上册是日条记为"香港政府下令封闭'乾亨行'"。

举事告知亲友戒备者，则顷刻全城遍知，消息既漏，事败随之，可虑者二；且城市骤增数千新面之人，令人惊骇，当时虽未有警察之设，然防营亦有缉捕之权，倘被其先行发手，则事全败，可虑者三。孙先生为策万全计，以粤俗敬祖先，重阳之日举行省墓，名乡大族，其子孙千数百人，不惜远道结队雇船，大书某族省墓灯笼，齐赴广州而拜祭祖坟焉。是日新来之人虽众，而兵役无疑及之者，援利用是日，命各路队伍限九月八日乔作省墓，用船运至珠江"，并"特调常川之轮船数艘前往拖带。犹恐轮机损坏，有一二路及期未至，则兵力单薄，难以制胜。然粤城附近有一龙眼洞，其乡民勇猛善战，派人运动即允响应，此路遵陆而行，俄顷可至，不虞迟滞。但虑广州富甲华夏，街道繁华，触目皆是，干戈既逞，队伍中(难)保无有黠者，谂知巨肆大厦情形，趁机抢掠。如是不独妨害军机，惊扰闾阎，抑见轻外人，实为革命军前途一大障碍。孙先生虑及此，拟将省内所部各路担任占领各重要机关及旗界，省垣底定则调守要隘及询未克各地，另在香港招募不谙广州语言及情形之潮人三千，来省保护各街道。定期初八晚分乘各夜船入粤，兵力既厚，益以义愤，理无不克。然是时粤垣统计八旗绿营及各种营勇尚有数千，万一出而抗拒，兵刃既接，死伤自然不少，乃运动军纪素严而善战之安勇一部，督辖军什长胡凤璋(原名广顺)等亦有通，届时反正。省河兵舰中之最巨者为镇涛、安澜二舰，镇涛管带为党人程奎光，自然响应，其余小舰不成问题。海陆军既有附从，即有反抗亦无能为。至于军械，除各路自携赴战外，另在香港买长短枪支混作货物，先行附寄广州双门底圣教书楼，转交各处。又在河南洲头咀组织一制送炸弹处，制成不少。由美国化学师奇列所制革命军旗，则照陆皓东所拟青天白日旗制成多面。发难时以江带为标志，口号定为'除暴安良'。至咸虾栏一机关则专为接洽各部及贮藏军械之所。布置既定，乃派刘裕统率北江一路，麦某(佚其名)统率龙眼洞一路，杨衢云统率香港一路，吴子材则担任潮汕方面响应，以牵制岭东清兵……初九早，香港各夜船黎明抵步，其队伍纷纷上陆(并将所附军械七箱取出），与北口、顺德、香山各路会合，由东、南、西三方面进城。龙眼洞一部由北门入城。早晨各城门既启，各部冲锋直进，如入无人之境，自无难事。各城门非得上峰令不得擅闭，是时又无电话，各衙署仓卒无由知变。纵或街坊闻变，将街闸关闭，然已预备洋斧炸弹劈炸，亦不足阻"。（邓慕韩：《乙未广州革命始末记》，丘权政等编：《辛亥革命史料选辑》上册，第13—15页）

　　预定由主要党员率领香港会党三千人，于是月初八晚乘夜轮进省，并木桶装载短枪，充作胶泥，瞒报税关。初九晨抵省垣时，齐用刀斧劈开木桶取出枪械，首先向各重要衙署进攻；同时埋伏水上及附城之会党，则分为北江、顺德、香山、潮州、惠州数大队分路响应。更由陈清带领炸弹队在各要区施放炸弹，以壮声势。并由朱淇起草讨满檄文及安民布告，先期印就，以备到时张贴城内外。英文对外宣言由香港总部预请英人黎德和特·高文等起草，何启、谢缵泰负责修改，以便届时通告各国，要求承认为民主国家交战团体。（冯自由：《革命逸史》第4集，第11页；谢缵泰著、江煦棠等译：《中华民国革命秘史》，中国人民政治协商会议广东省委员会文史资料研究委员会编：《孙中山与辛亥革命史料专辑》，第295—296页）

　　10月6日（八月十八日）　在广州《中西日报》发表《拟创立农学会书》。

　　内称："今特创立农学会于省城，以收集思广益之实效。首以翻译为本，搜罗各国农桑新书，译成汉文，俾开风气之先。即于会中设立学堂，以教授俊秀，造就其为农学之师。且以化学详核各处土产物质，阐明相生相克之理，著成专书，以教农民，照法耕植。再开设博览会，出重赏以励农民。又劝纠集资本，以开垦荒地。"[①]（《孙中山全集》第1卷，第25页）

---

　　①　"区（凤墀）长于文学，尝在德国柏林大学担任汉文教授数年，归国后寄寓广州河南瑞华坊其婿尹文楷家。总理时亦同居，所创农学会宣言即出区手笔。"（冯自由：《革命逸史》初集，第12页）

10 月 10 日(八月二十二日) 兴中会选举杨衢云为会长。

前此,据 3 月 16 日《德臣西报》道:"根据我们所掌握的情报,我们可以肯定地说,虽然该改革党组织起来已有几个月,但举义的时机还未成熟。主要原因是他们当中还没有一位众望所归的领袖。这样一位领袖的出现,恐怕要等到事发以后,谁表现得最有领导才干,谁才会令其他人心悦诚服。"(引自黄宇和:《三十岁前的孙中山:翠亨、檀岛、香港 1866—1895》,第 542 页)是日,众以发难在即,始投票选举会长,名之曰伯理玺天德。此职即起事后之合众政府大总统也。时会中分孙、杨两派,杨衢云要求此席甚力,尝亲对孙中山言,非此不足以号召中外。郑士良、陈少白极力反对。郑声言此席众咸属意孙中山,如有他人作非分想,当亲手刃之。孙中山不欲因此惹起党内纠纷,表示谦退,力诫士良、少白勿与竞争。结果此席为杨所得①。(冯自由:《革命逸史》初集,第 24 页;第 4 集,第 9 页)

据陈少白回忆,此前尝有一七八人之集会,咸举孙为总统。会后,孙拟赴广州,将所有在港的财政军队交给杨衢云负责处理。不料事隔一日,杨忽然提出要把总统一位让给他,等到省城办完事后再原物奉回。"孙先生听到这几句话,觉得事情还没有开始,同志间就发生地位之争,非常痛心,精神上就受了一个很大的打击。所以就约了我同郑士良三个人,开一个会议。郑士良听到孙先生说明上面的事情,他就说:'这是不能答应的,我一个人去对付他,我去杀他,非杀他不可。'当时我就说:'这是不对的。杀了他,在香港就出了人命案件,我们还能起事吗? 照我的意思,我们先去省城办事。办成功那就没有问题了;办不成功,随便什么人做总统是没有关系的。'孙先生就依照我的意思,在当天晚上,再开一次联席会议,出席的人中还有一个

---

① 一说兴中会首任会长为黄咏商。(《顺德尤列先生八秩开一荣寿征文启》,《杨衢云略史》)

英国人和一个美国人(系化学师)①,是孙先生由檀香山约来的。在会议席上,孙先生就自己提出来,把总统的名义让给杨衢云。"(陈少白:《兴中会革命史要》,中国史学会主编:《辛亥革命》第1册,第30页)

谢缵泰称:"杨衢云当选总理,孙逸仙博士大不高兴。这事常使他耿耿于怀。"(谢缵泰著、江煦棠等译:《中华民国革命秘史》,中国人民政治协商会议广东省委员会文史资料研究委员会编:《孙中山与辛亥革命史料专辑》,第295页)

次日,即赴广州②。

10月25日(九月初八日) 因杨衢云在港措置失当,决死队不能如期赴省。

"衢云既以要挟得总统名义,乃在港先编一小队,名为总统卫队。是时定章凡领队之人,除先发饷项外,另给时表一枚,藉知时刻;手枪一支,以资护卫。衢云对于卫队各人与领队同一待遇,各人领得手枪后在僻静之铜锣湾一带将其试验,领队所领有良有窳,而卫队所领,

---

① "英国人"应为克特(Crick),"美国人"应是德国人。1895年12月,英国驻广州领事壁利南(Bryon Brenan)报告英国外交部:"似乎有两位外国人——一个英国人和一个德国人——曾经服务于试图在广州起义的人。那位英国公民的名字叫克特(Crick)。"克特"先前曾卷入三明治群岛(Sandwich Islands)的政治动乱而被递解出境。广州起义前三个月即移居广州,并租了一幢房子居住。他的行止没有引起任何人的注意。直到广州起义的密谋曝光后,人们才回忆起他经常与孙文在一起,数日前他才离开广州,离开前谁也没有对他产生怀疑。他离开后,海关人员搜查他曾居住过的房子,发现了一些盛士敏土的空箱。由于盛有士敏土的箱子已被海关发现藏有军械,故海关人员怀疑该等空箱曾用作偷运军火给他暂时收藏。海关人员又发现,房子的地下曾被人挖了一个洞,洞里藏有炸药、导爆线、化学药剂等。他是一位化学师,他正是以这种专业为谋反者提供服务"。罗香林《国父与欧美之友好》称:"奇列为国父在檀香山所结识的化学师。1895年(乙未)秋天,以奇列洋行名于广州河南之洲头咀设置商行,实是制造炸弹之所,制得炸弹不少。因系洋人所开,故未为清吏所注意。惜该年广州之役,以事泄失败,未能发挥炸弹力量。"奇列当是Crick的音译。(黄宇和:《三十岁前的孙中山:翠亨、檀岛、香港1866—1895》,第566—568页)

② 据孙中山与宫崎寅藏笔谈,入广州日期为10月17日(九月初一日)。(《孙中山全集》第1卷,第185页)

则尽精良。领队各人以衢云立心太偏，要求更换，否则初八晚不带兵士落船上省。迨届时衢云不能将枪改换，故各领队竟不允许。然是时孙先生在广州不知其中情形，所调各路队伍已如期到齐，集中候命，海陆军亦预备响应，专候香港一路到来，即行举事。"（邓慕韩：《乙未广州革命始末记》，丘权政等编：《辛亥革命史料选辑》上册，第16页）"及初八日，杨衢云在港以布置尚未完备，遽告粤机关谓须延期二日。"（冯自由：《中国革命运动二十六年组织史》，第21页）

10月26日（九月初九日）　接杨衢云来电，决定停止发动起义。

陈少白记："那时孙先生住在河南尹姓的朋友家里……到初九日，天还没有亮，我就起来，马上跑到农学会，等了好久，并没有消息。绿林首领、军队首领、民团首领等都来讨口号，等命令，而孙先生却还没有来。本来香港船在早晨6点钟就应该拢岸了，我们一直等到8点钟，才见孙先生行色匆匆的拿了一个电报来，一看是杨衢云打来的。电报上说：'货不能来。'我就同先生商量这事怎样办呢？我说：'凡事过了期，风声必然走漏，再要发动一定要失败的。我们还是把事情压下去，以后再说吧！'孙先生也以为然。一方面就把领来的钱，发给绿林中人，叫他们回去再听命令，同时马上打电报给杨衢云，叫他'货不要来，以待后命'。诸事办妥以后，孙先生就同我想办法，觉得现在处境很危险，不走开，恐怕过了期，不能动身，还是离开广州。孙先生说自己有事要办，叫我先走，我就在当晚乘'泰安'夜航船回到香港去。"（陈少白：《兴中会革命史要》，中国史学会主编：《辛亥革命》第1册，第31—32页）

起义计划泄露，清政府防范加强。

"时党员朱淇之兄觇生向办清平局事务，知其弟列名党籍，恐被牵累，竟用朱淇名义，托该局勇目某将党人举动密禀缉捕委员李家焯，以期将功赎罪。李得报，一面派兵士监视中山行动，一面亲赴督署禀报。是日中山方赴某大绅宴会，见有兵勇守伺左右，知事不妙，乃笑语座客曰：'此辈其来捕余者乎？'放言惊座，旁若无人。宴后归寓,兵士皆熟视无睹焉。粤督谭钟麟闻李家焯报告有人造反,急问何人,李以孙文对,谭大笑曰:'孙乃狂士,焉能造反?'坚不肯信。李失意而退。"(冯自由:《中华民国开国前革命史》第1册,第18页)

　　"先是香港总督以吴子才等运动队伍入粤起事,微有所闻,恐于英国商务有不利。而议政局议员韦玉(号宝山,原籍香山县人)承办闱姓赌博,亦恐战事发生大受损失,将所谓电知粤督谭钟麟,请其戒备。谭以电文未有指明何人所为,无从办理。李家焯亦得诸道路所传孙文起事,以职责所关,禀知谭钟麟。谭以孙文时为教会中人,无举义凭据,万一办理错误,被其反噬,着李家焯不可鲁莽从事。故李家焯于初九日只派人监视孙先生行动,不敢逮捕……初九日为黄〔王〕毓〔煜〕初牧师宴会,孙先生与区凤墀赴宴,道中觅见李家焯派来之探勇,凤墀诧曰:'何今日所遇营勇之多耶?'孙先生曰:'此来侦吾之踪也。'凤墀曰:'何故?'孙先生曰:'道路皆云孙文举事,汝未知耶?'李部探勇以未得捕人命,又为孙先生所识出,相望而去。然孙先生谈笑自若,旁若无人。"(邓慕韩:《乙未广州革命始末记》,丘权政等编:《辛亥革命史料选辑》上册,第18—19页)

　　10月27日(九月初十日)　因广州机关被破坏,亡走香港。陆皓东等被捕。

　　粤督谭钟麟获兴中会起事确报,急调长沙营勇一千五百人回省防卫,并派李家焯率千总邓惠良等搜查王家祠、咸虾栏革命党机关部,捕去陆皓东、程奎光等六人。李家焯复派队在开往香港、澳门的各轮船码头,严密搜查,伺孙中山落船时拘捕之。关于孙中山脱险情形,郑士良回忆:"当时,孙先生、我和另外一位同志正在广东的大本营。"陆皓东被捕消息传来,"知道此事的一个同志,马上跑出去,我也认为刻不容缓,因此拉着孙先生的袖子,怂恿他赶快一起逃。但孙先生却处之泰然,不慌不忙,脸色一点也没变,烧着同志们的名簿和文件,命令部下埋炸弹等等。当然我不能留孙先生一个人先逃,所以边发抖边帮忙处理善后,随即又催孙先生逃,可是孙先生却泰然地说:

'帮我找苦力的衣服来……'虽然讨厌但又不得不服从,遂找工人的衣服来给他。

"于是孙先生和我都换了苦力的衣服。此时孙先生才说:'走吧!'说罢,遂站起来走在前头出门,我跟着他后面。这时,孙先生不但不避开人,而且故意走人多的地方,这样走到人群嘈杂的码头,在那里搭上开往澳门的船,然后在澳门转乘开往香港的船。"([日]宫崎滔天:《郑弼臣君》,[日]宫崎龙介、小野川秀美编:《宫崎滔天全集》第 2 卷,第 549—550 页)

黄大汉称:"幸得胡广顺(即凤璋)在督署预知拿人消息,走报(刘)秉祥。迨转身后,而王氏书室已被围矣。惟秉祥机警,适卖花仔在内,借花篮突出重围奔向麦栏街机关,拉总理出走,始免于难。"(黄大汉编:《兴中会各同志革命工作史略》,丘权政等编:《辛亥革命史料选辑》上册,第 68 页)

高良佐谓:"先是,皓东于事败时,约总理同逃,既下轮矣,复返农学会,欲取回机密。濒行谓总理曰:'如两时不返,即不可等候,我可死,先生不可死也。'无何,果在会所被逮就义。"(高良佐:《总理业医生活与初期革命活动》,《建国月刊》1936 年第 14 卷第 1 期)孙中山亦云:"与陆皓东约定时间同乘船而去,及过时,皓东不来,乃命船开行。"(邓慕韩:《孙中山先生传记》,"中华民国"各界纪念国父百年诞辰筹备委员会学术论著编纂委员会主编:《革命先烈先进诗文选集》第 3 册,第 1326—1327 页)

尤列称:孙中山匿居王煜初家三日,始与尤列、朱福全三人,俟一开往香山县唐家湾的小轮船启碇离岸一丈许时突围跃登上轮,朱福全因身体硕胖未能及,遂为清吏捕杀。(叶夏声:《国父民初革命纪略》,第 9 页)冯自由则说,区凤墀、朱淇与孙中山同舟至港。(冯自由:《中华民国开国前革命史》第 1 册,第 23 页)

孙中山于奔避之际,遇险者数。后乘一小汽船经顺德至香山之唐家湾。船行时,舵手不谙水道,有难色,孙中山曰:"去! 吾助汝。"盖孙中山平日对于粤省地理,河道深浅,留心研究,自信航线无误。船抵唐家湾后,转乘肩舆赴澳门。(邓慕韩:《孙中山先生传记》,《革命先烈先进诗文选集》第 3 册,第 1326—1327 页)在澳门羁留二十四小时,得到葡萄牙朋友佛兰德斯①的照顾,遂赴香港。([美]史扶邻:《孙中山与中国革命的起源》,第 75 页;《伦敦被难记》,《孙中山全集》第 1 卷,第 54 页)

据记载:"1895 年 11 月 16 日的《镜海丛报》,刊登了孙中山在广州策划首次武装起义失败的有关消息,还在头版刊登了孙中山在起义前发表的《农学会序》,并加上类似'编者案'的评述,介绍孙中山的事迹,赞扬孙中山。

"在此期《镜海丛报》发表前一周,孙中山策划起义失败,于 10 月 27 日乘船逃离广州,抵澳后,即去下环正街找其葡籍好友费尔南德斯。而费尔南德斯当时已从澳门政府官员中获得消息,清政府已通缉孙中山。费尔南德斯为安全计,还陪孙中山一同去香港。据澳门历史学家、汉学家高美士记述,当时孙中山还扮了女装,由费尔南德斯陪同,乘渡船往港,才避过了清政府的爪牙耳目。"(《澳门日报》1986 年 11 月 11 日)

杨衢云在香港接孙中山电止进兵,然以军械七箱已经下船,是日为星期日,港例不能起货,违者处罚,恐所藏军械泄露,只得复电:"接电太迟,货已下船,请接。"仍令朱贵全、丘四率队附保安轮入粤。(邓慕韩:《乙未广州革命始末记》,丘权政等编:《辛亥革命史料选辑》上册,第 17 页;冯自由:《革命逸史》第 4 集,第 12 页)据港督罗便臣致殖民地大臣有闻广州起义的调查报告书:"1895 年 10 月初,香港警局已得悉若干三合会会员正在港募集勇士,密谋回广东生事。在 10 月 27 日,香港警官士丹顿(Stanton)接获线报,得知革命党员已招募得大概四百人,将于当晚乘搭保安轮往广州。士丹顿即以电话将线报告知警察司,并亲往码头调查。抵达后,即发现为数大约六百名贫穷工人被拒绝登船,因各人皆无钱付往广州船票。经盘问,其中供出他们都是由一名姓朱的(Chu Ho 朱贵全)代沙宣洋行买办替省城招募的兵勇,每月饷银十元,两日前每人已经领取五元作食用,并经答允先再发一元

---

① 佛兰德斯,译作费尔南德斯。

作盘川附轮往省城。正当盘问间,朱贵全跟另两人已抵达码头,此两人皆携有银元一袋,据称他们两人共携有九百元,是沙宣洋行买办,即杨衢云给予的,而他们来此目的是发给每名招勇一元作盘川。

"此时大队警员亦开抵现场,携同警察司之搜令,准备登船搜查军火,亦同时对在场数百人展开搜查是否藏有军械,但无结果。

"保安轮船主指出,他早已知悉,此批意欲登船人士是招勇,但他的立场是谁人能付船费即准登轮,他并不计较登船人数。经磋商后,终于决定将该九百元先交该轮买办,待船开启后,再发给所谓招勇。结果,大概四百人,包括朱贵全在内,登轮往省城。

"当晚十时,士丹顿帮办再接获消息,据报一大批军火最近曾被沙宣洋行买办购入,并已藏在保安轮运往省城。经调查后,证实有杨衢云购买军火事,士丹顿即告知警察司,该司亦马上电告英国驻广州领事,并照会九龙海关。

"翌日,士丹顿再从一名□□(So Ku)处获知更详细消息。据悉该人曾被朱贵全邀请帮他替清廷在港招募,饷银每月十元,而□□已经答允相助,并且答应他本人亦加入行列,因他一直确信此说。直至10 月 27 日下午 3 时,当他再次跟朱贵全在皇后道一八七号会面,才察觉到其中另有阴谋,因为朱贵全告诉他此次招募的真正目的是用来向广州满人进攻。到时将会有三千人在广州作内应,而另一批为数二千的同志,将会从澳门进发会合。□□即获分派红带一条,警哨一个作为标记,并获知暗语口号是'除暴安良',更知悉小洋枪正藏在保安轮运省城途中。当□□得知真相后,即拒绝参与其事。

"香港的一个华籍警长当晚亦是保安轮乘客,回港后,他有如下报告:'船上两招勇向他透露,当船离开香港后,朱贵全即告诉他们在该轮上藏有小洋枪,待抵达省城后便将该批枪械分发各人,当首领下令便行事。其他招勇获知此事后,很多认为他们是应政府招募而来的,拒绝参与刚向他们揭露的计划……'"(孙中山研究会编:《回顾与展望——国内外孙中山研究述评》,第 445—447 页)

10 月 28 日（九月十一日） 清晨，"保安轮"抵广州，南海县令李征庸及李家焯率兵在码头截缉，捕去朱贵全、丘四等四十余人。在广州的兴中会员纷纷亡走香港。

据港督调查报告书："船甫抵达省城，即见朱贵全和其他首领，暗中潜逃上岸，显然已知道事机败露，只好舍弃招勇遁去。当时派驻码头的兵勇人数与平时无异。大约五十名船上招勇，向此等驻守兵勇申诉，实系为招勇而来并愿候命，此五十人遂被带往见缉捕统带李家焯，大概清官方至此才知悉船上藏有军械。因为，假设官方一早知悉，一定会带备大队兵勇驻守码头迎候，以便登船搜查。该批军械其后在别处起获。

"此次，杨衢云是将小洋枪藏在五个士敏土桶内，由当时经常代客运货的广兴源栈，当作美国砵兰士敏土寄运往省城。10 月 28 日，该栈东主即接到广州当局发来电报，通知他由于该栈寄出的士敏土藏有枪械，已将该栈在省城的伙伴逮捕，并要求该栈东主通知香港警局，设法缉拿将货寄出之客人归案。"（孙中山研究会编：《回顾与展望——国内外孙中山研究述评》，第 447 页）

△ 葡萄牙驻广州领事祈斯宝（Crespo）获得乙未之役的相关信息，于是日函告澳门总督。

祈斯宝从外国使馆人员、广州政府及一些商人那里获得相关消息，认为此次动乱并非意图挑起种族仇视，矛头亦非指向在粤洋人，而是针对两广总督，是一次惯见的反清运动。据消息称，有关动乱实情不详，然从搜获之军械推测，若广州政府未能预先侦悉是事，恐引发严重后果。事后，政府查得有五百人早备船票，于次日返回香港，至于谁人付予船票，不得而知。经政府官兵将其中十人逮捕，其他则散去。动乱分子所用军械来源不可知，但行动极有可能在香港澳门策划。故提醒澳督提高警惕，注意澳门华人之动向。（霍启昌：《港澳档案中的辛亥革命》，第 27 页）

10 月 29 日（九月十二日） 抵香港，与陈少白等会合，即访康德黎、达尼斯。

抵港后,与先期到达的郑士良、陈少白、邓荫南等会面,共商后事,但必须先确定在香港能否居留,方能着手。乃往康德黎处。康德黎闻其出奔之故,令其求见法律顾问达尼斯律师(Mr. Dennis),问以政治犯能否居留此地。律师询悉始末,谓此事在香港是初见,政府能否客留,未有一定,视港督之意如何办理。但宜先行离开,免致被其驱逐。(《伦敦被难记》,《孙中山全集》第1卷,第54页;邓慕韩:《乙未广州革命始末记》,丘权政等编:《辛亥革命史料选辑》上册,第19页)

10月31日(九月十四日)　从香港汇丰银行取款三百元。

据港督调查报告书:"被认为是此次替叛党组织筹募经费的骨干人物,名叫孙文,或称孙逸仙……侦知他在10月31日,曾经香港汇丰银行提款三百元,然后转往皇后道一楼宇,之后便失其行踪,大概是从后门遁去。"(孙中山研究会编:《回顾与展望——国内外孙中山研究述评》,第448页)

李纪堂记述:取款时,"有守卫上海银行之侦探告余,此即在省造反之孙逸仙先生,由广州来此。余即往视之,见总理尚留有辫发,身着白夏布长衫,余未与他接谈"。(陈春生:《访问李纪堂先生笔录》,丘权政等编:《辛亥革命史料选辑》上册,第38页)

11月1日(九月十五日)　清政府要求引渡。

是日,清两广总督谭钟麟照会英国领事,知照港督,要求交出被怀疑在香港避难的孙中山及其他四人,并许以重酬。港督罗便臣复称:"英国不愿交出政治犯,孙文如来港,必驱逐出境,不准逗留。"(罗家伦:《中山先生伦敦被难史料考订》,第2页;[美]史扶邻:《孙中山与中国革命的起源》,第85页;霍启昌:《港澳档案中的辛亥革命》,第18页)英领事遂"故意推诿,谓外国例若系斩决之罪则不准交出,请将拟定罪名见示"。谭钟麟因犯人未到案问供,无法先定罪名。(《两广总督谭钟麟为孙中山去长崎事奏片》,方裕谨:《清政府镇压孙中山革命活动史料选》,《历史档案》1985年第1期)引渡交涉遂告中止。

11月2日（九月十六日）　离香港赴日本。

孙中山从达尼斯处归，与陈少白等商议："'顾问已叫我们离开香港，较为妥当。我们还是跑吧！'就找到了一张报，看看今天有什么船离港。看了报，知道有一只到安南去的船，当晚就开，就派人去买船票。岂知这艘船，是货船，不乘客人的。后来打听到还有一艘船，船名'广岛丸'的，明早到日本去，虽然也是货船，却有四个舱位。孙先生就约了我同郑士良三人，乘这只船到日本去。"（陈少白：《兴中会革命史要》，中国史学会主编：《辛亥革命》第1册，第32页）据李纪堂回忆："过了一二天，总理派人至三菱洋行之日本轮船公司购船票往日本。是日大风，先买三等票。我在该公司当华经理，适在公司，说此船只有普通客位十二个，随后即买二等票，旋又改购一等票。余觉得奇怪，因往船看下，见了即是孙先生，因与他招呼。总理说：'你何以知我为孙某？'我说：'早二日在上海银行见过，我很崇拜你。今日风大，如何走得这样急？请于去国后寄信与我。'谈了几句话，船即开行。总理到横滨后，认识了横滨公司华经理张果先生，总理是耶稣教中人，张果与我也是同教；总理问张果是否识我？张云：'识的。'由是总理通信到香港与我。"（陈春生：《访问李纪堂先生笔录》，丘权政等编：《辛亥革命史料选辑》上册，第38—39页）

据1895年11月6日《神户又新日报》《船报，内外船外航消息》："'广岛丸'于去2日由香港出发驶往日本。"（［日］安井三吉编：《〈孙文と神户〉略年谱》，神户大学教养部编：《神户大学教养部论集：神户大学教养部纪要》）

△　《德臣西报》刊登不署名文章，痛斥孙中山在那批苦力到达广州之前的二十个小时，已经逃之夭夭。

11月7日（九月二十一日）　陆皓东、朱贵全等人在刑讯后英勇就义。

陆皓东在供词中陈述其反清起义的动机道："与同乡孙文同愤异族政府之腐败专制，官吏之贪污庸懦，外人之阴谋窥伺，凭吊中原，荆榛满目，每一念及，真不知涕泪之何从也。居沪多年，碌碌无所就，乃由沪返粤,恰遇孙君,客寓过访。远别故人,风雨连床,畅谈竟夕。吾方以外患之日迫,欲治其标,孙则主满仇之必报,思治其本,连日辩驳,宗旨遂定,此为孙君与吾倡行排满之始。盖务求警醒黄魂,光复汉族。"要知今日非废灭满清,决不足以光复汉族,非诛除汉奸,又不足以废灭满清。故吾等尤欲诛一二狗官,以为我汉人当头一棒。""今事虽不成,此心甚慰,但我可杀,而继我而起者不可尽杀!"(邹鲁:《中国国民党史稿》,第658—659页)孙中山后称陆皓东是"中国有史以来为共和革命而牺牲者之第一人"。(《建国方略》,《孙中山全集》第6卷,第230页)

11 月 9 日或 10 日（九月二十三日或二十四日）　抵神户。

神户报纸刊登有关广州起义密谋之报道。

是日,孙中山所乘之"广岛丸"停靠神户。(《神户又新日报》1895 年 11 月 10 日)《神户又新日报》刊登题为《广东暴徒巨魁之履历及计书》之报道:

"在广东暴动之暴徒多数已就擒,事由昨日本报已经接载。今就北清日报所见,此次暴动首谋者范某,多年留学美国,归途中又在英、德两国滞留一年许,最近才归国,所以颇有学识。又有门第高而有钱的广东地方官子弟中的优秀人物亦归来,叹息山河依旧,国家腐败,次第交接慷慨之士,常与谈论国事,其名声忽播四方。某渐纠合同志,与美国、濠洲、新嘉坡等地归国者结一团体,阴谋颠覆清政府。彼兼又为三宝会之会员,该会不满于现政府的统治,自然敬慕某,拥为首领。遂向广州(?)派遣密使,不断发展党徒,且亲往三宝会根据地惠州,监督同会之人,择定教师,训练会员四千人。又于香港建一同样之俱乐部,集结海外归来者,该首领之方略,第一步占领广东。因广东沿海有武器弹药库,且居民稠密,兵勇多系倔强男子,加之广东较支那其它诸城市有更多的人呼吸过文明空气,此等人物正窥测时机,乘乱而动。此次暴动党先由惠州、潮州、漳州同时蜂起,将广东提督兵诱往三地,然后,乘省府广东兵少不敷调配之机,乘虚而入,以别动队突袭广州占领之。此人足履欧美之地,自幼不信迷信,但因部下劝告,决心待清历九月九日(10月26日)吉辰举事。是为隐谋泄露原因之一。复又因领导者争夺暴动成功后的权威地位,遂有人将此事密告广东巡抚马某。马闻讯大惊,立即与税关长及鞑靼将军保年会商,检查来广州的一切船舶。据告密者说,首谋者范某最倚仗的西式兵勇屯于香港、澳门,本人则在澳门附近的故里,手下八百人散布附近地区,又广东约有三千三宝会员潜伏各处,预定待香港、澳门人到达后始行举事。为了抢先一步,广东政府在市内第二次搜查,将香港、澳门来船逐一搜查,捕拿嫌疑者480人。这些只是先行者,此外还有后备队陆续前来,以及驻守未动者甚多。范数月来向各方派遣密使,召集同志,布署严密周到,其同党如源泉滚滚而来。传说从福建到广东至少有三万同志遍布各地,已准备好武装十三万兵勇的新式武器。近来风闻在黄埔起义,出发去惠州和潮州海岸的一千名士兵完全属于范,成了起义者云云。"①(《神户又新日报》1895年11月10日)

11月12日(九月二十六日)　午后四时,"广岛丸"离神户开往横滨。(《神户又新日报》1895年11月12日)

11月13日(九月二十七日)　抵横滨,旋组建兴中会分会。

抵横滨后,登岸找到谭发,由谭为之租得一个楼面,复归船偕陈少白、郑士良上陆。(陈少白:《兴中会革命史要》,中国史学会主编:《辛亥革命》第1册,第33页)一二日后,经谭发介绍,访冯镜如于外国人居留地

---

① 据冯自由记:舟过神户之际,孙中山等"登岸购得日本报纸,中有新闻一则,题曰《支那革命党首领孙逸仙抵日》。总理语少白曰:'革命二字出于《易经》汤武革命,顺乎天而应乎人一语,日人称吾党为革命党,意义甚佳,吾党以后即称革命党可也。'"(冯自由:《革命逸史》初集,第1页)又陈少白《兴中会革命史要》亦说:"到了神户就买份日报来看看。我们那时,虽然不认识日文,看了几个中国字,也略知梗概。所以一看,就看见'中国革命党孙逸仙'等字样,赫然耀在眼前。我们从前的心理,以为要做皇帝才叫'革命',我们的行动只算造反而已。自从见了这样的报纸后,就有'革命党'三字的影像印在脑中了。"此事不见于孙中山本人记述,据安井三吉、陈德仁考查,当时日本报纸亦未见此种报导。

五十三番地文经印刷店①。冯即请三人下榻于店中二楼,并邀冯紫珊、谭发(均昌洋服店主人)、梁达卿、黎炳垣(焕墀,法国邮船公司华经理)、赵明乐、赵峄琴(均为广福源商号主人)、温遇贵(某洋行买办)等十余人会商组织兴中会事。众举镜如为会长,赵明乐为管库,赵峄琴为书记,紫珊、发、炳垣等为干事。半月后复设会所于外国人居留地一百七十五番,陆续加入者有温芬(炳臣)、郑晓初、陈才、陈和、黄焯文、梁简卿(东昌打包店主人)、陈植云、冯茂龙(后易名自由)等十余人。是时旅日华侨尚多目革命排满为大逆不道,故会员咸有戒心。(冯自由:《革命逸史》第 4 集,第 15 页)孙中山并将携来宣传品《扬州十日记》及《原君》、《原臣》(黄梨洲《明夷待访录》选本)二种,交冯由文经号印刷万卷送海外各埠。(冯自由:《中国革命运动二十六年组织史》,第 24 页)

　　杨衢云往马德拉斯、科仑坡和南非等地运动华侨中的会党,筹建兴中会分会。(谢缵泰著、江煦棠等译:《中华民国革命秘史》,中国人民政治协商会议广东省委员会文史资料研究委员会编:《孙中山与辛亥革命史料专辑》,第 296 页)

　　11 月 20 日(十月初四日)**以前**　离横滨赴檀香山②。

　　陈少白记述:"乙未年秋天,广州事情失败,我和孙先生、郑士良三个人到了日本横滨,不上一个星期,孙先生就断发改装到美国去了,郑士良也回香港去,只留我一个人在那里住下。"(陈少白:《兴中会革命史要》,中国史学会主编:《辛亥革命》第 1 册,第 39 页)先是,上年 9 月 10 日,中国驻日公使裕庚抵任,随后相继委派驻横滨、长崎、神户等地领事。(光绪二十一年八月八日《出使日本大臣裕庚奏报到任呈递国书日期

---

　　①　冯自由称地址为山下町,但山下町系横滨外国人居留地内各町统称。从 1899 年(明治三十二年)才开始使用。该店地址应为横滨外国人居留地五十三番。([日]松本武彦:《日本的辛亥革命遗迹与史料》,华中师范学院辛亥革命史研究室、中南地区辛亥革命史研究会编:《国外辛亥革命史研究动态》第 2 辑,第 88—89 页)

　　②　孙中山赴檀日期,迄无明确记载。《孙中山年谱》记为 1895 年 12 月中旬;驻日公使馆记为 1896 年 2 月 19 日(正月初七日)"前数日"离日。今据陈少白日记,酌置于此。

折》,北平故宫博物院编:《清光绪朝中日交涉史料》卷48,第4—5页)外间遂有日政府允许引渡革命党之谣传。孙中山亦以一时未能活动,乃与陈少白断发改装,决意远游美洲。因向横滨同志商借五百元旅费,诸人均不表支持,幸得冯镜如兄弟慨然提供。(冯自由:《中华民国开国前革命史》第1册,第32页)孙中山以百元供陈少白断发改装之需,另以百元给郑士良,使回港收拾余众,布置一切,以备再举。原拟与陈少白同赴美国,因其时美已下禁令,不准华人入境,美国领事面告不宜冒险前去。孙中山说明自己是檀香山出生,获得护照。陈少白则留在日本,以考察其国情。(陈少白:《兴中会革命史要》,中国史学会主编:《辛亥革命》第1册,第34页)临行前与陈少白至东京访旧友菅原传,"后少白由彼介绍于曾根俊虎,由俊虎而识宫崎弥藏,即宫崎寅藏之兄也。此为革命党与日本人士相交之始也"。(《建国方略》,《孙中山全集》第6卷,第230页)1896年2月19日(正月初七日),清驻日公使裕庚函告总理衙门:"前数日孙文乘公司船经横滨往檀香山。伊弟在檀,故相就。"(罗家伦:《中山先生伦敦被难史料考订》,第5页)"迨总理离日未久,各会员供给月费者渐少。镜如等以经费无着,遂将会所取消,凡有会务均假文经商店二楼开会决之。其后兴中会会务以少白不善交际,迄无起色。至丁酉秋总理由欧东归,旧会员未变宗旨者不过七八人而已。"(冯自由:《中国革命运动二十六年组织史》,第25页)

既抵檀香山,与家人会聚,旋在该埠及各岛活动,以期发展组织。

"自先生领导革命失败之后,声势日大,清吏捕索甚急,而其家人则仍居住乡间,甚为危险。时达成公早已去世,其母则尚健存。卢氏夫人居家奉姑养子(公子科已出世数年)。是年侨居檀岛之陆文灿君适回粤结婚,见此险状,乃自告奋勇担任搬取先生及眉公家眷之事。于是老夫人、眉公夫人、卢氏夫人及公子科全家随其迁往澳门,复至香港得陈少白兄之接济而乘轮赴檀。抵岸后,全体先在舍下暂住,旋迁往茂宜岛眉公处,始得安居焉。"(郑照:《孙中山先生逸事》,尚明轩等编:《孙中山生平事业追忆录》,第516页)

孙中山"旋赴檀岛晤德彰商再举计划,德彰慰勉有加,且属勿妥初志。未几杨太夫人偕总理卢夫人及其子科亦由乡人陆文灿护送至檀,均居茂宜牧场"。(冯自由:《革命逸史》第2集,第3页)"某日侨团商董黄桂设宴飨国父昆仲及郑氏昆仲、简永照等五人于私宅,国父长兄德彰起谢诸同志赞助乃弟革命之劳。席间黄桂倡议效古人桃园结拜之故事,众咸赞成,在座者六人,桂年长为大哥,永照次之,德彰、金又次之,国父行五,照年最幼,众以六弟呼之,是日尽欢而散。"(冯自由:《革命逸史》第6集,第6页)到檀山正埠后,"寓旧同砚卑涉银行华经理何宽住宅。初拟向会友集资回粤,以图再举,适是时驻檀清领事已奉虏廷命,令调查在檀兴中会员姓名籍贯,藉以查抄原籍家产;而香山知县查封翠亨乡孙姓房产之消息,亦传遍一时。因是时各会员大有戒心,除何宽、钟宇、许直臣、李昌、郑金、郑照、程蔚南、黄亮、林铿泉十余人外,多不敢与总理照常往还"。(冯自由:《中国革命运动二十六年组织史》,第26页)孙中山自述:"予到檀岛后,复集合同志以推广兴中会。然已有旧同志以失败而灰心者,亦有新闻道而赴义者,惟卒以风气未开,进行迟滞。"(《建国方略》,《孙中山全集》第6卷,第230页)

先是,1893年冬,何宽、郑金、程雨亭、黄庆陪、蓝从真、程官有、何福、陆文灿、叶桂芳、程禹臣等曾组织"中西扩论会",后会员多入兴中会。孙中山抵檀时,"中西扩论会"为请名人演说,欢迎登岸,在《隆记报》馆设立机关,招集会员,共商大计。(苏德用:《国父革命运动在檀岛》,《国父九十诞辰纪念论文集》一,第72—73页;陆文灿:《孙中山在檀事略》,郑东梦编:《檀山华侨》)

与此同时,孙中山遍游周围各岛,宣传革命,募集军费,诸同志皆无以应之①。后闻美洲大陆多华侨,可资联络,遂决计赴美。(苏德用:《国父革命运动在檀岛》,《国父九十诞辰纪念论文集》一,第72—73页;罗

---

① 按苏德用《国父革命运动在檀岛》、陆文灿《孙公中山在檀事略》均记孙中山募得美金六千元,似与实情不符。此据冯自由《华侨革命开国史》。

刚：《罗编〈国父年谱〉纠谬》，第54页；冯自由：《华侨革命开国史》，荣孟源主编：《华侨与辛亥革命》，第22页)

11月27日（十月十一日）　《镜海丛报》以"事必再发"为题，称"孙、杨两人均赴外洋，余党散伏内地以待再举，文有乱天下之才，所结党半为雄杰"。预测革命之事必再起。(《镜海丛报》1895年11月27日《本澳新闻》)

11月（九月至十月）　北京强学书局开局(9月开始筹备设北京强学会)；康有为等在沪设立上海强学会。

12月2日（十月十六日）　清廷谕令谭钟麟从速缉拿起义首领。

"谕军机大臣等：……该匪首孙文、杨衢云纠合党类，竟至四五万人之多，在省城租定民房，潜谋不轨，该督等岂竟毫无见闻！着谭钟麟、成允严密访查，务将首犯迅速捕获，以期消患未萌。……将此由四百里谕知谭钟麟，并传谕成允知之。寻两广总督谭钟麟，拿获匪伙陆皓东等三犯，即行正法，以定人心。仍严密购拿孙文、杨衢云，务获到案。"(《德宗景皇帝实录》卷378,《清实录》第56册，第939—940页)

12月3日（十月十七日）　李提摩太会晤张荫桓，谈及广州教堂搜出革命党人文件。

李提摩太回忆：是日，"应张荫桓之邀，我去他家里与他进行了会谈。他告诉我，广东的官吏在广州双门底教堂搜出了革命党人的文件，其中涉及到一个姓孙的。这对于目前教案问题的解决，将造成很大的障碍。我的回答是：与历史上儒生们的叛乱相比，革命党的叛乱并没有造成更大的危害。并且，革命党对基督教造成的影响，也不比哥老会对儒教造成的影响大。听了我的话，他哈哈大笑。他还对我说，北京中国政府的衰弱，归因于恭亲王的体弱多病和翁同龢对外国事务的蒙昧无知"。(李宪堂等译：《亲历晚清四十五年——李提摩太在华回忆录》，第239页)

12月7日（十月二十一日）　清政府再命谭钟麟、成允严密缉拿会党。

"谕军机大臣等:有人奏,广东会匪在澳门、香港等处聚众滋事,有草鞋、红棍、白扇等名目。本年九月间,潜图叛逆,至今首犯未获,恐成大患等语。着谭钟麟、成允督饬员弁,严密缉拿,毋任漏网。"(《德宗景皇帝实录》卷378,《清实录》第56册,第944—945页)

△ 广东当局悬赏花红银一千元缉拿孙中山,悬赏一百至二百元缉拿杨衢云、陈少白等十四人。(邹鲁:《中国国民党史稿》,第660页)未几,粤吏派遣委员赴香港要求英引渡革命党。(冯自由:《中华民国开国前革命史》第1册,第23页)

△ 南海、番禺两县张贴告示缉拿孙中山等革命党人。

"现有党匪,名曰孙文,结有匪党,曰杨衢云,起义谋叛,扰乱省城,分遣党羽,到处诱人,借名招勇,煽惑愚民,每人每月,十块洋钱,乡愚贪利,应募纷纷。数日之前,听得风声,严密查访,派拨防营,果获匪犯,朱丘陆陈,经众指证,供出反情,红带为记,口号分明,枪械旗帜,搜出为凭。谋反叛逆,律有明刑,甘心从贼,厥罪惟均,严拿重办,决不从轻,城厢内外,兵勇如林,搜捕乱党,决不饶人。惟彼乡愚,想充勇丁,不知祸害,贪利忘身,一时迷惑,概予施恩,丢去红带,急早逃奔,回归乡里,安分偷生,免遭擒获,身首两分。特此告示,剀切简明,去逆效顺,其各凛遵"。(邹鲁:《中国国民党史稿》,第661页)

12 月 24 日(十一月初九日) 《申报》登载清政府缉拿孙中山等革命党人消息,并刻意将鸦片流毒与孙中山联系起来。

《示拿匪首》云:"广州采访人云,前月有匪徒私运军火至省,图谋不轨,幸先事察觉,得以拿获朱、邱、陆、程四匪,尽法惩治。惟起意作乱之孙文(即孙逸仙)及杨衢云两匪首尚在逃未获。臬司接泰督宪札饬,将孙杨务获究办,以绝根株,随通饬各属,严密查拿,并高悬赏格,无论军民人等,有能拿获孙文(即孙逸仙)及杨衢云两匪首者,每名赏洋银一千大圆。"并特意指出:"孙文即去年欲在南海境遍(种)莺粟以害粤民者也。"(《申报》1895年12月24日)12月29日,《禁种莺粟议》又称:"鸦片之流毒如斯,而尚不禁止种烟,只归咎于西人之兴贩,西人其肯任咎乎哉？粤省虽不乏吸烟之户，而种烟者绝少其人，去岁有匪类孙文（即孙逸仙）朦禀地方官，拟就南海境广种莺粟，尔时本馆曾一再辩论，大声疾呼，畅陈鸦片之祸人，期官斯土者严行禁种。今则孙已因起意谋叛事发逃脱，大宪方购线缉拿，高悬千金之赏，谅粤中当无复有人敢私行播种，以祸斯民矣。……今者孙文即以谋叛逃逸，粤东一省可不复使烟祸弥天，而浦左之黑子弹丸竟使种烟者有加无已，岂绅耆之壅于上闻乎？抑地方官既有所闻而仍一味装聋作哑乎？"（《申报》1895 年 12 月 29 日）

是年　长女金琰（或作瑗，娫）出生。

△　汪康年、夏曾佑、胡仲巽等决心破党会禁令，继明末遗风，仿泰西新法，结合士林正业，创立中国公会，联络举国人心志气，兼利天下谋裨国是。并力反文武士商暌隔之弊，接纳武侠商贾入会。（汪诒年校补：《汪穰卿先生传记》，王林茂编校：《汪康年文集》，第 690—692 页）

1896 年(清光绪二十二年　丙申)三十岁

1月18日(乙未年十二月初四日)　陈少白在横滨与宫崎弥藏会晤。

先是,陈少白曾随某牧师往宫崎弥藏处探病。宫崎病愈后,得知少白为华南改革派人士,便往横滨外人居留地一五六番地大泽酒铺陈住所求见。少白纵谈清政府腐败情形,认为中国革命不可避免,且已经萌芽,希望得到日本友人的帮助。宫崎弥藏闻之内心不胜欢欣雀跃,即函告其弟宫崎寅藏。但宫崎寅藏认为陈少白等人筹划的事业,将变成日本浪人的玩物,主张撒手静观,并劝其兄"暂且远离那位可怜的中国义士,以期他日之大成"。(宫崎滔天著、林启彦译注:《三十三年之梦》,第83—86页;《宫崎滔天年谱稿》)

1月20日(十二月初六日)　御史杨崇伊奏参强学会"植党营私",清政府先后封禁北京、上海强学会。

2月21日(丙申年正月初九日)　谢缵泰、陈锦涛及中国驻澳洲领事梁兰芬等人在香港品芳酒楼会见康广仁等维新派人士,讨论联合与合作问题。谢缵泰主张"联合各党派,统一中国"。(谢缵泰著、江煦棠等译:《中华民国革命秘史》,中国人民政治协商会议广东省委员会文史资料研究委员会编:《孙中山与辛亥革命史料专辑》,第296—297页)

3月4日(正月二十一日)　遭港英当局颁令驱逐。

是时,被港英当局侦知正在夏威夷为新的密谋筹款,认为再回香港将很不受欢迎。([美]史扶邻:《孙中山与中国革命的起源》,第117页)港英当局借口其一系列活动,对香港地方治安与秩序均有妨害,依据1882年第八号驱逐出境条例第三条规定,下令驱逐出境。自当日起,五年内禁止在香港居留。(陆丹林:《总理在香港》,荣孟源、章伯锋主编:《近代稗海》第1辑,第506页)

港英当局官员又告知两广总督提防孙中山又谋起义。《申报》载:"广州采访友人云,客秋匪首孙文(即孙逸仙)起意谋叛,作乱省城,幸官兵先事访拿,得以将党徒解散。然孙匪狡谋漏网,逃往外洋,迭经官宪购拿,迄未弋获。兹闻孙匪一意谋叛,依然怙恶不悛,日前两广总督谭制军接到香港英官来文,内开该匪现在外洋私购军装多至十余万圆,并时至港中勾结匪徒,约期同往省城竖旗作乱,宜速为防备,免堕奸谋。制军因立即檄调各路营勇回省驻扎,以厚兵力,并札饬关厂各委员,凡有船只由外洋进口者,须加意查搜,似此防范维严,孙匪虽狡,当亦计无所施矣。按孙匪平日以医术糊口,前年忽欲违禁在南海等处遍栽莺粟以祸粤民,本馆曾痛斥其非,两次著为论说,兹乃屡谋不轨,显犯王章,可见不安本分之人,终必有覆败灭亡之一日也。"(《又萌叛意》,《申报》1896年4月3日)《申报》又载:"水师提督郑心泉军门部下安勇,历年派往各属剿除匪类,现督宪访闻去年谋叛之匪首孙文(即孙逸仙)逃往外洋,购办军装,尚思滋事,遂将安勇全军悉数调回省城,分派东南西北四关驻扎,以资镇压。"(《珠江春浪》,《申报》1896年4月16日)

4月5日(二月二十三日)　清两广总督谭钟麟为缉捕孙中山事电达总理衙门,要求总署与英国及其他各国驻华公使交涉,以后或有要犯逃入港澳,准华官知照洋巡捕会同查拿。(罗家伦:《中山先生伦敦被难史料考订》,第2页)

4月8日(二月二十六日)　清政府再度谋求引渡。

是日,清总理衙门致函驻美公使杨儒,通告孙中山于年前已往美国,请其密饬领事商董访查确耗,并策划运动檀香山及美国政府引渡。(罗家伦:《中山先生伦敦被难史料考订》,第5—6页)

4 月(约三月)　在檀香山路遇康德黎夫妇,告以将赴欧洲。

康德黎记述:"余以三月归国,途经旷那儿陆,偶遇逸仙。逸仙云:'将游英京。'余乃劝之云:'宜即乘此好机会往英京专精医术。'且云各医学校以十月间为开学之期,故来英京须在十月之前。"(《地球报》[*The Globe*]1896 年 10 月 23 日《论孙逸仙事》,引自《时务报》1897 年 5 月 22 日)孙中山自述:"一日散步市外,忽遇有驰车迎面而来者,乃吾师康德黎与其夫人也。吾遂一跃登车,彼夫妇不胜诧异,几疑为暴客,盖吾已改装易服,彼不认识也。予乃曰:'我孙逸仙也。'遂相笑握手。问以何为而至此。曰:'回国道经此地,舟停而登岸游览风光也。'予乃趁车同游,为之指导。游毕登舟,予乃告以予将作环绕地球之游,不日将由此赴美,随将到英,相见不远也。遂欢握而别。"(《建国方略》,《孙中山全集》第 6 卷,第 231 页)

6 月 3 日(四月二十二日)　清政府全权大臣李鸿章在彼得堡与沙俄签订《御敌互相援助条约》(即《中俄密约》)。

6 月中旬(五月上旬)　赴美国旧金山。

"总理留檀半载,多方活动,均难收效。乃兄德彰及何宽等均谓当此新败之余,人心咸怀疑惧,在檀进行,徒费心力。美洲华侨较众,当有可为,宜改从新方面入手等语。总理从之,遂于丙申夏六月首途渡美。"(冯自由:《中国革命运动二十六年组织史》,第 26 页)总理衙门函告驻美公使杨儒:"粤东要犯孙文谋乱发觉,潜逃赴美,希即确查密复。"杨儒即密饬驻旧金山总领事冯咏蘅确查去向。(王宠惠:《总理伦敦蒙难史料》,《建国月刊》1930 年第 3 卷第 5 期)

6 月 18 日(五月初八日)　抵达旧金山。

"孙总理于是夏六月抵旧金山,初凭教友介函往谒牧师陈翰芬,复由陈介见教友何柏如、邝华汰等。是时旅美华侨风气异常闭塞,十九缺乏国家思想,与谈革命排满,莫不掩耳惊走,在耶教徒中因同情总理而加入兴中会者,仅邝华汰等数人耳。华侨团体名目繁多,中以洪门致公堂为最巨,其会员占全美侨胞十之八九,宗旨为反清复明,即广东三合会之支派。但以代远年湮，多已忘却本来面目。总理在粤尝由郑士良获知洪门内容，惟以未列会籍，故抵美后，虽履访致公堂父老解说革命宗旨，闻者仍以门外汉视之。居美西数月，收效甚微，乃将兴中会事务委托邝华汰办理。邝时肄业加省大学，最热心革命，即以所居旧金山华盛顿街九一六号为兴中会通信处。"（冯自由：《中国革命运动二十六年组织史》，第 27—28 页）清驻美公使转呈旧金山总领事冯咏蘅报告："孙文，原字帝像，别号逸仙，改字载之，香山县蔡坑村人，现改称早埔头人，年约三十左右，身材短小，面黑微须，剪发洋装，由檀香山行抵金山。同伴有二洋人，一名卑涉，亦美国金山人，素系檀岛银行副买办；一名威陆，亦美国人，向在檀岛服官。前次创议废主，因其未隶檀籍，所谋不逞，均挟厚资，居檀年久，是否孙同党，尚难臆断。惟见同船偕来，交情甚洽。孙文借寓金山沙加冕度街第七百零六号门牌华商联胜杂货铺内，闻不日往施家谷转纽约，前赴英法，再到新加坡。并闻有沿途联合各会党，购买军火，欲图报复之说。该犯随身携带私刊书册两本，虽无悖逆实迹，检其上李傅相书，确有该犯之名，显系孙文无疑。现将原书设法觅取寄呈，俟访明该犯赴纽行期，再行电禀等语。查阅该犯书册两本，一系摘录明黄黎洲《明夷待访录》中《原君》《原臣》二篇，卷端加一小引，自称杞忧公子；一系上李傅相书，洋洋万余言，自称文素在香港习西医，已蒙考取，欲乞傅相专委筹办农务。两种文笔俱畅达，昨日已附致总署备核矣。"（罗家伦：《中山先生伦敦被难史料考订》，第 9—10 页）

6 月 28 日（五月十八日）　总理衙门电令杨儒查明孙中山行踪。

总理衙门于昨日接得杨儒密电，即于是日复电，令其确查孙中山将往欧洲何国，附搭某船，然后电告驻英公使龚照瑗酌办。"英能援香港、缅甸交犯约代拿固妙，否则该匪若由新加坡潜结恶党内渡，应先电粤预防。"并告新加坡领事认真查访。（罗家伦：《中山先生伦敦被难史料考订》，第 7 页）7 月 18 日杨儒致函龚照瑗："弟因中美交犯另约，迄无成绪，此间无从措手，总署深知，故有转电尊处援约代拿，并饬新嘉坡领事认真查访之议。缅甸约章,美署未备,仅见香港解交逃犯例章,谅贵署必备存两处原约也。刻下孙文虽抵金山,尚无取道纽约确搭某轮前赴欧洲之信,特将总署巧电抄陈,并就冯守禀函电报撮叙详细节略,驰寄左右,即乞公余留意检查约章,苾算在胸,自臻完密。弟已饬冯守及纽约领事随时访探该犯何月抵纽? 准搭某船? 定赴欧洲何国? 俟得确音,再行电布。"(王宠惠:《总理伦敦蒙难史料》,《建国月刊》1930 年第 3 卷第 5 期)龚照瑗接信后,密饬代理新加坡总领事刘玉麟预为筹备,并电告粤督预防孙中山由新加坡结党内渡,同时准备与英国交涉,援约引渡。此后半个月内,总理衙门先后密电两广总督谭钟麟、广东巡抚许振祎,以及杨儒、裕庚等人,加紧防范孙中山运送军火回国。直到 8 月 26 日接到杨儒密电,始悉"孙文招人入党是实,未购军火"。(罗家伦:《中山先生伦敦被难史料考订》,第 16 页)

　　7(8?)月至 9 月(约六月至八月间)　由旧金山赴纽约,沿途鼓吹革命。

　　自述:"美洲华侨之风气蔽塞,较檀岛尤甚。故予由太平洋东岸之三藩市登陆,横过美洲大陆,至大西洋东岸之纽约市,沿途所过多处,或留数日,或十余日,所至皆说以祖国危亡,清政腐败,非从民族根本改革,无以救亡;而改革之任,人人有责。然而劝者谆谆,听者终归貌貌,其欢迎革命主义者,每埠不过数人或十余人而已。""当予之在美洲鼓吹革命也,洪门之人,初亦不明吾旨。予乃反而叩之反清复明何为者,彼众多不能答也。"(《建国方略》,《孙中山全集》第 6 卷,第 231 页)"美洲华侨以新宁、新会、开平、恩平之四邑人占大多数,其顽固守旧之习惯,及崇拜官僚之思想,远过于内地。中山初到美时,在旧金山登陆后,乃乘火车横过美洲大陆,以达太平洋西岸之纽约,沿途经沙加缅度、芝加古各城市,或留数日,或十数日,所至皆向华侨痛言革命救国之真理,欲其热心时事,合力救亡。然言者谆谆,听者貌貌,且以中山为谋反大逆,视同蛇蝎,其肯与往还者,仅耶稣教徒数人而已。"(冯自由:《中华民国开国前革命史》第 1 册,第 36—37 页)

9 月 23 日（八月十七日） 由纽约赴英国。

"中山居美四月,渐为驻美清使馆及领事署中人所悉,对中山行止,极为注意。中山得友人报告,谓使馆有不利于彼之消息,且以留美多时,无可活动,始决计赴英。"（冯自由:《中华民国开国前革命史》第 1 册,第 37 页）9 月 25 日杨儒致电龚照瑗:"现据纽约领事施肇曾探悉,孙文于 9 月 23 号礼拜三搭 White Star Line(白星轮船公司)'麦竭斯的'号轮船至英国黎花埠登岸。"（罗家伦:《中山先生伦敦被难史料考订》,第 17 页）

自述:"我在纽约逗留了约一个月,在旧金山两个月。在这段时间里,我始终希望回避中国当局,并不知道中国领事馆在什么地方。我在纽约见到我的许多同胞。我没有想到,他们之中有谁会与中国领事馆发生联系。"（《向英国律师卡夫所作的陈述词》,《孙中山全集》第 1 卷,第 37 页）在纽约期间,"友人多来相告,谓中国驻美公使为满洲人,其与汉人本无感情,而恶新党尤甚,故令予兢兢致慎云"。（《伦敦被难记》,《孙中山全集》第 1 卷,第 55 页）驻美公使馆侦察甚严,然无法下手拘禁。清驻英公使馆二等参赞马格里(或译作马凯尼,H. Macrtney)1896 年 10 月 22 日在英国外交部称:"中国驻华盛顿之公使因无法逮捕孙氏,故彼奉命对孙氏予以监视。"（陈乐桥译:《国父伦敦蒙难真相的原始报告》,《传记文学》第 7 卷第 5 期）

9 月 25 日（八月十九日） 清驻英公使馆开始与英国外交部交涉引渡孙中山。

是日,龚照瑗接杨儒来电:"当经密商英外部,拟援香港及缅甸交犯约,请为代拿。据该部覆称:'该二约只能行于香港及缅甸地方,而不能施之他处;即无在英国交犯之约,如外部饬拿该犯,必为刑司所驳'。"（罗家伦:《中山先生伦敦被难史料考订》,第 24 页）吴宗濂记:"时星使卧病已久,神志甚清,当遣参赞马格里婉询英外部,拟援香港及缅甸交犯约,请拿该犯。"英外交部拒绝后,"星使之犹子仙舟司马心湛,乃雇包探赴黎花埠守候"。（《龚星宪计擒粤犯孙文复行释放缘由》,吴宗濂:《随轺笔记四种》卷 2,沈云龙主编:《近代中国史料丛刊》第 59 辑,第 176—178 页。）

9月30日（八月二十四日）　抵达利物浦，即赴伦敦。

据司赖特侦探社（Slaters Detective Association，受清驻英公使馆委托监视孙中山行踪）10月1日报告，孙中山"已于昨日中午12时在利物浦王子码头上岸"。"他坐的二等舱，上岸的时候，他带了一件行李，上火车站设备的公共汽车（原文如此），到利物浦密德兰车站（Midland Railway Station），坐下午2点50分的快车上伦敦。但是他没有赶上火车。等到下午4点45分方才动身，于晚间9点50分到伦敦圣班克拉司车站（St. Pancras）。于是他从行李房里取出行李，雇了12616号马车到斯屈朗赫胥旅馆（Haxeus Hotel, Strand）。"（罗家伦：《中山先生伦敦被难史料考订》，第18页）到达该旅馆时已是深夜12点。

10月1日（八月二十五日）　往访康德黎。

上午，至波德兰区（Portland Place）覃文省街（Devonshire Street）四十六号拜访康德黎。康氏为之在寓所附近的葛兰法学院场（Cray's Lnn Place）八号宝勒特小姐（Miss Pollard）开设的私人公寓找到住所，租金每星期十先令。（《向英国律师卡夫所作的陈述词》，《孙中山全集》第1卷，第37页；《宝勒特于1896年11月5日在财政部的陈述》，引自黄宇和：《孙逸仙伦敦蒙难真相》，第2页）据侦探报告："在一日那天，就是星期四，此人于下午4点半钟外出，沿着斯屈朗走，经过佛立特街（Fleet Street），到露竭特场（Ludgate Circus），看看商店的玻璃窗子，以后又回到旅馆。那时候是下午6点30分。以后就没有见他出来了。"是日，龚照瑷密电总理衙门："粤犯孙文到英，英令无在本国交犯约，不能代拿。现派人密尾行踪。"（罗家伦：《中山先生伦敦被难史料考订》，第21页）

10月2日（八月二十六日）　迁居葛兰法学院场八号。

"在2日星期五那天，他（指孙中山）于上午10点30分离开赫胥旅馆，雇了一个10850号四轮马车装行李，到葛兰旅店街八号，将行李运入，该人亦进去。他在该处到上午11点30分才出来，步行到牛津街（Oxford Street），看看商店的玻璃窗子，于是走进上霍尔庞

(High Holboin) 119 号（文具店），再进加快食堂（Expiess Daiiy Co），吃了中饭，于下午 1 点 45 分回到葛兰旅店街八号。下午 6 点 45 分他再出来，走到霍尔庞的一个饭馆里停留了三刻钟，再回到葛兰旅店街八号的时候，已经 8 点 30 分钟，就不再看见他了。以后每天都有人监视他，但是没有什么重要的事情发生。此人常在主要的街道上散步，四周顾望。他不在家里吃饭，到各种饭馆去吃。

"可以说在监视期间，他不曾见过什么中国人。在利物浦听说有几个在'麦竭斯的'和他同船的人，答应到伦敦来看他。"（罗家伦：《中山先生伦敦被难史料考订》，第 22—23 页）

是日，龚照瑗致电总署："接杨使函电悉，饬拿粤犯孙文，该犯现由美到英，改洋装无辫，外部以无在英交犯约，不能代拿，现派人密尾行踪。"（王宠惠：《总理伦敦蒙难史料》，《建国月刊》1930 年第 3 卷第 5 期）

同日，龚又致函驻法国使馆属员庆常，促其"早筹办法"。庆常于 10 月 4 日复函："法国于此等案件，尤不介意；况近日英向法索犯未允。英法同例，此中国所知者。此在新加坡最为注意，而在法国但能探查也。"（罗家伦：《中山先生伦敦被难史料考订》，第 24—25 页）

10 月 4 日（八月二十八日）　往访康德黎。

每日必访康德黎。是日午饭时，康氏"戏谓中国使馆与伊家为邻，盍过访之。因相视而笑。康德黎夫人诚曰：'子毋然，彼公使馆中人睹子之面，行当出面相捕，械送回国耳！'"以后，香港旧识孟生医生亦嘱其"慎勿行近中国使馆，至堕虎口"。1896 年 12 月 3 日香港《支那邮报》载：孙中山在美国时，"驻美中国公使馆中人闻孙氏之绪论，颇有志于革新。既而赴伦敦，思欲以鼓吹驻美使馆者鼓吹驻英使馆。而不意美使馆有阳则赞成革命，阴则志香港富商之志，思缘以为利者，密白其事于驻英使馆"。（《伦敦被难记》，《孙中山全集》第 1 卷，第 55、83 页）自述："我和孟生博士有过一次关于去中国公使馆的谈话。我问他，如果我到那里去是否明智。他说：'不。'我回想，我首先提出的问题是：'这里的中国公使是谁？'接着又问他：'你以为我去使馆访问任何人是明智的吗?'而孟生博士说'不'。"(《向英国律师卡夫所作的陈述词》,《孙中山全集》第1卷,第38页。孟生所作陈述词亦有相同内容)

△　谢缵泰与康有为会晤,达成合作协议。

是日,谢缵泰在香港皇后大道惠升茶行(Wai Shing Tea Hang)与康有为会见,讨论在维新工作中的联合与合作。双方达成协议。此后,谢缵泰与康广仁多次代表杨衢云和康有为、梁启超进行谈判。康广仁表示同意谢的意见,并说:"我们应当把两党的'上层'人士召集起来开一次会议。我们希望看到对王朝和千百万民众都有好处的'和平'革命。""像孙逸仙那样的一些人使我惊骇,他们要毁坏一切。我们不能同这样轻率鲁莽的人联合。杨衢云是个好人,我想见见他。"(谢缵泰著、江煦棠等译:《中华民国革命秘史》,中国人民政治协商会议广东省委员会文史资料研究委员会编:《孙中山与辛亥革命史料专辑》,第298页)

10月10日(九月初四日)　在伦敦参观。

每日除访康德黎及孟生外,主要时间用于"或游博物馆,或访各处之遗迹,观其车马之盛,贸易之繁,而来往道途绝不如东方之喧哗纷扰,且警察敏活,人民和易,凡此均足使人怦怦向往也"。(《伦敦被难记》,《孙中山全集》第1卷,第55页)据侦探报告:"星期六这天,我们还在葛兰旅店街八号侦察此人,我们跟他出来,到国会西院。在那地方,他停留了两个钟头以上。出来的时候,他步行到斯屈朗,看看店铺的窗子,回到葛兰旅店街八号,以后就不见了。"(罗家伦:《中山先生伦敦被难史料考订》,第39页)

自述:"星期六,即10日,我到过摄政公园、动物园和植物园。我去那里时是上午十一二点钟,一直逗留到下午3点钟。然后,我去到霍尔庞,四点左右返回寓所。从那以后,我除了只在附近进餐外,再没有外出。"(《向英国律师卡夫所作的陈述词》,《孙中山全集》第1卷,第38页)

龚照瑗密电杨儒:"孙文已到英,外部以此间无交犯约,不能代拿。闻将往法,现派人密尾。"(罗家伦:《中山先生伦敦被难史料考订》,第

26 页)

10 月 11 日（九月初五日） 被清驻英公使馆诱入囚禁。

上午 10 时半许往访康德黎，先乘车至牛津广场，然后步行，在波德兰区遇见清公使馆翻译邓廷铿，与之边谈边走，行至 49 号清公使馆门口，即将挟入馆中加以拘禁①。是为"伦敦被难"。

被囚禁后，曾在一名片上书数语，托一英籍仆人转交康德黎，但未能遁出。驻英公使馆密电总署："顷该犯来使馆，洋装，改姓陈。按公法，使馆即中国地，应即扣留。解粤颇不易，当相机设法办理，祈速示复，勿令英使知，并请电粤督。"（罗家伦：《中山先生伦敦被难史料考订》，第 26 页）

10 月 12 日（九月初六日） 与邓廷铿谈话。

是日，在拘室中与邓廷铿谈话。邓问："你在广东谋反，因事不密，被人先觉，以致不成，是否属实？"答曰："我虽有大志，而时尚未至。惟广东有一富人欲谋是事，被我阻之。"邓曰："何不同谋，反阻何故？"答云："他是为己，我是为民。"邓云："请将为己为民四字，明白告我。"答道："他之为己，欲得天下自专其事。我之为民，不过设议院、

---

① 按邓慕韩《孙中山先生传记》谓："先生伦敦使馆被难有二说：一为使馆计诱，即先生自著《伦敦被难记》所述；一为先生自进，即先生日后对人所言。"陈少白《兴中会革命史要》称："当时孙先生对我说：他早已知道公使馆，他故意更换姓名，天天跑到公使馆去宣传革命。后来，公使馆的人疑惑起来，因为当时广州起义之事，传闻还盛，以为这人或者就是孙逸仙。公使随员邓廷铿因为是同乡，就试出他的确是孙逸仙。于是孙先生就被他们拘禁起来了。"胡汉民、戴季陶等人均称孙中山本人后来持自进说。使馆法文翻译吴宗濂《随轺笔记四种》及海军衙门派驻使馆章京凤凌《游余仅志》亦记孙中山被难前一日曾至使馆。马格里先后数次公开否认计诱或绑架，他与某记者谈话时声称："所谓被诱及被拉入使馆等语，尤属子虚。使馆人并未动手，亦未用力。"问："然则孙自入使馆乎？"曰："然。其入馆不止一次。"（《伦敦东方报》，1896 年 10 月 23 日，《某报馆访事与麦参赞问答节略》，转引自 1896 年 12 月 15 日《时务报》第 14 册）但当时负责调查此案的英国财政部法律顾问卡夫律师在仔细研究比较了与本案有关人员的笔记、陈述及其他资料后，认为马格里所述前后不符，系为他人转告之事实，而非出于彼之亲历。而孙中山所称前此未往使馆及其所述是日晨被诱进入公使馆情形，符合事实。（陈乐桥译：《国父伦敦蒙难真相的原始报告》，《传记文学》第 7 卷第 5 期）根据各种资料，自进说似与事实不符。据澳大利亚悉尼大学黄宇和博士考证，吴宗濂、凤凌等人笔记显系后来改作为"伦敦蒙难"。

变政治,但中国百姓不灵,时尚未至,故现在未便即行。盖该富人不知审时,我所以阻之也。我素重西学,深谙洋习,欲将中国格外振兴,喜在广报上发议论,此我谋反之是非所由起也。"(《龚星使计擒孙文致总署总办公函》附录《邓翻译与孙文问答节略》,吴宗濂:《随轺笔记四种》卷2,沈云龙主编:《近代中国史料丛刊》第59辑,第172—176页。)

10月14日(九月初八日)　与邓廷铿谈话。清公使馆开始筹划用船偷运回国。

是日,在使馆拘室与邓廷铿作第二次谈话。

邓云:我以公事扣你,若论私情,你我同乡,如有黑白不分,被人欺你之处,何妨将此事细微曲折,一一告我。倘有一线可原之处,我亦可念同乡之谊,代求钦差为你申雪,你亦可回籍再谋生业。况广东近事,我亦略知,且听你说,看与人言合否?

答云:事可明言,但不知钦差愿意排解否?

邓云:钦差最喜替人申冤,只要将实情说出,我必竭力代求。

答云:我是孙文,非陈姓也。号逸仙,再号帝像,此号是母所名。因我母向日奉关帝像,生平信佛,取号"帝像"者,望我将来像关帝耳。"载之"二字,系由成语"文以载道"而来,并无别情。向在广东洗基设西医局,因治病有效,常与绅士来往。其时北京开强学会,我在省设农学会,总会在双门底,分会在咸虾栏。凡入会者,将姓名籍贯登簿,当发凭票一纸,交其人收执。曾托尚书罗椒生之侄罗古香向前抚台马(丕瑶)说情,请其批准开办,因抚台病,后迁延未批。而农学会早先开办,不过教民种植,意欲开垦清远县之荒田。此田系会中所置,以为如有成效,即可将广东官地一并开垦。入会者有绅士、船主、同文馆学生等人。不料前年九月初八九左右,李家焯忽然带勇前来,将总会、分会一概查封,在总会查出名册一本,分会查出铁锅二个、大斧多张,并拿去会友数名,其中有一姓陆者,本系牧师,过堂苦打,强逼成招,已被正法,其余尚在狱中。所可恨者,绅士如罗古香等则不敢拿。镇涛、广丙两船主托人取保出去,而事亦了。同文馆学生因是旗籍,亦置不问。独以我为首,专意拿我。且三天之后,又闻有西门丁泥六桶,内系洋枪,由香港付至农学会,亦被李家焯拿住,以为我谋反之据,又在火船拿获散勇五十余名,作为我之党羽,后讯知是台湾散勇,因有二人因别案与陆姓同罪,其余均由总督给资回籍,此非谋反之党羽可立明也。查香港买洋枪,非由的保不卖,若往香港,一查便知虚实,此系李家焯私买废枪以坐我罪也。且我暂避藩署,一经事发,方将托人与陆设法,不料他一见刑具即妄招认,无可挽回。倘有军火,何难电阻?三天后寄来,又谁收谁用耶?

邓云:李家焯何故与你为仇?

答云:他之仇我,因机房之事也。缘他部下勇丁直入机房抢丝,被人捉住。李家焯得知,派勇夺回,随往抚辕告,以不服稽查,挟制官长为辞。有人求我替机房定计,与李互讼。李知事败,以故仇我,即借农学会以控我,指为暗藏三合会,有谋反之举。我之误处,误在专讲西学,即以西国之规行于中国,所有中国忌禁概不得知,故有今日之祸。

邓云:前日所说富人,何妨明说。

答云:谋反之事,我实无之。前日说有人商之于我,意图谋反,此人系广东大绅,曾中进士,并且大富,姓某名某是也(按:此人近颇为当道倚重,或系孙文之妄扳,故删其姓名)①。我行医时,素与绅士往来,惟他尤为亲密。平时互发议论,以为即是国计民生之道,只知洋务亟宜讲求。所说之话,他甚为然,以我之才干,可当重任。故于中日相接莫解之时,专函请我回广东相商要事。我在香港得信即回见他,他曰:"我有密事告你,万勿宣扬。"乃述其梦云:"我身穿龙袍,位登九五,我弟叩头贺喜。故请你商量,何以助我?"我即问曰:"你有钱多少?"他答曰:"我本人有数百万两,且我承充闹姓,揭晓后始派彩

---

① 按系指刘学询。据御史杨崇伊 1898 年 10 月 13 日奏,孙"第一策据广州,炸药已运入省城,绅士刘学询发其奸,遂亡命于东洋,此乙未秋间事"。(国家档案局明清档案馆编:《戊戌变法档案史料》,第 480—481 页)

红，现存我手将近千万，如立行谋事，此款可以动用，迟则失此机会。"我又问："有人马多少？"他云："我有法可招四万之众。"我答云："凡谋事者必要先通在上位之人，方得有济，尔于政府能通声气否？"他不能应。况他之品行最低，无事不作，声名狼藉，我早尽知。他之所谋，只知自利，并无为民之意，我故却之，决其不能成事也。他寄我之函，的系亲笔。虽未将谋反之言说出，其暗指此事可以意会之词，亦可为证。是欲谋反者是他，而非我也。乃李家焯故意张大其词，以重我罪，藩署官场中人及绅士等均有意替我申雪，因事关重大，不敢干预，即递公呈代办亦恐无济。其时制台派兵搜查，我由藩署坐轿而出，直至火船，径赴香港，幸无人知，此我真有莫白之冤也。李家焯此次害我，不独家散人亡，我所有田地均已被封，不知尚能复见天日得雪此恨否？况我曾上禀请设内河轮船公司，已蒙张香帅批准，不遇此事，我早往上海开办矣。李家焯之害我，其毒无穷，自我避往香港之后，去年又造谣言。说我私买军火，在外国招募洋匠五千，进攻粤省。我不得已，潜往各国游历。及抵英国，我所往各处均系游玩之所，凡制造军火各厂我概未去，此亦可见我非有谋反之事也。万望钦差代为伸雪，俾得回国，另谋事业，断不敢再行为乱。况中国近来颇讲洋务，我意中主意甚多，不难致富，又何必行险耶！你果念同乡之谊，还当代我力求钦差。（《龚星使计擒孙文致总署总办公函》附录《邓翻译与孙文问答节略》，《随轺笔记四种》卷 2，第 172—176 页）

在禁室与邓廷铿谈话时，邓声称使馆正雇船欲将其偷运回国行刑。（《在伦敦苏格兰场的陈述词》，《孙中山全集》第 1 卷，第 34 页）龚照瑗致电总理衙门："现筹购商船，径送粤，不泊英岸，可无他虞。船价煤工，共需七千磅，得载二千余吨船一只。变价亦可。否则释放，仍派人密尾，究其所往。"（罗家伦：《中山先生伦敦被难史料考订》，第 52 页）马格里电约格来轮船公司麦克格雷戈于是晚前往会晤，开始谈判把一个"疯子"运回中国。（陈乐桥译：《国父伦敦蒙难真相的原始报告》，《传记文学》第 7 卷第 5 期；[美]史扶邻：《孙中山与中国革命的起源》，第 99 页）

10 月 15 日（九月初九日）　致函马格里。

凌晨邓廷铿复来，劝诱致书马格里，说明系自动来使馆，吁求伸雪。结果信以为真，遂中计写信，成为使馆辩解的借口。时孙中山对于获释失去信心，自述道："当我被波德兰区中国公使馆囚禁而不能与外界联系时，我一点也没想到我有可能获释。我已完全决定采取何种行动，下决心尽一切努力跳下船去，葬身英吉利海峡、地中海、印度洋或中国海。如果这些试图不成功，不幸抵达目的地广州，我决定立即招认以免遭第一轮酷刑。即使如此，像我这样的案子仍然会受许多罪，因为他们会对我进行最残酷的严刑拷打，逼我出卖同志。我决心宁肯捱到死也决不这样做。"（孙中山：《中国的司法改革》[Judiciul Reform in China]，1897 年 7 月伦敦《东亚季刊》*East Asian Quarterly* 第 1 卷第 1 号，贺跃夫等译，《中山大学学报（社会科学版）》1984 年第 1 期）

是日，请使馆英籍工人柯尔（George Cole）代为通消息于康德黎，未果。

10 月 16 日（九月初十日）　再次争取柯尔帮助。

因在禁室内千方百计欲与外界沟通消息，均未成功，反而引起使馆更加严密的防范，遂再次劝说柯尔代为送信。柯尔将此事告知使馆女管家霍维夫人（Mrs. Howe），霍维夫人鼓励柯尔帮忙。柯尔说："致数行与康德黎博士，当无所损害，亦不致为他人所知。"允俟决定后答复霍维夫人。惟届时未遇，次日仍未遇，亦未递信。（罗家伦主编、黄季陆增订：《国父年谱（增订本）》上册，第 83 页）是日，总理衙门复电龚照瑗："庚电悉，购商船径解粤，系上策，即照行。七千磅不足惜，即在汇丰暂拨，再与划扣。惟登船便应镣铐，管解亦须加慎。"（罗家伦：《中山先生伦敦被难史料考订》，第 53 页）

10 月 17 日（九月十一日）　康德黎获悉消息，积极奔走营救。

夜 11 时 30 分，康德黎接到霍维夫人未具名函，获悉孙中山被禁实情和处境危险。先是，孙中山每日至康氏寓所，"忽一日不见其足迹，访诸其寓，亦复杳然。闻于寓主，亦曰数日不见其在房"。（《地球报》1896 年 10 月 3 日)得此确信后,康氏立即连夜奔走,先后往马格里寓所、梅尔蓬分区(Marg Le bone Lane)警署及苏格兰场寻求援助,直至深夜一时。警方认为事属荒唐,且无权力行诸使馆,拒绝插手。(《伦敦被难记》,《孙中山全集》第 1 卷,第 65 页;1896 年 11 月 2 日柯尔的申述)

是日,马格里再度致电麦克格雷戈约晤。复电称麦氏已离去。(陈乐桥译:《国父伦敦蒙难真相的原始报告》,《传记文学》第 7 卷第 5 期)总理衙门接龚照瑗来电:"庚电来奉复,扣留至今,多无知者。释放亦宜早,免露痕迹。"(罗家伦:《中山先生伦敦被难史料考订》,第 54 页)

10 月 18 日(九月十二日) 由柯尔转交名片向康德黎呼救。康德黎、孟生加紧营救活动。

是日晨,柯尔见霍维夫人,表明决心为孙中山递信。霍维夫人言彼已遣人传递消息与康德黎。为更求妥善起见,仍要柯尔持孙中山名片去见康德黎。(1896 年 11 月 2 日柯尔的申述)于是柯尔乘取煤炭之机,以字条将此意通知孙中山,孙中山遂取两张名片书数语致康德黎。向午,柯尔取函去,辗转于孟生医生家门口遇康德黎。是日上午康氏继续奔走营救,多方托人。接孙中山信后,又从柯尔口中得知马格尼系主谋;中国使馆诡称孙中山为疯汉,拟于 20 日押解回国等情况,决定向政府中的实力人物求援。先与孟生再赴苏格兰场总警署,请其出面干涉;又两度赴外交部,值日司员答以翌晨亲告上司。为防意外,孟生到清使馆通告拘禁事已泄露,使其有所顾忌,不敢贸然押解登船。并四处访求私家侦探,布置监视,防止使馆连夜押运或改囚他处。同时两赴《泰晤士报》馆,希望将此事公诸于世。但该报并未刊发这一消息。至将所雇司赖特侦探社侦探安排妥当,已是深夜 12时半。(《地球报》1896 年 10 月 30 日)

10 月 19 日(九月十三日) 救援行动加速,英国外交部和警方开始干预。

是日,康德黎添雇一名侦探监视使馆动静,并将此案始末写成禀牍上诸外交部及警方,概述与孙中山相识及孙中山来英、被诱、营救过程原委。警方至此相信事情属实,且递解在即,遂接管此案。黄昏,英国外交部特别派人到首相兼外相沙士勃雷侯爵(Lord Solisbury)居处请示是否干预。("英国外交部档案"第17组第1718卷第6—7页,1896年10月19日贝特致沙侯函)沙士勃雷于下午6时30分复电做出肯定答复。电文于6时47分达白厅,外交部马上咨文内政部,内政部命苏格兰场立即采取行动。苏格兰场派人督促梅尔蓬分区布置六位便衣警探,分三班二十四小时监视清使馆。一切就绪,已是晚上10时,(同上,第38—41页;1896年10月20日乔佛斯报告,均引自黄宇和:《分析伦敦报界对孙中山被难之报导与评论》,《孙中山研究》第1辑,第10—30页)①同时苏格兰场侦探长乔福斯(Jaruis)布置对泰晤士河上所有开往中国的船只进行监视。

柯尔致函康德黎,谓:"今夕当有一绝妙机会,可使孙君攀缘至波德兰区邻屋之巅,藉以出险;君如以此计为可行,则请商准邻屋主人,遣一人待于其室,藉资援手。"康接函后,要求苏格兰场协助。警方劝阻之,并保证孙中山"必能于一二日后,由中国使馆正门徜徉以出"。(《伦敦被难记》,《孙中山全集》第1卷,第74页)"后逸仙寄密信数次,余亦寄一信于逸仙云:余及满仙博士同心竭力,多方讲求救汝之法。"(《地球报》1896年10月3日)马格里再邀麦克格雷戈会晤,同时清使馆指示司赖特侦探社对康德黎等人进行侦查。当天马格里曾两度致电该社约晤。同日该侦探社致"华兹"(使馆代号)之电文称:"医生已有新指示致援救队,请再赐指示。"(陈乐桥译:《国父伦敦蒙难真相的原始报告》,《传记文学》第7卷第5期)21日乔福斯会见麦克格雷戈,初步了解了马格里与他有关运送孙中山计划的谈判内容。([美]史扶邻:《孙中山与中国革命的起源》,第106页)

10月22日(九月十六日)　英国政府照会清公使馆释放孙中山。《地球报》刊布孙中山被难新闻,引起舆论关注。

---

①　据[美]史扶邻《孙中山与中国革命的起源》,上午10时会见柯尔之后,乔福斯即派侦探监视清使馆。

　　康德黎、孟生先到高等法院申请保护人权令,法官以此令不能行于外国使馆拒绝之,遂转请沙士勃雷采取外交途径解决。(黄宇和:《分析伦敦报界对孙中山被难之报导与评论》,《孙中山研究》第 1 辑,第 18 页)英外交部次长山德森(T. H. Sandersan)致函马格里,命其径谒沙士勃雷报告此事;并声明使馆私自逮捕囚禁政治犯,非所应享之外交特权,英外交部决心采取干涉行动。(罗家伦:《中山先生伦敦被难史料考订》,第 102 页)山德森以沙士勃雷的名义向龚照瑗发出措词强硬的照会,要求立即释放孙中山。傍晚,马格里到外交部交涉,英国官员促其立即行动。([美]史扶邻:《孙中山与中国革命的起源》,第 107 页;黄宇和:《分析孙中山伦敦被难及其影响》,第 41 页)

　　下午,《地球报》特派记者走访康德黎,获悉此案详情,在晚报上将访问情况刊出号外,引起英国朝野极大关注。号外全文如下:

　　"在过去的几天里,流传着中国政府驻伦敦公使馆绑架和监禁一位中国名人的令人惊异的传闻。但是,就在今天下午,我们已能够确定这些传闻,并且收集到与此有关的一些事实。

　　"大概在去年 11 月,中国政府获悉有人密谋攻占广州总督府,其最终目的是推翻满族或鞑靼王朝。密谋者宣称:过去的四五百年间,中国在它的统治之下显然日益恶化,除非推翻这个王朝,否则不能指望国家事务得以改善。

　　"密谋者把逮捕总督作为实现革命目标的第一步。据说为了达到上述目的,从香港派遣四百名苦力到广州。这批人的到来似乎太早,引起官府怀疑,使秘密泄露,结果大约十五名领导人被逮捕斩首。

　　"其他人看来逃脱了厄运。一位香港名医,名叫孙逸仙的绅士设法到了美国,随后又来到伦敦,投宿于格兰法学院路附近。

　　"上星期六他出门后未返回旅馆,据传他被绑架到中国公使馆;另一种说法是他自认为在伦敦的大街上不会被逮捕,因而当他经过中国公馆时,突然被两个中国人抓住,并被推进那所目前仍被拘押其中的楼里。

　　"然而,绑架虽然得逞,被囚者却想方设法将自己被扣押的事实通知一些英国朋友。这些在香港时的旧友立即为他采取行动。外交部和苏格兰场都得到了关于此案事实的报告。开始人们对此事抱有疑问,但现在我们了解到,苏格兰场的侦探正在监视公使馆,以防将他运走。

　　"被囚者的朋友们甚至断言,为了将他运出英国,已经做了最周密的准备,为此还专门租了一条船。据说他们已向法官申请人权保护令;但在授与这种法令权力方面似乎有困难,因为还不清楚英国司法当局究竟能对一个外国公使行使权力到何种程度。

　　"此事最令人不可思议的是,使馆官员们回答孙的朋友们的询问时,竟矢口否认他在此。然而孙的朋友们掌握了确切的证据,证明这种否认纯属谎言。"(《地球报》1896 年 10 月 23 日重刊新闻,按语谓:"我们重印昨晚《地球报》发表的关于此案报道特辑。"引自黄宇和《分析伦敦报界对孙中山被难之报导与评论》所附影印件)

　　从柯尔暗中送来的号外剪报中得知英国报界出面干涉,生命无虞,大感慰藉。

　　10 月 23 日(九月十七日)　获释出禁。

　　《地球报》特刊发行后,全城轰动,伦敦各晨报记者蜂拥前往清公使馆、康德黎寓所、孙中山客寓及哈利场(Hartey Place)3 号马格里住所采访,给清公使馆造成极大的舆论压力。躲避于火车站米特兰大旅店(Midland Grand Hotel)的马格里在记者追问下,被迫承认"此人确在清使馆内"。但声称孙中山系自投使馆,公使有权予以扣留,并未触犯英国法律,保护人权令亦不生效。(1896 年 10 月 23 日《每日电讯报》、《早晨导报》,黄宇和:《分析伦敦报界对孙中山被难之报导与评论》,《孙中山研究》第 1 辑,第 15—17 页)

　　下午 1 时 30 分,马格里到英国外交部交涉释放事宜,要求英国政府保证禁止孙中山到香港从事颠覆活动。外交部次长山德森同意将最后通牒期限延至 4 点,但表示决不允许再将孙中山拘留使馆一夜。（［美］史扶邻：《孙中山与中国革命的起源》，第 108—109 页）下午 4 时 30 分，英国外交部派人偕苏格兰场侦探长乔福斯及康德黎至公使馆，使馆被迫将孙中山释放。

随后，龚照瑗电报总理衙门："孙犯已在馆扣留十三日，有犯党在馆旁逻，馆中人出入，亦必尾随，日夜无间，竟无法送出。外闻亦有风声，船行亦不敢送，只得将购定之船退去。与外部商允，如孙回香港，必由港督严察，并请具文以凭饬港督照办等语。因将孙犯释放，仍派人密跟。"（王宠惠：《总理伦敦蒙难史料》，《建国月刊》1930 年第 3 卷第 5 期）

为避免记者众多采访费时，乔福斯探长特意安排孙中山由使馆后门离去，于 5 时乘四轮马车与康德黎赴苏格兰场。一批记者乘车尾追，在快到苏格兰场的察云十字（Charing Cross）赶上，遂下车于该地 27—28 号的税氏酒店（Shades Public House）接受采访。（罗家伦：《中山先生伦敦被难史料考订》，第 108 页；黄宇和：《分析伦敦报界对孙中山被难之报导与评论》，《孙中山研究》第 1 辑，第 22—23 页）然后继续赶往苏格兰场，5 时 30 分抵达。（1896 年 10 月 23 日麦诺腾批，"英国外交部档案"，17 组 1718 卷，第 79 页）在此向警方陈述事实本末。7 时许，与康德黎返回康的寓所。有一批记者已在该处等候采访。晚饭后尾随的记者们亦追踪而至。此后几天，伦敦各大报均刊载各自的采访内容。

此后多居康寓，间或往葛兰法学院场 8 号。清公使馆继续雇司赖特侦探社侦探跟踪监视。

10 月 24 日（九月十八日）　致函伦敦各报主笔，对英国政府和报界的帮助与同情表示谢忱。

自述："礼拜六日（即 10 月 24 号），采访者仍终日弗绝。予与康德黎君一一应答，几于舌敝唇焦。"（《伦敦被难记》，《孙中山全集》第 1 卷，第 76 页）

其致伦敦各报主笔函称："最近几天中所发生的实际行动，使我对充溢于英国的宽大的公德心和英国人民所崇尚的正义，确信无疑。我对立宪政府和文明国民意义的认识和感受愈加坚定，促使我更积极地投身于我那可爱而受压迫之祖国的进步、教育和文明事业。"
(《孙中山全集》第1卷，第35—36页)

是日，《每日新闻》刊载该报记者的采访记录，内载："'你是白莲教的成员吗?''哦，不是。那是一个完全不同的团体，我们的运动是新的，限于受过教育的中国人，他们大部分住在国外。''你们的运动在战前开始了吗?''是的，战前不久。'"(《孙中山伦敦蒙难获释后与记者的两次谈话》，黄宇和所提供影印件)除英国各报刊外，美国、澳大利亚、香港、日本、新加坡等地多家报刊以及上海的《万国公报》《时务报》也分别转载刊发了有关报导评论。(黄宇和:《分析孙中山伦敦被难及其影响》，第61页)

10月25日(九月十九日)　与康德黎夫妇出席圣马丁教堂早祷。(《地球报》1896年10月26日)并到布鲁斯(Bruces)吃午饭，遇非洲布拉维约(Bulawayo)的英雄Weay先生。(黄宇和:《分析孙中山伦敦被难及其影响》，第182页)

10月26日至28日(九月二十日至二十二日)　在伦敦参观动物园，医学校等。(罗家伦:《中山先生伦敦被难史料考订》，第108—109页)

10月26日(九月二十日)　龚照瑗照会英国外交部，要求港督严察孙中山行动。

照会称:"昔年发逆之乱，荼毒生灵，蹂躏地方之惨，实属罕有，该逆初亦起自广东。查广东省私会众多，欲图扰乱众安，由来已久，而近两年尤甚。且该私会多效一千八百五十一年发逆故智，以香港为谋议不法之区。""本大臣用特请烦贵大臣转饬香港地方官，目下于知为不法，以及疑为不法之人，一概特加严察。至现在伦敦之孙文，又名孙逸仙，又名陈载之，又名孙帝像，并有他项伪名，如回香港，更请饬为加意察其动静。"11月4日英国外交部答称:"本国政府于所有本国地方，如有藉以谋议与贵国政府或官员为难之事，深愿按例极力阻止。本大臣闻上年秋间，有人欲谋害广东官员，经香港总督闻知，立即查访确情，通知广东制台，伊甚感激。并将谋乱之为首二人逐去该岛。本国政府已经谕令该督，凡一切人等，有违犯投效外国律例者，俱应立即惩办。兹准来文，当即转行该督，饬其所有可疑之人，仍加慎查察，并尽其权力，预破一切乱谋。"（罗家伦：《中山先生伦敦被难史料考订》，第 70—72 页）

10 月 27 日（九月二十一日）　国内舆论开始报道孙中山伦敦蒙难事，极力回护清廷，丑化其人。

10 月 27 日，《申报》报道："本月十八日伦敦来电云，有一中国医生名三狭言者，前在广东谋叛，嗣以事发逃至泰西。九月初五日被中国使署所拘禁之密室。其人设法传言于外，捕头得闻其事，派巡捕日夜在署外守候，不使押解回华。既而英外部行文使署请星使立将其人开释，星使即将其人送交外部，并具文照覆。略谓两国交涉，定有章程，将来再行申论可也。闻其人非三狭言，实姓孙名文字逸仙，目下伦敦都城中远近争传，皆诧为奇事云。"（《拿犯缪辖》，《申报》1896 年 10 月 27 日）

11 月 2 日，《申报》针对前文，以问答体讨论英国不将孙中山移交给清政府之缘由。客曰："孙文既为中国人，且在中国犯此叛逆之案……孙既逃至英国，英人苟眷念友邦之谊，正宜同心戮力，共捕元凶，……乃使署方得擒获，而外部忽地索还，此中委曲情由，急索解人而不得，子其能明以告之乎。"答曰："此特使署有违两国拘犯章程，故外部不能默尔而息耳。……其中意义明晰，尽人一览而知。厥后北京烟台两次修改约章，此款一仍旧贯。此次外部将孙索去，意者使署未经照会，先自拘拿，是以外部嫌其与约不符。……然鄙人窃以为外部固不能不将孙交出也。"

究其原因，在于"闻孙系粤东香山人氏，少年佻闶。初在澳门行医业，嗣因犯不端事避地至香江，潜匿有年，始回香山县原籍。后知南海素无种莺粟者，瞰其利之厚也，意欲赁田播种。禀之县主，经县主大加申斥，始息其谋。彼时本馆已纪诸报章，且两次著为论说，痛陈其弊，大声疾呼。既而孙又拟就条陈，呈诸北洋某大宪，洋洋洒洒多至千万言，几似鸿文无范，末乃图穷匕首见，仍以种植莺粟为言。

其时中东战事未兴,某大宪方养尊处优,置之不答。孙计无所出,仍返粤东。戢羽潜鳞,又经寒暑,至去岁乃潜谋作乱,纠党至千万辈,私购军装粮食,居然欲以螳臂当车轮,幸天诱其衷,事机不密,经官访悉,四出兜拿。孙狡狯性成,竟得脱身海外,虽官吏悬万金之赏,终不能入我网罗。而所上之书,则已分登甲午年某处报简,虽不署姓氏,但书其名曰文,而陬澨流传,早已视为魏收之秽史矣。今者虽不得立即解回治罪,而谓为犯法,则固百喙难辞,潜住在英,亦已有目共睹。特以遽行缉获,未经先事照会英官,我知英官即一时意见稍歧,日后使署向之据理婉商,断不至终于固执。英固海外素推望国者,何惜区区一罪犯,而与我中国遽有违言乎。然则他日者,恶贯既盈,典刑斯正,诚意计中事,目前固不必多所猜疑也"。

客又曰:"然则使署曷为而不先照会英官,遽尔缉捕,岂堂堂星使尚未明两国约章乎?答曰:"非也,孙固犯弥天大罪,而又性情狡变,工于脱逃者也。试观去年犯事在中华,地方官严密查拿,尚被高飞远引。今既潜踪海外,行止无常,使必先事张皇,与英国文移来往,彼已得知消息,岂有不舍而之他者。是以星使不惜稍违约章,先行擒获,此则行权而不失于正。外部想能曲谅其苦心,安可责以与约不符,以致始终龃龉耶。"(《论本报所纪拿犯缪辖事》,《申报》1896年11月2日)

10月31日至11月2日(九月二十五日至二十七日)　前往柯士宾别墅小住,返回康德黎家后迁往葛兰法学院场8号。(黄宇和:《分析孙中山伦敦被难及其影响》,第245页)

11月9日(十月初五日)　在大英博物馆会见东方部主任道格拉斯(R.K. Douglas)。([日]南方熊楠:《南方熊楠全集》别卷2,第230页)后在伦敦活动。(罗家伦:《中山先生伦敦被难史料考订》,第112—117页)

11月12日(十月初八日)　次女金琬出生。

11月26日至28日(十月二十二日至二十四日)　陈少白、谢缵泰就孙中山地位问题发生笔战。

1896年11月26日香港《中国邮报》转载日本《神户新闻》(英

文）所刊陈少白撰写的《中国的改革》，内称孙中山"是唯一具体把握局势，又具有能使民族更新的一往无前的勇敢精神的人"。11 月 28 日，谢缵泰致函《中国邮报》编辑，加以否定，内谓："为了消除因最近中国驻伦敦公使馆逮捕拘禁孙逸仙造成的错误印象，允许我通知您：改革派的领袖是杨衢云，他是一位具有真正价值和纯洁声誉的进步者，一位彻底的爱国者和改革者，被授予联邦护民卿。孙逸仙仅仅是改革运动的重要组织者之一。"（《中国邮报》[China Post]1896 年 11 月 30 日，黄宇和：《分析孙中山伦敦被难及其影响》，第 119—122 页）

11 月（九十月间）　致函区凤墀，叙述被难经过，略谓：当时"伦敦几乎鼓噪，有街坊欲号召人拆平清使衙门者"。又告"拟暂住数月，以交此地贤豪"。（《复区理斯函》，《孙中山全集》第 1 卷，第 46 页）

△　应剑桥大学汉学家翟理斯（H. Giles）邀请，撰写简短自传。

复翟理斯函称："心伤鞑虏苛残，生民憔悴，遂甘赴汤火，不让当仁，纠合英雄，建旗倡义。拟驱除残贼，再造中华，以复三代之规，而步泰西之法，使万姓超苏，庶物昌运，此则应天顺人之作也。""久欲访求贵国士大夫之谙敝邦文献者，以资教益；并欲罗致贵国贤才奇杰，以助宏图。""更有恳者，仆等今欲除旧兴治，罚（伐）罪救民，步法泰西，揖睦邻国；通商惠工各等事端举措施行，尚无良策。足下高明，当有所见，幸为赐教，匡我缺失，是所祷冀！"（《复翟理斯函》，《孙中山全集》第 1 卷，第 46—47 页）

12 月 5 日（十一月初一日）　赴大英博物馆。

"12 月 5 号星期六，上午 11 时离寓去上霍尔庞邮局发了两封挂号信，然后往该地 297 号书店。随即乘车前往大英博物馆，待了 1 小时 20 分钟。1 点钟由此乘车去覃文省街 46 号，5 点 40 分离开返寓。"（罗家伦：《中山先生伦敦被难史料考订》，第 118 页）得到该馆为期半年的读者证。（黄宇和：《分析孙中山伦敦被难及其影响》，第 23 页）

△　清政府策划绑架刺杀孙中山。

获释后,清总理衙门、驻英公使及广东地方政府间仍继续筹划引渡。是日,两广总督谭钟麟、广东巡抚许振祎密电总理衙门,提出:"孙逆尚在英都,龚使自能设法解粤甚好,否则重赏博浪沙壮士,不必令生还也。"(罗家伦:《中山先生伦敦被难史料考订》,第 78—79 页)

12 月 7 日至 31 日(十一月初三日至二十七日)　继续赴大英博物馆。撰写《伦敦被难记》。(罗家伦:《中山先生伦敦被难史料考订》,第 119—124 页)

此期内,除往大英博物馆及日常活动外,即从事《伦敦被难记》的写作。12 月 23 日南方熊楠从道格拉斯处得知:"孙文目前正在撰写《我的幽囚录》。"([日]南方熊楠:《南方熊楠全集》别卷 2,第 231 页)该书写作得到康德黎帮助,据康德黎夫人日记,11 月 18 日,她母亲给孙中山 50 磅。11 月 19 日记:"康德黎正在帮孙写他的传记。"12 月 21 日:"康德黎已经写完孙的传记并送交印刷。"(黄宇和:《分析孙中山伦敦被难及其影响》,第 185 页)

12 月上旬(十一月上旬)　国内舆论详细关注孙中山伦敦蒙难、获释诸细节。

12 月 8 日,《申报》据广州《博闻报》云:"孙文释后,有某报馆访事人往见之,将孙犯所言录登于报,兹特译出以供众览。据访事人称,孙犯能操英语,其音甚佳,自谓人言我自往使署,此说失实。当日我游行将至使署前,忽遇一素不谋面之华人,突前问曰,汝是日本人抑是华人。我以华人对。伊又问籍隶何省? 我答曰广东。伊云是同乡也,遂与之偕行。不数武又遇一华人,即由我被留之使署出。我初未知其为使署中人,与我同行之华人语我曰,伊亦是同乡,爱导引相识,握手言欢。而听其语言,非我土音。维时倾盖论交伊等,相谓伦敦华人不多,我等当认识之,庶不忘桑梓情谊。其初与我相见之华人,至此自言邓姓,未几又有一华人至,亦与联行。斯时邓姓先别去,我三人缓步而过。使署乙与丙呼我入座,我未及答,伊二人强挽入户,即将门紧闭,又迫我登楼,我不得已拾级而升,直至楼顶,引我入房囚禁,将门下钥。及后有西人至房中,其人虬髯苍白,想是参赞马加利也。云此是中国地界,我以不解其意对。其人又问尔是孙文否?我答曰我是孙逸仙,亦名孙文。伊言驻美国星使有电来,言孙文搭勿昔士的轮船至英京。又言须历十八点钟之久。候总理衙门电复,如何方有着落。说毕将门加锁而去。翌日邓姓登楼相见,谓昨日奉公拘汝,今可以友谊相谈。事至今日,汝当直认不讳。我答曰此刻只有一生一死而已,伊等欲将我何为,我不料在英京可将我解回中国。邓姓云若不能解,则将缚汝而塞其口,乘夜装运下船。斯时我想邓姓此言必因参赞马加利与某公司交好,或可办到。斯时我心诚惶恐,答曰道路如此迢递,许久乃到中国,途中难保不宣泄春光。邓姓又云囚缚而锁之,四人监押而往,何泄漏之有,不然置之死地。我闻此言,迫得求救。邓伪为许之,说毕乃去。我在囚时,日中亦有牛乳面包充饥渴云云。以上系本报访事人所述也。”

又据某报所登录孙中山获释后之言称:“医生间地利设法救出孙犯。后孙犯将被禁情由告知巡差,间医生即带同孙犯回家暂住。报馆访事人往见,其颜色欣然,自言今得脱囚,我心安然无恙,惟身体惫甚,当囚禁时焦灼万分,展转思维,无计可通消息,出外连日,食不下咽,寝不成寐。闻邓氏之言,令人神魂惊失,生死存亡在于俄顷而已。若闭塞我口而橐载之解返中国,去路生远矣。且谓事急则处死之,仍按中国例寄回处决,益令寒心。我在禁时,曾缮两函,一交间地利,一交万士,两医生终未能通。又缮一纸抛出,欲邻人捡拾代通消息,又为署中人所得,反将窗户遍锁。说至此,孙犯将从前藏在袜中之一纸出示,谓此纸欲由窗中抛出,使乘风飞去,俟路人拾看。其文云,我是孙文,为中国使署囚禁已七日矣。将行解回中国,如路人执得此纸,烦交某街某屋间地利医生,以求拯救。间地利医生云,孙文被囚,幸使署四人通传消息,往来声气,皆由煤炭中入。然则孙犯之得生,皆赖间地利医生力也。”(《逆犯自陈》,《申报》1896 年 12 月 8 日)

12月9日，《申报》据《中外新报》云："中英两国，现仍文牍往来，互相辩论。孙犯既得释出，即致书英京日报，极言感激英廷之意，并谓英人办事一秉至公，伊现时谋叛中国之心仍甚恳切云云。又闻孙犯释出后，其交好之寄书称贺者，不一而足，并劝其控告使署各员及参赞西员马加理，伊尚未有定见。当孙犯被留之际，其交好之在英者，曾代设一法，倘英外部不肯移文索取，即将孙犯被押之房毁其窗门，使得扒登邻屋，缒下街中逃逸。此屋门牌第五十一号，为英国某子爵所居。毁窗一事，使署中有人肯为内应，已预备快车在邻屋外守迎，并将所有机谋传达孙犯知悉。嗣因看管严密，未能取事。而英外部又允为调护，故不费转折，遂邀释出云。"（《译英报纪释犯事》，《申报》1896年12月9日）

12月14日（十一月初十日） 国内舆论将孙中山起事与土匪等视。

《申报》谓："去岁逆犯孙文（即孙逸仙），聚党成群，潜谋不轨，私购军火，约期袭取坚城。幸天佑圣清，先期发觉，获其器械。正欲缉拿，而孙犯已逃至外洋，无从拘获……今已在伦敦入我网罗，而格于刑律之不同，仍被英外部索之而去……张环者，一粤省之土豪……近虽已膺显戮，而余党未绝……不料海康县属又有如王陈何李诸丑类，异谋潜蓄，结党横行也。"故称"不虞孙文之逆巢已覆，张环之毒焰将平，而若辈又步其后尘，竟奋当车之螳臂"。（《论土匪联盟事》，《申报》1896年12月14日）

12月21日（十一月十七日） 《申报》从中西律例不同解释西人庇护孙中山之因。

客问："粤东逆犯孙文（即孙逸仙），纠众至数千人，聚军火至千万件，约期举事，谋叛圣朝，国有常刑，万不得稍宽一线……孙逆仍潜逃海外，得以漏网经年。迨至逃赴伦敦，经驻英大臣龚星使禁诸使署之中，拟即解回办理，而英外部乃移书诘责，坚词索回……何西人之好庇罪犯竟至于斯耶？"执笔人答："实中西律例不同故耳"，按西律，分

"私犯""国犯"。"其意谓作乱者,系众人之公见,其谋非独发之一人,不过推一人为逆酋,众皆听其号令而已。故一经逆迹发露,逃至他邦,他邦虽无庇护之心,亦从无交还之例……今兹孙逆之起意谋叛……彼星使之执而候解,固属分所当然。而英外部断断与争,亦为守定彼国之例。"

客又问:"西国之例,小民固无自而知",然星使"平日外交有素,岂于外邦之例尚属懵如,何乃贸贸然拘之,即贸贸然送还之,独不顾及外人之齿冷乎"? 执笔人辩道:"苟不贸贸然拘之,而必移书英之外部大臣,请其设法拘拿,解归治罪,外部安肯自坏其例,将孙逆拘解使署之中……计不如设计拘禁,庶得释然无忧,此正星使之苦衷,非外人所能共喻者也。"对于能否拘禁孙中山,执笔人认为"在总署与星使之得行其权与否,与夫英外部之肯破例曲从与否……然恐难矣"。(《与客谈中西律例之各殊》,《申报》1896年12月21日)

明年5月9日《申报》又论及此事:"去岁粤中逆犯孙文(即孙逸仙),聚党成群,谋为大逆,私购军火,约期袭取坚城,犹幸觉察于先,未致酿成巨患。疆吏正欲严为缉捕,而孙犯已逃至外洋。嗣虽入我网罗,而以中西律法之不同,洋人与我相争,终不能明正其罪。"(《论粤东调兵剿匪事》,《申报》1897年5月9日)

12月31日(十一月二十七日)　拜访卡夫律师,征询付柯尔报酬事宜。

之前,曾允诺给柯尔经济援助,以弥补他因为送信而带来的损失。后经由康德黎介绍,在伦敦多次演说,将捐来的几百英镑送给柯尔。([美]史扶邻:《孙中山与中国革命的起源》,第102页)

12月(十一月)　美国传教士林乐知在《万国公报》载文,抨击孙中山及其所领导的武装革命。

林乐知在《拘禁逸犯》中写道:"粤人孙文,即孙逸仙,早年游学欧洲,颇谙新政而以医学为专门之业。中东难作,襆被回华,上书于某大宦幕府,屏而不用,即在粤中鼓煽狂言,目光如豆。诸人随声附和,

深以丧师辱国为当轴咎，遂有群不逞之徒，推波助澜，谋为不轨。幸
而事泄，粤督下令名捕，香港英总督亦搜出违禁军械，甚伙，不肯居遁
逃主之名。孙文势蹙计穷，恐膏天朝之斧钺，遂乃改容易服，重遁外
洋。今秋文网稍宽，孙文渐在美洲与人晋接，中国使美大臣杨子通星
使行将设阱以捕之，孙文觉有异，附舟遁英，中国使英大臣龚仰蓬星
使接准美使电音，适值卧病在床，委英员麦参赞（嘉理）为政，商诸粤
籍随员某某二君，伪与之通乡谊，拖逿引入使署后户，重键遂下，即饬
从役扭登第四层楼，严行禁锢。闻已与怡和公司船主商明将乘某船，
开行之期，以棉絮塞其口，捆闭车中，黾夜登船，械送回华，以伸国法。
孙文大惧，作就西函，自窗隙投下，冀人拾得以献其师，哀求营救，适
为使馆中人所见，毁其函而钉其窗。既而服役于使馆之西人，受孙密
函，杂诸煤灰中倾倒出外，事遂闻于英政府，立即备文索取。龚星使
答以事须电问总署，英外部沙士勃雷侯词旨益峻，总署亦电嘱星使姑
交沙侯，孙文乃如鸟脱鞘，如鱼纵壑，且敢连篇累牍刊录西报，谤毁星
使，不遗余力，种种悖谬，其罪亦重。本馆以事关中英睦谊，特为节译
西报撮记如右。"（《万国公报》第 95 册）

1897 年(清光绪二十三年　丁酉)三十一岁

1 月 2 日至 2 月 25 日(丙申年十一月二十九日至丁酉年正月二十四日)　继续住在伦敦,时往大英博物馆,并以通信方式与国内同志保持联系。(罗家伦:《中山先生伦敦被难史料考订》,第 125—135 页)

1 月 3 日(十二月初一日)　赫德致函总税务司驻伦敦代表金登干评论孙中山伦敦蒙难事。

"至于孙逸仙博士,人们不该忘记他在广州图谋不轨,并且利用英国领土(香港)给友好的邻国埋下祸根,因此他根本不值得同情。如果他在中国被逮住,很可能被凌迟处死。另一方面,中国公使馆的行动是全然错误和不正规的,怎样处理也不算过分。同时你应该记住,中国政府对于它用的人的这股热情不是不高兴而是高兴,因此,马格里那一伙人将得到北京官方的极高赞许。"(陈霞飞主编:《中国海关密档——赫德、金登干函电汇编 1874—1907》第 6 卷,第 600 页)

1 月 21 日(十二月十九日)　《伦敦被难记》英文本出版。

康德黎夫人日记:1 月 20 日,"康德黎关于孙逸仙的书明天出版"。1 月 21 日:"关于孙的书今天出版。"《泰晤士报》1 月 21 日"今日新书"栏有《伦敦被难记》书名。孙中山自序刊于 1 月 28 日《晨论》(*Morning Leader*)。(黄宇和:《分析孙中山伦敦被难及其影响》,第 186 页)是书相继被译成俄、日、中文,在欧美等地颇有影响。孙中山在书中曾有意增加一些主张立宪的内容。因"英人最富于保守性质,世有约翰牛(John Bull)之称,其宪法号称不流血的和平宪法。若与之谈急激之革命手段,彼国人必不乐闻,故不得不从权以此立言。且香港为其殖民地,时有禁压党人行动以交欢清政府情事;吾党多次向粤进攻之出发点,始终不能离开香港,故亦不能坦白陈述,以妨碍进行。容日后至相当时期,方可据实修正"。(冯自由:《革命逸史》第 3 集,第 122页)

1月31日(十二月二十九日)　在牛津大学演讲①。

康德黎夫人日记:1 月 16 日,"孙医生预定月底在牛津大学演讲,他把自己写的讲稿给康德黎看,非常好"。(黄宇和:《分析孙中山伦敦被难及其影响》,第 240—241 页)

2月(丁酉年正月)　在伦敦走访李提摩太。

得知李提摩太(Timothy Richad)正在伦敦,即前往访晤。据侦探报告,2 月 11 日,孙中山到专门招待从国外归来的传教士的俱乐部。据该部来访登记簿,2 月 18 日有孙中山签名。依惯例,至少在该部过一夜者才须登记。(黄宇和:《分析孙中山伦敦被难及其影响》,第244 页)会谈中首先对李提摩太在华办理赈济及提倡改革表示感谢,继而指陈满清官吏贪赃枉法,必须由汉人取代满人执政,情况才可改善。李提摩太认为孙中山的论点错误,满汉各有优劣,须在政府中心部分作根本改变,不能单纯将统治权由满人手中转交汉人。他认为中国需要改革,而不是革命。但孙中山并未为之所动,坚持全力传播革命。(转引自吴相湘:《孙逸仙先生传》上册,第 118 页)

英国议会就孙中山被绑架事件向外交部次长客申(Rt. Hon. George N. Curzon. MP.)提出质询,其问题及答案如下:

顾利爵士(Sir Edward Gouleg)问题:

"(一)外交次长何时首闻孙逸仙被绑架消息及曾采取何种措施以谋其释放?

"(二)清使馆绑架及囚禁孙逸仙行动是否违反国际法? 如属违

---

① 日期系编者酌定。

反国际法,则本国政府曾对满清政府作过何种表示?

"(三)马格里爵士既为英国子民,在绑架与囚禁之事情上是否要负责任?"

外交部草拟之答复:

"(一)外交部于 10 月 18 日星期天首闻其事,马上展开调查。获可靠证据后,沙侯立即照会清使,指出囚孙属妄用外交特权,要求清使马上放人,该要求于 10 月 23 日获得满足。

"(二)孙之被囚,既属违反国际法,亦属严重滥用外交特权。本国驻华公使已按此意照会满清政府,并要求该政府严厉约束其驻英公使,免其重蹈覆辙。

"(三)该事为清使所作,责任亦由其承担。"(黄宇和:《分析伦敦报界对孙中山被难之报导与评论》,《孙中山研究》第 1 辑,第 10—11 页)

2 月 20 日英国驻华公使窦纳乐照会总理衙门,禁止清驻英公使擅自拘留任何人。(吴相湘:《孙逸仙先生传》上册,第 179 页)

△ 章太炎提出"以革政挽革命"。

章太炎认为之前中国的"革命""系一国一姓之兴亡而已",而如今"不逞之党,假称革命以图乘衅者,蔓延于泰西矣"。"民智愈开,转相仿效。自兹以往,中国四百兆人,将不可端拱而治矣。"因此竭力提倡"革政","以革政挽革命"。(章炳麟:《论学会有大益于黄人,亟宜保护》,《时务报》第 19 册,1897 年 2 月)

3 月 1 日(正月二十八日) 在伦敦《双周论坛》(*Fortnightly Review*)发表《中国的现在和未来》一文。

是文为计划与英国人柯林斯(E. Collins)合著专书的一部分,由孙中山口述,柯林斯整理,同年被译成俄文,载于彼得堡《俄国财富》(*Русское Богатство*)第 5 期。文章强调必须"完全打倒目前极其腐败的传统而建立一个贤良政府","局部的和逐步的改革都是无望的"。呼吁列强保持善意中立,使革命获得成功。(《中国的现在和未来》,《孙中山全集》第 1 卷,第 88—106 页)

3月2日至10日（正月二十九日至二月初八日）　仍居伦敦。
（罗家伦:《中山先生伦敦被难史料考订》,第135—138页）

3月11日（二月初九日）　在圣马丁镇厅演讲。

侦探报告:"11号星期四,去霍尔庞邮局,继往法院巷街口买了几张报纸带回。晚7点40分,又往格林十字医院,赴圣马丁镇厅,然后返回。"（罗家伦:《中山先生伦敦被难史料考订》,第137页）

当日康德黎夫人日记:"今晚在圣马丁镇厅为格林十字医院举行的关于中国问题的演讲会顺利召开,孙医生读了一篇有关中国政府的文章,康德黎谈了其他事。有二百六十人出席。"（黄宇和:《分析孙中山伦敦被难及其影响》,第241页）

3月15日（二月十三日）　复函伏尔霍夫斯基①,申明因无人帮助,不能够用英文撰写评论法俄在华问题的文章。（《孙中山全集》第1卷,第107页）并亲笔签赠《伦敦被难记》一册。（[美]史扶邻:《孙中山与中国革命的起源》,第119页）

与《伦敦被难记》俄译者等晤谈。

某星期三,在伦敦英国人克雷格斯（Kperc）寓所与几位俄、英人士晤谈,指出"目前中国的制度以及现今的政府绝不可能有什么改善,也绝不会搞什么改革,只能加以推翻,无法进行改良"。并预言:"人民的起义只不过是一个时间问题而已。"（《孙中山全集》第1卷,第86—87页）

3月16日（二月十四日）　与日本生物学家南方熊楠结交。继续赴大英博物馆。

是日在大英博物馆东方部主任道格拉斯办公室会见南方熊楠,闻以:"一生之所期为何?"南方答称:"但愿我等东方人,一举将西方人悉逐于国境之外也。"此后,两人经常在一起谈话,进餐,散步,并在事业上互相支持协助。孙中山将随身所带《原君》《原臣》赠与南方熊

---

①　伏尔霍夫斯基,俄国民粹派分子、著名诗人,当时流亡伦敦,为"俄国自由之友社""自由俄罗斯福利基金会"领导人,《自由俄国》杂志编辑。

楠。(彭泽周:《近代中日关系研究论集》,第 333—362 页;[日]南方熊楠著、长谷川兴藏校订:《南方熊楠日记》第 2 卷,[1897—1904],第 10—13 页)

4 月 10 日(三月初九日)　在大英博物馆与南方聊天。([日]南方熊楠著、长谷川兴藏校订:《南方熊楠日记》第 2 卷,[1897—1904],第 13 页)

南方熊楠回忆:"明治 30 年,我在大英博物院时,于读书之余,时与孙文至巴比伦古物陈列室闲谈。有一天,逸仙对我说:昔日中国人标记历法时,乃书大岁甲为'关逢',乙为'旃蒙',丙为'柔地'等,而大岁子则为'困敦',丑为'赤奋若',寅为'摄提格'等,这种标记法好像都不是汉语,而是外来语的译音似的。据此,我曾请教我所识的汉学家,但没有一位能明确地回答这一问题。如今看来,似已成为定说。"(《质问》,《民俗学》1930 年 2 月号)

是年春　章太炎、梁启超在上海评论孙中山。

章太炎在上海"因阅西报,知伦敦使馆有逮捕孙逸仙事,因问梁启超:'孙逸仙何如人?'梁云:'此人蓄志倾覆满洲政府。'"章氏"心甚壮之。"(汤志钧编:《章太炎年谱长编》上册,第 39 页)章氏又称"是时上海报载广东人孙文于英国伦敦为中国公使捕获,英相为之担保释放,余因询孙于梁氏,梁曰:'孙氏主张革命,陈胜、吴广流也。'余曰:'果主张革命,则不必论其人材之优劣也。'"(李希泌录:《民国光复》,章念驰编:《章太炎讲演集》,第 389 页)称"鄙人自十四五时,览蒋氏《东华录》已有逐满之志。丁酉入《时务报》馆,闻孙逸仙亦倡是说,窃幸吾道不孤,而尚不能不迷于对山之安语"。(汤志钧编:《章太炎政论选集》上册,第 191 页)

4 月 13 日(三月十二日)　与摩根(Rowland J. Mulkern,爱尔兰恢复党党员)、南方熊楠拜访日本"富士"舰水雷长津田少佐。

南方熊楠记:"上午 10 时后,往访摩根(孙的朋友),然后一道乘地铁访孙。三人乘车到芬加尔吉路车站,而至特鲁波利船坞访问津田氏","(孙与摩根)二人看中日战争相册,我与津田谈话。其间津田(水雷长)的副手斋藤氏亦来,一起广泛地聊天。4 时 3 分乘火车归,在比雪普斯街与孙及摩根分别。"([日]南方熊楠著、长谷川兴藏校订:《南方熊楠日记》第 2 卷,[1897—1904],第 14 页)

侦探报告:"13 日星期二,11 时 30 分,一位中国人由一位英国人陪伴走进寓所。中午 12 时,三人一同出来,走进南安普敦楼伯克贝克(Birkbeck)银行,离开时该人将一些硬币放入钱包。他们在法院巷乘公共马车去芬加尔吉路车站,由此乘火车去特鲁波利。出站后,进入特鲁波利船坞,登上'富士'舰,逗留了三个半小时。然后回到伦敦,三人抵达后即分手,返回寓所。

"访问'富士'舰时,该人似乎与舰上的日本人相处甚为融洽。"(罗家伦:《中山先生伦敦被难史料考订》,第 148—149 页)

冯自由谓:"有英国人摩根者,素有志于东亚维新事业。丙申(1896 年)总理至伦敦识之。尝约其来华相助,遂于己亥莅华访总理。总理命陈少白、李纪堂招待之于香港。庚子,总理往来日本、香港、南洋之间,摩常追随左右,颇为得力",在广州协助邓荫南、史坚如筹划响应惠州起义。(冯自由:《革命逸史》初集,第 43—44 页)

4 月 14 日至 6 月 12 日(三月十三日至五月十三日)　与南方熊楠等来往。(罗家伦:《中山先生伦敦被难史料考订》,第 148—155 页;[日]南方熊楠著、长谷川兴藏校订:《南方熊楠日记》第 2 卷,[1897—1904],第 14—21 页)

6 月 16 日(五月十七日)　与镰田荣吉①、田岛坦②等结识。

南方熊楠记:是日,"与孙逸仙往访镰田,然后到我家,田岛坦亦来。与孙去餐馆吃饭。饭后去海德公园散步"。([日]南方熊楠著、长谷川兴藏校订:《南方熊楠日记》第 2 卷,[1897—1904],第 24 页)

6 月 27 日(五月二十八日)　与南方熊楠访问田岛坦。

南方记述:下午孙中山来访,7 时后一起访问田岛。田岛答应介

---

① 镰田荣吉,和歌山县人,历任庆应义塾校长、文部大臣、枢密顾问官。
② 田岛坦,原姓浜口,和歌山县人。

绍菊池谦让①、尾崎行雄②。又记,"昨日,孙与田岛参观海军仪式。据孙说,因为下雨,什么也没看见"。([日]南方熊楠著、长谷川兴藏校订:《南方熊楠日记》第 2 卷,[1897—1904],第 24—25 页)

6 月 24 日(五月二十五日) 清驻英公使馆侦知孙中山可能离开伦敦,通知司各特侦探社增加人员严密监视。(罗家伦:《中山先生伦敦被难史料考订》,第 155 页)

6 月(五月至六月) 所译《红十字会救伤第一法》出版。

是书为伦敦红十字会总医生柯士宾著,已译有法、德、意、日四国文字。孙中山自述:"去冬,与柯君往游英君主云塞行宫,得观御跸之盛。柯君道君主仁民爱物之量充溢两间,因属代译是书为华文,以呈君主,为祝六十年登极庆典之献。"(《〈红十字会救伤第一法〉译序》,《孙中山全集》第 1 卷,第 108 页)

南方熊楠记:6 月 28 日,"去镰田处,将信交给他,为孙所托之事。(下午)5 时许,在博物馆遇见孙,赠我以他译的《红十字会救伤第一法》三本,田岛、镰田和我各一册。(另外,呈送英国女王及沙利斯柏利爵士各一册。他说为了装订,每本花了五英镑。)"([日]南方熊楠著、长谷川兴藏校订:《南方熊楠日记》第 2 卷,[1897—1904],第 26 页)

孙中山自述:"伦敦脱险后,则暂留欧洲,以实行考察其政治风俗,并结交其朝野贤豪。两年之中,所见所闻,殊多心得。始知徒致国家富强,民权发达如欧洲列强者,犹未能登斯民于极乐之乡也。是以欧洲志士,犹有社会革命之运动也。予欲为一劳永逸之计,乃采取民生主义,以与民族、民权问题,同时解决,此三民主义之主张所由完成也。"(《建国方略》,《孙中山全集》第 6 卷,第 232 页)康德黎记:"和我们一起住在伦敦的时候,孙逸仙从不在玩乐上浪费时间,他总是不停地工作,阅读关于政治、外交、法律、陆海军等方面的书籍,矿山及开采、

---

① 菊池谦让,日本新闻记者,曾参与暗杀朝鲜王妃闵氏事件。
② 尾崎行雄,福泽谕吉弟子,犬养毅同窗,先后在外务省、文部省任职,其弟为尾崎行昌。

农业、畜牧、工程、政治经济学等也为他所注意。他坚持不懈地仔细加以研究。他所涉猎的知识领域很少有人达到。"（康德黎·琼斯：《孙逸仙与中国的觉醒》，第202页）莱恩·夏曼谓："在图书馆里他从书籍中接触到其它革命家，著名的如亨利·乔治和卡尔·马克思。《资本论》已被摩尔和安维林翻成英文于1887年出版。《学生们的马克思》，这是E.A.安维林（Aveling）所作《资本论》介绍，出版于1892年。1897年亨利·乔治在纽约市再次竞选市长时逝世，引起世界对他的理论重新加以注意，这个理论给孙逸仙永难磨灭的印象。与社会主义运动的联系在其形成时期对他的思想产生了深远的影响。"（莱恩·夏曼：《孙逸仙生平及其思想》，第58页）

6月29日至30日（五月三十日至六月初一日） 告别友人，准备离英。

孙中山自叙："时欧洲尚无留学生，又鲜华侨，虽欲为革命之鼓吹，其道无由。然吾生平所志，以革命为唯一之天职，故不欲久处欧洲，旷废革命之时日，遂往日本，以其地与中国相近，消息易通，便于筹划也。"（《建国方略》，《孙中山全集》第6卷，第232页）

南方熊楠记：6月29日，"往访镰田，取来将孙文介绍给冈本柳之助的信。到博物馆，4时许孙文来，将介绍信交给他。黄昏，访田岛。他说写给菊池谦让的介绍信已寄给孙了"。

6月30日，"11时前，往访孙……将给佐藤寅次郎的介绍信交给他。11时，……分手返回……见道格拉斯，向他转告孙的话"。（[日]南方熊楠著、长谷川兴藏校订：《南方熊楠日记》第2卷，[1897—1904]，第26页）

康德黎夫人日记：6月30日"我去为孙逸仙赴日送行，他曾在那里短期居住。我们发了一条消息给《地球报》，该报随即刊出"。

当天《地球报》所刊短简全文如下："先生：您一直对我的事给予善意关怀，出于礼貌，现告知《地球报》及公众，我将于7月1日星期四乘船离开利物浦去远东，取道加拿大太平洋越过美洲。对于您在我被囚禁于中国公使馆时的迅速行动深表感谢，永志不忘。您忠实

的孙逸仙,波特兰均覃文省街四十六号,6 月 29 日。"(黄宇和:《分析孙中山伦敦被难及其影响》,第 293 页)

△　发表《中国的司法改革》[①]。

是文为与柯林斯合著专书的另一部分,刊于伦敦《东亚季刊》第 1 卷第 1 号。文章通过揭露清朝司法制度的残酷黑暗内幕来论证推翻清王朝统治,改造中国的进步性、正义性与合理性,把中国社会比作"奥吉亚斯牛圈",指出:"不完全改变官僚生活制度,要清除这个牛圈是绝对不可能的。而只有满洲王朝或谓鞑靼王朝停止在中国的统治,官僚生活制度才能改善。"孙中山认为清朝司法的惨毒是"促使我从事中国的改革事业以把我的同胞从水深火热之中解救出来的主要动机之一"。并说明"在英国赞许和支持下所实施的中国法律乃是加在上帝所创造的世界之上的一个污点,对我们共同的人性来说是一大耻辱"。希望赢得世界舆论对中国革新运动的支持和同情。(贺跃夫译,《中山大学学报(社会科学版)》1984 年第 1 期)

7 月 1 日(六月初二日)　乘"努美丁"号(S. S. Numidian)轮船由英国赴加拿大。

是日,《利物浦使者》公布"努美丁"号当天起航。(黄宇和:《分析孙中山伦敦被难及其影响》,第 293 页)

离开伦敦时,南方熊楠与摩根至维多利亚火车站送行。(彭泽周:《中山先生的日友——南方熊楠》,《近代中日关系研究论集》)清驻英公使馆特派三等书记官曾广铨与司赖特侦探社侦探跟踪登轮,同船而行。(日本外务省档案,明治 30 年 8 月 21 日,神奈川县知事中野继明致大隈外相,秘甲第 410 号)

7 月 11 日(六月十一日)　抵达加拿大蒙特利尔。

侦探报告:"继续本月 2 号的报告,'努美丁'号船 1897 年 7 月 11 日到达蒙特利尔,我们派去的人监视该人。他无人伴随,立即住

---

①　据《南方熊楠日记》1897 年 7 月 28 日,是日南方从巴萨氏处得到《东亚季刊》创刊号,内载孙氏论中国司法改革一文。今酌置于此。

进阿尔彼恩旅馆。其举动显示将很快去西部。在蒙特利尔期间，大部分时间用于给朋友和熟人写信。这证实他打算在温哥华待到 8 月 2 日。

"7 月 12 号离开蒙特利尔，乘加拿大太平洋大陆火车经威廉堡、温尼伯和木斯焦去温哥华。他改名为 Y. S. Sins。

"在蒙特利尔，证实他在航行间几乎总是独自留在舱里，只有几次船上医生劝他活动一下，才上甲板两三小时。吃饭时也不与别人闲聊。

"船到魁北克，他曾下船，但未出港口码头，也不与人交谈。

"一到蒙特利尔，即有名叫席奔生（H. Hibbenson）的男子来接，遂驱车前往马吉尔街阿尔彼恩旅馆。他很快在写字间找到座位，写了两封信并立即寄出。写完信后被领到房间，不久即离开旅馆。

"7 月 12 号星期一，下午两点，由同乘'努美丁'船的一位英国人陪伴前往温泽车站，与加拿大太平洋铁路公司车辆与卧车部副主任会晤。然后穿过自治广场，在此遇到'努美丁'乘客中的一对男女。他们同行了一段即分手。他与朋友进沃克糖果店（Walker's Candy Store）吃便餐。然后乘车前往登山升降车，到山顶待了一小时，返回旅馆。

"8 点 15 分离开旅馆乘马车去公共游憩场，听音乐看表演，是时正上演轻歌舞剧。四十分钟后乘车返回，大约 10 点 15 分抵达旅馆。一个高个青年走来和他谈了一小时许。后来查明此人是一位芝加哥游客……10 点钟回房休息。"[①]（罗家伦：《中山先生伦敦被难史料考订》，第 156—160 页）所写两函一致旧金山华盛顿街 916 号邝华汰，一致波士顿哈里森街 20 号梅宗炯[②]。

---

① 侦探报告时间前后不相符。据孙中山抵达蒙特利尔当日所写致邝华汰等人函，所署日期均为 7 月 12 日。

② 致波士顿函的收信人，原文为"Mr. S. C Chew"，旧译"丘"或"周"，《孙中山全集》定为"赵某"。此据［美］史扶邻：《孙中山与中国革命的起源》，第 122 页。

7 月 13 日(六月十四日)　乘火车离开蒙特利尔。18 日抵达温哥华。

"7 月 13 日,星期四,5 点 15 分离房至旅馆大厅,买了份报纸,读到 10 点 35 分,然后用早餐。由餐厅出来,见到昨天报告提到的英国男子,两人一起离开旅馆上街逛,然后返回结账。又同乘马车去温泽车站。一到车站,一个中国人跳下一辆马车对他们匆匆讲了几句话,然后又乘车走了。他穿着美式服装,侦探说年纪、个子与孙差不多。

"孙登上一列火车,与那位英国人前往温哥华。

"后来见到卧车部副主任库柏先生,证实该人曾呈上一封介绍信,是库柏先生的堂兄弟写的。后者原来在横滨住过,现已久居伦敦。

"库柏先生反复向我们的侦探诉说此人伦敦被捕详情,又说他打算乘 8 月 2 号的'印度皇后'号去横滨。但听说最近参加英国女王庆典的许多中国官员也乘此船归国,必须采取一些措施秘密离开温哥华。他对与本国人乘一条船有顾虑,除非是熟人或与他的运动有关。

"陪伴他的英国人名叫杰弗里斯(Jeffries),他的包里写着'杰弗里斯,利物浦'。

"还可以断定邝华汰与此人有些联系,将会对来信作出反应。

"旅途中,此人总在看一本中文小册子,约四寸宽八寸长,白纸,留宽边,在页边空白和文字之间有黑色宽边。

"7 月 18 日,火车一到温哥华,该人即往卫理会中国布道会,显然在此找到了住所。

"旅行期间证实该人在蒙特利尔写信时称为'亲爱的 Chew'的人,是梅宗炯先生,住在麻省波士顿哈里森街二十号。

"在南站,三个中国人登车与该人会谈。下车后与彼等分别,把手提袋和行李拿进行李房,在月台上等到其它乘客走了,然后将行李留在车站,乘马车绕道往卫理会中国布道会,由旁门进去。该建筑前部用作教堂。中国布道会位于杜邦街,离车站很远,周围华人聚居。"

（罗家伦：《中山先生伦敦被难史料考订》，第158—161页）

7月19日（六月二十日） 赴维多利亚。次日抵达。

侦探报告："19号，查看了行李房，证实行李仍在，无搬走指令……中午该人去轮船售票处购买去南尼亚木的票，然后去行李房通知职员将其行李运往维多利亚，随身不带任何行李。到南尼亚木后，乘马车去中国布道会。7月20日上午8点40分离开南尼亚木赴维多利亚，12点40分到达，由一名东方中国布道会人员陪同，乘马车前往专售中药的李元昌（音译）公司批发店。待到下午两点，返回中国布道会。"此后几日，孙中山一直住在李元昌公司。侦探报告："7月21日由另一位中国人陪同离开布道会，前往加拿大太平洋公司办事处，询问澳大利亚汽船去火奴鲁鲁和横滨的启航日期。证实8月2号赴横滨，8号赴火奴鲁鲁。随后去英国哥伦比亚银行，在交收处办了一些事。离开时同伴将一些钱交给该人。遂往李元昌公司商店及住宅，五分钟后离开。另一位中国人与他们同行，三人到港口要码头工人运送行李。然后绕道返回李元昌公司，该人总是走在前面几步。行李被运送该地。查实其中一人姓张，是一家商号成员，十分富有，曾作过加拿大太平洋铁路公司代理人。"

7月22日，"侦探在中国居民中秘密调查，证实该人伦敦被捕情形已为当地人所熟知，而且知道其现在的目标是组织一切可得到的力量联合反对中国政府。为此他将去火奴鲁鲁或横滨的船票，由原来在伦敦买的中等舱改为多一百元的头等舱。一旦到达横滨，将设法绕道或秘密归国"。（罗家伦：《中山先生伦敦被难史料考订》，第162—165页）

7月24日（六月二十五日） 折回南尼亚木，当天重返维多利亚。

侦探报告："24日，离开李元昌公司，由两名中国人陪同打算去惠灵顿（Wellington）。可能该人会从该地由某个护卫船送离加拿大前往其它地方。

"该人未去惠灵顿,而是在南尼亚木下车,到五里外的地方拜访一位名叫黄渥(译音)的华人,未像上次来此时那样去中国布道会。大约下午四点,独自回到车站,未拿手提袋。下午 4 点火车开往维多利亚。到达后,第一次赴南尼亚木时陪伴他的中国人前来迎接,两人赴李元昌公司。晚上又看到几次,但未出来。

"经密查证实,该人一到横滨,即拟秘密再次进入中国重组叛乱,以推翻政府。

"收到一份侦探电报,得知该人 8 月 2 日乘'印度皇后'号去横滨,行李包括两只箱子,一个包裹和一只手提袋。"(罗家伦:《中山先生伦敦被难史料考订》,第 165—166 页)

7 月 27 日,下午 4 点去温常(译音)先生的公司,这是一家中国商品杂货店,也兼制帐篷、遮篷等。在此与店主谈了两个小时。那些人对他和他的谈话十分倾注。

7 月 28 日,"他已和轮船公司约定很快前去换票。但今天未去售票处"。

7 月 30 日,"查实该人曾与加拿大太平洋轮船公司华籍代理人孟科(译音)会见,告以他将于星期一持票前往改换头等舱。经查与孙在一起的人中有一位名叫陈兴桂(音译),他负责维多利亚的中国卫理会。"(罗家伦:《中山先生伦敦被难史料考订》,第 167—168 页)

7 月 31 日至 8 月 1 日(七月初三日至初四日)　到维多利亚中国卫理会活动。

侦探报告:"7 月 31 日前往维多利亚蛱蝶路,卫理会在此举行会议,他由一位中国卫理会的教士陪同,两人在会上均未讲话。会后一同离开。前往该教士家。然后孙回到李元昌公司。

"8 月 1 日,与朋友陈兴桂在中国卫理会度过大部分时间,晚祷开始前返回住处。查实该人未去轮船售票处,而是通过朋友孟科与公司办理有关事务。"(罗家伦:《中山先生伦敦被难史料考订》,第 168—169 页)

8月2日（七月初五日）　乘"印度皇后"号轮船赴横滨。

侦探报告："8月2号上午约11点,离开李元昌公司前往加拿大太平洋轮船公司办事处,将中等舱换成头等舱,办事处职员在海关将该人交给孟科,他离开后,侦探看到了他交出的中等票和多付的一百元。

"'印度皇后'号预定晚7点半到达,但是晚点直到8点半尚未抵达。

"约晚8点,该人离开李元昌公司,由公司的一些人陪伴乘马车去码头。他的朋友卸下行李并加以核对,行李上标明'孙逸仙',上面提到的船票上也写着'孙逸仙医生'的字样。船到达时,他看见上面有一些著名的日本官员,于是让朋友们注意他们。上船后被安排到一间贵宾室。与朋友们告别后,开船铃声就响了。

"查实没有中国人乘此船归国,但有一些著名的日本官员,他们是参加英国女王庆典后归国的。

"秘密会见了加拿大太平洋轮船公司在维多利亚的正式代理人,一位名叫莫成(译音)的著名华人,证实孙前往横滨实行某种在伦敦时已长期倾注心力的计划,其它尚不清楚。莫成说孙两年来一直在伦敦研究医学,让我们的侦探知道他打算在东方行医。"（罗家伦:《中山先生伦敦被难史料考订》,第169—170页）

新任驻英公使罗丰禄通知司赖特侦探社不再继续跟踪,但曾广铨随同登轮。

8月14日（七月二十一日）　陈少白抵达福冈。

"本月十四日来到福冈,宿于服部常吉家的中岛町旅馆。经严密监视得知,除当地报社等人别无他人造访。陈一直由平山周(本县人)陪伴游览了市内公园等名胜,并于本月十八日上午九时乘博多始发火车前往长崎。陈逗留福冈期间无异常举动。"（《关于流亡清国人的举动》明治31年8月19日,章开沅等主编:《辛亥革命史资料新编》第6卷,第2页）

8月16日(七月十九日) 抵达横滨。

日本外务省档案记:"清国广东省广州府香山县人孙逸仙,因反对清国现政府政策,并于光绪二十年九月在清国广东省城其颠覆企图被发觉,而逃往英领香港。其后经美国航赴英国。在伦敦停留期间,1896年8月被驻英清国公使逮捕并拘禁该公使馆中。英国政府闻之,以其系逃亡国事犯为名,请求释放。结果,孙逸仙获释,仍居其地。此次乘英国轮船'印度皇后'号来滨,在居留地第一百一十九番陈璞处住宿。据他说,有一名清国官吏从英国跟踪而来。"(明治30年8月18日神奈川县知事中野继明致外务大臣大隈重信,秘甲第403号)"在英国清国公使馆三等书记官少侯爵曾广铨自英国追踪孙逸仙而来,目下于居留地二百廿一番清国人曾卓轩处住宿。孙逸仙抵达时,东京清国公使馆属员书记官某来滨,于孙逸仙上陆之际进行辨认,发电报后归京"。(明治30年8月21日神奈川县知事中野继明致外务大臣大隈重信,秘甲第410号)

陈少白记述:"到横滨登岸,天还没有亮,他到我家里来,我还没有起来。我在报上和孙先生的信中,知道他避难的详情,又早已接到他的信,要来日本。见面之后,觉得异常快乐。""孙先生到日本之时,我正想整装南下,到台湾一行。我把我的意思同孙先生商量,我说:'我两人固守一方,无从发展,不是一个办法。现在你既然到了日本,日本方面的事情就可由你管理,我想趁此时机到台湾去一次。自从甲午战败,满清政府把台湾割给日本之后,近年来不知搅到怎样一个地步,我没有到过台湾,我倒要前去观察观察。那里有一个日本朋友约我去看他,我能够在那里活动活动,或者也可以把那里的中国人联络起来,发展我们的势力,岂不较胜呆在这里。'孙先生深以为然。从此我就别了孙先生一人南去。孙先生住在我的房子内,倒也很好,又因当时驻横滨的中国领事,是一个自了汉,不曾与我们为难,所以冯镜如几个人,也就依旧高兴帮同孙先生重新活动起来。"(陈少白:《兴中会革命史要》,中国史学会主编:《辛亥革命》第1册,第42—43页)

9月初,陈少白赴台北组建兴中会分会。(日本外务省档案,明治30年9月8日神奈川县知事中野继明致外务大臣大隈重信,秘甲第429号;陈少白:《兴中会革命史要》,中国史学会主编:《辛亥革命》第1册,第46—53页)

8月17日(七月二十日) 前往横滨加贺町警察署长官邸拜访。

日本外务省档案记载:"孙逸仙通过居留地一百十九号陈璞的介绍,于17时下午3时左右拜访加贺町警察署长官邸,称自己于本月16日搭乘英国船印度皇后号来到横滨,在陈璞家中暂住,还有一名清国官吏从英国一直跟踪到此。惟恐在日本境内逗留期间如果被清国官吏以非法手段逮捕,或是自己的主张受到限制,将难免会对日本帝国国权之效力产生怀疑。因此请求直接或间接保护,并陈言事实上自己在英国期间也受到这样的保护。"(《孙逸仙来日本后动向》明治30年8月21日,章开沅等主编:《辛亥革命史资料新编》第6卷,第2页)

8月20日至21日(七月二十三日至二十四日) 向横滨加贺町警察署长提出入境特许申请,并获得批准。

日本外务省档案记载:"署长认真听取并记下其陈述,并对其20日提出的入境特许申请立即予以批准,又表示会采取预防措施使其不会被清国官吏肆意逮捕。"(《孙逸仙来日本后动向》明治30年8月21日,章开沅等主编:《辛亥革命史资料新编》第6卷,第2页)8月27日大隈重信将中野继明所报函告驻华公使矢野文雄。(日本外务档存原函副本)

9月(八月) 会见宫崎寅藏、平山周。

本年5月间,经曾根俊虎介绍,宫崎寅藏到横滨拜访陈少白。([日]近藤秀树:《宫崎滔天年谱稿》,[日]宫崎龙介、小野川秀美编:《宫崎滔天全集》第5卷;《与宫崎寅藏等笔谈》,《孙中山全集》第1卷,第176页)陈少白谈到孙中山是该党的领袖,并出示英文本《伦敦被难记》。由陈介绍,宫崎与平山周赴广州、香港,访何树龄、区凤墀。平山周离日前,参谋本部宇都宫太郎少佐也告知,"中国南方革命党的领袖是孙逸仙先生,所以到上海以后,请先跟他打交道"。平山赴华途中,在船上见报载有"孙逸仙"名字。到上海以后,即往一著名西书店,购回《伦敦被难记》。阅后与可儿长一商定前往香港、澳门,追寻孙中山踪迹及调查华南秘密会社情况。不久可儿长一返日,平山周独往澳门,先访《知新报》社,又晤日本汉学家山本某,经其介绍往见张玉涛。随即宫崎亦到香港与平山会合,经何树龄找到区凤墀,急切打听孙中山消息。区氏最初虑及孙中山行踪安全,十分审慎。后平山在英文报纸看到"孙先生已由利物浦赶回中国"消息,苦苦追问,区乃特邀王煜初等与平山周会面,讨论何处登陆居留比较安全等问题。平山极力保证孙中山住在日本的一切安全,并提出援助中国革命的意见。区谓:"仆与孙先生交将十余年,其大志久所钦仰。因仆于庚寅年(1890 年)游于德国,数载未晤,伊所作之事,实未预闻。及前载回华,正贵国有事于北洋。是时孙先生欲图大举于羊城仆有所闻而未尝力阻。及夏间两国立和约于马关,战事已解,仆即劝其销声匿迹,另行再图,实不料其鲁莽至此也。前日仆与孙先生往来之信可证。今痛定思痛,始知仆言为不谬,故屡有信来商。然弟始终必劝其联合贵国有志之士方可。阁下等回国与伊一见,必定水乳交融矣。"(《平山周与区凤墀笔谈记录》,东亚同文会编:《续对支回顾录》下册,第 1207—1219 页)又谓:"两位如果有志支援我党的事业,应该急速和孙逸仙相见。他在上月已离开伦敦,不日可到贵国。他到贵国去,实际是为了寻求贵国侠士的帮助。"于是宫崎等决定暂且归国。抵达横滨当晚,宫崎往访陈少白,知其两三日前已往台湾,家中有位来自美洲的客人,现已外出散步。宫崎认为此人即孙中山,请侍女寻觅。等到 11 点仍未找到,始归寓。次晨早起,驰往陈少白寓所,见到孙中山。

　　时孙中山已从陈少白处得知宫崎情况。两人畅谈良久。宫崎问以革命宗旨及方法手段,孙中山说:"我认为人民自治是政治的极则。因此,我的政治主张是共和主义。单从这一点来说,我认为就有责任从事革命。"他批评"共和政体不适合中国这个野蛮国家"的说法,指出共和"是我国治世的真髓,先哲的遗业"。国民怀古,是因为追慕掌握共和真谛的三代之治,说明共和适合于中国国民的需要。"征诸中国古来的历史,每当国内发生变乱,地方豪杰便割据要地,互相争雄,有时长达数十年而不能统一。无辜的人民因此不知要遭受多少灾祸。在当今的世界更难保没有外强乘机以谋私利的。避免这种灾祸的方法,只有实行迅雷不及掩耳的革命。同时,还在于使各地素负众望的人各得其所。这样使有名声威望的人成为一地之长,然后由中央政府妥善驾御,就可以避免纷乱而安定下来。所以说,共和政治对进行革命也是有利的。"并请宫崎等人鼎力襄助中国革命,认为"拯救中国的四亿苍生,雪除东亚黄种人的耻辱,恢复和维护世界的和平和人道,关键只在于我国革命的成功"。闻此一席话,宫崎认为孙中山思想高尚,见识卓越,抱负远大,情感恳切,"实在是东洋的珍宝。从这时起,我已把希望完全寄托在他身上了"。遂返回旅馆,偕平山周重返孙中山寓所,继续畅谈。"我们谈到日本的政党和人物,欧美的国是,中国的现状,以及宗教哲学等。谈愈深时,情亦愈浓,绵绵缕缕不知所穷。"[1](宫崎滔天著、林启彦译注:《三十三年之梦》,第116—124页)继而平山说明访区凤墀经过,并劝孙中山留在日本,一切可较安全。孙中山称此次急于返回祖国,曾考虑如何取道问题,将赴越南联合同志,往云南内地发动起义。次日复致函平山周,决定改变计划,暂留日本,并函招陈少白自台湾返日[2]。(《追怀孙中山先生座谈会》,丘权政等编:《辛亥革命史料选辑》上册,第20—21页;古岛一雄:《辛亥革命与我》,陈鹏仁译:《孙中山先生与日本友人》,第24页;东亚同文会编:《续对支回顾录》下卷,第1209—1210页)

9月上旬(八月) 赴东京拜访犬养毅。

先是,犬养毅(冈山县人,号木堂)派可儿长一等赴华调查秘密结

---

[1] 对于孙中山在此时是否具有作于1902年的《三十三年之梦》所述的"革命"理念,学界仍有怀疑。陈建华将记录当时孙中山谈话的《笔记残稿》与《三十三年之梦》相比较,发现"后者大谈'革命',此二页的中山'自述'出现了近十个'革命',而前者只字不提'革命',虽然二人所讨论之事无不可以释之为'革命'。即使两人谈到反清'起事',即最可能使用'革命'的场合,也只字不提'革命'。"认为《三十三年之梦》"不仅对1897年的历史性会见作了戏剧性的'再现',也对孙中山的'革命'理论作了创造性的'再诠释'"。(陈建华:《"革命"的现代性:中国革命话语考论》,第125—126页)

[2] 《续对支回顾录》及古岛一雄均称孙中山翌日亲往东京访晤平山周。

社并研究中国国情。可儿在上海从《每日新闻》所载伦敦电讯见有
"中国兴中会领袖孙逸仙目下在英京伦敦蒙难获释，不久他预备从伦
敦出发，到日本旅行"的消息。于是调查孙中山活动。后在书店偶见
《伦敦被难记》，即将此书摘要译成日文向犬养报告。到香港后，又从
整理旧报中得知孙中山生年、籍贯、学历、经历及近况。分四五次报
告犬养。（《追怀孙中山先生座谈会》）宫崎、平山既与孙中山会晤，即赶
回东京，将此事报告犬养毅。犬养表示："这是份大礼物，怎能不会他
一面？"他们又访外务省次官小村寿太郎。犬养既表示希望与孙中山
会面，平山、宫崎、可儿三人乃往横滨，陪同孙中山赴东京牛込区马场
下町犬养寓所。"从犬养的家中辞出之后，我们请孙文住在数寄屋桥
旁的对鹤馆内。在这馆内姓名簿子上写名字的时候，他要把真姓名
守秘密，写一个假名字，于是我同曾根俊虎①想了一会，才想到我们
来的时候，路过有乐町中山侯爵家的前面，所以最好是将他改写中山
名樵。我们决定之后，就在旅馆名簿上写了中山樵"②。（平山周在追
怀孙中山先生座谈会上的发言，陈固亭编：《国父与日本友人》，第129页）

　　因此，渐与日本各界交往，"时日本民党初握政权，大隈为外相，
犬养为之运筹，能左右之。后由犬养介绍，曾一见大隈、大石、尾崎
等。此为予与日本政界人物交际之始也。随而识副岛种臣及其在野
之志士如头山、平冈、秋山、中野、铃木等。后又识安川、犬塚、久原
等。各志士之对于中国革命事业，先后多有资助，尤以久原、犬塚为
最。其为革命奔走始终不懈者，则有山田兄弟、宫崎兄弟、菊池、萱野
等。其为革命尽力者，则有副岛、寺尾两博士"。（《孙中山全集》第6卷，
第232—233页）

　　9月（八月至九月）　致函英国香港政府辅政司洛克哈特（J. H.

---

① 应是可儿长一。
② 另据平山周签注，（［日］平山周：《总理年谱长编初稿各方签注汇编》，中国国民党
中央执行委员会党史委员会编，油印本）称"中山"为平山所书，"樵"是孙中山"夺笔自署"，
并"曰'是中国山樵之意也'"。（尚明轩主编：《孙中山生平事业追忆录》，第529页）

Stowart Lorkhart），查证是否被剥夺在香港的居留权利。

函称："由于我试图把我那悲惨的同胞从鞑靼的桎梏下解放出来，香港政府已剥夺了我的居留权利。果真如此，我就将诉诸英国公众和文明世界。"（《孙中山全集》第1卷，第174—175页）10月4日洛克哈特复函："本政府雅不愿容许任何人在英属香港地方组织策动机关，以为反叛或谋危害于素具友谊之邻国。……如先生突然而来，足履斯土，则必遵照1896年所颁发放逐先生出境命令办理，而加先生以逮捕也。"（陆丹林：《革命史谭》，荣孟源、章伯锋主编：《近代稗海》第1辑，第504—505页）1898年2月27日，《申报》述及此事，称："香港《循环日报》云：逆犯孙逸仙（即孙文），前在穗垣，谋为不轨，事败脱逃，迩又静极思动，致书香港辅政司，询以能否回香港。西历去年十月四号，辅政司回书曰：本司奉命函告足下，本港律列，凡有串谋不轨，欲与友爱之国为难者，碍难准其以港地为逋逃薮，足下曾干犯此事，虽来书言当日所为为拯救华民脱离残忍政治起见，但所行之事，究系与友邦为难，故回港之举，实难俯允。倘足下必贸然而来，则登岸之时，定必按照一千八百九十六年所出控汝之军票，将尔拘拿。以上所云，译诸伦敦毡拿报。"（《峻拒叛酋》，《申报》1898年2月27日）

10月12日（九月十七日）　东京知事府正式签发孙中山侨居证。

先是，宫崎滔天、平山周等力劝孙中山移居东京，得到住在东京有乐町的片山荣次郎帮助，在东京曲町区平河町五丁目三十番地租房居住。平山向外务省次官小村寿太郎报告此事，欲留孙中山在东京居住。小村以中日战争方告结束，将反清革命党人庇护在日本，恐引起清政府误解日本援助革命党人，故表为难。后犬养与大隈重信商议，大隈决定援引外国人居留地以外地，特许聘用外国人方式办理。当由外务省敕任参事官尾崎行雄与东京府知事久我通久商谈。结果孙中山得以平山周语言教师名义在东京租房，与陈少白同住。是时恰值犬养毅经济拮据，遂由平冈浩太郎（福冈人，号玄洋，玄洋社首任社长)负担孙中山一年生活费用。坂本金弥(冈山县议员,《山阳新闻》报创始人)亦曾资助孙中山在东京住月余,因住所靠近清公使馆,又由犬养介绍,迁往早稻田鹤卷町四十番地高桥琢也家,同住者尚有平山周、可儿长一。其间,由宫崎陪同游览东京名胜,并经犬养介绍与大隈重信晤见,又由平山周陪同访问福泽谕吉,及到熊本参观陆军演习。(东亚同文会编:《续对支回顾录》下册,第1210页;古岛一雄:《辛亥革命与我》,陈鹏仁译:《孙中山先生与日本友人》,第24—25页;《追怀孙中山先生座谈会》,《辛亥革命史料选辑》,第21页;宫崎滔天著、林启彦译注:《三十三年之梦》,第124—125页)

　　自与宫崎滔天、平山周等交往以来,多次笔谈。其重要内容有数端:其一,为劝阻孙中山返回中国。"孙:他日举事,弟必亲督士卒攻城袭地,而陈君当留日本与贵政府商办各事。""宫崎:就先生旅行券之事,犬养、尾崎、小村三君商议,今清国公使恐先生甚,严侦查其举动,故先生远入内地非得策。暂宜住京地,慎交通来往,使清国公使安心,而后宜待时入内地。今甚不便,唯先生住东京任其自由也。"其二,为争取日本政府或民间人士支持。"宫崎:弟等举全力尽先生之事,先生之事东洋之事,东洋之事则世界人权之问题也。""何若政府不能助者,结合民间之侠士尤易。"并曾提议军事方面的合作。(宫崎)"我政府幸允先生之所思,先使长军事之人侦察彼地情况,为作战计划,是第一之急务也。孙:此是必然之理。此时贵国同志一人从之可也。"其三,谋与改良派共商大事。"孙:弟近欲发信上海,请梁启超或其亲信一人到此一游,同商大事。""宫崎:是也。康先生或梁先生此两人中一人来此地与先生商议,万事可望也。孙:康断不能来。因他在中国亦未有公然出名,此指新闻纸而言。若他来此,必大招物议,因弟在此也。梁氏或别位已可。弟不过欲彼到来报知中国现在情形耳,因弟离国已有二年,各事已有多变矣。""何(树龄)君信内所陈之意,必商之同志多人,并为康先生所许,方敢发此言也。"(《孙中山全集》第1卷,第176—180页)

10 月 26 日（十月初一日）　天津《国闻报》发刊。

10 月（九十月间）　湖南时务学堂开学。该校学生在戊戌政变后多赴日留学，其中与孙中山发生密切关系者颇不乏人。

11 月 1 日（十月初七日）　山东发生巨野教案。14 日德国强占胶州湾。帝国主义列强纷纷效法，掀起瓜分狂潮。

11 月 20 日（十月二十六日）　在荒尾村会见来访的宗方小太郎。

据宗方小太郎日记，"此次予来熊欲有所商量。孙今年三十一岁，虽非大器，但才学兼优，豪迈果敢，有廓清天下之志。与孙文促膝论东方大事至鸡鸣，孙甚喜。２１日上午与孙畅谈，午后告别"。（〔日〕神谷正男编：《宗方小太郎文书：近代中国秘录》，第 670 页）

孙中山随后又与宫崎赴长崎往访渡边元，由渡边导游长崎，然后回东京。（〔日〕近藤秀树编、禹昌夏译：《宫崎滔天年谱稿》，《辛亥革命史丛刊》第 1 辑，第 116—177 页）

11 月（十月）　与宫崎等讨论应付列强干涉之策①。

宫崎主张"中东合同"，以为亚洲之盟主，用其方新之力阻遏西势东渐之凶锋。孙中山认为中日合作，欧洲列强亦必然联盟，先合者必胜。但应避免惹欧洲联盟以制我。"万一不幸欧洲有联之举，鄙意必先分立各省为自主之国，各请欧洲一国为保护，以散其盟；彼盟一散，然后我从而复合之。其法以广东请英保护，广西请法保护，福建请德保护，两湖、四川、中原为独立之国。"解除外部压力后，"我可优游以图治。内治一定，则以一中华亦足以衡天下矣"。

"宫崎：倘此事为俄主张，使独人（即德国人）先发手，则中国危矣。分割之机，或兆于此也，我辈为之奈何？"

"孙：瓜分之机已兆，则我辈须静观清政府之所为如何，暗结日英两国为后劲，我同志之士相率潜入内地，收揽所在之英雄，先据有一

---

①　时间系编者酌定。

二省为根本,以为割据之势,而后张势威于四方,奠定大局也。"(《与宫崎寅藏等笔谈》,《孙中山全集》第 1 卷,第 181—182 页)

△　筹建横滨中西学校。

孙中山到横滨前,黎焕墀、郭雅生常请陈少白于晚间教授中国文字。少白提议正式开办中国学校,培养华侨子弟,借以宣传革命主张,并与曾根俊虎计议。经横滨中华会馆全体会议讨论,决定以该会馆为校址,经费半由会馆产业划出,半由募捐。陈少白赴台湾前,将此事转托孙中山。(陈少白:《兴中会革命史要》,中国史学会主编:《辛亥革命》第 1 册,第 44 页)孙中山乃与犬养毅等商,拟在东京开设中国语学堂,"因可招我辈同志过来,名为教习,内可商议举事之策"。(《与宫崎寅藏等笔谈》,《孙中山全集》第 1 卷,第 177—178 页)后中华会馆校董欲由国内延聘新学之士为教员,就商于孙中山,孙中山乃荐梁启超充任校长,并代定名为中西学校。该校总理邝汝磐持孙中山介绍函专程往上海见康有为。(徐勤:《日本横滨中国大同学校书后》,《知新报》1897 年 12 月 14 日)康以梁启超方任《时务报》主编,特派徐勤代之,并助以陈荫农、陈默庵、汤觉顿等。且谓中西二字不雅,更为易名大同,亲书"大同学校"四字门额为赠①。(冯自由:《中华民国开国前革命史》第 1 册,第 33—41 页)

△　赴熊本县荒尾村宫崎寅藏老家住约十日②。

宫崎槌子记:"孙先生是位寡言的人,而且一天到晚只要有空则手不释卷,所以在我们家的一星期左右,一直在看我们家里的书。而要跟滔天到福冈方面去设法军事费用时,则说:'这里的书我都很喜欢',并把行李装得满满地带去。"(宫崎槌子:《我对于辛亥革命的回忆》,陈鹏仁译:《孙中山先生与日本友人》,第 44 页)

△　与宫崎寅藏谈革命思想形成等问题。

---

①　关于中西学校筹建事,史料记载分歧颇多,姑综述于此。写介绍函者,陈少白《兴中会革命史要》及冯自由《革命运动与二十六年组织史》记为陈少白。

②　《宫崎滔天年谱稿》记此行尚有陈少白,但此时陈已赴台湾。

　　既与宫崎订交,曾倾谈革命思想形成等问题。宫崎曾问:"先生,中国革命思想胚胎于何时?"先生答:"革命思想之成熟固予长大后事,然革命之最初动机,则予在幼年时代与乡关宿老谈话时已起。宿老者谁? 太平天国军中残败之老英雄是也。"宫崎又问:"先生土地平均之说得自何处? 学问上之讲求抑实际上之考察?"先生答:"吾受幼时境遇之刺激,颇感到实际上及学理上有讲求此问题之必要。吾若非生而为贫困之农家子,则或忽视此重大问题亦未可知。吾自达到运用脑力思索之年龄时,为我脑海中第一疑问题者则为我自己之境遇,以为吾将终老于是境乎,抑若何而后可脱离此境也。"

　　又谓:"予(自一八八三年由檀)归侍父母膝下也,乡关之宿老以及竹马之友皆绕予叩所闻见,予尽举以告,无不欣然色喜;遂被推为宿老议员之一。自治乡政之事多采余说,如道路修改,入夜街道燃灯,及为防御盗贼设壮丁夜警团,顺次更代,此等壮丁均须持枪等事是也。当时予若具有今日之思想,不采凭一举而成大事之宏图,仅由此渐次扩张此信用与实力,由县及州,由州入省,隐忍持久,藉共同自卫之名输入兵器,训练壮丁,见机蹶起,大事或易成事亦未可知。然予以年少气盛,遂不能久安此境。家居一年后,闻广东有医学校之设立,请于父母而入斯校。"

　　续谓:"予转入香港医学校,不出一二年,同学中得革命同志三人,曰尤,曰陈,曰杨。皆志同道合,暇则放言高论,四座为惊,毫无忌惮。起卧出入,均相与偕,情胜同胞。因相结为一小团体,人称曰四大冦〔寇〕。时郑弼臣犹肄业广东医学校,时来加入四大冦〔寇〕之列,及交愈稔,始悉彼为三合会头目之一。于是赖以得知中国向来秘密结社之内容,大得为予实行参考之资料。然予由谈论时代入于实行时代之动机,则受郑君所赐者甚多也。"(宫崎滔天:《孙逸仙传》,《建国月刊》1931年第5卷第4期)

　　12月2日(十一月初九日)　内地媒体据港报揣测孙中山行踪。

《申报》引《循环日报》称："医生孙逸仙,自前年在粤东倡乱后,逃奔外洋,曾寄居日本横滨,嗣因华官欲设计拘拿,一如前在伦敦时中国星使诱拘之法,以致闻耗惊惧,即日窜至东京,并闻曾与日官会晤数次,日官接待甚优。惟所言何事,甚为秘密,外人无有知者。即日本各报,亦未有提及其行藏,秘密可想见矣。"(《渠魁行踪》,《申报》1897年12月2日)

12月(十一月) 有消息称孙中山乘船返回香港。

《集成报》载王衡龄企南译《中法新汇报》:"粤人孙逸仙,初为驻英钦使所拘,旋即释放,遂得逍遥法外。近已附轮遄返香港。"(《集成报》第 13 册,第 732 页)

是年 经宫崎寅藏介绍,结识头山满。([日]藤本尚则编著:《頭山满翁写真伝》,第 243 页)

△ 杨衢云在南非约翰内斯堡设立兴中会分会。(谢缵泰著、江煦棠等译:《中华民国革命秘史》,中国人民政治协商会议广东省委员会文史资料研究委员会编:《孙中山与辛亥革命史料专辑》,第 299 页)

△ 吴樵关注孙中山动向。

吴樵函问汪康年:"孙氏闻已设议院,制船械,沪上有闻否?""久不得湘中书,不审彼中如何? 都中、粤中(逸仙先生近状如何?)又不审如何? 念之辄为焦急。"(上海图书馆编:《汪康年师友书札》一,第 484、503 页)

1898年(清光绪二十四年　戊戌)三十二岁

1月上旬(丁酉年十二月中旬)　摩根以"中国之友会"(Friend of China Society)秘书名义致函伦敦《标准报》,抗议将孙中山逐出香港。([美]史扶邻:《孙中山与中国革命的起源》,第112页注⑤)

"中国之友会"为摩根等人创立于伦敦,会员约六十人。平时"专倾耳于欧洲问题,关于支那革命之运动,绝不提及。然一朝支那革命事起,则不论何时,彼必驰到而助之"。(田野橘次:《兴中会长孙逸仙》,《最近支那革命运动》第3章,1903年)

1月5日(十二月十三日)　康有为在北京创办粤学会。

1月10日、29日(丁酉年十二月十八日、戊戌年正月初八日)因胶州事变,《申报》连番诋毁孙中山及革命活动,提请清廷注意。

1月10日,《申报》谓:"说者每谓中国虽患外侮之频仍,实赋民心渐离,深恐萧墙变起。"又"年来革命之党,愈聚愈多,其渠魁孙文于前年阴蓄异谋,暗购军火,幸事机败露,不致一发难收。今者孙逆虽海外潜踪,不复敢重归故土,而党中人迄未散去,依旧昌言惑众,阳欲仿行西政,实则其谋诡秘异常,甚且著成悖逆之书,令羽党四出散布,讥切朝政,狂吠猖猖"。然"今观胶人之好勇尚义,一往无前,明知力不足以御德人,亦必伺隙而攻以杀敌致果为念,可见普天率土,兵戴皇灵,我中国祖宗,遗泽孔长,断不虞小民之涣散。彼革命党之类,虽有阴谋秘计,亦徒自取覆亡耳,何益之有哉"。(《论胶人仇德事》,《申报》1898年1月10日)

1月29日《申报》再次强调外侮不足忧,"特会匪难平,党祸潜炽,则萧墙之变,诚不可不豫为防"。其中"最足为害,而又最未易除者,其惟革命之党乎"。"革命党以粤东逆犯孙文为首。孙逆字逸仙,年少通洋文,素习医于美利坚,业成而回,悬壶香港、澳门诸处,每喜著书立说,大言欺人。昔年忽发奇思,欲就南海种植莺粟花制炼鸦片,经地方官批斥不准,旋又上书北洋。时方日本兴戎,李傅相日昃不遑,未及批答。孙逆乃纠成党羽,谋叛圣清,私购军火,至十余万金,约期起事,事机不密,先期经官吏搜查,孙逆逃而至外洋,转徙飘流,行踪靡定。去岁经英国,已由龚仰蘧星使设法擒获矣,随又漏网脱逃。然其谋叛之心,终于不改。每在海外创为革命之说,刊布妖书,借口于新法之宜师,大言炎炎,任情狂吠,一时信从者众,竟有搢绅士类,附会其言,累牍连篇,著为论说。阅之几令人发指眦裂,拔剑激昂。犹忆去冬本报所录香港报中历载英员审讯妖匪案牍,狂妄悖逆,罪不容辞。我不敢谓若辈定与孙逆通同,然亦安知其非孙逆余党。我中国而能自振作则已,我中国而再不振作也,窃恐其党潜滋暗长,一发难,不特凶焰较盛于哥老会中人,即视三十余年前洪杨韦诸逆酋,尤觉难于剿洗。奈何堂堂诸大吏,徒是痛心疾首于外人之凌侮,而举肘腋间之巨患,反付之不见不闻耶。"(《访内患说》,《申报》1898年1月29日)

1月(十二月)　会晤汪康年,共商国事。

先是,1897年底德国强占胶州湾后,汪康年愤于清廷"弭患无术,善后无方",(汪康年:《论胶州被占事》,《时务报》第52册,1898年2月21日)借考察报务为名,与曾广铨同赴日本,遍历东京、横滨、大阪、神户、长崎,与日本朝野各方磋商中日同盟挽救危局之计,决心结合两国民间势力,救亡图存。其中,与孙中山会晤商讨,乃安排中事,亦是题中深意。

1897年孙中山返回日本之后,"欲发信上海,请梁启超或其亲信一人到此一游,同商大事"。(《与宫崎寅藏等笔谈》,《孙中山全集》第1卷,第 179 页)是年冬,曾有一陶姓之人到沪访康有为,夏曾佑、张元济"往康处适见之,此人即行者遣以召康者,其言甚诞"。(上海图书馆编:《汪康年师友书札》一,第 783 页)故汪、曾东渡,事先曾向梁启超函商进止日程。梁于 1898 年 1 月 1 日答曰:"东行事弟亦刻不能忘,惟前往之人,必须极老诚、慎密、镇静者乃可。意中之人实无几,兄自往则弟以为不可,不可轻于一掷也。然今日实到山穷水尽之时,更雍容一刻,不知又作何了结,此惟兄相时而动。若此信到时,而德事尚未了,则往复之变,殆不可问,兄或以春初姑往一观之,以未为不可。惟切须慎密,无待多嘱。"(上海图书馆编:《汪康年师友书札》二,第 1852 页)

在日期间,孙中山与汪康年有所交往。是月,孙专程陪同其到大阪,与白岩龙平、山本宪及侨商孙实甫、留学生汪有龄、嵇侃等会见《大阪每日新闻》记者。(《清国新闻记者》,《大阪每日新闻》,1898 年 1 月 17 日。参见[日]藤谷浩悦:《戊戌变法と東亜会》,《史峰》第 2 号,1989 年 3 月 31 日)有的日本人遂将汪、孙并称。维新人士亦对此寄予一定希望。吴以榮致函汪康年,便说:"穰公到东,不及廿日返华,何如是之速? 孙公消息已得否?"(上海图书馆编:《汪康年师友书札》一,第 295 页)不过,归国后,汪康年认为:"行者之无能为",且将此意"遍谕于人"。(上海图书馆编:《汪康年师友书札》一,第 782 页)

2 月 3 日(戊戌年正月十三日)　犬养毅致函陆实,请为照顾孙中山等生活①。

函称:"拜启:持呈此函之平山周氏现与孙逸仙同寓一处,最近,

---

① 陆实,字羯南,青森县弘前人。主办《日本》日刊,是东亚同文会骨干,原函无年份,据该函文义置此。

除孙外，尚有王、陈二人①来此。彼等亦广东革命党员。弟刻下卧病
中，诸事不能兼顾。与神鞭君磋商结果，务请吾兄代为照顾彼等一
切。至于生活费用，由平冈浩太郎氏按月送上，他日当面谢平冈也。
愿吾兄将彼等掌握住，以备他日之用。但目下不一定即时可用。彼
等虽是一批无价值之物，但现在愿以重金购置之。自去岁以来，弟即
暗中作此计划矣。书不尽意。羯南志兄梧右。"（彭泽周：《近代中日关
系研究论集》，第309—327页）

2月11日（正月二十一日） 清政府向英国保证，不将长江流域
各省租押或以其他名义让与他国。

2月下旬（二月上旬） 横滨大同学校开学。（《知新报》第47期）

3月6日（二月十四日） 清政府与德国订立《胶澳租界条约》，
山东成为德国势力范围。

3月18日（二月二十六日） 清政府予兴中会叛徒陈廷威盘川
差费二十两，令其跟踪缉办孙中山。（陈锡祺：《同盟会成立前的孙中山》
所附原件照片）

3月27日（三月初六日） 清政府与沙俄订立《旅大租地条约》，
东三省成为沙俄势力范围。

3月28日（三月初七日） 《申报》针对《知新报》所载法国瓜分
中国之照会，发表《瓜分中国辨》，指责孙中山与革命党方是国家之
祸，警告舆论不要给予革命党发难之机。

《申报》认为："方今革命之党，秘谋渐露，势日鸱张"，虽孙中山

---

① 陈少白于1月20日自台湾归抵横滨，住外国人居留地八十番地。王质甫闻孙中
山在日本，从香港来会，同日抵横滨，住该居留地五十三番地文经（经塞尔）商店。2月17
日，陈、王二人由横滨迁东京与孙中山同住。（明治31年2月17日神奈川县知事中野继
明致信外务大臣西德二郎，秘甲第57号）王质甫在广州起义失败后，辗转逃往香港。因其
与官场中人颇有往还，谣传已被粤吏收为密探，党人避之如蛇蝎。王抵日本后，受孙中山
派遣返港，负责兴中会事务，并参与兴汉会、自立军活动。（冯自由：《革命逸史》初集，第13
页；张篁溪：《戊戌政变后继之富有票党会》，中国史学会主编《戊戌变法》第4册，第283—
292页）

"窜之远方,无计得归故国",而"党中人安见无阴相煽诱潜蓄异谋者"。故如《知新报》所载法国瓜分中国照会,恐贻革命党以口舌,使其"一闻此种狂言,恐必谓他族既生分剖之心,我党安在不可先行发难,是萧墙之祸,实自此"。故对于"《知新报》所译之一纸伪照会""可不防之于豫哉"。并"寄语《知新报》执笔者,此后尚其立言得体,勿再贻人以口实,庶风行寰海,不致人以魏收秽史目之欤"。(《申报》1898年3月28日)

3月下旬(约二月上旬)　在横滨与杨衢云会面,责其广州起义时举措失当。

1897年11月25日,杨衢云离开南非。本年3月21日抵达横滨。是时孙中山恰与陈少白到横滨小住,两人在修竹寄庐会谈①。当时孙中山与衢云谈话情形,据陈少白记:孙中山说:"我当时真恨极了,我责问他当日的事情。我说:'你要做总统,我就让你做总统,你说要最后到广州,我就让你最后到广州,你为什么到了时期,你自己不来? 那还罢了,随后我打电止你不来,隔一日,你又不多不少派了六百人来,把事情闹糟了,消息泄露,人又被杀了。你得了消息,便一个人拼命跑掉,这算是什么把戏? 你好好把你的理由说来,不然,我是不能放过你的!'杨衢云俯首无词,最后他便说:'以前的事,是我一人之错,现在闻得你筹得大款,从新再起,故此赶来,请你恕我前过,容我再来效力。'我听了又好笑,又好气,见他如此认错讨饶,又如此愚昧可怜,只好作罢,放了他出来。"(陈少白:《兴中会革命史要》,中国史学会主编《辛亥革命》第1册,第55—56页)

4月4日(三月十四日)　法国强租广州湾,并迫清政府宣布云南及两广等省不割让与他国。

---

① "修竹寄庐为横滨华侨洋行职员之小俱乐部,系温炳臣、梁麒生、关谷声、梁绍南所组织。麒生乃文经书店书记,冯镜如其专任招待孙总理事务。故总理与杨衢云、陈少白恒假修竹为宴游之所。"(冯自由:《中国革命运动二十六年组织史》,第30页)

4月5日(三月十三日)　英国下院议员戴维德①在国会就放逐孙中山事提出质询。

《香港法例汇编》乙编载:"本港政府拒绝孙先生之请求,所颁放逐出境命令亦非因关系港地治安而发,故当时报章评论,社会舆情,于政府办理兹事,颇多非议。迄后此讯传至英国,英国上下亦多以国际公法应当遵守而表同情于孙先生者。及至1898年,英国众议院于4月5日(光绪二十四年戊戌二月二十五日——原文如此)开会,有南美奥地方代议士蒆藻戴维德,特因此事提出质问,要求理藩院大臣加以答复,其问题如下:

"孙逸仙医生于1896年由香港放逐出境,其理由安在? 彼在港曾否犯案? 罪名如何? 或曾被当地政府控告否? 渠有无显著犯罪行为与违反法律而经过审判程序否? 如有之,其审判记录或卷宗有呈报理藩院否? 如未尝经过审判程序,遂下命令,加以放逐出境处分,此项命令,能否撤回?

"理藩院大臣参伯连逐款加以答复。其答案如下:孙逸仙先生1895年离去香港。当是时,港政府据报,中国发生革命,党人几度举义谋夺广州,孙均与其事。嗣据探报,孙将有回港之行,港政府行政委员会遂下令将之放逐出境。彼未尝违反当地法律,未被控告,亦未被官厅审判成立罪状。该放逐令现且是否有效,或有无为之申请撤销等情事,本席概无所知,容当今行前途查明真相云云。"(陆丹林:《革命史谭》,荣孟源、章伯锋主编《近代稗海》第1辑,第505—506页)

4月13日(三月二十三日)　沈六皆被拘,舆论风传系孙党。

据5月8日《申报》称:"上月廿三日下午,方桂东都戎带领潮勇多名,至城内榨粉街沈公馆,将其主人名六皆者拿获。"传闻此事缘起于"日前缉获军火船二艘",遂"讯知有沈六皆者"。沈氏"籍隶浙东,其

---

①　戴维德(Michael David),爱尔兰爱国者,土地改革鼓吹者,曾公开宣称同情中国革命。

先人曾筮仕粤垣,六皆亦捐有通判之职,近已入叛犯孙逸仙之党,颇有潜谋不轨之心,借闹姓为名,专向各署探听消息。据云其人手长过膝,仪表非常,有精于风鉴者决其不能善终"。(《拘获叛党》,《申报》1898 年 5 月 8 日)

4 月 17 日(三月二十七日) 康有为在北京发起成立保国会,以保国、保种、保教为宗旨,拟于北京、上海两地设总会,各省府设分会。

4 月 26 日(闰三月初六日) 清政府被迫向日本声明,不将福建省割让或租借给其他国家。

5 月 11 日(闰三月二十一日) 宫崎寅藏所译《伦敦被难记》以《清国革命领袖孙逸仙幽囚录》为题,在福冈玄洋社机关报《九州日报》开始连载。12 日始,标题改为《清国革命党主领孙逸仙幽囚录》,至 7 月 16 日载完。([日]安井三吉编:《〈孙文と神户〉略年谱》-1-[1895～1903],神户大学教养部编:《神户大学教养部论集:神户大学教养部纪要》注③)

5 月 16 日(闰三月二十六日) 舆论因沙市民变,强调内乱重于外患,孙中山革命党则为患中之患。

《申报》谓:"目今中国乱民","多若恒河沙数。"从前则"哥老会匪遍布长江各处","然犹曰此等乌合之众,大抵皆游勇散兵","不足为腹心患"。既而"山东之大刀会,以次延及萧砀徐海诸郡邑","顾若辈类皆响马红胡子之流,草泽潜踪,犹易剿灭"。其中"最足举者","惟粤东逆犯孙文所结之革命党"。并介绍:"孙文者,字逸仙,小有才,稍通华洋文义,逞其簧鼓之口,纠结羽党,谋叛圣清。曾以火药弹丸伪作四门汀泥运至粤中囤积,幸事机不密,得以搜获其军火,擒治其党徒,而孙逆狡诈性成,居然逃至外洋,未经入网。由火奴鲁鲁而美,而英,而日本,踪迹所至,各国政府皆视以为国事犯,怜其穷蹙而卵翼之。今虽不敢复返中华,而其谋叛之心未尝或息。有心人每谓其志甚决,其党甚多,他日死灰复燃,必有乘机而起,萧墙之祸者。"故强调:"中国隐患诚哉不在外侮,而在内讧也。"且"望此后各省封疆大臣鉴及前车,严饬地方官绸缪未雨,莫使此案未了彼案又兴,以致哥老会、大刀会诸匪徒伺机而动,而逆犯如孙文之类,更暗中勾结,致革命之党,渐至滋蔓难图。则不特地方赖以乂安,而华洋交涉事宜,亦不致多所棘手,岂非社稷人民之幸欤"。(《沙市民变论》,《申报》第1898年5月16日)

5月(闰三月)　驻日公使裕庚告发汪康年与孙中山暗中接触。康门师徒借机打击汪康年和《时务报》,密谋举报。

汪大燮函告汪康年:"昨日菊生来言,译署接裕朗西函,言孙文久未离日本,在日本大开中西大同学校,专与《时务报》馆诸人通。所以办事不公,诸商出钱者颇不悦服等语,即日由总办带回邸堂云云。当即往见樵,言狱不可兴。樵颇深明此意,惟谓长、卓二人在此设堂开讲,颇为东海所不悦,有举劾之意。而译署有东海,弟设以此言告之,即增其文料。如果发作,即两邸皆旧党,虽瓶公不能遏,无论樵矣。此时两公能为掩饰计,但又虑朗西归来,直燃之恭,亦甚足虑。此间已密嘱长、卓诸人弗再张皇,并致电尊处,未知作何动静,鄙意且弗张皇为妙。君客腊神山一夕之谈及交姚某带去之函,均登东报,此间颇有人知之,行事如此,真可谓不慎矣。如有主意,望密示,惟断不可瞎撞瞎跑。卓有令君出游之说,未见高妙,似且以镇静为主,弗再自蹈虚步。"

稍后又告:"裕事近已无复言者,惟恭邸病则又愈矣。前此所以询君且急急者,其时菊生言译署人颇有讶之者,且欲兴风作浪,而清河告康。康、梁终日不安,到处瞎奔。此事宜静不宜乱,诚恐其奔出大乱子也。梁自抵京后,与兄未一晤。渠来两次未值,而兄去四次亦不值。因此事又往访之,亦不见。其弟康、麦见兄垂首速去,似不欲见兄者,是以愈疑之。"

很快,京城就有种种关于汪康年的传言,如"湘帅过申而君匿避,有谓君席卷而逃者,有谓湘帅欲杀君而君避至东洋者,有谓君尽以报馆存款畀孙文作乱者"。而汪大燮告汪康年:"裕函到京,闻康、梁去皆支吾,欲归咎于弟。兄往访三次不见,有一次正投刺,见康之弟及麦孺博出门,门者以兄刺示之,二人俯首速行,并不请见。兄知若辈终日营营,不知所为何事,大惧大惧。其欲借题陷弟,告子封、菊生,子封又为嘱菊生及他人察其举动。"(上海图书馆编:《汪康年师友书札》一,第775—782页)

康有为方面,一是担心汪、孙交往之事传扬开来,牵累于己,一是企图借机打击汪康年,夺取《时务报》,密谋举报。徐勤函告韩文举:汪"东见行者,大坏《时务报》馆声名",欲黄遵宪、梁启超"速致书都中士大夫,表明此事为公(指汪康年)一人之事,非《时务报》馆之事"。又指汪"荒谬",目为"小人"。梁启超也电告黄遵宪:"容甫(汪康年)东游,牵动大局,速派人接办报事。"邹代钧担心康门师徒施展"同我者党之,异我者仇之,势可杀则杀之"的惯用手段,牵诬构陷,飞函告急。(上海图书馆编:《汪康年师友书札》三,第2756—2758页)

此事经陈三立、梁鼎芬斡旋施压,汪康年得以无事。据邹代钧称:"东游事,公之心鄙人与伯严都知之,惟若辈甚欲以此相陷。公度已将此电节庵,伯严极言公度不可如是,公度始改悔,而康党用心尚不可知(徐勤屡械言)。鄙人甚不愿闻有此事,若辈陷公固不可,若辈自陷亦不可,惟愿此后无事也。"(上海图书馆编:《汪康年师友书札》三,第2758—2759页)陈庆年也记:"闻节庵说,黄公度复电,以路远不及商量为词,且诬汪入孙文叛党,其实公度欲匈挟湘人以行康学,汪始附终离,故群起攘臂。爰发其隐情以复公度。公度嘱陈伯严电复,谓其徇人言逐汪太急是实,并无欲行康学之事云。"(陈庆年:《戊戌己亥见闻录》,《近代史资料》总81号,第111页)但最终也导致江浙维新人士与康有为一系的分化。

6月9日(四月二十日)　清政府与英国订立展拓香港界址的条约,九龙半岛租与英国,租期为九十九年。

6月11日(四月二十三日)　清光绪帝颁布"明定国是"诏命。"百日维新"开始。

6月29日(五月十一日)　菲律宾革命家马利亚诺·彭西抵日本,寻求日本方面支持反对西班牙殖民统治。

　　为争取外国对菲律宾的交战状态和独立的承认,菲律宾革命领导人阿奎那度在本年 6 月 23 日发布命令成立了"革命委员会"。([菲]格·F. 赛迪著、林启森译:《菲律宾革命》,第 356 页)据 7 月 4 日 M. 彭西致 F. 阿贡希约与 F. 李超科函,称其于 6 月 29 日抵达横滨,以该委员会秘书长身份与日本政界接触,会见和田等人,希望能"签订协定"①。(《彭西革命书信集,1897—1900》,*Mariano Ponce,Cartas Sobre la Revolution 1897—1900*,pp.116—126. 1934 年马尼拉)

　　6 月(五月)　严复译英国赫胥黎《天演论》出版。

　　6 月至 7 月(五月初至中旬)　汪康年会见孙中山的日本友人平山周、末永节等。(汤志钧:《乘桴新获——从戊戌到辛亥》,第 203 页)

　　7 月 1 日(五月十三日)　清政府与英国订立《租借威海卫专条》。

　　7 月 3 日(五月十五日)　余栋臣在四川大足再次起义。

　　7 月 18 日(五月三十日)　英国下院再次就香港当局驱逐孙中山一案提出质询。

　　是日,"议员戴维德复申前议,向理藩大臣质问查询结果解释放逐先生出境理由。戴氏问词如下:前次质问,关于香港政府下令放逐孙逸仙先生出境之理由,有无详细查研,结果如何? 理由安在? 事前中国政府有无照会香港政府要求驱逐孙氏出境情事? 如有之,此照会曾先行呈达理藩院然后执行办理? 孙先生为现代中国维新人物,其在英属地方居留,未尝违反或触犯英国法律,遂被放逐出境,此项命令,能否撤回之?

　　"理藩院大臣答解云:此事业已经查询,事实与前次答案无出入。孙逸仙医生非在香港出世,亦非入籍为英国人。孙依据一八八二年

---

　　①　彭西此行,据其 7 月 7 日致威廉·琼斯与 F. 阿希贡约函,并未达成协议,因美日关系较密切,革命军与美国仍在合作,日本对援菲仍有顾忌。另据宫崎记述,九十月间他在香港会晤了彭西。([日]宫崎滔天著、林启彦译注:《三十三年之梦》,第 128—129 页)但据彭西通信,他在 11 月仍在日本。

驱逐出境条例第二条规定禁止其在香港居留,由一八九六年三月四日起,以五年为期。按据理由,则在当地总督与行政官员之意见,以孙氏于香港治安及秩序均有妨害之故。中国政府未尝移文照会驱逐孙氏,孙氏离港乃在出境令颁发之前,然孙共同谋叛反对其本国政府,已无疑义。因此之故,乃不欲其寄迹于香港耳。此次暂行禁止其在香港居留,为一地方之行政,似不必遽加干预也。戴维德继续发问曰:孙逸仙医生既受嫌疑,顾未予以答辩之机会,请问理藩院大臣知之否乎? 参伯连答曰:此一问题,现在不能答复,盖未蒙贵议员先行通知也。惟据报章所载,孙氏现在中国为领导革命之工作。戴曰:余极希望其成功。参曰:如事非虚传,犹足证实香港政府之意见也。"(陆丹林:《革命史谭》,荣孟源、章伯锋主编:《近代稗海》第 1 辑,第 507—508 页)

英国《泰晤士报》报道此事道:"华人孙文,潜谋不轨。华官捕之甚急,孙乃逃至伦敦。经英官驱逐出境,乃逃至美国,继又逃至日本,意欲寄迹台湾,幸逃法网。奈抵台时,中国密拿者已随之而至,孙遂求援于日,即将此人拘获,得以幸免无事。今思寄迹台湾,不如仍回香港,较为妥适,因自日本横滨寄书香港官,询其可否来港,英官答以如欲保护则可,倘将来事生不测,图陷中国,殊于英有未便,恐不能袒护。"并评曰:"前次驻英时,尚能保护,何今日来港,反欲止之。同是英土,何先后之不同如此。是诚有所未解也。"(《格致新报》第 3 册)

广州《博闻报》对此有所报道,9 月 2 日《申报》以《答问孙文事》转载此消息,云:"英议员询问理藩院大臣占罢伦,何以香港政府出票递解孙文,有无先商之理藩院等语。兹悉理藩院大臣答之曰:所问孙文一事,经已查明,孙文非英籍之人,又非生产英属香港政府。按一千八百八十二年递解原籍条例第三款定议,将孙文逐出港外,五年不准回港,自一千八百九十六年三月四号起计。当时港督在定例局宣言于众,恐此人有妨碍香港太平之局故递之,所办此案并非华官所托,况未出递解票之先,而孙文离港。此等倡乱之人,洵不宜任其在港也。香港政府所办此案如此,我辈不宜干涉此事。议员域地又问理藩院大臣曰:香港政府出票时,孙文未曾有机缘辩驳,能知之否?占大臣答曰:有无机缘辩驳一事,尚须待问。忆昔披阅西报言,孙文已充入乱党滋扰。说至此,各议员哂之。议员域地曰:果若是,甚愿孙文克成厥事。占大臣曰:若西报所言属实,无怪香港政府怀疑。"(《申报》1898年9月2日)

7月(五月至六月) 与内田良平会见。

是月,内田由俄返国,经宫崎介绍,与孙中山相会。据内田记:"孙向余说支那不可不革命之所以,切盼日本有志之士援助。余曰:'支那虽有革命之必要,然在支那革命之前尚须有先决之条件,曰何?日俄之开战事也。日俄不战无以挫俄国东侵之势力,而俄国东侵势力不挫,彼即有乘革命变乱而侵略支那领土之虞⋯⋯'孙答曰:'支那革命倘若成功,恢复俄国之侵地当为易事,不足为虑。更况尚有日支提携也。'余深为孙之意气所感动,曰:'支那革命举事倘先于日俄战争,仆即中止对俄计划以援助军。革命时机到来之前,可各从事其所志之事。'孙大喜,自兹遂朝夕往来。"①(《硬石五拾年谱·内田良平自传》,第52页)

据内田良平回忆:"我同孙中山首次会面,是在明治31年(1898年)秋天。那时我从俄国回到东京,宫崎引导孙先生来我住的旅馆相会。我们欢谈了半天,从亚洲的地位说到世界大势。孙先生道:'要复兴中国,除革命以外别无他途,请帮助我们的革命。'当时我第一次听见中国要革命,非常愉快。我这次从俄国回来的使命,是要促起日俄战争。孙先生道:'俄国若是想侵占中国,可能从满洲至直隶、陕甘西北一带。将来革命成功以后,就可以同日本联盟来抵抗俄国,那时必定能夺回俄国侵占的土地,所以无论如何,我想中日两国必须彼此相助。'我对于孙先生这种远大的抱负非常赞佩。"(《追忆孙中山先生座

---

① 《硬石五拾年谱》刊于1927年。在1932年出版的《皇国史谈·日本的亚洲》一书中,内田所记有明显不同,记孙中山所述"原来吾人之目的,在于灭满兴汉,至革命成功之晓,即今举满蒙西伯利亚送与日本亦可也"。

谈会》,丘权政等编:《辛亥革命史料选辑》上册,第23—24页)

△　康有为批评法国大革命,反对流血之大变革。

康有为《进呈法国革命记序》①称法国革命"流血遍全国,巴黎百日而伏尸百二十九万,变革三次,君主再复,而绵祸八十年,十万之贵族,百万之富家,千万之中人,暴骨如莽,莽走流离,散逃异国。城市为墟,而革变频仍,迄无安息,旋入洇渊,不知所极"。认为"普天地杀戮变化之惨,未有若近世革命之祸酷者矣,盖自法肇之也"。"近世万国行立宪之政,盖皆由法国革命而来,迹其乱祸,虽无道已甚,而时势所趋,民风所动,大波翻澜,回易大地,深可畏也。"(姜义华等编:《康有为全集》第4集,第371—372页)

7月至8月(五月至七月)　与井手三郎、陈少白、宫崎寅藏、平山周、犬养毅、中西正树、菊池谦让、神鞭知常等频繁往来,"商议联合各派力量",试图利用变法维新之机,加紧行动。(汤志钧:《乘桴新获——从戊戌到辛亥》,第382页)

8月1日(六月十四日)　《申报》发表论说,反对康梁设置议政院,以为趋之而极,必定有如孙中山者借机起事。

《中国不可设议政院说》谓:"泰西立国,有民主者,有君民共主者。君之权力有限制,是以凡有大事,不得不询于大众,俟众情胥治,然后举而行之,以示好恶与民同之之意,亦可谓大公无私矣。然且众议员中未免结党成群,各立门户,每当集议之际,龃龉纷起,甚至各有所祖,攘臂而争,故虽上下二议院中已决从违,仍须上之朝廷,俟批准而后兴作。"相比于西政,中国虽"无议政院,然朝廷凡有大举措,亦断不致任情喜怒,独断独行也。恭读历朝谕旨,外而疆吏,内而谏垣,苟有所言,无不交部议奏,亦有通饬各省将军督抚各抒所见,奏请施行者,此即泰西凡事先交上议院核议之意。与一省有公事绅民禀白有

---

①　康有为是否进呈《法国革命记》存疑。《康有为全集》的编者姜义华与张荣华有编注谓:"本文载《戊戌奏稿》及《不忍》杂志第二册。《杰士上书汇录》及清宫档案,均无进呈《法国革命记》记录,清宫档案中亦无《法国革命记》一书。"

司,有司即举以申详大吏,此即泰西下议院以所议之事,上之上议院之意也"。故无议院之名而有议院之实。然目前康、梁等人"欲设议政院者","实欲绌君权而伸民权",保中国不保大清,多有弊病。认为"西法可行",但"中国大一统之规模断不可改"。不然,"处士横议之风一开,呓语游谈,盈庭聚讼,必致有叛匪如孙文之辈,借口于为国家扫除积弊,而揭竿肇乱天下,将无日宴安矣"。(《申报》1898年8月1日)

8月18日(七月初二日)　孙宝瑄论为免如孙中山者革命起事,必先设议院,伸民权,徐开民智。

"余昔谓先开民智而后扶民权,今始悟非先扶民权不可开民智。民皆有争自主之心,今重抑之而皆伈伈伣伣俯首下心者以尚愚也。稍智则必起而相争,争之不能得,必酿大变。如孙逸仙是已。惟先设议院以伸其权,而后徐辟其智,则民心已平,而无所争,无争则自不为乱。或曰:秦汉以来,大抵愚民,然之起为乱者屡矣,何尝开民智耶。曰不然。彼为乱者强半迫于水旱饥馑冻馁穷困,自欲救死,非出其本心。盖饥寒死,为盗亦死,彼求缓死,故为盗,始为小盗,劫夺人家,继为大盗,劫夺城邑,皆志欲救死而已。非得已也。若民智既开,而犹无议院以伸其权,则其乱也不必因冻馁穷困而始作,官府稍有不平,皆将群起而抗上矣。使复欲讨而歼之,有不出于死斗者乎。大乱作矣,民与君树敌国矣。虽然,使其乱而果成也,中国之君权去,非不深幸也。然吾决其必不成,何也? 中国即不能自平,欧洲强国必代平之,瓜分之局定矣。瓜分已,则欧人必重抑吾民,重愚吾民,而黄种将为黑奴矣。哀哉,中国之民今日贫困极矣,即不开知亦必乱,惟民愚之乱,中国自平之易,民智之乱,中国自平之难。故必待欧人平之耳。苟开议院,则无论民智民愚,皆可不乱。何也? 议院开而行公举,则贪虐之吏必尽去,而民之贫困者渐少,盗贼不起,乱何由作乎。"(孙宝瑄:《忘山庐日记》,第243—244页)

8月22日(七月初六日)　宫崎寅藏与平山周受犬养毅派遣,离长崎赴华调查。(《宫崎滔天年谱稿》)

孙中山抵日后,曾与宫崎、平山等笔谈未来起义地点问题,谓:广东惠、潮、嘉三府,"其人民十居八九已入反清复明之会,其人亦最强悍,官府不敢追究之。弟意此地亦可作起点之区,因与台湾密迩,便于接济军火。阁下此到中国,务宜留心此地。往见两湖张督,可直以兴亚之策说他"。后又以广东地方官吏因 1895 年起义之事,防备甚严,不宜作为起点。宫崎主张选择江苏海州。孙中山认为起点之地,以急于聚人,利于接济,快于进取为准。而万端仍以聚人为第一着。海州进取、接济均利于广东,惟聚人不及,所以仍不能放弃广东。如果海州能够聚人,则北可进据山东,南可夺取淮扬以通大江,人、粮、器皆备,成败惟在运筹指挥之策。(《与宫崎寅藏等笔谈》,《孙中山全集》第 1 卷,第 182—185 页)宫崎临行前,孙中山托其携去致渡边元函件,又为之写介绍函给郑士良。(《郑弼臣君》,[日]宫崎龙介、小野川秀美编:《宫崎滔天全集》第 2 卷,第 547 页)

8 月下旬(七月上旬)　由东京迁居横滨。

前此日本政府收回治外法权,外侨得以自由居住。孙中山因中国侨商多在横滨,为便于宣传活动,与陈少白移居横滨①。旋住温炳臣家。日本外务省档案记:"流亡者清国人孙逸仙,原住横滨居留地第一百三十七番,此次又在该地第一百二十一番借得一室,于昨日(29 日)移居该处。该人极少外出,常深居室内专心读书,亦无来访之人。然与东京宪政党员犬养毅曾有一两次信件来往。"(明治 31 年 8 月 30 日神奈川县知事浅田德则致外务大臣大隈重信,秘甲第 700 号)温惠臣记述:"兄长温炳臣在横滨当银钱兑换商,住在山下町一百二十一番地。孙文先生在明治 31 年也搬到了我们这里来住。我们家是个西洋式

---

①　宫崎寅藏与孙中山同日离开东京,孙中山与陈少白迁居横滨。([日]宫崎滔天著,林启彦译注:《三十三年之梦》,第 125 页)犬养毅有"念七夕"致陆实之一函,内称"如来言所示,小派系之会和甚困难",当系指 1898 年 11 月东亚同文会成立前之事,同谓"孙逸仙之日本名为中山樵。现居横滨外国人居留地法国邮船公司黎炳[焕]埠处"。(《近代中日关系研究论集》,第 309—327 页)此指迁入温炳臣住宅前之居所。

的二层砖瓦建筑,一层和二层各有四间房,孙先生住在下边,我们住上面,门外还有'番兵'。兄长和孙文在广东时就是朋友了,兄长负责着孙文的伙食。""犬养先生、头山先生、山田先生都从东京来到过这里。孙文先生身无分文,很多事情都依靠了日本的伟人们的帮助和照料。"(温惠臣:《文静的人——孙文》,《有邻》第114号,1977年5月)

8月26日(七月初十日)　清政府风闻孙中山与广西会党起义有关,通令缉拿。

先是,御史黄桂鋆奏称:"广西匪徒闻系孙文党与,匪首李立亭出安民伪示。洋报内载孙文办理转运,暗中主谋,集股购械,分股窜扰。请饬查明,亟为预备。"编修张星吉又上条陈:"现在大股盘踞西山,军械火药,均系孙文接济。"8月26日,清廷上谕:"着谭钟麟,许振祎、黄槐森派员严密确查孙文踪迹,据实具奏。一面悬赏购线,设法缉拏,毋使酿成巨患。"(《德宗景皇帝实录》卷423,《清实录》第57册,第550页)

9月3日,河南道御史华辉又奏:"广西伏莽潜滋,近年屡平屡起。此次声势较大,连破数城,郁林既报解围,浔州又传警信。或谓逸匪孙文自海外潜归,为之区画机宜,筹集粮械。报章传播,未必无因。且以变政为名,以劫官不劫民为说,甚至建立年号,张贴伪示,谓官兵不能卫民,反行剥削,今起义师,救民涂炭。闻该省团练亦复被其煽惑,人怀二心。其计谋之谲,徒党之多,实非寻常小寇可比。"同日清廷颁布上谕:"着苏元春严密访查,如在中国界内,务期设法弋获,以杜隐患。"(故宫档案馆:《孙文革命运动清方档案》,中国史学会主编:《辛亥革命》第1册,第133页;《德宗景皇帝实录》卷424,《清实录》第57册,第565页)

9月14日(七月二十九日)　毕永年偕康有为"至译书局,接见田山、泷川、平山、井上四氏,康但欲见井上,而不愿见平山。谓平山乃孙文党也,且责仆不应并约四人同来,殊可笑矣"。(汤志钧:《乘桴新获——从戊戌到辛亥》,第29页)

9月（八月） 宫崎受孙中山之托在香港会晤渡边元。

宫崎于8月24日抵达上海，即赴香港。（《宫崎滔天年谱稿》）宫崎致函孙中山："弟昨到此地，今日面渡君，出示贵简，谈话数时。渡边君谅先生之情甚明，赞先生之志甚切。惟悲渡君之事属始创，而资斧不足，诚述心中苦。"（陈鹏仁译：《论中国革命与先烈》，第104页）

9月21日（八月初六日） 西太后发动政变，戊戌变法失败。

先是，9月18日掌广西道监察御史杨崇伊上奏，攻击康有为"紊乱朝局，引用东人"，并指文廷式创大同学会，"外奉广东叛民孙文为主，内奉康有为为主"，请太后"即日训政，以遏乱萌"。（国家档案局明清档案馆编：《戊戌变法档案史料》，第461页）次日晨，西太后从颐和园回到皇宫。21日，西太后再出"训政"，囚禁光绪。康有为、梁启超亡走日本，谭嗣同等人死难。

9月25日（八月初十日） 天津《国闻报》刊登《中山樵传》。

据称此传系"从东友处辗转传抄"，内谓"清国逸犯孙文，字逸仙，自到日本后，改名中山樵，始到时我日本人皆为震惊，以为绝大本领之人。乍与之处，尚不觉其有他，至与之往还三五次，即觉其言语仿佛，非有豪杰推诚之慨，心窃疑之。及考察于寓此之华人，则多以无耻视之。细察其行于香江，少习英文，未卒业，就其地瓦丽氏医院习医学。此院为华人何启律师之妻瓦丽氏遗产所置，以西文教西医，兼赠药施医者。中山樵学之数年，卒业后往来广东省城香江……中山樵原从孔圣教读孔孟之书，后入耶教……而中山樵刊报招医，又自称学宗孔孟。耶教之朴诚者怼其反复无常矣。中山樵又尝在广东创开药房，系香江富人秦芳尝受其医，故借款与之办理。不数月，尽将秦款为花酒夜合费，无以见秦，遂欲图借图不轨之事以消灭之，故遍告于人，谓于阴历重阳后五日起事，香江有二千西兵相助，银行亦允助款数千万两，实并无其事……故设一馆在广东省城，一馆在香江。中山樵有欲恐人不知，日必告人，于是支那官知之，即行查封。中山樵早预备行计，故受其愚者皆就执，而中山樵由别径走香江，人不容，乃改西装往欧米。其在英国被清钦差拿获之事，久已扬播。今来我邦，欲惑商人棍骗财物以为自娱，此其状大略也。"①（《国闻报》1898 年 9 月 25 日）此为国内公开发表的第一篇中文孙中山传记。

　　△　清廷严旨缉拿孙中山："电寄刘坤一等：孙文一犯，行踪诡秘，久经饬拿，迄无消息。着刘坤一、边宝泉、谭钟麟、黄槐森赶紧设法购线密挈，务期必获，毋任漏网，致滋隐患。"（《德宗景皇帝实录》卷426，《清实录》第 57 册，第 601 页）

　　9 月 30 日（八月十五日）　清代理驻日公使李盛铎到达东京，旋实授驻日公使。（《代理出使日本大臣李盛铎奏报抵东接任日期摺》，北平故宫博物院编：《清光绪朝中日交涉史料》卷 52，第 17 页）

　　10 月 13 日（八月二十八日）　掌广西道监察御史杨崇伊奏请清政府暗杀孙中山。

　　杨氏奏称："窃康逆为孙文羽翼"，"东人也，孙文也，康逆也，互相为用，亦各争先著"，"谭嗣同之谋，不待九月，即康逆之自争先著也。祸机一发，各国环集，时日后先，间不容发"。"然而孙文尚在，祸机犹未已也。臣闻孙文定三策，第一策踞广州，炸药已运入省城，绅士刘学询发其奸，遂亡命于东洋，此乙未秋间事。若李瀚章在粤，孙文必然就擒，无今日之祸矣。今日之祸为第二策，设非皇太后圣谟密运，立破奸谋，大局何堪设想。二策不行，将行三策，则勾结长江上下三合会、三点会、哥老会诸匪，与西人为仇，激成教案，以困朝廷。使广西军分窜广东、湖南、贵州，专为流寇，以扰大局。""康梁避迹，必依孙文，此人不除，中华无安枕之日。现当二策初破、三策未行之计，亟应设法密图，幸而有机可乘，有人可用，请允臣等相机办理。"该奏请西太后密收奏折，"即军机大臣亦勿宣示"。（国家档案局明清档案馆编：

────────

　　①　《中山樵传》作者不详，据徐勤自辩，非其所撰。观其连篇污词，显系出于政敌或不满孙中山者之手，由此亦可窥见《国闻报》对孙中山的态度。

《戊戌变法档案史料》,第480—481页)

10月24日(九月初十日)　《申报》连续刊文论康党谋逆与孙中山革命党接踵继起,相互配合。

前此,9月12日,《申报》已发表《读王侍御变法自强当除蒙蔽痼疾疏特书鄙见于后》一文,略谓:"今之喜言新法者,其弊亦不亚于守旧党中人。"其中一弊,"至于逆犯孙逸仙之流,其始亦托言欲以新法拯中国四万万民人,信口狂谈,诱人入党,阴谋不轨,几致斩木揭竿"。(《申报》1898年9月12日)已渐将新党与革命党相联系。此日,《论康有为大逆不道事》又谓:"自逆匪孙文谋叛不成,逃之外洋,后康有为乃接踵而起。"(《申报》1898年10月24日)27日,《驳叛犯康有为逆书》又谓康有为"阳托变法之名,阴行僭逆事。欺侮我圣主,贻害我百姓。得罪之后,逃至外洋,与逆犯孙文联为一气"。(《申报》1898年10月27日)31日,《再论康有为大逆不道事》谓:"昔孙文之谋叛于粤中也,以一医生而结党成群,妄图非分。其党羽皆乌合之众,即使事机不露,所据者亦惟粤一隅,聚而殱之,尚易为力。至康犯,则曾登进士第,观政工曹,加之圣眷优崇,著在总理各国事务衙门行走,以致久居京邸,熟悉政府一切情形。故旧同年,遍布耳目,保国之会,著籍者多至京官三百余人,而又广结党徒,分布于各府州县中,其势力之雄,羽翼之众,实已十倍于孙文,且又立说著书,发为狂论,与具徒梁启超之类,互相煽惑,藉以愚弄良民。今者事发而逃窜身海外,纵不敢仍谋逆乱,如死灰之复燃,而凡我中国内情向所秘密慎重者,彼既了然于心目,安保其不和盘托出,向外人宣露无余。然则目前虽暂且敉平,窃恐日后祸患之来,正未有艾。况孙文久已潜踪日本诸国,行踪诡秘,忽东忽西。梁启超则先由天津上日兵舰名大岛者,鼓浪东徂。此次康犯复窜往神山,我恐聚群叛逆之徒,联为一气,三岛十洲之地,华商不下数万人,难保其不四播谣言,隐相结纳。他日党徒既众,潜复回华,有不祸起萧墙,变生肘腋者乎。"(《申报》1898年10月31日)

11 月 14 日,《慎防逆党煽惑海外华人说》又谓:"逆首康有为之恶迹,本馆已逐加指斥。""不知其党梁启超之悖悍凶顽,亦有不亚于康逆者。""今者谭林诸犯,早已悬首藁街,而梁逆竟肆其狡兔之谋,遁而之日本,谅必与康逆及昔年谋叛之孙文辈,群聚一处,互肆其诡计阴谋……华人之旅居日本者……计之以数万名。计此数万名中,深明大义者,固不乏人,然安必无识见游移,致被逆党暗中煽惑,互相勾结,重肆狡谋,星火燎原,岂可不预为之防范。"鉴于"前者孙逆逃至英国,经驻英大臣龚星使设法留署中,既已入我网罗,仍由英外部强行索去……盖格于中外律例之不同,有非可强彼以就我者也"。故对付康梁之上策为"如俄人之禁锢白彦虎,使不能作浪兴波",其次则"当由政府移知星使,将康梁诸犯之逆迹刊印成书,分给各埠华人",使知其阴谋。"庶几诸逆计无所施",惟是残喘苟延,"否则孙文既逃避,即有康有为梁启超诸犯继之,安见康梁诸犯逃避之后,不又有桀骜不驯者起而为大逆不道之事"。(《申报》1898 年 11 月 14 日)

10 月 26 日(九月十二日)　赴东京,欲访康有为,未果。

变法失败后,康有为先由英国邮船送到香港。后获得大隈重信保证,可在"日本受到适当保护",遂于 10 月 19 日乘"河内号"赴日本。(郑匡民等:《日本政府关于戊戌变法的外交档案选译(二)》,《近代史资料》总 113 号,第 23 页)在宫崎寅藏陪同下 25 日抵东京,住曲町区平河台区四丁目三桥旅馆。(日本外务省档案,明治 31 年 10 月 25 日兵库县知事大森致大隈外相)梁启超、王照已先此一星期由平山周等护送到达东京,住在早稻田鹤卷町四十番地高桥琢也家。(日本外务省档案,明治 31 年 10 月 24 日警视总监西山志澄致大隈外相,甲秘第 155 号)

是日,孙中山请宫崎寅藏介绍与康有为会晤,康托词拒绝。宫崎前在广东香港活动,极力促使改良派走上革命道路,与孙中山合作。(宫崎滔天著、林启彦译注:《三十三年之梦》,第 133—134 页)因与改良派人士来往较多,引起负责兴中会香港事务的王质甫的不满。(1898 年 10

月 1 日宫崎致平冈浩太郎犬养毅函,陈鹏仁译:《论中国革命与先烈》,第 106
页)宫崎以为:"孙先生之所以要见康,并非在主义方针上有如何相同
之处,而只是对他当前的处境深表同情,意在会面一慰他亡命异乡之
意。""康有为避而不见,乃是因为清帝视先生为大逆不道的叛徒,先
生则视清帝为不共戴天之仇敌,康有为想恢复皇上的统治,囿于以往
的情义,又担心受人怀疑,加上他自负心盛,以为能说服日本外相出
兵牵制顽固派,挽回其势力。""然而我国的有心人士,都莫不为之惋
惜。甚至有人费尽心思斡旋他们秘密会面,但终未能成功。不仅如
此,在无知之辈中间甚或演出互相倾轧的丑态,竟至有人捏造谣言来
中伤孙先生,以致两人之间的关系日益疏隔,的确令人遗憾。"(宫崎
滔天著、林启彦译注:《三十三年之梦》,第 147—148 页)

据《大陆报》记载:"戊戌政变,康窜至香港,孙闻信大喜,以为吾
两人从此可引为同类矣,乃极力为之游说,凡日人之有权力者皆为先
容,遣同人宫崎寅藏迎康于香港。及康至日本,舍馆既定,孙三次造
访,康皆拒不见。后孙之友某日人与康笔谈,偶及拒孙之故,康曰:
'我是钦差大臣,他是著名钦犯,不便与见。'盖康是时方自称奉衣带
诏也。"(《钦差大臣》,《大陆报》1904 年 12 月 3 日)

△ 梁启超与志贺重昂笔谈,称革命不可行于今日中国。

梁启超谓:"敝邦之内情,可得为足下一言之。彼满洲党、老臣
党,毫无政策,徒偷生贪禄者,不必言矣。至草茅有志之士,多主革命
之说,其势甚盛。仆等前者亦主张斯义,因朝局无可为,不得不倡之
于下也。及今年四月以来,皇上稍有政柄,觐见小臣,于是有志之士,
始知皇上为大有为之君,从前十余年腐溃之政策,皆绝非皇上之意。
于是同志乃幡然变计,专务扶翼主权,以行新政。盖革命者乃谋国之
下策,而施之今日之敝邦,尤为不可行。"并称若光绪不能复权,西后、
荣禄仍持守旧之政策,则"南部各省之志士,咸动义愤,将兴师清君
侧"。(郑匡民等:《日本政府关于戊戌变法的外交档案选译(二)》,《近代史资
料》总 113 号,第 35—36 页)

10 月 29 日（九月十五日） 宫崎与宗方小太郎来访。

据宗方日记："是九日，与宫崎赴横滨访孙文。午后在孙寓与杨衢云、谭某等食西餐。下午与孙、杨等至中国会馆。茶话少时访黎焕垣（墀）。晚由陈植臣作东，与孙、黎、谭兄弟一起，赴东印度商会楼上款余之宴。"（[日]神谷正男编：《宗方小太郎文书：近代中国秘录》，第 673 页）

10 月（九月） 在横滨会晤毕永年、唐才常，谋划于长江中游发动起义。

毕永年"八岁即随父叔来往军中"，（汤志钧：《乘桴新获——从戊戌到辛亥》，第 28 页）又夙具种族观念，早已暗中与会党有所联系。戊戌之际，康、梁等幡然变计，而毕氏坚持"非我族类，其心必异之说"，与湖南各地哥老会首领杨鸿钧、李云彪、张尧卿、辜鸿恩、师襄、李堃山等往来，且投身会中，被封为龙头。毕与谭嗣同交善，闻其在京得志，乃北上访之，得见康有为。政变前夕，康有为以其为会党好手，命他率兵督袁世凯军围颐和园杀西太后。毕认为袁不可信，予以拒绝。离京至沪，闻政变，"自断其尾，火其贡照，示不复再隶于满清之治下"。（民表：《毕永年传》，杜迈之等辑：《自立会史料集》，第 229 页）然后径赴日本，见孙中山于横滨，意气相投，愿入兴中会。孙中山以毕熟悉湘鄂会党情形，亦与深相接纳。10 月 22 日至 24 日，永年与徐勤、罗孝高等至东京早稻田鹤卷町四十番高桥琢也家访梁启超。（日本外务省档案，明治 31 年 10 月 24 日警视总监西山志澄致大隈外相，甲秘第 155 号）康有为到日本后，永年往访，欲为后图。讵康已变计，将以保皇之名，利用海外华商以敛资，知毕必不主张保皇之说，又因其先访孙中山，顿起门户之见，闭门不纳。于是毕乃与之绝交，并于某报中播扬其事。康由是益深切齿毕，欲得而甘心。（民表：《毕永年传》，杜迈之等辑：《自立会史料集》，第 229—230 页；宫崎寅藏：《毕永年君》，陈鹏仁译：《论中国革命与先烈》，第 183 页；冯自由：《革命逸史》初集，第 73—76 页）

是时，"唐才常亦避地日本。永年乃介绍其见总理于旅次，对于湘、粤及长江沿岸各省之起兵策划，有所商榷。毕、唐同主张孙、康两党联合进行之议。总理曰：'倘康有为能皈依革命真理，废弃保皇成见，不独两党可以联合救国，我更可以使各同志奉为首领。'才常闻之大悦，愿约梁启超同向有为进言"①。(冯自由：《革命逸史》初集，第 74 页)

△　与李纪堂商议在粤起义。

李纪堂以考察商务为名，到日本与孙中山会晤，商议在粤起事。(黄大汉：《兴中会各同志革命工作史略》，丘权政等编：《辛亥革命史料选辑》上册，第 60 页)孙中山告以"又想二次起义，布置好即可回国，请你担任财政方面的事"。(陈春生：《访问李纪堂先生笔录》，丘权政等编：《辛亥革命史料选辑》上册，第 39 页)

△　义和拳以赵三多为首在山东冠县一带开展反洋教斗争，是为 1900 年义和团运动之滥觞。

10 月至 11 月（约九月）　广东遂溪人民开展反法武装斗争，反抗法国强占广州湾。

11 月初（九月下旬）　康有为发布"奉诏求救文"，明确发出"勤王"号令。

戊戌政变后不久，康有为等人很快决定以勤王为救上复政的重要途径，"奉诏求救文"则明确发出号令："同举敌忾勤王之义，咸厉奔问官守之心，名义正则天助其顺，圣主存则国赖以兴。"(汤志钧：《乘桴新获——从戊戌到辛亥》，第 60 页)这一武力倾向的呼吁，改变了空言复辟和一味依赖外援的被动。也是孙中山等争取合作的一个外因。

11 月 10 日（九月二十七日）　在横滨与彭西会晤。

彭西在 1896 年 10 月间，在西班牙巴塞罗那市阿典耀书院看到英国报载孙中山在伦敦蒙难消息，对孙中山获得最初印象。(黄季陆：《国父援助菲律宾独立运动与惠州起义》，《传记文学》[台北]第 11 卷第 4 期)是日，孙

---

①　一说孙中山与唐才常初次会见为 1899 年秋，(唐才质：《唐才常烈士年谱》，湖南省哲学社会科学研究所编《唐才常集》，中华书局，1980 年)但是时康有为已离开日本。

中山与彭西在横滨会晤①,于是订交。([日]上村希美雄:《宫崎兄弟伝.ア
ジア篇 上》,第218页)

11月15日(十月初二日)　派毕永年、平山周赴湖南联络会党。

先是,唐才常奉康有为之命归国运动起兵勤王,临行告诉平山
周,湖南哥老会有起事之兆。毕永年虽不知湘中实情,也接到湖南
"飞电急催",感到形势"已箭在弦上,不得不发",他告诉犬养毅"湘人
素称勇悍,仿佛贵邦萨摩,今回因西后淫虐已极,湘人激于义愤,咸思
一旦制其死命",(汤志钧:《乘桴新获——从戊戌到辛亥》,第407页)请求犬
养毅鼓动日本政府出面干预。平山周闻讯,以为革命军起事应四方
同时并举。今各处未作准备,独湖南一隅起兵必不利。因而与同志
商议,欲缓其事。孙中山知康有为性情固执,势难合作,乃趁机派毕
永年、平山周赴湘鄂各地考察哥老会实力。(冯自由:《革命逸史》初集,
第74页)出发前,诸同志为其设宴饯别,席间毕永年赋诗叙怀:"日月
久冥晦,川岳将崩摧。中原羯虏沦华族,汉族文物委尘埃。又况惨折
忠臣燕市死,武后淫暴如虎豺。湖湘子弟激愤义,洞庭鼙鼓奔如雷。
我行迟迟复欲止,蒿目东亚多悲哀。感君为我设饯意,故乡风味俨衔
杯。天地澄清今有待,大东合邦且徘徊。短歌抒意报君贶,瞫看玉帛
当重来。"(汤志钧:《乘桴新获——从戊戌到辛亥》,第407页)抒发表达了强
烈的反清情绪和坚定的赴义决心。是日,宫崎寅藏特赴横滨为平山
周等人送行。(日本外务省档案,明治31年11月28日警视总监大浦兼武致
青木外相,乙秘第655号)

毕永年、平山周经上海行抵汉口,与林圭(又名锡珪,字述唐,湖
南湘阴人)相会。林平山周对林圭十分器重,赠以宝刀,并偕游长沙、
浏阳、衡州等地,访晤哥老会头目李云彪、杨鸿钧、李堃山、张尧卿、辜

---

① 据日本人车田让治《国父孙文与梅屋庄吉》(昭和50年六兴出版)记述,1899年
(明治32年)2月16日,应彭西要求,梅屋为之写介绍信,供彭西携往日本,以求孙中山援
助。(见该书日文本第111页)关于孙中山与彭西会面时间,有多种说法。台北出版的《国
父年谱》及罗刚编著的《中华民国国父实录》,均记为1898年冬。本书取上村希美雄说法。

鸿恩诸人,向他们讲解兴中会宗旨及孙中山生平。(冯自由:《中华民国开国前革命史》第 1 册,第 306 页)毕永年"因谭(嗣同)死而九世之仇益横亘于胸中,遂削发往来江湖间,欲纠集同志。林尝左右之,一至上海,自此而其政治思想为一大变"。以前"囿于欧(榘甲)说,其崇拜康氏有如星日。然至闻见既广,乃自笑其前此之私淑,真为井蛙夏虫。由是废弃文学,以实行家自任,不欲其能力伸畅于理想一之一途。乃与毕氏谋纵火于长沙,因而袭取之,沿江而下"。(民表:《林锡圭传》,杜迈之等辑:《自立会史料集》,第 231 页)

林圭致容星桥书称:"满事未变之前,中峰主于外;既变而后,安兄鼓于内。考其鼓内之始,安兄会中峰于东而定议,与平山周游内至汉会弟,乃三人同入湘至衡,由衡返汉。其中入湘三度,乃得与群兄定约。"(《林圭致孙中山代表容星桥书》,杜迈之等辑:《自立会史料集》,第 322 页)

11 月(十月)　清廷秘密派人缉拿康有为、梁启超、王照等。

11 月 22 日,清廷颁布上谕:"知府衔道员刘学询,员外郎庆宽,着自备资斧,赴外洋内地游历,考察商务。"(日本外务省外交史料馆藏《各国内政关系杂纂》支那之部)而"据风闻,现在上海寄寓之庆宽刘学询等,近拟令伊等子弟,前往日本,明则声言查看情形,暗则将康有为以及党人等,或行拿获,或行谋害。而现在东京之湖北省所派学生之提督张斯栒,亦张之洞之秘嘱,事同前因云"。(《日本外交文书》第 31 册第 406 件)清廷又下令:"沿江沿海各督抚,随时严密查拿,毋稍松劲。康有为、梁启超、王照等,罪大恶极,均应按名弋获,朝廷不惜破格之赏,以待有功。"(翦伯赞等编:《戊戌变法》第 2 册,第 112 页)又"电寄李盛铎,闻康有为、梁启超、王照诸逆,现在遁迹日本,有无其事? 该逆等日久稽诛,屡有后患。如果实在日本,应即妥为设法,密速办理"。(翦伯赞等编:《戊戌变法》第 2 册,第 113 页)12 月 5 日,清廷密谕沿江沿海各督抚缉拿康有为、梁启超、王照等人。(中国第一历史档案馆:《光绪朝上谕档》第 24 册,第 544 页)

11 月 24 日（十月十一日）　杨衢云函告谢缵泰："我们的计划获得成功，和湖南的维新派取得合作。""但由于自私妒忌的缘故，两党联合可能有困难。"（谢缵泰著、江煦棠等译：《中华民国革命秘史》，中国人民政治协商会议广东省委员会文史资料研究委员会编：《孙中山与辛亥革命史料专辑》，第 302—303 页）前者指唐才常、毕永年等人，后者指康、梁一派。

12 月 7 日（十月二十四日）　偕陈少白赴东京。

是日午后 1 时，陈少白乘"天津丸"由神户抵横滨，顺便到租借地第一百二十一番孙中山寓所休息。下午 6 时与孙中山一同赴东京。9 日乘末班列车返回横滨。12 月 7 日，梁启超亦来横滨，访林北泉、冯镜如、华安诸人，并赴大同学校，受到校长与学生欢迎。在该校接待室与十几名来访者会晤时，门口悬牌"闲人免进"。（日本外务省档案，明治 31 年 12 月 10 日神奈川县知事浅田德则致外务大臣青木周藏，秘甲第 823 号）孙中山、陈少白与梁启超同在横滨，引起当地警方严密注视。（日本外务省档案，明治 31 年 12 月 17 日神奈川县知事致外相，秘甲第 838 号）12 月 7 日，梁启超离开横滨返回东京。（日本外务省档案，明治 31 年 12 月 17 日警视总监大浦兼武致青木外相，秘甲第 204 号）

12 月 12 日（十月二十九日）　宫崎寅藏向平冈浩太郎、犬养毅建议支持中国革命。

宫崎谓："今后日本对中国的方策不外乎下列三案：第一，援助现今的爱新觉罗政权，以改善中国。第二，拥护皇上，号令天下，以组织新政府。第三，团结民间的革命党，推行大革命，以一新中国大陆。"而清朝君臣均不足为用，"究竟应以什么来挽救中国的时局？舍革命莫属"。"如就（中国）国民的观点来说，除非非常的英雄仗义奋创，以革命的事业一扫多年的腐败政权，显然不可能维持今日的老大帝国。"（陈鹏仁译：《论中国革命与先烈》，第 19—21 页）

是年冬　因大同学校学与改良派发生冲突。

横滨大同学校酝酿时期，孙中山与康徒等关系尚好。迨学校成立，徐勤等人专以救国勉励学生，每演讲时事，则慷慨激昂。学生受此兴奋教育之熏陶,咸具救国思想。光绪下诏变法后,康有为担心其徒在横滨与革命党人交游密迩,对前途有所不利,致函徐勤,谓不久我有大拜之望,尔等务宜与革命党人断绝往来,庶免受其所累①。徐勤等人亦沾沾自喜,所出课题,均属歌颂圣君誉扬新政之作,并告诫学生勿受革命邪说所惑,渐与孙中山等疏远。两党门户之见,从此日深。戊戌后,徐勤反对与孙中山合作最力。冯自由、陈少白均记述:一日孙中山到大同学校,见会客室贴有"孙文到不招待"的字条,遂向徐勤诘责。徐矢口否认,陈荫农则直认己作不讳,因与孙中山激烈辩论,相持不下。孙中山出告兴中会员,会员数人往究,欲与之火拼,为孙中山制止。从此孙中山不复入大同学校。是时横滨侨商亦纷纷倒戈,大同举校董事均为徐勤辩解。即连兴中会分会长冯镜如亦倒向保皇派,指责孙中山不应同徐勤闹意气。两派因此势成水火。(陈少白:《兴中会革命史要》,中国史学会主编《辛亥革命》第1册,第53—54页;冯自由:《革命逸史》初集,第50—52页)

12月23日(十一月十一日)　《清议报》在横滨发刊。

梁启超在创刊号上发表《论变法必自平满汉之界始》,开始谈及欧美近代史上的革命可能在中国重演。谓:"今试言满人他日之后患,抑压之政,行之既久,激力所发,遂生大动。全国志士,必将有米利坚独立之事,有法兰西、西班牙革命之举。"他此时并不排斥革命的结果,只是认为在中国发动革命的社会力量尚不具备,贸然实行,将会导致内乱外患:"今我国之志士,有愤嫉满人之深闭固拒,思倡为满汉分治之论,倡为革命之论者。虽然,其必有益于支那乎? 则非吾之所敢言也。凡所谓志士者,以保全本国为主义也。今我国民智未开,明自由之真理者甚少,若倡革命,则必不能如美国之成就,而其糜烂将有甚于法兰西、西班牙者。且二十行省之大,四百余州之多,四百

---

① 1898年9月27日御史黄桂鋆奏折中提到:"甚至有徐勤等赴日本,与叛贼孙文设立大同会。自去年以来,人言啧啧,皆谓此辈谋为不轨。"(国家档案局明清档案馆编:《戊戌变法档案史料》,第467页)

兆民之众,家揭竿而户窃号,互攻互争互杀,将为百十国而有未定也,而何能变法之言。即不尔,而群雄乘势剖而食之,事未成而国已裂矣。故革命者,最险之着,而亦最下之策。"(《清议报》1998年12月23日)

冯自由记:"戊戌政变后,康、梁师徒同亡命日本,梁启超感觉有设立言论机关之必要,遂于己亥春(一八九九年)向侨商募资,在横滨发刊《清议报》,大倡保救清帝光绪之说,推冯镜如任总理,而自任总撰述,麦孟华、欧榘甲等佐之。出版数月,除歌颂光绪圣德及攻击西太后、荣禄、袁世凯诸人外,几无文字;所载谭嗣同著《仁学》,及译述日本柴四郎著《佳人奇遇记》,内有排斥满清论调,为康有为所见,遽命撕毁重印,且诫梁勿忘今上圣明,后宜谨慎从事。及康离日赴加拿大,梁与欧榘甲等渐与总理、杨衢云、陈少白等相往还,意气日盛,因而高唱自由平等学说,自号饮冰室主人,题其学说曰《饮冰室自由书》,颇为世人欢迎。梁有别号曰任庵,至是亦改称任公,以示脱离康氏羁绊之义。盖康门徒侣多以庵字相称,即为源出康门之标记,梁此举即所以表示其决心也。欧榘甲亦有一文阐扬汤武革命,语极动听,事为康所知,深恐梁、欧等改弦易辙,于彼不利,遂令梁赴檀香山创设保皇会,欧赴旧金山主持《文兴报》,而使麦孟华专任《清议报》笔政,凡有革命自由独立自主等名词,一律禁止登载。梁自檀岛尝以其赠何蕙珍女士诗二十首寄登报末,康来书切责编辑陈镛,谓卓如(梁字)荒淫无道至此,汝等乃公然刊其淫词,实属有玷师门云云。《清议报》于庚子年(一九〇〇年)冬骤遇火灾,因保险单误书总理人姓名为林北泉,西人保险行不允赔偿损失,遂致停版歇业。"(冯自由:《革命逸史》初集,第63—64页)

12月24日(十一月十二日)　谢缵泰与康有为函商两派联合与合作。

是日,谢缵泰得知两党联合有困难,即致函康有为,力劝其在争取自由和独立的运动中应当联合和合作。康有为很快于次年1月9

日回信表示赞成。谢缵泰显然希望康有为以杨衢云为主要联合对象，加强后者的地位，以便与孙中山争夺兴中会的领导权。而康有为则在以"维新"为联合的基础方面与谢存在共识。此后，谢多次与康有为、梁启超、杨衢云等人通信，极力促进合作。梁启超对此亦表赞同。(谢缵泰著、江煦棠等译:《中华民国革命秘史》，中国人民政治协商会议广东省委员会文史资料研究委员会编:《孙中山与辛亥革命史料专辑》，第303页)

12月26日（十一月十四日） 接广东同志函告提防清政府刺客。

日本外务省档案记载，是日孙中山接广东友人来函称，从外国传教士处得知，两广总督已派八人赴日谋害孙中山及康有为等人，请严加注意。(明治31年12月27日神奈川县知事浅田德则致青木外相，秘甲第867号)

是年 严拒清驻日公使李盛铎等的诱降。

当戊戌己亥之际，清廷派李盛铎使日，适孙中山居留是邦，往还颇密。李遂劝孙中山归清，谓可保得高位。(邓慕韩:《孙中山先生轶闻》，《建国月刊》1929年第2卷第1期)又驻美公使伍廷芳通过孙眉，两广总督署通过刘学询，以高官厚禄诱孙中山归顺，均为孙中山所坚拒。(邓慕韩:《孙中山先生传记》，《革命先烈先进诗文选集》第3册，总第1331页)

1899 年(清光绪二十五年　己亥)三十三岁

1月2日(戊戌年十一月二十一日)　《清议报》连载谭嗣同《仁学》,宣传"君末民本"、否定"君权神授"的民权思想。

1月15日(十二月初四日)　与郑士良会晤。

日本外务省档案记:郑士良"昨(15)日乘英国轮船'卡普克兹库'号由香港到横滨,在居留地第一百廿一番清国流亡者孙逸仙住处留宿……据说此次因洽谈事务而来,数日后即返香港"。(明治32年1月17日神奈川县知事浅田德则致青木外相,秘甲第25号)

1月17日至20日(十二月初六日至初九日)　革命派与改良派因大同学校职员改选事发生冲突。

据日本外务省档案:"横滨居留地清国人所办之大同学校总理及其他职员任期届满,即将改选。关于改选之事产生两派,一为康有为派,主张现在全校职员连任,维持该校,故亦称维持派。一派为所持意见比康有为激进的孙逸仙派,此派主张乘机改选,选同志者担任职员,改革该校,故亦称改革派。15日,维持派有志者集合于中华会馆外国馆,确定职员选举资格,决定给予经商及其他盛大营业之清国人中二百余人以选举权。但改革派多数人无选举权,该派欲借机选举同派人为职员,于17日以一百五十一番忠和堂名义在居留地内两处张贴告示,要投票决定15日维持派于中华会馆所定选举方法。17日晚7时30分,维持派再次集会,坚决实行15日决定之条款。两派或恐酿成冲突,特配备警察加强戒备。17日夜中华会馆如期集会,与会者二百余人。首先改革派第五十番杂业温芬发问：谁赞成维持目前大同学校的现状？第五十六番冯紫珊起而答曰：余为第一赞成者。温芬说：今日为清国人集会，英国人不应出席，请速退场（指冯镜如归化英国，称其居为'经赛尔'）。冯紫珊回答，与温芬等一伙恶语暴言相骂，温芬之同伙第一百三十四番无业者郑照、第一百五十一番西餐馆陈长和、鲍棠等打手开始斗争，渐而平息，该会遂以无何决议而告散会。取消了15日所定之选举资格：此次职员选举及其他一切有关事项，皆全权委诸中华会馆四十五名干事。尚闻维持派以大同学校作为康有为派之机关，以发达清国人智识为目的；而改革派则欲改变该校之名称、职员及教员等，并改变其组织，使之由孙逸仙主宰，成为清国革命派之机关。且云此改革派之重要人物为九番黎炳垣、五十番温遇贵、八十番谭奋初等，上述温芬等人乃受指使之打手。"
（明治32年1月18日神奈川县知事浅田德则致青木外相，秘甲第32号）

"19日晚中华会馆董事等在大同学校集会，协议选举该校总理以下职员，当选者皆康有为一派，如下：总理：居留地第二百□九番李瑞芫；副总理：第三十三番郑席儒、五十番郑雅亭、一百九十三番卢兰襄、一百二十六番刘杏村、一番鲍芳照、一百三十一番卓曼波。以上连任。选举顺利结束。二十日晚中华会馆董事等在该会馆开会，出席者有豪商及中等以上人士三百余名，志愿参加对上述有关大同学校职员选举经过及选定职员姓名之报告，无何异议。至此该校之纷扰以孙逸仙一派失败而告一段落。"

"酿成此次选举纷争之原因以及清国人中存在的问题，根据内传，目前侨居的清国人，依其政治党派来分，一为孙逸仙派，即清国革命派，属此派者有陈璧、杨飞鸿以及侨居的清国人中处于中等以下生活水平者七十余名；另一为康有为派，即清国改革派。两派互争势力。此次大同学校职员选举竞争之发生，实出于政治上的原因。该校总理以下职员属孙逸仙派者仅五六名，其余悉属康有为派。该校实权自然落于康有为派之手。孙逸仙一派大不平，该派陈璧、杨飞鸿等扬言曰：余等对康有为政见是非提出批评，该人所行，实应非难。康有为常于杂志揭载对本朝帝室不敬之事，如本朝西太后夙与宦人密通，谋以其子继本朝尊位等。颇不忍闻。凡中华之教，尧舜以来，父忌子为隐，子忌父为微，是先圣遗训，亦人性至情。然康有为将中华隐微暴露外邦，毫无顾忌。大同学校系为吾邦子弟启蒙之所，非行彼一派之教育。""该派遂联合赵明乐等谋改革大同学校。先是，康有为之大同学校维持一派为强气势，去年 10 月 11 日行孔子祭典颇严，赵明乐等深感不快。盖赵为耶稣信徒，因此发生龃龉，遂与孙逸仙一派联合。康有为派驳曰：原来革命派企图颠覆清朝，吾党则欲改革清朝政治，其行为实以乱臣贼子视之。再以大同学校之名称来说，如彼所说，先前以教授中华、泰西两学为目的，故命名为中西学校，只授汉英之学，而刻下必要上汉英日其他各邦之学，因而称为大同。至于与康有为之大同书局，其名乃偶然相合。""该派嗾使此等无赖汉之口实，为此次该校职员选举权只限豪商及名望之家的决定，背理实甚。大同学校原为清国人多数义捐成立，故对该校之权利，理应依贫富等差有阶。凡侨居的清国人一般均有选举权……19 日孙逸仙一派招赵明乐、谭有发、张杲、鲍棠、陈长和、关厚祥等（此六名内除赵及关外，均为无赖汉），非难康有为一派，并告以应承认他们关于大同学校职员选举之主张。其后又邀请清国人中豪商中华会馆董事数人，谕示更改大同学校名称，全体现任职员辞职，欲排斥康有为一派。"（明治 32 年 1 月 24 日神奈川县知事致外相，秘甲第 40 号）

　　事件发生后，革命派校董提出辞职，学校基础为之动摇。犬养毅以学校解散实为可惜，特亲莅横滨，邀请各校董维持现状，且愿任名誉校长，以资提挈。各校董咸允照旧担任。（冯自由：《革命逸史》初集，第 50 页）当时日本人士因此对刚从广东归来的徐勤议论纷纷。3 月 11 日徐勤致函宫崎寅藏，为自己辩解："前闻田野氏云，贵邦人士咸疑仆大攻孙文，且疑天津《国民〔闻〕报》所刊《中山樵传》系出自仆手。闻言之下，殊甚惊异。仆与中山樵宗旨不同，言语不合，人人得而知之。至于攻讦阴私之事,令人无以自立,此皆无耻小人之所为,仆虽不德,何忍为之?而贵邦人所以致疑者,此必有一二人造为浮言,以惑贵邦人听闻耳。仆实绝无此事也。今支那之局,譬之海舟遇风,其势将覆,而舟人犹复互相争斗,以任其溺灭,虽下愚之人,不致若是。"又称:"大同学校又蒙犬养毅先生为名誉校长,危而复安,而功德更不可言状。"(冯自由:《中华民国开国前革命史》第 1 册,第 42—43 页)

梁启超也请犬养毅从中斡旋:"孙逸仙近曾见先生乎?仆等之于孙,踪迹欲稍疏耳,非有他也。而横滨之人,或有与孙不睦者,其相轧之事,不知如何,而极非仆等之意矣。孙或因滨人之有违言,而疑出于仆等,尤非仆所望矣。敝邦有志之人既苦希,何可更如此相仇,仆欲一见孙、陈而面解之。先生有暇日,约会见于此间可乎?至仆等与彼,踪迹不得不疏之故,仆见彼当面解之也。"(汤志钧:《乘桴新获——从戊戌到辛亥》,第 406 页)

3 月 18 日,犬养毅与大隈重信、高田早苗、柏原文太郎、平山周、宫崎寅藏等十五人赴横滨参加大同学校开学典礼,大隈重信应邀作演讲,并在中华会馆举行招待宴会。(《大同学校开学记》1899 年 4 月 1 日《清议报》第 10 册;《横滨贸易新闻》1899 年 3 月 18 日,《每日新闻》1899 年 3 月 19 日,引自中村聪著、马燕译:《日本横滨大同学校之创立》,《东方论坛》2008 年第 5 期)

2 月(戊戌年十二月至己亥年正月) 与归自两湖的平山周会晤,确定湘、鄂、粤同时大举,并积极进行准备工作。

平山周到两湖后,因毕永年介绍,得与哥老会成员结交,见会党均翘首等待义军举事,认为如孙中山揭竿而起,则天下必为之响应,遂归告孙中山,谓维新势力已经寂寞无足观,所见哥老会各龙头多沉毅可用,必可为他日革命军之一势也,永年所报符合事实。孙中山遂力主湘、鄂、粤同时大举之策。因使毕永年二次内渡,偕各龙头赴香港,谒陈少白等,商量合作方法。(《湖南现状》,《知新报》1899 年 4 月 30 日;冯自由:《革命逸史》初集,第 74—75 页)此时兴中会员静极思动,屡请行动。孙中山因准备未妥,传令不得轻举妄动,虽在暗中有所筹划,但事事皆不如意。于是建议先派兴中会员赴菲律宾,参加阿奎那度领导下刚刚开始的反美独立战争,助其迅速成功,然后将余势转向中国大陆,在中原发动革命军。(宫崎滔天著、林启彦译注《三十三年之梦》,第 156 页)日本外务省档案记:"横滨居留地第一百二十一番之孙逸仙、陈壁等近来颇为繁忙。据闻该人等不日归国,是为之做准备。认为时机已全成熟,故立即回广东举反旗。数日前该租借地第八十一号'均昌号'主人曾秘密制作军旗,其缩图见另纸。"旗式白日居全旗四分之一的左上方中央,光芒八线,青色,颇似英国旗。全旗另四分之三地方是红白相间横线条(红线四,其余白色)。(明治 32 年 3 月 8 日神奈川县知事浅田德则致青木外相,秘甲第 99 号)

△　在犬养毅私邸与梁启超会晤[①]。

康有为等人到达东京后,起居费用均由日本政府供给。1898 年 11 月 8 日,日本宪政党与进步党分裂,大隈内阁瓦解,山县有朋组织新内阁。康有为等改由进步党负责生活费。不久,传闻伊藤博文访华时,李鸿章提到日方保护清国流亡者,对外交方面有所影响,故日本政府近日有令流亡者离去之意。(日本外务省档案,明治 31 年 12 月 23 日警视总监大浦兼武致青木外相,乙秘第 932 号)康有为既拒绝会见孙中山,事为犬养毅所知,犬养不欲中国新党人因此意存隔阂,遂约孙中山、少白及康、梁四人同到早稻田寓所会谈。欲使两派联合,共任国是。届期除康外余人俱到。梁谓康有事不能来,特派彼为代表。犬养毅殷勤招待,陪坐到晚上三更后,回房休息。其余三人继续各抒己见,陈说合作之利,彼此宜相助,勿相拒,讨论合作方法颇详,至翌日天明始散。梁启超对孙中山言论异常倾倒,大有相见恨晚之慨,答

---

①　此次会晤,在 1898 年 11 月 8 日大隈内阁下台以后,而有关者平山周、徐勤等,于 1898 年 11 月 15 日、16 日相继赴香港、澳门,(明治 31 年 11 月 28 日警视总监大浦兼武致青木外相,乙秘第 655 号;明治 31 年 11 月 16 日神奈川县知事浅田德则致青木外相,秘甲第 796 号)1899 年 2 月始归,([日]宫崎滔天著、林启彦译注《三十三年之梦》,第 154—156 页;冯自由《中华民国开国前革命史》第 1 册,第 42—43 页)1 月 13 日,王照还与康有为同访大隈重信(明治 32 年 1 月 14 日,乙秘第 53 号)故酌定于此。

应回去同康有为商量,再来答复。数日后,孙中山与少白商量应回访康有为。少白即邀平山周同往。抵康寓,康、梁出见,在座有王照、徐勤、梁铁君三人。少白乃痛言清朝政府已不可救药,非革命国家必无生机。请康不以私而忘公,不以人而忘国,改弦易辙,共同实行革命大业。康答曰:"今上圣明,必有复辟之一日。余受恩深重,无论如何不能忘记,惟有鞠躬尽瘁,力谋起兵勤王,脱其禁锢瀛台之厄,其他非余所知,只知冬裘夏葛而已。"少白反复辩论三点钟,康宗旨仍不少变。谈论间,王照忽语座客,谓"我自到东京以来,行动不得自由,说话有人监视,来往书信亦被拆阅检查,请诸君评评是何道理"。康大怒,立使梁铁君强牵之去,并告少白:"此乃疯人,不值得与之计较。"少白疑之,乃嘱平山数日后伺机引王照至犬养寓所。王遂笔述其出京经过及康所称衣带诏之诈伪,康因此迁怒于革命党,两派更无融合之望。(陈少白:《兴中会革命史要》,中国史学会主编:《辛亥革命》第 1 册,第 57—58 页;冯自由:《革命逸史》初集,第 48—49 页)王照行动自由后,遍向日本当道陈述所苦。日政府以康、王水火,虑生事端,乃给康有为旅费九千元,令其克日离境。(冯自由:《革命逸史》初集第 50 页)1899 年 3 月 22 日,康有为离东京赴加拿大。(日本外务省档案,明治 32 年 3 月 22 日警视总监大浦兼武报,甲秘第 62 号)

　　关于此事前后日本人士对革命派与改良派态度的变化,可以从宫崎寅藏的两封信中看出端倪。上年 12 月 12 日宫崎提出:"今后日本对中国的方策不外乎下列三案:第一,援助现今的爱新觉罗政府,以改善中国。第二,拥护皇上,号令天下,以组织新政府。第三,团结民间的革命党,推行大革命,以一新中国大陆。""此君此臣既不足以用,究竟应以什么来挽救中国的时局? 舍革命莫属。目前,南方革命党的领袖孙逸仙正在隐身日本,用不用他是日本的自由。""如就(中国)国民的观点来说,除非非常的英雄仗义奋创,以革命的事业一扫多年的腐败政权,显然不可能维持今日的老大帝国。"(陈鹏仁译:《论中国革命与先烈》,第 19—21 页)本年 2 月 18 日,宫崎认为只有极少数人想拥护皇帝继续改革,不可能以国内保皇党的力量来恢复帝位,因此康有为东山再起的希望,实在微乎其微。康有为在万木草堂时,"他的存在有如卢梭。他对他的门徒以理想来鼓吹的是美国的自由共和政体。他向其徒弟郑重推荐的书是中江笃介译的《民约论》《法国革命史》《美国独立史》和《万国公法》等等。他所以为理想的人物是美国的华盛顿,且时以有见识的吉田松阴自任"。"在当时,康有为和革命党的关系是非常接近的。"变法期间,"在野的革命党才与他完全绝交,更骂他为贱骨头的变节分子"。由于康有为与革命主义为敌,他与革命党合作是绝对办不到的,其在中国的地位十分孤立,将来的处境更是可怜。而日本方面,"不但日本政府把康当做累赘,民间志士对康的同情也日趋淡薄"。(陈鹏仁译:《论中国革命与先烈》,第24—28页)为此,康有为曾向大隈重信、犬养毅等人求援,亦无甚效果。(日本外务省档案,明治31年11月30日警视总监大浦兼武致青木外相,乙秘第677号)

　　△　与彭西会晤,为其代购军械。

　　2月4日,菲律宾爆发反美战争,彭西以阿奎那度外交代表身份赴日本购械。彭西要求孙中山帮助,孙中山允诺,并议率党员至菲岛投独立军助其成功,事成后,由菲人协助中国革命,以为报酬。彭西及中日同志咸赞成之。彭西交给孙中山三十万元,以购械事全权相托,并即函告阿奎那度。阿氏闻中国革命缺乏饷粮,乃命彭西馈赠日金十万,以表示中菲两国合作诚意,孙中山欣然接受①。(冯自由:《革命逸史》第4集,第77页)

---

　　①　据平山周记述,经志贺重昂介绍,孙中山交给开办富士商会的山下敬太郎保证金一万元,并交付委托契约。但山下偷偷地抹去委托的期限,使孙中山损失四千余元。(《支那革命党及秘密结社》)因前线急需军械,宫崎等与犬养商议,由宪政本党议员中村弥六代购买军械,中村从彭西处接受了十五万五千元,支付给大仓组费用十二万五千元,韦尔伯格手续费七千元。([日]木村毅:《布引丸——菲律宾独立军秘话》)中村为购布引丸用去三万八千元,加上修理费用,不足数由孙中山在横滨华侨中筹得一万元,中村卖去乡下桧树山得七千元,才解决问题。(以上材料,见[日]上村希美雄:《宫崎兄弟传.アジア篇上》,第225、227、228页)如此,则彭西向孙中山提供三十万元之数,值得怀疑。

　　孙中山既晤彭西,遂赴东京对阳馆访宫崎寅藏,告以原委,并谓:"我初次见面便受此重托,义当尽力以报,何况彼此的志向相同呢?"请其助一臂之力。宫崎与孙中山及平山周反复密议,决定请犬养毅帮忙。犬养毅推荐委托中村弥六办理(中村系进步党干事,众议员,曾任大隈内阁司法次官)。经协商,中村慨然允诺。(宫崎滔天著、林启彦译注:《三十三年之梦》,第157页)宫崎、平山又与彭西会晤。3月13日,彭西在东京俱乐部举行招待会,宫崎、平山和东京记者三十余人出席。(《宫崎滔天年谱稿》)

　　5月12日,陈少白从香港致函犬养毅,转达菲律宾驻港代表催促军械之意,谓:"自到港后,非岛支配人(即菲独立军驻港代表阿帕西布尔Galicano Apacikle)追问中村君之消息究竟如何?盖近日非岛新京已让米人占据,绝不抵拒,其中当别有深意存焉。惟需弹药,万分之急,器械、士官次之。最妙是从台暗渡,米人必不及防云。又谓渡非之汽船,每周间必一二次,惟从无定期。"(《陈少白致犬养毅函》,《辛亥革命史丛刊》第3辑,第127页)因宫崎、平山在孙中山与中村之间联系,引起警察注意。(宫崎滔天著、林启彦译注:《三十三年之梦》,第157—158页)6月2日东京警视厅报告外务省:"近来,尤以中国流亡者,目前隐迹于横滨之孙逸仙,与宫崎等人之交往顿趋频繁,想不久必有某种消息。"(日本外务省档案,明治32年6月21日,乙秘第712号)6月13日又报:"清国人孙逸仙近来访问宫崎寅藏居住之芝爱宕下对阳馆,宫崎也频繁访问犬养。"(乙秘第738号)6月18日,清驻日公使馆因孙中山与宫崎、平山数度往东京桥区箱崎町待合松屋,特派翻译罗庚龄、冯孔怀前往打探情况。(日本外务省档案,明治32年6月26日警总监大浦兼武致青木外相,甲秘第123号)

　　2月16日(正月初七日)　章太炎比论孙中山与康有为。

　　对于清廷缉捕康有为,章氏称"往者龚照瑗之于孙文,尝有是举矣,而卒为英人所迫胁,索之生还"。进而论道:"夫孙文以医药小技,鼓动黔、粤之民,一旦果能揭竿而起,其有益于中国与否尚未可知,而英人已护之如是。今有为柄用,百日之政,粲然见于记载,中外贤哲,莫不喁喁想望风采,其与夫孙文者,岂舆薪秋毫之比哉。"(汤志钧:《乘桴新获——从戊戌到辛亥》,第93页)

3月3日(正月二十二日) 与欧榘甲会谈合作事宜。

时改良派闻孙中山有意合作,生出两派意见,康有为、徐勤等不愿合作;梁启超则认为合宜。欧榘甲、梁子刚、张智若、罗伯雅等人附和梁的意见,但因畏惧康有为,不敢有十分鲜明的表示。(冯自由:《革命逸史》第2集,第28—29页)某日,欧榘甲和一个同学到东京对阳馆宫崎寓所,托其约孙中山前往商量合作。3月2日,孙中山复函宫崎寅藏:"兄果知其人诚实,可请于明日午后五时来见可也。"(《孙中山全集》第1卷,第186页)次日双方"讨论了许久,还是没有什么结果。因为欧榘甲对于什么事情,都说不能作主,总说要回去请教康先生再定。当时,我们也问过梁启超,合作之后,如何对待康有为? 他说惟有请康先生闭门著书,由我们出来做去。他要是不答应,只好听他,我们也顾不了许多了。这主义原是很坚决的。这次欧榘甲来,还是口口声声忘不了康先生,所以我说:'你要同你先生去商量,那么这事是没有希望的。你此来若是有全权决断的,就不妨谈下去;否则,谈了也是空话,不会得到结果。'他听了也就去了。"(陈少白:《兴中会革命史要》,中国史学会主编:《辛亥革命》第1册,第59页)4月1日,孙中山致函宫崎:"某君前日来见时,弟已应言尽言,倘能如弟言去办,则于中国前途大有裨益也。余则非弟力所能及,似可毋容再见。"(《孙中山全集》第1卷,第186页)此后,梁启超等与杨衢云、陈少白、尤列仍时相往还,颇形密切。一时孙、康合作之声浪,哄传于东京、横滨间。(冯自由:《革命逸史》第2集,第29页)关于梁启超对孙中山的态度,1904年9月29日《大陆报》第二年第8号《中国大生计家与大文学家》一文说:"戊戌政变,梁着胡服走日本。时孙文客东京,交结日之权贵,如大隈伯、犬养毅等常与往还,孙氏供给,皆为是赖。梁初抵东京,不得不通款于孙氏,遂由孙氏之介绍,得纳交大隈伯等。未几即疏孙氏,且向大隈伯等下孙氏之石焉";"又由徐(勤)得纳交横滨商人。商人固素崇拜孙氏者也,梁至是更排挤之,无在不攻击其短,于是孙氏日东之一席,一旦为梁所夺,梁因此得遍游美洲、澳洲,无一日之困乏。"

3月22日(二月十一日)　康有为被迫离开日本。

先是,1898年底,张之洞告日本总领事小田切,"康学种种邪僻悖乱",现康逃至日本,"东洋距中国太近,必至造谣煽惑,句串我内地奸民,变乱是非,滋生事端"。要求日本将康有为驱逐出境。小田切在向外务省报告时,并将张之洞召集幕僚所撰《康有为事实》一书,寄呈外务省。1899年1月10日,清政府教育视察邹凌翰向近卫笃麿指出,康滞留日本,于中日两国均不利。如康能至美国,不但有益于两国,且对康自身亦有好处。近卫表示赞成。栖原陈政在近卫信到后几天内就当面要求康有为离日。(狭间直树:《初到日本的梁启超》,《戊戌后康梁维新派研究论集》,第233—242页。)1月31日出版之《亚东时报》第5号,对康就有严厉的批评。(《与康有为书》,《亚东时报》1899年1月31)日本政界上层对康态度也明朗化。1月19日,近卫公爵会见梁启超,提出:处今日之环境下,在横滨主办《清议报》,颇不妥当。望能与该报社断绝关系。其次,康有为滞留日本,将有碍中日两国之邦交。不仅惟是,康之拯救皇上之计划,恐亦难达成,希望离开日本,远游欧美。梁对于这些要求均表示同意。随后,近卫笃麿、大隈重信、犬养毅等人商议,为康有为确定离日的经费、行程和安全等问题。最终康有为于1899年3月22日搭乘日轮前往加拿大温哥华。(彭泽周:《从近卫日记看康有为滞日问题》,台北《大陆杂志》第81卷第6期,1990年11月)

日本政府上层对康态度恶化,主要源于对康有为一系行为激进的判断。2月初,小田切之报告:"目前在日本逗留中的康有为等人,已不顾日本官民中的同人一派对其意向的详知,也不顾已接受退出日本的劝告,而仍然滞留日本,日复一日,其原因无非是尚有一缕希望寄于湖南地方。如果真是这样的话,那么毕永年等回到日本后将实地情况详告后,康有为或许多少能够接受现实、转变方向。"(日外务省外交史料馆藏:《各国内政关系杂纂》,支那支部,编号1—4—1—1)"康有为等寄给同人的书信到达,毕永年拆阅信件,书中有唆使毕等人,使其开发事端的语言。阅信后原先对康有为存留疑心而持宽容态度的同人大为激愤。所以,毕永年将已对平山周隐秘了很久的政变当时的实况记述下来,标题为《诡谋直纪》。毕将《直纪》交平山周阅览,平山又给下官看。从《诡谋直纪》中可看出当时实况,其中还包括了颇有供参考、有价值的内容,急忙抄写后,即刻呈送,敬请查阅。"(日本外务省外交史料馆藏:《各国内政关系杂纂》,支那支部,编号1—4—1—1)为此,在康有为离开日本的时候,《清议报》第9册上刊登了梁启超的《尊皇论》,在表明自己立场的同时继续对日人进行游说。该文说,中国当前有三种"谋保全之策",这三说分别对应的是西后的清政府、张之洞等地方督抚和孙中山的革命党这三股力量。梁对此三者一一予以批驳,认为"今日议保全中国,惟有一策,曰尊皇而已"。

4月6日(二月二十六日)　《申报》论康有为去日事,谓:"孙文罪尚轻,故中国亦姑大度置之。若康逆,则罪大恶极,不容于天地之间,而谓终能逍遥法外也。"(《论逆犯康有为去日事》,《申报》1899年4月6日)

4月至5月(三月)　派陈少白往香港筹款、办报。

先是,陈少白与孙中山商量,不宜死守日本,欲回香港办一间报馆,以文字鼓吹革命,同时兼作革命机关。(陈少白:《兴中会革命史要》,中国史学会主编:《辛亥革命》第1册,第56页)孙中山遂以彭西所赠日金十万元交陈少白,作为办报基金。(《平山周谈商借菲律宾所购械弹事》,丘权政等编:《辛亥革命史料选辑》上册,第27页)少白莅港,向何启、区凤墀查探港方对革命党人态度,知可不受孙中山五年入境之禁令拘束。(冯自由:《革命逸史》初集,第66页)5月12日,少白致函犬养:"弟驻此岛,虽有四面之敌,尚幸爱护弟者有人从中调护,或不致有意外也。""港中有一新闻社,名曰《通报》,今已不能支持,甚欲退手。弟已与之有成约,允接受之。如果先生以为然,可即遣宫崎兄来,及预备接济之法。若宫兄之来过迟，则恐此社倒闭，错过机会，再遇为难矣。""弟之回此，筹资为弟之唯一目的。今为日未久，不能预知，而以前之旧伙，皆喜再作收拾余烬之举。盖皆信贵国人士之助我者极多，故亦自愿多少效劳也。总之，筹资之情况甚属可望，等待详告。""要之，宫兄之速来，极有造于弟所谋之事。先生其督促之勿迟为幸，不禁伫望之极。"(《陈少白致犬养毅函》，《辛亥革命史丛刊》第 3 辑，第 127 页)少白遂在香港按计划联络三合会，招集旧人，准备再举。

5月1日(三月二十二日)　赴东京访梁启超，不遇。

日本外务省档案记："昨日下午 1 时 20 分，清国人孙逸仙与副岛道正(翻译)来访(梁启超)。事先梁与孙约定午后 1 时会见。但当日午后 1 时未来，故未能会面。似因超过时限，已赴横滨。家人称其不在，谢绝之。"(明治 32 年 5 月 2 日东京总监报，乙秘第 629 号)

此后，杨衢云在横滨文经商店与梁启超会晤。6 月 6 日，杨将会谈情况函告谢缵泰："他(梁启超)劝告我努力继续做好我们党的工作，而他将努力继续做好他们党的工作。现在他还不愿意同我们合作。康有为党太傲慢，妒忌我们这一班贯通中英的学者。他们不愿意同我们平等相处；他们一心想控制我们，或者要我们服从他们。"谢缵泰对两党未能达到原来期望的联合感到非常遗憾。(谢缵泰著、江煦棠等译：《中华民国革命秘史》，中国人民政治协商会议广东省委员会文史资料研究委员会编：《孙中山与辛亥革命史料专辑》，第 303 页)

5月下旬(四月中旬)　《戊戌政变记》刊行单行本，并向欧美、新加坡、香港发行。

日本情报机构称："由清国人康有为、梁启超等人从横滨居留地一百三十九号《清议报》馆发行的《清议报》中精选并编纂成册的《戊戌政变记》分卷一、二、三，共三部，专门论述清国政治之得失，包括国体如何的讨论。该书已于本月二十三日前后向欧美、香港、新加坡等清国人居留地发行。"(《关于清国人书籍出版一事的报告》明治 32 年 5 月 26 日，章开沅等主编：《辛亥革命史资料新编》第 6 卷，第 21 页)

5 月(四月)　梁启超与唐才常等人组织自立会。

梁启超撰《自立会序》鼓吹:"大丈夫之贵自立也。横览古今中外多事之际,则英雄豪杰乘时而起焉,岂尝有某人限做某事,某事必待某人哉。大抵凡有志任事者,则天下之事,皆将成于其手,洵乎英雄豪杰之本无种也。"(梁启超:《自立会序》,《清议报》1899 年 5 月 30 日)

6 月上旬(四月底五月初)　造访宫崎寅藏。

"清国人孙逸仙最近访问宫崎寅藏借宿的芝爱岩下的对阳馆,而宫崎亦频频造访犬养毅。个中内情,一说是宫崎对犬养说福州有好矿,恳惠其办理手续开采当地矿石;又一说是宫崎在国内无法偿还巨额债务,因而频频请求犬养毅派遣其去马尼拉作实况考察。以上消息孰是孰非尚不得知,谨供他日参考。"(《犬养毅、孙逸仙和宫崎寅藏》明治 32 年 6 月 13 日,章开沅等主编:《辛亥革命史资料新编》第 6 卷,第 22 页)并引起清廷侦探的注意。"本月十八日清国公使馆翻译官罗庚龄、冯孔怀(又名冯国勋)两人来到日本桥区箱崎町的松入屋酒馆,叫了三名艺妓玩乐。据闻他们是听说东亚同文会会员平山周、宫崎寅藏等多次陪同孙逸仙来此酒馆,所以特来查探情况。"(《清国公使馆翻译到酒馆》明治 32 年 6 月 26 日,章开沅等主编:《辛亥革命史资料新编》第 6 卷,第 23 页)

7 月初(五月末)　派宫崎寅藏赴广东视察。

孙中山接到急电云:"广东地方的小帮派将要开始行动。"特命宫崎前往视察情况。(宫崎滔天著、林启彦译注:《三十三年之梦》,第 159 页)据《宫崎滔天年谱稿》,宫崎于 7 月 11 日离开长崎,7 月 28 日抵达香港,曾在长崎候船一个多星期。

7 月 8 日(六月初一日)　晤章太炎,并同梁启超等讨论救国方略及土地问题。

先是,留日学生监督钱恂与梁启超均有书约章太炎赴日。章应其请,自台湾渡日,先后寄寓横滨《清议报》报馆及东京钱寓、梁寓。

由梁介绍，是日与孙中山晤于横滨①。（冯自由：《革命逸史》第 2 集，第 36 页；章太炎：《口授少年事迹》）章氏早在《时务报》时期，就从梁启超处得知孙中山主张武力反清，"心甚壮之"，"窃幸吾道不孤"。（章太炎：《口授少年事迹》《民国光复》《致陶亚魂柳亚庐书》，引自汤志钧编：《章太炎年谱长编》上册，第 39—40 页）但开始对孙评价不高。1899 年初，章氏函告汪康年："东人言及公名，肃然起敬，而谬者或以逸仙并称，则妄矣。"言下孙不如汪。（上海图书馆编：《汪康年师友书札》二，第 1951 页）7 月 17 日，章氏再致汪康年函称："兴公亦在横滨，自署中山樵，尝一见之，聆其议论，谓不瓜分不足以恢复，斯言即浴血之意，可谓卓识。惟其人闪烁不恒，非有实际，盖不能为张角、王仙芝者也。"对孙看法仍不甚佳。（上海图书馆编：《汪康年师友书礼》二，第 1956 页）

在此前后，曾与梁启超在东京上野精养轩讨论行动方略。梁复函孙中山道："捧读来示，欣悉一切。弟自问前者狭隘之见，不免有之，若盈满则未有也。至于办事宗旨，弟数年来，至今未尝稍变，惟务求国之独立而已。若其方略，则随时变通，但可以救我国民者，则倾心助之，初无成心也。与君虽相见数次，究未能各倾肺腑。今约会晤，甚善甚善。惟弟现寓狭隘，室中前后左右皆学生，不便畅谈。若枉驾，祈于下礼拜三日下午三点钟到上野精养轩小酌叙谭为盼。"（冯自由：《中华民国开国前革命史》第 1 册，第 44—45 页）讨论中，涉及土地问题，孙中山谓："今之耕者，率贡其所获之于租主而未有已，农之所以

---

① 据日本外务省档案，章太炎于 6 月 14 日抵神户，（明治 32 年 6 月 17 日兵库县知事致青木外相，兵发秘第 200 号）6 月 18 日抵达东京，次日往访梁启超。（明治 32 年 6 月 20 日警视总监大浦兼武致青木外相）6 月 21 日，迁往梁寓。（明治 32 年 6 月 21 日警视总监大浦兼武致青木外相，甲秘第 113 号）7 月 4 日赴镰仓，8 日赴横滨，居大同学校，当天返回东京。（明治 32 年 7 月 10 日神奈川县知事浅田德则致青木外相，秘甲第 322 号）7 月 7 日，梁启超先到横滨，居《清议报》馆，7 月 15 日返回东京。8 月 15 日，章再由东京赴横滨，次日乘船回国。（明治 32 年 8 月 18 日神奈川县知事浅田德则致青木外相，秘甲第 391 号）其与孙中山会晤应在 7 月 8 日。而孙中山与梁启超晤谈，也在此期间。冯自由谓"梁引章同访孙总理、陈少白于横滨，相与谈论救国大计，极为相得"。（冯自由：《革命逸史》初集，第 80 页）但是时陈已离开日本。

困也。土地国有后，必能耕者而后授以田，直纳若干之租于国，而无复有一层地主从中胺削之，则农民可以大苏。"梁启超认为此"颇有合于古者井田之意，且与社会主义之本旨不谬"，表示赞许。（饮冰：《杂答某报》，《新民丛报》1906 年 9 月 3 日）冯自由记：孙中山"在己亥庚子年间（民国前十三年至十二年）与章太炎[①]、梁启超及留东学界之余等聚谈时，恒以我国古今之社会问题及土地问题为资料，如三代之井田，王莽之王田与禁奴，王安石之青苗，洪秀全之公仓，均在讨论之列。其对于欧美之经济学说，最服膺美人亨利佐治（Henry George）之单税论。是为土地公有论之一派。总理以为此种方法最适宜于我国社会经济之改革，故倡导惟恐不力"。其后与梁启超又再度商谈，梁复函曰："前日承惠书，弟已入东京，昨晚八点钟始复来滨，知足下又枉驾报馆，失迎为罪。又承今日赐馔，本当趋陪，惟今晚六点钟有他友之约，望见谅为盼。下午三点钟欲造尊寓，谈近日之事，望足下在寓少待，能并约杨君衢云同谈尤妙。"（冯自由：《中华民国开国前革命史》第 1 册，第 45—46 页）

7 月 17 日（六月初十日）　康有为在加拿大维多利亚建立保皇会。

7 月 21 日（六月十四日）　为菲律宾革命军运送所购枪械之"布引丸"在浙江海面沉没。

中村弥六接受委托后，与陆军省次官川上操六商议为菲律宾购械事。因美国得知菲律宾在日本购买武器，向日本政府严重抗议，二人协商结果，决定以德国人瓦义别鲁克鲁名义往大仓组购买。（《平山周谈商借菲律宾所购械弹事》，丘权政等编：《辛亥革命史料选辑》上册，第 27 页）中村复与大仓喜八郎商议，由大仓商事会出面，以买废铁为名，向陆军部购入陆军换下的旧枪弹，并由中村出面，以三万八千圆买下三井公司旧船"布引丸"。（明治 33 年 12 月 1 日警视总

---

①　1903 年又与章太炎等讨论土地、赋税等事，详该年 2 月下旬至 3 月条。

监安乐兼道致加藤外相,甲秘第 150 号;明治 33 年 6 月 29 日乙秘第 336 号)
中村将船略加修理,于 7 月 19 日以向中国运送铁路枕木名义由长
崎秘密开往菲律宾。由宫崎介绍同志林正文、高野义虎担任押运。
预定驶至马尼拉附近一小岛,由菲人接收起陆。(冯自由:《革命逸史》
第 4 集,第 78 页)21 日晚 11 时后,"布引丸"遇台风,在浙江宁波马鞍
群岛海面触礁沉没,船上所装弹药六百万发、枪一万支、大炮一门、
机关枪十挺全部损失①。船长石川博、监督林正文、高野义虎等十
七人死难,其余船员获救。(宫崎滔天著、林启彦译注:《三十三年之梦》,
第 166—167 页注⑩)

7 月 27 日(六月二十日)　会见刘学询。

先是,上年 12 月 9 日(光绪二十四年十月丙午),清廷谕令"知府
衔刘学洵〔询〕,员外郎衔庆宽,均着自备资斧亲历外洋内地考察商
务"。(朱寿朋编:《光绪朝东华录》四,总 4258 页)刘等于 7 月 8 日从上海
乘"西京丸"出发,宗方小太郎、宇都宫太郎同船。7 月 14 日抵横滨,
当晚赴东京,下榻于日比谷帝国大酒店。(刘学询:《游历日本考查商务
日记》,己亥长至香山刘氏印于上海)据宗方小太郎记:"16 日,访问住在
帝国旅馆的刘学询、庆宽等,协议各事。12 时归。午后,孙文来访。"
"18 日,访西乡内相,见中国公使李盛铎,畅谈至午后。孙文来访。"
"27 日,访刘学询,一道拜会西乡内相。同夜又伴孙文与刘密谈,至
夜一点归。"(《对支回顾录》下卷,第 383—384 页)密谈中,刘问:"现在中
国与日本联盟,君之革命宗旨究如何?"孙中山答曰:"我之革命宗旨
始终在兴起中国。"刘表示:"若政治革命,可以协力,种族革命,恐其

---

①　詹森《日本人与孙逸仙》(Marius. B. Jansen *The Japanese and San Yat—sen*, Har-
vard Unlvo Cambridge, Mass. 1954)记为子弹六百万发,步枪一万支,大炮十一门,望远镜
七架,火药压榨机一部,制造军火机一部以及大批制造弹药的材料。另据陈烈甫《菲律
宾与中菲关系》称,1899 年有两船军火自日本运往菲革命军,一艘自琉球海面毁于飓
风,一艘因美舰严防只能到达台湾。

事甚难。"①(罗家伦主编、黄季陆增订:《国父年谱(增订本)》上册,第109页)

7月(六月)　结识山田良政。

据《山田良政传》:"1899 年国父中山先生亡命日本,先生(山田良政)晤谒于东京神田三崎町旅馆,感于国父对世界对人类之崇高理念,遂誓为东亚前途而奋斗焉。"(《革命先烈先进传》,第19页)以后孙中山往神田三崎町山田寓回访。山田纯三郎记:"有一天,家兄突然对我们说:明天下午两点,有位中国的大人物要来,所以那时不要悲愤慷慨,兴奋过度。那个时候对于中国人,记得中日战争的画报,都把他们写成没有朝气,只知逃跑的人,可是那一天,我用手指沾上唾沫把纸门弄个小洞,盗看到的中国人却使我大为惊奇。他的前额和后头都突得很厉害,嘴巴闭得紧紧地。看来确是个非凡的人物。他跟画报上的中国人完全是两样。虽然我不知道他究竟是谁,但他却给我非常深刻的印象。"(《辛亥革命与孙中山先生的联盟》,陈鹏仁译:《论中国革命与先烈》,第233—234页)

7月至8月(六月至七月)　兴中会在日本印制革命宣传品,用"中国合众政府社会"名义,寄发给在美洲、檀香山、澳洲、海峡殖民

---

①　刘学询等此行系由日本驻上海总领事小田切万寿之助安排。清廷对此颇为重视,于八月十六日(9月19日)谕令:"刘学询、庆宽现由日本差竣回沪,着刘坤一传知该二员即行回京赴命,先赴总理各国事务衙门报到。"(总理衙门大臣奕劻等:《遵旨代奏折》,《游历日本考查商务日记》)刘在日本谒见了天皇,拜会了伊藤博文、青木国藏等朝野政要,并在华侨中活动,当时风传其旨在对日交涉引渡或安排暗杀康、梁。(1899年8月15日《亚东时报》第13号,唐才常:《答客问支那近事》)刘《游历日本考查商务日记》中瞒去与孙中山交往之事。据庆宽报告:"奴才访得遁逆孙文时于旧金山及南洋各处,勾结匪党,煽惑人心,敛钱设会。近日时常盘聚日本,联络商民,与王照、梁启超等往来勾结,立会煽惑等事,并倚日本壮士党为声恃,大隈伯爵豢养为护符,并闻伊藤虽不同党于该匪等,亦有羁縻之意……青木、伊藤告语谆谆,意殊迫切,熟察词气之间,冒昧揣度,若我国毫无举动,恐日本以为我毫无自强之望,即当另谋他策,似有将用康、梁、孙之意。"(孔详吉:《孙中山康有为早期关系探微》,《孙中山和他的时代——孙中山研究国际学术讨论会文集》)慈禧对《请饬驻日使臣李盛铎确切查明刘学询在日劣迹片》中所陈"该员等旋移寓与广东逸犯孙文同住,过从甚密"一说未曾措意(留中不发),谕将刘交湖广总督张之洞"差遣委用"。李鸿章督两广,又交李"差遣委用"。刘返广东后,成为维新派人士切齿之人。

地、曼谷、西贡和加拿大的党人,鼓动中国人起义,反对"满洲强盗"。(谢缵泰著、江煦棠等译:《中华民国革命秘史》,中国人民政治协商会议广东省委员会文史资料研究委员会编:《孙中山与辛亥革命史料专辑》,第304页)

8月11日(七月六日)　在横滨出席犬养毅主持的华商会议所调解纠纷会。

先是,梁启超等提倡设立华人商业会议所,于7月27日与29日,约集三百余人在中华会馆商议此事。据日本外务省档案,7月30日告成,议长卢荣彬,副议长鲍焜、罗廷琛、孔兆成、谭辉垣、罗幼声,总干事吴植垣,干事郑席儒、林北泉、罗佐臣、何静甫、邝满、郑雅亭、曾卓轩、梁鸿初。(《关于清国人设立商议会之事》明治32年7月31日,章开沅等主编:《辛亥革命史资料新编》第6卷,第24—25页)该所为梁启超一派把持,遂有人以"横滨阛埠不平华人"名义发布公启,称此会所"意在群合各地华人,讲求商法,扩充商务,使人人得保其权利,增其幸福",指责"一二揽权独断之奸商市侩,胆敢假公济私,欲藉合群之名,以行其欺蒙之术者,其实有害吾人之权利,贼吾人之幸福"。为杨衢云等人被排斥于会议所之外鸣不平。(《清国人商议会所发行刊物(附印刷物原文)》明治32年8月4日,章开沅等主编:《辛亥革命史资料新编》第6卷,第25—26页)为选举议员事,当地华侨分为"梁启超派"和"孙逸仙派"。是日,犬养毅专程来到横滨,召集两派领导人,包括孙中山、杨衢云、鲍焜、林北泉及另外三人于住吉町六丁目千岁楼,进行调停。8月12日,又在中华会馆为两派仲裁。(明治32年8月12日神奈川县知事浅田德则致青木外相,秘甲第380号)该议会到8月底终告解散。(明治32年8月30日神奈川县知事浅田德则致青木外相,秘甲第404号)据日本外务省档案,解散会议所"个中缘故据暗中调查,本月十五、十六两日议长卢荣彬等人招待了现下逗留本地的清国人刘学询(此事当时已有所报告),当时干事和议员之间就此事提出种种异议,意见不能相容。卢议长欲再次招待刘,然持反对意见的干事和议员大唱反调,表示不赞助,于是卢未能遂其意,心中不满,认为华商会议所将来难有收效,且先前主张招待刘的袁士庄等人从旁煽动,卢遂主张解散议会。反对卢的是不满刘学询举动的梁启超一派。他们在会议所的人数占不少,以为刘终究不是吾等同志,难以理解有人竟然对他表示欢迎,认为这是为了从刘那里得到好处而陷入其奸计"。(《关于华商会议所纷争一事》明治32年8月30日,章开沅等主编:《辛亥革命史资料新编》第6卷,第27页)

8月28日(七月二十三日) 与刘学询再次会晤。

会晤后,函告犬养毅,将于30日与刘学询拜会大隈重信及犬养本人。并谓:"明朝有事复回横滨,晚当再来京,投宿先生家,次早一同会谈也。"(《孙中山全集》第1卷,第187页)9月4日下午,刘学询离长崎回国。(刘学询:《游历日本考查商务日记》,第41页)

8月(七月) 与犬养毅会谈。

"犬养问:'孙先生,你最喜欢的是什么?'孙毫不犹豫地回答:'革命——把清政府推翻。'犬养说:'你最喜欢革命,这是谁都知道的。但除此而外,你最喜欢什么?'孙中山顿了片刻,用英语答道:'Woman(女人)。'犬养拍手叫道:'很好。再其次呢?'孙答:'Book(书)。'犬养嚷道:'这是很老实的话。我以为你会说最喜欢看书,结果却把女人排在看书前面。这是很有意思的。不过,喜欢女人的并不只是你。'孙中山见犬养曲解了自己的意思,便说:'不是这样。我是想,千百年来,女人总是男人的附属品或玩物,充其量作个贤内助。然而我认为,她应该和母亲是同义词,当妈妈把她身上最有营养的乳汁喂给孩子的时候,当妻子把她真诚的爱献给丈夫的时候,她们的牺牲是那样的无私和高尚,这难道不值得爱吗? 可惜,我们好些人却不珍惜这种爱,践踏这种爱。'"(李联海:《孙中山与宫崎滔天》,郝盛潮主编、王耿雄等编:《孙中山集外集补编》,第10页)

△ 梁启超创办东京高等大同学校。孙中山开始与留日学界接触。

东京高等大同学校主要吸收横滨大同学校、神户同文学校,南洋、美洲各埠以及内地的高才生徒和俊秀子弟。由发起人郑清璠、吴廷奎、曾纪标、曾纪杰、卢瑞棠、林文澧、郑观光、谢燠辰、鲍芳昭、杨萃奎、郑文晃、方文辉等刊布的公启说："异日当万国之卫，而维持宗邦，更新百度，救二千年来将坠之文明于千钧一发之际者，岂非今日少年子弟所责无旁贷者哉？……我中国虽日危迫，苟舵共倡此举，积流壤成河岳，雕良璞作圭璋，或者天未欲亡四万万人也。"（《清议报》第25册）"从学者有前湖南时务学堂旧生林锡圭（述唐）、秦鼎彝（力山）、范源濂（静生）、李群（彬四）、蔡艮寅（松坡，后改名锷）、周宏业（伯勋）、陈为璜、唐才质（法尘）、蔡钟浩、田邦璿、李炳寰等十余人，横滨大同学校学生冯自由、郑贯一、冯斯乐、曾广勤、郑云汉、张汝智等七人。梁自任校长，日人柏原文太郎为干事。时梁方与孙总理、杨衢云、陈少白诸人往返颇密，且有联合组党之计划，故所取教材多采用英法名儒之自由平等天赋人权诸学说。诸生由是高谈革命，各以卢骚、福禄特尔、丹顿、罗伯斯庇尔、华盛顿相期许。是时我国留东学生全数不满百人，以主张排满之戢翼翚（元丞）、沈翔云（虬斋）等为最激烈。戢、沈每至大同学校访友，恒流连达旦。此外尚有北洋官费生黎科、金邦平、郑丞煜、郑葆丞、张煜全、傅良弼诸人亦持革命论调，与总理及梁启超时相过从。"（冯自由：《中国革命运动二十六年组织史》，第37—38页）孙中山与留日学界关系始于此际①。

9月6日（八月初二日）　美国国务卿海约翰（John Hay），提出对华"门户开放"政策。次年3月，获各国圆满答复。

9月24日（八月二十日）　清廷电谕两江总督促令庆宽、刘学询

①　1896年6月15日到达东京的驻日使馆东文学生戢翼翚等十三人，是甲午战前使馆附读生的继续。1898年5月，清政府始正式开始向日本派出留学生。同年底，总数达百人。其中官费生住使馆内，受严密注视。1899年9、10月以后，东文学生及其他官费生逐渐脱离使馆控制；程家柽等又新从国内来，遂通过高等大同学校与孙中山联系。（光绪二十二年十二月二十七日《出使日本大臣第二次收支各款清单》，《清光绪朝中日交涉史料》卷50；巩黄[秦力山]《论革命》；《清国留学生会馆第二、四、五次报告》）

速到京复命。

据《申报》云:"京师访事友来函云,前赴日本之刘庆二使,回国后留滞申江尚未入都复命。本月二十日,皇上电谕两江总督着促令即日就道,勿稍稽延。未几出使日本大臣李木斋星使电奏到京,略称庆宽、刘学询二人到日之后,日本外务省大臣并不以礼接待,往拜亦不报谒,惟终日与孙文密室谈论,形迹甚属可疑云云。皇上以庆、刘二人均由杨侍御崇伊保荐,今者隔越贻羞,大受邻邦姗笑,不禁勃然震怒。凡京官之与杨交好者,无不代为惴惴于心。"(《电催复命》,《申报》1899年10月4日)

是年秋 与维新派积极联络结盟合作。

康有为离开日本后,孙中山与梁启超等人常在文经商店二楼密商两党合作救国问题。(冯自由:《华侨革命开国史》,荣孟源主编:《华侨与辛亥革命》,第33页)"梁启超因与中山往返日密,渐赞成革命,其同学韩文举、欧榘甲、张智若、梁子刚等主张尤形激烈。于是有孙康两派合并之计划,拟推中山为会长,而梁副之。梁诘中山曰:'如此则将置康先生于何地?'中山曰:'弟子为会长,为之师者,其地位岂不更尊?'梁悦服。于是由梁草拟一上南海先生书,文长数千言,略谓:'国事败坏至此,非庶政公开,改造共和政体,不能挽救危局。今上贤明,举同共悉,将来革命成功之日,倘民心爱戴,亦可举为总统。吾师春秋已高,大可息影林泉,自娱晚景。启超等自当继往开来,以报师恩。'"并推陈少白、徐勤起草章程。(冯自由:《革命逸史》第2集,第29页;冯自由:《中华民国开国前革命史》第1册,第44页)

10月11日(九月初七日) 兴中会、哥老会及三合会首领在香港成立兴汉会,公推孙中山为总会长①。

此事缘起,据林圭致容星桥书称:"满事未变之前,中峰主于外;

既变而后,安兄鼓于内。考其鼓内之始,安兄会中峰于东而定议,与平山周游内至汉会弟,乃三人同入湘至衡,由衡返汉。其中入湘三度,乃得与群兄定约。既约之后,赴港成一大团聚,于是本公司之名大噪,而中峰之大英豪,人人始得而知仰企矣。"(中峰,孙中山;安兄,即毕永年,当时易名为安永松彦。)

　　7 月 11 日,宫崎寅藏奉孙中山之命前往广东视察地方帮派情况,7 月 28 日抵达香港。([日]近藤秀树:《宫崎滔天年谱稿》,[日]宫崎龙介、小野川秀美编:《宫崎滔天全集》第 5 卷)这时湖南哥老会首领在上海"遇文廷式,交信嘱其来港觅宫崎"。(1899 年 9 月 19 日梁铁君致康有为函,引自孔祥吉《晚清佚闻丛考——以戊戌维新为中心》,第 8 页)6 月,宫崎赴港途径上海时,与文廷式结识。(《文廷式年表稿》,汪叔子编:《文廷式集》下册,第 1505 页;[日]中村义:《白岩龙平日记:アジア主义実業家の生涯》,第 295 页)后者对哥老会诸雄所说赴港觅宫崎,应是兴中会一派的意思。不久,陈少白接到毕永年的来信,知其"将率领哥老会的首领数人到香港",因而让宫崎暂缓进入内地。9 月,哥老会首领持毕永年介绍函先到,向陈少白等表示:"现今世运大开,国事亦非昔比。我国岂能固步自封?"提议合并三合、兴中、哥老三会以及拥立孙中山为首领,并说:"现在,如不了解国际情势,贸然揭竿而起,则将遗祸于百年之后。而我们会党之中无人通晓外国情况,所以,对孙先生期待甚切。希望毕先生到后共商此事。"(宫崎滔天著、林启彦译注:《三十三年之梦》,第 168 页)宫崎闻听之下,大喜过望,立即汇款给因阮囊羞涩而滞留上海的毕永年,促其速来。(一说其时毕永年易名安永松彦,"遍游福建等处,日本领事万岛舍松,合日中旋〔旅〕闽志士大开欢迎会以张之"。[《自立会人物考》,杜迈之等辑:《自立会史料集》,第 300 页]另据林圭致容星桥书,毕永年曾在两粤、闽浙一带进行鼓动。)

　　10 月初,毕永年赶到香港后,不数日,举行了合并会议。与会者共十二人,其中哥老会七人,三合会二人,兴中会三人。属哥老会者为李云彪、杨鸿钧、辜人杰、柳秉彝、李堃山、张尧卿、谭祖培,属三合会者为曾捷夫、郑士良,属兴中会者为陈少白、毕永年、王质甫。(桑兵:《孙中山生平活动史实补正(1895—1905 年)——〈孙中山年谱长编〉编辑札记》,《孙中山研究论丛》第 4 集,第 130 页)因事先酝酿成熟,很快便接受毕永年的提议,决定兴中、三合、哥老三大团体公推孙中山为总会长,会名忠和堂兴汉会,以兴中会"驱除鞑虏,恢复中华,创立合众政府"的纲领为总会政纲,并歃血盟誓,刻制印信奉呈孙中山。(冯自由:《革命逸史》初集,第 75 页;宫崎滔天著、林启彦译注:《三十三年之梦》,第 170 页)

10 月 11 日晚,为庆祝合并成功,宫崎寅藏在香港的日本饭馆设筵招待众人,出席者除参加合并会议的十二人外,另有四人。席间宫崎按日本武士出征时的礼仪,为每人摆上一尾生鲤鱼,并解释道:"现在诸位已将三会合而为一,行将一举推翻满虏,岂不也是要走上新战场吗?"(宫崎滔天著、林启彦译注:《三十三年之梦》,第 171 页)遂与众人大杯豪饮尽欢。宾客纷纷为宫崎题词赋诗作画于短外衣上,王质甫诗曰:"英杰聚同堂,诗酒托离觞。从今分别去,戎马莫仓皇。"陈少白诗曰:"温温其人,相影相倚。昔有书绅,今昧此意。"毕永年诗曰:"金石之交,生死不渝,至钟所钟,题此襟裾。"辜人杰诗曰:"负剑曾来海国游,英豪相聚小勾留,骊歌一曲情何极,如此风光满目愁。"长沙谭祖培诗曰:"天假奇缘幸识荆,话别愀然万念生,感君厚意再相见,且将努力向前程。"李权杰诗曰:"牡丹花伴一枝梅,莫羡牡丹真富贵,富贵清间在一堆,须知梅占百花魁。"张尧卿诗曰:"久聚难口别,秋风咽大波,柔肠君最热,离绪我偏多。恨积欲填海,心殷呼渡河。如胶交正好,此去意如何。"柳秉彝诗曰:"将相之才,英雄之质,至大至刚,惟吾独识。"(上村希美雄赠中山大学孙中山纪念馆藏东京对阳馆挂轴原件照片)湘鄂会党首领多为粗人,而与会者除杨、李两位山主外,个个能诗,应是经过特意挑选,以便与主要由知识人士组成的兴中会打交道。但这样一来,代表的权威性便要打些折扣。

兴汉会成立后,与会者分三路赴两粤、闽浙和上海,将会议结果向各地同志汇报。宫崎寅藏放弃了进入广东的计划,于10月21日与陈少白离开香港,([日]上村希美雄:《宫崎兄弟伝.アジア篇 上》,第273页)返回日本,以便向孙中山报告情况,呈献兴汉会会长印信。11月9日,舟抵横滨,两人径往孙中山的寓所。(日本外务省档案,明治32年11月21日神奈川县知事浅田德则致青木外相,秘甲第589号)善于把握机会的孙中山趁势逼杨衢云让出兴中会会长的位置。广州起义前,兴中会内部两派曾就这一位置的人选安排发生纠纷,杨衢云虽然当上会长,但他在海内外的影响远远不及孙中山,无论是清政府还是国际社会,都视孙中山为首领。伦敦被难事件后,陈少白在日本《神户新闻》撰文《中国的改革》,称孙中山"是唯一具体把握局势,又具有能使民族更新的一往无前的勇敢精神的人"。谢缵泰即致函转载该文的《中国邮报》,声明:"改革派的领袖是杨衢云","孙逸仙仅仅是改革运动的重要组织者之一。"(《中国邮报》1896年11月30日,引自黄宇和:《分析孙中山伦敦被难及其影响》,第119—122页)这种名实不副与内耗的情况,不利于兴中会的活动和组织发展。孙中山的要求与杨衡云的让步,都是顺乎情合乎理之事。

不久,李云彪等以兴中会供给不周,未满所欲,适康有为于11月初由美洲经日本至香港,欲因以为用,赠李等各百金,李等以康富有,遂与发生联系。毕永年责以大义,无效。(冯自由:《革命逸史》第6集,第40页)先是,毕永年在香港邂逅同乡前辈释紫林,此君原是湖南志士,以政治犯弃世入佛门,同情毕君壮志,在哥老会头目中有些亲友,为三会合并成立兴汉会事尽力。俟会议成功后,遂与毕永年结弟子之缘。([日]宫崎龙介、小野川秀美编:《宫崎滔天全集》第2卷,第560—561页)各会党首领曾由永年率往日本,谒孙中山请示方略,均由孙中山分别遣之归国,候命进止。(冯自由:《革命逸史》初集,第75页)"会党首领既已变节,永年愤然作厌世想①,竟投浙江普陀,削发为僧,易名悟玄,贻书平山周志别,谓盖

① 秦力山《毕永年传》称:"顾毕尝与兴中会事,其后亦卒不合。"则毕出家似别有原因。

举国之人,无不欲肥身赡家以自利者,弟实不耐与斯世斯人共图私利,故决意隐遁,归命牟尼。今将远行,特留字告别。仁兄一片热肠,弟决不敢妄相阻挠。愿仁兄慎以图之,勿轻信人也。弟于日内往浙江普陀山,大约华三月,由五台、终南而入峨眉。从此萍踪浪迹,随遇可安,不复再预人间事矣。"(平山周:《中国秘密社会史》,第 156—157 页)孙中山在日本,闻永年愤世远遁,如失左右手,尝四处访寻不获。(冯自由:《革命逸史》初集,第 76 页)

是年秋冬间　再为菲律宾独立军购械,未果。

"布引丸"遇难后,"总理及彭西等闻船械俱失,异常懊丧。中村谓如有资金,可以二次购械,务求达目的而后已。总理乃商诸彭西仍托以重任。中村于是重向大仓会社洽商,购得村田式铳及弹丸如前数。方期雇船运输,则以日本政府鉴于'布引丸'之沉沦,取缔轮船出口,监视严密,无法输运"。(冯自由:《革命逸史》第 2 集,第 81—82 页)

10 月 16 日,彭西致函孙中山询问运械之事:"逸仙博士阁下:我等已安然抵达此间,特奉告。本人推测朴先生当时已在阁下处,因我抵达时,他不在此间,请代致候。

"我们的事情如何? 我们已购的二百五十万,目下为数已足,购船之后,所有余款,谨恳用以采办弹筒相同的来福枪,为数不论百枝,或百枝左右,尽款能购,但勿因此而耽误行程。现在我们的要务,是尽力避免一切稽延,惟阁下苟能多添来福枪若干枝,而无不便之处更佳。

"我们因不能动用现在手头较大的款项为憾。但本人企盼该船返抵时,能将款项携来,因我们的人现于阁下所悉地区等候该笔指定的款项。

"我已将上次出事后受害人士的详情和申请的函件送呈我政府当局,希望我们能获满意的决定。"(黄季陆:《国父援助菲律宾独立运动与惠州起义》,《传记文学》[台北]第 11 卷第 4 期)11 月 9 日,宫崎等自香港归抵横滨,谈到运械一事,孙中山说:"再举的准备已经就绪。只因政府监视甚严,武器不能运出。"仍然藏于大仓店内。(宫崎滔天著、林启彦译注:《三十三年之梦》,第 174、219 页)孙中山迫不得已,两度致书彭西,告以所遇困难。彭西接信后于 1900 年 1 月 13 日从香港复函:"逸仙博士阁下:11月 13 日及 12 月 17 日来书,业已收到,对于阁下所遭遇的重大困难,深以为憾。我本人及我国同胞对阁下感戴良深,谨盼为我等亦即为全人类及整个远东的目的之计,在最近将来,阁下最后获致成功。因此,我们深信在达到圆满结果以前,阁下必不致放弃我们的任务。我们现在的情况仍是危急,我们深恐不能及时赶抵。本人谨将一切事宜,拜托阁下,企望善用一切机会,使之完成。如有困难,亦望告知。"(黄季陆:《国父援助菲律宾独立运动与惠州起义》,《传记文学》[台北]第 11 卷第 4 期)

10 月 25 日(九月二十一日)　受孙中山影响,欧榘甲撰《中国历代革命说略》刊于《清议报》,公开为"革命"正名①。

欧榘甲称,中国历代的"革命之运,或进或退",不仅"与黄种盛衰伸绌有大关系",而且"与今日改革时机尤有相为影响者",将历史上改朝换代的"革命"与近代革命相联系。他盛赞三代之治,认为尧舜"虽非与今世完全之民主国相同,亦当时之大圣,有公天下之心者也",批评时人所谓"中国无民主种子,革命后不能为共和之治"的论调"皆大谬误,不知孔子之大义者也"。又区分历史上的"家族政治"与"庶民革命",斥责夺占国人所有的"假革命家"坏了革命的名声,"家族为国之时代已成熟,其先德入人之心,庶民革命之时代尚幼稚,而所为又拂民之欲,则民宁安于家族政治之下,而不愿遭庶民革命之惨。读佛兰西革命史,杀人之多,大乱之频,几令人不敢复言革命事,而王族之党欲窃发而起者,犹时有焉。盖革命势尚未成,一革再革,至于三革,而不能成功,则人厌乱,思其旧矣"。自真革命家汤武顺天应人,"革之时义大矣哉。今革义行于五洲矣,革效被于四海矣,其风潮起于环地中海……自今文明世界,一草一木,一土一石,一饮一啄,

---

① 桑兵:《庚子勤王与晚清政局》,第 360 页;陈建华:《"革命"的现代性:中国革命话语考论》,第 136—138 页。

一波一沤，皆欲自由之光荣，新华之昭耀，而原其始也，莫不有革命为之别开天地，重光日月，以有今日也"。近代亚洲大陆虽然"革运稍为阻耳，然其期亦不远矣"。革命既然"莫不藉铁血之威，掷千百头颅，流千百膏血以易之"，孔孟至仁大圣，何以目为应天顺人？即因天赋人人以自由之权，独立之性，"人人尽其自由之权独立之性而不相侵，斯谓能守其职，人人捐其自由之权独立之性而不相吝，斯谓之能成公益。如是则均平，则安乐，无偏无颇，众民欣和。若夫纵一己之自由，而压众人之自由，伸一己之独立，而缩众人之独立，是视己如天，视人如畜。众民者已供其身家财产，而身又陷于犬马奴隶之籍，终其身无一日生人之乐焉。夫以犬马奴隶待人，实悖天道，实害人理，以犬马奴隶自待，亦悖天道，亦害人理，如是则不均不平不安不乐，雷霆撼天，水中生火，如是不革命，则为黑暗之世，地狱之世，生不如死，有不如无，乾坤毁而天地灭矣。故必有大英雄大豪杰崛起，而涤荡犬马奴隶之世界而为人类最贵之世界，开豁黑暗地狱之世界而为文明天堂之世界，乃足以相天而生人。则革命者，是平人天之憾最良品也"。他又引述西人所说"文明者购之以血也"，"将独夫民贼之血洒地球而皆红，则民安矣"，以及史学家所谓"欲革千人之命者，必流百人之血，革万人之命者，必流千人之血，欲革亿人之命者，必流万人之血，古今万国之通例，不可规避之事"等至理名言，论证"革命者，去野蛮而进文明必经之路也"。古代至圣虽主不杀，亦因革命为理之必至，势所必然，而予以首肯。（《清议报》1899年10月25日）

11月中旬（约十月）　在东京红叶馆出席送别林圭筵会，并介绍汉口兴中会员容星桥协助举事①。

据日本外务省档案，11月13日神奈川县知事浅田报告青木外相："清国人孙逸仙和陈白二人于今日早晨7时左右出发前往东京，

---

①　或记当时有日本镰仓会议，"决议即日起兵，分珠江、扬子江两流域进行。珠江流域总理自主之。扬子江流域命傅慈祥、吴禄贞主之"。（朱知中：《革命思想在湖北的传播与党人活动》，《辛亥革命在湖北史料选辑》，第530页）

据闻二人是就陈白来日一事拜会大隈伯和犬养毅等人。"(《英国人金德西(冯镜如)与孙逸仙》明治 32 年 11 月 13 日,章开沅等主编:《辛亥革命史资料新编》第 6 卷,第 30 页)又据 11 月 21 日浅田告青木外相:"本月 9 日由香港来日的流亡清国人陈白于 13 日和清国人孙逸仙一道前往东京,昨日(19 日)下午 2 时孙返回横滨,而陈直到今日早晨才返回横滨,并立即搭乘本港起航的香港号,由海路经由神户前往香港。"(《清国人陈白与孙逸仙之举动》明治 32 年 11 月 21 日,章开沅等主编:《辛亥革命史资料新编》第 6 卷,第 31 页)

先是,本年夏秋间,唐才常再次东渡,因毕永年谒见孙中山,"筹商长江各省与闽粤合作事。然唐东渡之目的,在于会见康有为、梁启超,有所计划。时康、梁师徒正在海外大倡保皇会,建议募款起兵勤王,其眼中之徐敬业、舍唐莫属,而唐亦欲利用保皇会款为起事之需,故不便与兴中会积极合作。其间由毕永年,平山周多方斡旋,始订殊途同归之约"。(冯自由:《中华民国开国前革命史》第 1 册,第 66 页)唐才质记:"公(指才常)当年尝告我,此次与中山先生会见,商讨湘鄂及长江起兵计划,甚为周详,先生认为可行。关于两派合作问题,先生亦慨然许诺。公与先生订殊途同归之约。与康先生时通声气,共图起义。"(湖南省哲学社会科学研究所编:《唐才常集》,第 274 页)后唐才常与梁启超、林圭、秦力山聚会于日本东京,共商拟于长江沿岸利用会党起义,夺取汉口为基地,乃推林圭为首,回国与各会党联系。因林圭与哥老会中人多所素习,易于结纳。先是,林圭就读于东京高等大同学校,受有数大刺激:"一、在校中不克自备资斧,常仰给于粤商,横遭他人白眼;二、林之目的原在于实行,读书非其所乐;三、当时日本之新闻纸,其唾骂支那人,几牛马之不若,乃决计归国,说于梁曰:'国势至此,而有志之士,方孜孜焉以求学,学成而国已烬矣。夫学,犹之耕也,不耕固无所得食。试问救火急乎? 抑耕急乎?'梁知其意,出资遣之。"(民表:《林锡珪传》,杜迈之等辑:《自立会史料集》,第 232 页)唐才常约林圭与其同学蔡钟浩、田邦璿、李炳寰、秦力山等归国。复由林邀鄂人傅慈祥(成城学校)、粤人黎科(东京帝国大学)、闽人郑葆成、燕人蔡丞煜(均肄业东京日华学堂)等相助,傅等欣然从之。出发之日,梁启超、沈翔云、戢翼翚等在红叶馆设筵祖饯,约孙中山、陈少白、平山周及宫崎寅藏参加,各举杯庆祝前途胜利,大有风萧萧兮易水寒之慨。"虽在席上,梁启超还把合作的话,殷殷商酌。"(陈少白:《兴中会革命史要》,中国史学会主编:《辛亥革命》第 1 册,第 62 页)林行前亲诣孙中山请益,孙中山为之介绍于汉口某俄国商行买办兴中会员容星桥。后林在汉口大得容助。(张篁溪:《自立会始末记》,杜迈之等辑:《自立会史料集》,第 8 页;冯自由:《中华民国开国前革命史》第 1 册,第 65—69 页)

是晚,林圭即乘火车赴横滨上船归国。田野橘次记:"湖南以长沙为首府,据湘江之委流,帆楫殷阗,百货充斥,固支那革命之一大市场也。爰拟于此设哥老会之中央本部,以为革命之运动。惟哥老会名目,不可公然发表,而为满清官吏之所侧目,故使予开学校,并设新闻社,暗中盛为运动。此则当年之目的也。予与同志林述唐偕发于神户,尚有四人,十日前已先发。越日本海,于一睡之中到埠。时唐(才常)君与张通典相俟已久。由是始得识唐君。当是时也,唐君之胸中,不日将起革命,而光鋩自不可掩,故其名显于四方,海内外之有志者,日日相续而来,而革命之光线,遂满于寓居暗淡之中矣。虽然,唐君固非轻率举事之人,常取沈重之态度,决不至为众人所煽动也。"

"予留唐君寓一周,即与同志沈君(即沈荩)、林君,偕向汉口进发,因欲往湖南,必于汉口转船。且欲创立学校及新闻之事业,不能不知会于张之洞,以利用之也。""湖南之行既不果,少年林君留汉口,谋为哥老会之所寄宿者,开一旅馆,平时以为生业,而阴以便其党徒,实以为会合商议之聚点。盖哥老会员常集于此,以计东西之连络也。"(田野橘次:《最近支那之革命运动》第一章《哥老会巨魁唐才常》)

据章士钊记:"己亥冬,林圭乃返国,偕之者五人,即李炳寰、田邦璿之流也①。同志建议,欲着手于湖南之运动。携一日本人,拟建学校以为机关。炳寰、邦璿回慈利集资,而荩与林圭并日本人至汉口以待。"②(黄中黄:《沈荩》,中国史学会主编:《辛亥革命》第1册,第290页)秦力山《毕永年传》记:"己亥冬间,林自东京始归时,欲在汉镇招纳亡命,以图暴动,而穷无所告,毕以三百金助之③。庚子之大计划,实始于此。"

11月15日(十月十三日)　唐才常鉴于南方党人日有联合之机,建议康有为成立南部联合机关,修正北上救主、复行新政的勤王策略。

唐才常函告康有为,鉴于南方党人出现联合之机,建议成立南部联合机关,以为他日安内攘外的根本。北方尊王则宜购死士实行暗杀,因己于北方情形不熟悉,无从下手,将责任委与康有为。且认为:"现在用力于北,以行尊王之实事,与用力于南,以为立国之根基,二者并行不悖,似分实合,均宜竭全力以图之,而宗旨归于变法改制,以救我四万万黄种之民。……若夫社会既立,权力恢复,至于事机决裂之会,从容举事,进可以勤王而清君侧,退可以植国而结东邻,而其要在使人人开其独立自由之性质,以为无理压制者之大抵力,而后可以

---

① 据黄鸿寿《自立军之失败》所记,另外三人为蔡钟浩、秦力山、唐才中。《清史纪事本末》卷68,1925年上海文明书局出版《中华民国开国前革命史》所记,则无唐才中。

② 按是条旧多作为送别唐才常、林圭,不确,应仅为林圭,唐才常已先期归沪。又一说傅慈祥、黎科、郑保晟、蔡丞煜等亦同行,(张篁溪《自立会始末记》;张难先《湖北革命知之录》,上海商务印书馆1946年出版)但傅慈祥参加了1900年7月在东京举行的中国学生会第二次集会,并演讲"皇上圣德",(沈翔云《恭祝皇上万寿演说》《清议报》第53册)而黎科1900年5月仍在东京。4月20日,梁启超致函唐才常等谓:"兄等左右宜有一二精通西文之人,今有之否? 若无之,则日本东京有北洋所派留学生数人,极可用。兄急需时,可飞函湘、孺二人调来。"5月19日梁又致函叶觉迈等:"黎(科)、张两君热力,已足与我一气,大可喜慰,乞为我常常致意。忠、雅等若有事于江左,意欲两君中以一人往助之,预备有交涉之事也。"(丁文江等编:《梁启超年谱长编》,第226页)据黄鸿寿《清史纪事本末》,傅慈祥、黎科、郑保晟、蔡丞煜于1900年暑假始回国与谋,不数日遇难。

③ 是时毕永年不在汉口。据林圭致容星桥书,"前由港寄来二百元,已收到"。似指此。

自存于二十纪世界中。"（蒋贵麟编：《万木草堂遗稿外编》下，第870—871页）

11月19日（十月十七日） 谢缵泰、洪全福在香港谋划起义。

是日，谢缵泰与洪全福结识。据谢记述，决定再次筹划和组织力量攻夺广州，"并借执政（Protector）为名，成立联邦政府。因为我有这样的见解：对于中国和中国人，'共和国政体'的政府形式太先进了"。（谢缵泰著、江煦棠等译：《中华民国革命秘史》，中国人民政治协商会议广东省委员会文史资料研究委员会编：《孙中山与辛亥革命史料专辑》，第305页）由洪组织革命军，军费则由李纪堂提供。

11月27日至30日（十月二十五日至二十八日） 李鸿章与刘学询通电，拟用孙中山除康有为。

本月14日，清廷命李鸿章为商务大臣，"面奉谕旨：逆臣康有为已至香港，英员保护，饬设法商办"。27日，李电驻英公使罗礼禄："吾管商务又奉密旨，不能漠视。望商定电复。"同日，致电上海虎城："昨面奉谕旨，令设法捕逆，已奏明仍交尊处妥办。孙已到否？康已离港否？究在何处？望查明随时电知两广密捕是确。"28日，刘电复李，称："孙函约尚未得复。康仍在港……沪上各报已播传，恐打草惊蛇，蹈上年李盛铎覆辙，并恐碍孙办法。询现拟得孙回音，即先赴粤，可否请奏饬粤暂缓，俟询到商妥再办，乞钧裁。"29日，李电刘："孙未复，或尚迟疑。粤早奉电旨，难再饬缓。"30日，刘复电李，谓"法用诱、用掳，活上、毙次……询已有港、澳可用之人，逆不远扬，相机必得。候孙来商截南洋之路，防逆闻此次诏捕外窜"。同日，李得刘电后复称："用诱、用掳，能生获尤妙……欲请旨赴粤面陈，恐来不及。孙无信来，何也？"（顾廷龙等主编：《李鸿章全集》第3卷，第870—871页）此后李、刘函电商议捕康，未见再议孙中山参与之事。

12月19日（十一月十七日） 为梁启超离东京赴檀香山致函孙眉为介。

孙中山与梁启超合作之说正兴，"独徐勤、麦孟华暗中反对甚力，移书康有为告变,谓卓如渐入行者圈套,非速设法解救不可。时康在新加坡①,得书大怒,立派叶觉迈携款赴日,勒令梁即赴檀岛办理保皇会事务,不许稽延。梁濒行约中山共商国事,矢言合作到底,至死不渝。以檀岛为兴中会发源地,力托中山为介绍同志。中山坦然不疑,乃作书介绍于其兄德彰及诸友"。梁抵檀后,致函孙中山:"弟于12月31日抵檀,今已十日,此间同志大约皆已会见,李昌兄诚深沉可以共大事者,黄亮、卓海、何宽、李禄、郑金皆热心人也。同人相见皆问兄起居,备致殷勤。弟与李昌略述兄近日所布置各事,甚为欣慰。令兄在他埠,因此埠有疫症,彼此不许通往来,故至今尚未得见。然已彼此通信问候矣。弟此来不无从权办理之事,但兄须谅弟所处之境遇,望勿怪之。要之,我辈既已订交,他日共天下事必无分歧之理,弟日夜无时不焦念此事。兄但假以时日,弟必有调停之善法也。"

(冯自由:《中华民国开国前革命史》第1册,第44—47)

12月22日(十一月二十日)　为《支那现势地图》识文。

既编绘《支那现势地图》,乃作识文,略谓:"中国舆图以俄人所绘者为精审,盖俄早具萧何之智,久已视此中华土地为彼囊中之物矣。" " 迩来中国有志之士,感慨风云,悲愤时局,忧山河之破碎,惧种族之沦亡,多欲发奋为雄,乘时报国。"本图对"已割之岩疆,已分之铁路,则用着色表明,以便览者能触目惊心"。(《近代史资料》1983年第4期)据可儿长一回忆:"那张地图的确画得很精细,且附有铁路计划干线,我看了甚为佩服。"(《追忆孙中山先生座谈会》)另据《中国旬报》第一期告白《新辑精确铁路十八省全图》:"本馆未开办以前,用全力搜购近日各国最新之中国图说及欧美名家之中国游记,不限时日,不惜工本,辑成此以前未曾有之十八省全图,降价发卖,务祈流通,以益世之关心此数千年富庶文物之国者。纸身坚白,设色鲜洁,至其雕刻之精,部位之准,更非从前之木版石印只图混利者所能梦见。此图最善

---

①　是时康仍在香港,1900年1月27日始往新加坡。

最要之点在各国所据之铁路,将来中国之完缺兴亡,胥在此著。故本主人不避艰苦,购求中西文字之国家条约、商家章程,按地绘出,别以颜色,以便记认。而本主人亦参以己意,自拟一路,以为将来大势上不可少之干路。非谓欧美人之见识未见及此,亦以各人纷纷攘夺,各据一方,未能计及大局耳。盱衡时事者,当不谬余言,而赏识此图之不置也。零沽,未裱每张二圆二毛半,已裱每张三圆五毫,有欲购买代售者,请至本馆面议可也。中国报主人告白,庚子年正月。"此即孙中山亲绘之图。则是图1900年2月已在香港发行。至7月14日在东京发行。

12月下旬(十一月下旬) 唐才常等人在上海成立正气会。参与者除了湖南维新派和江浙革新士绅外,还有与盟兴汉会的哥老会首领张尧卿、辜人杰以及容星桥等人。兴汉会与湖南维新派的合作,已向长江下游扩大。(桑兵:《庚子勤王与晚清政局》,第183页)

12月(十一月) 梁启超在《夏威夷游记》中提倡"诗界革命",且以为是当今革命潮流之体现。

梁氏谓:"吾虽不能诗,惟将竭力输入欧洲之精神思想,以供来者之诗料可乎? 要之支那非有诗界革命,则诗运殆将绝。虽然,诗运无绝之时也。今日者革命之机渐熟,而哥仑布、玛赛郎之出世必不远矣。上所举者,皆其革命军月晕楚润之征也,夫诗又其小焉者也。"(梁启超:《汗漫录》,《清议报》1900年2月)

是年底 在横滨会见史坚如、张尧卿。委派容星桥专任湘汉之事。

先是,史坚如(广东番禺人,原名文纬)因日本人高桥谦介绍结识陈少白,遂入兴中会。兴汉会成立后,史坚如欲与陈少白、宫崎赴沪,同哥老会同志往游两湖,并表示:"因为一向景仰孙先生的高风,想要追随他以实现大志,至今尚未能亲接謦欬,近来幸而得见陈先生,得知主张相同,誓愿献身于这一事业。恰又听到哥老、三合、兴中三会的合并,非常欣快。""有人主张中国应改良,这是能说而不能行的。要想实现所谓真正的改良,只有用鲜血来洗涤人心一个办法。否则,主张改良,只不过是空谈而已。"(宫崎滔天著、林启彦译注:《三十三年之梦》,第 172—173 页)行抵上海,与宫崎等同赴唐才常寓所。([日]宫崎滔天著、西田胜编:《支那革命军谈》,第 52—53 页)陈少白托张尧卿偕往两湖,再东渡见孙中山。(陈少白:《兴中会革命史要》,中国史学会主编:《辛亥革命》第 1 册坚如抵汉皋后,游览形势,晤各会党豪客,并湘鄂间志士,周旋之下,莫不倾结。及抵日本,东邦人士见其年少英俊,交相引重。在横滨访晤孙中山,倾吐胸臆,指画大计,经谈经旬,日夜不厌。(冯自由:《革命逸史》第 5 集,第 25 页)又与孙中山往东京对阳馆访宫崎寅藏,三人纵谈革命,直至半夜。次日返回横滨。既而曰:"天下多事,非吾辈安坐日也。"孙中山乃命其入长江,以联络会党。(《建国方略》,《孙中山全集》第 6 卷,第 234 页)遂离日归国,深入华中。数月后,复往上海,由上海赶至香港。([日]宫崎龙介、小野川秀美编:《宫崎滔天全集》第 2 卷,第 555 页)

　　张尧卿偕史坚如到汉口与林圭相晤后,与容星桥、史坚如赴日本谒见孙中山。1900 年 1 月 26 日,林圭致函容星桥,内称:"张兄(尧卿)归汉,道及中峰(按即孙中山)待之甚恳挚,然所商尚无一定之规。又闻委兄专办湘汉之事,甚善甚善。但兄此次与中峰必须商定一是,否则本公司之名已流播四方,而实在尚未起蒂。今日之事,我辈如大舟已行至江中,舵不灵稳,则舟将覆;人工不力,则将退而不前。倘尚有翻覆而解散之,则不惟贻笑目前之大众,即后来传道亦属难堪。""昨又闻安兄(按即毕永年)弃事为僧,张兄被人诽谤,此二则颇令有心人为之气冷。""既约之后,赴港成一大团聚,于是本公司之名大噪,而中峰之大英豪,人人始得而知仰企矣。一年之内费尽几许心血苦力,而后得结此大众,非以为一人之名耳,为救同胞之苦难也。而一旦弃之,安兄一人不足惜,惟群兄啧有烦言。知者以安兄之急于办事,一有不获,则不免于躁而出此无益之为,然终无死心,必仍起而救世;不知者以安兄如此热肠,尚欲弃而为僧,其事必有因,则难免因而解体。""至张兄之顽心,弟亦曾与兄虑之,然初至汉时,虽有所闻,自张兄及兄去后,细查一切,乃知亦不免不肖者言之过实。即不论一切是否,而其足智多谋,遇事有把握,实驾群兄而上之。况此达变通才,无事而暂为之,亦无大损;若有事而亦常乱为者,是真无用才,而张兄决保非其人也。今中峰幸是大豪,其择用自有定见。倘其信任不专,易为人动者,则他人一语而误大事,亦常应有之义。望兄将此言代达中峰。我辈今日办事,宜持大纲节目,舍其小者,取其大者。"并请容星桥将信转呈孙中山。又询及张尧卿先此致孙中山函是否收到。(《林圭致孙中山代表容星桥书》,杜迈之等辑:《自立会史料集》,第322—323页)

张尧卿等返回湖北后,12月下旬曾与田野橘次欢宴于汉口"扬子江干之第一酒楼"。同酌者为哥老会员辜人杰及其同志二十六人,其中半数以上是会党首领。席间均以玻璃大杯豪饮,田野问张:"'贵国人而举此大杯,予今始见之。抑如斯饮法,惟哥老会员之特色乎?'张大笑:'否,否。此是香港流行之饮酒法也。吾尝往香港,与日本豪杰宫崎滔天会饮,即是滔天之传授也。'"(田野橘次:《最近支那革命运动》)

1900 年(清光绪二十六年　庚子)三十四岁

1 月 13 日(己亥年十二月十三日)　与郑士良会晤。

日本外务省档案记:"流亡清国人郑弼臣于 13 日乘日本号轮船由香港来到横滨,与孙逸仙联系诸事务,现下暂居于孙逸仙寓所。"(《流亡清国人的动向》明治 33 年 1 月 15 日,章开沅等主编:《辛亥革命史资料新编》第 6 卷,第 33 页)

1 月 15 日(十二月十五日)　杨衢云离日。

"居于横滨市山下町一百二十一号的流亡清国人杨飞鸿携家人于今日上午 10 时搭乘邮轮公司的镰仓号蒸汽船,将经由香港前往美国"。(《流亡清国人的动向》明治 33 年 1 月 15 日,章开沅等主编:《辛亥革命史资料新编》第 6 卷,第 33 页)

1 月 20 日(十二月二十日)　被迫停止为菲律宾革命军运械。

为菲律宾革命军购置的枪械,经多方努力仍无法运送出境,乃于是日电告等候在香港的彭西,请其停止行动。彭西复电:"请尽力以赴。御眷业已抵此,如准备进行,当于数日内即返。函详。"1 月 25 日函又称:"我从来电中得悉我们目下不能进行。我们对于此不幸,不无遗憾。然而我们深知不能与命运对抗,不能不听其安排而已。根据阁下观察,苟认工作无法进行,我们尽最后努力之后,必须停止,以俟机会。

"我即将返回,惟请等候我的音讯,并乞拨款供给我在妙光寺山第六百卅七号住宅内家人,作日常家费之用,款项请交给小田原小姐,她会告诉阁下她所需的一切。如出版我所著的书的代理人东京的藤田先生,持函晋谒,亦盼掷交日圆一百十元整。请将此款记入我的帐内。

"我们的战事仍在进行中,菲律宾人民的士气仍佳。"(黄季陆:《国父援助菲律宾独立运动与惠州起义》,《传记文学》[台北]第 7 卷 5 期)①

1 月 24 日(十二月二十四日)　杨衢云决定辞去兴中会会长之职。

是日,杨衢云航抵香港,告谢缵泰,"湖南革命党人在湖南和湖北省,假装和尚正积极进行组织工作。许多日本人也支持我们"。谢氏谓:"杨衢云告诉我,孙逸仙博士已经要求他辞去党的领导,以便让给孙领导。这事使我很惊奇。他说:'不久前我们几乎分裂成两党,这是很危险的。有一天孙逸仙博士告诉我,扬子江各省的哥老会已经推选他为'会长',并且暗示说不能有两个会长,如果我不承认他的新职位,那我就必须独立工作。我向孙逸仙表白,我十分愿意辞去我的职位,并且劝告他不要鼓励分裂。我同时告诉他,为了我们的事业,我一向愿意牺牲自己的生命,更不用说我的职位了。我说我们必须服从人民的意志。我也告诉他,只要在他的领导下运动能成功地进行,我是不理会谁被推选为会长的。孙先生要求我问你是否赞成这个改变,是否承认推选他为会长'"。"为了防止党的分裂,我劝杨衢云辞去会长之职,把它让给孙逸仙博士。"(谢缵泰著、江煦棠等译:《中华民国革命秘史》,中国人民政治协商会议广东省委员会文史资料研究委员会编:《孙中山与辛亥革命史料专辑》,第 305—306 页)

△　慈禧太后立端郡王载漪之子溥儁为"大阿哥",承同治皇帝嗣统。

1 月(十二月)　在日本组织国民同盟会。

----

①　另一说,孙中山以 75000 比索买到的第二批军火,1900 年 1 月,曾雇船取道台湾运菲。因美国监视极严,日本政府不愿开罪美国,被迫在台湾卸货。(詹森:《日本人与孙逸仙》,第 292 页)

谢缵泰记:"1900 年 2 月 6 日,杨衢云邀请我参加孙逸仙博士及其在日本的革命党人组织的新的革命党'同盟会',鉴于杨衢云的职位被孙逸仙博士篡夺了,我拒绝了这次邀请,没有参加他的新党。我不赞成孙逸仙博士的高压行为,我决定独立行动。"(谢缵泰著、江煦棠等译:《中华民国革命秘史》,中国人民政治协商会议广东省委员会文史资料研究委员会编:《孙中山与辛亥革命史料专辑》,第 306 页)又据参与其事的容星桥同年 9 月 17 日在日本长崎与人谈话时称:"前此在东京组织国民同盟会,实在非常符合保存东洋之意。"(日本外务省档案,明治 33 年 9 月 18 日长崎县报,高秘第 361 号)

1 月 25 日(十二月二十五日)　兴中会机关报《中国报》发刊。

陈少白经过长期筹备,租定香港中环士丹利街 24 号为报馆发行所,(《中国旬报》第 1 期)取"中国者中国人之中国"之义,定名为《中国报》。所有机器铅字,概由孙中山在横滨购办。(冯自由:《革命逸史》初集,第 66 页)1899 年 11 月陈少白赴日向孙中山汇报兴汉会事,兼及采办铅字,准备出报。(陈少白:《兴中会革命史要》,中国史学会主编:《辛亥革命》第 1 册,第 56 页)该报由陈少白主编并兼任发刊人,由杨少欧、黄鲁逸实际负责,分日报、旬报两种,统称为《中国报》。旬报系在日报基础上汇编而成。据"敦煌韬晦子"所撰《中国报序》:

"报胡为以'中国'名也? 盖报主人生长中华,心怀君国,幼从师而肄业,既熟知中国古今,壮游学于外洋,复稔识中国利病。目击自中外通商以来,交际之道,中国固懵然无知也,公法之理,中国亦茫然罔觉也。立和约则中国尽失自主之权,争均利则中国尽丧自有之益,疆土日从剖削,屏藩亦尽叛离,遇事掣肘,积弱难振。而举凡圆颅方趾,乌发白眼本为中国人者,或则趾高气扬,心迷目眩,诩诩然自称为天朝,睥睨当世,目无余子,如怡堂之燕雀,而不知中国之沦胥以亡也;或则失其本真,昧厥源流,昏昏然甘居奴隶,听人驱策,受人牢笼,数典而忘其祖,而不知中国之当思复兴也。是以泯泯昧昧,几不知尚有中国。此无他,泥于旧习,逐于流俗而不自觉耳。

"报主人见众人之皆醉而欲醒之,俾四万万众无老幼无男女心怀中时刻不忘乎中国,群策群力,维持而振兴之,使茫然坠绪得以复存,挺立五洲,不为万国所齿冷。无如草茅伏处,莫假斧柯,怅望龟山,奈何徒唤。因思风行朝野,感格人心,莫如报纸,故欲藉此一报大声疾呼,发聋振聩,俾中国之人尽知中国之可兴,而闻鸡起舞,奋发有为也,遂以之名其报……至本报之宗旨,大抵以开中国人之风气识力,祛中国人之萎靡颓唐,增中国人奋兴之热心,破中国人拘泥之旧习,而欲使中国维新之机勃然以兴莫之能御也。

"然则斯报也,将使中国之人明外交之道,不为邻邦所挠,致沦于危亡;将使中国之人识内治之理,不为旧制所牵,致即于贫弱;将使中国之人知农工商矿之利弊,有所师承,而底于兴旺。中国人心已携贰也,而欲有以合之,中国积习已痼闭也,而欲有以破之,举凡中国旧染污俗,又将一泛而新之,则其以'中国'名报,匪特如辀轩之采藉以问俗,且将如木铎之徇以警斯世也,其命意不亦深且远乎?"(《中国旬报》1900年1月25日)

该报发刊之始,"香港政府对华文报纸取缔甚严,批评时政,动辄得咎。故《中国报》虽号称革命言论机关之元祖,然对于党人之进行工作,咸讳莫如深。其报道资料之虚实及其是否言过其实,则惟身任社长知之耳"。(冯自由:《革命逸史》第4集,第64页)又以"不审英人对华政策所在,一时未敢公然高唱革命排满之说。半载后措辞始渐激烈,乃惹起中外人士之注意"。(冯自由:《革命逸史》初集,第66页)先后担任编辑的有王质甫、杨少欧、陈春生、郑贯公、廖平庵、卢信、陈诗仲、黄世仲、洪孝衷、陆伯周、王军演、卢少歧、丁雨宸、郭鸿达、周云生等。

2月14日(庚子年正月十五日)　清廷命南北洋、闽浙、广东督抚悬赏十万两,缉拿康有为、梁启超,而舆论以孙中山伦敦一役之例,以为徒劳无益。

2月18日,《申报》就此事发表《论购缉康梁二逆之无益》,指此事不过"为无益徒张逆臣之气焰,贻外人之讪笑,而叹我政府之无人"。原因在于"康有为、梁启超密纠邪党……罪大恶极,事发逃窜海外,幸获生全。海外各国以其为国犯,在本国无容足之地,例应保全,俾存蚁命,此海外各国之通例,与中国政教迥乎不同"。"试观前年叛犯孙逸仙一事,为堂堂中国出使大臣所获,而犹不能解回本国,明正典刑,卒使其法网久逃,逍遥海外,则今者重赏之下,虽曰必有勇夫,而天下终知其难徒贻口实。"故"康梁二逆之在海外各国,方且以保护为心,而安肯使其罹缉获之祸"。只是徒劳无益,而显现群臣之无能无识。(《申报》1900 年 2 月 18 日)3 月 2 日,《申报》又《论公法交犯之例》:"从前俄之匿白彦虎,英之匿孙文,日本之匿康梁,为之设法保护","西国之所以肯保护国犯者,盖因其人虽干犯国政,然非犯天地不易之理,或其国之旧制本有不合,而图改之,故不引以为罪,且为坚执主权,不愿将逃犯交回。从前中国回逆白彦虎虽不足与于此列,然其在关陇一带骚扰频年,俄人久所深知,故一旦力蹙势穷遁入俄境,得以苟延残喘。孙文及康有为梁启超虽犯叛逆之罪,实具枭杰之才,故西人偶为所惑,遂为之竭力保卫。"(《申报》1900 年 3 月 2 日)

3 月 5 日(二月初五日)　接见文廷式,并讨论国事和起义事宜。([日]中村义:《白岩龙平日记:アジア主義実業家の生涯》,第 362 页)

据内田良平记:"三月上旬,文廷式抵达日本。他向孙中山说:'山东的义和团有发动起事的迹象。如果能到四、五月举事,便将给予我党以可乘的良机。'孙听后大喜。"(内田良平著、丁贤俊译:《中国革命》,《近代史资料》总 66 号,第 45 页)

3 月 13 日(二月十三日)　梁启超函告康有为在檀香山组织保皇会情形,极力主张加紧与革命派争夺国内阵地。

梁启超抵檀香山后,旋赴茂宜岛访孙眉。孙眉因有孙中山介绍函,"招待优渥,且令其子阿昌执弟子礼,随梁赴日留学。梁居檀数月,渐以组织保皇会之说进,谓名为保皇,实则革命。侨商不知其诈,多入彀中,捐助汉口起事军饷逾华银十万元。中山闻之,谓梁失信背

约,驰书责之,然已无及。自是檀岛兴中会员多为保皇会所用"。(冯自由:《中华民国开国前革命史》第1册,第47—48页)

是日,梁启超致函康有为,称已在檀香山入三合会,"檀山之人,此会居十之六七。初时日日演说,听者虽多喜欢,然入我会者卒寥寥。后入彼会,被推为其魁,然后相继而入。今我会中副总理钟木贤、张福如、协理钟水养皆彼中之要人也。弟子今日能调动檀山彼会之全体,使皆听号令"。又说:"今日经营内地之事,实为我辈第一著。""今日时势似与去年冬腊间又一变。盖自伪诏既下,更无容我辈布置等待之时也;而趁人心之愤激,则但有五六成力量,便可当十成使用,故弟子焦急,而几不能择也。且行者日日布置,我今不速图,广东一落其手,我辈更向何处发轫乎? 此实不可不计及,不能徒以行者毫无势力之一空言可以自欺也。"(丁文江等编:《梁启超年谱长编》,第131页)

梁启超希望加紧与兴中会竞争的同时,又不避嫌疑地反驳保皇会同人对孙中山的谩骂:"弟子今言及此事,又不得不冒嫌疑以谈及行者,盖行者之为人,虽无论何如,若其用心此事,实娴熟过于我辈远甚也。彼本有才之人,而用功于此事者数年矣,而我辈今始入行。今日我辈骂行者前事非,恐我他日所行,尚不及彼前事也。我辈骂彼为'卤莽',我辈自问能免'卤莽'二字乎? 我辈骂彼'大言无实',我辈自问能免'大言无实'四字乎? 我辈笑彼'结识无赖',然我辈今日欲做事,方知非'结识无赖'不能为功也。我辈骂彼为'叛逆',此二字岂可妄以加人乎? 尧非不仁,犬固吠,非其主曾何足怪? 彼与皇上曾无恩义,而照各国文明之公理例,驱逐满人,正我族之责也,何'叛逆'之可言? 以此当知我辈之必与行者为难,实不免狭隘之诮矣。弟子今日复为此言,先生恐又以为倾心行者,然弟子非倾心行者,实痛恨我党之乏才,曾行者之不若。"(郭世佑:《筹划庚子勤王运动期间梁、孙关系真相》,王晓秋主编:《戊戌维新与近代中国的改革——戊戌维新一百周年国际学术讨论会论文集》,第811页)

4月5日,梁氏复致函叶觉迈、麦孟华,要其注意孙中山等的活动,谓:"行者之局,弟终疑之。兄等既与交疏,自不能得其底蕴,望仍遣人查察之。少白被拿一节,确否? 何以久无下文,幸查告。"又说:"行者党来投诚者,真投诚也。其头目未投诚,其兄反来从,亦怪事也。"(丁文江等编:《梁启超年谱长编》,第141页)

3月(二月)　通过一位中国裁缝与东京法国公使馆一位人员接触,是为孙中山与法国官方人士首次联系。不久,孙中山会见法国公使阿尔芒(Fran Cois-Jules Harmand),并请求安排会见印度支那总督韬美(Paul Doumer)。(法国外交部档案[巴黎]新辑,中国[外档新辑]第181卷第85—87页,驻东京公使阿尔芒1900年3月20日报告,引自[法]巴斯蒂:《论孙中山与法国政界的关系》,林家有等编:《孙中山与世界》,第332页)

是年春　与宫崎寅藏等开始筹划惠州起义。

宫崎归抵东京后,与末永节计议在华发动起义,决定先筹集资金。由末永节接洽,宫崎得与九州实业巨子中野德次郎(福冈县人)会面,中野以五千金相许。据宫崎称,"这就是惠州事件实际运动的第一步"。"当时孙先生也决意起事。有一天来访我们,跃跃欲试地说:'菲律宾再举的准备已经就绪。但因为以前的事件,受到政府严厉的监视,不知什么时候才能送人马出去。因此,驻日委员应允我利用这些武器。大义是没有先后的。我们应该乘机而起,建立义军,实现夙愿。如果我们的大事成功,菲律宾的独立便易如反掌。'当知悉中野亦誓予援助一事以后,先生的意气较日前更平添十倍。他说:'兵贵神速。'从此营谋奔走,几无虚日。"不久,又吸收福本诚(号日南,福冈县人)参与活动,并召回清藤幸七郎、内田良平、平山周等人,四出筹措军费。(宫崎滔天著、林启彦译注:《三十三年之梦》,第174—176页)

3月31日(三月初一日)　谢缵泰、杨衢云在香港开始与容闳密商合作,后来,并与陈少白筹备惠州起义。

谢缵泰记述:"1900年3月31日,我在托马斯(Thomas)酒店会见了容闳博士,我们讨论了政治局势。

"1900 年 4 月 2 日,我和容闳博士密谈很久。容闳博士同意我的主张:在能干的基督教徒领导下而联合与合作。

"容闳博士说:'我还没有见过孙逸仙博士。他有多大年纪? 我认为孙不怎么样,因为他太轻率了。'

"1900 年 4 月 3 日,我为容闳和杨衢云安排了一个秘密会议,讨论赶快联合与合作的问题。

"1900 年 4 月 4 日,容闳博士乘'中国皇后'邮船赴美。我写信劝孙逸仙博士在日本会见容闳博士。

"1900 年 4 月 11 日,我和何启博士讨论了政治局势,以及革命成功的前景。

"1900 年 4 月 18 日,杨衢云访我。为了防止各党派领导间的自私竞争和妒忌,我强烈建议推选容闳博士为维新联合党派的主席。杨衢云通知我,惠州运动的组织工作正迅速而顺利地进行。

"1900 年 4 月 26 日,杨衢云乘'栗丸'(Auamaru)轮前往日本与孙逸仙博士协商。

"1900 年 5 月 6 日,陈少白、李北和我再次商议惠州运动问题。"

(谢缵泰著、江煦棠等译:《中华民国革命秘史》,中国人民政治协商会议广东省委员会文史资料研究委员会编:《孙中山与辛亥革命史料专辑》,第 308—309 页)

4 月 28 日(三月二十九日) 梁启超致函孙中山,劝诱以勤王名号起义。

先是,梁启超因废立之事,颇有心借机起事,而恨同门甚至包括康氏无动作,于 3 月 13 日自檀香山致书时在新加坡的康有为时,抱怨"同门无人才,弟子始终不能不痛恨此事。弟子来此七十余日,寄澳门书六七封,而彼中无一字之答(仅有人代穗田答一书,书中皆闲语),诚为可恨,不知其无心于大局之事耶? 抑以弟子为不足以语耶? 港、澳近日布置,弟子丝毫不能与闻,教我如何着手? 弟子每一念及南中之事,时时惶惑屏营,不知所措。今海外之人,皆以此大事望我辈,信我辈之必成,而岂知按其实际,曾无一毫把握,将来何以谢天下哉。弟子每思及此,辄觉无地自容。今筹款未必能多得几何矣,如金山之二万左右,加拿大之一万左右,地力则已尽矣。此后欲再扩充,恐无几矣。然彼出此款者,其数虽微,然其望则甚厚,我若做事不成,犹有词以谢彼,我若无事可做,更何面目复见江东父老乎"。"今日最当注意者,□□□□□□□□未知先生在港时曾筹画定否耶? 同门中有留心任此者否耶? 不可不速布置。"(丁文江等编:《梁启超年谱长编》,第130—131页)3月20日,又分别致函唐才常、狄葆贤、康有为,催促准备起事。梁启超致唐才常、狄葆贤函道:"前信所言借字诀,今复得一人,弟于半月内即偕往纽约。其办法仍如前议。此人甚诚实,大约可望有成,得一千万之公司,长袖善舞,庶几有济。两兄在沪,不可不注意于此举之准备,前函所列数事,皆请留意。""此间可得十万以外,现已得三四万,惟尚未收,收得后必速速分寄,来应一切之用。"(梁启超:《梁启超全集》,第5915页)致康有为函称:"此间同志自闻去腊惊耗以来,望内地事甚切,每船至辄询先生主意所在,无以为对,不免稍令人灰心。"

梁于是函告:"足下近日所布置,弟得闻其六七,顾弟又有欲言者。自去年岁杪,废立事起,全国人心悚动奋发,热力骤增数倍,望勤王之师,如大旱之望雨。今若乘此机会用此名号,真乃事半功倍。此实我二人相别以来,事势一大变迁也。弟之意常觉得通国办事之人,只有咱多,必当合而不当分。既欲合,则必多舍其私见,同折衷于公义,商度于时势,然后可以望合。夫倒满洲以兴民政,公义也;而藉勤王以兴民政,则今日之时势最相宜者也。古人曰:'虽有智慧,不如乘势',弟以为宜稍变通矣。草创既定,举皇上为总统,两者兼全,成事正易,岂不甚善? 何必故画鸿沟,使彼此永远不相合哉? 弟甚敬兄之志,爱兄之才,故不惜更进一言,幸垂采之。弟现时别有所图,若能成(可得千万左右),则可大助内地诸豪一举而成。今日谋事必当养吾力量,使立于可胜之地,然后发手,斯能有功。不然,屡次鲁莽,旋起旋蹶,徒罄财力,徒伤人才,弟所甚不取也。望兄采纳鄙言,更迟半年之期,我辈握手共入中原。是所厚望,未知尊意以为何如?"(丁文江等编:《梁启超年谱长编》,第 168 页)

4 月(三月) 唐才常等人开办富有山树义堂,兴汉会革命党占据要位。

3 月以后,唐才常为避免在正气会中与汪康年一派的摩擦升级,主动让出干事长的位置,用之前与梁启超等人创立于横滨的自立会名义,展开联络聚合长江流域秘密会党的活动。是时,开办富有山树义堂,参与兴汉会的哥老会首领在其中占据重要位置,足见兴汉会在长江流域联合阵营中的地位。(桑兵:《庚子勤王与晚清政局》,第 183 页)

6 月初(五月上旬) 因陈少白、刘学询函电之邀,决定赴香港与李鸿章协商组织广东独立政府事。

"香港议政局议员何启博士素与兴中会关系密切,以时势紧急,瓜分之祸,濒于眉睫,粤省如不亟谋自保,决不足以图存。因向《中国日报》社长陈少白献策,主张革命党与粤督李鸿章合作救国,首先运动鸿章向满清政府及各国宣告两广自主,而总理率兴中会员佐之。其进行方法,则先由中国维新党人联名致书香港总督卜力(Sir Henry Blake),求其协助中国根本改造,以维持世界和平。再由卜力根据书中理由,转商鸿章,建议广东自主方案,并介绍兴中会首领孙某与之合作。鸿章如赞成此策,即由渠电邀总理回国同组织新政府。事前已经何启征求卜力同意[①],始向少白言之。少白即拍电详告总理取进止。时总理方居横滨,计划惠州军事,得电大喜,立复电少白赞成。"

刘学询"闻港督向鸿章洽商广东自主事,遂向鸿章自告奋勇,谓

---

① 史扶邻认为刘学询为此事与孙中山接触在卜力介入之前,因为 4 月至 6 月卜力休假不在香港,而何启与暂时管香港政府的陆军少将盖斯科接触的迹象亦不明显。7 月 2 日,卜力甫抵香港,即有孙中山的代表(何启?)前来与他联系。接着卜力电告英国殖民部:反满起义预计将于两周内在湖南和南方爆发。信任他的中国绅士向他保证,造反者不排外,并希望在取得某些胜利后得到英国的保护。而李鸿章"正在向这个运动卖弄风情,谣传他想自立为王或总统"。([美]史扶邻:《孙中山与中国革命的起源》,第 174—175 页)

渠与孙某认识有年,如傅相有意罗致,渠可设法使即来粤听命等语。鸿章额之。学询即贻书总理,谓傅相因北方拳乱,欲以粤省独立,思得足下为助,请速来粤协同进行"。(冯自由:《革命逸史》第4集,第88—93页)孙中山"颇不信李鸿章能具此魄力。然此举设使有成,亦大局之福,故亦不妨一试"。(冯自由:《中华民国开国前革命史》第1册,第59页)遂决定赴香港①。

6月5日(五月初九日)　赴东京与犬养毅等告别。

据日本外务省档案:"清国人孙逸仙、杨飞鸿及郑弼臣三人将于本月8日前往香港,因此近两日一直在做出行准备。三人与居于横滨市山下町百二十一号的清国人温炳臣一道搭乘本日下午4时30分横滨始发火车前往东京,据说是要与东京的知己朋友道别。"②(《孙逸仙等三人将前往香港》明治33年6月6日,章开沅等主编:《辛亥革命史资料新编》第6卷,第35页)据情报,"清国人孙逸仙于5日前往东京,6日返回横滨。孙在二三日之前迅速订做了三套最高级的西服(燕尾服、长礼服、西服套装),其举动甚异乎寻常。"(《孙逸仙订做高级西服》明治33年6月6日,章开沅等主编:《辛亥革命史资料新编》第6卷,第35—36页)

6日,犬养毅等在红叶馆设宴为孙中山饯行。"在横滨的流亡清国人孙逸仙、杨飞鸿及郑弼臣三人将出发前往香港,为此犬养毅、头山满、福本诚等人于昨日下午3时在红叶馆为其举行送别宴会,客主之间就支那现状进行了交谈,当晚9时宴会结束。孙前几日购入刀

---

①　据平山周《支拿革命党与秘密结社》称,刘学询曾致函孙中山,内谓"两广总督李鸿章有意用足下图两广独立,然其所恶者为康有为,足下若得壮士暗杀之,大事即成,请速到广东"。(〔日〕上村希美雄:《宫崎兄弟伝.アジア篇 上》,第326页)冯自由《刘学询与革命党之关系》亦提及刘写信事,但未触及刺康问题。不知平山周所据。又据《续对支回顾录》记载,刘学询曾于四五月间赴日与孙中山密商两广独立,但希望由日本人刺伤康有为。同时商定孙中山归粤条件:保障生命安全,借款十万元还债。刘学询回粤后寄来五千元,孙中山即用作赴香港旅费。

②　赴东京日期,神奈川县6月6日第一份报告称"今日"。但同日第二份报告又称"五日"。据第一份报告,出发时间为下午4点30分,而犬养毅等人送别会系6月6日下午3点。故赴东京应在6月5日。

剑数十把,称用作归国之礼物。其间似有内情,但尚不知其详。"(《流
亡清国人的送别会》明治 33 年 6 月 7 日,章开沅等主编:《辛亥革命史资料新
编》第 6 卷,第 36 页)

　　6 月 6 日(五月初十日)　　在东京走访法国驻日公使阿尔芒①
(Jules Harmand)。

　　据阿尔芒函:孙中山要求与他会晤,扼要地叙述了自己的计划,
要推翻清王朝,建立起一种新的社会秩序;希望从法国政府得到武
器,或由法国军事顾问来训练其追随者,而不是财政援助。并且指
出,没有武器弹药的外援,广西的起义者已活跃了好几年,请求法国
同意通过越南向起义者运送武器。孙中山相信他们能够在广西建立
革命政府,并在其领导下向广州挺进,新政权将威胁湘、闽边界,迫使
这些省份的督抚参加或承认一个新的南中国联邦共和国。那时他将
与外国政府谈判,寻求国际承认。孙中山表示,一旦革命获得成功,
将在南部中国给予法国某些特许权(未谈细节)。阿尔芒对这位"知
识渊博,才聪思敏"的中国人印象良好,回答说:敝国政府对于毗邻法
国殖民地的中国省区目前的形势极为关切。但是一个政府鼓励旨在
反对跟它有良好外交关系的国家的革命,是不符合国际惯例的。他
强调法国政府在中国的政策是维持现状;倘若革命成功,那时法国将
愿意与新政权建立良好关系。最后,阿尔芒应孙中山之请同意写信
给越南总督保尔·韬美(Paul Doumer),希望他与即将抵达西贡的
孙中山会晤②。阿尔芒担心日本人支持孙中山,告诫韬美当心孙中
山在中国南方使用日本军官和工程师。法国外交部接到阿尔芒关于
与孙中山会晤的报告后,表示原则的审慎态度。外交部长泰奥菲勒
·戴卡赛(Theophile Delcasse)认为:弄清孙中山的意图当然有好
处,但"通过提供那怕是极小的援助,来介入与我们殖民地接壤的中
国省份的内乱,也是非常危险的"。法国殖民部持相同看法,指示韬

――――――――――

　　①　又译作朱尔斯·哈马德。
　　②　该函写于 6 月 7 日。孙中山于 6 月 5 日下午赴东京,酌定于是日会见。

美：赞助孙将是有害的。(金·曼荷兰德著、林礼汉等译：《1900—1908 年法国与孙中山》,《辛亥革命史丛刊》第 4 辑,第 230 页；杰弗里·巴洛著、黄芷君等译：《1900—1908 年孙中山与法国人》,《辛亥革命史丛刊》第 6 辑,第 211 页)

6 月 8 日(五月十二日)　乘法国轮船"烟迪斯"号(S. S. Indus)赴香港。

日本外务省档案记："宫崎在本月 8 日与同志清藤幸七郎及孙逸仙、杨飞鸿、郑弼臣、陈清等一齐出发赴香港。"①(明治 33 年 6 月 29 日长崎县知事服部一三致青木外相,乙秘第 336 号)临行前,与人道："余虽要离开日本,但并无性命之忧。今后我将移居新加坡,有机会将游历南洋诸岛。现下北京时局风云甚不稳定,吾等此时需要密切注意。若清国政府失势,则正是吾等成事的大好机会。所以余认为应该密切注意当今的时局情况。康有为一派在酝酿种种公开的运动,且不时采取威吓政府等手段,所以清国政府对其党派抱以高度警戒,因而对我党派的注意渐有懈怠,这正是我党之幸。菲律宾的反叛者们对我们抱有希望,我们亦期待他日能借其力成就大业。因此我们已秘密派遣数百名人员渡航前往菲律宾对他们进行种种援助。渡航人员中有很多曾在清国政府军务部门工作,然而不幸的是,其中的一名退职士官被美军俘虏了。但他们都决心今后仍将为菲律宾友人提供更多帮助。吾等的最终目的是和支那南部的人民一道努力,从支那帝国中划出一部分建立一个新的共和国。众多同志为此出谋划策,余认为应该慢慢等待时机成熟。这次乘船去新加坡,途中会在香港停留一天一夜,和陈少白进行重要会谈。"(《孙逸仙与人密谈之内容》明治 33 年 6 月 11 日,章开沅等主编：《辛亥革命史资料新编》第 6 卷,第 36—37 页)

---

①　孙中山此次赴港,随行共六人,即杨衢云、郑士良、陈清、宫崎寅藏、清藤幸七郎(均由横滨出发)以及在长崎上船的内田良平。《三十三年之梦》所记缺杨衢云。今据谢缵泰《中华民国革命秘史》以及日本外务省档案。史扶邻《孙中山与中国革命的起源》亦未记杨衢云,且陈清亦记作陈少白,据前引谢书及《三十三年之梦》,陈少白当时已在香港。史氏注称依据 1900 年 6 月 10 日《日本时报》及 6 月 18 日《士蔑西报》所载"烟狄斯"号启碇抵港乘客名单,但所记显然不确。

6月9日(五月十三日)　船过神户,访朝鲜流亡者朴泳孝。

日本外务省档案记:"清国流亡者孙逸仙及杨飞鸿、郑弼臣、陈清等与我国人宫崎寅藏、清藤幸七郎一起于9日午前9点乘法国轮船'烟迪斯'号由横滨入港,在山本街访朴泳孝,由朴招待往山一力亭处共进西餐。后孙逸仙等在市内荣町中国餐馆招待朴泳孝。晚8点后回船。预定孙赴新加坡,杨等五人赴香港。当日晚11点30分乘原船出发赴长崎。孙逸仙赴新加坡可能会见康有为。"(明治33年6月10日兵库县知事大森钟一致青木外相,兵发秘第300号)

关于孙中山与朴泳孝及在日本的亚洲其他各国人士的交往,彭西《孙逸仙传》记:"我好多次听到孙逸仙对东亚的青年说:'让我们进一步地互相了解,我们彼此当必进一步地相爱。'""在孙逸仙看来,远东各国所导成的许多问题,彼此牵连,必须对整个问题作一般性的研究,才能对每一特殊问题有所了解,从许多共同之点,才能把各国的问题连串起来。但是这些国家需要增进对彼此的了解,在彼此了解的国家中,易于建立友善的关系。因此,孙氏是最热烈赞助各国学生在东京组织的东亚青年协会的人士之一。这个协会包括朝鲜人、中国人、日本人、印度人、暹罗人及菲律宾人,拥有相当人数的会员,获得日本政界重要人士的支持。

"在这一时期,朝鲜和菲律宾的问题同样吸引这个协会的注视,会里常常提出加以讨论。孙逸仙对朝鲜问题尤其注意。

"孙氏在我们横滨妙光寺的住宅中,曾经获得机会,遇到若干朝鲜人,例如金陵朴英孝亲王、安骊寿将军(卸任的作战部长)和前外交部长俞吉清。这三位同属于名叫朝鲜独立党的政治组织,这个组织有反俄的倾向,反对莫斯科对于朝鲜王朝的巨大影响力量,力主朝鲜政府自立。当时俄国的势力极大,独立党多数重要人物遭受迫害,有些给砍头,许多不得不逃亡国外。从这些可以知道朝鲜国内情形的一斑。

"上面说到,孙逸仙是在敝居内见到这些朝鲜流亡人物的,他与这些人之间，建立起一种亲密的友谊。从那时候，这位具有渊博学问及辽阔胸襟的中国人，便成为这些朝鲜移民的谨慎、忠诚及正直的顾问。"（黄季陆：《国父援助菲律宾独立运动与惠州起义》，《传记文学》[台北]第11卷4期）

6月11日（五月十四日）　船过长崎，内田良平登船同行。

日本外务省档案记："昨（10）日晚7时过后，福冈县人内田甲、末永节、岛田经一三人同投宿于福岛屋。据密报，末永、岛田二人此番前来，是为渡航清国的内田送行。内田已搭乘今天早晨6时由长崎港出发的法国邮轮印度河号（通常译作烟迪斯号）前往上海。""今天早晨，印度河号甫一入港，船上的乘客贸易商熊本县人佐藤幸太郎就马上到福岛屋拜访内田甲。得知内田已上船，佐藤立即返回船上。当时佐藤说，熊本县人宫崎寅藏（东亚同文会员）也正由神户坐船渡航，并与内田事先有所约定，所以他才来拜访内田。内田甲曾透露，在横滨曾与孙逸仙来往的平山周已于四五日前由横滨前往清国上海。"（《关于东亚同文会会员来往的传闻》明治33年6月11日，章开沅等主编：《辛亥革命史资料新编》第6卷，第37页）

据日本外务省档案，孙中山返国引起日本政府严重关注，收集了大量报告，下面选录数则：

"与孙往来，情同胶漆的宫崎寅藏、内田甲等随之一同渡清，岛田经一、末永节专程由东京来送别内田，且远送到长崎。"据了解内情的东亚同文会员说："彼等此行确非寻常旅行，但他们常对同文会不满意，同文会亦看低他们。由于互相未开诚相见，不知他们有何策划，达到何种程度。要之，彼等以战国时之食客来帮助流亡者以取得清国革命之成功，具有巨大决心。又，他们与义和团通消息，与义和团在华北暴举的同时，决定在南方起事，但不能达到南北相应，互为犄角之目的，（彼此）最终不能一致。"（明治33年6月19日，乙密第316号）

"关于本月上旬从我国出发的清国流亡者孙逸仙，据最近该国侨民称：该人系暗中赴上海与东京，与当地哥老会某巨头秘密会谈，策划一些事情。"(明治 33 年 6 月 21 日神奈川县知事周布公平致青木外相,秘甲第 233 号)"孙与马尼拉之叛变者相呼应,抱着在华南大干的非分之望。此次彼等之行,必定是等待清国政府实力丧失决心大举无疑。且内田甲(平冈浩太郎之侄)、原祯(退职陆军大尉)、尾崎行昌(行雄之弟)、福本诚等,都随宫崎之后赴华南,伊藤正基(北门新段社员)、末永节(纯一郎之弟)、岛田经一(宫崎之同志),又不日追随而行①。最近彼等据东亚同文会支那支部之请求,一同到香港碰头,先作部署,对各方面进行调查。"(明治 33 年 6 月 29 日长崎知事致青木外相,乙秘第 336 号)

"据闻,先前内田渡航上海,是受到进步党犬养毅及平冈浩太郎等人的特别派遣,其目的是探察清国改革派孙逸仙以及康有为等人的动向。内田此次往返只花费三四十日,探察了大致的形势后返国(按内田系 7 月 18 日由新加坡回到日本)。

"这次内田分别会见了清国改革派即在香港的孙逸仙及其同志,还有在新加坡的康有为的部下和同志,他谈到了会谈的结果和探察到的一些情况。内田谈到:孙、康都想借北清事变之机成就夙志,就目前列国对该事变的态度是以围剿扑灭为主,不让骚乱波及支那全国,也就是所谓的温和地推进事态发展。因此目前不宜进行全国规模的暴动。南清各地总督都严阵以待防止暴徒蜂起。孤立举兵、谋求革新固难成事。所以目前孙、康都在慎重准备,审时度势。且孙、康虽都自称是改革派,但康似乎对孙甚为轻视,而孙事实上还缺乏非常时期的军费,所以估计不会像最近风传的那样会起事。吾等同志虽一直尽力帮助他们,从不犹豫,但目前这种情况还是需要慎重考虑。

"关于改革派的情况如上所述,而东邦协会福本诚(在香港)、东亚同文会会员高桥贤(据说最近已回国)等人了解到李鸿章素来对改

---

① 据 8 月 18 日乙秘第 411 号,末永节、岛田经一、近藤五郎、安永东之助系赴上海。

革派抱以同情，于是和李一派进行交涉。李因现下的北清事变愈发感到改革的必要性，此时听到高桥等人的话深有触动，所以交谈获得意想不到的成果。

"李鸿章受到北京的召令确有其事，然李和端郡王等人一向政见不和，若北上遭到性命之虞的话就悔之莫及，所以他托辞不肯北上。就目前的情况而言，政府已无力支出军费，而李正是奇货可居，一心为非常时期做准备，名义上是义举，实际上筹集自己属下的军费，招募私兵，和山东省的袁世凯等人互通讯息。而一旦列国对北清事变态度有变，发布宣战令，引发支那全国骚乱之时，康、孙必然举兵，而李鸿章一派可能也会举起反政府的大旗。"（《内田甲由南清回国》明治 33 年 7 月 19 日，章开沅等主编：《辛亥革命史资料新编》第 6 卷，第 40 页）

"据闻最近渡航清国的熊本县人宫崎寅藏、清藤幸七郎以及本县人内田甲等人的渡航目的及其后的行动如下：上述三人素与旅居本国的清国革命党领袖孙逸仙、康有为等人相识。然孙、康二人主张清国革命之目的虽一致，但其方法甚有差异，因此党员自分为两派，不采取统一行动。这次遭逢事变发生，本邦横滨在留流亡人士孙逸仙认为正是举事的大好机会，深感现下的两派之间的小小分歧不利于革命，于是有意与当时受到香港的英国政厅保护而藏匿在香港的康有为联系，谕以团结的必要性，并共同发起运动，纠集同志举事。宫崎、清藤、内田三人与双方素有交情，因此受孙逸仙秘密委托，携其书信前往香港，试图在孙、康之间调解斡旋。然三人表面上则称系受我陆军参谋本部某将官的密令前往清国，担负侦察和报道南清民情向背的重要任务。"（《内田甲等人渡航清国之目的及其后动向》明治 33 年 7 月 31 日，章开沅等主编：《辛亥革命史资料新编》第 6 卷，第 44 页）

航行期间，据宫崎记述："孙先生指示了今后应行的总方策。他说：'我在保安条例规定期限以内，不能在香港停留，因此，我先到西贡等候日南，待他到后一同前往新加坡，又命硬石、吞宇和我三人，先在香港上岸办理应做的某某事，事毕立即赴新加坡，在那里会齐，观察一般情况,然后召开会议决定以后的方针。总之,如果有筹集大量军费的希望,便暂时在那里进行;若否,则应立刻折返,进入广东内地。'这就是孙先生指示的大要。当时我也提出一个建议道:'现在应该联合康有为,共同协力办事。'我知道当时康在新加坡。孙先生赞成这个意见,大家也都主张有大同团结的必要,而同意这个建议。"(宫崎滔天著、林启彦译注:《三十三年之梦》,第 181—182 页)前此,已决定起义时以福本诚为日本支持者的首领,内田良平为监军。内田良平回忆:义和团兴起后,"两广总督李鸿章对维持广东的治安深感危惧,他生怕孙中山、康有为率军乘战乱之际,相互提携共同举事。他预先对孙中山采取怀柔手段,以免与康有为一致行动。为此让驻东京的公使向孙转达李的意图:'值此国家危难之际,愿与孙氏会晤,共议匡救天下之策,务请来粤一行。'随后又派遣特使前往。孙中山答称:'拟先派代表赴广东,然后可以考虑亲自返粤的问题。'特使返回广东复命后,拍来一封电报说正在等候代表启程来粤。于是,我和宫崎寅藏、清藤幸七郎三人便作为孙的代理人前往广东。"(内田良平著、丁贤俊译:《中国革命》,《近代史资料》总 66 号,第 45 页)

6 月 17 日(五月二十一日)　抵香港海面,与在港同志议商起义计划。宫崎等人赴广州与刘学询会谈。

谢缵泰记述:"1900 年 6 月 17 日,杨衢云与孙逸仙博士乘'烟迪斯'号从日本到达香港。陪同前来的还有一些日本朋友与支持者。杨衢云、孙逸仙博士、陈少白、张寿波、平山周和我在'烟迪斯'号旁的一只舢板上会见,并开了一个钟头的会议。""杨衢云和孙逸仙博士向我们保证,日本政府支持我们。决定立刻开始积极活动。杨衢云留在香港,孙逸仙博士继续前往海峡殖民地。"(谢缵泰著、江煦棠等译:《中华民国革命秘史》,中国人民政治协商会议广东省委员会文史资料研究委员会编:《孙中山与辛亥革命史料专辑》,第 309 页)冯自由记:会议决定郑士良率黄福、黄耀廷、黄江喜等赴惠州,准备发动;史坚如、邓荫南赴广州,组织起事及暗杀机关,以资策应;杨衢云、陈少白、李纪堂在港担任接

济饷械事务，日本诸同志则留港助杨、陈、李等办事。（冯自由：《中华民国开国前革命史》第1册，第90—91页）

谢缵泰又记："在杨衢云和孙逸仙博士到达香港的那天，广州总督李鸿章阴谋绑架他们"。"他们被邀请参加在广州炮舰'安澜'号上召开的会议，但是他们的日本朋友及时警告他们，因此这次绑架的企图未能得逞。"（谢缵泰著、江煦棠等译：《中华民国革命秘史》，中国人民政治协商会议广东省委员会文史资料研究委员会编：《孙中山与辛亥革命史料专辑》，第309页）内田良平回忆："我们一行搭乘的船刚一到达香港，便换乘了李鸿章派来的炮舰，沿珠江驶抵广东（省城），当即被引进刘学询的宅邸。刘学询是李鸿章所宠信的商人。狡黠的李老爷派出这位刘学询和一位懂日语的海军军官来接待我们。他们首先是要确切了解孙中山的要求，然后再做处理。""宫崎简要地提出两点：'对孙中山所定的罪名应予特赦，并保障他的生命安全。二、希给予贷款十万两。'刘说：'贵方的意见将马上回禀总督。至于贷款十万两的事，学询可以办理，明天即可在香港面交五万两，其余部分容后送上。'""宫崎说：'孙中山已经从日本出发，现在已到新加坡，等待我等前往复命。他可能将由该地起身偕同我们来粤。余款希望送往新加坡。'刘表示同意。"那位军官在刘等宴会时带来李的回答："关于对孙中山的生命保障我不仅要向三位日本人士保证，而且要奏请西太后予以特赦。对于三位日本人士的尽力襄助也将一并上奏，所以，需要得到三位的照片。'宫崎答称：'如果李总督有这样的诚意，孙中山是可以尽快来粤的。因此，我们今夜立即去香港，明天就可拍照奉交李总督，然后就将启程赴新加坡。'刘学询说：'明天定将贷款五万两送到。到时拍照的事就拜托诸位了。'"于是宫崎等乘炮舰返港，拍照等候刘的使者。"午后，刘学询的儿子送来贷款五万两①，他为等待明后天取回照片而在香港稍事停留。我们一行三人达到了贷款的目的，便从香

---

①　该项贷款，他书或作三万元。

港出发前往新加坡。"(内田良平著、丁贤俊译:《中国革命》,《近代史资料》总66 号,第 45—47 页)

△ 梁启超致信港、澳同人,督促起事。

"今晨西报言已有四省同时开张,不知系我店否?行者党亦声言为彼党所为。东中信亦确言其有购货之事,颇觉解人难索,然姑听之而已。但今当义和得志,贼党扰乱之时,真乃千载一时,稍纵即逝。不识我辈能有以应之否。不然,殊可惜耳。东款专为办货之用,尊处想早知其详,现最要者,尊处速觅趸栈货仓,以接纳之,分布各处,是为尊局第一责任。"又说孙眉极爱誉,获得其资助。谓:"此间尚有一小埠必当往者,其埠分会则行者之兄为总理,林湛泉之兄为副理也。行者兄极爱誉,其弟又极附我,不知何故。既彼已捐一千,尚可望加也。"(梁启超:《梁启超全集》,第 5934 页)

6 月 18 日(五月二十二日) 凌晨三时,乘"烟迪斯"号前往西贡。同行者有英人摩根。(《与斯韦顿汉等的谈话》,《孙中山全集》第 1 卷,第 195 页;宫崎滔天著、林启彦译注:《三十三年之梦》,第 183 页)

6 月 20 日(五月二十四日) 清驻日公使李盛铎致电李鸿章:"逆犯孙文前日由横滨赴港,恐谋滋事,乞严防。"(《李鸿章全集》第 3 卷,第 935 页)

6 月 21 日(五月二十五日) 抵达西贡,会晤法国越南总督韬美之代表。

孙中山于是日抵西贡,在格兰特旅店(Grand Hotel)下榻。次日分别致电刘学询及致函平山周等。在致平山等函中,询及福本诚、平山周与杨衢云、陈少白在香港所作起义准备工作的进展,认为"今日者乃分头办事之时,想一月之后便可通盘计算,以观成就之多少,而应行事之方针矣"。并告以"此地之望势亦甚好,然要数日之后方能决之",然后才能确定行向及日期。(《致平山周等函》,《孙中山全集》第 1 卷,第 189—190 页)

孙中山在西贡与一位韬美属员以韬美的名义会晤①。之前，法国外交部长戴卡赛考虑到"给予总督以在边界各省利用这个煽动分子的诱惑，可能引起的不便"，向韬美表达了反对援助孙中山的意见。（巴斯蒂：《论孙中山与法国政界的关系》，林家有主编：《孙中山与世界》，第333页）据韬美10月27日致殖民部函："尽管收到有关他的情报，不但他的想法和行动方案不值得加以赞助，甚至他本人似乎不值得认真对待。""当孙逸仙经过西贡时，我正在东京（河内），我到西贡接见他，跟他含糊地讲了些同情的话，说明法国在远东拥有最大的权益，希望看到中国太平无事，不发生革命和骚乱。我看孙似乎与强大的秘密会社或有权势的人物没有多大联系，因此他的行动结果将十分有限。"（杰弗里·巴洛著、黄芷君等译：《1900—1908年孙中山与法国人》，《辛亥革命史丛刊》第6辑，第232页）次年6月，戴卡赛重申："法国无意与孙中山建立任何联系，也决不会加剧中国南方的动乱。"（金·曼荷兰德著、林礼汉等译：《1900—1908年法国与孙中山》，《辛亥革命史丛刊》第4辑，第230页）

△　清廷下诏对列强各国宣战。

6月25日（五月二十九日）　复电平山周决定赴新加坡。28日又电告平山："定6号往新"，并探询"北方最后实情"。同时致函平山："如足下于说合之事无成则已矣，由他自行其是，吾行吾人之事可也。"并嘱其会同福本诚、杨衢云照预先布置之法，"联络港中富商以资臂助"。（《孙中山全集》第1卷，第190—191页）

6月26日（五月三十日）　刘坤一、张之洞允准上海道余联沅与列强驻上海领事订立《东南互保章程》。

6月（五月）　义和团运动达到高潮，席卷华北、东北等地区。

---

①　曼荷兰德记：孙到达西贡时，韬美已赴河内，指派一名助手作代表，在总督府会见孙中山。交谈中，孙只得到"表示同情的抽象保证"。韬美的代表强调，法国对于中国采取某些变革将是高兴的，但是这种变革应在"不通过革命的骚乱"的情况下进行。事后韬美从会晤记录中得出结论：虽然孙中山看上去是个富有聪明才智的人，但他的思想和计划"并没有什么特别"。会晤情形及内容与巴洛所译原函有较大出入。另可参阅巴斯蒂：《论孙中山与法国政界的关系》，林家有主编《孙中山与世界》，第333页。

英、美、法、德、俄、日、意、奥等八国组成联军,镇压义和团运动。

是时,中外舆论对义和团大加攻讦,惟兴中会《中国日报》独树一帜。据陈春生回忆:"其时义和团倡乱京津,大杀洋人,各报纪录均称之曰'拳匪'或'团匪',唯《中国日报》独称之曰'拳民'或'义和团党'。此为少白先生所主张,谓拳党标榜扶清灭洋,虽无意识,而具有爱国热诚,不当以匪目之。港政府深滋不悦,然亦无如何也。"(《陈少白先生与香港〈中国日报〉及〈中国日报〉与中国革命之关系》,《中华民国开国五十年文献》第 1 编第 10 册,第 506 页)

△　庚子事变,对戊戌后政局早怀不满的趋新势力趁机跃起,联合各系势力成为一大趋势。经元善之言,可表共同心声:"堂堂中国政府,惑邪启衅,无事自扰,以至宗社为墟,此上下五千年历史所未有,逆藩权奸之肉,其足食乎。此后欲望支那自立图存,全在国民联群一志,并胆同心。舍此外,无可救药之仙丹。"(上海图书馆编:《汪康年师友书札》三,第 2429 页)至此,甲午以来兴起的民间救亡运动将清政府从寄望对象中剔除,以孙中山、康有为、梁启超、唐才常、林圭、汪康年等人为轴心,围绕兴中会、保皇会、正气会、自立会及中国议会,形成宗旨、渊源相互交错的派系,在反清变政共识与政见利益分歧的交相作用下,结成既合作共事又角逐争雄的复杂关系。(桑兵:《清末新知识界的社团与活动》,第 62 页)

6 月底 7 月初,旅居日本华人风传康有为加紧部署。

据日本外务省档案:"关于目前暂居新加坡的清国人康有为的举动,本地清国人有如下风传:在曾旅居日本的同志之中,康有为派梁启超去夏威夷,派徐勤去澳门,派梁启田去美国,派欧榘甲去英国,而让麦孺博留在日本,以探察各国形势,互通讯息。这次的清国事变形势日益严重,因此康有为欲召集各地的同志到新加坡共商大计。"(《关于康有为举动的传闻》明治 33 年 7 月 12 日,章开沅等主编:《辛亥革命史资料新编》第 6 卷,第 39 页)

7 月 2 日(六月初六日)　福本诚、远藤隆夫、尾崎行昌、菅原传、伊东正基等人在香港与杨衢云、谢缵泰会晤后,前往西贡与孙中山相晤。(谢缵泰著、江煦棠等译:《中华民国革命秘史》,中国人民政治协商会议广东省委员会文史资料研究委员会编:《孙中山与辛亥革命史料专辑》,第 310 页;《与斯韦顿汉等的谈话》,《孙中山全集》第 1 卷,第 194 页)

7 月 6 日(六月初十日)　偕摩根、福本诚、尾崎行昌等由西贡赴新加坡。(宫崎滔天著、林启彦译注:《三十三年之梦》,第 203 页)

△　宫崎寅藏、清藤幸七郎在新加坡被英国殖民当局逮捕入狱,发生所谓"新加坡刺康案"。

先是,宫崎、清藤、内田于孙中山赴西贡后,留香港数日,办完孙中山所托之事,即赴新加坡。6 月 29 日抵达,往访丘菽园,求见康有为,欲劝说其与孙中山合作。康风闻宫崎等系刺客,拒绝面晤,派汤觉顿赠金百元,为宫崎所拒。宫崎等一面等候孙中山到来决定进取方针,一面于 7 月 5 日致书康有为,驳斥"刺客"之诬。信为警察所截,认为语含胁迫之意;同时又有林某将此事报告总督。是年 8 月 11 日康有为致康同薇函说:"日人之事,系发难于林君。此事于日本邦交极有碍,故我欲忍之,而林骤告督,遂为大案。然无如何,又不敢言其非,恐得罪林及英官也。"(康有为:《与同薇书》,上海市文物保管委员会编:《康有为与保皇会》,第 177 页)7 月 6 日,内田良平因故归国。警察搜查了宫崎、清藤住所,发现银单二万七千元、现银二百五十元、日本刀两口,即将二人逮捕。(宫崎滔天著、林启彦译注:《三十三年之梦》,第 184—191 页;[美]史扶邻:《孙中山与中国革命的起源》,第 168 页;日本外务省档案,明治 33 年 7 月 25 日兵库县报,兵发秘第 412 号)

关于刺客传闻的由来,日本外务省档案记:宫崎等为华南之事在孙与在新加坡的康有为之间进行疏通。康在横滨之同志者致电康,告以四名刺客渡航,应予警惕。(明治 33 年 7 月 30 日警视总监report,乙秘第 39 号)又岛田经一归国后称:李鸿章曾暗中与刘学询商量对付孙逸仙、康有为,"刘学询乃张之洞的门生,作为留学监督来到我国,在东京时企图暗杀孙、康二人,但要一下子杀掉二人毕竟难以成功,所以刘就暗中用计离间二人"。宫崎离日后,"刘学询认为这正是大好机会,所以立即由横滨给康发了一封电报:'孙派宫崎、清藤等暗杀您,刺客已出发,请警戒。'康甚为困惑,遂将此事秘密告之新加坡政府。"(明治 33 年 9 月 2 日福冈县知事报,高秘第 874 号)前引康有为致康同薇书则云:"日本有两电五信言其谋害也。"《字林沪报》的报道也可佐证。9 月 23 日消息栏"密使之近状"中所载之向本省发送的报告文书有如下记述:"刘向孙表示,若刺杀梁启超,既所立之功,刘以招抚之名(对于有前咎者招抚之意)保举推荐之。(若如此,孙)必获得大权。然后相约作乱。孙有其党数十万,不易给养,故向刘索饷二十万两,以为起事之资。"若根据报纸的消息,孙文、暗杀梁与巨款之三点的汇合,从一开始就出自刘学询之口。消息的来源,据报道记载,乃出自日本警察审问一名阿菊之妇女时所录口供。而此消息中尚提及:"就刘在日本时的行为,警察署均派出人员密探详报。故朝夕之动静皆洞悉无遗。并将所闻悉载为一册,惟过于秽乱,故未传播"云云。总之,来日以后,刘之一举一动皆在警察监控之中,故消息可靠性极高。然而,有关此机密情报是怎样入手的,则只字未谈。然而,说起消息中出现的阿菊,她是刘学询的"宠妓",而刺梁等等之话,据说是刘与孙于"酒楼"(日文为"待合住古",指招妓女游玩的场所。)的密谈内容。场景设定虽然看似天衣无缝,但正因如此出现了重大的破绽。拿语言一项来说,二者若用广东香山方言来密谈的话,阿菊显然不能听懂,如果是她捏造的话,那么情节又未免过于细致入微。也就是说,阿菊的供述只能被认为是刘学询有意传播的。(狭间直树著、肖平译:《就刘学询与孙文关系的一个解释》,《学术研究》2004 年第 11 期)

7 月 9 日(六月十三日)　抵达新加坡,立即着手营救宫崎等人。

是日船抵码头,有知情人及日本领事馆职员来,告以宫崎等被捕事,嘱孙中山等勿上岸,尽快离开。福本诚赴领事馆打听消息,孙中山则往新加坡酒店,设法营救。因得知宫崎等人最大嫌疑在于所携巨款,遂与福本诚议定,证明款为自己所有。(宫崎滔天著、林启彦译注:《三十三年之梦》,第207—208页)7月10日,经伦敦时旧识林文庆医生和旧友黄康衢、吴杰模以及日本领事馆的联系,(罗家伦主编、黄季陆、秦孝仪增订:《国父年谱(增订本)》上册,第137页)遂向瑞天咸总督及咨询委员科利尔(W. R. Collyer)、埃杰顿(W. Egerton)陈述,([美]史扶邻:《孙中山与中国革命的起源》,第171页)为宫崎、清藤作证担保,说:"我想要会见康有为,就当前中国的问题征询他的意见,并向他提出我的劝告。不错,我志在驱逐满洲人,而他支持年青的皇帝。我希望与他磋商,为我们在共同路线上的联合行动作出安排。""我们打算推翻北京政府。我们要在华南建立一个独立政府。我们的行动不会引起大乱;而没有这个行动,中国将无法改造。南方数省人民已经组织好了,目前的平静主要是由于我们没有采取行动。我想,大概除了康党以外,都能够结成一体。"(《与斯韦顿汉等的谈话》,《孙中山全集》第1卷,第195—196页)

7月12日(六月十六日) 营救宫崎等出狱,被英国殖民当局迫令离境,即乘"佐渡丸"赴香港。

在孙中山的努力及日本领事馆的干预下,英国殖民当局决定释放宫崎、清藤二人。7月11日,殖民当局以妨碍治安罪下令将宫崎、清藤驱逐出境五年。瑞天咸对孙中山表示,不允许他在其领地上进行革命鼓动,并企图说服孙中山:"作为一个爱国的中国人,正当中国面临外国入侵的时刻,煽起新的骚乱是不明智的。"([美]史扶邻:《孙中山与中国革命的起源》,第172页)孙中山以原定赴新加坡目的已无法实现,遂决定离开新加坡。是日,宫崎、清藤由监狱径赴"佐渡丸"轮船,与孙中山等一同赴香港。(宫崎滔天著、林启彦译注:《三十三年之梦》,第202—204页)瑞天咸旋下令五年内不许孙中山入境。

关于日本方面的干预,据日本外务省档案记:内田良平得知宫崎等被捕后,"立即向我参谋本部发急电告知事情经过,参谋本部将此事通告外务省,外务省再和英国政厅交涉"①。(《内田甲等人渡航清国之目的及其后动向》明治33年7月31日,章开沅等主编:《辛亥革命史资料新编》第6卷,第44页)又据新加坡某报7月12日报道:"日本领事闻报,往究其事,星架波署总督及各大官因日本领事之请,遂查究详细。日本领事即电达日廷请命。""日本领事言此四日本人可证据此被拿之日本人不是可疑之人。日本领事初不知差因何故拿此二人,又言于查究之时曾对总督及辅政司言此人非下流人物,传说宫崎系日本数家大报馆探事人,清藤系日本东亚同文会人,后至四人系此被拿二人之密友,其中有一人系东京日本大报馆主笔,一为日本前任文学衙门大臣之弟。后日本领事言已电达政府,诚恐此事有伤日本待英国之善意,因此等人系大报馆访事人,又与日本政治党相关涉者。"(《中国句报》1900年7月30日)

经此一事,孙中山、宫崎等与康有为关系完全破裂。8月12日康有为致函康同薇:"惟孙假我名,至为大碍,可虑。来此闹成一大案,因我拒之,致失日人之心,事出于无可如何,然益明我与彼之不相合也。"(上海市文物保管委员会编:《康有为与保皇会》,第179页)8月11日函称:"彼党既乱攻,当另函使人驳之。孙既为港所阻,其党人往见者,港督皆影相,并禁不得言。孙文无钱给人,故皆散。英官又使人责日本人,日人亦散归东,闻孙亦散回东也","但攻我则不免耳。汝可与港督书,或面见督夫人,告以孙往坡谋害,赖坡督保护得免,今坡督亲同我入新埠,在其督署住,供应饮食,一切招呼,吾感激至极。惟孙党多在港,不无串同其党人多方攻击,日散谣言,将来必至造生事端,甚至谓我攻英国,或且谓我遍攻各国者,望总督及各官切勿听之。看其如何回话,我再与信港督。闻区凤墀、王煜初日谓我攻教,日造谣攻我于英官前,英官不信,则谓我四上书实不利于我国(第一书原

---

① 内田良平的公开记载,未提与参谋本部交涉事,仅称在香港"在船上向新加坡的友人发出一封委托信件,请把事情真相调查清楚后,尽快函寄东京通知我"。(《中国革命》,《近代史资料》总66号)

文中有焚圆明园,第二书有饮马欧洲、印度等语)。英督命译之,彼等不知如何捏造。若见英督夫人并言彼等或假托信函,或书疏,皆是妄译捏造,万望勿信等语。"①(上海市文物保管委员会编:《康有为与保皇会》,第177—178页)

7月上旬(六月上旬至中旬)　江浙革政派考虑与包括孙中山革命党在内各派力量的组合与合作。

江浙革政派考虑过与孙中山的联合。汪康年东游归来,虽认为孙中山无能为,但并未断绝与革命党的联系。1898年六七月间,还会见孙中山的日本友人平山周、末永节等,批评"今人大率识短胆小,稍闻要之便掩耳却走",(汤志钧:《乘桴新获——从戊戌到辛亥》,第203页)与百日维新期间康有为因平山周是孙党而不愿相见形成鲜明对照。他还与加入兴汉会的毕永年交往,1899年5月27日,汪康年与毕永年、唐才常、宗方小太郎、中西正树等聚餐。(东亚同文会编:《对支回忆录》下卷,第383页)1899年,周善培在日本经梁启超介绍,曾走访孙中山,"商量一切事务"。(冯自由:《革命逸史》初集,第64页)他得知汪、唐有隙,不能通力合作,劝解之外,建议汪康年与孙中山保持联系,"中山许公宜常与之通消息,缓急亦有用者也",以备不时之需。并询问:"南海、中山举动何如?"(上海图书馆编:《汪康年师友书札》二,第1197页)国会筹备期间,汪康年一派认真讨论过与各种力量的关系组合。夏曾佑关注"中山酒店重开否? 对山文集重刻印否?"认为不能指望张之洞、梁鼎芬,也反对依靠"欲翘然为首""帝制自为""不为众附"

---

① 《中华民国革命秘史》、《孙中山年谱》(中华书局1980年初版)据《英国自治领中之中国革命党:1896—1905年的孙逸仙和康有为》(Chinese Revolutionaries in British Dominions:1896—1905 Sun Yat-sen,Kang Yu-wei)一文定为7月16日,《宫崎滔天年谱稿》亦同。日本外务省档案7月25日长崎县报高秘第259号引有7月16日香港宫崎寅藏一派致九州《日出新闻》记者田中侍郎的信:"今日情形,孙逸仙的目的最终难达,宫崎、清藤二人为与康谈判赴新加坡,几次交涉要面谈,终不肯,空空归香港。"港督安排的18日上午与李鸿章面谈,在孙中山等抵港之次日,故仍从旧说。([日]宫崎滔天著、林启彦译注:《三十三年之梦》,第214页;[美]史扶邻:《孙中山与中国革命的起源》,第176—179页)

"乱而无谋""不能容人"之人,而"自成一队,力既不能,时又不及"。对于革命党,虽说"与中山合,此较妥","然事败则与俱败,事成则北面而侍人(中山处大约人材较众,皆教中人,非士大夫,故我辈不知)。唆使武负,此策无从行"。故建议"为今之计与英、美、日相商定策,以兵力胁退□□,请□□亲政,再行新政……若有革命党人不愿,可用意将革命,革政二党人化合为一宪政党人可矣。(只须宪法上立一条曰:凡满人所得之权利,汉人均能得之。如此则革命党又何求乎?)"(上海图书馆编:《汪康年师友书札》二,第1363、1367页)

7月14日(六月十八日)　东邦协会出版孙中山著《支那现势地图》。

该图"缩尺二百九十五万分之一",是包括关内十八省的非常精密的套色印刷地图。该图用颜色区分表示被列强占有的铁路状况。该图中还包含孙中山想要建设的路线。《东邦协会会报》的广告说明:"支那革命派首领孙文逸仙编著/支那现势地图/幅员四尺(帙入)/定价金壹圆/邮税金六钱/附国势一斑并列国经营铁道。"(狭间直树:《关于〈支那保全分割合论〉的若干考察——孙文访日初期革命活动的一个侧面》,林家有等主编:《孙中山与世界》,第392页)

7月15日(六月十九日)　毕永年致宗方小太郎,请其与孙中山力任台湾,与闽、粤连成一气。

函谓:"沪上两次赐书,均已收到。拜读之余,益增感激。先生如此不辞劳瘁,为支那力图保全,况彦本父母之邦,敢不竭虑捐身,以副先生相知之雅乎?惟台湾之事,全赖先生注意成之,或乞先生偕中山氏往台一行,或即留中山寓于台地,彦愿力任闽中之事,而与服部君及粤中诸豪联为一气,或不甚难。因彦之友,多有在五虎口、华秋、电光、射马、长门、金牌、闽安诸炮台,及马尾、南台诸营中者。且有留闽十余年,深悉情形,广联声气者,但得佳果五千枚,便可消除暑热。彦虽无救焚拯溺之材,然台中既得先生及中山之部署,而粤中又有服部之肆应,或者其有成乎?彦之鄙念如此,先生幸垂察焉。如贵邦人尚有以缓办之说进者,愿先生勿听也。彦决然一身,久无父母兄弟妻子之念,惟此痛恨胡虏,欲速灭亡之心,辄形诸梦寐,不能自已。"署名安永松彦。(安为毕永年,服部为陈少白)

7月17日(六月二十一日) 抵香港海面,在"佐渡丸"船上与同志商议起义方略。

原定新加坡联合康有为计划破灭后,孙中山等于赴港途中再三提出今后方针问题,决定到港后再行议定。如无办法,便直接进入中国内地。先是,7月8日李鸿章调任直隶总督。7月13日,港督卜力致电英国首相兼外交大臣沙士勃雷,及殖民部大臣张伯伦,谓李鸿章北上过港时,孙中山将登岸与李商谈合作,拟不加干涉。他认为,如果赞同孙中山和李鸿章缔结一项盟约,对于英国的利益将是最好不过的。英国政府原则上同意卜力的意见,但坚持只有孙中山得到李鸿章的同意而回来之时,他们才准备撤销驱逐令。([美]史扶邻:《孙中山与中国革命的起源》,第175—176页)7月14日沙士勃雷电示卜力:对孙中山的五年驱逐令仍然有效,不可向李鸿章谈及与孙中山合作事。(《孙中山年谱》,第47—48页)

是日上午,"佐渡丸"停靠九龙,香港警吏来船通告对宫崎寅藏和清藤幸七郎的五年放逐令,孙中山亦不得登岸。遂于舟中召开紧急会议,虽经反复讨论,仍无结果。孙中山提议:香港的准备工作,由福本诚全权负责,铃木力(号天眼)、平山周、近藤五郎(本名原祯,信州人)等为辅佐;准备告一段落后,再以郑士良代为领导,高举义旗,以近藤为参谋,日本诸同志加以辅佐,占领某地,然后分兵一半进驻厦门附近;届时孙中山与宫崎等由台湾密行进入内地与起义军会合。对此提议,众人未置可否。福本诚提议:事已引起日本政府注意,归国将大不便,且使留守香港的同志士气沮丧。应乘夜从九龙上岸,速入内地,以神风连式迅雷不及掩耳的行动袭击广州。与会诸人皆表同意,惟孙中山认为此举乃飞蛾投火,坚决反对。宫崎因此与孙中山大起争执,会议不欢而散。是晚宫崎等人见警方戒备森严,乃向孙中山谢罪,表示甘拜下风,今后一切唯孙中山之命是从。(宫崎滔天著、林启彦译注:《三十三年之梦》,第209—213页)是日香港兴中会员来船相见,李纪堂捐款三万元交给孙中山。(陈少白:《兴中会革命史要》,中国史学会主编:《辛亥革命》第1册,第67页)

　　为争取卜力支持,由陈少白起草致港督书,何启、杨衢云、谢缵泰等译成英文。书成,由孙中山领衔,与杨衢云、陈少白、谢缵泰、郑士良、邓荫南、史坚如、李纪堂等七人联名签署。(冯自由:《革命逸史》第4集,第89—92页)该书历数清政府之积弊与目前之凶顽,鉴于"北方肇事,大局已摇",提出平治章程六则①:迁都、设中央及各省自治政府、公权利于天下、增添文武官俸、平其政刑、变科举为专门之学。要求英国政府助力,并请其"转商同志之国,极力赞成,除去祸根,津昭新治"。(《孙中山全集》第1卷,第191—194页)据孙中山7月24日在日本神户与记者谈话:"在香港因五年不许入境之期尚余八个月,未能上陆,于客轮中呈书于认识的总督卜力氏,并得其答书。总督意为将两广合并,举李鸿章为大统领,孙逸仙为李的顾问,均置于英国的保护之下。"(《大阪朝日新闻》1900年7月26日,转引自[日]安井三吉编:《〈孙文と神户〉略年谱》书由何启递交。(冯自由:《革命逸史》第4集,第92页)谢缵泰记:"1900年7月21日,

————————

①　据日本外务档案记:"先前孙秘密前往香港之时,曾和香港总督密谈,讲到一旦时机成熟,就将暂返日本。随后香港总督通知孙接受其计划(据平山说此人可能是英国政客,尚未查明)。孙等同志以一片热忱献策之心呈给总督计划之条款如下:一、将首都移至中央地区。上述目的地是上海或汉口。二、颁布自治制度。中央政府将征求各国公使的施政意见,地方将实行自治制度,征求各国领事的意见。三、颁布公正的刑法制度。四、废除科举制,专于学制建设。平山周这次前往长崎就第二项与孙商议,认为征求各国公使意见会丧失独立权,建议将此项删除。"(《孙逸仙计划之相关事宜》,章开沅等主编《辛亥革命史资料新编》第6卷,第62页)据卜力8月3日致殖民大臣张伯伦备忘录,卜力与孙中山代表曾有一次会谈,要求孙中山等起草一份"有许多人签名的送给列强的请愿书,清楚地表明他们所要求的改革,并且说明,他们采用这种方法,是为了避免在目前的危机中会使列强为难的行动"。日本外务省档案中为四条,与《孙中山全集》之《平治章程》相近而少二条,档案所收或为最初版本。(杨天石:《从帝制走向共和——辛亥前后史事发微》,第80—81页)

何启博士报道说,亨利·阿·卜力支持中国南部成立一个共和国。1900年8月1日,何启博士在《德臣西报》上发表一篇文章,该文是以我们的政治纲领为依据的。1900年8月2日,我和何启博士讨论了我们的纲领和向列强呼吁的措辞。"(谢缵泰著、江煦棠等译:《中华民国革命秘史》,中国人民政治协商会议广东省委员会文史资料研究委员会编:《孙中山与辛亥革命史料专辑》,第310页)

7月18日(六月二十日) 由港英当局约订与李鸿章秘密会晤,为李所拒。在"佐渡丸"继续商议行动方略。

李鸿章奉诏北上,于7月17日晚乘招商局"安平"号轮抵港。前此,何启与港督卜力秘密会晤,商议使李鸿章据两广宣布独立,以孙中山施行新政,卜力暗中作保护人。卜力为此曾与李鸿章通过消息,李表示赞成。后因清廷急催其北上,李鸿章途径香港时,港方拟将其扣留。但于7月17日为英国殖民部大臣张伯伦电令禁止。([美]史扶邻:《孙中山与中国革命的起源》,第176—177页)李鸿章到港后,卜力连夜派人通知孙中山,约定上午11时与李鸿章会晤时再加劝阻。如李愿中止此行,即解除保安条例限制,允许孙中山上岸,共同密商。孙中山认为李既无主义上之信念,又缺乏洞察大局之见识,且年已老迈,看透功名事业,总督劝止多数不为其接受。但仍要考虑万一的可能性。(宫崎滔天著、林启彦译注:《三十三年之梦》,第214页)李鸿章与卜力会见时,果然拒绝挽留,力劝卜力禁止颠覆分子利用香港作为基地,并透露出可以用汉族皇帝来取代满族统治的意思。([美]史扶邻:《孙中山与中国革命的起源》,第178—179页)关于谈话内容,孙中山回到日本后对某访客说:"李鸿章北上途经香港与总督会见之际,总督说以刻下清国时局系由清国分割两广成立独立国之好机会,以孙逸仙为顾问,怂恿李为主权者。李答称:当观察今后时局之趋势徐决之。孙认为香港总督之说系扩大英属领土利益范围至两广之计略。"(日本外务省档案,明治33年7月25日兵库县知事报,兵发秘第410号)又据7月26日《大阪朝日新闻》报导孙中山在神户对记者谈话:李鸿章"获悉此事后,认为此计并非无成功之望,但接到北京政府的命令,不能不北上,不知清国皇帝驾崩事是否属实,感到今日无论如何有必要北上,因而出发。倘不幸驾崩是事实,则赞成两广合并实行宪政,再实行此计划,以表贯彻之觉悟。"①([日]安井三吉编:《〈孙文と神户〉略年譜》)

傍晚,得知李鸿章已决定先行进京,合作尝试落空。是日客人接踵而至,应接不暇。入夜召集福本诚、清藤幸七郎、近藤五郎、平山周、宫崎寅藏开会,全体同意孙中山提议:福本诚留在香港从事准备。如准备不能如意,即以现有力量举事。举兵时以郑士良为主将,近藤、杨衢云为参谋,福本诚为民政总裁,平山周副之。会议中所有争论及异议,均以孙中山意旨为准。孙中山又对郑士良指示军事方略,日本同志决定协助郑进入内地。玉水常治、野田兵太郎、伊东知也(山形县酒田市人,号凤南,曾任《二六新报》记者)等留港等待起事。(宫崎滔天著、林启彦译注:《三十三年之梦》,第 215—216 页)

7 月 20 日(六月二十四日) 偕宫崎、清藤乘"佐渡丸"离港赴日。(谢缵泰著、江煦棠等译:《中华民国革命秘史》,中国人民政治协商会议广东省委员会文史资料研究委员会编:《孙中山与辛亥革命史料专辑》,第 310 页)

7 月 24 日(六月二十八日) 抵神户。次日赴横滨。

据日本外务省档案 7 月 25 日兵库县报:"孙逸仙和宫崎寅藏、清藤幸七郎三人乘坐昨(24)日下午 5 时入港的佐渡号由香港来到神户,投宿于荣町三丁目西式旅馆。""三人乘坐今日中午 12 时 20 分从三宫站发车的火车离开本地,孙前往横滨,宫崎、清藤二人则前往东京。"(《关于流亡清国人孙逸仙》明治 33 年 7 月 25 日,章开沅等主编:《辛亥革命史资料新编》第 6 卷,第 42—43 页)7 月 26 日神奈川县报:"流亡清国人孙逸仙乘今(26)日上午 9 时 28 分到达的火车抵横滨,入住山下町

---

① 史扶邻据 7 月 19 日卜力致张伯伦的报告,谓是日会谈中李鸿章未提与孙中山约会事。([美]史扶邻:《孙中山与中国革命的起源》,第 178 页)

一百二十一号(孙先前在横滨居住之地)。同行者宫崎寅藏、清藤幸七郎二人乘9时35分发火车去往东京。"(《孙逸仙抵横滨》明治33年7月26日,章开沅等主编:《辛亥革命史资料新编》第6卷,第42页)抵神户后,致书平山周,嘱其对议决之事,"毅然行之,不可中止"。同时致函郑士良、杨衢云,改变原定杨入内地计划,要其留在香港招集商人,由郑士良另觅李君香某代之,以求人地相宜。(《孙中山全集》第1卷,第197页)又对记者发表谈话:"此次南航,系想了解柴棍及英国海峡殖民地方面自北清事变以来的形势,访问各地同志政友以及探听英国殖民当局将来对北清的政策。在新加坡会见英国总督,欲闻其政策,并于会见之际确悉其意见。"李鸿章虽北上,但表示若皇帝驾崩,仍赞成两广合并实行宪政。"如李发起,则张(之洞)、刘(坤一)亦会仿效之,或可期于达到目的。因此吾今后当于横滨寓所静观风潮如何,然后决定行动"。(《大阪朝日新闻》1900年7月26日,转引自[日]安井三吉编:《〈孙文と神户〉略年谱》)

7月25日(六月二十九日)　舆论论及广东匪党太多,列孙中山革命党为其一,而强调李鸿章维持之功。

《申报》谓:"昨有人由南洋新加坡投函本馆云:近日穗垣,匪类各自结党,为害中朝,其中有名南党者,有名北党者,有名康党者,有名孙党者,有名三合会党者。北党专欲杀害西人。南党则地痞流氓,只图剽掠。康党拾逆犯康有为之牙后慧,言欲剿平水陵诸盗,奉皇上复辟,中多衣冠子弟,胶胶椤椤,藉大言以敛赀财。孙党奉谋叛未成之逸犯孙逸仙为宗旨,意欲剿尽满洲人。三合会党命意与康孙二党大同小异,每与人言,无非欲令中国除君权而为民主。盖窃逆犯梁启超在湘中宣讲之绪余也。幸李傅相坐镇其间,严以惩治,若辈始潜鳞戢羽不敢恣意为非。"(《匪党太多》,《申报》1900年7月25日)

7月26日(七月初一日)　革政派在上海成立中国议会,举容闳为会长。

孙宝瑄记：“是日，海上同志八十余人，大会于愚园①之南新厅。”叶瀚“权充主席，宣读今日联会之意：一、不认通匪矫诏之伪政府；二、联络外交；三、平内乱；四、保全中国自主；五、推广支那未来之文明进化。定名曰中国议会。”（孙宝瑄：《孙宝瑄日记》，第 1384 页）日人井上雅二也应邀参加会议，其所记参会人数为五十二人，宗旨为：“一、保全中国疆土与一切自主之权。二、力图更新日进文明。三、保全中外交涉和平之局。四、入会者专以联邦交、靖匪乱为责任，不承认现在通匪诸矫传之伪命。”（汤志钧：《乘桴新获——从戊戌到辛亥》，第 353 页）皆与孙宝瑄所记略异。

国会多数人支持在上述宗旨下，实行三点：一、尊光绪帝；二、不认端王、刚毅；三、力讲明新政法而谋实施之。但不一定排除满人。这是向全体会员公布的宗旨，事实上，国会另有秘密宗旨。据井上雅二记：“中国议会的真正宗旨，绝密。很多会员是不知道的。”井上并未引述秘密宗旨内容，仅提到国会对外简明章程的要点：“根据十二条，废弃旧政府，建立新政府，保全中外利益，使人民进步。”（汤志钧：《乘桴新获——从戊戌到辛亥》，第 355—356 页）

关于“建立新政府”，康有为在一封致各埠保皇会公函中称：由于各省督抚抵制清廷伪谕，后者必将垮台。“伪府既倒，新党已于上海设立国会，预开新政府，为南方立国基础。”（冯自由：《革命逸史》第 6 集，第 30 页）唐才常告知唐才质：“议会设立之意图，欲俟起事成功，即暂以此会为议政之基础。自立会同人，除争取民主权利与政治革新而外，制度如何树立，政府如何组织，均待选举程式确定，正式议会成立，告全国人民，五族俊义，协商处理，期于至善。”（唐才质：《唐才常烈士年谱》，湖南省哲学社会科学研究所编：《唐才常集》，第 277 页）汪康年亦告知井上雅二：“中国议会有两个办法。一是推一大名人为总统。二是

---

① 冯自由《中华民国开国前革命史》谓：六月间“开国会张园”。张篁溪《自立会始末记》也称：“六月”，“约请上海维新志士开国会于张园”。此说有误。

中国各省自行治理。趁现在民心大乱之机,派人去各省,与土匪联合起来以成一派势力。民间各处都有私党,各种流派,有些纪律严明,而有些纪律松懈。他们有力量,联合起来也是可能的。"（汤志钧:《乘桴新获——从戊戌到辛亥》,第 360 页）故可知:一、国会目的,在于开创新国(首先在南方),废弃旧政府,建立新政府。二、新政权将采用民主制度,实行总统制、议会制和地方自治,国会即为开国议政的基础。三、总统将推举一位名人出任,人选包括光绪,却不以此为限。四、实施途径之一是派人到各省联络会党土匪武装。（桑兵:《庚子勤王与晚清政局》,第 118 页）

大会推选容闳、严复为正副会长。国会后来在沪、宁等地继续发展成员,最多时达一百余人。其中有名可考者为容闳、郑观应、丁惠康、温宗尧、陈锦涛(以上籍贯广东)、叶瀚、汪康年、汪有龄、汪立元、孙宝瑄、胡惟志、宋恕、张元济(以上浙江)、唐才常、沈荩、张通典、陶森甲、唐才质、林圭(以上湖南)、丘震、狄平、马良(以上江苏)、吴保初、孙多森、孙多鑫(以上安徽)、赵从藩、文廷式、陈三立、沈士孙(以上江西)、严复(福建)、龙泽厚(广西)、戢元丞(湖北)、宋伯鲁(陕西)、王照(直隶)、李学孝(不详)。另外沈兆祎(江西)、伍光建(广东)、周善培(四川)、陈季同(福建)、方城、蒋新皆、王修植、夏曾佑(以上浙江)等可能入会。章炳麟(浙江)、毕永年(湖南)两人开始入会,后分别因故退出。康有为等保皇会首领,虽在海外,亦被列入会籍。（桑兵:《庚子勤王与晚清政局》,第 107 页）

中国国会内部虽有不同派系,其政见、方略不一,大抵均为戊戌政变以来主张联合救国的有志之士,具有很强的革新变政甚至反对当朝执政的倾向。因提倡变革而与清政府为敌的孙中山及其革命党,自然为其成员所重视。（桑兵:《庚子勤王与晚清政局》,第 185 页）

后国会因江浙派士绅与康有为一系矛盾而瓦解。井上雅二记:"要而言之,议会之始,康、汪两派之间,互有阻隔,且于经费甚支绌,竟因是迟迟迁延时日。及至唐等之败,而两派之间遂截然分途,不能化合。夫两派既经破裂,则议会亦由是散耳。"(《维新党的失败及将来》,《东亚同文会第十一回报告》,译文用田野桔次《最近支那革命运动》。参考桑兵:《庚子勤王与晚清政局》,第106—142页)

7月29日(七月初四日)　章太炎致函孙中山。

是日中国议会再次集会,到者六十余人,题名者五十余人。(孙宝瑄:《孙宝瑄日记》,第1385页)章太炎提出《请严拒满蒙人入国会状》,并致函孙中山,要求将《严拒满蒙人入国会状》及《解辫发说》登之《中国日报》,"以示同志"。斥责"同会诸君,贤者则以保皇为念,不贤者则以保爵位为念,莫不尊奉满洲,如戴师保,九世之仇,相忘江湖","方今支那士人日益阘茸,背弃同族,愿为奴隶,言保皇者十得八九,言复汉者十无二三,鄙人偶抒孤愤,逢彼之怒,固其宜也。"函称:"□□先生阁下,去岁流寓,于□□□君座中得望风彩,先生天人也。鄙人束发读书,始见《东华录》,即深疾满洲,誓以犁庭扫穴为事。自顾藐然一书生,未能为此,海内又鲜同志。数年以来,闻先生名,乃知海外自有夷吾,廓清华夏,非斯莫属。去岁幸一识面,稠人广众中不暇深谈宗旨,甚怅怅也。"(《中国旬报》1900年8月9日)

7月(六月)　广东巡抚探知孙中山起事消息,预作准备。(汤志钧:《乘桴新获——从戊戌到辛亥》,第356页)

7月至8月(六月至七月)　与宫崎等人继续谋划起义。

据日本外务省档案:"清国流亡者孙逸仙最近从新加坡再次来日之后,频繁往返于东京、横滨之间,并常与横滨市山下町一百十六号的清国人关厚祥见面。关曾任清国驻横滨领事馆的翻译,应属政府一派人士,然和孙会面有何意图尚不得知。又据闻,关乃受领事之托,请孙查探日本对清国事变反应的内幕消息。孙近日曾对某人说道,清国南部各总督及进步的有识之士都认为,满洲政府在位期间虽维持现状,但随着形势的变化,早晚都会和吾辈的意见达成一致。因此重返故国固然有一定危险,但在有些地方未必有危险。采用和平手段未达到目的,持有这个想法进行会谈是最有必要的。因此只要没有危险,就将与李鸿章进行会谈。在南清,虽然现下形势可以达到政府改革之目的,但就本人的计划,我接受了英国一位政界人士的忠告,因此我不愿遭到和义和团一样的大打击。又李鸿章可能不会北上。北京政府被一群完全排外之徒蹂躏,他们连皇帝都不能容忍,皇帝可能会遭致杀身之祸,而那时正是达成吾辈目的大好机会。如若皇帝力量强大,镇压了排外势力,则更要作出今后方针政策。这样南清各总督就会认为当前政权毕竟没有希望,满洲政府难以永存,灭亡之日指日可待,而吾辈也要有等待时机到来的思想准备,目前要静观其变。"(《孙逸仙动向》明治33年8月10日,章开沅等主编:《辛亥革命史资料新编》第6卷,第45页)

宫崎寅藏记:当时末永节和岛田二人已在上海纠合同志,"在京同志,每日聚集(□□)会共商大计。硬石决定率部下同志四十余人去投郑军,其中甚至有人已经离开东京先去九州。"(宫崎滔天著、林启彦译注:《三十三年之梦》,第218页)实际此时除"宫崎继续支持孙文,以达彼此素志",(明治33年8月20日,乙秘第442号)其余已经动摇。如内田良平回到日本后,告其挚友说:"没想到孙逸仙、康有为等南清革命同志的势力在走向衰落,余已看破他们是所谓治世的言论名士,而非乱世中的实干英雄,均非成大事的人物。"(《内田甲等人渡航清国之目的及其后动向》明治33年7月31日,章开沅等主编:《辛亥革命史资料新编》第6卷,第44页)内田当时确"正募集壮士,欲在南清地区起事",但认为"当前再举事终非少数人能为之,因此当静养门徒,等待时机成熟"。(《关于东亚同文会会员的动向》明治33年8月18日,章开沅等主编:《辛亥革命史资料新编》第6卷,第46页)与内田关系密切的末永节等人则另有所图,"又据闻,这次他们一直计划的目的,不在南清,而是在山东举事。他们首先把朝鲜作为占领根据地,使其成为日俄冲突的导火线。并且煽动和支援端亲王、董福祥训练的马贼以及黑龙江总督寿山将军部下的兵士,和俄国挑起战端。而支持孙逸仙,以赢得南清地区军资兵备供给之便,并笼络孙的部下及有志之士。据说这一计划在去年 1 月左右就得到了某些预备和现役的军官们的赞成"。(《关于孙逸仙南清独立计划的事宜》明治 33 年 8 月 20 日,章开沅等主编:《辛亥革命史资料新编》第 6 卷,第 44 页)"长崎九州《日出新闻》记者田中侍郎、铃木力等,认为目前孙逸仙起事,乃无谋之举,不论对东亚还是对日本都不利。他们以此来忠告赞成此举的同志,还公开在报纸上大唱反对的论调。"柴田麟次郎、佐佐木四方志、根津肇、安永藤作等原筹集资金准备赴清,新加坡事件后,对过去的计划发生分歧,主张调查之后再定方针。他们认为:"华北因联军迫近北京,必将谈判媾和,华南分立最终不能实现。且改革后的善后之策也颇费周章。此外战争交涉如何办理? 达到希望的时机显然尚未到来。当前应以扩张势力为主。"内田良平说:平冈浩太郎也略失锐气,犬养毅则袖手旁观。"康位尊大,且能文善辩,但缺乏胆力,难成大事。孙豪壮大胆,但有轻视康之意。彼等非共事之人物。孙在海外表同情者虽多,国内则缺少势力。"(明治 33 年 8 月 18 日长崎县报,高秘第 300 号)

8 月(七月) 内田良平透露"孙逸仙一派计划的目的是以江苏、广东、广西等南清六省为根据地,建立独立的共和政体,再逐渐将势力扩展到北清地区,打倒爱新觉罗氏,再统一支那十八省,在东洋成立一个大共和国"。(《内田甲等人在孙逸仙计划中的活动》明治 33 年 8 月 26 日,章开沅等主编:《辛亥革命史资料新编》第 6 卷,第 55 页)

△ 会见下田歌子。

孙中山得清藤幸七郎之姊秋子介绍,与日本帝国妇人协会会长下田歌子交往,要求援助军资,并为之题写扇面:"大风已作,壮士思归。"孙中山劝其谒见西太后,请她以组织东洋妇女会的名义从清室取得资金供给革命党……([日]黑龙会编:《東亜先覚志士記伝》下卷,第 655 页)

8 月 15 日(七月二十一日) 八国联军攻陷北京。西太后挟光绪逃往西安。

8月上中旬(七月中旬)　领衔签署致港督卜力书①。

8月中旬(七月下旬)　对日本支持者宣布停止行动,解散同志。

据宫崎寅藏记述:"不久近藤突然由香港归来,几天后日南也回来了。因而孙先生意气甚为消沉。他认为日本的首脑人物如此归来,同盟的士气必将沮丧,中国同志们的士气也将大为低落。他心中对南方之事似早已感到绝望,想亲自在中央地区掀起波澜,便制止硬石及其部下的南下,并通过狼啸等阻止同志们南下",自己则决定赴上海。(宫崎滔天著、林启彦译注:《三十三年之梦》,第218页)日本外务省档案记,末永节接宫崎"无须上京"电报后,"立即给上海虹口南守路十八号常盘馆的山田启等七人发了一张明信片,大意是说出发途中接到东京发来的电报,决定暂时返回福冈,详细情况日后再告之。翌(18)日凌晨5时10分,安永东之助乘坐的门德联络船第三共同号在本县门司入港,安永上岸后和末永会面,并一同乘坐早晨6时当地始发的列车返回福冈。据暗中调查,安永带到本县的消息是该计划暂时中止、并解散同志的决定。上述安永东之助及玄洋社员大原义刚乘坐20日晚11时博多始发的列车前往长崎(当时已向长崎县拍发电报)。据探察二人将前往该地《日出报》报社,向同志们传达上述中止和解散的决定"。(《关于孙逸仙南清独立运动中止之事》明治33年8月21日,章开沅等主编:《辛亥革命史资料新编》第6卷,第51页)平山周说:"我等此次计划决定非一朝一夕之事,乃(明治)二十七八年战役之结果,其中虽然有许多反对意见,但其后仍继续不断。我谋求大目的,易于泄漏,因此有绝对保密之必要。我在香港多年,通晓当地中国人事情。我在中国负责纠合同志,内田甲在关西,宫崎虎藏在关东分担联合同志之责,各自奔走。香港已完成计划,培养出足够的潜在势力。此次归国,感到有必要与东京的同志作最后商议。本月10日许,收

---

①　上书时间有多种说法。细译《上卜力书》及《平治章程》文意,该件与孙李合作无涉,且完成时间,应在8月中旬以后。陈少白记该上书之作系"际此中央无主",则旁证上书卜力是在8月15日北京沦陷、两宫出走之后。

到在东京的宫崎、内田等发来暂时返回内容的电报,即踏归途。在长崎与安永东之助会见时,意外地听说内地同志决定停止该事件并解散同志。在当地与内田会谈时了解了解散的详情,对此实在失望,更与内田进行激烈辩论"。"停止解散的理由,据议论是举事的时机不到。第一,福本诚不道义,泄漏了孙的秘密,给此事进行造成极大障碍。第二,打电报招我返国的内田等人误断清国同志的计划不得其宜,不到时机。"(明治 33 年 8 月 24 日福冈县报,高秘第 843 号)

据福冈县报告:"据进一步侦查,原来福本诚并非同志。因在华南起事,接近英国领土境界,怕伤害英国感情,尽量注意不扰乱其领土。为此,需要通晓公法学的人参加。而该氏曾专门研究此项学问,所以由内田介绍加盟。但宫崎寅藏、清藤幸七郎等在新加坡为英国政府逮捕,担心因此造成同志解散,给福本诚一些钱,让他先去中国,以防清国同志离散。福本出发前,在东京将此款无益消耗殆尽。由于坐失良机,孙愤然将其开除。为此,福本泄露了此项阴谋。既然计划停止,同志当然解散。福本因此激怒同志,现已逃走,不明所在。"(明治 33 年 8 月 26 日福冈县报,高秘第 848 号)据葛生修吉说:"此事破灭原因,患在内而不在外,若由于外部障碍,决不会破灭。完全是由于孙逸仙和内田甲等主谋者多年苦心积聚的资金被其手下人作无益的浪费,丧失了时机,孙深感失望。内田甲是钱财上有力之人,且守信用,解散后还将一些钱分给同志以为善后之费,对于同人没有丝毫怨言。至于其他人,在策划大事之际,诸事极为骄奢,有的流连青楼,为满足一时情欲,把举事的金钱也耗费殆尽,言话与行动都甚荒谬。今日归结为责备福本诚一人,但事实是掩盖不了的。宫崎寅藏也浪费了不少。末永、岛田等迄今在中途浪费数目多少,难于计算,至解散后仍未满足私欲。我等不能实现将来的伟大希望。"(明治 33 年 9 月 1 日福冈县报,高秘第 872 号)"孙逸仙对此次解散同志极为愤慨。在此之前希望依靠日本人实现宿志,但最终不可,只得离开日本,决定依靠别国。"(明治 33 年 8 月 25 日福冈县报,高秘第 845 号)"如上次报告所云,孙逸仙愤于多年辛苦的计划顷刻瓦解,似将离开日本决意依靠英国。犬养、平冈、头山等先后极力劝其留在日本等待时机方为得策,而孙对此不同意。"(明治 33 年 8 月 26 日福冈县报,高秘第848 号)

8 月 21 日(七月二十七日)　在横滨出席送别会。

"孙逸仙昨(21 日)夜与住在山下町的张能之、黎焕墀、谭发、赵峄琴以及另外三位中国人……,在横滨市相生町二丁目嘉以古餐馆宴会。仅仅是孙的送别会,无其他谈话。午夜 11 时半左右散席。据说晚宴上清国人等醵金三百元交孙。"(日本外务省档案,明治 33 年 8 月22 日神奈川县报,秘甲第 334 号)

临行前发表谈话,支持联合各派改革力量,共举大事。其称:"在中国的政治改革派的力量中,尽管分成多派,但我相信今天由于历史的进展和一些感情因素,照理不致争执不休,而可设法将各派很好地联成一体。"故对一度感到绝望的康有为亦改变看法,认为:"对国内的李鸿章等各督以及康有为一派也应重视,暗中联络。"虽然声称此行"不抱任何危险激烈的企图,而是考虑始终采取温和的手段和方法"。(《孙中山全集》第 1 卷,第 198—199 页)但实际上其不惜犯险归国,最主要目的应是践梁启超前约,与之"握手共入中原",以期"大助内地诸豪一举而成"。(丁文江等编:《梁启超年谱长编》,第 168 页)

△　唐才常、林圭等在汉口被张之洞逮捕,第二天遇害。自立军失败。前此,8 月 9 日,秦力山在安徽大通举事,失败,亡走日本

郑孝胥记:"七月廿七日夜,过关道,知康党勾结会匪,将以明日举事,都司陈士恒捕得会匪邓永材、向联甲,讯之,遂以兵围宝顺里,获唐才常、林澍堂及日本人甲斐君靖等凡二十余人。廿八日,晚,渡江,司道皆至营务处,会鞫匪党,斩十一人,唐才常与焉。"(劳祖德整理:《郑孝胥日记》,第 766 页)

8 月 22 日(七月二十八日)　离横滨赴上海。

"清国流亡者孙逸仙化名中山樵,于本日正午 12 时乘'神户丸'

只身出发赴上海。福本诚及马尼拉人彭西到孙逸仙寓所告别。清国人五六名来船送行。"孙中山发表谈话:此行系"去视察本国情势,并与本国同志进行种种磋商"。认为中国主张政治改革的各派应当很好地联合起来,而推容闳为领袖。因此,"不抱任何危险激烈的企图,而是考虑始终采取温和的手段和方法"。(日本外务省档案,明治 33 年 8 月 22 日神奈川县报,秘甲第 334 号)

8 月 23 日(七月二十九日) 午后 4 时抵神户,舟泊二日。(日本外务省档案,明治 33 年 8 月 24 日,兵发秘第 481 号)

"既报清国流亡者孙逸仙于 24 日正午 12 时买通船长根岸要(清国人,现已归化日本)一起上陆,至山中常盘招艺妓三名,由根岸的熟人、居住在神户的清国人张殿芳设宴招待。后至其家住宿。本日午前 6 时 30 分归船。10 时'神户丸'离港经长崎赴上海。据闻途中在长崎将有两三名日本同志上船与孙同行。"(日本外务省档案,明治 33 年 8 月 25 日兵库县报,兵发秘第 483 号)

8 月 24 日(七月二十九日) 为实现"南进政策",日本陆军大臣桂太郎、海军大臣山本权兵卫及台湾总督儿玉源太郎策划出动台湾驻屯军在厦门登陆,并以"僧人"高松誓放火烧毁厦门东本愿寺事作为借口。([日]藤井昇三:《孙文の研究:とくに民族主義理論の発展を中心として》,第 33 页)

8 月 26 日(八月初二日) 船过门司①,平山周、内田良平登轮同行。是夜抵长崎。次日开往上海。

先是,内田良平因与福本诚等人在赴华费用上发生纠纷,返回家乡福冈,对孙中山下一步行动持观望态度。据日本外务省档案,8 月 22 日平山周接宫崎寅藏电,回到长崎,即赴东京,途中在福冈停留。

---

① 日本外务省档案 8 月 26 日长崎县报,电受第 411 号:"孙逸仙昨日 6 时乘'神户丸'赴上海,同行者有内田甲、平山周、安永东之助、宫阪九郎、中野熊五郎、村田忠三郎、远藤留吉。"福冈县山口县亦曾报 8 月 25 日抵门司。但在此后的报告中予以改正。据平山周、内田良平等人行踪及孙中山行动,应以 26 日为确。

次日,内田良平与中野熊五郎到平山下榻处拜访。平山称有要事须在此会见内田,在长崎会见安永东之助。平山认为,"孙逸仙的计划若在义和团暴动之际,多少有希望。而在北京陷落后之今日,已丧失时机。要实行此计划,比义和团暴动之际,费用和兵力要多十倍,还会带来许多困难。但好时机还可再来,清国政府再兴实现之际,已出现社会党之改革,而守旧派之党徒亦起,势必很快人心扰乱;且列国会议召开,窃认为系大举之机。故我国同志今日渡清,最为必要"。(明治 33 年 8 月 22 日长崎县报,高秘第 507 号)他坚决反对不在华南而在山东附近起事的意见,认为:"如此时在北清起事,忽惹列国干涉,贻误国事,殊难逆料。"(明治 33 年 8 月 25 日福冈县报,高秘第 845 号)又表明赴华再举的决心,"内地同志解散,我认为不能随意制止。现在我即赴京,尽力所能及,重新纠合同志,图谋再举。不过一旦解散,意气挫折,挽回不易。故若内地同志无再起之望,我在香港尚有一些同志,又培养一些敢死之人,拟与清国同志商议,尽量启发谋士的责任。所以在东京停留最多不过一周,预定再赴华。当地同志未永节此次对同志解散也不满"。(明治 33 年 8 月 24 日福冈县报,高秘第 843 号)会谈后,平山周往东京与佐佐木四方志、柴田麟次郎及《镇西日报》主笔岩永八之呕会晤。8 月 24 日赴门司迎候孙中山。(明治 33 年 8 月 25 日福冈县报,高秘第 845 号)

在平山周鼓动下,内田良平复趋积极。8 月 24 日,在其住地平冈浩太郎邸内召集善后会议,岛田经一、安永东之助、山田圆、井上丰熊、关政志、长野益雄、樋野富三等出席,决定解散。内田答应以三千元分与上述各人,命其各自随意选择去向。(明治 33 年 8 月 26 日福冈县报,高秘第 848 号)次日,内田将一千元交给安永东之助分发本县同志,另二千元发给其余诸县同志,遂于晚 7 时半许由福冈县博多市赴门司。是日,安永东之助设宴遣散众人,于晚 11 时乘火车赴长崎。(明治 33 年 8 月 28 日福冈县报,高秘第 861 号)

关于孙中山行踪,日本外务省档案记:"(孙逸仙)从横滨出发,今

(26日,前报25日,延迟到26日)已抵门司。为在此地会见,平山(如既报)到门司等候,内田也于昨日午后7时38分由博多出发抵门司。平山与孙会见结果如何,由于上京无法预料。内田因多年提携的至情,不忍孙只身离去,与孙在长崎同船寄港依托保护,约一周时间归国,并在该地停留,以观察其成行。""据内田甲称:孙逸仙及其党徒的目的,是以江苏、广东、广西等华南六省为根据地,建立独立的共和政体,逐渐向华北扩张势力,以推翻爱新觉罗氏,联合中国十八省创立一个东洋大共和国。但对在华北举事,占领朝鲜,帮助马贼,作为挑起日俄冲突导火线的计划,像我们与孙逸仙临时商量的计策,原只能由我国少数同志进行,其目的是由孙从华南招致部下同志。我们制订计划时内部意见分歧,有人认为日俄不久即将发生冲突,加以目前华北举事,必然引起列国干涉,对各方颇为不利。因而与华南计划一起停止。决定逐渐观察其发展趋势。"(明治33年8月26日福冈县报,高秘第848号)

　　"孙逸仙于26日上午6点乘'神户丸'在县属之门司入港,据说化名中山周(樵)。孙对船员称:自己乘本船不可告知任何新闻记者,特别注意避免接见他人。而孙在停泊中始终留船,绝不登岸。

　　"为与孙见面而等候在门司的平山周,上午7点钟上船与孙会谈三十分钟。其谈话用英语,且声音极低,听不清楚,就清国革命问题相互交换了意见。但可肯定谈话中有下列各项:一、迁都至某地;一、公布地方自治;一、改革学制;一、为维护国家主权而给各国公使以参赞之权。

　　"平山周对为维护主权而给各国公使以参赞之权一事持异议。""上午10时40分,平山、内田两人束装再次登船,与孙文交谈一两句后,各自入室。11时离门司赴长崎。"(明治33年8月28日福冈县报,高秘第857号)"过去孙逸仙在香港微行之际,曾与香港总督密议,所图稍成熟,即刻返回我国。后港督接受了孙的计划,并作出通告(平山称或为英国的政略)。其计划由孙等同志作一些陈情献策此次呈给总督,有如下四项:一、迁都至中心地带或上海或汉口;二、公布自治制,中央政府征求各国公使对施政的意见,地方应征求各国领事对自治的意见;三、公平刑政;四、废除科举,作专门之学。平山此次到长崎,因第二项征求各国公使意见,将造成丧失独立,故商议取消。

　　"孙抵上海后,将通过英国领事与港督商议,此次采取召开国际谈判的办法,以达到目的云云。"(明治 33 年 9 月 2 日福冈县报,高秘第 874 号)

　　"清国流亡者孙逸仙称中山樵,前晚 11 时乘'神户丸'入港,当夜在船内。昨日上午 11 时与船员根岸某上岸,在丸山町鹿岛屋招艺妓二名。饮食后,下午 3 时到大浦町舰船进出商片冈达三郎处与主人会面,稍事休息,由片冈的掌柜送上船。下午 6 点 10 分启航赴上海。登岸后除上述情形外别无它事。

　　"肯定与孙逸仙同行的日本人有:内田甲、平山周、安永东之助(以上福冈县人)、宫阪九郎(长野县人)、中野熊五郎(佐贺县人)、村田忠三郎(山梨县人)、远藤留吉(北海道人)七名。内田、平山由门司,村田、远藤由横滨,安永、宫阪、中野由本地乘船。"[1](明治 33 年 8 月 28 日长崎县报,高秘第 320 号)

　　"上月 26 日孙逸仙经过门司时,岛田经一访问孙于船舱后,发表如下谈话:我上月 26 日到门司向孙逸仙告别,孙刚好乘'神户丸'抵达,我立即到该船求见。船长告诉我,孙此次渡清十分秘密,先此地一新闻记者(《九州日报》通讯员辰已敬民)求见,以及其他访问者,均被拒绝,故拒不让我上船。我说与孙有直接关系,不必担心,乃径入室内。孙闭居一室,拉上帘子,外面不能看见。我进来后,除孙外内田甲、平山周、武谷先也亦在。还有一名来访者。内田、平山会谈已结束。我首先探询孙此次东京解散同志之始末。孙难于回答,说:此

　　① 据日本外务省档案,8 月 27 日山口县知事古泽兹报:"同行者还有改革派之张沧、高绣延二人,十分机密。系 8 月 7 日由上海来日。张、高与大隈有关系。"(秘第 10 之 620 号)

次解散之始末,我很为难。可向你们日本同志寻究。我想判明此事,但他避开正面回答。我也未强求,乃转谈他事,要求与孙一起渡清。孙说:'我此次系单独渡清,在上海登陆后,慢慢考察华南形势,伺机将与刘、张等会见,听其意向,然后选择决定方向。今日没有同行之必要。惟邀内田一人同行,余者均予谢绝。信侬的同志佐佐木四方志坚决要一同渡清,亦断然谢绝。'既然如此,只得告别退出。"(明治33 年 9 月 2 日福冈县报,高秘等 874 号)

据内田良平记载,内田良平在门司提议,由他挑选敢死队四十人前往上海、南京、武昌谋杀李鸿章、刘坤一、张之洞,认为清帝后既出亡,三人中一人或二人被杀,长江流域必起动乱,革命即可乘机起义。山田良政、岛田经一热烈赞同,山田且欲亲自前往刺杀刘坤一。平山周亦表同意。内田以为此秘策必得孙中山欣赏。殊不料平山周登舟报告后,孙中山坚决反对,指出:"这是险著危道。万一失败,君等自身败灭,我革命党也随之灭亡,千万不可行。"平山周、内田良平、山田良政再三劝说,孙中山终不为所动。内田只得中止原订计划。山田良政深悔不应将此秘策预先报告孙中山,径自实行,岂不痛快。(《硬石五十年谱·内田良平自传》)

九州《日出新闻》的铃木天眼继续反对立即起事,并阻挠日本同志渡华。他说:"凡起事应持慎重态度,必须考虑时机场所。现在若仍旧举事,成效最终难期。且在目前形势下恐不利于日本。故向东京和其他各地同志发出'现在起事非其时也'的电报,并派遣同志向当地传达,予以斡旋。"(日本外务省档案,明治 33 年 8 月 25 日长崎县报,高秘第 316 号)"神户丸"泊于长崎时,平山周等人先后登岸,铃木天眼与岩永八之亟则寻踪而至,进行种种谈话。(明治 33 年 8 月 28 日长崎县报,高秘第 320 号)

8 月 27 日(八月初三日)　乘"神户丸"离门司赴上海。(日本外务省档案,明治 33 年 8 月 28 日长崎知事致青木外相,电受第 411 号)

据报:内田一派涣散之际,玄洋社却趋于热心,玄洋社社长进藤喜平太认为有必要到福冈与内田等谋议,该社社员中野熊五郎、大原义刚、市川铁也、三角茂喜、宫川五郎三郎等先积极与内田、平山等人接触。(明治 33 年 8 月 24 日福冈县报,高秘第 848 号;8 月 22 日长崎县报,高秘第 307 号、高秘第 308 号)后又多方设法渡清。据三角茂喜和进藤喜平太称:其目的"系在上海与梁启超、孙逸仙等会合,先挽救康有为派的危急,然后密议协力在清国起事"。(明治 33 年 8 月 30 日广岛电报)

8 月 29 日(八月初五日)　抵上海,访英国驻沪总领事,会晤刘学询。

"上(8)月 27 日早,内田甲与孙逸仙乘'神户丸'由长崎起锚(中野熊五郎也同时同船渡清,该人与此事无关,因其精通汉语,内田强邀其同行作翻译)。翌 28 日夜抵达清国上海。孙一人暂留船中,先由内田、中野二人上陆。预先商定告知英国驻沪领事关于孙之归清。翌 29 日夜,孙上岸与英领事密会,并视察当地情形。恰值康有为派属下的唐才常等在汉口阴谋暴露,纷扰之际,上海奉刘、张等命令搜查非常严密,早已探知孙返回途中预定在沪登岸,误以为孙、康首尾相应举事。刘坤一严令上海道台,在孙登岸后,连同当地革命派十九人,指名逮捕。据此,英领事劝告当此之际,赶快逃走,以避不测。上述十九人于 31 日晚狼狈逃往英领香港及新加坡。孙鉴于归清后大势如此,原定计划不能实行,多留一日亦有危险,因而上陆仅两夜,乃于本月 1 日晚从该港出发,返回日本。""最初,孙之归国最为秘密,之所以很快为上海道台所知,乃因内田对本派的平山周在(福冈)千岁楼泄漏了孙归国路线。平山当时不平,乘饮酒时告诉当地《九州日报》主笔白河次郎,白河又在《九州日报》上加以揭载,长崎《日出新闻》亦部分转载。因此内田非常愤恨平山的轻躁与主笔的粗忽。"(日本外务省档案,明治 33 年 9 月 4 日福冈县报,高秘第 895 号)又内田良平在上海登陆后,当晚致电九州《日出新闻》社田中侍郎,要求制止集中在长崎与福冈的同志渡清,自己将乘"神户丸"归国。(明治 33 年 8 月 31

日长崎县报,电受第 413 号;9 月 5 日福冈县报,高秘第 898 号)

日本驻上海代理总领事小田切报告:"孙与内田、平山等本国人乘'神户丸'来此地,因上月 28 日来电指出须加注意,为密查彼等之举动,认为有必要知其住宿地点。上月 29 日午前 11 时,'神户丸'抵港,即派出馆员数名监视上陆者。此一行人安全上陆后立即住进日本人开办的旅店,其姓名如下:

投宿旭馆部分:

横滨市山下町第一百二十一番(孙逸仙)

医学士　　中山樵　　　三十四岁

福冈县朝仓郡安野村第一千九百三十七番

农民　　　平山周　　　三十一岁

同县福冈市博多下对马小路第十三番

矿山业　　内田甲　　　二十七岁

佐贺县佐贺市莲花町第十四番

煤炭商　　中野熊五郎　三十三岁

投宿日进洋行部分:

山梨县东山梨郡七里村第一百八十二番

商　　村田忠三郎　　　二十九岁

投宿常盘舍部分:

福冈县筑紫郡住吉村第五百六十番

士族　农商务省实习练习生　安永东之助　　二十五岁

大东轮船会社投宿部分:

宫阪九郎　　二十五岁

北海道川上郡熊中村

远藤留吉　　二十七岁

"据下官密查,上述投宿日进洋行、常盘馆之村田、安永两名不断集中旭馆,与孙等会谈。《同文沪报》馆员及同文会的学生等也访问了上述人等。所说不过是一般常谈。又其中平山周时时外出。其他情况不明。孙曾与平山一道外出一次,不久即返宿所。停留四日,本月1日午后2时乘'神户丸'启航,中山(孙逸仙)、内田、中野、村田、安永、远藤六名同船,经长崎归京。平山同日乘外国轮船赴香港。而宫阪九郎原系当地大东轮船会社店员,仍留此处。据平山说,宫阪乃偶然同船者。孙等归国之际,本馆仍派员监视,一并安全出发。刘学询及《同文沪报》馆员到船送行。""刘学询告诉下官,'神户丸'出发前夜,曾与孙面谈。据此次与孙往来者的谈话,刘曾频频忠告孙,他的企图不合时宜,劝其暂时设法停止。同时依照李鸿章之上奏,皇帝皇太后两陛下无论如何必须返京,但至今尚未批准。至于计划拥李经芳在广东自立,到时率同志会合,孙亦答应。于是踏上归途。""属维新党之两名中国人与孙一行赴日本。其姓自称为容,有亲戚关系。一人年龄过三十岁,历来在汉口某洋行充买办……该人因受严密追捕,故改扮为日本人,从汉口潜逃来此。该氏早年在美国清国公使馆任职,可能是容闳。"(日本外务省档案,明治33年9月5日驻上海代总领事小田切万寿之助致青木外相,机密第100号)

　　冯自由记:孙中山闻刘学询仍随李鸿章在沪,特请平山周前往约晤。刘学询托故不行,平山再三强挽,始允来船,与孙中山会谈数小时,毫无结果[1]。(冯自由:《革命逸史》初集,第80页)8月31日孙中山致函平山曰:"今日托交前途(即刘)之信,该人已经妥收,亦已如约来船会面矣。又订明早(9月1日)9时,请足下再到该人之家,取一要信来。"(《孙中山全集》第1卷,第199页)

　　其时山田良政拟赴南京同文书院任教授兼干事,途经上海,与孙中山邂逅于客舍。(平山周:《山田良政》,陈鹏仁译《论中国革命与先烈》,第212页)山田建议争取台湾总督儿玉源太郎的帮助,并商定山田从厦门去台湾,孙中山回长崎,然后同山田会合。([美]史扶邻:《孙中山与中

---

　　① 据陈肇琪《总理史实访问记》,刘学询谓孙中山抵沪,初不得上岸,经刘与日领担保始得上岸,刘偕孙中山往见李鸿章,李谓"明年余当到北洋,届时方可回国任事"等语。(《国父年谱》1985年版上册,第145页)征诸史实,刘说纯系无稽之谈。

国革命的起源》,第 202 页)

　　9 月 1 日(八月初八日)　离上海赴日本。

　　9 月 3 日(八月初十日)　抵日本长崎。

　　"上月 27 日乘'神户丸'赴上海的孙逸仙,昨日由上海乘'神户丸'入港,与清国人容开即平田晋(按即容星桥)及内田甲、安永东之助、中野熊五郎一齐抵达,在外浦町福岛屋投宿。内田甲与先已来此的福冈县人许斐扬一起昨夜乘末班火车(午后 10 时 30 分)赴福冈县博多,孙逸仙、平田晋两人则买去东京新桥站的车票,中野熊五郎、岛田经一(岛田近日来此,在此逗留)买去博多的车票,一同于午夜零时 33 分乘车出发。该人等昨日来佐贺县武雄温泉停留,由此致电佐贺。安永东之助一人尚留当地。

　　"孙逸仙等此次渡清不久即归,据昨今报纸透露,因汉口张之洞逮捕改革派,散处清国各地的改革派十分恐慌,加之道台等宣布戒严,不能有什么计划,若留在上海实在危险,故即返回。九州《日出新闻》社田中侍郎往福岛屋访问此一行人,作为特别谈话加以引用。

　　"前日与孙逸仙同乘'神户丸'的清国人秦西(即容荣,七十五岁。按即容闳)在本地上岸后赴南山手町库利夫旅馆处投宿。因该人系与孙逸仙同行之平田晋的叔父,故侦察平田及秦西来日的理由。平田系汉口逮捕事件中逃出虎口之一名改革派成员…… 孙与平田晋昨晚 5 时到旅店访秦西,一直密议到晚上 9 时半左右方才归宿。又孙等出发前与平田、中岛、岛田等一起到库利夫旅馆访问秦西,进行短时间面谈,然后归寓。谈话时从里面将屋门关闭,禁止他人出入。"[①](日本外务省档案,明治 33 年 9 月 4 日长崎县报,高秘第 329 号)

　　"孙逸仙到长崎,发电给中村弥六,待回电后立即上京。内田甲

---

　　① 容闳于 9 月 7 日由长崎赴香港。(明治 33 年 9 月 7 日长崎县报,高密第 336 号)

不知此事。"(日本外务省档案,明治 33 年 9 月 11 日长崎县报,高秘第 347 号)

　　"孙逸仙及容开即平田晋及中野熊五郎于昨日午后 7 时 50 分乘火车抵博多。内田甲、末永节、山田圆、葛生修亮、井上丰熊及河田直八郎、关政志、铃木信三等先抵博多车站,末永与孙交谈了几句,并向同车的清国人介绍……昨(4)日内田甲归福冈,羁留此地的同志中午 12 时许齐集内田处,由内田宣告解散,断绝同志一齐渡清念头。"(日本外务省档案,明治 33 年 9 月 5 日福冈县报,高秘第 858 号)

　　9 月 5 日(八月十一日)　抵神户。

　　"清国流亡者孙逸仙、平田晋及内田甲三人,昨(5)日午后 10 时 30 分乘山阳列车抵神户站,在神户市内相生町旅店加藤艮子处投宿。本日午前 6 时由神户站乘火车上京。孙系上月 25 日乘'神户丸'由本港启航,在门司与中野熊五郎、平山周、内田甲等一起乘船经长崎赴上海登陆。因同派被捕事件,久留怕有危害,故平山周仍留在上海,其他人则乘原船由该港启航,在长崎抵岸,又由此经福冈上京,中途在此停留。其中平田晋(清国人)在汉口逮捕事件中逃脱,往上海与孙文乘'神户丸'来日,系剪发洋装打扮。"(日本外务省档案,明治 33 年 9 月 6 日兵库县报,兵发秘第 520 号)

　　9 月 6 日(八月十二日)　抵横滨。

　　6 日午后 9 时 55 分乘火车由神户抵横滨,立即乘人力车,与容间(开)等人往神奈川若松旅店投宿。于 7 日午前 9 点 41 分由神奈川乘火车单独赴东京。又同行者内田甲在此下车。(日本外务省档案,明治 33 年 9 月 7 日神奈川县报,秘甲第 363 号)

　　9 月 7 日(八月十三日)　赴东京会犬养毅。

　　"内田甲在本日午前 1 时到京,在曲町区平河町四丁目旅舍三桥处投宿。孙逸仙于本日午前 11 时 30 分由横滨抵东京,入内田甲住处。"(日本外务省档案,明治 33 年 9 月 7 日东京警视总监报,甲秘第 109 号)

"孙逸仙于 7 日上午 11 时 30 分与同国人容开由神奈川来访内田甲。中午 12 时 30 分,与内田等三人拜访犬养毅,在此见面的还有宫崎虎藏、清藤幸七郎、原祯等。会谈至 6 点 30 分,一齐离开。归途中孙、容二人到中村弥六处。8 点告辞回家,到芝浦海水浴。"(日本外务省档案,明治 33 年 9 月 10 日东京警视总监报,甲秘第 111 号)

9 月 8 日(八月十四日) 访犬养毅。

"翌(8)日孙正午外出访犬养毅,6 时归宅。容未外出。"

"内田甲到京后访孙逸仙、容开,后一同访犬养毅。翌(8)日至平冈浩太郎、犬养毅两家。归室后至三角二郎处投宿。"(日本外务省档案,明治 33 年 9 月 10 日东京警视总监报,甲秘第 111 号)

9 月 13 日(八月二十日) 由东京返回横滨。

携容开等人于是日午后零时 55 分由东京返归山下町第一百二十一番寓所。(日本外务省档案,明治 33 年 9 月 13 日神奈川县报,秘甲第 381 号)

9 月 15 日(八月二十二日) 由横滨赴东京,次日返回。

"孙逸仙 15 日午后 3 点 10 分由横滨乘火车赴东京。16 日午后 10 点半左右归滨。"(日本外务省档案,明治 33 年 9 月 17 日神奈川县报,秘甲第 390 号)

先是,9 月 14 日容星桥离开横滨赴神户。(日本外务省档案,明治 33 年 9 月 14 日神奈川县报,秘甲第 385 号)次日,在神户访市内荣町一丁目福昌号。(日本外务省档案,明治 33 年 9 月 15 日兵库县报,兵发秘第 543 号)9 月 17 日抵达长崎,下午 3 点出发赴香港。在长崎与人谈话时说:"此次到日本是为了游览。早先在东京犬养毅、中村及二六、人民两新闻社员会面。亦曾要求与伊藤侯会面,未能如愿。

"清国状况甚为危急,且此危急将成为对唇齿相依的贵国的将来产生不利影响的原因,实在令人慨叹不已。我等今日无所作为,只有等待时机。自己想再来日本,其时间未定(该人拟往新加坡)。孙逸仙在东京芝浦海水浴旅馆,不日或将与内田甲赴香港或新加坡。"(日本外务省档案,明治33年9月18日长崎县报,高秘第361号)

9月19日(八月二十六日) 赴神户。

此行由温炳臣作翻译,松本周布同行,午后6时30分由横滨出发。据称"因先生在东京横滨蛰居,怏怏终日,索然无味,为在日本旅游散心,故尔今日出发"。(日本外务省档案,明治33年9月20日神奈川县报,秘甲第398号,秘甲第401号)关于此行背景,据日本外务省档案:"内田等于8月26日在门司港伴随孙逸仙赴中国上海,当时局势尚有孙容身之余地。孙抱决死之心,主张留在中国,不愿空留我国。昔日到京时,曾对内田等言:当今我祖国正处旦夕危亡之际,空在异国流难,至情不忍。自己决心蹈金玉均、唐才常之前辙归国。内田与宫崎寅藏、清藤幸七郎等极力劝其不可,我等多年同志,需要忍耐,暂待时机,竭力一时谏止。内田于13日从东京出发,归途中在京都停了三夜,回到福冈。前(17)日内田收到孙来函一封,其大意为最终回国之情不可遏制,违背各位之劝告,不日将踏上归途。内田为屡述其不可,立即复函,另外又函促宫崎、清藤等同志劝告止留。但内田认为,孙之决心最终不可改变,必将不日返国。今孙回国之念愈切,所以如此,据闻华南有一叫做容闳的七十多岁的老同志,此人在美二十余年,在法、德、英又数年,均带公务,颇富文明之新思想。在日居留期间,谈论欲帮助孙遂其宿志,故促之归国。另外李鸿章亦致孙恳切之信,促其归国。因此,孙打算归国暂依容闳在华南观察动静,等待李鸿章南下会见。"(明治33年9月22日福冈县报,高秘第971号)另据詹森《日本人与孙逸仙》记述,山田良政先此曾往台湾拜会儿玉源太郎总督,儿玉令民政长官后藤新平致函孙中山,愿予协助。(见该书第14页)平山周由台北朝阳馆询问当地九州《日出新闻》社田中侍郎关于内田良平等人的渡台时间,"此次孙逸仙、内田甲等台湾之行系出于平山周的邀请"。(日本外务省档案,明治33年9月26日长崎县报,高秘第381号)

9 月 18 日,日本外务省总务长官曾致函内务省总务长官:"从清国官员处获悉,孙逸仙在神户、大阪等处秘密购买兵器,转送香港。"同日大阪府和兵库县亦有相同内容的报告。(机密送第 53、64、65 号)内务省遂通知各地秘密侦查,发现本县人甲斐宽中曾于 8 月 4 日在神户走访枪炮商生垣幸三郎及律师樱井一久(同文会员),商议购买大批手枪,并且不论代价如何,送往中国。(明治 33 年 9 月 20 日兵库县报,兵发秘第 553 号)而大阪府调查结果表明,府境内未发现孙中山及朴泳孝等购买武器之迹象,所报多出于风传。(明治 33 年 9 月 19 日大阪府知事菊池侃三致警保局长安乐兼道,特甲第 342 号)

此后,孙中山在日本收寄书函之事,均由横滨海岸九番地法国邮船会社华经理黎炳垣负责。(冯自由:《革命逸史》初集,第 135 页;《孙中山全集》第 1 卷,第 203 页)

△　致函犬养毅,告以筹款事宜。

函谓:"木堂先生足下:前委谋之件,已与友人商之,因近日金融太紧,彼有之资又出贷他人,恐不能一时收回,故无所决。彼原可出得余资一二万,而又带侠气,故弟留一介绍书于他,在彼于事决之时则持来见先生,而交涉如事。然彼来否未可必。若来,则望先生随机而勉之,或可令之出一万元。弟今日起程赴神港待船,前途如何,若有好音,立行飞报。此致。即候大安不一。孙文拜启。九月十九日。"(杨天石:《犬养毅纪念馆所见孙中山康有为等人手迹》,《历史档案》1986 年第 1 期)

9 月 20 日(八月二十七日)　抵达神户。

"清国流亡者孙逸仙、从者温炳臣于昨(20)日午后 6 时 30 分由横滨经西京抵达神户站。投本市相生町三丁目旅馆加藤艮子处。本日上午到市内荣町一丁目福祥号及同町三丁目岩佐某处拜访,谈话各约一个半小时,然后归宿。该人来神之事,深为保密,不予泄露,难于了解。从其先来之信看,或为购买兵器运至香港某地。他们自己说在此停二三日,然后再回横滨。据闻在某处等待或许今明日由长

崎寄来的信件。（日本外务省档案，明治 33 年 9 月 21 日兵库县报，兵发秘第
556 号）次日午后，温炳臣走访福昌号，与店主伍凤年到北长狭通五
丁目半合亭吃饭，未刻归宿。"席间伍问及孙逸仙南清独立计划，
温转过话题谈其他事。"是晚，孙中山与浅田到相生座看戏，既未出
访，亦无来客。（日本外务省档案，明治 33 年 9 月 22 日兵库县报，兵发秘第
591 号）

其间孙中山笔答某访客询问："诚如君言，伊侯不过为政策之诡
变，不得已而为此反对保全之言，原无唱分割之论。仆闻之略安。仆
支那孤愤之士，既恨满清之无道，又恨列强之逞雄，联军之进北，守文
明之道者独贵国耳。其他实野蛮之行，比团匪之待外人尤为甚。支
那人目击心伤，所以不忍闻分割之论。如各国竟出此策，则四百州之
地，祸尚未有涯也。

"敝国之朝犹贵国之内阁政府，而延长其期耳，每数十年或数
百年而一易。吾国自有史鉴以来，数十余朝，每当易朝，有暂分裂
者，有不分裂者，而分裂者多，生灵涂炭，民不聊生。而自行分裂尚
如此，况为他国所瓜分者乎？故有识之士，甚畏分割也；且更畏外
国之分割也，何也？有鉴于清之入关也。清人主支那之际，杀人盈
城盈野，余威所播，至今民犹畏之，而不敢言恢复，然今日满政府腐
败，自生取灭亡，支那之士，方期夫王土恢复，所以喜闻保全之论，
而恶分割之言也。"（日本外务省档案，明治 33 年 9 月 22 日兵库县报，兵发
秘第 593 号）

9 月 24 日（闰八月初二日）　由神户出发赴台湾。

据日本外务省档案："孙逸仙今（24）日午后 1 时乘'台南丸'启航
赴基隆。"（明治 33 年 9 月 24 日兵库县报，电受第 466 号）同日温炳臣由神
户返回横滨。（明治 33 年 9 月 25 日大阪府报，特甲第 350 号；9 月 26 日神奈
川县报，秘甲第 417 号）

9 月 25 日（闰八月初三日）　抵马关，与平冈浩太郎等会晤。

"孙逸仙在昨（25）日上午 8 时由神户乘'台南丸'入港，因在县

属门司停泊,遂对其在港停留时的情况予以侦查。彼等在该船一等舱,脱去西装上衣,手持书本,安卧床上。上午 8 点 30 分左右,内田甲及住在东京牛込区市谷柳町二十七番之士族清藤幸七郎二人来访……交谈数十分钟。清藤告辞后,孙与内田仍谈论不休。因在上等舱内低声密谈,其内容毫无所知。上午 10 点 30 分左右,两人相携出室,雇小艇至马关阿弥陀寺町旅店前竹事田利平处,尚在侦查中。该处昨日平冈浩太郎曾投宿,且先前清藤幸七郎离开'台南丸',亦来此处。四人围坐,低声密谈,可惜不知所谈何事。正午吃饭。午后 1 点,平冈离此去门司,立即乘火车归福。同时孙一人返'台南丸',内田甲在门司入平冈商店,清藤幸七郎去川外旅馆购办一切赴台用物,与孙同行。午后 3 点乘船出发。内田甲告别后,3 时 10 分乘火车归福冈。孙等于 4 时由此港启航赴基隆。孙还易名为吴仲。"(日本外务省档案,明治 33 年 9 月 26 日福冈县报,高秘第 986 号)

"内田甲在本月 18 日得悉孙逸仙决心归清,发信劝其留下。当时内田已估计到难以改变孙最终归清之决心,结果孙在内田的劝留信到达的同时,即由东京出发,踏上归清之途,来到神户,并从该地致电内田表示决心:'今已在归航途中,25 日乘直航台湾基隆之'台南丸',预定通过门司海峡,在此会见告别。"内田感到此事木已成舟,即与平冈商议。平冈认为自己将尽力相助劝解,但对孙之决心有无作用,难于预料。另外对孙还须事先加以注意。自己欲先往马关阿弥陀寺町前竹处等候,在孙通过时邀同他来。平冈于 23 日赴马关。内田谈到孙愈来愈难容纳谏言,决心归国,对其只身而归,情谊上有所不忍。自己因目下有赴俄计划,不得同行,致电正在熊本归省的清藤(清藤约于本月 4 日与内田先后由东京赴熊本省亲)。清藤立即乘 23 日的末班车来内田处,与内田商议,决定孙若果真一人渡清,请清藤随行。翌(24)日晚,二人相携来门司。翌(25)日晨,等孙所乘船(台南丸)入港,立即至船舱内访孙。

孙告以决心赴台,然后暂时留在该地,观察对岸华南局势。内田等试以一二句话劝其留下,终未得孙应允,知事无可挽回,遂掉转话题,告以平冈希望与之告别,已由门司来马关,无论如何要见一下,劝孙登岸至前竹处与平冈相会。平冈已从内田处得知孙之决心坚定,知劝阻徒劳,不复劝告。孙发泄出在此期间日本政府对自己的冷淡极为不满,平冈则回答如下:

"'孙君在我国流亡多年,嫌我政府对君冷淡,所以如此,实有对英外交政略上之关系。另外,亦因君对我国未有什么裨益。此次君欲在台湾基隆停留,暂为观察华南之局势,其际幸为予台湾总督儿玉以助力,切望尽力平定台湾。当地之土匪尚未剿灭,儿玉总督以此实损耗我国力不少。而现在当地土匪决非台湾土著,其主动力显然全系对岸清国福建、广东省人之煽动。君若幸而在该地停留,以其余力主动尽力与其系统进行联络,使土匪务绝根株,此君对我国唯一之厚意。以儿玉总督为首,我等必为君尽力,一定使我政府努力助君达到宿志。'将此意反复劝告。孙君十分感激,答应微力所及,尽力而为。而平冈对孙之此种劝告,实非平冈一己之意。关于孙在台湾与华南地方(闽、粤两省)融和联络的意见,从前在京同志中已有过协定。另外,孙不通日语,精通英语,而稍懂英语的清藤恰好为其谈话的翻译。此次清藤暂不归乡,预定与孙一起行动。"(日本外务省档案,明治33年9月28日福冈县报,高秘第1000号)

9月28日(闰八月初五日)　抵台湾基隆。

据台湾民政长官是日电报:"孙逸仙本日到达。有六名清国人和三名本地人因孙逸仙来此,由广东渡台。"

先是,9月26日,日本山县有朋内阁总辞职。孙中山抵台后,9月29日台湾民政长官致电内务省:"关于孙逸仙渡台之事,知悉该人等阴谋,我政府是否不予妨碍或过问,尚在犹豫,望指示。"

同日内务省总务长官回电:"对孙逸仙阴谋采取防遏方针,特别是对我国人援助其事,因有碍外交,必须严格阻止。"并注明:"此内务总务长官之回电,系依内务省、外务省协议决定照发。"(日本外务省档案,内务省总务长官复台湾民政长官,明治33年9月29日)

9月30日(闰八月初七日) 日本外务大臣致电驻沪、汉、厦(门)、福(州)领事:"据报孙逸仙在9月28日抵达台湾基隆,其一行如向清国渡航,台湾总督当向所到之地领事发电报,注意日本人登陆,防遏其阴谋。"(日本外务省档案,明治33年9月30日,外务省电信案)

10月2日(闰八月初九日) 日本外务大臣又致电沪、汉、厦、福等地领事,通告取缔参与中国革命嫌疑之日人名单。

开列参与孙中山活动之嫌而被取缔登陆的日本人名单,共四十五人,为:内田甲、小野乙辅、甲斐宽中、井上藤三郎、上田务、宫阪九郎、三角茂喜、远藤留吉、二宫靖、河田直八郎、井上丰熊、铃木信三、樋口满、中野熊五郎、樋野富藏、筱崎升之助、市川铁也、山田圆、岛田经一、关政志、安永驹三郎(变名渥美驹三郎)、佐佐木四方志、大原义刚、葛生修吉、安永藤作(又称柴田麟太郎)、安永东之助、栖律一、田中侍郎、中野熊太郎、平山周、品川信健、宫川五郎三郎、宫崎虎藏、村田忠五郎、近藤五郎、末永节、岛田一雄、西村八重吉、福本诚、吉仓汪圣、安田俊五郎、长连正、清水八百吉、浅井胜太郎、疋田为俊。(日本外务省档案,至急、机密,外务大臣致厦门代理领事、福州领事函)

10月3日(闰八月初十日) 由清藤幸七郎代笔致函内田甲,告知在台行动。

函称:"今尚在基隆停留,约请华南同志,观察华南局势。目前英国当局在华南沿海警戒甚严,不易找到立足之地,预定暂住于此。现在香港的岛田经一经孙许可近期将赴基隆。此外出发之际在马关由于平冈浩太郎之劝告,与添田寿一、后藤新平二人会见数次,表明必须尽力剿平土匪之意向。该人因而大受欢迎,极受优待。因一身地位安全,颇喜得到大伸骥足之良机。"(日本外务省档报,明治33年10月

14 日福冈县报，高秘第 1053 号）

10 月 6 日（闰八月十三日）　惠州起义爆发①。

是年 6 月孙中山由横滨赴香港前，预先传令广东兴中会员召集壮士六百人于惠州三洲田。抵港后又重新发布号令，并做出大体的布置和措施。拟往新加坡与宫崎等人制定具体方针步骤，再回香港，取近路密行入三洲田领导起义。不料发生新加坡疑狱事件，行动受到严格限制，只得暂缓发动。集结在三洲田的队伍因粮食困难，分散各地，只余八十人留守。又将误入山寨之邻近村民拘留，以防泄密。因而风声四起，引动清政府。署两广总督德寿命水师提督何长清率虎门防军四千人进驻深圳，命提督邓万林率惠州防军进驻淡水、镇隆，以扼三洲田出路。寨外同志深为忧虑，致电孙中山请示进止。孙中山电令："如机密已泄，应暂行解散以避敌锋。"郑士良接电后不愿放弃，再度请示孙中山，要求将弹药送至广东某地，自己率军突围，接弹药迎击敌军。并亲往香港等候回电。孙中山等接电后，将拟进攻惠州以便北上的计划告诉台湾民政长官后藤新平，请其援助。日方认为，要从惠州北上，最好经过厦门，在香港、汕头间的海、陆丰提供武器。孙中山进而要求借用军费，后藤声称不能贷款，"拿到武器之后，到厦门去。厦门有台湾银行的分行，我记得该分行的地下室有二三百万元的银币。既然在干革命，把这些钱抢走好了"②。（山田纯三

---

①　是役发动日期有三说：（一）10 月 5 日说，见谢缵泰《中华革命秘史》；史扶邻《孙中山与中国革命的起源》第 204 页注 3 所引香港报纸及总督卜力记载。（二）10 月 6 日说，见《孙中山全集》第 1 卷，第 200 页；宫崎滔天著、林启彦译注《三十三年之梦》，第 219 页；邹鲁《中国国民党党史》，第 669 页所引署理粤督德寿奏报。（三）10 月 8 日说，见陈春生《庚子惠州起义记》、陈少白《兴中会革命史要》、冯自由《革命逸事》。另据《中国旬报》接新界附近消息云："现查悉十五（8 日）晚有大队三合会党突然侵袭官兵，出其不意，官兵被围，不及抗阻，被掳者三十人。""十五日之事，现接详细消息，言是时何长清有兵二百名驻扎地方离大本营颇远，突然乱党多人群向攻击，得脱者不及其半，兵士四十人登即被杀，其余降于乱党。"（《广东新安乱世记》，1900 年 10 月 10 日《中国旬报》第 26 期）

②　据山田纯三郎记述，孙中山系与儿玉源太郎后藤新平协商，但此时儿玉不在台湾。据彭泽周《近代中国之革命与日本》引后藤新平《当用日记》，后藤曾于本年 10 月 4 日与孙中山晤面。

郎:《中国革命与孙中山的中日联盟》,陈鹏仁译:《论中国革命与先烈》,第234页)孙中山遂电令郑士良改变围攻省城的计划,直趋厦门,并命宫崎寅藏等人将菲人存械雇船运粤。此令尚未到达,何长清部前队二百人进逼沙湾,黄福率留守八十人乘夜袭之,清军溃逃。次日,郑士良从香港持回孙中山电令,义军取道东北前往厦门。(宫崎滔天著、林启彦译注:《三十三年之梦》,第237—239页;陈春生:《庚子惠州起义记》,《建国月刊》1931年第5卷第3期)

10月8日(闰八月十五日) 惠州义军大败清军于佛子坳。(日本外务省档案,明治33年11月2日参谋次长寺内正毅致外务总务长官内田康哉,机密受第3326号)

△ 派山田良政等赴海陆丰发动起义。

是年9月,因举事筹备接连受挫,宫崎寅藏等在东京主张停止进行。山田良政与平山周商议,谓大丈夫谋事不可中途而废,应该干到底。遂慨然去职赴福建漳州。平山到香港,乃与山田约定在台湾相晤。平山、山田及孙中山相继抵台后,嘉应州人陈南亦至,谓海陆丰同志正准备起义。于是孙中山遂令山田与陈南同行,并予山田以举兵全权[①]。(《山田良政》,陈鹏仁译:《论中国革命与先烈》,第212页)据日本外务省档案,10月8日午前,山田、陈南、森冈竹之助、玉水常治(9月28日由广东渡台),及另外两名中国人乘"舞鹤丸"由淡水出发,次日抵达厦门,与由香港来的尾崎、岛田、野田等四人会合。山田良政、陈南赴香港,其余人等候在厦门。(明治33年10月10日厦门土井大尉电参第290号;10月12日驻厦门上野领事电)山田良政致福州某名人函称:"孙逸仙对台湾总督府之于华南经略尚未停止,闻之大喜,决定在广东潮州至惠州间起事…… 听说有由台湾出兵向厦门之南云霄县铜山港登陆的计划。"(明治33年10月16日驻福州领事丰岛捨檀,外机第41号)岛田、玉水、野田等则致函田中侍郎,声称欲在泉州等地起事。(明

---

① 孙中山是年10月21日致犬养毅函称:"陈军起海丰、陆丰、而进取潮、嘉二州。"(《孙中山全集》第1卷,第200页)即指此。

治 33 年 10 月 16 日长崎县报电受第 502 号）尾崎等人一面与台北的平山周通信二三次，一面等待香港方面山田的消息。10 月 15 日东本愿寺漳州布教所主任僧高松誓由台归厦，立即与尾崎等频繁往来。因形势变化，原计划无法实现，10 月 17 日，岛田、屋崎赴台北。10 月 22 日，玉水常治赴香港。（明治 33 年 11 月 2 日参部本部次长寺内正毅致外务总务长官内田康哉，机密受第 3326 号）

10 月 14 日（闰八月二十一日）　舆论风传孙中山领导三合会在香港及九龙镇交界处起事，致使两广各地会党异动。

《申报》谓："两广盗风最炽，而粤东尤甚于粤西。""今年顺直拳匪作乱，仇杀洋人，各国驱兵入京，保卫彼国人士，震惊宫寝，乘舆西迁，内地各处会匪，亦遂蠢然思动。先有自立会逆党，阴图起事于湖北"，"近则又有三合会匪万余人，阴图起事于香港以及九龙镇交界之处，两广各处会匪亦皆纷纷欲动"。"三合会起事于粤，风闻嘉应州境已有教堂五处被匪人所毁。""或曰粤之三合会，其逆首则逸犯孙逸仙也。"

《申报》称"孙之为人险诈枭桀，久蓄异心。少习英文，尝就雅丽氏医院习医数年卒业，在港澳悬壶，后以潜谋不轨，事发逃窜外邦，改服西装，往来于欧美诸国，颇能结识各国士庶，笼络旅居华民。昔年尝为出使英国大臣龚仰蘧星使弋获，而卒被狡脱，不得解归中国，明正典刑。盖其才非自立会党唐才常等可比，亦非若康、梁二逆臣仅以文才哄动恶少，大言煽惑愚民，故鄂省自立会之乱不成，而粤省三合会之乱则未可逆料。然余闻孙逸仙尝至日本为日人所诋，谓其并无本领，不过摇动人心，诳取财帛而已，初不能成大事也。是则孙之才艺，虽或较胜于康梁，而欲斩木揭竿，恐终蹈陈胜吴广之覆辙。所可患者，两粤人心浮动，风俗本不驯良，盗贼众多，号召甚易，疆吏既不能绸缪未雨，遏乱于机先，致使毁坏教堂，开罪各国，南洋倘不能遵保护之约，则各国必藉为口实而临我以兵，恐北事尚未议和，而南方又将生事"。又引"英字报"，谓粤东各郡"通街大道间，每有叛匪遍贴伪

示。大略谓禁止党中人不得损坏中外人财产性命,惟满人则须尽行
杀戮云云。说者谓即逆首孙文谋为不轨也"。(《论三合会匪作乱事》,
《申报》1900 年 10 月 14)

10 月中旬(闰八月中旬)　拒绝陈廷威诱降活动。

是时,清广东地方政府派兴中会叛徒陈廷威到香港诱降。杨衢
云企图与之"议和",孙中山与陈少白等坚决反对。孙中山先后发电
函给陈少白,要其坚持按原定计划行动,并对杨衢云严加防备。(陈
少白:《兴中会革命史要》,中国史学会主编:《辛亥革命》第 1 册,第 69—70 页)

10 月中下旬(闰八月中下旬)　因中村弥六购械舞弊,军火失
继,重新筹集款械。

惠州起义一发动,孙中山即电令宫崎寅藏、近藤五郎运械。不料
承担购械之事的中村弥六从中渔利,所购之械全系废枪弹。于是宫
崎等电告孙中山弹药难送。孙中山复电曰:"急速变卖现款汇来。"宫
崎、近藤及犬养毅等与中村弥六及出面购械的大仓喜八郎屡次交涉,
大仓称价值 65000 元之货物中村实际只出 5 万元,且利润多由中村
获得,故只允诺付还 15000 元。中村舞弊事因此暴露。(宫崎滔天著、
林启彦译注:《三十三年之梦》,第 225—229 页)是时日本政府态度改变,10
月 19 日,伊藤博文组成新内阁。在此之前,外务大臣即致电驻厦门
领事,下令命日本人退出清国,退出革命。10 月 15 日,台湾总督致
电内务大臣:"已劝说孙逸仙同行之平山周离开本岛。目下孙与支那
人仆从滞留本岛,但今后如有渡来,实难预料。若有必要命令其离开
台湾,应尽早提出律令案呈请裁可,以便执行。"(机密受第 3101 号)清
藤幸七郎亦因"总督府劝告不可与闻此事(华南计划),不得已停止
之,踏上归途"。(日本外务省档案,明治 33 年 10 月 25 日熊本县知事德久恒
范致外相加藤高明,高秘第 290 号)

孙中山因原定日本、台湾的军火接济均已落空,乃派平山周返回
日本转赴上海,持函与刘学询商议,请其速代筹资百万,交平山带回,
"以便即行设法挽回大局,而再造中华也"。函称:"面托足下主持内

局,先立一暂时政府,以权理政务。政府之格式,先以五人足矣;主政一人,或称总统,或称帝王,弟决奉足下当之,故称谓由足下裁决。"并提议杨衢云任财政,李纪堂任外政,盛宣怀任内政,孙中山自任兵政①。(冯自由:《革命逸史》初集,第78—80页)冯自由谓:孙中山"鉴于乙未广州之役,知学询素抱帝王思想,故即以主政一席许之,而自挽兵政。其用意无非欲得其资助巨款,以达革命之目的而已"。(冯自由:《革命逸史》第4集,第96页)10月19日晨,平山周抵达长崎,次日到福冈,与清藤幸七郎会合,并对来访的田中侍郎等人说:"孙逸仙今犹待在台北,由于广东三合会首领郑弼臣及其他有力同志频频劝诱,无论如何不肯放过这次良机。或者赴广东挟持三合会,亦未可知。"(日本外务省档案,明治33年10月20日长崎县报,高秘第416号)又说:"上月下旬,孙逸仙通知彼与清藤幸七郎赴台湾基隆,并留在该处。平山乃离香港赴台湾,与孙及清藤会合。当孙集中谋议华南计划之际,台湾总督府表示极好商量。其间因英国政府追问,乃劝谕华南计划谋议不可实行,清藤一人遂先行归国。平山为此计划留台三周,岛田经一也由香港被招往台湾。表面上与孙分开居住,以避总督府之干涉。孙逸仙更遥相鼓劝广东同志杨、荣等发动起义。此时我们追随孙逸仙的人,因台湾总督府对港英政府产生政略上的差异,欲使英国政府安心,派人告以目前应归国,表面上断绝与孙逸仙的一切关系。出于政略,不得不如此。因认为事情只得如此,我先归国,岛田去厦门,孙逸仙则实际尚在总督府秘密保护之下,一人潜留基隆。表面不在我国领土内停留,已一齐渡清。所以如此,系对英国逃避我国外交上之责任。""如能弄到钱,将与清藤幸七郎一起赴清。"(日本外务省档案,明治33年10月22日福冈县报,高秘第1070号)后因筹措赴华旅费颇费周折,

---

① 原函所记日期为"明治三十三年九月于台北"。此日期系阳历。但函中又称"今惠军已起",如此则该函应发于10月6日之后。查10月15日平山已离开台湾,阴历九月初一为阳历10月23日;若指此"九月"为阴历,亦颇难解说。可能是倒填日期。今酌置于此。

赴沪计划又被宫崎寅藏无意中泄露,至起义失败仍未能成行。(日本外务省档案,明治33年10月27日福冈县报,高秘第1085号;11月2日福冈县报,高秘第1102号)

10月21日(闰八月二十八日) 致函犬养毅,告以惠州起义军进展顺利,广东各地同志起而响应,惟枪炮弹药皆从清兵夺来而用,尚乏接济之源,请其游说日本政府为起义军提供军械。"若今得洋铳万杆,野炮十门,则取广州省城如反掌之易耳。"(《孙中山全集》第1卷,第200页)

10月22日(闰八月二十九日) 惠州起义军因粮械失继,被迫解散。

先是,起义军败清军于永明。10月19日进占崩岗墟。转战至三多祝,有众二万余人,沿途秋毫无犯,深得民心。21日,进至白沙。次日,山田良政由香港经海丰赶来,传达孙中山命令:"情势突生变化,外援难期,即至厦门,亦恐徒劳,军中之事,由司令官自决行止。"郑士良遂解散大部军士,自率持洋枪者千余人,谋退回三洲田,欲与新安、虎门同志会攻广州。行至大鹏,亦因饷枪不继,被迫解散。郑士良与少数精锐退往香港。途中山田良政被捕死难。(宫崎滔天著、林启彦译注:《三十三年之梦》,第239—241页;陈春生:《庚子惠州起义记》,《建国月刊》1931年第5卷第3期)孙中山后来誉之为"外国义士为中国共和牺牲者之第一人"。(《建国方略》,《孙中山全集》第6卷,第235页)

惠州起义虽然失败,但产生了重大影响,日后孙中山写道:"经此失败而后,回顾中国之人心,已觉与前有别矣。当初次之失败也,举国舆论莫不目予辈为乱臣贼子,大逆不道,咒诅谩骂之声不绝于耳,吾人足迹所到,凡认识者,几视为毒蛇猛兽,而莫敢与吾人交游也。惟庚子失败之后,则鲜闻一般人之恶声相加,而有识之士,且多为吾人扼腕叹惜,恨其事之不成矣。前后相较,差若天渊。吾人睹此情形,中心快慰,不可言状,知国人之迷梦已有渐醒之兆。""国事危急,岌岌不可终日,有志之士,多起救国之思,而革命风潮自此萌芽矣。"(《建国方略》,《孙中山全集》第 6 卷,第 235 页)

当时舆论揣测,惠州起义与广西会党起义有关,背后领导或为孙中山,或为孙中山与康有为两系合作。10 月 23 日,《申报》引《香港循环日报》谓:"近闻粤西梧州、粤东惠州,皆有变乱。""数日前,沙面某国领事接得信函,自称中国变政党内有数人署名,略言不久即在羊城起事,寄语各洋人速整行装,暂离沙面云云。"推测"此等狂谬之言,大约即孙文逆党所为,无非意图恐吓耳"。(《粤乱宜防》,《申报》1900 年 10 月 23 日)10 月 26 日,《申报》又引《香港循环日报》云:"粤省高、雷、廉、琼四府,多有三合会匪与广西土匪联为一气","目下粤中不独惠州匪人揭竿为乱。"(《匪乱宜防》,《申报》1900 年 10 月 26 日)又据"广州访事友人"谓:"惠州土匪倡乱","闻匪首区姓,系康有为逆党,此次之乱实康有为及孙文二逆主谋,并有粤秀书院监院桂植、羊城书院监院章果与闻其事,大宪已将桂植拿获收禁,惟章果知风逃避,未撄法网耳。"(《匪势渐平》,《申报》1900 年 10 月 26 日)

10 月 23 日(九月初一日)　致函菅原传,恳求他说服伊藤博文,"暗助一臂之力,借我以土官,供我以兵械,则迅日可以扫除清朝腐政,而另设汉家新猷矣"。(《孙中山全集》第 1 卷,第 201 页)

10 月 28 日(九月初六日)　岛田经一、尾崎行昌返回长崎。据报:"岛田等归来实为孙逸仙计划张罗金钱"。"且闻该人等谈话,英国人对孙逸仙及其一派极为警惕,由台湾渡清之事确实困难。"(日本外务省档案,明治 33 年 10 月 29 日长崎县知事荒川义太郎致外相加藤高明,高秘第 42 号)

△　史坚如在广州谋炸署两广总督德寿,事败被捕。11 月 9 日就义。孙中山后来称坚如为"命世之英才","为共和殉难之第二健将"。(《建国方略》,《孙中山全集》第 6 卷,第 235 页)

《申报》报道此事谓:"广州访事友人来函云:城内后楼房为匪人

暗埋炸药,轰毙多人。既而查获匪人史经如(原文如此——引者注),立即正法。惟当讯问时,史曾供出羽党多名,抚宪德大中丞遂出示谕曰,为剀切晓谕事,照得逆匪史经如、宋少东等在后楼房街埋藏炸药,轰毙多命一案,已将史经如拿获。认听从杨衢云起意,设立兴中会,招人拜会,意图滋事,并派伊为城内总统,后楼房街炸药即系该犯与宋少东埋藏等情,当经照例提犯正法立案。查后楼房街邻近抚院衙门,该匪胆敢潜藏炸药,欲将该处全行轰毁,藉端起事,实属居心惨毒,罪大恶极。查该犯史经如出身士族,其初非甘心从逆,无非为康、梁、孙汶各匪,从中煽诱,以致身罹大辟,贻羞宗族。如其平日父兄认真约束,何致若是。闻康、梁、孙汶各匪,尚复四出煽诱,党羽甚多,处处皆有。除供开首要各犯,饬属严行查拿,务获惩办,以儆乱逆,其余各党,姑念或系被胁勉从,或为匪徒所诱,本兼署部堂概不株连。"

(《示戒从逆》,《申报》1900年12月7日)

11月20日,康有为借机致函丘菽园,攻诋兴中会道:"史坚如及欧兆甲(惠事),皆孙党也,而冒仆弟子,致诸报展转登之,望贵报辨明,否则同门之见疾于人,而致祸益剧点〔焉〕。史率攻吾党四十余人,可恶甚,致今防戒极严,查搜益密,攻击更甚。罗□□今竟被拿,必死矣,此子勇猛无前,惜哉痛哉……皆惠事及焚抚署一事所牵致,然此祸日益剧烈,与江无异。故惠与抚署一事,皆彼党欲图塞责,且以牵累吾党,遂致吾党大为其累。今粤中党祸,大牟麦舍,亲家已没,余皆束缚,不能举事,恐此与江事无异……自汉事一败,百凡坠裂,尚有惠事相牵诬,致败乃公事。呜呼! 汪、孙之罪,真中国蟊贼也。某既决为之弃粤,纯老已首途往英、美、日办汉事,并与英外部订明,想公必以为然也(粤中人心极震——以惠及抚署事,恐连累益甚)。望速登报言:某人保皇,专注意北方,以粤为僻远而不欲。且自以生长之邦,尤虑乡人之蒙祸,决不惊粤,且从彼之士夫,多在各省,与孙之除粤人无所为不同。今孙自援粤而造谣影射,不知保皇与扑满相反,望吾乡人切勿误信谣言,安居乐业。要之,某人决不惊动故乡云。"

（汤志钧：《自立军起义前后的孙、康关系及其他——新加坡丘菽园家藏资料评析》，《近代史研究》1992 年第 2 期）

10 月 31 日（九月初九日）　有日本人致函《申报》，称："拳匪事起，祸结兵连，俄人欲据满洲而有之，德人拟得黄河以北之地，法人则志在并吞两广。而逆党孙文依附法人宇下，意欲稍分余润，然其力不足，终至覆亡。英人似欲驻兵长江，恐明年必有举动也。"（《妄思割地》，《申报》1900 年 10 月 31 日）

11 月 10 日（九月十九日）　离台湾返日本。

孙中山在台北先住长屋号，后在新起街赁屋居住。某日，总督府派人来通知："由内地来的电报，要把革命党人都驱逐出境，所以我现在来特请你明日即乘船归国。"（《追怀孙中山先生座谈会》）返日后孙中山与人谈道"关于离台之事，世传系总督公开要求离去，此全系误解。实因自己在台湾停留，感到日本政府对台湾总督有疑心，恐怕新内阁因轻视本人而难免累及总督等，离台对总督等较为方便"[①]。（11 月 27 日神奈川县知事给外务大臣的报告）是日，由基隆乘"横滨丸"启航赴日本。（日本外务省档案，明治 33 年 11 月 10 日台湾民政长官致内务总务长官）

11 月 14 日（九月二十三日）　船抵门司，岛田经一、平山周来晤。

"孙逸仙在本月 10 日由台湾基隆化名吴仲搭'横滨丸'轮船，于昨（14）日午前 3 点抵达门司港。在此之前，与孙逸仙有关系的人福冈县粕屋郡名岛村岛田经一及同县朝仓郡官野村平山周两人来到门司，在本市本町旅馆石田平吉处投宿，等待孙到来。'横滨丸'检疫完毕，岛田、平山二人于 7 点 40 分到'横滨丸'与孙逸仙会谈数刻。9 点分手上岸，孙仍乘该船赴神户。停泊中孙始终在船舱内，避开他人注意。"（日本外务省档案，明治 33 年 11 月 15 日山口县知事古泽滋报，秘第

---

①　12 月 2 日的《申报》引《西字报》，谓："粤东倡乱渠魁孙逸仙（即孙文），诇知三合会匪已灭，惧罪而逃，寄迹台湾，日官恐有碍和平，行将下令逐之出境矣。"（《令严逐客》，《申报》1900 年 12 月 2 日）

18 之 620 号)"其谈话之概要云:双方活动经费困难,平山、岛田等相约
在此地解决筹款问题。约期再会后即分手。后闻孙对某人曾谈及自
己,大意为:'我近来与平山等在台北台湾总督府保护之下,今日赴东
京是要达到在台北难于达到的目的,一方面了解日本政府的行动,一
方面便于知道华南的消息。三合会的事我未与闻,但对此次华北事
件,密切注视日本的行动。我认为日本与列国相比占有地理上的优
势,并显示出未曾有过的军事力量,震动列国。日本政府的外交亦随
之而行,逐渐居于一切事情之主动者地位。我豫期其将蹶起,希望现
在日本政府态度强硬。如果日本政府优柔,此次被他人夺去利益,我
的事业岂不再次蹉跌? 云云。另外由于我的事业依赖于日本,如果
日本不能占据主动,最终难于成事。'该人在此未登陆,乘原船由神户
赴东京。岛田、平山两人同日 9 点 30 分乘火车归福冈。"(日本外务省
档案,明治 33 年 11 月 15 日福冈县报,高秘第 1131 号)"平山等对此次会见
发表谈话:孙告其此次因台湾总督府惧怕英国政略而命令他们退去
之始末。平山等追问孙今后的方向,孙答尚未确定方向,因突然命令
退去,总要返回横滨一次,其后方向如何仍未决断,估计不会在横滨
久居。孙除翻译清国人陈清外,别无从者。"(日本外务省档案,明治 33
年 1 1 月 16 日福冈县报,高秘第 1134 号)

11 月 15 日(九月二十四日)　抵神户。

"清国流亡者孙逸仙及陈清(三十岁)、陈礼和(又名陈猷懋,三十
九岁)二人,于本日上午 8 点 30 分乘由基隆来之'横滨丸'入神户港,
投相生町二丁目旅馆加藤小松处住宿。陈清系广东人,陈礼和系福
州人,均属梁启超一派之革命党人物,怀抱华南独立之志,投到孙逸
仙幕下,专门从事行动计划。此二人今日午后零时 5 分乘火车由神
户赴东京。先是,居住横滨的孙之挚友清国人温炳臣出迎,本日上午
9 点 30 分乘火车抵神户站,立即访孙于宿处。预定于当晚 6 时 7
分,孙、温乘火车赴东京。闻今日孙对某访客谈论要旨如下:

"关于自己在华南指挥改革派事,见诸日本报端者决非事实。自

己历来持清国内政改革之见,现在并无何种画策。又此次离开台湾
赴东京,世上传为系命令退去,亦毫无事实根据,完全系出于方便而
随意退去。新闻记者等常常逞其揣摩臆测之能事,所揭种种记事,类
多使人迷惑。目前本国正进行媾和谈判,各国要求条件中赔款一节,
并非特别困难,而其他条件则颇为难允。为恢复清国秩序,李鸿章已
不得不答应这些要求,满洲将归俄国所有。这归根到底是由于英国
对华政策的软弱,将来不足依赖云云。暗中流露指责英国在华南的
政策之意。"(日本外务省档案,明治 33 年 11 月 15 日兵库县报,兵发秘第 987
号)

　　又陈清与人谈话:

　　"问:孙逸仙从何时起成为著名人物的?

　　"答:自我在本国学校读书时起就已知道他了。二十七八年中日
战争以后,孙逸仙、康有为及其他有志者忧虑中国政府的顽固政策不
利于国家,断然提出改革意见。对此广东人中三分之二以上是赞成
的,自己尤为赞成。皇帝也赞成孙逸仙等人的意见,着手改革。以西
太后为首的顽固当权诸大臣,则差不多都持反对态度,以至杀戮赞成
康、孙意见的人,遂告失败,只得亡命。后试图恢复改革派,正计划之
中,而北京团匪起,各国军队入京,而华南蒙害较少,故孙逸仙等同志
乘机举兵,保护被放逐的皇帝,改革政治。汉口起事,因武器不足,不
能达到目的,数十人被杀戮。但孙逸仙等同志并不就此屈服,决心再
招募同志贯彻其计划,以达目的。然而,依今日情况各方面都为筹款
购械而奔走,须等待时机之到来。

　　"问:从香港至台湾是单独渡航吗?

　　"答:自己与孙逸仙等从横滨出发,同行至香港、西贡、新加坡等
处。在新加坡时,孙逸仙等的同志日本人宫崎虎藏等接受孙逸仙的
意见,访问康有为。

　　"问:孙逸仙赴台湾有何要事?

　　"答:就汉口起事,对同志者来说,居于交通便利之地不利,故劝

诱在台湾之清国人招募同志。因台湾人怀有反对日本政府之意志，不断发生暴动，非难中国政府。虽劝其服从日本，方为安全和有利，而台湾人多数为福州人，怀有时机一到即向日本复仇之志者正多，若强行劝诱，反而有害于孙逸仙，因而终于不能招集同志。

"问：陈礼和与孙逸仙关系如何？

"据我所知陈礼和系福州人，原与孙逸仙无关系。因他在日本居住，经营绸缎买卖，自己也离开故乡，久居日本。以其虽出身异地，但系同国人，故时与往来，谈论本国政府之恶政，彼此意见相同……我自己由香港赴台湾，想在台从事商业。曾由香港写密信邀他赴台。但他是福州人，且胆小，孙逸仙等赴台后，对其谈些什么，不得而知。他在台湾生活习惯，几次往来东京，诸事顺利，接连转变。据闻对其未谈什么机密事情。

"问：孙逸仙对日本政府及一般人怀何种印象？

"答：孙逸仙等同志欲达目的，第一不利便是伊藤侯总理大臣。该侯赞成欧洲人意见，且最胆小，故不但不赞成孙逸仙的目的，反多加以妨害。至于前总理大臣大隈伯，则系大胆之人，必赞成而不反对。该伯不担任总理大臣，孙逸仙同志者多感遗憾。现在大隈伯、犬养君仍是最亲的人。日本人中赞成孙逸仙等目的者很多。当然，也有部分人赞成政府。"(日本外务省档案,明治 33 年 12 月 4 日警视总监报,甲秘第 151 号)

日本警方记陈清及陈礼和身份："与孙逸仙由台湾同行之陈清，本名陈清权，光绪四年四月二十八日生于广东省南海县，历来在京桥区入□□□町四丁目三番地同国人邓可平处居住，从事西服裁缝。本年 5 月 8 日返日后，在同区同町三丁目一番地同国人吴服林昌贴处居住，经营吴服商行。福建省福州府□□县后安郡人陈礼和，系陈和甫(咸丰七年十二月生)从香港送来密书，陈礼和于 8 月 26 日赴港，停留凡卅日。后同行到台湾，住在台湾新起街，与孙逸仙会合。后由台湾同到神户即分手。17 日归京。陈清权在邓可平处居住。

25 日转居同地明石町六十一番。到京后在同町五番美国人斯可纳处做洋服裁缝云云。"（日本外务省档案，明治 33 年 11 月 27 日警视总监报，甲秘第 149 号）

11 月 16 日（九月二十五日）　抵东京。访犬养毅、宫崎寅藏，并致函平山周。

"孙逸仙在 16 日上午 10 点 47 分抵新桥站后，即至牛込区马场下町三十五番访问犬养毅。适犬养赴静冈县出席进步党支部大会，不在家。与来会之宫崎寅藏相晤，等待犬养返宅，故在此留宿一晚。翌日午后 4 点犬养归宅，继续会谈。当时到京的平山周亦来会见。是夜同在犬养家住宿。昨日午后 1 点，孙与宫崎一起赴横滨，平山与原祯二人则同返宿所。

"附记：前天住在中国公使馆的邵梦石、赵德香访问犬养，未遇，即归馆。该人等日前曾访尾崎行昌（尾崎行雄之弟，曾为马尼拉流亡者彭西翻译，与孙亦有关系）。"（日本外务省档案，明治 33 年 11 月 20 日警视总监报，甲秘第 147 号）

孙中山会见宫崎后，当天致函平山周，通知其将派宫崎去上海与刘学询协商，并促其将前述致刘学询函，邮寄横滨。当晚平山即由博多赴门司，乘船往东京。（日本外务省档案，明治 33 年 11 月 18 日福冈县报，高秘第 1141 号；《孙中山全集》第 1 卷，第 203—204 页）

11 月 19 日（九月二十八日）　与温炳臣由东京返回横滨山下町百二十一番寓所。（日本外务省档案，明治 33 年 11 月 20 日神奈川县报，秘甲第 486 号）

此后孙中山多次往返于京滨间，对人表示："自己此次由台湾归来有一秘密要事。关于离台之情况，世传系总督要求公开离去。此全系误解。实因自己在台湾停留，认为日本政府对台湾总督有疑心，恐新内阁歧视自己，难免累及总督等，离台对总督等较为方便。来日本离香港、厦门及其他国内地方较近，易于探听本国情势，又便于与同志互通消息，因此感到不便留在台湾。从本国形势看，目前是举事的好机会,同志又大多同意起事,逐步进行准备,因而略加整备。有些事属秘密。遗憾的是未准备好,因此颇为困难,切忌妄行。且彼三合会起事因缺乏此点,已经中止,增加了困难。(暗中叹惜缺乏武器,后又谈到如下问题)同志者现在都告武器不足。关于弹药验送之事,也需设法解决。此外,举事方法,先依一二强国为后援,至少要得其同意为急务。日本内阁更换后,为日尚短,不明其外交方针。故不如依靠早先曾表示同意之英国为优。而到时日本将施行何种手段,预先也需探究。近来由大仓组约定订购弹药二百五十万发,考虑以专门方法将其运至适当之地。因大仓的仓库在门司港,由该处直接发运易于暴露,目前正在苦思之中。达此目的之日,即系举事之时。"(日本外务省档案,明治 33 年 11 月 27 日神奈川县报,秘甲第544 号)

12 月 6 日(十月十五日)　东京留日学界发刊《译书汇编》。后译卢骚《民约论》、孟德斯鸠《万法精理》、斯宾塞《代议政治论》等,促进中国青年民权思想之发达。(张静庐:《中国近代出版史料二编》,第 283页)

12 月 8 日至 28 日(十月十七日至十一月初七日)　为中村弥六购械舞弊事多方交涉,终获解决。

中村舞弊事败露后,宫崎、近藤、犬养等交涉再三,毫无结果。孙中山归自台湾,出示证据,发现中村伪造私章、文书。据日本外务省档案,11 月 26 日,与孙中山一同赴台湾的村田忠三郎由上海返日次日,玉水常次、武田四秋及广东人陈炳、文良等由台湾归日,其余和孙中山有关的中日人士亦相继离开台湾。(明治 33 年 11 月 28 日长崎县知事荒川义太郎报,高秘第 466 号)是日,孙中山赴东京对阳馆与平山周、宫崎寅藏、岛田经一、武田四秋、玉水常次、尾崎行昌等会商如何向中村弥六追讨被骗金钱,当天返回。(明治 33 年 12 月 8 日神奈川县报,乙秘第743 号)中村向犬养表示愿意赔偿,宫崎乃持孙中山手书往访之,不料竟为所拒。孙中山怒而欲诉诸法律,宫崎等表示赞成。中村闻讯,恳请后藤新平出面仲裁。后藤遂函邀孙中山。12 月 10 日，孙中山由横滨赴东京与后藤会晤，指责中村不义之行，对胜诉充满信心。后藤见其决心坚定，请其缓期到 14 日。孙中山同意其请。"翌（11）日午后 1 时许，孙访犬养毅，律师守屋此助、宫崎虎造等也来会。由孙告以后藤新平之谈话，并询问法律上之效果。守屋律师以公证之资格答称：需要对此加以研究。此事如单纯作为刑事问题提出诉讼，可以设想易有结果。孙说会谈不成，决心作刑事问题。闲谈后守屋离去，终于决心提出诉讼。"预定以鸠山和夫律师为代理人。鸠山表示此事世上已有定评，即使不提举证据类书，仅仅提出刑事诉讼已够充分。遂约定后日见面，然后离去。（日本外务省档案，明治 33 年 12 月 14 日警视总监报，乙秘第 759 号）后决定由三好退藏律师为主，樱井一久为助手提出诉讼。

　　12 月 20 日上午 11 时访问宫崎。午后 1 时，与宫崎赴律师三好退藏处，商谈提出诉讼事。三好要求将时间由 22 日延迟到 26 日，以决定可否提出。3 点钟返回横滨。（日本外务省档案，明治 33 年 12 月 21 日警视总监报，乙秘第 791 号）

　　12 月 23 日，神鞭知常向宫崎寅藏表示可委托他出面仲裁。但根据中村财产状况，赔偿有限，并建议中止起诉手续。宫崎遂赴横滨与孙中山会谈，建议同意仲裁。但若赔偿额过少，则拒绝仲裁，让三好律师提出诉讼。（日本外务省档案，明治 33 年 12 月 27 日警视总监报，乙秘第 800 号）两人密谈一小时，当晚宫崎返回东京。（日本外务省档案，明治 33 年 25 日神奈川县报，秘甲第 526 号）两天后，孙中山与宫崎往见三好，三好认为事关密谋，如起诉立案，则成为国际大疑案，恐无数年时间不易结束。孙中山遂动摇。于是一面严守秘密，继续做出势必起诉的姿态，一面催促神鞭与中村交涉。（宫崎滔天著、林启彦译注：《三十三年之梦》，第 231—235 页）到 12 月 28 日，中村终于答应以邸宅折价 13000 元，加上 2000 元之期票作为赔偿，此事遂告结束。后孙中山言及此案始末："去年华南革命党起事之际，经中村介绍向大仓组订立购买250万发子弹的契约,交给中村代价金67000元,但中村并未履行契约。自己从香港、台湾返日后多次试图谈判,而中村或以引渡日期不合适,或以考虑输送好办法为借口,表示契约不易执行。因此从一开始即对中村的行为表示怀疑,可能中村以奸策欺骗自己。现经揭发其不端行为,一怒之下欲公诉。但这样做势必牵连其他人,使自己疑及友人,结果接受仲裁者的意见,以退还三万元了结。"(日本外务省档案,明治33年2月5日神奈川县报,秘甲第44号)

12月11日(十月二十日)　复函南方熊楠,告将离日。

10月15日,南方由英国回到神户,即回和歌山市。是日,孙中山复南方来函,对其重返故国表示欣喜,盼望早日会晤,并告以不久将再次离日。若行前南方不能来访,则将先行造访。(《孙中山全集》第1卷,第204页)南方于13日收到此函,17日复孙中山。([日]南方熊楠著、长谷川兴藏校订:《南方熊楠日记》第2卷,[1897—1904],第180页)

12月22日(十一月二日)　《开智录》在横滨发刊。(《新出〈开智录〉告白》,《清议报》1900年12月12日)

该刊"原于己亥冬用油印出版,规模颇狭,庚子夏秋间得孙总理助印刷费二百元,乃改用铅字排印。时(郑)贯公兼任横滨《清议报》编辑,故海外各埠凡有《清议报》之地,即有《开智录》,保皇会员思想因之大受影响。至次年辛丑春卒为梁启超所逐,《开智录》由是停刊。贯公以孙总理介绍,改任香港《中国日报》主笔"。(冯自由:《中国革命运动二十六年组织史》,第50—51页)

12月28日(十一月七日)　派宫崎寅藏赴上海与刘学询会谈。

孙中山由台港返日后,即将原定派平山周去上海晤刘学询之事改由宫崎承担,因其与刘相善,便于商量。但为中村事件所延宕。中村事件既了结,是日,宫崎即离东京赴上海。(日本外务省档案,明治33年12月27日警视总监报,乙秘第799号;12月28日,乙秘第801号)宫崎寅藏记:"孙先生的意气犹未低落。我又衔命去上海。事实上,这已是最后的一策了。是的,在去上海以前,我还多少怀有希望。停留两天以后,终于看到了事不可为,只有颓然归国,面谒孙先生,向他报告了经过。孙先生也早想到事难有成,对我的无能也未加责备,只是叹息道:'一切都要暂时中止。'至此一切希望顿成泡影。"(宫崎滔天著、林启彦译注:《三十三年之梦》,第219—220页)

是年　与李提摩太在日本相晤。

时在横滨。李提摩太途经该地,发现其"正集中全力计划推翻清朝政府……下决心要倡导革命"。于是李提摩太再次劝其不要革命,还是走改良道路为好。遭严拒后,李提摩太无可奈何地对其表示:"如此看来,我们只好分道扬镳了。"(李提摩太:《留华四十五年》,转引自顾长声:《传教士与近代中国》,第252—253页)

1901 年(清光绪二十七年 辛丑)三十五岁

1月1日(庚子年十一月十一日) 留日学生团体励志会在东京上野精养轩召开元旦庆祝会①。

上年 10 月 31 日,尤列因助孙中山策划华南独立事被清政府悬赏通缉,避往日本,抵达神户。(日本外务省档案,明治 33 年 10 月 31 日兵库县报,兵发秘第 666 号)11 月 15 日移居横滨山下町一百九十八番中国人鲍式照处。(日本外务省档案,明治 33 年 11 月 20 日神奈川县报,秘甲第 485 号)旋与孙中山"议定革命进行二种计划,一联络学界,一开导华侨"。(冯自由:《革命逸史》初集,第 31 页)遂一面联络陈才、杨少佳、鲍唐、翟美徒、陈和等人改造中和堂,自任会长,使该堂与兴中会及留日学界关系日益密切;一面与戢翼翚、沈翔云、秦力山、程家柽、张继、王宠惠、吴禄贞、刘百刚、吴念慈、蔡锷等留日学生频繁往还。参加元旦庆祝会者有彭西、犬养毅、尤列、翟美徒以及励志会员等三十余人。(冯自由:《革命逸史》初集,第 31 页;第 3 集,第 130 页)

1月4日(十一月十四日) 与法国驻东京公使阿尔芒会谈②。

因日本新内阁伊藤博文对于革命党的态度相较于前任山县有朋

---

① 此事《孙中山年谱》定为旧历春节,冯自由《革命逸史》和《中华民国开国前革命史》诸书均确指为阳历新年,且有照片为证。此外,是年旧历春节为公历 2 月 19 日,而据日本外务省档案,彭西于 2 月 8 日即赴香港。

② 巴黎本来指示阿尔芒拒绝与孙中山再次会谈,但因这一指示迟至 1 月 6 日才到达东京,而阿尔芒在两日前即 1901 年 1 月 4 日已同意接见孙中山。

内阁已发生变化,孙中山已不可能在日本购买武器,故转望法国政府能容许以私人名义购买军火,亦望能从法国招聘军事教官。阿尔芒告知法国与日本在往外国输入武器方面同有约束,亦不能提供教官,但他对孙表同情,建议与韬美会见,且似乎可作相关安排,并暗示韬美或许能找到妥善安排。又建议接触广州领事,称广州领事与一个叛乱分子的关系,就不如一个外交首长和一个叛乱分子的关系对法国政府有那么严重的影响;另由于广州领事对估计华南政治形势处于较适当的地位,他的意见或能令外交部作出对孙有利的判断。([法]巴斯蒂:《论孙中山与法国政界的关系》,林家有主编:《孙中山与世界》,第332—333页)

1月10日(十一月二十日)　杨衢云在香港为清吏所派刺客击伤,次日卒于医院。

杨衢云被刺,系李家焯主谋,建锐炮船管带陈林仔,营勇童祥、徐福及李桂芬主凶,港人吴瑞生接应。行刺时徐、李二人望风,陈、童入屋开枪击之。事成后,遁往广州李家焯营内,领赏之外,由署督赏童祥、徐福、李桂芬五品功牌。(《广东政府谋杀民党杨衢云讯案之详纪》,《国民日报汇编》第1集,第25—28页)嗣后,香港兴中会因活动相继失败,元气大伤,党务陷于完全停顿,只有《中国日报》尚能发挥正论,坚持斗争。(冯自由:《华侨革命开国史》,荣孟源主编:《华侨与辛亥革命》,第4页)

1月15日(十一月二十五日)　宫崎寅藏因与内田良平格斗事而致函孙中山。

是日,宫崎寅藏出席犬养毅宅的新年宴会,因不公开中村弥六事件了结的内容而与内田发生争论,并被内田打伤额头。(《宫崎滔天年谱稿》)为释孙中山之疑,故主动述事件之经过。(宫崎滔天著、林启彦译注:《三十三年之梦》)

1月16日(十一月二十六日)　自东京返回横滨。(日本外务省档案明治34年1月16日神奈川县报,秘甲第59号,《辛亥革命史资料新编》第6册,第92页)

1月中下旬（十一月至十二月） 访宫崎寅藏，告以史坚如死讯。

（《宫崎滔天年谱稿》；宫崎滔天著、林启彦译注：《三十三年之梦》，第241页）

1月21日（十二月二日） 往访菲律宾独立军领袖彭西并还购械之款。

据日本外务省档案，赴彭西寓所，将从中村弥六手中索回的购械款5020元交还彭西。（明治34年1月24日神奈川县报，秘甲第24号）彭西于2月8日赴香港。4月25日又由香港返抵神户。（明治34年4月25日兵库县报，兵发秘第209号）

彭西后来回忆他与孙中山在日本的交往及其印象："孙逸仙的名字，将列为全人类最伟大的救星之一，他献身国家的事迹，足堪效法。他的建树伟大，他的大公无私，他对于时势给他的名利，原是对他功勋的公平酬报，弃如敝屣，绝不介怀。这提高他个人道德的评价一百倍。他伟大人格的特质，是在他个人立身行道方面的谦恭、朴实和克己的态度与精神。就是在我们兴致来的时候，于日本的茶屋式中国料理中，在大批花枝招展的艺妓里面休息的时候，他正襟危坐，态度谦和庄重。对朋友们，他是一往情深。在宣传与说理方面，谁也比不上他坦率、雄辩及说服的能力。他说明及宣传他的主张，全无火气，但温和而动听，并且以绝对诚恳的态度，含笑答复与他反对的意见。孙逸仙对于菲律宾的情形也很熟悉，曾以极大关怀，逐步注视菲律宾各项事件的过程与发展。他曾经悉心研究诸如黎萨及戴璧莱等我国伟大人物的历史及品格，在演说及著作里，曾对一般听众及读者阐述过这些伟人在我国政治发展中之言行。"（黄季陆：《国父援助菲律宾独立运动与惠州起义》，《传记文学》[台北]第11卷第4期）

与罗斯基、彭西等谈无政府主义及中国革命前途等问题①。

孙中山与罗斯基就中俄两国革命交换意见。孙中山问：无政府党如何？罗氏答：百年之内能实行无政府主义，吾党满足。恐吾身之

---

① 谈话在日本东京（或横滨）张仁之家。参与谈话者除俄人罗斯基外，尚有彭西、刘成禺等人。中国留日学生人数增加始于庚子之后，参加谈话者又有彭西，故酌置于此。

不及见也。罗氏反问:中国如何? 孙中山答:中国情形与俄国全反,予及身不成功,中国革命亦归泡影。罗氏问其故。孙中山答曰:俄国尼可拉斯皇室为斯拉夫本族,无政府党所欲推倒者,极端专制耳。且俄国向无人民革命之历史,人民怨恨贵族较皇室为甚;俄皇室与欧洲列强为婚姻之国,贵党以无政府标题,欧洲各国政府必助俄皇室以压制人民;究竟主张无政府主义者,人民占少数也。中国则不然。人民揭竿而起,匹夫有天下,历史视为寻常;外族入主中国,人民起而驱逐,所见不鲜,不徒推倒一政府也。今中国人民宜推翻者有双重历史,曰外族满清之入主,曰现代政府之腐败,而皆为数千年起大革命历史所允许。可惧者,满清主立宪党,唱立宪政府,拥戴满洲而授权人民,人民受缓和之欺骗耳。幸满政府视立宪党为革命党。此不二十年,吾得见中国革命大成功也。(刘成禺:《先总理旧德录》,《国史馆馆刊》1947 年第 1 号)

1月 26 日(十二月初七日)　与尤列等人在横滨举行杨衢云追悼会。

孙中山接悉杨衢云被害噩电,随即遍告横滨同志,集会举哀。会上尤列发表演说:"将杨君生平、出处、志气大略表明众听,且为之设论纪念。"会中由孙中山提议,捐款千余元为杨善后。并代具讣告,寄发自日本以东各处及香港同志戚友。2 月 13 日,致函谢缵泰,具告此事详情。(《孙中山全集》第 1 卷,第 205—206 页)

1月至 2 月(十二月)　刘坤一悬赏缉拿自立军流亡领袖沈荩、秦力山等。

刘坤一《复黄芍岩》:"徐宝山密友张姓诱拿萧、沈等匪,务离洋人租界稍远,俟到黄渡地方而后下手,庶免洋人藉口索回,如龚超故事。若能妥办拿获萧子云、沈克诚,每名赏银二千元,秦力山、陈谠、王四脚猪,每名赏银一千元;倘以为薄,将元改为两,亦无不可。"(中国社会科学院历史研究所第三所编:《刘坤一遗集》第 5 册,第 2279 页)

2月 5 日(十二月十七日)　日本情报机构侦得康有为欲重返

日本。

日本外务省档案载:"流亡到新加坡的清国人康有为现希望能在我国和新加坡之间往返,日前致书横滨市山下町二百五十三号的清国人冯紫珊,表达了欲来我国的愿望,日本政府目前尚无拒绝之意。根据调查,冯紫珊正与胞兄冯镜如设法了解日本政府的意向。"(《康有为欲返日本》明治 34 年 2 月 5 日,章开沅等主编:《辛亥革命史资料新编》第 6 卷,第 91 页)

2 月 12 日(十二月二十四日) 赴和歌山市访问南方熊楠,至 16 日始返横滨。

先是,2 月 6 日,孙中山致函南方,告知拟前往造访。10 日,又发一函,询问前函是否收到,请答复,以定行期。([日]南方熊楠著、长谷川兴藏校订《南方熊楠日记》第 2 卷[1897—1904],第 490—491 页)其时,南方赴和歌浦爱宕山圆殊院,至 9 日方归。12 日午后 6 时,孙中山与温炳臣乘火车赴大阪。(日本外务省档案,明治 34 年 2 月 13 日神奈川县报,秘甲第 56 号)13 日上午 10 时 20 分抵大阪梅田站,在三十四番一丁目森吉楼休息。午饭后,2 时 30 分从难波站乘火车赴和歌山市。抵达后在该町三丁目富氏屋旅店藤源处投宿。(日本外务省档案,明治 34 年 2 月 13 日大阪府报,机密受第 381 号)

据南方日记,14 日,"上午 9 时左右,中山一人乘人力车来访。到新坐敷谈话,并进西餐。翻译温炳臣也于 2 时左右前来。吃虾及寿司。受约的小笠原誉至夫(二人在火车上相遇)也到来。5 时许,小笠原、孙、温与余四人乘车去芦边屋。余不饮,彼三人饮。到富士屋已过 7 时。饭后小笠原去,余过 10 时方返家。追记:昭和四年八月二十九日早注:中山樵孙逸仙也。15 日,12 时以前访中山氏,与温一同回来也。谈话中说到他们二人 2 时 24 分动身,便赶快招呼常楠、楠次郎及常太郎,到里桥角林处会齐照相,兄弟姪子一齐去"。

另据南方记载,24 日,收到转赠的彭西著《南洋之风云》。([日]南方熊楠著、长谷川兴藏校订《南方熊楠日记》第 2 卷,[1897—1904],第 192—193 页)

孙中山在返回横滨时,中途在大阪难波站下车,乘人力车至梅田站,下午6点53分,乘火车赴横滨。(日本外务省档案,明治34年2月16日大阪府报,特甲第61号)次日上午10点15分抵达横滨。(日本外务省档案,明治34年2月16日神奈川县报,秘甲第59号)随即致函南方熊楠,谓:"和歌山叙旧,欢洽生平,独惜时日所限,不能久留,多聆教益,为可憾耳。"并作函为其介绍于犬养毅,称南方熊楠"游学欧米将廿年,博通数国语言文字,其哲学理学之精深,虽泰西专门名家每为惊倒,而于植物学一门尤为造诣"。(《孙中山全集》第1卷,第206—207页)

2月中下旬(十二月底至辛丑年正月初)　康有为致函井上[①],论保皇会勤王方略应取桂、湘而非图粤。(姜义华等编:《康有为全集》第5集,第363—364页)

2月(十二月末)　张之洞似得到有关康、孙合作共图长江流域的消息。

张之洞致函鹿传霖:"康党尚炽,孙文又与合伙(夏间已分,秋间又合)。目下孙党潜入长江,助之勾煽,正在密饬严访。"(赵德鑫主编:《张之洞全集》第12册,第67页)

是年春　赞助粤籍留日学生组织广东独立协会。

是会由冯斯乐、郑贯一、李自重、王宠惠、冯自由、梁仲猷等发起,主张广东向清政府宣告独立,留日华侨入会者甚多。会员常至横滨与孙中山筹商进行方法,受到孙中山及黎炳垣、温炳臣、陈和等人热情款待。(冯自由:《革命逸史》初集,第98页)

△　介绍郑贯一为《中国报》记者。

"辛丑春,报社迁移至永乐街。时郑贯公适因发刊《开智录》,为横滨《清议报》所摈,总理特介绍至《中国报》充任记者。郑归自日本,绍介欧美自由平等天赋人权之学说于读者,持论新颖,极受社会欢迎。时距庚子汉口失败一役未久,留日志士沈云翔、朱菱溪、秦力山、

---

①　井上即横滨粤籍侨商梁炳光,参阅桑兵:《庚子保皇会的勤王谋略及其失败》,《历史研究》1993年第1期。

苏子谷(曼殊)及余等次第至港,多在报社下榻。沈与粤督陶模之子拙存(葆廉)友善。陶督笃信新学,葆廉更以新党自居,延吴敬恒、钮永建为幕僚,大兴教育。沈每至广州,陶父子礼之甚优。父子均喜阅《中国报》,其黜陟属吏,恒以《中国报》之评判为标准。故《中国报》在粤销场,以是时为最佳。"(冯自由:《革命逸史》初集,第 317 页)

△ 在横滨接见来访的美国《展望》(The Outolook)杂志记者林奇(G. Lynch)。

先是,林奇见海外报刊所载惠州起义新闻,在香港、广州等地访查孙中山住所,欲与会谈。嗣闻孙中山已返日本横滨,即由东京致函约晤。获准后,如期来访,见孙中山室内书架满置军事、政治、经济、历史的英法文书刊,其中军事书籍主要是有关布尔战争的新版著作,如布洛克(Block)的《现代战争与武器》(Modern Warfare and Weapons)、格里利(Clery)的《近击战术》(Minor Tactics)等,着重研究游击战术。孙中山说:"我们的人一旦获得适当的武装并且作好大举的准备,就能轻易地打败清军。"希望在起义之际列强保持中立,不要干涉。同时指出:"清朝皇帝没有能力去有效地实行中国所需要的激烈改革。"其抱负是发动革命,以联邦或共和制取代帝制。并且说:"日本人用了三十年才办到的事情,我们最多用十五年就能办到。"他还谈到自己拥有一批在英国、火奴鲁鲁、日本等地受教育的新式中国青年的追随者。([美]林奇:《两个西化的东方人》[Two Westernized Orientals],《展望》第 67 卷第 12 期,纽约 1901 年 3 月 23 日出版)

3 月 3 日(正月十三日) 孙宝瑄论日本维新有二级,"其先为攘夷尊皇之界,其后为共和立宪之界。尊皇之界,吉平松阴诸人开之。立宪之界,大隈重信诸人开之"。(孙宝瑄:《忘山庐日记》,第 304 页)

3 月 9 日(正月十九日) 清廷命出使大臣吕海寰等劝谕侨民勿为孙中山及康、梁所惑。

谓:"各处华民,出洋谋生者甚多,无不眷怀故土,倾心内向。乃孙汶、康梁诸逆,托为保国之说,设立富有票会,煽惑出洋华民,敛赀巨万。若不详切开导,破其诡谋,使知该逆等藉此保国,实图谋逆,乘机作乱,诚恐华民受其蛊惑,乃纷纷资助款项,蔓延日盛,为患实深。著吕海寰、李盛铎、罗丰禄、伍廷芳选派妥员,前往各商埠详察情形,剀切劝谕,务令各华民,晓然于该逆等并非真心保国,勿再听其摇惑,轻弃赀财,以定人心而弭隐患。"(《德宗景皇帝实录》卷479,《清实录》第58册,第317页)

3月15日(正月二十五日)　各界人士在张园集会,商议阻止《中俄密约》事,拟致电各省督抚。3月23、24日,上海绅商联名呈文两江总督刘坤一、湖广总督张之洞,就俄约提出交涉。3月25日,各界人士再次在张园集会,讨论拒俄约办法。(杨天石等编:《拒俄运动》,第3—16页)

3月18日(正月二十八日)　函告南方熊楠,已于是日先行致意佐藤虎次郎,并会亲往一见。(《孙中山全集》第1卷,第208页)

3月25日(二月初六日)　向阿尔芒递交《我们的纲领和宗旨》。

先是,阿尔芒接1900年11月13日巴黎指示后,宣布日后不再接见孙中山。这一决定促使孙中山考虑递交一份书面纲领,推动谈判继续。是日,孙中山在东京将此文件递交给阿尔芒,后者于5月30日途径巴黎时将它交给法国外交部政务司。

此文件无日期、无签名,为英文文件之法文译本。此文件用九个要点说明革命方略,文件对列强利益所作出的承诺和保证比1900年8月由何启用英文草拟的《致港督卜力书》中的承诺更多:对外商完全开放、取消厘金和出口税、承认前朝债务、尊重所有条约规定的权利、传播西方文化和现代教育、吸收外资发展经济和邀请外国专家在各政府部门任顾问和指导员。这一文件清楚说明了首要目标是满清政府从华南被逐出后,在广东、广西、云南、贵州、四川、湖南、江西和福建省建立一个共和政府①。在此之前,孙中山只是向法国官员提到

---

①　孙中山在此处所用"共和",是法语 république 的直译。

根据地形上的方便需要印度支那支持,现在此文件则提出了政治论据:"为了迅速地有效地执行这一纲领,我们不得不请求一个友好强国的支持。仔细地审察了这一问题涉及的所有内容后,我们得到的结论是:由于法国的政体本身应作为我们的典范,法国在所有的列强中是我们应向其要求帮助与支持的唯一国家。"文件又允诺:"作为我们的保护人法国将被授予在共和国建筑铁路和开采矿产的特权,陆运进口免税权和对两国有利的一切要求。"

不过,读过孙中山政纲后,并未改变外交部长戴卡塞认为与"煽动者"合作会引起麻烦之态度,他在给殖民部长转送文件副本时表达了此意见,同样指示再次发给印度支那总督韬美。([法]巴斯蒂:《论孙中山与法国政界的关系》,林家有等主编:《孙中山与世界》,第 319—321 页)

3 月 27 日(二月初八日)　日本情报机构称居住于横滨的《清议报》主编麦孟华(化名麦伯兴)系"革命党"康有为派人员。(《有关清国人的情况》明治 34 年 3 月 27 日,章开沅等主编:《辛亥革命史资料新编》第 6 卷,第 93 页)

4 月 4 日(二月十六日)　拟于 4 月 9 日赴布哇、檀香山。(《孙逸仙拟赴夏威夷》明治 34 年 4 月 4 日,章开沅等主编:《辛亥革命史资料新编》第 6 卷,第 93 页)

4 月 9 日(二月二十一日)　正午乘"日本丸"由横滨赴檀香山。

"据说该人在檀香山与其妻子会面后,由该处去新加坡。预定两三月后回日本。"(日本外务省档案,明治 34 年 4 月 9 日神奈川县报,秘甲第 109 号)3 月 18 日曾复函南方熊楠,告以"尚未发途,因有事阻迟也"。并承南方之意约见佐藤虎次郎。4 月 3 日,再复南方 3 月 29 日来函,告以定于是日赴檀,并称:"已见过佐藤君二次,与之畅论天下时事,大慰生平,斯人真奇男子也。"(《孙中山全集》第 1 卷,第 208 页)

4 月 20 日(三月初二日)　尤列离开横滨赴新加坡。(日本外务省档案,明治 34 年 4 月 20 日神奈川县报,秘甲第 122 号)

4 月 21 日(三月初三日)　尤列搭乘博多丸汽船,于下午四时抵

达神户,至中山手通三丁目造访陈侣樵,旋会访同文学校教师。计划
于二十四日启程赴新加坡。(《尤列乘船前往新加坡》明治34年4月22日,
章开沅等主编:《辛亥革命史资料新编》第6卷,第94页)

4月24日(三月初六日)　徐勤由上海抵达横滨,日本情报机构
称他为"革命党"康有为之部下。(《清国人往来情况》明治34年4月25
日,章开沅等主编:《辛亥革命史资料新编》第6卷,第95页)

4月28日(三月初十日)　东京华侨领袖郑席儒与日本政界名
流合作,改东京大同高等学校为东亚商业学校。(秦力山:《开办东亚商
业学校记》,《清议报》第78册,1901年5月9日)

5月2日(三月十四日)　梁启超从悉尼启程,拟赴日本。(《梁启
超从悉尼启程可能到日本》明治34年5月2日,章开沅等主编:《辛亥革命史资
料新编》第6卷,第96页)

5月10日(三月二十二日)　东京留日学界所办《国民报》创刊。

是报由秦力山、戢翼翚、沈云翔、唐才质、王宠惠、张继、雷奋等筹
办,原"定期阳历正月二十日发行",以"昌世界之公理,振国民之精神
为宗旨",(《国民报告白》,《清议报》第70册;唐才质:《自立会庚子革命记》,杜
迈之等辑:《自立会史料集》,第69—70页)分社论、时论、丛谈、纪事、来文、
外论、译编、答问等栏目。后因故推迟,并将宗旨改为"破中国之积
弊,振国民之精神"。(《倡办〈国民报〉简明章程》,《国民报》1901年5月10
日)该报进行了革命宣传,曾得到孙中山经费接济。(冯自由:《革命逸
史》初集,第96—97页)《国民报》出版四期后于8月10日停刊。

5月13日(三月二十五日)　徐勤赴美国。

5月16日(三月二十八日)　日本驻泰国代理公使向外务省报
告康有为在泰国情况,并转述泰国内务大臣塔么宁对康氏所作"并非
如世所盛传的有识之人物"的评价。(《康有为近况》明治34年5月16
日,章开沅等主编:《辛亥革命史资料新编》第6卷,第98页)

5月29日(十月十二日)　梁启超于早晨抵达长崎,下午四时启
程赴横滨。

"此人去年离开东京,为了与流亡住在英领新加坡的康有为面谈赴该地"。"据闻船停泊时梁谈论到清国现今的情况,由于北清事件有关列国之谈判还未解决,故现时无任何谋划,暂时回日本从事日语研究,等待时机到来。"(《关于清国流亡人士往来的报告》明治34年5月29日,章开沅等主编:《辛亥革命史资料新编》第6卷,第97页)

6月5日(四月十九日) 乘"亚美利加"号轮船离开檀香山赴日本。(《孙逸仙离开布哇》明治34年6月11日,章开沅等主编:《辛亥革命史资料新编》第6卷,第98页)

是日,孙中山离檀返日。6月16日上午8时抵达横滨,入山下町住宅。(《孙逸仙抵达横滨》明治34年6月16日,章开沅等主编:《辛亥革命史资料新编》第6卷,第98页)

途中,孙中山对西报记者说:"中国维新,首要改革清朝,灭却顽固官员,国政改用西法,乃于事有济。光绪帝原属精明之主,惟为压力所制耳。我曾与美使臣同舟谈及中国时局,据伊亦云光绪帝柔懦如小孩。然李傅相本是干员,奈满洲习气太深,将来中国维新,似难望此老成硕辅左右赞襄必也。后辈继起有人,乃可望纪纲独振也。"西报记者问孙中山:"君复回中国,果不惧丧元(掉脑袋)乎?"孙中山答道:"丧元吾何惧哉! 吾到中土,大集同志,谅不久尔必闻消息。吾经已购备军火,分派党羽,屯聚各处,待时而动,将必与现管理中国者决一死战。吾党万死不移,断不肯半途而废。此乃吾第三次起乱。现中外人民皆闻风来归,故可决必有成功也。今定章程,又转胜前时,而且豪杰纷应,兵力壮足,太后与华官闻之亦必魂飞胆落。吾甚愿中国效法美国,公举总统,使吾民免受专制之苦而得自主之权,则我中国转弱为强,亦指顾间事耳。"(《香港华字日报》1901年7月1日、7月23日,引自莫世祥:《〈香港华字日报〉中的孙中山轶文研究》,《近代史研究》1994年第3期)

6月17日(五月初二日) 与宫崎寅藏等会晤,旋同赴东京。

是日上午与由东京来访的宫崎寅藏等二人会谈①。午后 1 时 30 分,三人乘火车一同赴东京。(《孙逸仙与访客同去东京》明治 34 年 6 月 11 日,章开沅等主编:《辛亥革命史资料新编》第 6 卷,第 99 页)次日午后 2 时 35 分,由东京返回横滨。(日本外务省档案,明治 34 年 6 月 19 日神奈川县报,秘甲第 217 号)

6 月 19 日(五月初四日)　宫崎寅藏用"不忍庵主"笔名,撰写《狂人谭》连载于《二六新报》。

6 月 20 日(五月初五日)　致函南方熊楠,告已返抵横滨。又谓月间将南行,拟道出神户时相约一晤。同函并告寄上在檀岛所采石茵一片,以志思慕之忱。25 日,致南方函收讫。([日]南方熊楠著、长谷川兴藏校订:《南方熊楠日记》第 2 卷,[1897—1904],第 494—506 页)

6 月 30 日(五月十五日)　赴神户。

是日午后 6 时 40 分由横滨乘车出发赴神户,预定在神户停留一周,然后返回横滨。(《孙逸仙前往神户》明治 34 年 7 月 2 日,章开沅等主编:《辛亥革命史资料新编》第 6 卷,第 100 页)次日上午 11 时 14 分抵达神户三宫站,在荣町三丁目西村旅馆投宿,化名中山二郎。"来神的要事,系其同志本市荣町一丁目二百番华商伍凤显近来因商业失败,不得已而关闭,来此以便研究善后之策。他们行动极为秘密,谢绝一切会见。疑其带有什么秘密要事。"(日本外务省档案,明治 34 年 7 月 2 日兵库县报,兵发秘第 315 号)后由神户赴东京。7 月 5 日午后 6 时许,从东京返回横滨。(日本外务省档案,明治 34 年 7 月 8 日神奈川县报,秘甲第 242 号)是时恰好清政府专使那桐在东京,梁启超疑孙两度来京,系与那桐秘密会见,不利于己;加之风闻那桐收买大同商业学校学生,遂匆

---

①　据说当时宫崎寅藏夫妇与大哥宫崎民藏夫妇一起来访孙中山,并在孙寓住了一宿。孙中山在皮包中拿出一张 1901 年在檀香山所摄全家照,照片中有孙中山的母亲、胞兄及子女等合影。孙一面给他们看照片,一面谈话。说:"我的家眷现在夏威夷,也是流着泪和贫苦搏斗。家里人要是战胜眼泪,那就意味着革命不久就要成功。从事于革命运动的人,无论谁都必须战胜眼泪。"([日]宫崎龙介著、林启彦译:《先父滔天的一些事迹》,《三十三年之梦》,第 277—278 页)

匆移居横滨。（日本外务省档案，明治 34 年 9 月 30 日神奈川县报，秘甲第364 号）

6 月至 7 月（五月至六月）　在横滨接待来访的留日学生吴禄贞、钮永建、程家柽、马君武等人。

据吴稚晖记："余三月至东京，五六月间，钮惕生偕吴禄贞、程家柽去横滨晤先生，我虽未以为甚合，却认为见见亦不妨也。及闻惕生言彼气度如何之好，我始惊异。"（吴稚晖：《吴稚晖文存》第 1 集，第 109 页）又称："一天，有位学农科的安徽程家柽（一个最大胆粗莽的革命家，民国三年被袁世凯骗了，杀在北京彰仪门），又有一位在成城的湖北吴禄贞（就是辛亥在石家庄被良弼杀死），来寻钮先生。他们也是常来的，没有什么奇怪。可是那天他们已约定钮先生，要邀我同到横滨去看孙文。我虽不曾骇成一跳，暗地里吃惊不小。其时听见孙文与梁启超都在横滨上下其议论。我说：'梁启超我还不想去看他，何况孙文，充其量一个草泽英雄，有什么讲头呢？'他们三人微笑而去，约我下午在浅草上野公园精养轩候他们回来，同吃晚餐。他们傍晚果然回来了，我马上就问孙文的状貌，是否像八蜡庙里的大王爷爷，魁梧奇伟么？钮先生说：'你大大的弄错了，一个温文尔雅、气象伟大的绅士。'程是已经来往得好久的，说道：'你不相信他是革命的领袖么？'我说与梁启超何如？　程摇头道：'梁是书生，没有特别之处。'钮才说道：'你没有看见，看见了一定出于你的意料之外。'其时钮先生，以书院有名的学者，被梁鼎芬所赏识，介入湖北陆军学校，与后来《申报》主笔的陈冷血，梁所称为'二雄'，亦受到张之洞看重。我就问他：'梁鼎芬是顽固人物，不必说，难道孙文就有张之洞的气概么？'他说：'张之洞是大官而已，你不要问，孙文的气概，我没有见过第二个。你将来见了，就知道了。'于是我就倒有点尴尬，就把草泽英雄的猜想，完全解除了。但没有机会遇见。他不久也离开横滨了。"（吴敬恒：《总理行谊》，尚明轩等编：《孙中山生平事业追忆录》，第 706 页）

宋教仁《程家柽革命大事略》记：时孙中山"侨居横滨，其踪甚秘，君(程家柽)百计求之,不克一见。香山有郑可平者,设成衣店于筑地,藉制校服,与其友善。可平固三合会员,君告以意,可平允为谋之。越半年,始得辗转相握手"。"孙文为君言民族民权民生之理,及五权分立暨以铁路建国之说。君闻所未闻,以为可达其志,请毕生以事斯,语曰:欲树党全国以传播之。孙文惟欲东京留学中联属二十人,以陆军十人率两粤之三合会、长江之哥老会,为起义之师。以法政十人,于占据城池后,以整理地方及与外人交涉。君心少之。"(《国史馆馆刊》第 1 卷第 3 号)

朱学浩《马君武传》记:"辛丑,赴横滨,识梁启超、汤叡及日本宫崎民藏、寅藏兄弟,民藏介绍谒孙公,退辄扬公于广座曰:'康梁过去人物,孙公则未来人物也。'"(《国史馆馆刊》第 1 卷第 3 号)

冯自由记:"总理自庚子惠州一役失败之后,即有意号召各省同志组织革命大集团,以鉴于己亥秋与梁启超联合组党之功败垂成,迟迟未敢着手。辛丑壬寅间为留东学界革命团体最蓬勃时代,留学生某等屡请总理乘势扩张兴中会,总理均以徐图机会答之。"(冯自由:《革命逸史》第 4 集,第 18 页)

6 月 26 日至 7 月 1 日(五月十一日至十六日)　孙宝瑄读《国家学》,论立宪共和与君权民权之关系。

孙宝瑄读德国伯仑知理著、日本吾妻兵治译《国家学》,记道:"共和国纵令制度得其宜,要之须使政府势威,足以立万民之上,大权足以制御国民。"进而论道:"君治世袭之国,不可不扶民权。共和政体之国,不可不重君权。"又批评"世多谓立宪共和政体,其君可以拱手无为,谬也。《国家学》曰:无为素餐,非人君之道"。且论道:"君岂可无为,立宪政体特存世袭君位,以杜觊觎争位之乱,其实徒有君之名耳。国中之事,举听命于相,故君可以无为,君之实已移于相,是故立宪国,惟以相为真君。若共和国,则不立相,君即相也,相即君也。观于立宪国之相,共和国之君,皆不能无为,则知能无为者,实非君也。"

而不论君权、民权,皆应有所限制。"人不可无权,而权不可无限。伯仑知理曰:'人类皆非可握无限之权者,故无论为君为贵族为全国民,必限其权。'诚哉是言也。何以限其权,曰以理限之,以法律限之。"又须分其权力,以防权力过于集中。"君权者,集合民权以为权也。故君权与民权,实有关系。""孟的斯鸠曰:国家须分立法、行政、司法三权,不可使一人总之,恐其权过重也。"分权后又须防其争权。"伯仑知理曰:全然分离国权,使各鼎立,抑又不可。盖惧其彼此互争权也。欧洲边阁泯昆士丹氏,欲防三权分离之祸。曰:惟有别置王以统一之,调和之,禁其各出权限之外。"(孙宝瑄:《忘山庐日记》,第359—361页)

7月1日(五月十六日) 用英文复函南方熊楠,告道出神户南行之原计划一时无法实现,并解释所询石茵之采选情况。(《孙中山全集》第1卷,第212页)

7月12日(五月二十七日) 张之洞、刘坤一联衔上《江楚会奏变法三折》第一折。7月19日上第二折。7月20日上第三折。

7月21日(六月初五日) 孙宝瑄论变法与新党之关系,谓:"国家不变法,则保皇者忠臣也,革命者义士也。国家果变法,而此辈党人犹不解散,则皆乱民也,可杀。"(孙宝瑄:《忘山庐日记》,第368页)

8月10日(六月二十六日) 章太炎《正仇满论》发表,批驳梁启超理念。

章太炎指出梁启超思以建立宪法代替革命。所谓革命者,固非混淆清浊,而一概诛夷之也。自渝关而外,东三省者,为满洲之分地。自渝关而内,十九行省者,为汉人之分地。

8月27日(七月十四日) 郑士良病故。派人赴港唁慰。

"辛丑郑复奉总理命,自日本返香港有所活动,是年七月某日与中国报记者郑贯公、同志陈和等饮于水坑口宴琼林酒楼,忽觉不适,贯公陈和送之回寓,道经永乐街《中国报》,贯公扣门欲入,则郑已毙于手车上,乃直送赴警局,其夫人钟氏闻讯请官检验,医言验无伤痕,系中风所致。一说谓实由清吏购郑友郑梦唐下毒食品中杀之云。"

（冯自由：《革命逸史》初集，第 25 页）孙中山在日本闻噩，悲痛异常，派黄

士龙到港暗慰，并给款维持遗族。（《郑士良传》，中国国民党中央宣传部

主编：《革命先烈传记》，第 181 页）

9 月 7 日（七月二十五日）　奕劻、李鸿章代表清政府与德、奥、

比、西、美、法、英、意、日、荷、俄十一国驻华公使签订《辛丑条约》。

9 月 14 日（八月初二日）　孙宝瑄据小学驳章太炎逐满之见。

孙宝瑄与章太炎争论满族当逐与否，认为"枚叔深于小学，力持

逐满之议，以夷狄为非人类，谓《说文》西羌从羊，南蛮从虫，北狄从

犬，东貉从豸……然向来人多称东夷、西羌、南蛮、北狄，称东貉者殊

少。如以东夷而论，则《说文》夷从大，大，人也，不得与羊犬虫相比。

又云夷俗仁，仁者寿，有君子不死之国……满洲处东方，正是东夷，则

自古称仁人，称君子，岂在当逐之列乎？余素无种族之见，因枚叔善

言小学，严种类之辨，故即据小学与之争。"（孙宝瑄：《忘山庐日记》上册，

第 393 页）孙宝瑄"佩太炎之文学，而反对其逐满论，但未尝不主革

命。尝读《明史》，谓如王振、汪直、刘瑾、严嵩、魏忠贤之跋扈，当时

拥强兵如孙承宗者，倘兴晋阳之甲入清君侧，即并暗君黜之，亦无

愧于名教，病在胶执程朱之说，拘守名分太过"。（叶景葵：《忘山庐日

记》序，第 1 页）

9 月至 10 月（八月至九月）　谢缵泰、洪全福、李纪堂等人在香

港加紧策划广州起事，决定事成后建立临时政府，奉容闳为总统。

（谢缵泰著、江煦棠等译：《中华民国革命秘史》，中国人民政治协商会议广东省

委员会文史资料研究委员会编：《孙中山与辛亥革命史料专辑》，第 311 页）

是年秋　时在杭州的林纾，致信谢章铤，透露吴越楚粤颇具革命

风气。

谓："时局破碎，士心日涣，吴越楚粤之士至有倡为革命之论，闻

之心痛。故每接浙士，痛苦与言尊王。彼面虽诺诺，必隐以鄙言为迂

陋。"（林纾：《上谢枚如师》，福建省图书馆藏《畏庐尺牍》抄本）

11 月 14 日(十月初四日)　孙宝瑄略论包涵革命党之新党政见及区分。

孙宝瑄谓:"今日海内,党派有四,曰变法党,曰革命党,曰保皇党,曰逐满党。变法党者,专与阻变法者为仇,无帝后满汉之见也。保皇党者,爱其能变法之君,舍君而外,皆其仇敌也。革命党者,恶其不能变法之政府,欲破坏之,别立政府也。三党所持,皆有理。惟逐满党专与满人为仇,虽以变法为名,宗旨不在变法也,故极无理,而品最下。"(孙宝瑄:《忘山庐日记》上册,第 422 页)

12 月 20 日(十一月初十日)　在《东邦协会会报》第 82 号卷首发表《支那保全分割合论》①。

"合论"所论"保全论""分割论"皆为 19 世纪末列强倡导之对华政策。孙中山曾在 1900 年 9 月,对日本访客作过相关评论:"仆支那孤愤之士,既恨满清之无道,又恨列强之逞雄,联军之进北,守文明之道者独贵国耳。其他实野蛮之行,比团匪之待外人为尤甚。支那人目击心伤,所以不忍闻分割之论。如各国竟出此策,则四百州之地,祸尚未有涯也。""吾国自有史鉴以来,数十余朝,每当易朝,有暂分裂者,有不分裂者,而分裂者多,生灵涂炭,民不聊生。而自行分裂尚如此,况为他国所瓜分者乎? 故有识之士甚畏分割也,且更畏外国之分割也,何也? 有鉴于清之入关也。清入主支那之际,杀人盈城盈野,余威所播,至今民犹畏之,而不敢言恢复,然今日满政府腐败,自生取灭亡,支那之士,方期夫王土恢复,所以喜闻保全之论,而恶分割之言也。"(《孙逸仙之笔谈》明治 33 年 9 月 22 日,章开沅等主编:《辛亥革命史资料新编》第 6 卷,第 78 页)

面对 1900 年中国相继发生的义和团运动、八国联军、西安蒙尘、

---

①　中国国民党中央委员会党史委员会藏有该文手稿,手稿本与《东邦协会会报》本略有异同,单纯的排错和异体有十九条,有错误但不影响文意的有四十八条,当是孙中山自己修订的结果。参阅[日]松尾洋二:《〈支那保全分割合论〉诸版异同对照表》,《孙文研究》1996 年第 19 号。

沙俄侵占满洲等大事，日本亚细亚主义者开始寻求对应办法。1900年8月，近卫召开了东亚同文会临时大会。大会通过宣言，宣称："保全支那是本会所早已倡导的。鉴于时局的严重，愈相信此旨趣的正当，愈起誓巩固贯彻的决心。"同年9月，近卫又创立国民同盟会。该会实为政治结社，一定程度上是东亚同文会的政治扩大版。近卫虽表面上无显要职位，却是实际领袖。该会从建立直到1902年4月解散，其主要工作都为对抗沙俄侵占满洲，努力唤起对外强硬的社会舆论，走向贯彻落实保全支那之策略。

在日本以近卫为中心的支那保全论风靡一世之际，孙中山公开发表《合论》于《东邦协会会报》。据狭间直树教授推测，此文乃出于近卫一派的会报编辑人员希望中国革命党领袖表明对于保全论的态度而约请撰写的。另据小室友次郎的回忆："明治34(1901)年12月15日，犬养毅、孙文、宫崎滔天和我四个人集合于犬养氏寓所，讨论对梁启超一派的善后对策，认为不管怎样应该让孙文发表一篇标明他的思想立场的文章。于是，孙文自己写下了这篇著名文章，即《支那保全分割论》。"

孙中山在文中，对东西方（东方即日本）的"分割论"与"保全论"皆作批判，"就国势而论，无可保全之理也；就民情而论，无可分割之理。"重点则在批判"保全论"。他说，在历代一朝的专制政治下，政治统治与人民生活隔绝，在满洲人统治下其隔绝尤甚。今汉人士大夫虽了解问题之所在，但为了利禄大多却甘当失掉本性和天良的汉奸。如果协作汉奸而保全支那，是绝对不可能的。如张之洞、刘坤一等封疆大吏所统治的土地比日本还广阔、人民比日本还多。然而他们不能防止列强侵略。因为民心不服从于他们。由于把批判重心落实于清王朝政权的保全论，故可确保中国革命派与日本保全论之间的合作余地。(《东邦协会会报》第82号，1901年12月20日；狭间直树：《关于〈支那保全分割合论〉的若干考察——孙文访日初期革命活动的一个侧面》，林家有等主编：《孙中山与世界》，第391—403页；狭间直树著、任骏译：《关于孙文的"支

那保全分割合论》，《民国档案》2001 年第 4 期)

12 月 22 日（十一月十二日） 横滨《清议报》馆失火被焚，停刊。

1902 年(清光绪二十八年　壬寅)三十六岁

1 月 17 日(辛丑年十二月初八日)　离横滨赴香港。

据日本外务省档案,正午由郑士良①陪同乘"八幡丸"由横滨出发。(明治 33 年 1 月 17 日,神奈川县知事致外相小村寿太郎,秘甲第 21 号)次日午后 3 时抵神户。(明治 33 年 1 月 20 日,兵库县报,兵发秘第 29 号)"彼等行动秘密。停船中,除时时密行上岸入市散步以慰旅情外,始终在船内起卧。昨(20)日午后 7 时左右,有其同志(住在租借地十番,系德商雇员)清国人张殿芳来访,此外一概称病谢绝访问。昨(20)日午后 1 时 30 分许,孙、郑相携去市内大井通一丁目朝日新塾内朴泳孝邸拜访,会谈数刻,6 时归船。所谈不过是有关渡清目的之概要,了解朝日新塾教学情况等。"1 月 21 日上午 10 时离开神户。(日本外务省档案,明治 35 年 1 月 21 日兵库县报,兵发秘第 32 号)次日,舟抵门司,"既报清国流亡者孙逸仙化名'中山'及随行二人化名'乔兰'、'杨格'(音译),剪发西装,在门司港停泊期间,始终在'八幡丸'一等舱内起卧看书,并向船长声明坚决谢绝会客,不愿与船客接触。吃饭时亦不进餐厅,取回自己舱内吃。与两名随员装做完全不认识。该人此次到香港旅行所带何种物品,未曾窥见。如同预报,昨(23)日午后 4 时向香港出发。途中将在长崎停留"。(日本外务省档案,明治 35 年 1 月 24 日福冈县报,高秘第 75 号)1 月 24 日抵长崎,"清流亡者孙逸仙及随员郑弼

---

① 原文如此。《三十三年之梦》完成于 1902 年,未提及郑亡故之事。

臣等,在昨天(24日)午前7时乘'八幡丸'入港,在此停泊。上午登陆在市内散步参观一个多小时,然后归船。午后接见一两名新闻记者,此外谢绝来访。对记者亦仅谈些一般社会上的事,不敢涉及国事,且云此次归国无重要事情。午后4时该船启碇赴香港"。(日本外务省档案,明治35年1月25日长崎县知事荒川义太郎报,高秘第23号)

1月28日(十二月十九日)　抵达香港。

在港居士丹利街二十四号《中国报》馆楼上。(谢缵泰著、江煦棠等译:《中华民国革命秘史》,中国人民政治协商会议广东省委员会文史资料研究委员会编:《孙中山与辛亥革命史料专辑》,第313页)"关于该人今后之动静,据了解,似暂拟在此停留,未议将来往何处去,方针亦未定。"①(日本外务省档案,明治35年1月31日驻香港领事野间政一报,机密第2号)

△　谢缵泰接李提摩太表示支持香港志士维新运动的信函。(谢缵泰著、江煦棠等译:《中华民国革命秘史》,中国人民政治协商会议广东省委员会文史资料研究委员会编:《孙中山与辛亥革命史料专辑》,第313页)

1月30日(十二月二十一日)　宫崎寅藏以"白浪庵滔天"为笔名,在《二六新报》上开始连载《三十三年之梦》。

2月4日(十二月二十六日)　离港返日②。

"至本月4日,搭'库柏蒂克'号(Coptic)轮返回我国。何以在此仅停留一周即离去,或是为经费暂时来港,或是为易地疗养。总之不得其详。要之,去年1月中旬,孙之部下杨衢云在本宅教授学生时为暴徒暗杀;另该人在上海见外国人时,被告以此系不稳之地,该人亦有同样想法,故欲赶紧离开此地。"(日本外务省档案,明治35年2月13日驻香港领事野间政一报,机密第4号)

---

①　冯自由记述:"是年十二月初九日,总理由日本乘日轮'八幡丸'至港,挚眷寓报馆三楼。自乙未广州起义失败以后,港政府即不许总理入境,此次适禁限期满,故总理得暂寄寓。不数日,警长亨臣奉命讽使总理出境……前后居港仅一星期耳。"(冯自由:《革命逸史》初集,第68页)

②　据谢缵泰《中华民国革命秘史》,离港日期为2月3日。

2月8日（壬寅年正月初一日）　《新民丛报》发刊。

2月10日（正月初三日）　清国留学生会馆成立于东京。

东京留日学生举行新年恳亲会，与会学生二百七十四人。随即成立清国留学生会馆，公举清驻日公使蔡钧为会长，留学生监督钱恂为副会长。（《中国留学生新年会记事》，《新民丛报》1902年4月8日）上年秋冬，留日学生组织中国留学生会馆，成立大会上，"鄂省士官学校学生吴禄贞宣布开会辞，谓此会馆之于中国，无异美国之独立厅云。会馆成立后，以经费支绌，乃请清公使蔡钧拨款辅助。蔡钧要求须将中国二字改为清国，始允所请，干事会不得已许之"。（冯自由：《革命逸史》第4集，第99—100页）

2月13日（正月初六日）　抵达横滨。

午后4时，乘英国邮船"库柏蒂克"号回到横滨。（日本外务省档案，明治35年2月15日神奈川县报，秘甲第66号）"清国流亡者孙逸仙本年1月17日由横滨出发赴香港目的是与同志会合研究善后办法。到港后，有引起各国注意之嫌。本人见此情形，认为必须尽快离开英领，数日内别走他处，因此次月14日即回横滨。孙之所以希望离开我国，是因为日本政府对清国流亡者不够亲切，总有一天，自己也不得不重蹈康有为的覆辙。现在尚等待去其他国家的机会，愤激不已，不得不再来日本。犬养毅因此对其境遇极为同情，说劝以大隈伯等与孙有交谊之人，赠予五百元。而其不久即返回，熟人均叹息其过于懦弱，无论怎样掖之，都不能达几分目的。如果前途无望，倒不如转移到夏威夷等其他安全地方。犬养毅遂将此告诉平山周、宫崎寅藏二人。他两人不日将与孙会面，劝诱他去檀香山。"（日本外务省档案，明治35年3月8日，乙秘第261号）

2月22日（正月十五日）　章太炎自上海乘轮东渡日本，寓《新民丛报》馆。

章太炎致信吴君遂："十五登轮后"，"至三十一日遂至横滨"，"暂寓《新民丛报》社（即《清议报》馆旧址）"。并谓梁启超"宗旨较前大

异"。(汤志钧编:《章太炎年谱长编》,第 130 页)

2 月(正月) 接待秦力山、刘成禺、张继等来访。

张继记:"光绪二十八年壬寅,力山与余至横滨山下町谒总理。见总理极和蔼,留午餐。自以盆盛水,令余等洗面,殊出素日想象之外。"(《回忆录》,《国史馆馆刊》第 1 卷第 2 号)

刘成禺记:"壬寅,予在成城陆军预备学校,程家柽奔驰而来曰:孙先生自海外归矣。程往横滨见之,一见即问曰:'刘某来否?'程曰:'此两湖书院老友也,来矣,已入成城学校。'先生曰:'予即欲见此人。汝可回东京,陪彼来。成城不能外宿,晨来晚归为佳。'予与家柽造横滨山月寓庐,先生出迎,执予手曰:'寿卿(吴禄贞字绶卿)、元丞来日说武昌事件,力助党人出险,尤感太夫人拯救之恩。'纵谈竟日,傍晚乘车回东京。"(《先总理旧德录》,《国史馆馆刊》创刊号)

△ 梁启超发表《保教非所以尊孔论》,以为保教束缚国民思想,不利于自由精神的激发,主张孔教不必保,也不可保。

梁启超在《清代学术概论》提到:"此诸论者,虽专为一问题而发,然启超对于我国旧思想之总批判,及其所认为今后新思想发展应遵之途径,皆略见焉。中国思想之痼疾,确在'好依傍'与'名实混淆'。若援佛入儒也,若好造伪书也,皆原本于此等精神。以清儒论,颜元几于墨矣,而必自谓出孔子;戴震全属西洋思想,而必自谓出孔子;康有为之大同,空前创获,而必自谓出孔子,及至孔子之改制,何为必托古,诸子何为皆托古,则亦依傍混淆也已。此病根不拔,则思想终无独立自由之望,启超盖于此三致意焉。然持论既屡与其师不合,康、梁学派遂分。"(梁启超:《清代学术概论》,第 88—89 页)

2 月下旬至 3 月(约正月下旬) 与章太炎、秦力山等讨论土地问题,并初步形成革命程序论。

是年 2 月 22 日,章太炎乘轮东渡,先至横滨。时留学生疑孙中山骁桀难近,不与通,秦力山独先往谒之,章氏遂偕力山访孙中山。据章氏记述,既至,"逸仙导余入中和堂,奏军乐,延义从百余人会饮,

酬酢极欢。自是始定交。"①(汤志钧:《章太炎年谱长编》上册,第128页)
后章氏移居东京留学生朱菱溪寓中,"余辈常自东京至横滨,中山亦
常由横滨至东京,互相往来"。(《口授少年事迹》)又谓孙中山"陈义斩
斩,相与语,欢甚,知其非才常辈人也。诸生闻孙公无伦犷状,亦渐与
亲,种族大义,始震播于横舍间"。(《章太炎全集》五,第185页)然而"那
时留学诸公,在中山那边往来,可称志同道合的不过一二人。其余偶
然来往的,总是觉得中山奇怪,要来看看古董,并没有热心救汉的心
思"。(《民报》第6号《东京留学生欢迎会演说辞》)

　　在此期间,与章太炎、秦力山等人讨论改革土地、赋税制度及建
都问题,孙中山之意:"兼并不塞而言定赋,则治其末已。夫业主与佣
耕者之利分,以分利给全赋,不任也。故取于佣耕者,率参而二。古
者有言,不为编户一伍之长,而有千室名邑之役。夫贫富斗绝者,革
命之媒。虽然,工商贫富之不可均,材也。""彼工商废居有巧拙,而欲
均贫富者,此天下之大愚也。方土者,自然者也。自然者,非材力。
席六幕之余壤,而富斗绝于类丑,故法以均人。后王之法,不躬耕者,
无得有露田。场圃、池沼,得与厮养比而从事,人十亩而止。露田者,
人二十亩而止矣。""夫不稼者,不得有尺寸耕土,故贡彻不设。不劳
收受,而田自均。"遂由章太炎拟定均田法:"凡土,民有者无得旷。
其非岁月所能就者,程以三年。岁输其税什二,视其物色而衰征
之。凡露田,不亲耕者使鬻之,不雠者鬻诸有司。诸园圃,有薪木
而受之祖、父者,虽不能亲邑,得有其园圃薪木,无得更买。池沼如
露田法。凡寡妻女子当户者,能耕,耕也。不能耕,即鬻。露田无
得佣人。凡草莱,初辟而为露田园池者,多连阡陌,虽不躬耕,得特
专利五十年。期尽而鬻之,程以十年。凡诸坑冶,非躬能开浚砮采
者,其多寡阔陜,得恣有之,不以露田园池为比。"(《章太炎全集》三,
第274—276页)

---

① 章氏又曾称其始识孙中山于东京对阳馆。(《小过》;1912年1月《复孙中山书》)

秦力山记："智识何以能平等？曰教育普及则智识自然平等。教育何以能普及？曰经济充裕教育自然能普及。经济何以能充裕？曰此事虽欧美已难望之，惟吾国尚有此资格。鄙人另有《与□□□讨论公地笔记》一篇，异日当就正于天下，兹毋赘焉。贫富何以能平等？曰此事亦详于《与□□□讨论公地笔记》，可为略述于左，以免阅者诸君谓我将以虚言绐世也。西儒社会学家论公地者甚众，惜东洋无译本。□□□君通西文，尝言之，然尚无成算。鄙人于庚子过金陵时，见城北一带，颓垣破瓦，鞠为茂草，闻其地主，则不公之私，成为一种无用之地。及查其何以至此，则洪杨破金陵，其地主已或逃或死，至大定后，遂任其荒落，泊今不知其主之为谁何。鄙意以为吾国他日若有动机，则举全国之地皆可以江南城北观，以今日不耕而食之佃主，化为乌有。不问男女，年过有公民权以上者，皆可得一有制限之地以为耕牧或营制造业。国家虽取十之三四，不为过多，农民即得十之六七，亦可加富。此外可开之垦，可伐之森林以及其他种种可开之利源，尚不知几何。今日岁入八千万，他日则虽无量恒河沙数之八千万，不过反手耳。苟辨乎此，则智与贫富二者，何愁而不平等。盖东西各国之资本家，其所以保护其财产之法，今日已达极点，无术可以破坏之，独吾国为能耳。"（《上海之黑暗社会自序》，《国民日日报》1903 年 8 月 19 日）

讨论建都问题时，对洪秀全定都金陵之功过予以评价，又从战略、治国等角度探讨各地建都之利弊，提出"谋本部则武昌，谋藩服则西安，谋大洲则伊犁，视其规摹远近而已"。（《章太炎全集》三，第 305—307 页）

同时还提出了革命程序论的初步设想："□□之政府易覆，外人之干涉不惧，所可虑者，吾中国人具帝王之资格，即人怀帝王之思想，同党操戈，外族窥伺，亡吾祖国之先兆也。吾细思数年，厥有一法：夫拿破仑非不欲为民主也，其势不能不为皇帝，使华盛顿处之亦皇帝矣。华盛顿非必欲为民主也，其势不能不为民主，使拿破仑当之亦民主矣。中国数十行省之大,欲囊括而恢复之,必有数统帅,各将大军数十百万,各据战地,鸣叱往来。即使诸统帅慕共和之治,让权于民,为其旧部者,人人推戴新皇,各建伟业,咸有大者王小者侯之思,陈桥之变所由来也。欲救其弊,莫若于军法地方自治法间,绾以约法。军法者,军政府之法也。军事初起,所过境界人民,必以军法部署,积弱易振也。地方既下,且远战地,则以军政府约地方自治。地方有人任之,则受军政府节制,无则由军政府简人任之,约以五年,还地方完全自治,废军政府干涉。所约如地方应设学校、警察、道路诸政如何,每县出兵前敌若干,饷项若干。五年程度不及者,军政府再干涉之,如约则解。此军政府约地方自治者也。地方出兵若干,饷若干,每县连环会议,约于军政府,有战事则各出兵饷赴前敌,战毕除留屯外,退兵各地方。军帅有异志,则撤其兵饷,地方有不出兵饷者,军政府可会和各地方以惩之。此地方自治约军政府者也。军政府所过,地方自治即成,而以约法为过渡绾合之用,虽有抱帝王政策者,谅亦无所施其计矣。"(《孙文之言》[1],《大陆报》1904 年 10 月 28 日)

△ 与康梁一系矛盾激化。

上年 4 月,孙中山赴檀香山,发现该地兴中会阵地被保皇派骗夺,返日后,与梁启超等斗争渐趋激烈。3 月 18 日,章太炎致函吴君遂等,谓:"大龟近策,以为使孙、康二人自相残杀,而后两害可殊,其计甚毒。今者,任公、中山意气尚不能平,盖所争不在宗旨而在权利也。任公曩日本以□□为志,中陷□□,近则本旨复露,特其会仍名□□耳,彼固知事无可为,而专以昌明文化自任。中山则急欲发难。然粤商性本马鹿,牵掣东西,惟人所命。任公知□□,而彼辈惟知保皇,且亦不知保皇为何义,一经熔铸,永不能复化异形。中山欲以革命之名招之,必不可致,此其所以相攻击如仇雠也。然二子意气尚算

---

① 据桑兵推论,《孙文之言》的作者是《大陆报》主要编辑人戢元丞,详见氏著《孙中山革命程序论的演变与评价》,中山大学学报编辑部编:《辛亥革命论文集》,第 409—412 页。

和平。""康门有徐君勉,最与中山水火。孙党有秦力山,本任公弟子,而宗旨惟在革命,后与任公寻仇,至不相往来,然其人尚可谓刚者;如虬斋,则非其比也。戢元丞志在革命,与力山最合,与任公为冰炭,与中山亦不协。近见任公,示我赵月生书,痛诋□□,至云:革党之欲甘心于任公,较逆洞为尤甚。嘻,非彼之欲甘心,有此意见,恐适中大龟之谗构耳。地发杀机,龙蛇起陆,在今日榱桷甚微,而他日必有巨祸。吾不敢谓支那大计,在孙、梁二人掌中,而一线生机,惟此二子可望,今复交构,能无喟然! 常以无相构怨,致为臭沟、大龟利用,婉讽中山,而才非陆贾,不能调和平、勃,如何如何,然不敢不勉也。"(汤志钧编:《章太炎政论选集》上册,第 162—163 页)

3 月 29 日(二月二十日)　张之洞电复袁世凯、刘坤一,反对举荐何启为法律人才。

"粤人何启,人素谬劣,西学亦不深,久住香港,粤人皆知。前三年曾作驳《劝学篇》一卷,句句皆驳,刊送各省,鄙人曾亲见之,宗旨专助康梁。其尤力驳者,教忠、明纲、正权、宗经数篇,谓鄙人教忠篇称述本朝十五仁政,条条皆非,痛诋国家,改为十五不仁,一也。谓君臣父子三纲之说为非古,二也。谓只当有民权不当有君权,三也。谓中国经书不当信从,四也。此人此书可谓丧心病狂无忌惮,两公想未之见,万不可举。"(赵德鑫主编:《张之洞全集》第 10 册,第 362 页)

3 月(二月)　蒋智由发表歌颂法国大革命的诗歌《卢骚》。

诗曰:"世人皆曰杀,法国一卢骚。民约昌新义,君威扫旧骄。力填平等路,血灌自由苗。文字收功日,全球革命潮。"(蒋智由:《卢骚》,《新民丛报》1902 年 3 月)

4 月 1 日(二月二十三日)　谢缵泰接摩利逊北京来函,询问革命运动进展消息。(谢缵泰著、江煦棠等译:《中华民国革命秘史》,中国人民政治协商会议广东省委员会文史资料研究委员会编:《孙中山与辛亥革命史料专辑》,第 314 页)

4 月 5 日(二月二十七日)　《申报》发表论说,欲各国借鉴美国惩治谋逆之法,不再容留孙、康一系党徒。

《书本报纪重惩逆党后》称:中国犯罪莫重于叛逆,西方诸国则不然,各国政府称叛逆者为国事犯,大率科以监禁,鲜少议及死罪。因此对于中国叛逆者加以容留。如"回酋白彦虎遁入俄疆,屡次坚索,终不肯交出"。"孙文倡乱于粤东,事败逃入外洋,又经英人保护,迨某星使持节欧西,已在英京设法拘获,英廷再三力索,不得已仍行释回。""前岁康梁二犯,谋围颐和园,事发又经英人保护,逃至外洋,迄于今犹然,广布党徒,肆其簧鼓。"外人蓄意庇护,只得任各犯羁诛异域。而美利坚国因前总统无端被弑,"特增修惩治无君逆党之律,其中应加等重办者计分三等,一凡谋杀美国大总统副总统及戕害各大员各驻使者或迹近谋弑者;二凡蓄志谋弑美国大总统副总统及戕大员各驻使者;三凡公然或暗中计画唆使谋弑者"。一变前法。"今美廷既修明新律,倘各国皆踵而行之,以后凡有谋逆叛徒,非但不为容留,并可代为拘送,则若辈知一经干犯名义,天壤虽大,断难容身。此后逆谋当可稍戢。"(《申报》1902 年 4 月 5 日)8 月 17 日,《申报》又发表《请政府与外人议订交犯约章说》,重申旧说。(《申报》1902 年 8 月 17 日)

4 月 16 日(三月初九日)　谢缵泰在香港士蔑西报发表《满洲的统治》(Manchu Rule),宣传革命。

4 月 23 日(三月十六日)　直隶广宗景廷宾在巨鹿起义,号召"扫清灭洋"。

4 月 27 日(三月二十日)　由横滨赴东京,参加"支那亡国二百四十二年纪念会"。

该会由章太炎、秦鼎彝(力山)、周逵(宏业)、唐蟒、马同(君武)、冯懋龙(自由)、王熊、冯斯栾、朱楞(菱溪)等十人发起,订期 4 月 27 日上午 10 时假东京上野精养轩举行纪念式①。会约三条:(一)本会

---

①　冯自由记述,发起人章太炎、秦力山、冯自由、朱菱溪、马君武、王家驹、陈犹龙、周宏业、李群、王思诚,日期为 4 月 26 日。(冯自由:《革命逸史》初集,第 59—60 页)

无论官商士庶,凡属汉种,皆可入会。和人有赞成者,待以来宾之礼。(二)本会不取捐资,乐捐者听。(三)本会每岁开设二次,会期临时择定,要以阳历四月、九月为限。(日本外务省档案:《在本邦清国留学生关系杂纂》卷3,《集会通启》)是日,孙中山率华侨十余人赴东京与会。因日本政府徇蔡钧之请出面阻扰,改为聚餐会①。孙中山当日返回横滨,召集同志多人在永乐楼补行纪念会。"是日下午,章太炎及秦力山、朱菱溪、冯自由四人应约莅会,同举行纪念式于永乐酒楼,横滨会员列席者六十余人。总理主席,太炎宣读纪念辞。是晚,兴中会仍在此楼公宴太炎等,凡八九桌,异常欢洽。总理倡言各敬章先生一杯,凡七十余杯殆尽,太炎是夕竟醉不能归东京云。"(冯自由:《华侨革命开国史》,荣孟源主编:《华侨与辛亥革命》,第36—37页)陈少白等人亦于香港举行纪念式,并在《中国日报》刊载《宣言书》,扩大影响。梁启超始则表示赞成,继则反悔,称此事只可心照,不必具名,要求取消赞成人名义。(冯自由:《革命逸史》初集,第59页)

5月4日(三月二十七日)　中国教育会成立于上海,以教育为名义,暗行革命宣传、培养革命人才之实,对孙中山多有呼应。

先是,蔡元培与叶瀚、蒋智由、王季同、汪德渊、黄宗仰、王慕陶等人于4月15日商议筹组中国教育会。4月27日,由在沪同人选举蔡元培担任事务长(即总理),王慕陶、蒋智由、戢元丞、蒯寿枢等任干事,陈仲謇为会计。随即函邀江浙各地同志赴沪,于5月4日召开成立大会。(蔡元培:《杂记》)入会者"或为学校师,或为编译员,或为新闻记者,或为学生",(《告中国教育会》,《俄事警闻》1903年12月22日)"都是海上及内地顶有名望的人,总共也聚了一百多人"。(《文明介绍》,《中国白话报》1904年3月17日)

---

①　孔祥吉与村田雄二郎考证,"很可能是清廷驻日本公使蔡钧寻找福岛安正出面,向外务省施加影响,而不是直接找外务省交涉"。"在支那亡国纪念会召开之前,日本政府便阻止了在精养轩的集会。"(孔祥吉、[日]村田雄二郎:《一九○二年东京"支那亡国纪念会"史实订正》,《历史研究》2007年第3期)

　　中国教育会之性质,据冯自由称倡议发起教育会诸子,"均属热心民族主义之名宿,故此会不啻隐然为东南各省革命之集团"。(冯自由:《革命逸史》初集,第115—116页)中国教育会的重要骨干蒋维乔则极力肯定该会"表面办理教育,暗中鼓吹革命"。(《中国教育会之回忆》,上海通社编:《上海研究资料续集》,第84页)而吴稚晖则否定蒋维乔之说。(吴稚晖:《回忆蒋竹庄先生之回忆》,《东方杂志》1936年1月1日)事实是,中国教育会确从一开始便存在一个秘密革命核心,以办教育为名,以学校为培养革命力量的基地。1904年4月3日,蒋维乔致中国教育会诸子函称:"原设会之本意,诸君子固别有宗旨,不过借教育为表面。""窥诸君子之用意,盖以中国垂危,教育之效终嫌缓不济急,故恒持虚无共产主义为救急第一良策。"不知底细者,"固抱一教育普及之念而来,一入其中,微闻其内容则骇而走耳。此所以入会者前后有百余人,至今十不存一也"。有鉴于此,他提议"诸君子欲达目的,则宜秘密者应另组织一秘密之部,而教育会自以普及教育为宗旨",使"名实相符,可期发达,不致蹈前此之弊,与诱人入会无异"。[1]（蒋维乔:《鹌居日记》,甲辰二月十八日）

　　该会章程总则规定:"本会以教育中国男女青年,开发其智识而增进其国家观念,以为他日恢复国权之基础为目的。"(《中国教育会章程》,《选报》1902年7月5日)后来修订章程时,又将"教育中国男女青年"扩大为"教育中国国民"。关于"恢复国权",激进会员有进一步的解释:"我等所以设立此会者,实欲造成理想的国民,以建立理想的国家。""我等理想的国家决非俄罗斯,决非德意志,乃纯然共和思想,所以从国民做起。否则亦当如腐败之报馆,日日望朝廷变法而已,又何劳我辈穷措大担任此国民之事乎? 我辈欲造成共和的国民,必欲共和的教育。要共和的教育,所以先立共和的教育会。"(《爱国学社之建

---

　　[1]　此函在该会机关报《警钟日报》刊行时,将其中涉及秘密宗旨的内容全部删除。(《争存会变更议案》,《警钟日报》1904年4月7日)

设》,《选报》1902 年 11 月 20 日)

　　当时进步舆论亦从这一角度论及中国教育会,他们说:中国"犹有一线生机之可望者,则有志之士接踵而起,以教育自任,以开化为职,播革命之种子,涌独立之风潮,大声而疾呼之,冀什一于千百,此诚吾国前途之大幸欤"! 进而分析:"今日言革命决不能出二范围,曰和平,曰激烈。今日而望和平革命欤? 政府昏沉……和平革命不可得,必出于激烈。"而激烈革命非"翩翩文士之所能为","则必望于下流社会以为之。然下流社会杂然无规则,缤然无条理,又决不能奏功"。既不能骤兴革命,又不可坐以待毙,所以,"察今日之时,度今日之势,救中国之亡,拯吾民之危,必以教育为第一义"。故称"今日沪上诸志士之设中国教育会也,可谓洞知病源而施苓术者矣! 吾中国之复兴将于斯焉赖矣"。(仁和马世杰轶群《与陈君逸庵论杭州宜兴教育会书》,《新世界学报》1903 年 3 月 13 日)

　　中国教育会内部存在激烈、温和两派,"激烈派主张以学校为革命秘密机关,蔡孑民主之;温和派则以名实应求相副,不如纯粹办教育,培养国民,叶浩吾等主之"。(《中国教育会之回忆》,上海通社编:《上海研究资料续集》,第 98 页)由于这种分歧,双方往往各行其是,温和派不参加激烈派的反清密谋,激烈派也有意避开温和派。因此在进行革命活动时,一般不是以组织的名义出现,而是由会中的秘密核心来实施。部分核心会员所持秘密革命宗旨与整个组织的公开宗旨并行共存。(桑兵:《清末新知识界的社团与活动》,第 170—171 页)

　　中国教育会与孙中山及兴中会关系密切。会员章炳麟早在1899 年就与孙中山结识。其他如张继、黄宗仰、马君武、戢元丞、王慕陶等人,均与孙中山有亲身交往或通信联系。1903 年以前,孙中山还不大为国内人士所了解,后来这种情形有了重大改变,其间中国教育会起了举足轻重的作用。首先,宫崎寅藏所著《三十三年之梦》最早的两个中译本《孙逸仙》和《三十三年落花梦》,先后由会员章士钊、金天翮翻译,并由中国教育会附属的国学社等机构出版发行。其次,1902 年—1904 年间,中国教育会员在各种刊物和宣传品上纷纷表态,交口赞誉孙中山,推崇备至,尊为"革命北辰初祖","东大陆之华盛顿、拿破仑","支那革命大豪杰"。(黄中黄:《孙逸仙》,中国史学会主编《辛亥革命》第 1 册,第 100 页;中国少年之少年:《中国灭亡小史》,《复报》1907 年 1 月 30 日;《〈三十三年落花梦〉告白》,《江苏》1903 年 10 月 20 日)再次,孙中山的三民主义思想,最早是通过中国教育会的机关报或附属刊物传达给国内知识界的。重要的几篇文章是《警钟日报》1904 年 4 月 26 日《复某友人函》,12 月 8 日—10 的《论中国民族主义》,12 月 20 日的《孙逸仙书后》,以及 12 月 24 日的《论共和政体》。(桑兵:《清末新知识界的社团与活动》,第 179—180 页)

5月(三月至四月)　因华商倡议革命,康有为撰《答南北美洲诸华商论中国只可行立宪不能行革命书》,鼓吹只可保皇不可革命。

先是,南北美洲诸华商称:"回銮半年,皇上不得复辟,西后、荣禄仍柄大权,内地纷纷加税,民不聊生,以赔荣禄通拳匪围使馆之款。广西变起,众情激愤,怒不可遏。恐皇上长为荣禄所挟,永卖中国。且吾会备极忠义以保皇,而政府反以为逆党,反以为匪会,逮捕家属,死者数人,监者累年。以竭忠为逆,以保皇为匪,今虽再竭忠义,亦恐徒然耳。事势如此,不如以铁血行之,效华盛顿革命自立,或可以保国民。"康有为答以"欧美各国所以致强,人民所以得自主,穷其治法,不过行立宪法、定君民之权而止,为治法之极则矣"。而"革命非一国之吉祥善事也。就使革命而获成矣,为李自成之入燕京矣,为黄巢之破长安矣,且为刘、项之入关中矣"。而目下中国,"不过六十老翁之西后、荣禄二人擅朝耳。举国大小臣工,下及民庶,外及友邦,莫不归心皇上。一日归政,天子当阳,焕然维新,以上定立宪之良法,下与民权之自由"。(姜义华等编:《康有为全集》第 6 集,第 312—331 页)

5月至6月(四月)　梁启超等致函康有为,倡言革命"排满",康有为以断绝师徒关系相胁迫。

梁启超谓:"至民主、扑满、保教等义真有难言者。""今日民族主义最发达之时代,非有此精神,决不能立国,弟子誓焦舌秃笔以倡之,决不能弃去者也。而所以唤起民族精神,势不得不攻满洲。日本以讨幕为最适宜之主义,中国以讨满为最适宜之主义。"故"破坏终不可得免,愈迟则愈惨,毋宁早耳"。此意"同门中人猖狂言此,有过弟子十倍者,先生殆未见《文兴报》耳。徐、欧在《文兴》所发之论,所记之事,虽弟子视之犹为荟栗,其《论广东宜速筹自立之法》一篇稿凡二十七续,'满贼''清贼'之言,盈篇溢纸。檀香山《新中国报》亦然。《新民报》之含蓄亦甚矣。树园吾党中最长者也,然其恶满洲之心更热,《新民报》中《扪虱谈虎》一门及《人肉楼》等篇,树园笔也。同门之人皆趋于此"。(丁文江等编:《梁启超年谱长编》,第188—190页)康有为答道:"近得孟远(即梁启超)决言革命,头痛大作,又疟发□。复得汝书,头痛不可言。汝等迫吾死而已。""议民权政权,制立宪,无不可言,何必言革。《新民报》原甚好,但不必言革耳。""总之,我改易则吾叛上,吾为背义之人。皇上若生,吾誓不言他。汝改易,则为叛我。""惟有与汝等决绝,分告天下而已。"(姜义华等编:《康有为全集》第6集,第352页)

7月6日(六月初二日)　赴冈山市游览。便道访朴泳孝。

"清流亡者孙逸仙与宫崎寅藏,乘前往山阳的列车由冈山来神户,于昨(8)日午后6点52分抵神户站,在本市相生町三丁目加藤旅馆投宿,本日午前6时7分由神户站乘火车归京。该人等6日由陆路至冈山市,此系归途中停留。据宫崎说,最近孙逸仙因妾死去,颇为忧郁,担心损害其健康,故劝他到冈山市后乐园参观散心。又孙到达后,与店主人一起访问朴泳孝住所,彼等对孙的境遇频频表示同情。"(日本外务省档案,明治35年7月9日兵库县报,兵发秘第400号)

7月28日(六月二十四日)　东京留日学界因公使蔡钧拒绝保送自费生入成城学校学习陆军,与之发生冲突,吴稚晖旋被日警方驱逐出境,胡衍鸿(广东番禺人,字展堂,后号汉民)等百余人退学归国,

引起国内外强烈震动。(壬寅《新民丛报汇编》)

7月30日(六月二十六日)　京报载两广总督陶模、广东巡抚德寿"查明历次拿获著名要匪文武员弁分别异常寻常出力汇案请奖以示鼓励恭折",折中称:"广东盗风素炽,近年三合、哥老等会随处纠结孙文、康有为党,四出煽诱人心,益形骚动。"(《光绪二十八年六月二十六日京报全录》,《申报》1902年8月13日)

7月(六月)　梁启超发表《新罗马传奇》第二出《初革》,称:"我们的宗旨啊,不管他上等社会,中等社会,下等社会,九流三教,但使有爱国的热血,只管前来。不论那一人政体,寡人政体,多人政体,立宪共和,但能除专制的魔王,何妨试办。叫他是哥老会、三合会、大刀会、小刀会,些些不同,但起得革命军、勤王军、独立军、国民军,件件皆可。"(《新民丛报》1902年7月5日)

8月11日(七月初八日)　谢缵泰接格·华列斯·史密斯(D. W. Smith)伦敦香港日报社来函,谓:"在政府系统中进行一个维新运动,一个很彻底的维新运动,这是很需要的。这可能要通过大革命才能实现,但我对此想了很多。我想它将会慢慢发展的。虽然事情总有一天要开始的,然而愈快愈好。"(谢缵泰著、江煦棠等译:《中华民国革命秘史》,中国人民政治协商会议广东省委员会文史资料研究委员会编:《孙中山与辛亥革命史料专辑》,第314—315页)

8月(七月)　为宫崎寅藏所著《三十三年之梦》单行本作序。

1月至6月间,《三十三年之梦》以白浪庵滔天笔名在东京《二六新报》连载。(《宫崎滔天年谱稿》)8月20日由东京国光书房出版单行本。孙中山为之作序,略谓:"世传隋时有东海侠客号虬髯公者,尝游中华,遍访豪杰,遇李靖于灵石,识世民于太原,相与谈天下事。许世民为天人之资,勖靖助之,以建大业。后世民起义师,除隋乱,果兴唐室,称为太宗。说者谓初多侠客之功,有以成其志云。宫崎寅藏君者,今之侠客也。识见高远,抱负不凡,具怀仁慕义之心,发拯危扶倾之志,日忧黄种陵夷,悯支那削弱,数游汉土,以访英贤,欲共建不世之奇勋,襄成兴亚之大业。闻吾人有再造支那之谋,创兴共和之举,不远千里,相来订交,期许甚深,勖励极挚;方之虬髯,诚有过之。惟愧吾人无太宗之资,乏卫公之略,驱驰数载,一事无成,实多负君之厚望也。君近以倦游归国,将其所历,笔之于书,以为关心亚局兴衰,筹保黄种生存者有所取资焉。吾喜其用意之良,为心之苦,特序此以表扬之。"(《孙中山全集》第 1 卷,第216—217 页)

9 月 25 日(八月二十四日)　宫崎寅藏所著《狂人谭》单行本在东京国光书房发行,曲写其理想,与《三十三年之梦》直写其经历相配合。

9 月(八月)　梁启超发表《意大利建国三杰传》第九节《革命后之形势》,谓先有革命才能立宪。

"无革命之论,则立宪终不可成。通观今世界之立宪君主国,何一非生于革命风潮最高点之时代也。(英国宪法号称自然发生者,然非长期国会之革命,则其宪法亦废弃久矣。)且立宪国有两事最不可缺。其一,则君主不敢任意蹂躏宪法。其二,则国民知宪法之可宝贵是也。凡已有特权者,谁乐分之以与人,故民间无革命思想,则君主断不能以完全之宪法于民。一也。凡得之太易者,则视之不重,视之不重者,则守之不牢。故民间苟非以千血万泪易得宪法,则虽君主三揖三让以畀之,而亦不能食其利。二也。故无论欲革命者当言革命,即欲立宪者固不可不言革命,即己不欲言,亦不可不望有他人焉言之"。(《新民丛报》1902 年 9 月 2 日)

10 月 9 日(九月初八日)　谢缵泰致函 G. E. 摩利逊及格·华列斯·史密斯,提醒准备革命之到来。(谢缵泰著、江煦棠等译:《中华民国革命秘史》,中国人民政治协商会议广东省委员会文史资料研究委员会编:《孙中山与辛亥革命史料专辑》,第 315 页)

10 月 15 日(九月十五日)　孙宝瑄论立宪国应共和与专制兼用。

其谓："西人以立法、司法、行法三部组织，而成国家，使互相牵制。此与我国设官，外使总督、巡抚、布政使及将军等互相牵制，内使军机大臣、六部满汉尚书侍郎等互相牵制，用意正同。皆所以杜人之擅权也。然而我国则因不能擅权者，遂不能行权。西国则虽不能擅权，而可以行权。立宪之国，共和与专制同时而并用。立法用共和，行法用专制。共和，民权也。专制，君权也。留一尊严不可犯之君，使为一国之代表，而阴削其权，归之于相，故相负责任，而君不负责任也。予立法部以监财权，予司法部以久任权，予行法部以尊严不可犯之权，所谓不可犯者，君也。君亦在行法一部中也。"11月17日又解释道："专制，君权也。共和，民权也。余每主君民二权兼用者，盖立法须用共和，行法须用专制。万古不易之理。今人于二权之界，不能划清，于是主民权者，并行法亦欲用共和，主君权者，并立法亦欲用专制。此大悖也。"（孙宝瑄：《忘山庐日记》，第579—580、593页）

10月22日（九月二十二日）　赴犬养毅宅商筹赴越南旅费。

孙中山自述："壬寅癸卯之交，安南总督韬美氏托东京法公使屡次招予往见，以事未能成行。"（《建国方略》，《孙中山全集》第6卷，第236页）其原因为缺乏川资。7月30日，孙中山致函平山周，告以"弟尚不能成行，为之奈何？兄有何良法，幸为指教。弟欲日内来京，兄何时回着，望为示知"。（《孙中山全集》第1卷，第216页）平山将此事告知犬养，犬养乃致函孙中山。10月18日，孙中山复函犬养谓："奉读来示，领悉一切，感激与惭愧同深。人生得一知己，可以无憾。弟于先生见之矣。谨拟于廿二日午间到贵邸面谈各节。"（彭泽周：《近代中日关系研究论集》，第305—327页）次日，犬养将此函附寄陆实于函中谓："向孙逸仙所陈之事，请见附函。所谈之事已粗有眉目。向孙所陈之事，务请吾兄竭力帮助。除麻溪（神鞭知常）、孙外，弟亦参加共商此事。资金可由友人中设法之。"（同上引）

是日，孙中山赴犬养邸商议，犬养随即致函陆实。告"关于孙逸仙之事,刻下已与彼磋商,以千元左右即可出发前往。孙之期待盼吾兄鼎力以助之"。(彭泽周:《近代中日关系研究论集》,第 309—327 页)

10 月(九月)　梁启超《敬告我同业诸君》,解释自己虽在报纸上言革,其目的则在低一级的民权与变法。

梁启超谓:"报馆者,作世界之动力,养普通之物者也。""故某以为业报馆者既认定一目的,则宜以极端之义论出之,虽稍偏稍激焉而不为病。""若相率为从容模棱之言,则举国之脑筋皆静,而群治必以沉滞矣。""人之安于所习而骇于所罕闻,性也,故必变其所骇者而使之习焉,然后智力乃可以渐进。""二十年前,闻西学而骇者比比然也。及谈变法者起,则不骇西学而骇变法矣;十年以前,闻变法而骇者比比然也,及言民权者起,则不骇变法而骇民权矣;一二年前,闻民权而骇者比比然也,及言革命者起,则不骇民权而骇革命矣。今日我国学界之思潮,大抵不骇革命者,千而得一焉。骇革命不骇民权者,百而得一焉。"故"若欲导民以变法也,则不可不骇之以民权;欲导民以民权也,则不可不骇之以革命;当革命论起,则并民权亦不暇骇,而变法无论矣。若更有可骇之论,倍蓰于革命者出焉,则将并革命亦不暇骇,而民权更无论矣。大抵所骇者过两级,然后所习者乃适得其宜"。"故业报馆者而果有忧国民之心也,必不宜有所瞻徇顾忌,吾所欲实行者在此,则其所昌言者不可不在彼。吾昌言彼,而他日国民所实行者不在彼而在此焉,其究也不过今后之人笑我为无识、訾我为偏激而已。"(梁启超:《敬告我同业诸君》,《新民丛报》1902 年 10 月)

11 月 6 日(十月初七日)　谢缵泰接容闳美国康涅狄克来函,谓"一方面,我自己做好准备,另方面,我将尽我的能力满足你们的需要。请尽快将暗号和密码寄来,对于我们的通讯,这是不可缺少的东西"。(谢缵泰著、江煦棠等译:《中华民国革命秘史》,中国人民政治协商会议广东省委员会文史资料研究委员会编:《孙中山与辛亥革命史料专辑》,第 315 页)

11 月 14 日(十月十五日)　湖南留日学生黄兴(原名轸,字廑午或作庆午）、杨笃生、杨度、周宏业、张孝准等人在东京发刊《游学译编》。次年，各省留学生杂志《湖北学生界》《江苏》《浙江潮》《新白话》《直说》《海外丛学录》等纷纷创刊，宣传民主革命思想的热潮兴起。

　　△　梁启超创办杂志《新小说》，发表政治小说《新中国未来记》第一、二回，描绘新中国蓝图。

　　梁启超自称欲著《新中国未来记》已近五年，"编中寓言，颇费覃思"，《新小说》之创办也专为此编。1912 年，梁启超回忆称："壬寅秋间，同时复办一《新小说》报，专欲鼓吹革命。鄙人感情之昂，以彼时为最矣。犹记曾作一小说，名曰《新中国未来记》，连登于该报者十余回。其理想的国号曰大中华民主国，其理想的开国纪元，即在今年，其理想的第一代大总统名曰罗在田，第二代大总统名曰黄克强。当时固非别有所见，不过办报在壬寅年，逆计十年后大业始就，故托言大中华民主国祝开国五十年纪念，当西历一千九百六十二年。由今思之，其理想之开国纪元，乃恰在今年也。罗在田者，藏清德宗之名，言其逊位也。黄克强者，取黄帝子孙能自强立之意。今事实竟多相应，乃至与革命伟人姓字暗合，若符谶然，岂不异哉。"（《鄙人对于言论界之过去及将来》，《庸言报》1912 年第 1 号）

　　11 月 16 日（十月十七日）　上海南洋公学爆发退学风潮。11 月 19 日，在中国教育会帮助下组成爱国学社。国内学界风潮渐起。12 月初，上海南洋公学退学生在张园开会，"专议退学生善后事宜，各员演说既毕，由退学生代表出议案，大端有三：一设共和学校；一开共和报；一派送游学。嗣经教育会许为协助，登时集百余元，续议大纲规则"。（《学生创设共和学校》，《鹭江报》1902 年 11 月 16 日）

　　12 月 4 日（十一月初五日）　离日本赴越南①。

　　"既报该人归国之事，闻其与平山周计划出版之华南全图已完

---

　　①　据詹森《日本人与孙逸仙》转引莫朗《孙中山》一书记述，孙中山赴河内的签证是在上海办理的，但最初是如何联系的不详，莫朗系驻上海一法国官员，签证即由其所发。

成,为将它在清国各地发售,决定本月4日出发去上海。此外为本图发售之事,孙之部下郑某在清国各地漫游预约,已达二万本以上。又云该地图系在黑龙会出版部印刷。"(日本外务省档案,明治35年12月1日警视总监报,甲秘第175号)

12月8日(十一月初九日)　英国新加坡总督移文中国派驻新加坡总领事凤夒九,凡中国闽、粤以及他省一切悬赏购拿之偷窃、盗贼、凶暴、横逆各色人犯,务即从详开单照会新加坡政府,以便认识该犯姓名,按单缉拿。舆论借此宣扬,孙中山等革命党亦应在此之列,不得再受外国之保护。

《申报》谓:"凶人之不容于世,天下之公理也。""即或若辈消息灵通,闻风逃逸,而广捕之文书一发,远至天涯海角,亦不难入我网罗。"不过"自中外通商大开海禁,于是内地人民之犯法者,知本国无可容留,往往逃往外邦,藉为逋逃之薮。香港、澳门等处程途较近,去者尤多。华官既无从稽查,西官更多方庇匿,以致身犯重罪者,居然逍遥法外"。虽"中国之与外人订约也,无论何国均立有彼此交犯之明文",然"中国官性多怯懦,又不肯言词慷慨,据理直争,因之罪犯之人一至外洋,从未闻有拘回中国之事。条约虽在,夫亦何益之有哉"。但鉴于英国新加坡总督之札文,"畛域不分,固已于此可见"。故如"从前回酋白彦虎之逃于俄,三合会首犯孙文之逃于英,经中国大吏屡次向索,俄英两国竟不肯交出,虽唇焦舌敝,终于无可奈何"。之事必将改观。(《书不分畛域后》,《申报》1903年3月20日)

12月13日(十一月十四日)　乘"烟迪斯"号抵香港,继续前往西贡。(谢缵泰著、江煦棠等译:《中华民国革命秘史》,中国人民政治协商会议广东省委员会文史资料研究委员会编:《孙中山与辛亥革命史料专辑》,第315—316页)

12月24日(十一月十五日)梁启超发表《释革》一文,主张非革命不可。

在此之前,梁启超在革命与保皇的宗旨方略取舍上和康有为产生严重分歧,不仅私下通信争辩,暗中也与其他各派势力联合反清。除此之外,梁启超还撰写了几篇文字刊载于《新民丛报》,公开讨论,标明主张。其中发表于是日《新民丛报》第 22 期的《释革》,是一代表。

此文略谓:"革命者,天演界中不可逃避之公例也"。"我既受数千年之积痼,一切事物,无大无小,无上无下,而无不与时势相反,于此而欲易其不适者以底于适,非从根柢处掀翻之,廓清而辞辟之","此所以 Revolution 之事业(即日人所谓革命,今我所谓变革),为今日救中国独一无二之法门"。"易姓者固不足为 Revolution,而 Revolution 又不必易姓。若十九世纪者,史家通称为 Revo 时代者也,而除法国主权屡变外,自余欧洲诸国,王统依然。""一尧去而一桀来,一纣废而一武兴,皆所谓'此朕家事,卿勿与知',上下古今以观之,不过四大海水中之一微生物耳,其谁有此闲日月以挂诸齿牙余论也。故近百年来世界所谓变革者,其事业实与君主渺不相属,不过君主有顺此风潮者,则优而容之,有逆此风潮者,则锄而去之云尔。夫顺焉而优容,逆焉而锄去者,岂惟君主,凡一国之人,皆以此道遇之焉矣。若是乎,国民变革与王朝革命,其事固各不相蒙,较较然也。""今日之中国,必非补苴掇拾一二小节,模拟欧、美、日本现时所谓改革者,而遂可以善其后也。彼等皆曾经一度之大变革,举其前此最腐败之一大部分,忍苦痛而拔除之,其大体固已完善矣,而因以精益求精,备益求备。""吾故曰:国民如欲自存,必自力倡大变革、实行大变革始;君主官吏而欲附于国民以自存,必自勿畏大变革且赞成大变革始。"(《新民丛报》1902 年 12 月 24 日)

此文写于梁启超等人"猖狂言革"遭到康有为的极力压制,表面屈从而心有不甘之际,其难言之隐不在于对革命的内涵及形式的理解取舍,而是面对康有为的高压,如何表达非革命不可,且非法国大革命式的革命不可的意愿态度。(桑兵:《康有为的不变与梁启超的善变——史料解读与史事探究》,《学术研究》2011 年第 11 期)

△ 《香港日报》编辑艾尔弗雷德·肯宁汉(A. Cunningham)为革命党人秘密石印独立宣言。(谢缵泰著、江煦棠等译:《中华民国革命秘史》,中国人民政治协商会议广东省委员会文史资料研究委员会编:《孙中山与辛亥革命史料专辑》,第 316 页)

12 月 25 日(十一月二十六日)　谢缵叶从新加坡乘"高丽"号抵港,被谢缵泰委派为自己代表,从事广州起义准备事宜。27 日,谢缵叶协同洪全福离港赴粤,并在芳村与同人举行秘密会议。1903 年 1 月 1 日,返港。(谢缵泰著、江煦棠等译:《中华民国革命秘史》,中国人民政治协商会议广东省委员会文史资料研究委员会编:《孙中山与辛亥革命史料专辑》,第 316 页)

12 月 26 日(十一月二十七日)　G. E. 摩利逊抵达香港,两日后谢缵泰将独立宣言若干份转交给摩利逊。29 日,摩利逊离港赴澳洲,保证支持革命活动。(谢缵泰著、江煦棠等译:《中华民国革命秘史》,中国人民政治协商会议广东省委员会文史资料研究委员会编:《孙中山与辛亥革命史料专辑》,第 316 页)

12 月(十一月)　抵达西贡,旋赴河内,发动华侨,建立革命组织,并与法国印支政府官员会晤。

赴河内后寓三等法人旅舍,因未能逆料华侨倾向革命与否,易名高达生,试觇其心理。有西服商黄隆生者,广东台山人,平日喜读《中国日报》,逢人必骂满洲政府。一日,入其店购买饰物,偶与攀谈,欢若平生。旋知孙中山为革命党领袖,坚求订盟,并次第介绍杨寿彭、罗鋗、曾克齐、甄吉廷、张焕池、甄璧等与孙中山结识。(冯自由:《华侨革命开国史》,荣孟源主编:《华侨与辛亥革命》,第 38 页)孙中山与谈种族大义,皆为悦服,乃以真姓名告,更为踊跃加入党籍。因当时党禁森严,故无明显组织,乃用"致公堂"名义出而号召。对党务活动,由同志秉承孙中山指示,分头负责推动。时党员仅四五十人,除上述诸人外,最热心者还有梁成泰、骆连焕、江梓生、董质卿、钟念祖、吕贡臣、李佐臣等。以会员不多,未设会所,每次开会恒假河内保罗巴脱街二十号隆生公司为之。同盟会成立后，为避免外间注意，乃改用"兴学社"名义。(《中国国民党在海外》,《中华民国开国五十周年文献》第 1 编第 10 册，第 229 页)厥后进行粤、桂、滇三省边防军事，实肇于此。

时孙中山闻陈少白身体不适，致书香港，约其往会。临行李纪堂相告："'吾与缵泰不日可在广州举兵，待夺得省城时，即迎中山先生返粤，一切宗旨与兴中会相同，可勿过虑'。并赠总理旅费一万元，即托少白赍河内。"(冯自由：《革命逸史》第 4 集，第 102—103 页)少白抵河内，下榻于孙中山所住旅舍；因黄隆生介绍，结识前来参加博览会的中国官吏黄中慧、庄蕴宽、姚绍书。一日，庄、姚突至少白寓，孙中山适在座，急避出。少白欲引孙中山见之，孙中山不欲人知其与法国官吏发生关系，故不允见。(冯自由：《革命逸史》初集，第 108 页)

本年 3 月间，法国印支总督韬美卸任，孙中山既至，乃与韬美行政当局办公室主任(Chef du Cabinet)哈德安(M. Hardouin)会晤[1]。据是年 10 月继任的总督保尔·博(Paul Beau) 1903 年 2 月 26 日向法殖民部报告："孙逸仙本人在河内……他此次到来事先由我国驻东京公使哈蒙(M. Harmon)来函通告。我未与他会晤，但办公室主任和他进行了几次谨慎的接触，并获得关于他计划的报告。""他说，1900 年惠州起义时英国人曾提供武器援助……他需要武器，能策动正规军，苏(元春)宫保提督正准备倒戈，那样他就将取得广西，在南方组成一个共和国……他将要求法国选派军官训练军队，遴选工程师和官吏主持各公共行政部门。孙在各次会晤中向哈德安陈述这一点，他具有潜在的力量。""我从一开始就回避将武器弹药运经我的属地的可能性。中国政府肯定会得到消息，即使它不提出正式抗议，我们的工商业特别是业云南铁路的建设，因此会搁浅。这种政策将与

---

① 曼荷兰德称哈德安为博的私人秘书，博指示他与孙中山会谈，以了解其计划和成功的可能性。孙中山《革命原起》则称哈德安为秘书长。而据巴洛的著作，印支总督府秘书长(General Secretary)为布洛尼(M. Broni)，1902 年 3 月至 10 月，曾临时代理总督。

我们所历来实行的对待中国政府的政策背道而驰,因此导致我们与中国政府以及云南民众之间关系的完全改变。我甚至更进一步完全确信,我们不会对分割或扰乱中华帝国感兴趣。我希望我们拒绝对武器运过边境一事置若罔闻,将使我们得到中国政府的信任,以进一步改善关系。""我认为禁止孙留在印度支那是不明智的,尽管他的密谋使我担心。我甚至有这种看法,万一中国要求将他逮捕,我们必须拒绝交出。否则我们的对手就会趁虚而入,并引起秘密会社不可调和的仇恨,使其将正用于推翻满洲的活动转而反对我们,这是一种冒险。"孙的当前目标是利用越南的河内作为向华南输入武器的渠道;其政治目标仍然是推翻清王朝,至少首先在长江以南建立联邦共和政府,他强调哥老会和三合会已渗入广西清军。孙再次表示,他的新共和国将作出更大的让步,以寻求法国的援助。双方达成协议:孙获准进入中越边界地区;同时担保促使"绿林游勇"今后不再滋扰东京地区。但博认为,我们明显的自身利益,要求我们对中国革命党人采取明确的敌视态度。法国外交部长戴卡赛非常赞赏此报告,再次指示法国官员应避免与孙中山发生直接接触。同时又指示法国驻亚洲各国的外交官继续收集并报告有关孙中山活动的情况。(金·曼荷兰德著、林礼汉等译:《1900—1908 年法国与孙中山》,《辛亥革命史丛刊》第 4 辑。杰弗里·巴洛著、黄芷君等译:《1900—1908 年孙中山与法国人》,《辛亥革命史丛刊》第 6 辑)

是年冬　东京留日学生组织革命团体青年会。该会以"民族主义为宗旨,以破坏主义为目的"。(冯自由:《革命逸史》初集,第 102 页)

是年　委托刘成禺编撰《太平天国战史》。

某日,孙中山与犬养毅、曾根俊虎等在东京红叶馆会谈,鉴于"太平天国一朝,为吾国民族大革命之辉煌史,只有清廷官书,难征文献",命刘成禺以日人某所著《满清纪事》、曾根俊虎著《清国近世纪杂志》为本,参照自己所藏吟唎著《太平天国革命亲历记》,犬养所赠另一英人著《太平天国起义》(Taipen Rebellion)等书,并"搜罗遗闻,撰

著成书","发扬先烈,用昭信史,为今日吾党宣传排满好资料"。(《先总理旧德录》,《国史馆馆刊》创刊号)

△　与刘成禺、程家柽等集议发动留学界。

孙中山以"中和、兴中,皆为海隅下层之雄,中国士大夫,尚无组织",乃邀集刘成禺、冯自由、程家柽、程明超、李书城等人开秘会于东京竹枝园饭店,决定分途游说各省学生及游历有志人员。孙中山谓:"此会可谓中国开天大会。历朝成功,谋士功业在战士之上,读书人不赞成,虽太平天国奄有中国大半,终亡于曾国藩等儒生之领兵。士大夫通上级而令下级者也,马上得之,不能马上治之,况得之者,尚在萧、曹、陈诸人之定策乎? 士大夫以为然,中国革命成矣。"(《先总理旧德录》,《国史馆馆刊》创刊号)

1903 年(清光绪二十九年 癸卯)三十七岁

1月25日至28日(壬寅年十二月二十七日至三十日) 洪全福、谢缵泰等人策划广州起义,事泄失败。

先是,洪全福、梁慕光、李植生、宋居仁、曾捷夫、龚超等预定于1月28日晚(阴历除夕)趁广东地方官吏齐集万寿宫行礼之际起义①,此举以"大明顺天国"为号,宗旨"系专为新造世界,与往日之败坏世界迥乎不同,而脱我汉人于网罗之中,行欧洲君民共主之政体。天下平后,即立定年限,由民人公举贤能为总统,以理国事"。(《大明顺天国元年南粤兴汉大将军申明纪律告示》,中国史学会主编《辛亥革命》第1册,第324页)因承购枪械的沙面陶德洋行告密,香港、广州各起义机关相继遭到破坏,二十余人被捕。梁慕信等十余人死难。(陈春生:《壬寅洪全福广州举义记》,《建国月刊》1931年第2期)《申报》则据西字报称,起义事先被"香港英官侦悉,密告粤中大宪,大宪急委干员分投逻缉,得即拿获若干名,并截留匪船数艘,在船中搜出号衣旗帜刀斧之类。英员恐死灰复燃,立调兵船,择要设戍"。(《逆谋败露》,《申报》1903年2月3日)事发后,洪全福易名避往星洲,1904年病逝于香港。博罗、惠州等地策动响应起义的会党亦遭镇压。据说:"此次之事,事先没有和总理商量过,但究系执行总理的革命方略。"(陈春生:《壬寅洪全福广州举义

---

① 《申报》称:"昨译西字报云,去冬忽有匪人啸聚粤省,潜蓄乱谋,拟乘元旦各宪拜牌时,操刀戕害。"则计划起事时间应为1月29日凌晨。(《申报》1903年2月4日)

记》,《建国月刊》1931年第2期;谢缵泰著、江煦棠等译:《中华民国革命秘史》,中国人民政治协商会议广东省委员会文史资料研究委员会编:《孙中山与辛亥革命史料专辑》,第316—317页;《德寿等为洪全福私运军装约期起事事致军机处电》,故宫博物院明清档案部编:《清代档案史料丛编》第1辑,第147—150页)

　　舆论则多将此事与孙中山革命党联系起来。2月4日《申报》即称:"数年前广州惠州之事,主谋者孙文,逃至海外,得而复失,闻其逆心未死,时复潜回粤东,在沿海一带招致亡命之徒,以图不轨,四方响应者甚众。此次之事,安知不即其羽党? 日人近著一书,叙孙文之事颇详,所言孙之欲扰乱中国,固确而可征。谓首要非孙,而何使孙而常在海外,歼之固非易易。若潜回中国,苟能密访严缉,终难落网,而乃任其来去自如,其谁之咎耶? 即或孙之羽党甚多,消息通灵,然果严密访拿,孙亦安肯自蹈危难,仍来中国。若常在海外,则遥隔数万里,即欲为乱,安能煽动中国之人乎? 故曰欲散羽党,须擒首要。若仍怠忽不察,任其往返,则将来羽党必愈集愈多,现虽败露,所获者如九牛之一毛耳。死灰复燃,不可不虑。况近今兵力单弱,广西之乱,累月经年,犹难平靖。使东省再生枝节,必较广西之乱尤不易平。若因其已败露而忽之,则必贻患于无穷也。不知有地方之责者,能不以为妄言否耶。"(《论逆谋败露事》,《申报》1903年2月4日)

　　2月5日,《申报》又推论其"谋乱"之缘由,谓"此犹泰西各国无政府党,其心未必与诸大员有不解之仇,特不愿受钤制于人,故百计千方","专以倾覆政府为主义"。虽称"此次党魁,究不知确是孙文与否"。而强调"孙之阴谋诡计,欲托维新以祸粤东,则数载以来已众目昭深矣。革其故而鼎新之,诚汲汲矣。乃奸恶者伪托鼎新,创为平权自由之说,愚卤者又误解平权自由之说,谋倾政府以逞其心,卒之巨憝元凶,逍遥海外,而愚而无识者误入其党"。"传闻孙文所纠党羽,不乏读书好学之辈,而商贾工匠之图谋不轨者,亦多阑入其中,是合无政府均贫富二党一之,而其势遂日以炽盛。说者每比之洪杨之祸。仆则以为洪杨诸逆,势甚剽悍,又值国家治平日久,人不知兵,故能如风卷残云,顷刻举事。若孙文者,直草寇耳,入其党者,非一物不知之学究,即一丁不识之佣奴,贸然为非,直以头颅为儿戏。"(《推论粤匪谋乱之由》,《申报》1903 年 2 月 5 日)

1 月 29 日(癸卯年正月初一日)　湖北留学生李书城等在东京创设湖北同乡会,并创办机关刊物《湖北学生界》,后改名《汉声》。

1 月 30 日(癸卯年正月初二日)　东京留学生会馆集会演说,马君武昌言"排满"。

"新正初二日,东京留学生会馆大集同学,兼请国人到馆演说。时有广西马某在座,众首推之,马登坛力数满人今昔之残暴,窃位之可恶,误国之可恨,应如何仇视,如何看待。座中除三十余名满人外,约有五六百人皆鼓掌。逾刻满人互相语曰:宁送朋友,不与家奴,诚吾人待汉奴不易之策也。马退而湘人樊锥继之,书中国患在外而不在内,满虽外族,仍为黄种,不宜同种相仇,与人以鹬蚌之利。满堂寂然无和者。最后则汪大燮(监督)续演,略谓诸君皆在学年,正宜肆力学界。语曰:思不出其位。吾敢以为诸君劝云。"[①](《满洲留学生风潮》,《选报》1903 年 5 月 10 日)

2 月 15 日(正月十八日)　中国教育会在上海张园举行首次演说会。

吴稚晖回忆:"从正月起,由野鸡大王徐敬吾先生接洽了张园安垲第会场,公开演说。一面又正式就《苏报》为机关,即鼓吹罢学,与夹带革命,双方并进。"(吴稚晖:《回忆蒋竹庄先生之回忆》,《东方杂志》1936 年第 1 月 1 日)

2 月(正月)　由河内赴西贡,发动华侨,创立阅书报社。旋转往暹罗。

---

①　据刘成禺《先总理旧德录》记述,孙中山以是会欢迎贝子载振,召马君武及成禺往横滨,使令赴会,先后发表演说。查载振赴日在本年 4 月,孙中山赴越前尚无载振访日消息,而对集会演说之记述,皆未见有刘成禺演说之事,故云由孙中山直接策动演说,显非事实。

是月，河内博览会闭幕，孙中山赴西贡，在该地与李卓峰、曾锡周、马培生诸人交往，并易名为杜嘉诺，以美国报馆记者名义，与各方往来，议论时事，获听众同情。嗣李等得知孙中山真名，益加崇仰，遂深相结纳。(邓慕韩：《孙中山先生传记》，《革命先烈先进诗文选集》第 3 册，总第 1336 页)侨胞得听孙中山伟论，革命思想勃然而兴，陶铁、刘易初、黄景南、招壮志、黄复黄、苏庆、杨嘉祥等十余人，成立"萃武精庐"，进行革命宣传与联络。各地相继成立者，有槟榔之同侨社，美荻之启明社，永隆之振明社，沙沥之笃黄社，芹苴之尚志社，金边之新汉社，马德望之阅报社。(黄复黄：《华侨西贡党事之经过》，《侨越党史搜集录》，《开国文献》第 10 册，第 228 页)以后又往东南亚其他地方，以图募款购买武器。在暹罗得识萧佛成、王杏洲、沈荇思、何少禧等。该地日后党务发达，以此为始。(邓慕韩：《孙中山先生传记》，《革命先烈先进诗文选集》第 3 册，总第 1336 页)在曼谷，与当地一位华人(大概是广东帮)首领交谈，此人受法国领事馆雇佣，同意巴黎的看法，谓"孙是一个没有政治前途的讨厌家伙"。在法国领事馆的指令下，他告知只有在确保法国官方支持后才能在当地募款。([美]杰弗里·巴洛著、黄芷君等译：《1900—1908 年孙中山与法国人》，《辛亥革命史丛刊》第 6 辑)至夏，返回西贡。(邓慕韩：《总理所至南洋各地及年月考》，《三民主义半月刊》第 2 卷第 1 期)

3 月(二月)　与法国驻香港领事馆官员拉法埃·罗(Raphael Reau)会晤。(金·曼荷兰德著、林礼汉等译：《1900—1908 年法国与孙中山》，《辛亥革命史丛刊》第 4 辑)

4 月 1 日(三月初四日)　梁启超致函徐勤，仍主言革。

先是，1 月 11 日康有为致函梁启超："十月居箱根来书收。知汝痛自克责，悔过至诚。此事关中国之大局，深为喜幸。""自汝言革命后，人心大变大散，几不可合。盖宗旨不同，则父子亦决裂矣。自唐才质往雪梨后，吾累与该埠书，皆不复，今一年音间绝矣。吾始欲攻唐，又碍于汝所遣往，今则已为唐化，无可复言。故汝虽不攻我，而攻我多矣。即广智诸人亦不复我信,尚成何事体! 吾为兹惧,不知汝如何? 抑尚以为公私当分,言革可救中国乎? 同党因兹分裂,尚何救国之可言也。(即如雪梨一埠,未知汝有何术挽回以救汝过。此事必办,可商复。)"(丁文江等编:《梁启超年谱长编》,第197页)是日致信徐勤,虽委婉言之,结尾仍称"中国实舍革命外无别法,惟今勿言耳"。(丁文江等编:《梁启超年谱长编》,第208页)4月15日,梁启超再次致函徐勤,表示不放弃革命主张,甚至对革命之志转益深刻,前次对康有为服软,事出有因。其言曰:"长者此函责我各事,我皆敬受矣。惟言革事,则至今未改也。去年十月间,长者来一长函痛骂,云:因我被言革之故,大病危在旦夕。弟见信惶恐之极,故连发两电往,其一云'悔改',其二云'众悔改,望保摄'。实则问诸本心,能大改乎? 弟实未弃其主义也,不过迫于救长者之病耳。今每见新闻,辄勃勃欲动,弟深信中国之万不能不革命。今怀此志,转益深也。即此次到美演说时,固未言革,然与惠伯、章轩谈及,犹不能不主此义也。舍是则我辈日日在外劝捐,有何名目耶? 兄想亦谓然,但不可以告长者,再触其怒,致伤生耳。"(丁文江等编:《梁启超年谱长编》,第210页)

4月12日(三月十五日) 福建旅沪学生会成立,暗中从事革命宣传组织工作。

4月25日(三月二十八日) 留日学生五百余人集会反对广西巡抚王之春拟借法兵平定游勇。上海进步人士数百人亦于张园召开拒法会,决定设立阻法会,签名者达三百余人。

4月27日(四月初一日) 拒俄运动掀起高潮。旅居上海十八省人士千余人在张园召开拒俄大会,通电反对沙俄背约拒绝撤兵,妄图永远霸占我国东北。

4月29日(四月初三日) 留日学生五百余人召开拒俄大会,成立拒俄义勇队。先后参加者共一百八十余人。

△ 陆亚发在广西南丹起义。

4月30日(四月初四日) 上海各界群众一千二百余人再次集

会。决定设立中国国民总会,签名者达千余人。并响应东京留日学生行动,成立上海拒俄义勇队。

5月2日,东京拒俄义勇队改名为学生军。7日,学生军因日本外务部干涉,决定改名军事讲习会。10日,学生军召开大会,决定派遣特派员回国,改学生军为体育会。11日复改名为军国民教育会,以"养成尚武精神,实行爱国主义"为宗旨。(《军国民教育会公约》,《苏报》1903年5月25日;《军国民教育会之成立》,《江苏》第2期)

因拒俄运动的兴起与展开,清政府故伎重施,署湖广总督端方致电沿江各地:"近日,有日本留学生数人,素不安分,竟煽惑二百余人借赴东三省拒俄为名,欲入长江一带煽乱。日在东京会馆聚议,以一班往北京见袁宫保,并探政府和战之信,其名目谓之特派班;编充卒伍者,谓之义勇队;往内地各口岸转运军装、钱粮者,谓之'运动本部'。义勇队正在操练,运动部已入内地。上海爱国学社生徒亦有人为之响应。名为拒俄,实则革命,与庚子富有票情事相同,而饷械较充,羽党较伙,度必有康、梁、孙文诸逆居中主持。事关重大,未敢斥为谣言,不为之备。除札行沿江文武严密搜查,妥慎布置外,特密乞台端迅饬各属,互相防范,以遏乱萌,并随时互相知照。"各地官府遂于往来船只严查有无"前项党羽,及转运军装、钱粮者,务须随时知会,以遏乱萌"。(《密札防匪》,《申报》1903年7月1日)

南京"各学堂总办闻有康、梁党人,分投沿江沿海各学堂游说学生之说,又见堂中学生多有与日本留学生函牍往还,且购阅堂中禁阅之新书新报,深恐革命、逐满、平权、自由、天演、物竞诸说,印入各学生脑中,妄生运动之心,不受长官压制,遂颁条例:

"一、禁外人擅自入堂会见学生密谈。虽父兄亲友相探,亦需先投门房挂号,由堂引至客厅,唤生所探之人与之相见。

"一、禁书信往来中有骇人听闻之语,如编义勇队及电请政府疆吏禀请拒法、拒俄等事。出入信件均需呈监督验明施行。

"一、禁阅新书新报。凡属康、梁著述,及日本近来刊行之各种报册,均不准购携入堂。

"一、禁学生聚众演说国政时事。

"有一于此,定即斥革严惩。各学堂防范学生之心如此周密,谅可致中国日益富强,不忧外患矣!"(《南京各学堂之压制政策》,《国民日日报》1903 年 8 月 10 日)

倾向清政府的舆论,也立足于此,加以宣传。6 月 25 日《申报》刊文《新党不平必贻外人祸患说》谓:"今之新党中人","有托名保国者,其宗旨在但保中国,不保大清,遂专心媚悦外人,以贻危大清二百数十年圣圣相传之宗祏,势必瓜分之祸近在眉睫间,而国乃卒至于不可保,此戊戌诸巨憝在京创逆之初心也。有欲建东南自立之国者,谓媚外固未为善策,守旧亦不足图存,因之伪托维新,阴结死党,意欲割东南半壁,另建新邦,于是富有贵为设票以资煽惑,安清哥老乌合而肇乱谋,卒至悬首藁街,伏尸流血,文人匪类,皆被株连,此唐傅诸奸徒谋乱汉口之故智也。有恣谈革命之事者,纠合青年子弟,逞其血气之勇,妄思排击满人,自称军国之民,阴立掮头之会,日以杀尽胡虏还我汉家土地为口头禅,忘却朝廷卵翼之恩,反指政府诸公为奴隶,恣行诬蔑,狂吠猖狂,一若不随其犯上称戈,即不得谓为忠臣义士者,此则拾昔年粤逆孙文之唾余,而变本加厉者也。有阳为请皇上复辟,而阴以敛集赀财者,登场演说,大言炎炎,草就电文,达诸政府,一时愚无识者,争撒金如雨点,以充若辈之私囊,然窥其设心,岂真有爱于皇上哉,无非以戊戌之变,事因皇上锐意维新而致,故深望慈闱及早撒帘归政,仍得以奸谋煽惑圣聪,此昔年沪上已有人蹈其覆辙,而日来其说复炽,群欲立会以与政府争持者也。更有创为拒法拒俄之议者,初则散布谣言,谓桂抚王公阴以利饵法人使之进兵粤西,助平匪乱,纷纷扰扰,图肆奸谋,迨计不得成,则又以俄人于东三省撒师,多所要挟,因号召诸生之游学日本与夫散在沪上各学堂者,群建义旗,以与俄敌,无知妄作,跋扈飞扬,今日言抗俄明日言抗俄,如醉如痴,可怜可笑,此星使之所以飞电告变,而沿江沿海诸疆吏所以设戍筹防者

也。"(《申报》1903年6月25日)

5月14日(四月十八日)　云南人民反对法国修筑滇越铁路，个旧锡厂工人起义。

5月24日(四月二十八日)　陈天华在《苏报》发表《敬告湖南人》，慷慨陈词民族帝国主义瓜分之祸。

5月25日(四月二十九日)　梁启超与纽约社会主义报总撰述哈利逊会谈，论及以社会主义改革中国事。

梁启超《新大陆游记》述："廿九日，纽约社会主义丛报总撰述哈利逊氏来访。余在美洲，社会党员来谒者凡四次：一在域多利，一在纽约，一在气连拿，一在碧架雪地。其来意皆甚殷殷，大率相劝以中国若行改革，必须从社会主义着手云云。余谢以进步有等级，不能一蹴而就。彼等皆云：均之改革也，均之与社会之现状战也，均之艰难也，大改革所费之力，与小改革所费之力，相去不相上下，毋宁径取其大者焉，所谓狮子搏兔与搏虎之喻也。余以其太不达于中国之内情，不能与之深辩，但多询其党中条理及现势而已。大抵极端之社会主义，微特今日之中国不可行，即欧美亦不可行，行之其流弊将不可胜言。若近来所谓国家社会主义者，其思想日趋于健全，中国可采用者甚多，且行之亦有较欧美更易者。盖国家社会主义，以极专制之组织，行极平等之精神，于中国历史上性质，颇有奇异之契合也。以土地尽归于国家，其说虽万不可行，若夫各大事业如铁路、矿务、各种制造之类，其大部分归于国有，若中国有人，则办此真较易于欧美。特惜今日言之，非其时耳。社会主义为今日世界一最大问题，吾将别著论研究之。吾所见社会主义党员，其热诚苦心，真有令人起敬者。墨子所谓强聒不舍，庶乎近之矣。其于麦克士(德国人，社会主义之泰斗)之著书，崇拜之，信奉之，如耶稣教人之崇信新旧约然。其汲汲谋所以播殖其主义，亦与彼传教者相类。盖社会主义者，一种之迷信也。天下惟迷信力为最强，社会主义之蔓延于全世界也，亦宜。"(《新大陆游记》，《新民丛报临时增刊》1904年，第60—63页)

5 月 31 日(五月初五日)　黄兴自日本启程回国,临行前与刘揆一商议策动会党。

黄兴临行前,向刘揆一咨询革命方略。刘答曰:"种族革命,固非运动军界、学界不为功,而欲收发难速效,则宜采用哥老会党,以彼辈本为反对满清,而早有团结,且其执法好义,多可赞叹。比如湖南会党有戴某者,违犯会规,其头目马福益,星夜开堂,判处死刑。当其泣送河间自剖胸腹时,路过山阿狭隘处,死者犹回顾马福益曰,大哥走好,须防失足跌下坑去。马福益鸣咽应而慰之。由此可见其不肯枉法,与视死如归,足为吾辈革命所取法。"黄兴谓:"闻马昔遭危难,君曾救济之,联络似较易易,故望君及早归国,共图之耳。"遂与刘揆一相约三月后会于长沙。(刘揆一:《黄兴传记》,中国史学会主编:《辛亥革命》第 4 册,第 276 页)

5 月(四月)　从西贡抵达曼谷。

先是,孙中山在河内会晤曾在曼谷居住过的法属印度支那总督办公室主任哈德安,并携带哈德安所撰介绍信经西贡抵达曼谷,乔装成日本人,化名杜嘉诺 Takano,入住曼谷挽叻由法国人托尼夫人经营之和平饭店。经哈杜安介绍,孙中山在曼谷会晤了华商和侨领蓝三、二哥丰郑智勇和张君丁(张宗煌)等人。(余定邦:《1903 年孙中山在曼谷的活动——读泰国国家档案馆馆藏有关孙中山 1903 年访曼谷的资料》,《孙中山研究》第 4 辑,第 306 页)

据泰国京畿署披耶因他拉提波里西哈叻差廊猛探知,五月间孙中山过访銮乌隆(张君丁)两次。"五月间 Monsieur 约尔董带他去,说是华人革命派,来旅游,想认识銮乌隆。Monsieur 约尔董于是带他去见……第二次见面是第一次见面后第三天,是自己去的。华人亮安(译音)当翻译,说广东话。他对銮乌隆说,他姓孙,名叫逸仙,生于广东省金山(有金矿的山)。谈话中提到中国说,是个辽阔广大的国家,但旧式统治不能维持下去,因为欧洲人欺侮,要去国土。如果不改变统治制度,中国不能生存下去,会给欧洲人全部拿去。因此有忠于国家的华人组成革命党,共同设法改变统治制度。但当今的中国官员和皇太后不赞同,要抓这些人治罪,于是都逃离中国。孙逸仙到美国和印度去游历,于是来到暹罗。听说暹罗华人很多,想要求有钱华人告诉所有华人爱国,帮助支持金钱购买武器。因为革命者人很多,在广西就有二十万,但没有武器起事,所以才来求銮乌隆带头募捐,支持购买武器从事革命。

"关于统治的改革,銮乌隆询问的结果是,想要成立华人的共和国。如果得到了暹罗华人的募捐款,就买武器从云南送去,法国将帮助办理此事。得到武器后,中国革命党人将在广西起义,然后南下广东,在占领的地盘先成立共和国,然后把革命扩展开去……銮乌隆回答说,这里的华人恐怕无法募捐金银,有钱人只管做生意,不懂得管理国家,銮乌隆拒绝当募捐人。

"披耶因他拉提波里西哈叻差廊猛在公局(做生意的会所)会见了华人大老板,探听华人孙逸仙的消息,见了那些人。所有的头家都说,都没有见到过,只是听说他到了曼谷。他们都以为是前来募捐的。这些老板都说,不会给钱或给他任何帮助,因为不知他是什么人,真实的来自何处,还说要实行新的统治,老板们都不相信,也不以为有何重要,也无可能成功,以为不过是来骗钱罢了。"(《公摩銮纳叻瓦拉立奏文》,黎道纲译:《泰国国家档案馆藏孙中山 1903 年来暹资料》,余定邦:《1903 年孙中山在曼谷的活动——读泰国国家档案馆馆藏有关孙中山 1903 年访曼谷的资料》附录,《孙中山研究》第 4 辑,第 317—318 页)

△　邹容《革命军》在上海出版。

邹容《革命军自叙》称:"吾但信卢骚、华盛顿、威曼诸大哲于地下有灵,必哂曰:'孺子有知,吾道其东。'吾但信郑成功、张煌言诸先生于地下有灵,必笑曰:'后起有人,吾其瞑目。'文字收功日,全球革命潮。"署时"皇汉民族亡国后之二百六十年岁次癸卯三月",署名"革命军中马前卒邹容"。冯自由记:"自蔚丹入狱后,所著《革命军》风行海内外,销售逾百十万册,占清季革命群书销场第一位。各地书肆以道关邮检查故,多易名贩运,或称《革命先锋》,或称《图存篇》,或称《救世真言》,或与章太炎《驳康有为政见书》并列,而简称曰'章邹合刻'。此书文辞不如太炎之《驳康书》,论理不如秦力山之《革命箴言》,徒以通俗浅显,适合当时社会之需要,几于人手一编!卒赖其言为驱胡建国之本,功不在孙、黄、章诸公下也。"(冯自由:《革命逸史》第 2 集,第 49—50 页)孙中山后来称此书"为排满最激烈之言论,华侨极为欢迎,其开导华侨风气,为力甚大"。(《建国方略》,《孙中山全集》第 6 卷,第 236 页)

△　章太炎《驳康有为论革命书》刊行问世。

章太炎除驳康有为论保皇、革命诸大端之外,也有意将康有为描绘为素志革命而又为富贵利禄所诱之人。其言曰:"吾观长素二十年中,变易多矣。始孙文倡议于广州,长素尝遣陈千秋、林奎往,密与通情。及建设保国会,亦言保中国,不保大清,斯固志在革命者。未几,瞑瞒于富贵利禄,而欲与素志调和,于是戊戌柄政,始有变法之议。事败亡命,作衣带诏,立保皇会,以结人心。然庚子汉口之役,犹以借尊皇权,密约唐才常等,卒为张之洞所发。当是时,素志尚在,未尽渐灭也。唐氏既亡,保皇会亦渐溃散,长素自知革命之不成,则又瞑瞒于富贵利禄,而今之得此,非若畴昔之易,于是宣布是书。"(汤志钧编:《章太炎政论选集》上册,第 194—208 页)

△　吴禄贞等人在武昌花园山设立秘密机关,是为湖北革命团体之发端。

先是,吴禄贞在日本与孙中山结识。1902 年,禄贞毕业返国,"湖广总督张之洞委为训练新军教官,尝假武昌花园山孙茂森花园李廉芳(原名步青)寓,与耿伯钊(原名觐文)、万声扬、时功璧、时功玖、刘道仁、徐祝平、陈问湆等,倡谈革命,隐然以领导自任"。(胡祖舜:《武昌开国实录》上册,第 9 页)时花园山寓所"学界往来者颇多,凡以后留学东西各国者十之八九曾到是处。禄贞常由小朝街本寓至是处与朋友纵谈,尚无具体组织也"。(李廉芳:《辛亥武昌首义纪》,第 2 页)"各省志士之至武昌者,莫不赴花园山接洽,而各同志之在营校者,亦每星期来报告运动经过，及其发展之状况。"(朱和中：《革命思想在湖北的传播与党人活动》,《辛亥革命在湖北史料选辑》,第 532 页)惟尚无具体组织。翌年春,吴禄贞调任北京,参加花园山聚会之骨干亦相继离鄂。

5 月下旬(四月底五月初)　芜湖巡警局接湖广总督端方电,密札严防留日回国学生借拒俄进行革命。(《密札防匪》,《申报》1903 年 7 月 1 日)

6 月 1 日(五月初六日)　《苏报》发表《康有为》。

"要之康有为者开中国维新之基,其功不可没,而近年之顷,则康有为于中国之前途,绝无影响,可断言也。何也? 新水非故水,前沤续后沤,戊戌之保皇,不能行于庚子之勤王,庚子之勤王不能行于今后之革命,革命之宣告,殆已为全国之所公认,如铁案之不可移。"(《康有为》,《苏报》1903 年 6 月 1 日)

6 月 3 日(五月初八日)　在泰国之行动,引起了泰方注意,泰皇拉玛五世谕令京畿部进行调查。(《公摩銮纳叻瓦拉立奏文》,黎道纲译：《泰国国家档案馆藏孙中山 1903 年来暹资料》,余定邦：《1903 年孙中山在曼谷的活动——读泰国国家档案馆馆藏有关孙中山 1903 年访曼谷的资料》附录,《孙中山研究》第 4 辑,第 314 页)

6 月 4 日(五月初九日)　早上外出。中午,在入住的和平酒店(Hotel de la Paix)第四号房间会晤泰国外交部官员披耶纳立叻差吉、銮讪帕吉比差。下午,携三升区花会厂的銮乌隆帕匿(张君丁)外出。傍晚返回酒店。

当日中午,披耶纳立叻差吉与銮讪帕吉比差赴挽叻和平酒店,奉命打探孙中山来泰事宜。由銮讪帕吉比差具名拜访。孙中山于楼上卧室接待了銮讪帕吉比差,会谈约十五分钟。銮讪帕吉比差问："河内的博览会情况如何?"孙中山答："河内博览会很有趣。"銮讪帕吉比差问："是否见到曾在曼谷居住的哈德(杜)安 Hardouin 先生?"孙中山答："认识哈德(杜)安先生为时甚久,这回在河内也见到了哈德(杜)安先生。"銮讪帕吉比差又问："这次到曼谷来,看来认识了几位华人大商人?"孙中山答:"他有哈德(杜)安先生给三个人的介绍信,即蓝三、二哥丰(郑智勇——译注)和阿功丁(銮乌隆帕匿。张君丁、张宗煌——译注)。"銮讪帕吉比差问:"既然见了哈德(杜)安先生,大概也见到了博先生 M. Beau 吧?"孙中山答:"在河内见到了博先生,因为哈德(杜)安先生,博先生的知心秘书还介绍认识 Doumear 先生,他在这些城市工作时曾见过。"孙中山问:"在暹罗人眼中,哈德(杜)安先生此人如何?"銮讪帕吉比差答:"没有听到过有人称颂他。"

之后,孙中山亦请披耶纳立叻差吉上楼一晤。披耶纳立叻差吉称:"有事来这边,顺道来吃午饭,高兴再见到孙逸仙,想知道中国的事。"孙中山讲述多次脱险经历,希望此次曼谷之行不要遭到清朝官员的影响造成麻烦,孙中山且道:"如今知道在这里完全没有危险,因为如果有危险的话,会立即知道,有朋友和一些耳目。"披耶纳立叻差吉表示歉意,因事多而未尽地主之谊,"想请孙逸仙吃一顿饭,以表意思,可惜没有机会。希望处理家母丧事以后,还有机会,希望孙逸仙不会急于离开曼谷"。孙中山表示歉意,答:"已得知湄公(Mekong)号火轮已修理好,定于下周一搭乘这艘船离开。"披耶纳立叻差吉问湄公号到了西贡以后,孙中山是居停或是继续行程? 孙中山答:"在那里等法国邮轮去日本,去参观大阪的博物馆。"披耶纳立叻差吉又问:孙的大业,"参加的人应有许多,同意参加的大概多是富人吧"? 孙答道:"不,大多数是贫苦大众,因为他们一无所有。若已经过上好日子,就不想有所改变。对中国官方不同意的,大多数是贫苦大众。"披耶纳立叻差吉问:依孙的观察,"暹罗国的华侨是否要求改变,人数如何?"孙答:"暹罗国的富裕华侨要求中国改变的也有,不过人数少,他们大多数对此一无所知(Ignorance),有的日子过得舒适没有麻烦,因而没有什么感觉。"披耶纳立叻差吉答道:"可能正是如此。正如所知,在印度支那(Indo-China)国,法国政府对其他民族收以重税,不像在本国的华人那样日子过得舒服。但是,通常华人即使过得舒适,如果结成帮派,往往就加入洪字(Secret Society),自

行管理,以致政府要立法禁止。"孙中山发表意见道:"政府立法禁止
'大兄'不是好政策,不应该禁止,因为不论怎样禁止,'大兄'总还会
有,即使现在,在这个国家,'大兄'还是存在。而英国、法国、荷兰
(Java)的政策,他们之间有来往,都知道得清楚。如果政府支持他
们,看来会更有好处。公布这样的法律,看来是照洋人的建议做,这
种做法,洋人在各地已经做了。"

　　二人观察到孙中山乔装成日本人模样,有华人随从同行,床上有
中国地图,另有日本地图悬挂,桌上有英文书籍数本。(《披耶纳立叻差
吉奏文》,黎道纲译:《泰国国家档案馆藏孙中山 1903 年来暹资料》,余定邦:
《1903 年孙中山在曼谷的活动——读泰国国家档案馆馆藏有关孙中山 1903 年
访曼谷的资料》附录,《孙中山研究》第 4 辑,第 312—313 页)

　　当日下午,京畿署的公摩銮纳叻瓦拉立派人开始固定监视孙中
山行踪。拍博里披叻帕报告,当日下午未在和平酒店见到孙中山。
拍博里披叻帕询问酒店内一位曲人(泰语指印度人或马来人),得知
酒店内"有洋人二人","另有一位医生,身穿洋服,看来是剪了辫子的
华人,会讲法语、英语,但不见他做什么事,只见吃饭后就出去,到中
午才回来吃午饭。然后坐一会,又再外出,不知到哪里去。但约 15
日或 20 日前,见一华人,过去曾出花会,家住三升区,来找过他,还叫
人来接医生去。去过三四回"。傍晚时,据拍博里披叻帕报告,孙中
山回到酒店,饭后一直待在卧室。(《1903 年 6 月 4 日拍博里披叻帕的报
告》,《1903 年 6 月 5 日拍博里披叻帕的报告》,黎道纲译:《泰国国家档案馆藏孙
中山 1903 年来暹资料》,余定邦:《1903 年孙中山在曼谷的活动——读泰国国家
档案馆馆藏有关孙中山 1903 年访曼谷的资料》附录,《孙中山研究》第 4 辑,第
315 页)

　　6 月 5 日(五月初十日)　与拍博里披叻帕晤谈。

　　当日中午,拍博里披叻帕晤注意到孙中山午饭后返回卧室,乃咨
询一位相识的洋人:"此人是哪一国人?"洋人答:"是日本人,是医
生。"拍博里披叻帕晤借机称认识一位日本人 Colonel Fugushima,

与孙中山晤谈。据拍博里披叻帕晤的报告,见面后,他提起 Colonel Fugushima。孙中山回应称,"已升为将军了"。言谈中语及中、日官场。孙中山批评中国官场习气,但称:"中国是个大国,不可能很快昌盛","不论如何,将来中国有机会壮大。"遂言及中国的改革行动,称:"有好几处,在中国几乎每个城市,在外国也有许多处。"孙中山谈到:"中国改革一事,日本政府给了强有力的支持。"希望"暹罗也能给予一定支持。在曼谷,改革派也来了,其领袖名道南(译音),日本使节也给予支持"。孙中山告知拍博里披叻帕晤,他是华人,生于广东,名叫孙逸仙。并赠送名片,吩咐不可告诉别人,他到曼谷来,用日本名叫杜嘉诺。拍博里披叻帕晤于是问道:"在曼谷,你不怕有危险么?"孙中山答:"不用怕,因为认识了许多好人家。若有危险,就会知道。"还说此行来自东京和西贡,顺道来曼谷,不久便要返回西贡。(《1903年6月5日拍博里披叻帕的报告》,黎道纲译:《泰国国家档案馆藏孙中山1903年来暹资料》,余定邦:《1903年孙中山在曼谷的活动——读泰国国家档案馆馆藏有关孙中山1903年访曼谷的资料》附录,《孙中山研究》第4辑,第315页)

　　除此之外,披耶因他拉提波里、西哈叻差廊猛奉命侦察打探哪些华人支持孙中山。据披耶因他拉提波里之说,孙中山已剪辫发,华人大概不会像尊敬留辫之人那般尊敬与信任。其支持者的首脑广东人道南(译音),三年前从西贡到曼谷,在 Gongyihua 行做生意,帮忙日本人支持的 Tangaxiangbi 公司,拍卖购得 B. Smith 行火锯厂,拿去押给 The Indochine Bank,得到一笔超值的押金,在11个月以前就逃离曼谷。故认为孙中山"对披耶因他拉提波里所说不大有根据,不可骤然相信"。(《公摩銮纳叻瓦拉立奏文》,黎道纲译:《泰国国家档案馆藏孙中山1903年来暹资料》,余定邦:《1903年孙中山在曼谷的活动——读泰国国家档案馆馆藏有关孙中山1903年访曼谷的资料》附录,《孙中山研究》第4辑,第314页)

　　△　《苏报》披露清政府密令缉拿拒俄新党志士。

　　先是,6月2日《苏报》揭露商约大臣吕海寰函告苏抚:"数日前,上海租界中曾有所谓热心少年者,在张园聚众议事。请即设法将为首之人密拿严办。"6月5日,《苏报》进而登载"蔡钧致端方电:'东京留学生结义勇队,计有二百余人,名为拒俄,实则革命。现已奔赴内地,务饬各州县严密查拿。'端即电告各督抚及海关税务司查拿,苏抚得电后拍案大叫曰:'此等举动明明又是一班富有会匪,拿获后务必正法,决不宽贷。'"又披露清廷"密谕严拿留学生",谓"将托拒俄一事,分奔各地。前岁汉口唐才常一事,则托于勤王以谋革命,此则托拒俄以谋革命,其用意与唐才常相似,而党羽较密,训练尤严"。(《苏报》1903年6月2日、6月5日)

　　面对清各级政府的防范和指责,留日学生纷纷撰文驳斥。陈去病声辩揭穿清廷防民甚于御寇的行径,谓:"兹马八再之留学生,洵亦可谓伈伈伣伣、低首下心者矣。不意满洲朝廷乃斥为党徒,目为悖逆,指为不轨,怒为对敌,且又重诬之以为孙文之党援,康、梁之臂助,移文州郡,传电畿甸,罗织搜索,防若寇贼。观其儆戒之情与张皇之态,盖几较俄事有过之无不及者。闻其密札有曰:'名为拒俄,其实革命。'夫革命竟革命耳,何藉拒俄之词为?今既拒俄,则非革命固无疑矣。"(季子[陈去病]:《革命其可免乎》,《江苏》1903年6月25日,"社说",第2页)陈天华强调留学生与康、梁势不两立,不可相牵混淆,力求划清彼此界线。"然以留学生之举动,归之于康、梁之党,则失实已甚。夫康、梁何人也?则留学生所最轻最贱而日骂之人也。今以为是康、梁之党,则此冤枉真真不能受也。国之亡也,必有党祸。吾非欲解免此名也,独奈何加我所不足之人乎?今使曰康、梁是留学生之党,尚且不可,况曰是康、梁之党!康、梁何幸而得此名也?留学生何不幸而得此名也?"(陈天华:《复湖南同学诸君书》,《苏报》1903年6月14日,第1—2页)

　　对于那些因害怕牵连而撇清关系者,激进人士也予以道义谴责。《苏报》批评汪康年主持的《中外日报》道:"彼主笔者,素与康、梁为缘者也。戊戌政变,幸以《时务报》之争而免于拘连,常以此自庆。及庚子汉口之变,又拘连矣,以官力得脱。今者,又闻有上海道电告南洋大臣之举,恐又以第二次之集议被拘连也,故亟为此论,以自解于官场也。"(《读中外日报》,《苏报》1903 年 5 月 18 日,第 2 页)

6 月 6 日(五月十一日)　致函銮讪帕吉比差。

此函为英文信。函称:"现在还没有轮船前往西贡,我还要在你的可爱的国家住十天至十三天。我想利用这个机会多见见你,和你谈谈有关我们亚洲的事务。你何时有空在家? 我将登门拜访,如果你告诉我确定的时间。谨向您和令叔父致意。"署名孙逸仙。信末附假名及地址如下:"TAKANO　HOTEL DE LA PAIX"。(黎道纲译:《泰国国家档案馆藏孙中山 1903 年来暹资料》,余定邦:《1903 年孙中山在曼谷的活动——读泰国国家档案馆馆藏有关孙中山 1903 年访曼谷的资料》附录,《孙中山研究》第 4 辑,第 320 页)

6 月 7 日至 8 日(五月十二日至十三日)　《苏报》刊文《论中国当道者皆革命党》。

6 月 8 日(五月十三日)　早上,与披耶西沙哈贴会晤。下午,接见拍博里披叻帕。

拍博里披叻帕报告:"今日,职依谕令调查华人改革家情况如下。下午三时,职前去 Hotel de la Paix 找孙逸仙,说上次拜访讲到许多问题,他说到法籍华人蓝三提到,披耶西沙哈贴请去会见。早上他去见了披耶西沙哈贴,说了许多有关的事。他下来要去哪里和做什么事,还没有打听到任何情况。职了解到,他和銮讪帕吉比差要好,他还在等船回西贡,因为船还在船坞里。"据公摩銮纳叻瓦拉立推测,"披耶西沙哈贴与孙逸仙会见一事,可能是皇弟公摩銮昙隆拉差努帕吩咐侦察其内容"。(《公摩銮纳叻瓦拉立奏文》及附件,黎道纲译:《泰国国家档案馆藏孙中山 1903 年来暹资料》,余定邦:《1903 年孙中山在曼谷的活动——读泰国国家档案馆馆藏有关孙中山 1903 年访曼谷的资料》附录,《孙中山研究》第 4 辑,第 316 页)据銮讪帕吉比差报告,本日上午,"内务部次长叫蓝三家佣人展安(THIAN AN)带孙逸仙到披耶西沙哈贴家去见他,谈了大约一个小时。"(銮讪帕吉比差报告,黎道纲译:《泰国国家档案馆藏孙中山1903年来暹资料》,余定邦:《1903年孙中山在曼谷的活动——读泰国国家档案馆馆藏有关孙中山1903年访曼谷的资料》附录,《孙中山研究》第4辑,第318页)

6月9日(五月十四日)　章士钊发表《读〈革命军〉》,称:"排满之间,实足为革命之潜势力,而今日革命者,所必不能不经之一途也。"(《苏报》1903年6月9日)

6月10日(五月十五日)　接见銮讪帕吉比差、拍博里披叻帕。

当日下午,接见拍博里披叻帕。据纳叻瓦拉立报告:"今天下午,拍博里披叻帕也去见了孙逸仙,是臣要他去打听来曼谷的目的,结合打听关于革命的想法。拍博里来向臣报告说,见到了还谈了话,只是报告还没有写好,明天才送报告来。臣得报告后,向再禀奏。"(《公摩銮纳叻瓦拉立奏文》,黎道纲译:《泰国国家档案馆藏孙中山1903年来暹资料》,余定邦:《1903年孙中山在曼谷的活动——读泰国国家档案馆馆藏有关孙中山1903年访曼谷的资料》附录,《孙中山研究》第4辑,第318页)

当日晚,于用晚膳时遇见到访的銮讪帕吉比差,握手寒暄后,銮讪帕吉比差对未及时回信表示歉意。饭毕闲谈之后,请銮讪帕吉比差上楼入室详谈。

据銮讪帕吉比差报告:"孙逸仙说到暹罗政府,说暹罗国应建立……因为华人很多。暹罗政府应多爱护华人的感受,华人才会有感情。职说,在暹罗国,暹罗政府对华人并无任何压迫,他们可以按照自己的意愿去谋生,税务也没有收多少。孙逸仙说,暹罗国的华人大概对暹罗政府的统治有某种不满,才愿意当外国使馆的属民。在暹罗国,以法国为例,如今为法国的属民的已达一万多人。孙逸仙相信,多数华人爱法国并比不上爱暹罗国。之所以愿意成为法国属民,是想寻找暂时的庇护。职于是问,华人入籍法国的一万人,孙逸仙知不知道,他们是否都是进行正当登记的。孙逸仙回答说,大概不全都正当的,因此,如果暹罗政府说服讨好华人,让华人看到暹罗政府的好意,孙逸仙相信,对泰方离心的华人会回转心意回到泰方的统治。职于是问孙逸仙,能想出办法来么? 孙逸仙答,应该想得出办法来的,因为他本人了解华人的性情。

"职于是问孙逸仙,法属华人不愿意属暹罗政府统治原因何在? 孙逸仙回答说,华人并不是只入法属,也有许多华人为葡属或英属,这些人同样不满意(暹罗的)统治,因为暹罗政府收税、收辫子劳工税。职说,暹罗政府征收辫子劳工税,三年一次,收四铢二钱。想想看暹罗国以外的其他国家,他们对入境的华人除征税外,还受到何等的压迫。孙逸仙说,要征税就要多征些,鸡毛蒜皮地征了没有什么用,华人也不觉得怎样。职答道,就这样鸡毛蒜皮地征税,华人还高喊困难,如果收得更多,华人就更困难了。孙逸仙说,如果暹罗政府对待华人好,华人就一定不会离心去入外国国籍。例如,在日本的华人愿意接受日本的统治,在法属、英属殖民地的,也愿意接受当地国的统治。职回答说,外国人到别国的殖民地去,愿意也好不愿意也好,都要受当地国的统治。孙逸仙笑。职于是说,所提到的殖民地,没有如暹罗国那样⋯⋯不论如何,我以为,用欺骗手法为自己取得证件的华人,暹罗政府决不许他为任何一国的属民。

"此时,蓝三家佣人展安进来找孙逸仙,用英语对话,说去西贡的轮船事。华人展安说,和您去的人怎样去? 职问华人展安,有人保护孙逸仙去么? 孙逸仙答,是有事去的。告别时,职问孙逸仙,他到曼谷来,在哪一家使馆登记过? 孙逸仙说没有。职又问,他真的相信在曼谷不会有危险或意外么? 孙逸仙答,他相信如此。职问孙逸仙,他不是相信经常有暹罗密探在保护他么。他回答说,他是这样认为的。职于是问,孙逸仙自己都不怕有危险,在暹罗国统治下的其他华人还怕什么。孙逸仙笑了起来。"(銮讪帕吉比差报告,黎道纲译:《泰国国家档案馆藏孙中山 1903 年来暹资料》,余定邦:《1903 年孙中山在曼谷的活动——读泰国国家档案馆馆藏有关孙中山 1903 年访曼谷的资料》附录,《孙中山研究》第 4 辑,第 318—319 页)

△　章太炎序《革命军》,解释邹容命名革命之意称:"同族相代,
谓之革命。异族攘窃,谓之灭亡。改制同族,谓之革命。驱除异族,
谓之光复。今中国既灭亡于逆胡,所当谋者光复也,非革命云尔。容
之署斯名,何哉? 谅以其所规画,不仅驱除异族而已,虽政教学术、礼
俗材性,犹有当革者焉,故大言之曰革命也。"(《苏报》1903 年 6 月 10 日)

6 月 11 日(五月十六日)　接见拍博里披呦帕。

6 月 10 日、11 日,连续两天接待了拍博里披呦帕,并作详谈。有
关谈话内容,拍博里披呦帕报告:"今日中国,想重建中国者有两派。
一派想要中国实行立宪,大概是保留国王,像日本那样,公开地进行。
另一派激烈得多,要中国实行共和,孙逸仙就是这一派。要实行共和
并不难,因为国王是满族,不是华(原文作 JIN——译注)人,华人对
当今政府越来越不满。孙逸仙批评当今政府说,今日中国有好几处
军火厂,这些军火厂有可生产一切的机器,也有很多技师,可以生产
各式各样的武器。但是,一旦需要武器,有关负责官员却向他处购
买,以得到佣金。

"如今,中国要向猛泰、越南、缅甸和其他地方购买大米,每年花
费约六百万元。布匹也是这样,中国花费大量金钱购买日本布和(英
国)曼彻斯特布。中国生产棉花销向外国,外国生产成布卖给中国。
如果购买机器自己生产,就不用流失钱银。中国土地上还有大量的
闲置土地,如果把这些土地变成田地和果园,中国的物产就可以自
给,不用向外国买,每年六百万元就不用花费。加上中国土地上有各
式各样的矿产,如煤炭、铁、金矿和其他种种矿藏,能做事的人又多。
好好地做,可以生利益和成果。中国是个勤劳和在技术方面有着聪
明才智的国家,但由于没有好的人才管理,所以没有好的成果。今日
中国的官员,无论做什么都偷偷地秘密地进行,以中饱私囊。中国的
官场因此无法领导走向繁荣。其他国家想做什么,都比中国难,因为
没有劳力。中国钱又多,可以出利益成果的土地又多,人又多,好好
管理,中国可以成为强大的大国。

"另外,日本国是个小国,但人口多达四千五百万,到处是人。但日本政府扶植实业,像英国那样,生产物产到中国去卖。如果中国被西方国家瓜分,这些人就会制订关税保护(protected tariff),日本货就不能拿到中国去卖。这么一来,日本的利益就会受到损失,就没有足够的金钱供陆军海军用。日本的力量就会后退,不用好久,大约五十年,日本人就会沦为他人的国家。此事日本人知道得很清楚,因此想支持中国的改革派。

"孙逸仙对臣说,曼谷纪年 116 年,伦敦的中国使馆把他关在使馆中。此消息当时的报纸都刊载了。臣于是问道,他这次到曼谷来的目的达到了没有? 他回答说,这次到曼谷来,只是想来看看,约两个星期就回去。只是不巧乘坐来的湄公号轮船坏了,不能回去,只好等待。再过一个星期,才有船回西贡去。臣看见华人陈庆培(译音)和他在 Hotel de la Paix 用餐两次,陈庆培是拍乍伦拉查吞的人。以后职将尽力打听有关共和国的事,他们要如何办,什么时候办,谁是头人,有哪些国家支持,从何处弄金钱回来买武器。有何情况,为了中国和暹罗有着共同的利益,职将再次报告。"

据拍博里披叻帕之观感,孙中山是一位"想重新管理中国者"。(《公摩銮纳叻瓦拉立奏文》附件,黎道纲译:《泰国国家档案馆藏孙中山 1903 年来暹资料》,余定邦:《1903 年孙中山在曼谷的活动——读泰国国家档案馆馆藏有关孙中山 1903 年访曼谷的资料》附录,《孙中山研究》第 4 辑,第 320—321 页)

纳叻瓦拉立据此上奏:"臣接到拍博里披叻帕的报告,报告他两天来去见孙逸仙谈论改革事。情况是,改革者分为两派,一派是立宪派,另一派是共和派。又谈到中国政府不支持发展实业;提到日本的政策是支持改革派。但是,有关孙逸仙到曼谷来的目的,还没有直接表示明白,如同与众多华人说那样。"(《公摩銮纳叻瓦拉立奏文》,黎道纲译:《泰国国家档案馆藏孙中山 1903 年来暹资料》,余定邦:《1903 年孙中山在曼谷的活动——读泰国国家档案馆馆藏有关孙中山 1903 年访曼谷的资料》附录,

《孙中山研究》第 4 辑，第 320 页）

6 月 12 日至 13 日（五月十七日至十八日）　《苏报》连载《驳〈革命驳议〉》，反驳康有为之论。

6 月 13 日（五月十八日）　接见拍博里披叻帕。

拍博里披叻帕报告：当日在和平酒店找到孙中山，"以了解有关在中国造反事。情况是，他们在中国各地都准备好了。一旦时机成熟，他们就将起事。民间有足够的武器，在军火厂也有。活动的资金，在中国就可以觅到，中国有钱人很多，这些人同样也认为国家要变，让国家更繁荣。只是从别的国家华人那里得到很少，因为出国谋生的华人是下层人，即使身缠万贯也不愿捐献，因为不了解政治。谁是头人还没有任命，尽管他猜想得到，但还不能说出名字来。

"支持他们的国家，有英国、美国、日本和法国，这些国家都是做生意的国家。他们认为，如果中国的政治秩序好了，生意就好兴旺起来。现在，他们只能在中国沿海大城市做生意，而不让在全中国做生意。孙逸仙对职说，他听说日本人要在曼谷出华文报。如果日本人可以出版报纸，他们就可以知道华人的感受。如果是这样的话，也许是好事，也许是坏事。如果不好的话，就会给暹罗政府带来很多麻烦，因为不知道日本人有何打算。看来暹罗政府还是自己出好，作为政府的喉舌，同时可以知道暹罗国华人的想法，对暹罗政府有莫大好处。"（《公摩銮纳叻瓦拉立奏文》附件，黎道纲译：《泰国国家档案馆藏孙中山 1903 年来暹资料》，余定邦：《1903 年孙中山在曼谷的活动——读泰国国家档案馆馆藏有关孙中山 1903 年访曼谷的资料》附录，《孙中山研究》第 4 辑，第 322 页）

6 月 17 日（五月二十二日）　接见拍博里披叻帕。

据拍博里披叻帕报告："本月 17 日，职去 Hotel de la Paix 找孙逸仙。他告知臣说，他最近就要去西贡，然后再去日本、美国和欧洲。他以为不再到曼谷来。"（《公摩銮纳叻瓦拉立奏文》附件，黎道纲译：《泰国国家档案馆藏孙中山 1903 年来暹资料》，余定邦：《1903 年孙中山在曼谷的活

动——读泰国国家档案馆馆藏有关孙中山 1903 年访曼谷的资料》附录，《孙中山研究》第 4 辑，第 323 页)

6 月 21 日（五月二十六日）　搭乘"南东轮"离曼谷赴西贡。

拍博里披叻帕报告："孙逸仙已于本月 21 日已乘'南东轮'离开曼谷到西贡去。"((《公摩銮纳叻瓦拉立奏文》附件，黎道纲译：《泰国国家档案馆藏孙中山 1903 年来暹资料》，余定邦：《1903 年孙中山在曼谷的活动——读泰国国家档案馆馆藏有关孙中山 1903 年访曼谷的资料》附录，《孙中山研究》第 4 辑，第 323 页)

6 月 22 日（五月二十七日）　《苏报》刊文《杀人主义》，鼓吹排满革命，以法国大革命为圭臬。

6 月 29 日（闰五月初五日）　苏报案发生。

先是，5 月 27 日，章士钊入《苏报》。6 月 1 日，《苏报》由新任主笔章士钊主持进行改良，全力宣传"排满"革命。是日，在清政府一再要求和指控下，上海公共租界工部局长出示查禁《苏报》和爱国学社，先后捕走程吉甫、章太炎、陈仲歧、钱宝仁诸人。7 月 1 日，邹容到巡捕房投案。是为举世震惊的"苏报案"。7 月 7 日工部局徇清政府之请，查封《苏报》，爱国学社因此解散。(章士钊：《与黄克强相交始末》，中国人民政治协商会议全国委员会文史资料研究委员会编：《辛亥革命回忆录》第 2 集，第 138 页；张篁溪：《苏报案实录》，中国史学会主编：《辛亥革命》第 1 册，第 367—376 页；冯自由：《革命逸史》初集，第 119 页)

7 月上旬（闰五月）　军国民教育会解散。

7 月 5 日东京军国民教育会集会欢迎特派员东归。因清政府诬指学生"名为爱国，实则革命"，秦毓鎏等十五人发表意见书，提出改宗旨为"养成尚武精神，实行民族主义"。(冯自由：《革命逸史》初集，第 111 页)遭到王璟芳的反对，"当堂请除名者七十余人，及散会后递言除名又数十人，现存所余者仅三十余人，而其中代表人亦极力主张解散"。(《岭东日报》1903 年 8 月 21 日)军国民教育会因而解体。

7月11日（闰五月十七日）　刘师培撰成《黄帝纪年论》,弃用君主年号,并与康有为孔子纪年相抗。

7月22日（闰五月二十八日）　乘法国邮船"亚拉"(yarra)号从西贡返抵横滨。仍住山下町一百二十一番。（日本外务省档案,明治36年7月31日神奈川县报,秘受第254号）

7月31日（六月初八日）　沈荩(克诚)惨死于北京刑部狱中,中外报章痛责清廷暴戾。

8月1日（六月初九日）　致函居长崎之宫崎寅藏,告将赴檀香山省亲。

函谓:"前日接先生来电询,已托黎君电复。""弟游南洋各地,尚无甚大作,故欲往布哇以省亲旧,顺道经过日本也。""在东京只见得吞宇君一人,余皆四散,真不禁大有今昔之感也。欲拟于本月8日发横滨向布哇,若不及则后一渡必行矣。"(《孙中山全集》第1卷,第218页)后来孙中山又言及此时情景:"弟到东京时,遍觅旧同志,无一见者,心殊怅怅。故有一走九州之意,又以资不足,不果。临行之前,曾发数信于宫崎君,未见答。"(《孙中山全集》第1卷,第218、224页)

8月7日（六月十五日）　章士钊、张继、何靡施、陈去病等在沪发刊《国民日日报》。该报继承《苏报》宣传革命之宗旨,或称"《苏报》第二"。约于本年12月初被查封停刊。

8月至9月（六月至七月）　与黄宗仰、陈范及留日学生廖仲恺、马君武、胡毅生等往还。

孙中山抵横滨后,在山下町本牧桥附近租一洋房,门首书"高野方"三字。时横滨兴中会员日渐零落,与孙中山仍旧往还者,仅有黎炳垣、张果、陈才、温遇贵、廖翼朋等十数人。恰值中国教育会会长黄宗仰（号乌目山僧）因《苏报》案避往日本,素仰孙中山德望,亟诣高野方拜谒。孙中山一见如故,雅相推重,特辟楼下一室以居之,（冯自由:《革命逸史》第3集,第168页）孙中山自居楼上,廖翼朋亦居楼下。孙中山在此期间曾与黄宗仰同登函根冠岳峰,黄作诗记之曰:"仰瞻星斗十年久,蓟汉声闻三度雷。不死黄龙飞粤海,誓歼青鸟落京垓。函根今夕潭瀛胜,河上他时宇量恢。记取夜登冠岳顶,与君坐啸大平台。"(中央:《与中山夜登冠岳峰》,《江苏》第9、10期合刊)"各省留学志士先后访谒总理者,有程家柽、刘成禺、叶澜、董鸿祎、翁浩、郑宪成、杨度、时功玖、李书城、程明超、吴柄枞、马君武、杨守仁、姚芳荣、李自重、胡毅生、桂少伟、伍嘉杰、黎勇锡、区金钧、卢牟泰、郭健霄、刘维焘、饶景华、李锡青、卢少岐、朱少穆、廖仲恺、张崧云等数十人。《苏报》〔案〕主人陈范及女公子撷芬亦居横滨,日访总理畅论时事,一时京滨道上往还频繁,总理所居,座客常不空也。"(冯自由:《革命逸史》初集,第132—133页)陈范对孙中山钦慕已久。《苏报》案前,章士钊等畅言排满,陈范闻而大骇,请其今后撰文务期缓和。时钱宝仁自承为孙文,秘密返国,策动革命。陈范深信不疑,于是一切策略,惟钱之马首是瞻,不自违异。授章士钊以编辑全权,使之无所顾虑。(章士钊:《苏报案始末记叙》,中国史学会主编:《辛亥革命》第1册,第388、389页)

廖仲恺、何香凝先于留学生会馆集会上初识孙中山,闻其言中国积弱太甚,应发愤图强,彻底革命。数日后,两人与黎勇锡往孙中山寓所拜访,孙中山纵谈阔论,指斥清政府腐败无能,必须进行反清革命。廖仲恺等对于推翻清廷、建立民国的道理,十分赞成,复往见孙中山两次,表示愿为革命效力。孙中山"乃托以在东物识有志学生,结为团体,以任国事"。(《孙中山全集》第6卷,第236页)离开日本前夕,又嘱其组织留日学生学习射击等技能,以备将来发动武装斗争。(何香凝:《回忆孙中山和廖仲恺》,第1—2页)

△　创办东京军事训练班。

先是,胡毅生在东京得廖翼朋函,谓孙中山已返横滨,乃偕伍嘉杰赴山下町访之,得聆伟论,至为悦服。当与伍表示,此后愿从驱策,水火不避。孙中山嘱其物色东京学生之有志者,参加结社,以待时机。谈至夜深,始返东京。翌日遂约黎勇锡、翁浩、郑宪成、桂廷鋆、郭健霄、刘维焘、饶景华诸友集会，将经过报告，众皆愿意参加。数日后，得孙中山来函，约会于芝区对阳馆，为竟夜之谈。众人之意，以为欲从事革命，必得通晓军事学，现时清公使馆方取缔私费生学习陆军，同人对此，甚感失望。孙中山谓当与日友谋之，或有解决之法；并命其填写盟书，以示决心。数日后，孙中山挈胡毅生等及冯自由、李自重、李锡青访犬养毅，以笔谈通款曲。归途孙中山告以所谋已有眉目，俟觅得教官后，当设一学会为军事学之研究。其时孙中山研究布尔人战术，谓此法最适用于揭竿起事之中国革命军，特购英文关于英布战史著作图册百数十卷，日夕观摩。有日野熊藏者，系日本现役少佐，供职于东京兵工厂，娴英语，精兵器学。因与孙中山共同研究布尔战术，闻孙中山所谋，愿悉力相助，并延其友小室健次郎大尉为助教。小室为退职军人，素有志赞成中国革命，与孙中山有旧，商定由同人等自赁一屋同寓，日间自习普通学及日语，夜间教授普通军事学、兵器学，尤注意布尔散兵战术及以寡敌众之夜袭法，学期定为八个月。首期报名者为黎勇锡、李自重、胡毅生、桂廷鎏、刘维焘、饶景华、区金钧、卢少岐、卢牟泰、郭建霄、伍嘉杰、李锡青、翁浩、郑宪成等十四人。（冯自由：《革命逸史》初集，第 134 页）"成立之日，总理率诸生席地团座，总理则中立演讲革命宗旨，并举手宣誓曰：驱除鞑虏，恢复中华，创立民国，平均地权，如有不遵，应受处罚。"（李树藩：《甲辰拒俄义勇队与长沙之革命运动》，《建国月刊》1936 年第 14 卷第 1 期）初赁屋于牛込区，后以距日得野居所过近，来往时易令警察注意，乃迁至青山练兵场附近，使每日得观近卫师团各兵种之训练。夜间则轮派二人至日野家，听授讲义，归而述之，如是者六阅月。后因各生意见参差，宣告解散。孙中山闻之，慨叹不已。（胡毅生：《同盟会成立前二三事之回忆》，《革命文献》第 2 辑，第 108—109 页）

　　△　　与日本平民社领导人幸德秋水交往，就社会主义实行问题交换意见。（《孙中山年谱》，第 59 页）

　　是年夏　《中国日报》社改组。

1900年以后,《中国日报》得到李纪堂的财政资助,勉强维持。至此时,报社经济无法支撑,乃与文裕堂有限公司(文具印刷店)合并。新公司设总理三人,由陈少白、李纪堂、容星桥担任。(冯自由:《华侨革命开国史》,荣孟源主编:《华侨与辛亥革命》,第7页)

9月21日(八月初一日)　在《江苏》杂志第6期再次发表《支那保全分割合论》。

此文曾在1901年12月20日刊行的《东邦协会会报》第82号卷首发表。《江苏》版文字与《东邦协会会报》版略有异同,或经《江苏》编者修改①。

文章针对日本政客"保全"清朝统治和"分割"中国领土的谬论,指出:"就国事而论,无可保全之理也;就民情而论,无可分割之理也。""支那人民,自外人观之,似甚涣散之群,似无爱国之性","不知其处于虏朝之下则然耳"。"且支那国土统一已数千年矣","往昔无外人交涉之时,则各省人民犹有畛域之见;今则此风渐灭,同情关切之感,国人兄弟之亲,以日加深。是支那民族有统一之形,无分割之势"。"支那人民,为虏朝用命虽亦有之,然自卫其乡族、自保其身家,则必有出万死而不辞者矣。"因此,欲筹东亚治安之策,"惟有听之支那国民,因其势顺其情而自立之,再造一新支那而已。其策维何? 则姑且秘之,吾党不尚空谈,以俟异时之见诸实事。"(《孙中山全集》第1卷,第218—224页)

9月22日(八月初二日)　舆论称孙中山亲戚有借机勒索之陋事,被控官查办。

《申报》发表《守戎候办》谓:"粤洋各兵舰统领陈守戎、廷威经大吏撤差,另委出洋学生邱林二君分统等因,已登前报。兹闻羊城友人

---

① 　排错与异体字计有十四条,疑有误但不影响文意的有十六条,将日本习用"露"改为中国习用的"俄"计有七条,将"清廷"改为"虏朝"计有十七条,将"张刘"(张之洞、刘坤一)改为"刘李"(李刘)(刘坤一、李鸿章)。([日]狭间直树著,任骏译:《关于孙文的"支那保全分割合论》,《民国档案》2001年第4期)

述及日前有自称海珠逸民之陈光、李明、张正、黄大等人，赴督宪岑云帅行辕，呈控陈与孙文亲戚，实系孙之党羽，并有借差勒索，并不照章将船政学生酌委，而委其私人某疡医及棺材店主甲乙二人管带兵船情事，当经云帅电饬营务处，将该守备撤差归案讯办。上月十九日，陈由汕头返省管务处提调，饬即发交南海县看管听候核办。"（《申报》1903 年 9 月 22 日）

9 月 26 日（八月初六日）　离日本赴檀香山。

先是，孙中山欲往檀香山，以绌于旅费，迟迟其行，后向黄宗仰借得 200 元，始克就道①。（冯自由：《革命逸史》初集，第 134 页）临行将家务及收寄书函事仍旧委诸黎炳垣。嗣后横滨始终未设分会，仅由黎炳垣、林清泉等数人设一联络处②。（冯自由：《华侨革命开国史》，荣孟源主编：《华侨与辛亥革命》，第 37 页）黄宗仰为之饯行，并赋诗道："握手与君五十日，脑中印我扬子图。拿华剑气凌江汉，姬奴河山复故吾。此去天南翻北斗，移来邦水奠新都。伫看叱咤风云起，不逐虏胡非丈夫。"（《饯中山》，《国民日日报汇编》第 3 集）当时冯自由等募资合印章炳麟《驳康有为政见书》、邹容《革命军》十万册，书名《章邹合刊》，分寄海内外各处，以广宣传。孙中山即携此书赴檀。行前曾寄一册有关中国和中国民众的书籍给居住在夏威夷岛的华裔美国人麦格雷戈夫人（Mrs Aoc McGregor）。（《致麦格雷戈夫人函》，《孙中山全集》第 1 卷，第 225 页）

10 月初（八月中旬）　清政府认为广西之乱乃由孙中山领导策划。

10 月 2 日《大公报》消息称："近日北京官场传说广西之乱日久不能荡平，政府已有密电致岑云帅，详探会党中果有逆党孙汶在内

---

①　一说此款系赠与。（冯自由：《革命逸史》第 3 集，第 168 页）查孙中山次年致黄宗仰函云："前挪上人之项，今尚无从归赵。请宽以月内之期，想能付还也。"（《孙中山全集》第 1 卷第 241 页）如此，则应为商借。

②　另据记，孙中山"濒行以常务委之余"。（冯自由：《革命逸史》初集，第 134 页）

计画机谋云云。"①(《大公报》1903 年 10 月 2 日)10 月 5 日《四川》称：
"外务部照会驻北京法国公使,具言广西边境乱匪遁迹越南,确系
孙文党羽,意欲请饬越南官员驱逐。初五日。"(《四川》第 3 号"十月纪
事一览")

10 月 5 日(八月十五日)　抵檀香山,与保皇派开展斗争②。

10 月 7 日檀香山《西字早报》发布消息："著名中国革命家孙逸
仙由横滨乘'西伯利亚'船于五号到埠,在本埠秘密或公开运动;华
侨深信革命真理,多趋向之。"(陆文灿:《孙公中山在檀事略》)在此居一
月余。因梁启超等的破坏,当地兴中会阵地几乎尽为保皇党所夺,
始终不变者,仅郑金、郑照、李昌、程蔚南、许直臣、何竟、李安邦等
十余人,且慑于保皇会声势,莫敢或抗,惟缄口结舌,以待孙中山重
来。孙中山睹此情形,大有今非昔比之感。(冯自由:《革命逸史》第 2
集,第 93 页;冯自由:《中华民国开国前革命史》第 1 册,第 47—48 页)深悔
"向来专心致志于兴师一事,未暇谋及海外之运动,遂使保皇纵横
如此,亦咎有不能辞也"。(《敬告同乡书》,《孙中山全集》第 1 卷,第 230
页)

10 月 20 日(九月初一日)　金一(即松岑、天翻)所译《三十三年
落花梦》由上海国学社出版。

该书出版告白："日本宫崎寅藏与支那革命大豪杰孙逸仙同从事
于支那之改革,凡十有余年,是书即宫崎君叙述半生之历史,事事与
支那有关,虽当作支那近时革命史读亦无不可。"(《江苏》第 7 期)据金

---

①　12 月 14 日《申报》称:"天津《直报》云近日京师传闻广西之乱,日久未克荡平,
政府诸巨公疑匪党中有逆首孙汶在内为之计画机谋,刻已密电粤督岑公详加侦探矣。"
显然仍是与《大公报》同一消息。(《申报》1903 年 12 月 14 日)

②　11 月 22《顺天时报》载"领袖会谈",谓:"清国革命党领袖孙逸仙君,刻下留在
布哇,候来到梁启超氏由美国桑港,将商议自今当奈何办。"(《顺天时报》522 号,1903 年 11
月 22 日)11 月 25 日《申报》载《逆首往檀》,谓:"香港《循环日报》云,保皇逆会渠魁梁启超
自经日人驱逐,即出没于美国各埠,旋复窜匿旧金山。近阅日本某日报云,中国谋乱广东
之匪首孙文,目下已往檀香山,专俟梁来,与之会议。噫,两党相合,此后时事愈不堪问矣。
为之奈何。"(《申报》1903 年 11 月 25 日)

松岑记:时上海爱国学社及教育会"诸君虽蕴愤谈革命,实无凭借识中山,徒知其能罗致轻侠,棋布诸岛国,蓄重金培风而若有所待,以为神龙在天,鳞爪隐现,啧啧叹羡而已。"(金天翮:《蔡冶民传》,《天放楼文言遗集》卷3,第15—17页)

10月29日(九月初十日)　日人田野橘次著《最近支那革命运动》出版。

此书第三章《兴中会长孙逸仙》,称孙中山为"天成之革命家","自明治三十年(即光绪二十三年)之顷,渐至动世人之耳目者,即革命党兴中国会在支那大陆所潜伏者是也。世人多言该党中有非常之英雄孙逸仙者,久留学于美欧,能通英文学,并研究德意志兵法。此非从来寻常之土匪可比,盖实文明流革命家之集合体,而为支那有志之士所当歆耳……彼行事之手段,其施诸支那者终觉过于高尚。彼之所有思想也,理论也,政策也,交际也,又其生活举动也,皆遥出于诸般支那人之上。故彼之举动,往往不为流俗相容。吾尝谓彼似法国青年,倘较日本人则未免过于轻佻,较英国人则革命之思想太过。故吾谓惟法国之青年似之。

"彼去日本,将到桑港,时有志数人,设席于红叶馆,开送别会。有一客遂起问曰:'君何物最嗜?'逸仙应声答曰:'革命也!'一座皆惊叹。盖其革命之思想深入脑筋,强固坚忍,虽在酒酣,犹不须臾忘云……接其人有如接西洋社会运动家之感。一日,日本之有志家欲慰逸仙之旅情,将导之游廓吉原。彼拒之曰:'吾带天命,后日将运转东大陆之大政,故吾不欲践如斯地也。'然彼实为非常之好色家,尝自言其生平所好,一曰革命,二曰妇人。

"孙文从来之革命运动,未尝有可观者。然彼将来之运动,未可以浅见测之也……以予观之,今日之保皇会与哥老会共不适于革命,何则? 一无革命之志,一无革命之主义。今日新党界中,稍有革命家之体面者,仅孙文一人。"(田野橘次:《最近支那革命运动》)

11月4日(九月十六日)　华兴会在湖南长沙成立①。

是日,黄兴在长沙邀集归国留日学生及当地进步知识分子十余人开秘密会议,决定组织革命团体华兴会。对外采用办矿名义,取名华兴公司,发行华兴票。(黄一欧:《回忆先君克强先生》,中国人民政治协商会议全国委员会文史资料研究委员会编:《辛亥革命回忆录》第1集,第609页)至翌年2月15日(旧历除夕)正式成立。华兴会以黄兴任会长,先后入会者有陈天华、章士钊、杨笃生、刘揆一、刘道一、宋教仁、秦毓鎏、张继、谭人凤等约五百人。并成立同仇会以联络哥老会,策动会党参加起义;组织黄汉会作运动军队之机构。成立大会讨论了革命方略,黄兴谓:"本会皆实行革命之同志,自当讨论发难之地点与方法,以何为适宜。一种为倾覆北京首都,建瓴以临海内,有如法国大革命,发难于巴黎,英国大革命,发难于伦敦。然英法为市民革命,而非国民革命。市民生殖于本市,身受专制痛苦,奋臂可以集事,故能扼其吭而拊其背。若吾辈革命,既不能藉北京偷安无识之市民,得以破灭虏廷;又非可与异族之禁卫军,同谋合作。则是吾人发难,只宜采取雄踞一省与各省纷起之法。今就湘省而论,军学界革命思想日见发达,市民亦潜濡默化;且同一排满宗旨之洪会党人,久已蔓延固结,惟相顾而莫先发,正如炸药既实,待吾辈引火线而后燃。使能联络一体,审时度势,或由会党发难,或由军学界发难,互为声援,不难取湘省为根据地。然使湘省首义,他省无起而应之者,则是以一隅敌天下,仍难直捣幽燕,驱除鞑虏。故望诸同志,对于本省外省各界与有机缘者,分途运动,俟有成效,再议发难与应援之策。"(刘揆一:《黄兴传记》,中国史学会主编:《辛亥革命》第4册,第277页)故先后派人在湖南以及湖北、广西、江西、江苏、浙江会党中进行联络,准备举事。

11月6日(九月十八日)　致函平山周,询问局势变化情况。

---

①　华兴会成立日期,刘揆一《黄兴传记》作"十一月";章士钊《与黄克强相交始末》作"癸卯七、八月间";黄一欧记作11月4日(九月十六日,即黄兴三十岁生日)。今取黄一欧说。

函谓:"近闻日、露之风云甚急,将不免于一战乎？果出于战,公等未知能否运动政府兼图南局,一助吾人之事也？弟在此间无甚所事,然以经济困难,退守此以待时机耳。东亚局面究竟如何,望为时时示悉,俾知各情为望。"(《孙中山全集》第1卷,第224—225页)

11月18日(九月三十日)　梁启超致函康有为,解释主张革命之原因。

梁启超称其在美运动保皇会事,"日日下气","如所谓公共之奴隶"。以为如此对于办内地实事及本埠之社会改良,皆意义不大,只如"狮子搏兔"。更为香港、上海报纸诋毁为"吸国民之血,吮国民之膏"。虽问心无愧,却亦"实未能做成一二实事"。故"恨不得速求一死所,轰轰烈烈做一鬼雄,以雪此耻",而这正是革命之论"时时出没于胸中"之要因。(丁文江等编:《梁启超年谱长编》,第217页)

11月(九月中下旬至十月上旬)　前往希炉,组织中华革命军。

孙中山在日本时,党员毛文明受檀岛教会之聘任事。以此之便,特委以两种任务:一、扫除保皇邪说,二、规复革命机关。毛受命先数月而至檀,在希炉与黎协等组织一演说会,阐明革命大义,力辟保皇谬论,于是人心遂变。继闻孙中山抵火奴鲁鲁埠,即专函请莅临。孙中山因火奴鲁鲁埠保皇会势盛,颇难移手,乃接受其请,陆进乘船由架岛(Kailua)登岸转乘火车莅埠,住在黄根寓所。侨胞闻孙中山议论,热度益增。孙中山以人心之趋向,乃劝众人加盟,首批加盟者有黎协、郑鎏、黄根、郑仲、郑成、刘安、杨吉、李华根、唐安、黄义、卢球、胡锦等十余人。入会誓词曰:驱除鞑虏、恢复中华、创立民国、平均地权,如有反悔,任众处罚。会名为中华革命军。(冯自由:《革命逸史》第4集,第20—21页)又亲往各农场开导华侨。运动数月,阻力渐去。黎协、杨吉等以孙中山临此,乃千载一时,遂延孙中山在日本戏院公开演讲,听者千余人,实为希炉向所未有。在演讲中谓:"余频年奔走革命,诚可谓加人一等。吾民族在海外为革命事业公开演说,实为自希炉始,即吾对侨胞第一次之演说也。"旋又先后假座耶稣教堂及洪门组织联兴会馆演讲,其在联兴会馆演讲时,保皇党故意捣乱,以图阻止,孙中山不顾,仍终其演说。(邓慕韩:《孙中山先生传记》,《革命先烈先进诗文选集》第3册,总第1336—1338页;杨刚存:《革命党在檀小史》,郑东梦编:《檀山华侨》;苏德用:《国父革命运动在檀岛》)

12月上旬(十月中下旬)　由希炉返回火奴鲁鲁活动。

知希炉党务坚固,负责有人,爰于12月返回火奴鲁鲁,寄寓鲁威那港(Kauluwela lane)1473号郑照家。时华侨李安邦,在檀香山警厅任马巡,孙中山令其负责备款,筹办会所事宜。阮渭樵、夏百子两同志一致主张服从孙中山。该埠闻希炉人心如此踊跃,影响所及,倾向遂众。李昌、黄旭升、郑金、杨锐等在大戏院请孙中山及毛文明轮流演讲三天。时檀山保皇会活动猖狂,为防其破坏,着安邦封华人戏院三天,以备演讲革命主义,并由安邦禀准美警厅长布浪,禁止保皇党在檀开会。(李安邦自述,见黄大汉编:《兴中会各同志革命工作史略》,丘权政等编:《辛亥革命史料选辑》上册,第57页)每次演说,到听者数千人,与初抵此时大相径庭。12月13日,连续在荷梯厘街戏院演说,"身穿白麻衣服,头上短发,恰似小吕宋人。其言论举动,显出有感化人群之力,加以态度温柔,秩序整肃,真乃天生领袖"。"又在利利霞街华人戏院演说,听者亦座为之满,无容足地。何宽为主席。公演说,雄辩滔滔,征引历史,由古及今。"(陆文灿:《孙公中山在檀事略》)演说中论证中国实行革命共和的必要:"革命为唯一法门,可以拯救中国出于国际交涉之现时危惨地位。""我们必要倾覆满洲政府,建设民国。革命成功之日,效法美国选举总统,废除专制,实行共和。""观于昏昧之清朝,断难行其君主立宪政体,故非实行革命,建立共和国家不可也。""我们一定要在非满族人的中国人中间发扬民族主义精神。这是我毕生的职责。这种精神一经唤起,中华民族必将使其四亿人民的力量奋起并永远推翻满清王朝。然后将建立共和政体。""有人说我们需要君主立宪政体,这是不可能的。没有理由说我们不能建立共和制度。中国已经具备了共和政体的雏形。"(《孙中山全集》第1卷,第226、

227 页)并呼吁华侨赞助革命。"听众接纳,表示热诚。先生每次演毕,必立讲坛良久,并对众曰:侨胞有疑吾言者请问。故问难者纷纷。而先生不假思索,一一解答。自是以后,华侨始知革命与保皇,名殊途异,曾误入保皇者纷纷退出。"(《革命党在檀小史》)火奴鲁鲁附近侨民务农者颇众,孙中山与毛文明亲往开导,一如希炉。(邓慕韩:《孙中山先生传记》,《革命先烈先进诗文选集》第 3 册,总第 1337 页)

　　12 月 9 日(十月二十一日)　致函麦格雷戈夫人,内谓:"倘能使中国人民认识到自己的力量和资源并对其加以适当利用,则中国将来定能成为最大的强国。"希望她到中国为儿童担任英语教师,"参与唤醒中国民众的工作,将其由酣睡中引入现代进步时代"。(《孙中山全集》第 1 卷,第 225 页)并约定麦氏抵达火奴鲁鲁时会面。

　　12 月 11 日(十月二十三日)　梁启超抵横滨。之后言论大变,一改之前之破坏主义与革命"排满"主张。

　　12 月 15 日(十月二十七日)　《俄事警闻》创刊。

　　12 月 17 日(十月二十九日)　就所询社会主义问题及与保皇派斗争情况函复友人①。

　　函称:"所询社会主义,乃弟所极思不能须臾忘者。弟所主张在于平均地权,此为吾国今日可以切实施行之事。"欧美国势已为积重难返,其地主之权直与国家相埒,富者富可敌国,贫者贫无立锥,"则欧美今日之不平均,他时必有大冲突,以趋剂于平均,可断言也"。因此,今日吾国言改革,应为贫富不均计。"故弟欲于革命时一齐做起,吾誓词中已列此为四大事之一。"其誓词曰:"联盟革命人〇〇〇,当天发誓,同心协力,驱除鞑虏,恢复中华,创立民国,平均地权。矢信矢忠,如有异心,任众罪罚。"并称:"公等既为同志,自可不拘形式。但其余有志者,愿协力相助,即请以此形式收为吾党。弟今在檀香

―――――――――――

　　①　收信人不详。《警钟日报》刊出时称"投函"。

山,已将向时'党'字改为'军'字。今后同志当自称为军,所以记□□(指邹容)之功也。去(今)岁来檀时携有一书,此书感动皆捷,其功效真不可胜量。近者求索纷纷,而行筐已罄。欢迎如此,旅檀之人心可知。即昔日无国家种界观念者,亦因之而激动历史上民族之感慨矣。"

又言及与保皇派斗争情形,"顷保皇党出大阻力,以扼弟之行事。彼所用之术,不言保皇,乃言欲革命,名实乖舛,可为傻笑。惟彼辈头领,多施诈术以愚人,谓保皇不过借名,实亦革命,故深中康毒者多盲从之。弟今与彼辈在此作战,所持以为战具者,即用康之政见书以证其名实之离。康尚有坦白处,梁甚狡诈,彼见风潮已动,亦满口革命,故金山之保皇党俨然革命党,且以此竞称于人前"。"弟以今日之计,必先破其戾谬,方有下手。梁闻弟在檀,即不敢过此,而于暗中授意此地之《新中国报》及金山《文兴日报》,以肆排击。""弟于檀香山,四岛已肃清二岛,其余二岛不日亦当收服。"(《警钟日报》1904年4月26日)

12月(十一月)　致函黄宗仰,告在檀香山活动情形。

函称:"弟刻在檀岛与保皇大战,四大岛中已肃清其二,余二岛想不日可以就功。非将此毒铲除,断不能做事。"认为梁启超诡称"借名保皇,实则革命","此计比之直白保皇如康怪者尤毒,梁酋之计佼〔狡〕矣!闻在金山各地已敛财百余万,此财大半出自有心革命倒满之人。梁借革命之名骗得此财,以行其保皇立宪,欲率中国四万万人永为满洲之奴隶,罪通于天矣,可胜诛哉!""务望在沪同志,亦遥作声援,如有新书新报,务要设法多寄往美洲及檀香山分售,使人人知所适从,并当竭力大击保皇毒焰于各地也。"(《孙中山全集》第1卷,第229—230页)

△　改组《檀山新报》,发表《敬告同乡书》。

为反击保皇派《新中国报》的攻诋,改组华侨程蔚南所办商业报纸《檀山新报》(一名《隆记报》),以为革命宣传阵地。并亲撰《敬告同乡书》刊于报端,指出《最近政见书》"乃康有为劝南北美洲华商不可行革命,不可谈革命,不可思革命,只可死心踏地以图保皇立宪,而延长满洲人之国命,续长我汉人之身契"。"梁为保皇会中之运动领袖,阅历颇深,世情浸熟,目击近日人心之趋向,风潮之急激,毅力不足,不觉为革命之气所动荡,偶尔失其初心,背其宗旨。其在《新民丛报》之忽言革命,忽言破坏,忽言爱同种之过于恩人光绪,忽言爱真理之过于其师康有为者,是犹乎病人之偶发呓语耳,非真有反清归汉,去暗投明之实心也。"又谓,"康、梁同一鼻孔出气者也",而《新中国报》副主笔陈仪侃所言保皇为真保皇,所言革命为假革命,"自弟有革命演说之后,彼之诈伪已无地可藏,图穷而匕首见矣"。文章指出:"夫革命与保皇,理不相容,势不两立。""决分两途,如黑白之不能混淆,如东西之不能易位。革命者志在排满而兴汉,保皇者志在扶满而臣清,事理相反,背道而驰,互相冲突,互相水火。"号召侨胞"大倡革命,毋惑保皇"。(《中国革命党在檀小史》)

　　是年　章士钊译著《孙逸仙》作为《荡虏丛书》之一在上海出版。

　　章氏记其编译此书经过:"时海内革命论已风起云涌,但绝少人将此论联系于孙先生。吾之所知于先生,较之秦力山所谓海贼孙汶,不多几许。一日,吾在湖北王侃叔(慕陶)许,见先生所作手札,长至数百言,用日本美浓卷纸写,字迹雄伟,吾甚骇异。由此不敢仅以草泽英雄视先生,而起心悦诚服之意。""吾既因王侃叔而知先生之抱负与方略,复求得滔天先一年壬寅所发行之新著作,本其一知半解之日文知识(吾曾在江南陆师学堂习日文)择要移录,成此短书。一时风行天下,人人争看。竟成鼓吹革命之有力著述,大出意外。"(章士钊:《疏黄帝魂》,中国人民政治协商会议全国委员会文史资料研究委员会编:《辛亥革命回忆录》第 1 集,第 243 页)是书于 8 月完成,序称:"孙逸仙者,近今谈革命者初祖,实行革命者之北辰,此有耳目者所同认。则谈兴中国者,不可脱离孙逸仙三字。非孙逸仙而能兴中国也,所以为孙逸仙者而能兴中国也。""且为此广义以正告天下,以视世之私谊而相标榜主

张伪说迷惑天下者,读此书者当能辨之矣。"卷首有章太炎序词:"索
虏昌狂泯禹绩,有赤帝子断其嗌,拼迹郑洪为民辟,四百兆人视兹
册。"又有秦力山序:"四年前,吾人意中之孙文,不过广州湾之一海贼
也","而孙君乃于吾国腐败尚未暴露之甲午乙未以前,不惜其头颅性
命,而虎啸于东南重立之都会广州府,在当时莫不以为狂。而自今思
之,举国熙熙皞皞,醉生梦死,彼独以一人图祖国之光复,担人种之竞
争,且欲发现人权公理于东洋专制世界,得非天诱其衷、天锡之勇者
乎?"热心家初出门任事时,其进诚锐,意若曰以齐王犹反手,而不
知前途有无限之荆天棘地;至一旦失败,则又徜徉于歧路,是以朝秦
暮楚,比比皆是,此则孙君之所以异乎寻常之志士,读者之所当注意,
吾辈之极宜自励者。"时《中国白话报》为之刊登告白:"孙逸仙为二
十世纪中国特色之人物,此人所同认,而其议论与事实,人多知之而
不能详","故此书必有影响于国民,非寻常传记之书可比,不可不
读。"(《中国白话报》1904 年 1 月 2 日)有署名"黄天"者作读此书题词:
"哀哉吾黄胤,宛转奴圈里。自为亡国民,悠悠二百祀。欲雪此奇辱,
革命岂容已。堪笑蚩蚩者,醉生复梦死。中山殆可儿,伫看萧云起。"
(《题孙逸仙用前韵》,《江苏》第 11、12 期合刊)

△ 柳亚子编撰《中国灭亡小史》,其第四章《民族主义之风潮》
之丁《孙佚仙》,依据《三十三年之梦》叙述孙中山生平事迹,并称:"人
虐天饕,英才尽矣,独佚仙热心共和,舍身民族,虽遭蹉跌,志不稍懈,
十年磨剑,树独立之旄旗:九世复仇,理不平于种族。他日驱除异类,
光复旧疆,扬自由革命之潮,为东大陆之华、拿,其在斯人欤? 其在斯
人欤"?"江东子弟多才俊,卷土重来未可知,海天万里,佚仙其自爱
哉。"①(《复报》1907 年第 8 期)

---

① 此文刊载时注明"乃中国少年之少年癸卯年旧著,屡欲出版,以种种因缘淹迟不
果"。(《〈中国灭亡小史〉全稿目次》,《复报》第 3 期)

1904年(清光绪三十年　甲辰)三十八岁

1月2日(癸卯年十一月十五日)　高旭发表《好梦》,表达自由、均富、平等、民主的美好愿景。

诗云:"游戏公家园,跳舞自由身。一切悉平等,无富亦无贫。黄金贱如土,况乃铜与银。工场即公产,所得幸福均。有遗路不拾,相爱如天亲。夜卧如开户,亦不设巡警。卅家立一长,原无君与民。人权本天赋,全社罔不遵。天然有法律,绮妷风俗醇。一片太和气,团体乐国春。"(《政艺通报》1904年1月2日)

1月11日(十一月二十四日)　在檀香山国安会馆加入洪门,受"洪棍"之职。(《国父革命运动在檀岛》所引洪门入会名册)

先是,孙中山以斗争余暇前往茂宜岛谒其母及兄孙眉,"其母舅杨文纳鉴于总理丙申年(1896年)第一次游美,成绩不佳,实由缺乏同志相助,因力劝总理在檀加入洪门会党,加强革命党之势力。且谓现时保皇党机关林立于美洲各埠,倘不与洪门人士合作,势难与之抗衡"。"及总理重莅檀岛,遂浼洪门前辈叔父钟水养向洪门致公堂①介绍入闱(洪门称入会为入闱)。致公堂职员中有身跨保皇会籍者,

---

①　孙中山加入洪门之机构是否为致公堂存有异义。郝平指出:"在不少有关孙中山的书籍中,都提到孙中山于一九〇四年一月在檀香山参加了洪门会组织致公堂。实际上这一说法是不准确的,因为当时夏威夷的洪门会组织只有一个,就是国安会馆。孙中山当年加入洪门会的记录,至今还完整无缺地保存在檀香山国安会馆的档案中。"(郝平:《孙中山革命与美国》,第119—120页)

对于总理之加盟，表示反对。钟水养曰：'洪门宗旨，在于反清复明，孙某未入洪门，已实行洪门宗旨多年。此等人已招纳之不暇，何可拒之门外？'反对者不能对，致公堂于是择日为总理演特别开台戏（洪门称拜盟日演戏）。同时拜盟者六十余人。由主盟员某大佬封总理为洪棍。"（冯自由：《革命逸史》第 2 集，第 101—102 页）黄三德记："孙文初进洪门，在檀香山，由三德策划，令其加入者也。因为孙文曾到美国，运动华侨作反，华侨不理之，尤其香山人最恶之，所到皆飨以闭门羹，运动无所入。三德乃为策划，由三德先写介绍函，寄到檀香山正埠国安会馆各昆仲，许其加盟。孙文亲在五祖像前发三十六誓，愿遵守洪门二十一条例十条禁。于是洪门封以洪棍之职，孙文欣然接受之。至光绪三十年甲辰，三德又致函檀香山洪门昆仲，请其资助孙文来美国。盖当时八国联军破京师，创巨痛深，清廷犹不肯真诚改革内政，三德以为非实行武力革命，不足以救国，故引孙文为同调，欲助成之。"（黄三德：《洪门革命史》，第 2—3 页）

1 月 13 日（十一月二十六日）　《俄事警闻》发表《告保皇会》，宣传康、梁一派虽以保皇相号召，实以民权、革命为主义，近日携巨款归，有望发动革命。

《告保皇会》称："贵会首领素持一定之主义，阳托保皇之名，阴行革命之实。康有为，最先倡民权之人也（梁启超之说）；梁启超，著《新民丛报》以鼓吹革命主义之人也。康氏鉴于中国之形势及中国人民之文明程度，谓保皇之名最足以笼络人心，敛聚资财，故虽遭政府之严禁，之屠杀，而千屈万折，仍坚持其主义不变。今□果然不负所望，梁氏美洲之行，聚敛三百余万金以归。善知保皇会之真面目者，谓保皇会实行革命之期至矣。"（《俄事警闻》1904 年 1 月 13 日）

1 月 27 日（十二月十一日）　郑贯公在香港创办《世界公益报》，宣传革命思想。

郑贯公本为兴中会机关报《中国报》的记者，黄世仲特辞退《中国报》席，以助其成。（冯自由：《革命逸史》第 2 集，第 42 页）此报"论调略同

《中国报》，而色彩不如《中国报》之鲜明，特注重诙谐文字及讽刺图画，于宣传革命，亦甚有力。世称香港革命报之第二家者是也"。此报资本全出自耶教徒林护、冯活泉、谭民三等，郑氏任职半载后不愿受耶教范围之拘束辞职他去，继任编辑者为李大醒、黄世仲、黄伯耀、黄鲁逸等。黄世仲任职最久，自其殁后，销量大减。（冯自由：《华侨革命开国史》，荣孟源主编：《华侨与辛亥革命》，第11页；杨光辉等编：《中国近代报刊发展概况》，第216页）

1月（十二月）　在檀香山组织中华革命军。

是月，在檀香山正埠温逸街（Vmeyard st.）四大都会馆三楼创立中华革命军①。晚间招人报名入会，自为主盟，其誓词与在希炉所用相同。（吴相湘：《孙逸仙先生传》上册，第402页）相继加入者有黄旭升、曾长福等数十人。"总理此时已蓄意扩大兴中会之宗旨及组织，而改订团体名称矣。"（冯自由：《革命逸史》第4集，第21页）又以发行军需债券名义募款，以供起义之需。规定实收美金一元，"本军成功之日，见券即还本息十圆"。（《中国革命党在檀小史》所附原件照片）因梁启超刚为保皇会募捐不久，结果仅得二千余元。

期间，来访求医者甚多，遂一一诊视施术，不受谢金。（《孙公中山在檀事略》）又结纳志士，广交游，常偕郑金、郑照兄弟至问拿甚街（Maunakea st.）阮德餐馆宵夜。时有余揖者（后任万那联义会副总理）亦常至该餐馆宵夜，诋之欲做帝王。遂斥之曰："余舍身毁家者，乃为革命，救国救民，不甘为满奴耳。我岂是要做王帝？"（苏德用：《国父革命运动在檀岛》，蒋永敬编：《华侨开国革命史料》，第79页）侨胞闻之，群皆翕服。

△　在《檀山新报》发表《驳保皇报书》。

前此在檀香山活动，对当地保皇党之活动造成冲击，犹以《敬告同乡书》之宣传，使该党颇为恐慌。该党《新中国报》遂于1903年12月29日刊登陈仪侃《敬告保皇会同志书》反击此文。因此撰文驳斥："彼

---

①　据《檀山华侨》，该地于1906年始立四大都会馆。

开口便曰'爱国',试问其所爱之国为大清国乎,抑中华国乎? 若所爱之国为大清国,则不当有'今则驱逐异族谓之光复'之一语自其口出。若彼所爱之国为中华国,则不当以保皇为爱国之政策。盖保异种而奴中华,非爱国也,实害国也。"批判其所谓"革命必召瓜分"的谬论,谓:"曾亦知瓜分之原因乎? 政府无振作也,人民不奋发也。""盖今日国际,惟有势力强权,不讲道德仁义也。满清政府今日已矣,要害之区尽失,发祥之地已亡,浸而日削百里,月失数城,终归于尽而已。尚有一线生机之可望,惟人民之发奋耳。若人心日醒,发奋为雄,大举革命,一起而倒此残腐将死之满清政府,则列国方欲敬我之不暇,尚何有窥伺瓜分之事哉?""今有满清政府为之鹰犬,则彼外国者欲取我土地,有予取予携之便矣。故欲免瓜分,非先倒满洲政府,别无挽救之法也。"并论证了中国人民禀有民权自由之性质,进而说:"推彼之意,必当先经立宪君主,而后可成立宪民主,乃合进化之次序也。而不知天下之事,其为破天荒者则然耳,若世间已有其事,且行之已收大效者,则我可以取法而为后来居上也。""夫今日专制之时代也,必先破坏此专制,乃得行君主或民主之立宪也。既有力以破坏之,则君主民主随我所择。如过渡焉,以其滞乎中流,何不一棹而登彼岸,为一劳永逸之计也。"(《孙中山全集》第 1 卷,第 233—238 页)

因计划赴美,函托冯自由代聘原《中国日报》记者陈诗仲来檀任《檀山新报》主笔。后陈申请护照不果,改就新加坡《图南日报》,由许直臣、张泽黎先后担任《檀山新报》主笔。《图南日报》开办后,致函《檀山新报》,要求互换报纸,为孙中山所见,知其道不孤,大为快慰。乃移书尤列探询该报为何人组织,以便通讯。尤举陈楚楠、陈诗仲等告之①。(冯自由:《革命逸史》第 3 集,第 181—182 页)

---

① 张永福《南洋与创立民国》记,是年底彼等以《图南日报》不能广销,特制宣传革命之月份牌,分赠华侨。后"流入檀香山,引起孙先生注意。他不远重洋,亲寄二十元美金来购买二十张,以作纪念品,同时来书殷殷奖勉,愿与我们相见"。该书附有 1905 年月份牌原件照片。冯自由亦称寄来月份牌,但年底孙中山已赴欧洲,似不可能在檀香山见此月份牌。

　　经过与同志的合作努力,檀香山华侨革命情绪高涨,保皇党势力日蹇,据《广东日报》报道:"檀香山爱革命者上言,檀香山最奴隶之圣党机关报记者陈某,为所谓圣徒中最富于奴性者。自梁某至檀香山开创保皇会,敛资十余万,藉办汉口富有票。及唐某举事之后,即特派陈某至檀山,为该奴隶党报主笔,以虚张彼党之势力,及谋敛钱之计。不谓近年以来,民智渐开,民族主义,日高万丈,不再为彼辈所愚,而彼党藉种种名目以敛钱之一切奸伪,已暴露于天下,为国民所不容,故海外各地该会中人,已纷纷解散。陈某见人心日离,不能挽回,于是出极卑污下策,名曰保皇会换票,每票收银五毫,凡昔日入彼党者,必要更换新票。若不更换,则昔日所应许之红顶铁路矿路各利益,即与之无涉云。观此,则保皇党之末路,诚足悲矣。不谓一载以来,换票者寥寥无几。陈某自知党势必再无振兴之日,屡思他往,谓近接有圣人要函,特令他急回中国内地,办理机密要急,故即于去年十二月搭轮返港。"(《广东日报》1905 年 3 月 9 日)

　　为配合孙中山扫荡保皇派的斗争,革命派在香港、上海等地所办《中国日报》、《广东日报》、《世界公益报》(1904 年 1 月 27 日创刊,郑贯一主编)、《警钟日报》、《大陆报》等加紧抨击保皇立宪,鼓吹革命排满。3 月 7 日《中国日报》发表《与康有为书》,谓:"自半月以来,议论间多存私见。某等以公理所在,义难缄默,多从而辨正之。原欲足下回示一言,以证其是非而定国民之趋向也。乃足下不置可否,默无一言。""足下大旨,志在颂扬满洲全部,以利用官场,而又偏唾骂清太后一人,彼清太后独非满洲人乎? 则足下言论,为公为私,路人皆见矣。业称胡越一家,以满洲为大禹之后,而又痛斥金、元入华,非我族类,其心必异,前矛后盾,并为一谈。大抵以私言强论公理,则词说间不无出入,此则足下之误有由然矣。请将某等日来之辩诘贵报(指《商报》——引者注)者,尽情复示。他山之石,可以攻玉,则某等之受益,不亦多乎? 如其不然,则所言皆谬,其贻误国民不少矣。今重与足下约,请以长篇快论,反复往来,以证其是非而定今后国民之趋向。"又揭露康、梁乃一丘之貉,梁启超在华侨中散布假革命真保皇,是为虎作伥。《警钟日报》指出:"康、梁,朝廷之忠臣也;孙文,则其仇敌也。"(《警钟日报》1904 年 6 月 23 日)

△ 刘鹗发表《老残游记》第十一回,嘲讽当时"革命"风尚道:"其已得举人、进士、翰林、部曹等官的呢,就谈朝廷革命。其读书不成,无着子弟,就学两句爱皮西提衣或阿衣乌爱窝,便谈家庭革命。一谈了革命,就可以不受天理国法人情的拘束,岂不大痛快呢?"(《绣像小说》1904 年第 16 期)

2 月 8 日(十二月二十三日) 日俄战争爆发,清政府于 12 日宣布"局外中立"。

2 月中旬(十二月底) 陶成章、魏兰自东京至上海,与蔡元培联络协商。后经孙翼中介绍,前往杭州仁和监狱探望白布会首领濮振声,秘密联络会党。(张篁溪:《光复会首领陶成章革命史》,中国史学会主编:《辛亥革命》第 1 册,第 522 页;陶成章:《浙案纪略》,中国史学会主编:《辛亥革命》第 1 册,第 22 页)

2 月 26 日(甲辰年正月十一日) 《警钟日报》发刊。

前此,蔡元培等人组织对俄同志会,并于 1903 年 12 月 15 日发刊《俄事警闻》,宣传爱国思想。1 月 12 日,经对俄同志会议决,改名《警钟日报》,以"抵御外侮,恢复国权"为宗旨。此报"实继承《苏报》与《国民日日报》之系统,主笔政者有刘光汉、陈去病、林獬、林宗素诸人"。(冯自由:《革命逸史》初集,第 136 页)《俄事警闻》"不直接谈革命,而常译述俄国虚无党历史以间接鼓吹之",(高叔平主编:《蔡元培全集》,第 324—325 页)而此报"尤能针贬〔砭〕时政,阐扬革命"。(冯自由:《革命逸史》第 3 集,第 186 页)4 月 28 日,中国教育会将此报定为机关报。1905 年 3 月被封禁。

2 月 28 日(正月十三日) 刘师培函劝端方,举两湖之地,归顺汉族。

略谓:"自满洲肇乱,中原陆沉……盖二百六十年于兹。""光汉幼治《春秋》，即严夷夏之辨；垂髫以后，日读姜斋、亭林书，于中外大防尤三致意。""值此诸夏无君之时，仿言论自由之例，故近年以来，撰《黄帝纪年说》、撰《中华民族志》、撰《攘书》，垂攘狄之经，寓保种之义，排满之志，夫固非于伊朝夕矣。""今者俄日战争，宣布中立。瓜分惨祸，悬于眉睫。汉族光复，此其时矣。观于广西会党蔓延西南，浦东盐匪起义，江浙汉族之民又孰不兴我义旗，以恢复神州之土哉。俟光复功成，固当援冉闵戮胡之例，歼尔贱夷"，"为尔辈计，莫若举两湖之疆，归顺汉族。"（王凌：《有关刘师培一则反清史料》，《历史档案》1988 年第 3 期）

是年春　湖北学生愤于日俄密约，形成革命团体。

湖北"兴学最早"，"第一批留日学生吴禄贞、刘成禺等首先鼓吹革命排满"，"会日俄为东三省事缔结密约，学生大愤，乘机集会于曾公祠，为极激烈之演说，武汉人心大震"，"自是湖北学生界遂暗中有一革命团体矣。其中坚分子为李书城、时功玖、孔庚、朱和中、史青、贺之才、胡秉柯、耿觐文、魏宸组、曹亚伯、陈同如、时公璧、冯特民诸人"。（冯自由：《革命逸史》第 2 集，第 125 页）

△　湖南长沙圣公会牧师黄吉亭"另设日知会①为革命机关，会址在吉祥巷，湘省志士黄兴、刘揆一、宋教仁、胡瑛、陈天华、易本羲、禹之谟等皆为会员。"（冯自由：《兴中会时期之革命同志》，中国史学会主编《辛亥革命》第 1 册，第 208 页）

△　上海别树爱国协会，为华兴会外围组织。杨守仁为会长，章士钊为副会长。蔡元培、陈独秀、蔡锷皆为会员。此会革命计划，以暴动为主，暗杀亦在讨论之列。特后者黄兴不甚赞成，而杨守仁认为必要。（章士钊：《与黄克强相交始末》，田伏隆主编：《忆黄兴》，第 127 页）与华兴会其他外围组织如同仇会、黄汉会分别做会党、新军工作不同，此

---

①　日知会初创于 1900 庚子事变后时，原本仅为收藏书报，供会众浏览，与政治无与。（曹亚伯：《武昌革命真史·长沙日知会账目跋》，李希泌等主编：《中国古代藏书与近代图书馆史料（春秋至五四前后）》，第 182 页）

会主要吸收中上层知识分子。(黄一欧:《辛亥革命杂忆》,田伏隆主编《辛亥革命在湖南》,第91页)

△　陈楚楠、张永福等在新加坡创办《图南日报》。

新加坡富商陈楚楠及其友人新长美布匹店主人张永福,咸具革命思想。曾联名致电驻沪英国领事勿引渡章、邹二人,后又集资翻印《革命军》五千册,改名《图存篇》输入内地,宣传革命。"继以提倡革命,非创设报馆不可",故出资组织《图南日报》为言论机关。自癸卯年秋冬间开始筹备,甲辰年春正式出版。初由尤列介绍郑贯一任总编辑,后改聘《中国报》记者陈诗仲,此外更聘尤列为名誉编辑,黄伯耀、何德如、康荫田、胡伯镶、邱焕文诸人分任撰述译务。"初以风气未开,颇惹各商店反对,仅销售三十余份。寻人心日渐归附,乃递增至二千数百份。"(冯自由:《革命逸史》初集,第172页;第6集,第163—164页)

3月9日(正月二十三日)　领取檀香山出生证。

是时,美国政府正加紧排华,孙中山欲于月内赴美大陆,其兄孙眉、母舅杨文纳劝其领取檀香山出生证,以便入境,防止保皇党从中阻扰。(冯自由:《革命逸史》第2集,第110页)檀香山出生证为:"夏威夷疆省柯湖(Oahu)岛成年人第二十五号。本人孙逸仙,先经宣誓后,兹作证称:凭我所知和所言,我乃于一八七〇年十一月二十四日在柯湖岛衣华(Ewa)镇之位问奴(Waimanu)地方诞生。我是一名医生,现在茂宜(Maui)岛的姑剌(Kula)地方行医,我家居住在姑剌。我父亲孙达成于一八七四年前往中国,约八年后在那里逝世。本人作此誓词,旨在证明我的身份,并提供我出生于夏威夷的进一步证据,所附照片为本人最近肖像。孙逸仙(签名)。以上证词于一九〇四年三月九日我在场时签字和宣誓。夏威夷疆省第一司法巡回处公证人。凯特·盖利(签名)(加盖公章)。"(《孙中山全集》第1卷,第239页)3月13日,在法院宣誓后领到美国岛居人民所持之护照。(托马斯·威廉·甘士桥:《1922年以前孙逸仙与美国关系之研究》[Ganschow, Thomas Willian: *A Study of Sun Yat—sen's Contacts with the United States Prior to*

1922]，第 27 页，1971 年哲学博士论文)

3月31日(二月十五日) 乘"高丽"号(S. S. Korea)邮船离檀香山赴旧金山①。(夏曼：《孙逸仙的生平及其意义》，第 80 页)

行前，欲作最后演讲，加以广告宣传。是日适清贝子溥伦赴美经檀，侨商中有设筵欢迎之者。因是暂停演讲，且赴宴。有人问曰："孙博士为排满革命大家，何以参与欢迎皇叔之宴会?"答曰："余非有欢迎之心，所以与会者，欲认识其人而已。"(《中国革命党在檀小史》)

据日本东京《朝日新闻》报道："中国革命党首领孙逸仙前在布哇密待时机，近往美洲大陆。现时东洋时局，其心所期许者，以俟便归国改革中国为共和政体。而抱此急进主义，在布哇时已纠合同志多人，一旦得机，当有风行雷厉之举动也。"(《警钟日报》1904 年 4 月 1 日)此行川资费用由李安邦负担。孙眉因美国新颁土地之条例，财产大受损失，只赠以优质龙涎香一枝，以备经济困难时之需。濒行时遗书陈少白、冯自由二人，使在香港、日本两地多寄文稿与《隆记报》，以助其声势。(冯自由：《革命逸史》第 2 集，第 101—102 页)李安邦、夏百子、郑金三人护送下船，所乘为头等舱。(黄大汉编《兴中会各同志革命工作史略》，丘权政等编：《辛亥革命史料选辑》，第 58 页)行前对西报记者说及行程，计划于夏间到中国大举起义，倾覆满洲，惟不肯告以地点。记者祝之曰："我望有日得了消息，汝被举为中华民国大总统。"遂莞尔一笑。(《孙公中山在檀事略》)

△ 《广东日报》在香港创刊。

《广东日报》由郑贯一创办，"宗旨略同《中国日报》，是为香港革命报纸之第三种。"郑贯一自任主编，黄世仲、王军演、胡子晋、陈树

---

① 或离开檀日期为 3 月 27 日，而于 3 月 31 日抵达旧金山。(《国父革命运动在檀香山》)史扶邻以为夏曼所用乃美国原始材料，最为可靠。([美]史扶邻：《孙中山与中国革命的起源》，第 286 页)但下引《警钟日报》转载东京《朝日新闻》之报道，日期为 4 月 1 日，则亦有稍前之可能。又据李安邦记，孙中山所乘为"码利波沙"号邮船。(黄大汉编《兴中会各同志革命工作史略》，丘权政等编《辛亥革命史料选辑》，第 57 页)

人、卢伟臣、劳纬孟诸人任撰述编辑。开办一年后因经费不足而停办。(冯自由:《华侨革命开国史》,荣孟源主编:《华侨与辛亥革命》,第10页)

3月(二月)　郑权、郑祖荫在福州成立汉族独立会。

4月6日(二月二十一日)　抵旧金山,被美国移民局拘禁。经黄三德等奔走,始于28日获准入境。

行期为保皇党陈仪侃等得知,并预先将此消息通告旧金山同党,设法阻其入境,以为报复。旧金山保皇党遂告清总领事何祐(何启兄弟)。何欲借此向清廷邀功,乃关照美国海关,谓有中国乱党孙某将于某日搭某船抵美,请禁其入境,以全两国邦交。恰值是时清廷派溥伦赴美参加圣路易博览会,预定于4月20日抵达美国。美国政府为避免届时发生暗杀等意外事件,认为使著名革命者与清朝王子隔离较远为最好方法,下令移民局官员尽量找寻孙中山持用文件的错误,将其拘留三周,俟溥伦离旧金山后一周,再恢复其自由。"高丽"号抵旧金山时,移民局官员登轮查验护照,指孙为中国乱党,命留船听候讯问,不准登岸。嗣又借口孙所持为发给在外国出生之中国人的第六号证书,并不能取得美国公民权利。何祐更力言孙系生长广东香山县,所持护照,必为伪造。次日,"高丽"号启航,乃将孙送至码头附近移民局附设的木屋拘禁。《三藩市调查报》(*The San Francisco Examiner*)报道此项消息,引起当地唐人街许多商店店员的愤怒,对此表示严厉斥责。(夏曼:《孙逸仙的生平及其意义》,第81—82页;甘士桥:《1922年以前孙逸仙与美国关系之研究》,第28—29页)在拘禁期间,应美方询问,撰英文自白书,谓:"我名孙逸仙,出生于檀香山,希望在一八九六年初或一八九五年底从香港返回檀香山。我在檀香山停留四五月后前往旧金山,在七月前不久抵达此间。我是以上海发的学生与观光客的第六类证件抵达此间。我是以中国国民的身份来此。我从旧金山经纽约到伦敦,并从此间经加拿大到日本。我从日本返回檀香山后,于一九〇一年二月左右到达此间。他们曾查询一些证人,并承认我是当地出生的公民。我没有(证明)文件,我到檀香山一向不带文件。自从我于一八九六年以中国身份抵此后，即未再采取任何行动恢复美国公民身份，除了今年三月取得夏威夷州长发给的护照前曾宣誓效忠美国，放弃我的另一国籍。"（郝盛潮主编、王耿雄等编：《孙中山集外集补编》，第23页）

囚禁数日后，经移民局询问，被判令出境，候原船返回檀香山。因此焦灼异常，忽于同室被禁华人所阅《中西日报》上见有"总理伍盘照"字样，想起1895年亡命出国时粤中教友左斗山、杨襄甫尝为之作函介绍于此人，即草一函："现有十万火急要事待商，请即来木屋相见。勿延！"托卖报西童交给伍氏。伍赶来后，告其详情，又将左斗山等致司徒南达、伍盘照的介绍信呈上，函称："携此信之人忠心为国，请尽力相助。"伍遂与司徒等人商议营救方法。是时，盘照兼任领事馆顾问，先与何祐协商，勿将此事禀报公使，又往当地致公堂访英文书记唐琼昌，请其设法营救。旧金山致公堂为全美各埠洪门分堂之总部，宗旨虽号称反清复明，然以代远年湮，会中分子多已丧失本来面目，其任事职员身跨保皇籍者亦不乏人。独总堂大佬（主盟员之称）黄三德及英文书记唐琼昌平日热心革命，尤钦佩孙中山学行。嗣闻其入境受阻，大为愤激，琼昌即偕盘照同访致公堂顾问美律师斯弟杰尔（O. P. Stidger），请其依法相助；复往木屋叩以此案详情。

斯弟杰尔出面向移民局声明，即向美国工商部上诉，并依五百元保证金之移民法例。当由致公堂以士波福街楼业向保单公司具保五百元，担保孙中山出外听候美京判决。遂由木屋释出，往致公堂会所下榻，与该堂职员和当地华侨司徒南达、伍子衍、邝华汰、雷清学、邓干隆等极为相得。28日，美国工商部判决书到，承认出生证书，允许入境。交保所有法律费用均由黄三德代付①。（冯自由：《革命逸史》第2集，第102—105页）

---

①　据李安邦记："美政府将先生留困木屋，先生乃电檀着安邦筹款解汇。安邦闻讯，即请律师纽文辩护，随汇美金二千五百元与先生为讼费，并电致公堂诸同志帮助一切，先生始得登埠。"（黄大汉编《兴中会各同志革命工作史略》，丘权政等编《辛亥革命史料选辑》，第58页）

4月9日、11日(二月二十四日、十六日)　赵声发表《保国歌》，主张"排满"光复，先革命后立宪，参照英美共和立国。

诗云："莫打鼓来莫打锣，听我唱个保国歌，中国汉人之中国，民族由来最众多。堂堂始祖是黄帝，四万万人皆苗裔，嫡亲同胞好弟兄，保此江山真壮丽。可怜同种自摧残，遂使满洲来入关，凶悍更加元鞑子，杀人如杀草一般。痛哭扬州十日记，嘉定屠城尤骇异，奸淫焚掠习为常，说来石人也垂泪。不平不平大不平，贱种乳臭皆公卿，食我之毛践我土，忘恩负义太无情。八旗驻防防家贼，食官个个良心黑，追比乐输还劝捐，忍气吞声说不得。视臣土芥民马牛，科名笼络如俘囚，诗狱史祸相接踵，名节扫地衣冠羞。农工商贾饥欲死，行省处处厘金抽，中有当兵最懵懂，乱山多是湘军家。急来招募扣口粮，闲时只是杀游勇，固本京饷年复年，大半同胞买命钱。民脂民膏吃不了，圆明园又颐和园，忽纵奸王攻使馆，复媚洋人摊赔款。招信股票最欺人，杀戮忠良天不管，苛政淫刑难尽书，九幽十八狱何如。到此差役更骚扰，牵了耕牛又牵猪，哀哉奴隶根性好，华人鼓里方睡觉。台湾割让又胶州，火烧眉毛全不晓，非我族类心不同，把我土地媚群凶。欧美环伺态分剖，外洋又复逐华工，彼昏不知纵淫乐，大做万寿穷需索。权阉汉毒成官邪，哭天无路将谁托，弃东三省家安归，将见行酒穿青衣。失地当诛虐可杀，难道人心无是非，我今奋兴发大愿，先行革命后立宪。众志成城起义兵，要与普天雪仇怨，不为奴隶为国民，此是尚武真精神。野蛮政府共推倒，大陆有主归华人。第一合群定主意，大众齐心兼努力，新湖南与新广东，社会秘密通消息。第二不要吃洋烟，体操勤学勇当先。忠信为主养公德，破除私见相勾连。第三武备要时习，权利收回期独立。专精实业开学堂，热心教育当普及。第四不必闹教堂，不扰租界烧洋房。杀人放火皆禁止，要爱百姓保一方。第五演说无观望，说得人人都胆壮，民智渐开民气昌，保你千妥又万当。第六政府立中央，议员公举开明堂，外人干预齐力拒，认清种族凭天良。第七不为仇尽力，无作汉奸剪羽翼，同类相爱莫相残,满洲孤立正在即。第八同心不可当,一家不及十家强,你家有事我帮助,扶起篱笆便是墙。你救我来我救你,各种人情各还礼,纵然平日有猜嫌,此时也要结兄弟。民族主义大复仇,二百年后先回头,还我江山归旧主,不逐胡人誓不休。大家吃杯团圆酒,都是亲戚与朋友,百家合成一条心,千人合做一双手。各有义胆与忠肝,家家户户保平安,修明宪法参英美,共和大国常交欢。布告天下飞一纸,救民水火行其是,我以竞争求和平,荡秽除残莫怕死。四方豪杰一齐来,虚怀延揽唯其才,直言普告州和县,地方自治无兵灾。古来天下无难事,人若有心可立至,你们牢牢记在心,浩然之气回天志。仔细听我保国歌,天和地和人又和,取彼民贼驱异类,光复皇汉笑呵呵。"(《中国日报》1904 年 4 月 9 日、11 日)

4 月 12 日至 15 日(二月二十七日至三十日) 《警钟日报》刊登刘师培《攘书》出版广告。

刘师培大致在是年一月撰成《攘书》。刘在《攘书目录》中诂定"攘"义,谓:"攘,《说文》云推也,段注以为即退让之义。吾谓攘字从襄得声,辟土怀远为襄字,即为攘夷之攘,今《攘书》之义取此。"讲究华夷之辨,倡导反满革命。(《刘申叔先生遗书》第 18 册,第 1 页,宁武南氏1936 年出版)广告谓:"欧洲大革命之起,必赖三四文豪以鼓吹之。文豪之所鼓吹,盖即古学复兴时代也。不历此阶级,则人人无保存国粹之心,而举凡所谓爱国保种皆虚语矣。夫国且不知爱,于何有种,且不辨保奚之云。是书为吾国大汉学家仪征刘光汉所著……发国人类族辨物之凡,取《春秋》内夏外夷之例,考文征献,核诂明经,发思古之幽思,铸最新之理想,置之四千年古籍中,当占一席。即置之东西鸿哲诸册子中,亦不愧为伟著矣。""凡我国民有欲饮革命之源泉而造二十世纪之新中国者,不可不人手一编也。"(《警钟日报》1904 年 4 月 12日—15 日)

4 月 22 日(三月初七日) 西太后为庆祝七十寿辰颁布懿旨,内称:"因思从前获罪人员,除谋逆立会之康有为、梁启超、孙文三犯,实属罪大恶极,无可赦免外,其余戊戌案内各员,均着宽免其既往,予以自新。"(朱寿朋编:《光绪朝东华录》五,总 5191 页)

4 月 26 日(三月十一日)　去年 12 月 7 日致友人函经《警钟日报》发表。

此信有编辑案语,谓:"孙逸仙为吾国革命巨子,其事迹蠹烈于环球。自庚子后外势力之侵入益甚,其起视吾国殊为梦梦。然则谓今日革命能以有成,能以救亡与否,仆不能无疑。兹探得孙氏有致某君之手书,特录其言奉上,请揭之报端,以供海内志士之评判。"(《警钟日报》1904 年 4 月 26 日)

4 月(三月)　湖南留日学生仇鳌等人在东京成立新华会,旨在响应华兴会的革命活动。

5 月(三月至四月)　在旧金山积极发动华侨,多次举行演说,刊行《革命军》,推销军需债券,改组《大同日报》,并倡议致公堂总注册。

旧金山保皇会势力强大,有会员约万人,为加州保皇会总部,下辖六个分会,并发行《文兴日报》为机关报。(梁启超:《新大陆游记》,《饮冰室合集》专集第 5 册,第 104 页)针对这一情形,当时由偏向革命的黄三德"召集致公堂叔父昆仲会议数次",决定资助革命,遂受邀赴美。(《洪门革命史》,《孙中山与美国》,第 151 页)本月初,赴华盛顿街丹桂戏院发表演说,当地致公堂机关报《大同日报》报道:"旧金山大埠致公堂同人于某日请革命家孙逸仙初次在丹桂戏院演说爱国要义,来听者甚众,约二千多人。由十二点钟起讲,黄三德介绍孙于众,孙遂起而演说,至两点钟止,听者津津有味。说毕,拟于翌日请孙在升平戏院再行演说云。"(《广东日报》1904 年 7 月 8 日)[①]因受清吏阻挠,实际效果并不如意。是月六日,清政府驻旧金山总领事何祐在唐人街张贴布告,称:现有一革命领袖来此,应用谎骗说词鼓动居民。受过教育者易于了解其目的在于募集金钱以供享受浪费,务盼年老居民勿受其

_____

①　此消息《警钟日报》于 6 月 19 日以《党魁演说》为题亦予转载,文字略有不同。

骗,青年子弟亦须小心此人,以免钱财被骗,增加烦扰。当地报载,多数华人相信此布告内容属实。(夏曼:《孙逸仙的生平及其意义》,第 83 页)又据当事人黄三德回忆:"当时中国公使通告捉拿孙文,故华侨多不敢与之接近。其在戏院演说,所发言论,又不能感动华侨,听者皆谓其无学识,到各铺户拜客,亦招呼懒慢。"(《洪门革命史》,《孙中山与美国》,第 151 页)

某日,演说谓:"在我国建立宪政政府的斗争必将获得最后胜利,这是一系列斗争中的一次。除了那些横行不法,从而争取金钱权力的帝国主义代理人之外,全中国人民都站在我们一边。"并表示:"我们试图尽力采取一切手段,不经流血而夺取全国和建立政府。"(《在旧金山的演说》,《孙中山全集》第 1 卷,第 239—240 页)

"先是,总理在檀时已预印就革命军需债券若干,为到美募饷之需。嗣抵旧金山,始知华侨风气尚极闭塞,其稍开通者非属保皇会员,即为基督教徒,乃商诸黄三德、伍盘照等,拟借资印刷邹容著《革命军》一万一千册,分寄美洲及南洋各地侨胞,以广宣传。黄、伍等均表同情,并由《中西日报》担任排印,订价五百元。书成后,总理以所订五百元印费无从筹措,乃请致公堂报效寄书邮资,而《中西日报》则不收印费,作为捐赠。黄、伍等慨然从之。全美华侨得此有力宣传品之启导,不及半载,知识为之大进,此书之力为多焉。同时总理更欲借此扩张党势,拟先从具有新思想之基督教徒入手,乃召集教友之有志者,假士作顿街长老会正道会所开救国会议。众推邝华汰博士为主席。""是日总理于说明革命主义之后,提议请座众购买革命军需债券,谓:'此券规定实收美金十元,俟革命成功之日,凭券即还本息一百元。凡购券者即为兴中会员,成功后可享受国家各项优先权利'云云。各教友对于购券事,均甚赞成,惟闻凡购券者即为兴中会员一节,多谈虎色变,谓吾辈各有身家在内地,助款则可,入会则不必。总理乃谓:'此举志在筹饷,入会与否,一惟尊便。此项债券票面并不写姓名,可勿过虑。'众无异言。于是各教友先后购券,得美金二千七百余元。""未几邝华汰复在卜技利埠(Berkeley)募得一千三百余元。"然正式宣誓入会者仅邝华汰一人。(冯自由:《革命逸史》第 2 集,第 105—106 页)

致公堂机关报《大同日报》创立于 1903 年[①],由唐琼昌任总理,保皇派欧榘甲任总编辑。孙中山到美后,欧于报上著论排斥,诋洪门尊重孙中山为不智。黄三德等初欲孙、欧合作,再三劝告,欧不顾,遂将其辞退,请孙荐人承之。遂介绍冯自由为《大同日报》驻日通信员,并托其物色留日学生充任该报总编辑。冯初荐马君武,马以事辞,后由刘成禺应聘。6 月以后,刘成禺由日本经上海来旧金山就职,使该报成为革命派在美言论机关,与保皇派展开论战,华侨受其影响者日众。(冯自由:《革命逸史》初集,第 153—155 页;第 2 集,第 110—112 页)

旧金山华侨有秘密团体二十四:致公堂、保安堂、聚良堂、秉公堂、秉安堂、安益堂、瑞端堂、群贤堂、俊英堂、协英堂、昭义堂、仪英堂、协胜堂、保善社、协善堂、合胜堂、西安社、敦睦堂、萃胜堂、松石山房、安平公所、萃英堂、华亭山房、洋文政务司、保良堂、竹林山房。咸同年间,有广德堂(四邑)、协义堂(三邑)、丹山堂(香山),统名为三合堂,为该地秘密结社之嚆矢。太平天国失败后,余党以海外为尾闾,三合会因而独盛。其后改名为致公堂。"致公堂者,三合会之总名也,各埠皆有,其名亦种种不一,而皆同宗致公。虽然,致公以下复分裂为前表所列之二十四团体者。然则致公之为致公,亦可想矣。全美国十余万人中,其挂名籍于致公者,殆十而七八。而致公堂会员中,殆无一人不别挂名于以下各团体者。致公派者,以倾满洲政府为目的者也。""以上诸团体,轧轹无已时,互相仇视,若不共戴天者然。

---

① 冯自由称该报创立于 1902 年,欧榘甲曾以"太平洋客"笔名在该报发表《说广东宜速筹自立之法》长文(即《新广东》)。而梁启超 1903 年《新大陆游记》称之为"新立者",且《大同日报缘起》为 1903 年 10 月《新民丛报》38 期、39 期合本转载,应创办于 1903 年下半年。欧榘甲文实则连载于《文兴日报》,当时欧任是报主笔。(丁文江等编:《梁启超年谱长编》,第 287 页)

忽焉数团体相合为一联邦，忽焉一团体分裂为数敌国，日日以短枪、匕首相从事，每岁以是死者十数人乃至数十人。"（《新大陆游记》）"孙总理既助唐琼昌改组《大同报》，诇知致公堂内容复杂，堂内职员，除三数热心家外，多半泥守旧习，毫无远大理想。而各分堂对于总堂之关系，大都阳奉阴违，有名无实，尤以美东各埠为尤甚。欲恃其筹饷救国，实属戛戛其难。乃向党内各职员建议举行全美会员总注册之策，略谓在美洪门会员既有十数万人，若能重新举行登记，不独足以巩固团体，回复威信，且可借此收集巨款，为公堂基金及协助国内同志起义之需。且愿亲往游历各埠，劝告洪门手足同勷义举。各职员大为赞成，即请总理起草总注册章程，并举总理与黄三德大佬二人出游各埠，鼓励进行。总理于是手订致公堂新章程要义及规程八十条。"（冯自由：《革命逸史》第2集，第113—114页）章程指出："当此清运已终之时，正汉人光复之候，近来各省革命风潮日涨，革命志士日多，则天意人心之所向。吾党以顺天行道为念，今当应时而作，不可失其千载一时之机也，此联合大群，团集大力，以图光复祖国，拯救同胞，实为本堂义务之下不可缺者。""今又有所谓倡维新，谈立宪之汉奸以推波助澜，专尊满人而抑汉族，假公济私，骗财肥己……本堂洞悉其隐，不肯附和，遂大触彼党之忌。今值本堂举行联络之初，彼便百端诬谤，含血喷人。盖恐本堂联络一成，则彼党自然瓦解，而其所奉为君父之满贼亦必然覆灭，则彼汉奸满奴之职无主可供也。其丧心病狂，罪大恶极，可胜诛哉！凡吾汉族同胞，非食其肉、浸其皮，无以伸此公愤而挫兹败类也。本堂虽疲驽，亦必当仁不让，不使此谬种流传，遗害于汉族也。"其纲领规定："本堂以驱逐鞑虏，恢复中华，创立民国，平均地权为宗旨。""本堂以协力助成祖国同志施行宗旨为目的。""凡国人所立各会堂，其宗旨与本堂相同者，本堂将认作益友，互相提携。其宗旨与本堂相反者，本堂则视为公敌，不得附和。"（《民报》第1号）

5月12日（三月二十七日）　黄兴创办东文讲习所（亦称东文学

社)。以补习日文为名,宣传革命思想,培养革命人才。

5月21日(四月初七日)　上海租界会审公廨宣判"苏报案",章太炎、邹容分别被判入狱。

5月24日(四月初十日)　偕黄三德从旧金山出发,北上加州萨克拉门托(Sacramonto)等地,对洪门会众进行宣传和注册。(《洪门革命史》,第7页)

行前,旧金山致公堂向各埠发出公启,内谓:"我洪门宗旨以反清复明为最紧要,而开基二百余年来,事犹未举。岂以时之未至,众之未集耶? 察今日之时局,则清运已终,不可谓非其时也;观今日之团体,则洪门最大,不可谓不众也。而何以我洪门之士日日以反清为心,刻刻以复仇为念,而仍年过一年,未曾一举大义耶? 此无他,无人为之提倡,无人为之指导,则虽有志,不知何所适从也。今幸孙逸仙先生来游此地,以提倡革命为专职,以联络洪门为义务,而先生十年以来建旗起义已经数次,声施卓著,名动全球,想我各埠兄弟早有所闻,无待赘述矣。其事虽不成,然其振起国民之气,激扬革命之潮,功效诚非浅鲜。近者各省读书士子,游学生徒,目击满清政府之腐败,心伤中华种族之沦亡,莫不大声疾呼,以排满革命为救汉种独一无二之大法门。无如新进志士,虽满腔热血,冲天义愤,而当此风气甫开,正如大梦初觉,团体不大,实力未宏,言论虽足激发一代之风潮,而实事尚未能举而措之施行也,只有空怀悲天悯人之心,徒有手无斧柯奈龟山何叹耳。惟我洪门则异于是,团体之大,实力之宏,实为地球上会党之大莫于京者。今欲排满革命,舍我其谁? 洪英洪英,速宜奋发,同心协力,众志成城,共图义举,此则应天顺人,识时合道之作也。兹者我大埠致公堂传集同人,当众谈妥,公举黄三德大佬随同孙先生到来贵地,演说洪门宗旨,今日当办之事务,望各埠大佬职员义伯义兄等竭力赞成美举,庶几不负高溪起义、花亭拜盟之初志也。至于各埠应办之事,当尽之责任,孙先生、黄三德大佬必能面言详细,祈为赐听,采择施行,洪门甚幸。天运甲辰年孟夏旭日(1904 年 5 月 15 日)发。"(《致公堂之公启》,《警钟日报》1904 年 7 月 2 日)

此行历经加利福尼亚州首府萨克拉门托、尾利允(Marysville)、柯花(Oroville)、高老砂(Coluse)等地,历时半月。(《洪门革命史》,第 7 页)孙中山后来函告黄宗仰:"弟近在苦战之中,以图扫灭在美国之保党,已到过五六处,俱称得手。"(《孙中山全集》第 1 卷,第 240 页)

　　△　在旧金山与喜嘉理会晤。结识牧师许芹。

据喜嘉理记述:"倏忽光阴又数年矣,天涯地角,音信阔疏。至 1904 年始于旧金山重遇之,先生谓余曰:'中国痼疾已深,除推翻帝政外,别无挽救之法。'余解之曰:'君曩者主张之改革,中国现已采行矣。'先生雅不乐闻,第曰:'满清恶政府,必不可使复存。'"(喜嘉理:《孙中山先生之半生回观》,尚明轩等编:《孙中山生平事业追忆录》,第 523 页)许芹为广东台山人,久仰孙氏大名,两人一见即成莫逆之交。许闻孙中山欲往纽约,即邀赴其教堂居住。(许芹:《回忆》1932 年版,转引自吴相湘:《孙逸仙先生传》上册,第 413 页)

　　6 月 6 日(四月二十三日)　返抵旧金山。(《洪门革命史》,第 7 页)

　　6 月 9 日(四月二十六日)　偕黄三德由旧金山出发,东行至美国各地继续进行注册宣传活动。

6 月 10 日函告黄宗仰:"弟近在苦战之中,以图扫灭在美国之保党,已到过五六处,俱称得手。今拟通游美地有华人之处,次第扫之,大约三四个月后当可就功。保毒当梁贼在此之时,极为兴盛,今已渐渐冷淡矣,扫之想为不难。惟是当发始之初,而保党不无多少反动之力,因此有一二康徒极恐彼党一散,则与彼个人之利益大有损失,故极力造谣生事,以阻吾人之前途。所幸此地洪门之势力极大,但散涣不集,今已与各大佬商妥,设法先行联络各地洪家成为一气,然后可以再图其他也。故现时正在青黄不接之秋,尚无从为力以兼顾日东之局面也,大约数月之后当有转机也。幸致慰在东国同志,暂为坚守,以待好机之来。除洪家之外,弟更有数路可以有望以图集力者,惟成败未可必耳。"并对在日本同志之困穷境况至为关切。又询问上海同志及东京留学生情况,对陈范在横滨设馆联络各处志士之事表示赞赏,并请黄宗仰等与旧金山致公堂及《大同报》馆通消息,以鼓舞人心[1]。(《孙中山全集》第1卷,第240—241页)

此行日期及路线,据黄三德记,6月9日,往裴士那(Fresno,今译弗雷斯诺)。11日,往北架斐(Bakersfield,贝克斯菲尔德)。14日赴洛杉矶。7月1日,往山爹咕(San Diego,圣迭戈)。7日,往粒巴西(Riverside,里沃赛德)。8日,往山班连拿(San Bernardino,圣贝纳迪诺,以上均属加州)。9日,往力连(Reolands)。10日,往斐匿(Phoenix,菲尼克斯,亚利桑那州首府)。13日,往孖李级巴(Maricopa)。14日,往祖笋(Tusson,图森)。(《洪门革命史》,第7—9页;英文地名据刘伯骥:《美国华侨史》,第437页)

6月23日(五月初十日)　《申报》登载李佳白演讲,旨在讲明外国容留孙、康、梁诸人之法理。

李佳白谓:"自道光以至于今,中外所定条约,多有言及逃犯者。而各国之中,且有因此事而立专约者,如坎拿大与美国、英国与法国、德国与俄国,皆有此等专约。""然亦有条约所定与公法所定之别焉。考中国与英法日美德俄奥荷葡等国所定条约,皆提及逃犯一事。其文曰:中国人民,因犯法逃往外国,由中国地方官照会外国,查明实系罪犯,即当交出,应照与他国所定互相交拿逃犯最优之章程办理。然约虽如此,而各国鲜有照办者,历年中国犯人逃往外国者,颇不乏人,虽由中国官照会外国,而外人不肯拿交,托故推辞,非曰不知下落,即曰查无实罪,且不独中国为然,即各国中亦有如此推诿,佯为不知者。"条约之外,另有公法,"万国公法载有所犯罪名与政府有关系逃

---

①　此信署期为6月10日,但文内称:"今拟游美地有华人之处""此地致公堂"云云,则写信时似未离旧金山。

往外国者,如匿迹悔罪,不生事端,则此国可以容留,无须交出。由此观之,条约所定者,出乎一人之私也。公法所定者,出乎万人之公也。出乎一人之私,则有犯必惩,莫能幸免。出乎万人之公,则视其悔改,犹可网开一面。计中国之人逃往外国者,前有孙文,后有康、梁,而彼辈之所以得免者,免于万人之公,而非免于一人之私。是故论条约,则孙文、康、梁诸人当惩之,论公法,则孙文、康、梁诸人可免之。虽然,孙文、康、梁诸人,岂真免于公法哉?免于英人、日人也"。(《美儒李佳白先生讲义》,《申报》1904 年 6 月 23 日)

6 月底(五月中旬至六月上旬)　军国民教育会成员杨笃生、苏鹏等人组织暗杀团,计划刺杀慈禧。

军国民教育会同志因愤于清廷腐败,内忧外患,更在会中密组一暗杀团,黄兴、周来苏、苏鹏等皆预其事。(冯自由:《革命逸史》第 2 集,第 116—117 页)教育会同人"以制药事业,颇堪应用,乃开会研究对象。时西太后那拉氏,垂帘听政,凡所措施,无非摧毁新政,杀戮新党,酿成拳匪之变,致八国联军入京之惨。且宣言'宁以国家送之友邦,不可失诸奴隶'之语,遂以谋刺那拉氏为第一对象"。苏鹏、杨笃生、张继、何海樵、周来苏等人,转赴京津诸地,寻求机会而不得,遂作罢。(《柳溪忆语》,《中华民国史资料丛编·拒俄运动》,第 317—318 页)

7 月 3 日(五月二十日)　湖北武昌科学补习所成立。

先是,曹亚伯、胡瑛、张难先等,俱认革命非运动军队不可,运动军队,非亲身加入行伍不可。于是,张难先、胡瑛遂投工兵营,充兵士。两人日说士兵,散发《猛回头》《孙逸仙》《黄帝魂》《革命军》等书。常于饭后集操场,讲有关系之故事以激励之,渐渐鼓起兵士革命思想。乃于是日,与同营兵士及学界表同情者,成立武昌科学补习所,到会者三十余人,"以各学堂及各军营中人为最多"。(《湖北革命知之录》,《张难先文集》,第 58—59 页;1904 年 7 月 8 日《警钟日报》)胡瑛任总理,吕大森等为干事,招收"学界同志于正课毕时思补习未完之课"。其公开宗旨为"集各省同志取长补短,以期知识发达,无不完全",(《警钟日报》1904 年 7 月 26 日)该所成员实际以"革命排满"为宗旨,与华兴会秘密联络,计划配合华兴会在武昌起义。

7 月 4 日(五月二十一日)　《申报》发表《马贼论》,论及"昔岁之康、梁、孙文,与夫近日之邹、章诸巨憝,欲图倾覆我圣清宗社,深恐无人肯入其党,故托言爱国,以招徕之"。(《申报》1904 年 7 月 4 日)

7 月中旬(约六月上旬)　由图森赴纽约,与王宠惠、麦克威廉斯(C. E. McWilliams)等会晤。

因运动致公堂事不易收效,遂将注册事宜委诸黄三德,自己则远赴纽约运动留学界及国际方面。抵纽约后,依前约径赴许芹牧师主持的华埠基督教长老会教堂。时许尚未东归,教堂人只得其函告此事,而不知其身份,故仅安置其居于四楼顶小房。许东归后急换一大房款待之。(吴湘湘:《孙逸仙先生传》上册,第 413 页)

复电招留美学生王宠惠、陈锦涛、薛松瀛等来晤,讨论进行革命之外交、财政等问题。并向王宠惠提出五权宪法,以为革命成功实施宪政之准备。时困苦殊甚,欲售所携之龙涎香,不得其值。(王宠惠:《追怀国父述略》;冯自由:《革命逸史》初集,第 153 页)

7 月 22 日(六月初十日)　致函麦克威廉斯,自荐为黄三德的朋友(黄与麦氏为旧识),请其约定时间,登门拜访。(《孙中山全集》第 1卷,第 242 页)会晤时,麦氏建议撰文向美国人民介绍中国革命宗旨。遂按议与王宠惠合作,用英文撰写《中国问题的真解决——向美国人民的呼吁》。

8 月 3 日(六月二十二日)　英国侵略军攻陷西藏拉萨。

8 月 14 日(七月初四日)　黄遵宪致函梁启超,自述由主共和而迁主立宪,及对于革命、立宪之看法。

函谓:"公之归自美利坚而作俄罗斯之梦也,何其与仆相似也。当明治十三四年初见卢骚、孟德斯鸠之书,辄心醉其说,谓太平世必在民主国无疑也。既留美三载,乃知共和政体万不可施于今日之吾国。自是以往,守渐进主义,以立宪为归宿,至于今未改。""仆前者于立宪之说且缄闷而不敢妄言,然于他人之提倡革命,主持类族,闻之而不以为妄,谓必有此数说者,各持戈矛,互相簧鼓,而宪政乃得成立。(仆所最不谓然者,于学堂中唱革命耳。此造就人才之地,非鼓舞民气之所,自上海某社①主张其说,徒使反动之力,破坏一切,至于新学之输入,童稚之上进,亦大受其阻力,其影响及于各学堂各书坊,有何益矣。若章、邹诸君之舍命而口革有类儿戏,又泰西诸国之所未闻也。)公之所唱,未为不善,但往往逞口舌之锋,造极端之论,使一时风靡而不可收拾,此则公聪明太高,才名太盛之误也。东西诸国,距离太远,所造因不同,而分枝滋蔓,递相沿袭者,益因而歧异,乃欲以依样葫芦,收其效果,此必不可能之事。"(丁文江等编:《梁启超年谱长编》,第 222—223 页)

8 月 31 日(七月二十一日)　《中国问题的真解决》在圣路易斯(St. louis)完稿。

是月 4 日,离纽约西行,在新奥尔良(New Orleans)与黄三德会合。8 月 18 日,赴圣路易斯,适逢当地召开自法国购买该城百年纪念博览会,遂与黄三德前往游览参观。(《洪门革命史》,第 9 页;《美国华侨史》,第 437—438 页)观之以为盛极,称"此会为新球开辟以来的一大会"。(《在东京中国留学生欢迎大会的演说》,《孙中山全集》第 1 卷,第 277—278 页)是日晨,所撰《中国问题的真解决》一文脱稿,即寄往纽约麦克威廉斯,并函告:"我在回纽约的途中耽搁了很久,且一直很忙,因此,你要我写的文字今晨才脱稿,现在随信寄上,俾便印刷。但在你把它复印之前,我希望你能仔细地订正一遍,并以更正确的英文来改写一下。我特别请你注意最后的五页,那是完全由

---

① 　指爱国学社。

我自己所写。其余部分由王先生（宠惠）与我合写。"①（《孙中山全集》第 1 卷，第 256 页）文章指出：由于一直是欧洲列强争夺焦点的非洲殖民地已大体划定，列强必须寻找新的地方以供增大领土和扩展殖民地，"中国终究要成为那些争夺亚洲霸权的国家之间的主要斗争场所"。而在中国引起各种纠纷的根源，"乃在于满清政府的衰弱与腐败"。"中国现今正处在一次伟大的民族运动的前夕，只要星星之火就能在政治上造成燎原之势。""满清政府的垮台只是一个时间问题而已。"列强扶植清政府的政策，"注定是要失败的"。文章还驳斥了"黄祸"论，提出"防止列强各国的误解与干涉，我们必须普遍地向文明世界的人民，特别是向美国的人民呼吁，要求你们在道义上与物质上给以同情和支援"。（《孙中山全集》第 1 卷，第 243—255 页）

9 月 1 日（七月二十二日）　偕黄三德离圣路易斯继续东行，在沿途各地运动会党，预定于两星期后抵达纽约。（《致麦克威廉斯函》，《孙中山全集》第 1 卷，第 256 页）

9 月 5 日（七月二十六日）　抵达匹兹堡。

次日，游览市容，参观各铁工厂。（《洪门革命史》，第 9 页）致函麦克威廉斯，询问《中国问题的真解决》在出单行本前可否先由《北美评论》（*North America Review*）杂志发表。原计划在匹兹堡小作逗

---

①　黄三德《洪门革命史》记其行程：7 月 23 日自祖笋往巴梳（El Paso，埃尔帕索，以下得德克萨斯州）。26 日，往山旦寸（San Antonio，圣安东尼奥）。31 日，往加罅活市顿（Galveston，加沃尔斯顿）。8 月 3 日，往布满（Beaumont，博蒙特）。4 日，往纽柯连（New Orleans，新奥尔良，路易斯安那州）。18 日，往新蕇（St. louis，圣路易斯，密苏里州）。其中仅 18 日提到同孙中山同游，未提及孙中山前此单独赴纽约之事。8 月 31 日，孙中山致麦克威廉斯函谓："我在回纽约的途中耽搁了很久。"说者谓：孙中山 7 月下旬接受麦氏撰文建议，即约王宠惠商定内容，旋赴博蒙特或新奥尔良会合黄三德，然后再一人回转纽约，取得由王执笔的上半部文字后即往圣路易斯，与黄三德重相会和，并在当地完成后五页文稿。《孙逸仙先生传》上册，第 411 页）所称孙中山其间两度离开纽约，似无根据；且仍无法解释 8 月 31 日函中"回转纽约的途中耽搁了很久"的含意。从时间判断，应为待与王宠惠合作写成一半文稿后，才赴新奥尔良与黄三德重会，滞留多日，于 8 月 18 日赴圣路易斯。

留,因洪门入会注册工作繁多,羁留十天始赴华盛顿。(《孙中山全集》第1卷,第256—257页)

9月14日(八月初五日)　抵达华盛顿。

次日致函麦克威廉斯,告以预计在此逗留数日,并索要《中国问题之真解决》单行本二三十册,地址为"华盛顿 D. C. 宾城街三一八号朱龙先生转"。(《孙中山全集》第1卷,第257页)在该地曾参观国会参、众两院,图书馆和造币厂等。(《洪门革命史》,第9页)

9月21日(八月十二日)　赴费城。(《洪门革命史》,第9页)

9月26日(八月十七日)　复函麦克威廉斯,告在《中国问题的真解决》单行本封面题写"革命潮"三个中文字。

麦氏来信建议在《中国问题的真解决》单行本的封面上题写"致公堂"三字。答称:"我不敢说有些同志不会反对。而且'致公堂'三字只在此处通行,它不能代表一般的革命团体。我以为用'革命军'这一名称更为适合,所以我就写了'革命潮'三个中国字,用作封面的题字。此三字在中国已公认为今日代表革命运动的意义。我想用这名称很妥当,不会引起此地居民的异议。"并约定到纽约后即拜访麦氏。(《孙中山全集》第1卷,第258页)

9月27日(八月十八日)　赴纽约。在当地及东海岸各城进行洪门注册。

抵纽约时,更大放洪门,招贤纳士,发表演说。在纽约停留近一月后,10月21日,往波地磨(Baltimore,巴尔的摩,属马里兰州),大放洪门三次。又由该地再往华盛顿,复回纽约。12月4日,往乞佛(Hartford,哈特福德,康涅狄格州首府),波士顿(属马萨诸塞州),榄问顿(Providence,普罗维登斯,罗德岛州首府),再回纽约。所到各埠均由洪门招待。(《洪门革命史》,第10页)

在纽约仍寄居许芹牧师之教堂内。有人寄信恐吓许"立即使孙他迁,否则,华人将对此教堂加以抵制"。许公开答复:华埠教堂对所有中国来客开放,不论其政治观点如何。此行极受留美学生与工人

欢迎,常在华人开放的洗衣馆地下室后部宣讲清吏腐败及国民自求解放的必要。(吴相湘:《孙逸仙先生传》上册,第413页)

此次行程,自西向东,横贯美洲大陆,足履十余州,每到一处,必聚众演说洪门反清复明、乘时救国之宗旨,而黄三德亦必开台演戏。惟是时洪门团体异常散漫,各埠分堂职员身跨保皇会籍者,实繁有徒。虽经众人舌敝唇焦,多方劝谕,而各分堂对于总注册事,仍属虚与委蛇,延不举办。各埠会员之报名注册者,寥寥无几,各地致公堂职员出而赞助者,仅洛杉矶之杨廷光、吕统绩,圣迭戈之谭淦明,新奥尔良之陈秋谱,密苏里之黄暖家、纽约之雷月池、黄溪记,波士顿之梅宗炯等人而已。旧金山总堂缺乏相当人材,推行新章使之有效。总堂职员赞成总注册,乃因急欲征集全体会员之注册费,以充公堂基金,故对于新章条文,未加以详细研究。即总堂本身亦未按照新章条款选举各部职员。因此孙中山奔走半载,惨淡经营,稍获端绪。而各分堂于孙中山去后,即已淡然若忘,不复提及登记事宜。(冯自由:《革命逸史》初集,第153页;第2集,第114—115页、第123页)到纽约后,喜嘉理牧师前来拜访,据其记述:"同年冬季,余复遇之于纽约华人所设之礼拜堂,形容枯瘁,畴昔英锐之气已消。然于基督救道,则复虔心如初。当时余职司募捐,将于香港建堂,先生介绍某姓,则今任内阁总理唐绍仪之戚畹也。嘱余往访,或能得其资助云云。"(喜嘉理:《孙中山先生之半生回观》,尚明轩等编:《孙中山生平事业追忆录》,第523页)

此次美国之行及相关活动,国内及日本一些报刊陆续有所报道。1904年8月7日日本《二六新闻》称:"支那革命党领袖孙逸仙近游美国各地,旅居美国之支那人大为欢迎,美国人中亦多表同情者。孙现创立报馆三间,己身则以鸟约为本部,凡前为康有为保皇会员者今殆尽化为革命党。康党之领袖大生嫉妒,谋暗杀孙,事未发而其谋已显,孙幸得免于祸云。"(《警钟日报》1904年9月8日)

10月17日《警钟日报》报道:"今日致公堂(即革命党)与维新会

(即保皇会)冲突甚激烈,康同璧女士及欧某至各埠游说运动,务以拒绝革命党为事。而孙逸仙医士亦遍游各埠,意在解散保皇会,并欲筹饷五十万金云。"(《警钟日报》1904年10月17日)

自此行宣传注册活动后,美洲致公党与保皇派冲突加剧。8月15日《广东日报》报道:"美国罗省技利通信云:旧岁保皇党领袖梁某未往该埠运动时……华人无知者,无不惊其气焰,一时随声附和,竟由二十余人增至千数百人。近以祖国革命之风潮逐渐输入,而康梁诈伪之伎俩亦暴露于世,故前入保皇会者,今已大悟,无不痛恨康梁,概有食其肉而浸其皮之势云。"(《广东日报》1904年8月15日)《大陆报》载《美洲对待康梁传单照录》:"义兴同人均鉴:戊戌而后,有保皇之康圣人出,以排汉媚满为宗旨,四遣徒侣,以搜刮外洋华商之财产为事。夫其甘为奴隶,诚不足惜,而独惜我数万旅外同胞以血汗之资而供彼一人之欲耳。试思康某奴隶头目,假革命之名,到处立会,所敛何只百十万金,饱其私囊,席卷而去,全无建白。所作何事,所支何项,问我误入彼会之同胞,其谁知之也?嗣以召会之术穷,保皇之弊露,又转为召集商股之说……使犹受其蛊惑,被其棍骗,是真冥顽不灵,甘心为奴隶头目之牛马矣。本堂昆仲,散居外埠,诚恐有中其毒者,故不惜舌焦唇敝,为我昆仲忠告之,不知本堂昆仲以斯言为河汉否也。无论仍入保皇会之牢笼,故大背本堂宗旨,即使误入商股,亦大非本堂保护昆仲财产之苦衷。倘如执迷不悟,仍与康有为奴隶魁周旋,附会其说者,显系有意干犯本堂章程,查出有据,定必从重严惩,再议处置。伏望既误入者出之,未入者拒之,是本堂之所祷也。"

又载《金山大埠致公堂特启》:"洪门诸君大鉴:保皇会自为我洪门识破斥逐之后,每每诽谤洪门,可恶已极。除设法对待之外,仍恐各埠洪门诸君,不悉彼党与洪门为难一切情形,尚有与彼党交好者,特此布告。又梁启超来美运动,借口名曰保皇实则革命一语,本堂子弟有为所惑者。今则水落石出,彼党无一点民族之心,不过欲利用本堂,借以敛财。今康有为又四处演说,无一语不是死心异族,其宗旨显然为敛财起见，本堂弟子，万毋再蹈前辙，以违本堂宗旨。彼党既与本堂为难，凡洪门子弟自今以往，均宜知所以对待彼党，不得丝毫徇情。本堂大佬先生，曾遍游各埠，已将此意宣布，另有注册换票细章，系由本堂发出，不日遍寄。此后彼党再有秽逆之来，即行遍告。"（1905 年 6 月 12 日《大陆报》第 3 年第 8 号）据此，可知此行筹饷目的虽未实现，打击保皇势力却有所成就。

吴朝晋记述，孙中山在纽约，"由致公堂担任租借华埠宰也街 9号之华人戏院开演讲大会"，听众极多，"乃至座无余隙，甚至宫墙外望者不计其数。后查到听者多半属于保皇会会员"。当时欧榘甲正在纽约鼓吹保皇，见此大为不满，乃于翌日借该戏院演讲，加以反驳，"倡革命必流血招瓜分惨祸的言论"，并请孙中山"解释革命之真理"。又翌日，孙中山"再在该戏院申论保满清异族为虚君立宪之非计。彼此互相辩论，一连十天。侨界多已明了革命确能救中国"。后以该戏院主人恐生祸端不肯再借，辩论乃停止。保皇会员十余人又在勿街9 号楼上的东方俱乐部设茶会，柬请孙中山到该处辩论革命与保皇之孰优孰劣，及中国之应当行革命或应当行虚君立宪等题目。遂欣然只身赴会，诸人皆为折服。由是保皇党人周超等相继转向革命。（吴朝晋口述、李滋汉笔记：《孙中山三赴纽约》，《近代史资料》总 64 号）

9 月（八月）　陈去病与汪笑侬等在上海创办《二十世纪大舞台》杂志，编演具有"排满"革命思想的新剧，藉改良戏剧之名，鼓吹革命。（《陈去病诗文集》，第 1257 页）

柳亚子撰《发刊词》见其宗旨。柳亚子谓同人感于"莽莽神州，虏骑如织。男儿不能提三尺剑，报九世仇，建义旗以号召宇内，长驱北伐，直捣黄龙，诛虏酋以报民族，复不能投身自由，左手把民贼之袂，右手椹其胸，伏尸数十，流血五步，国魂为之昭苏，同胞享其幸福，而徒唏嘘感泣，赤手空拳，抱攘夷恢复之雄心，朝视天，暮画地，未由一逞"。而"张目四顾，山河如死，匪神之盘踞如故，国民之堕落如故"。"大抵钝根众生，往往泥于现在，不知有未来，抑并不知有过去。此二百六十一年之事,国民脑镜所由不存其旧影欤。忘上国之衣冠,而奉豚尾为国粹,建州遗孽,本炎黄世胄之公仇,以驱除光复之名词,宜其河汉也。"思图加以唤醒。有鉴于"父老杂坐,乡里剧谈,某也贤,某也不肖,一一如数家珍。秋风五丈,悲蜀相之陨星。十二金牌,痛岳王之流血。其感化何一不受之于优伶社会哉"?故"组织杂志以谋普及之方,则前途一线之希望或者在此矣"。"今以霓裳羽衣之曲,演玉树铜鸵之史,凡扬州十日之屠,嘉定万家之惨,以及虏酋丑类之恬淫,烈士遗民之忠荩,皆绘声写影,倾筐倒箧而出之。华夷之辨既明,报复之谋斯起,其影响捷矣。"又"吾侪崇拜共和,欢迎改革,往往倾心于卢梭、孟德斯鸠、华盛顿、玛志尼之徒,欲使我同胞效之,而彼方以吾为邹衍谈天、张骞凿空,又安能有济?今当捉碧眼紫髯儿,被以优孟衣冠,而谱其历史,则法兰西之革命,美利坚之独立,意大利、希腊恢复之光荣,印度、波兰灭亡之惨酷,尽印于国民之脑膜,必有欢然兴者。此皆戏剧改良所有事,而为此《二十世纪大舞台》发起之精神。"故称《二十世纪大舞台》为"梨园革命军"。(《二十世纪大舞台》1904 年 9 月第 1 期)此杂志出版仅两期即遭禁锢。

10 月 23 日(九月十五日)　华兴会起义计划泄露。黄兴等人亡走沪上。武昌科学补习所亦遭破坏。

10 月 28 日(九月二十日)　《大陆报》发表《孙文之言》,指出"今青年之士,自承为革命党者虽多,实则皆随风潮为转移,不过欲得革命名称以为夸耀侪辈,未必真有革命思想,其真有革命思想而又实行革命之规画者,舍孙文以外,殆不多见也"。(《大陆报》第 2 卷第 9 号)

10 月(九月)　旅美华侨呼吁修改虐待华工的条约,并派代表归国,发起拒约运动。

11 月 7 日(十月初一日)　黄兴等人在沪联合上海革命党人创立启明译书局,策划再举。

11 月 19 日(十月十三日)　爱国志士万福华在上海谋刺前广西巡抚王之春未遂,被捕入狱。黄兴等十四人亦遭株连,被捕房拘禁,引起清政府注意。黄兴获释后东渡日本。

12 月 14 日（十一月初八日） 离纽约赴伦敦。

刘成禺记述："甲辰，先生由日来美，谋开党之大团结。先生曰：'自《苏报》邹容《革命军》发生后，中国各省已造成士大夫豪俊革命气象，但无纲领组织，徒藉筹款，附党于三合会，不足成中国大事也。'乃谋设同盟会，指挥事业。适先生三民主义、五权宪法政纲草定，鄂学生在英、法、德、比者，与予通信，询及先生行动，以贺子才、魏宸组、史青、朱和中、周泽春等最力。有冯承钧者，撰《黄笔小报》寄美，先生见之曰：'此皆好同志也。今吾有创同盟会之意，在美华侨皆粤籍劳工，与中原士大夫毫不生关系。吾其有欧洲之行，见各省豪俊乎。惜此行旅费不足，容徐图之。'予乃电欧洲鄂学生，告先生有愿渡欧洲意。鄂学生集资六万佛郎汇美促先生行。"（《先总理旧德录》，《国史馆馆刊》创刊号）

先是，上年 5 月，湖北武昌花园山机关成立后，议定三策，其一为"寻孙逸仙，期与一致"。因"花园山同人，自知运动必有成熟之日，终以群龙无首，恐不能控制全国，尤其是无外交人材，故当时各人心目中无不以寻得孙逸仙而戴之为首领，为惟一之出头路"。年底，署湖广总督端方为消弭鄂学界革命情绪，将杨荫蓁、胡秉柯、魏宸组、贺子才、史青、黄大伟、姚业经、刘庠云、喻毓西、程光鑫、刘荫弗、王治辉、陈竞沆、李彪等二十四人派赴比利时学习实业。（《兼湖广总督端奏选派学生前赴比国学习实业摺》，《东方杂志》第 1 年第 1 期）又派朱和中、周泽春等赴德留学。（《游学汇志》，《东方杂志》第 1 年第 2—4 期）其中多属该机关同志。朱和中记："余等欲乘此机会寻访孙逸仙，故各欣然就道。比至上海，刘成禺尚未行，予等因嘱见孙时务通知于予等[①]。过香港

---

① 据贺子才记：彼等道经上海时，适刘成禺自日本至上海取赴美护照，刘告以："孙中山先生方在伦敦，诸君此行，可与之会晤，共商大计。"并作函为之介绍。（冯自由：《革命逸史》第 2 集）但贺子才等于 1904 年 1 月 28 日即抵达比利时，（《游学汇志》，《东方杂志》第 1 卷第 1 期）是时孙中山尚在檀香山，赴英之事无从谈起。而刘成禺本人亦未受聘任《大同日报》主笔。

则往访《中国日报》主笔冯自由,过新加坡又往访《图南日报》主笔黄伯耀,无非为寻孙起见。及至欧洲,各以其住址通知美国旧金山《大同日报》主笔刘成禺。"(朱和中:《辛亥光复成于武汉之原因及欧洲发起同盟会之经过》,《建国月刊》1929年第2卷第5期)贺子才、史青等抵比利时后数月,曾持刘成禺介绍函赴伦敦往访摩根及康德黎家,约孙中山来欧。(冯自由:《中华民国开国前革命史》第1册,第187页;史青:《留比学生参加同盟会的经过》,中国人民政治协商会议全国委员会文史资料研究委员会编:《辛亥革命回忆录》第6集,第21—22页)

决定赴欧,黄三德致送旅费三百美元,并函各埠致公堂筹集六七百美元以作程仪,留美学生亦赠款若干。(冯自由:《革命逸史》初集,第153页)孙中山离美之后,黄三德继续巡游各地,在芝加哥大放洪门,新加盟者八十余人。旋经柯眉贺(Omaha,奥马哈)、垦土瑟地(Kansas City,堪萨斯城)、尼梳罉(Missouri,密苏里)、舍路(Seattle,西雅图)、砵仑(Portland,波特兰)返回旧金山,结束总注册工作。(《洪门革命史》,第10—12页)

12月20日(十一月十四日) 《警钟日报》刊登"共和"来稿《〈孙逸仙〉书后》。

"今天下救时之彦,爱国之儒,万喙一辞,众声同应,莫不曰民族主义哉! 民权主义哉! 奔走呼号,歆献太息。独立之谈,喧阗于学校,共和之议,阗动于市朝,宜若可以挫异族之凶锋,倒专制之弊国,建设共和政府,以与世界列强相竞争。当日清战役,窃乘时机,密备军械,倡义广州,事败不就,遽走英美。庚子之变,既又招集壮士,指授方略,而惠州复有六百义军之举。其实行类始终不渝,百折不挠若是。《易》曰:'君子以独立不惧',逸仙有焉。滔天者,东瀛侠士之雄也,悯黄种凌夷,支那削弱,欲藉手有为以建不世之奇勋,成兴亚之大业,方之虬髯,诚有过之,宜其患难与偕而厥志弗渝也。夫中国民族精神之销亡久矣,甲午乙未之变,文恬武嬉,举世熙熙皞皞,歌舞太平,狗苟蝇营,以奔竞富贵禄利之私,偃息于异族专制羁勒之下。而孙君观察世变，独抱殷忧，倡革命于举世不言之中，不惜其头颅性命，以救国民而图自立。事虽不成，而其识量之大，气魄之雄，固已迈绝等伦矣。此其与中国之关系为何如耶？顾尝闻之西方革命之说矣，曰中央革命，曰地方革命。中央革命者，革命之洪水以中央政府所在地为起点，而延及于地方，如英伦三岛是也；地方革命者，革命之洪水以地方为起点，而奔赴于中央政府所在地，大陆诸国是也。二者之收效固同，然其成功则有难易。故中央革命其势顺，顺则易；地方革命其势逆，逆则难。而要之事之成否，仍视乎主动力之多寡，以为定衡，逸仙之所以为其难也。然不以其难而不为，此逸仙之所以为逸仙欤？夫士当热心任事时，志大气锐，视天下无不可为，乃一旦失败，则乃心灰气沮，嗒然而丧其所守者，往往有之。而能奋进不止，力自振起，以前奔者盖鲜。逸仙虽暂屈伏，所志未就，然方如行星初出，其成败尚不可测，而其志趣实力则固方驾华、拿，并驱加、玛，而非常人所能及矣。题乎某氏有云：孙逸仙者，非一氏之私号，而新中国新发现之名词也，有孙逸仙而中国始可为。方今世变日棘，欧美民族之势力亦日益涨进，顾无有如孙者出以斡回危局，相与赞成伟业，而孙君亦以孤擎难举，伏处以待时。吾恐迟之数年，内擅外强分割，而吾民族亦自此九幽，终沦万劫不复，欲措手而无如何矣，岂不可惧哉？嗟夫！时势待英雄为造就，而英雄亦待时势为建设，逸仙之不能速成者，毋亦时势之有未至乎？是故二十世纪新中国之人物，超越前古，而必悬孙以为之的。第一之孙起，当有无量之孙以应之，则皇皇汉族，庶有复兴之一日乎？不禁馨香祝之矣。余以其人与其事有关于吾国种之兴替也，爰志其崖略如此。世有知者，或继孙而兴起焉，则幸甚。"是月8至10日，该报连载《论中国民族主义》（署名"共和复汉生"），24日刊登《论共和政体》（署名"新中国主人"）鼓吹民族、民权主义。

12月下旬（十一月）　抵伦敦，寄居摩根家，度圣诞节。（冯自由：《中华民国开国前革命史》第1册，第296—297页）

12月（十一月）　陈佩忍（去病）在《二十世纪大舞台》杂志第2

期撰文《日本大运动家名优宫崎寅藏传》，盛赞宫崎帮助孙中山进行革命活动。并称："自宫崎去为优，二年矣，神州之劫运，日益见逼迫。而为汉族所依仗之奇人（指孙中山），则且远去而入于西球，致郁林象郡之军，终无睹其成效，谓非吾黄帝子孙之不幸哉。"

△　秋瑾与陈撷芬等留日女学生在留学生会馆集会，重组共爱会，命名为"实行共爱会"。以"反抗清廷，恢复中原"为宗旨，主张女子从军。选出陈撷芬为会长，潘君英为书记，秋瑾为招待。（《东京留学界纪实》第1期，1905年正月东京出版）

△　黄兴在东京联合湘、滇、直、苏、豫等省留日学生百余人，组织革命同志会，从事民族革命。（程潜：《辛亥革命前后回忆片断》，中国人民政治协商会议全国委员会文史资料研究委员会编：《辛亥革命回忆录》第1集，第70页）

据宋教仁《程家柽革命大事略》记：时黄兴等"以同志日渐加多，意欲设立会党，以为革命之中坚。以谋诸君（程家柽），君力阻之，谓革命者阴谋也，事务其实，弗惟其名。近得孙文自美洲来书，不久将游日本。孙文于革命名已大震，脚迹不能履中国一步，盍缓时日，以俟其来，以设会之名，奉之孙文，而吾辈得以归国，相机起义，事在必成。"（冯自由：《革命逸史》第6集，第48页）

是年冬　光复会在上海成立，推蔡元培为会长。誓词为"光复汉族，还我山河，以身许国，功成身退"。陶成章（字焕卿）、徐锡麟（字伯荪）、秋瑾（字璇卿，号竞雄）相继加入。（冯自由：《光复会》，中国史学会主编：《辛亥革命》第1册，第515—516页）

是年　为汉公（刘成禺）所著《太平天国战史》作序。

序文将洪秀全与朱元璋相比较，反对"是朱非洪"，"以成功论豪杰"。称此书"可谓扬皇汉之武功，举从前秽史一澄清其奸，俾读者识太平朝之所以异于朱明，汉家谋恢复者不可谓无人。洪门诸君子手此一编，亦足征高曾矩矱之遗，当世守其志而勿替也"。（《孙中山全集》第1卷，第259页）

△ 李自重、史古愚等人在香港创办光汉学校,提倡军国民教育。

△ 广西农民起义达到高潮,形成以黄五肥、王和顺为首的南宁地区和以陆亚发为首的柳州地区两个中心。起义军控制广西数十州县,有众达数十万人。清政府调集五省军队镇压。翌年,起义失败。

△ 台湾新竹蔡洁琳等在台湾各地秘密组织"复兴中会",准备发动武装起义,推翻日本殖民统治。

1905 年(清光绪三十一年　乙巳)三十九岁

1月上旬(甲辰年十一月末至十二月初)　抵比利时布鲁塞尔，在留学生中建立革命组织。

抵达伦敦后，函告贺子才等欲赴比一游，惟缺少川资。刘成禺亦分别致函朱和中、贺子才，言孙中山已至伦敦，居于摩根处。然囊空如洗，将有绝粮之虞，望彼等竭力接济。朱和中即电汇一千二百马克，贺子才亦召集同学，醵资三千法郎汇往伦敦①。法国留学生亦集得千余法郎。接款后，复电子才，告将往比京。贺即邀朱和中赴比会晤。抵达之日，前日抵达的和中与贺子才、胡秉柯、李藩昌等同往奥斯坦德港迎接。舟抵既见，与同人乘马车至旅店小憩，再登车入比京。留学生二十余人及四川同学驻列日代表孔庆叡到车站迎接。(朱和中：《欧洲同盟会纪实》，中国人民政治协商会议全国委员会文史资料研究委员会编：《辛亥革命回忆录》第 6 集，第 5 页)

在比京下榻于史青寓所②，(史青：《留比学生参加同盟会的经过》，中国人民政治协商会议全国委员会文史资料研究委员会编：《辛亥革命回忆录》第 6 集，第 22 页)与贺子才、魏宸组、朱和中、胡秉柯等谈论革命进行方略。问同志将来成事之方略，朱和中答以改换新军之头脑，由营中起义，并历述吴禄贞等历年在鄂运动之成绩。对此，告知同志兵士以服从

---

① 一说为留比学生聚资四千余法郎，留德学生集两千余马克。(冯自由：《中华民国开国前革命史》第 1 册，第 187 页)

② 据《欧洲同盟会纪实》，孙中山住胡秉柯寓所。

为主，不能仗其首义，首义之事，仍须同志自为之。主张从改良会党入手。谓："会党之宗旨本在反清复明，近日宗旨已晦，予等当然为之阐明，使复原状，且为改良其条款，俾尔辈学生亦得参加。盖会党之规章，成于明末陈近南先生。当时陈先生以士人无行，往往叛党，故以最粗最鄙之仪式及一切不通之文字为教条，俾士人见而生恶，不肯加入，因以保存至今。今日应反其道而行之，使学生得以加入，领袖若辈，始得有济。""不然此等团体固在，我辈一动，而彼等出而阻碍，其妨我辈之进行也。"（朱和中：《辛亥光复成于武汉之原因及欧洲发起同盟会之经过》，《建国月刊》1929 年第 2 卷第 5 期）"反复争论三日三夜，结果始定为双方并进。"（朱和中：《欧洲同盟会纪实》，中国人民政治协商会议全国委员会文史资料研究委员会编：《辛亥革命回忆录》第 6 集，第 6 页）第三日，留学生设晚宴款待。宴中建议："革命之方略既定，当各言建国之要。"于是各抒所见。因提议组织革命团体，众皆赞同，即亲书誓词："具愿书人○○○当天发誓：驱除鞑虏，恢复中华，创立民国，平均地权，矢信矢忠，有始有卒，倘有食言，任众处罚。天运年　月　日某某押①。主盟人孙文。"因为朱和中对于誓约中天运纪年，魏宸组对于当天发誓一层，略有诘辩。遂作出一定解释，认为宣誓手续非常重要，"非此无以表决心，且书载《泰誓》《牧誓》，自古已然"。（张难先：《湖北革命知之录》，第 104 页）众始无异议，由朱和中起首，次第亲书笔据。誓毕，乃与在场十余人一一握手，欣然曰："为君道喜，君已非清朝人矣。"并将亲书誓文交贺子才等收执。朱和中见此誓辞，谓："康梁说先生目不识丁，今见誓词简老，书法遒俊，知康梁之见忌而思毁之也。"答曰："我亦读破万卷也。"复授与同党晤面时各种秘密手式口号，如问：君从何处来？答：从南方来。问：向何处去？答：向北方去。问：贵友为谁？答：陆皓东、史坚如二人云云。手式为骈指交钩握手法。是时会

---

① 一说为"黄帝纪元四千六百四十二年冬月"。（朱和中：《欧洲同盟会纪实》，《辛亥革命回忆录》第 6 集）

名尚未确定,但通称革命军而已。(冯自由:《中华民国开国前革命史》第 1
册,第 188 页)后又作极痛快之演说,亦若饮黄龙即在目前者。贺子才
等并告以东京同志甚多,均可加入同盟。因为之作函介绍李书城、但
焘、时功玖、耿觐文等,遂决意为东京之行。(冯自由:《革命逸史》第 2
集,第 122、127 页)

旋返伦敦,临行前嘱贺子才等各应努力向学,成为他日建设之人
才,奔走革命则将先用留日学生。又问朱和中柏林同学情形,朱谓:
"满人太多,不如此间大半皆武昌花园山之老同志,各人心性彼此相
信有素者。"遂告之:"柏林有一人曾留学美国,今又往柏林,在伦敦时
曾彼此通函,尔可觅之。"此人即广东人薛仙舟。归英后函嘱比京加
以扩充,进展甚速,全体学生加盟者十分之九。(朱和中:《欧洲同盟会纪
实》,中国人民政治协商会议全国委员会文史资料研究委员会编:《辛亥革命回
忆录》第 6 集,第 7 页)

1 月 19 日(十二月十四日)　在伦敦拜访吴稚晖。(罗家伦等主
编:《吴稚晖先生全集》第 12 卷,第 836—837 页)

吴稚晖记:"我已居英国两年,我也已经自命为革命党了。有一
天,有一个人敲我的寓门,说是孙逸仙。他问了留学生,才知道我寓
址的。我才初见十年意想中的孙汶或孙文。他的温和端正,我是不
吃惊的了。我早由我的朋友钮惕生在三年前告我。其时他住伦敦西
城肯星敦。我第二天去看他,他同我去看他的老师康德黎,在康家吃
晚饭,康夫人也厚待得很。"(罗家伦等主编:《吴稚晖先生全集》第 7 卷,第
303 页)1 月 21 日下午,再晤吴稚晖。

1 月下旬(十二月中下旬)　赴柏林、巴黎,建立革命组织。

先是,朱和中返柏林后,守口如瓶,无人知晓比京秘事。经函催,
朱复信谓缓进较妥。但留比学生冯启钧加盟后,函告留德同学刘家
佺,刘旋转告留学生会长宾敏阶(步程),宾遂请朱和中邀孙中山来柏
林,并允担任旅费,严守秘密,不令满人得知。且愿宣誓真心参加革
命。朱和中遂与宾敏阶分头筹款,旬日间得百枚马克汇寄孙中山,请

其赴德。恰值留学生马德润、张九维同游伦敦，朱和中嘱往见孙中山，并函请邀马、张加盟。但马、张二人始终反对。

抵柏林时，留学生二十余人到车站欢迎，下榻于罗兰多尔福街三十九号朱和中寓。在德期间，上午自理信件，午餐后出外游览，晚餐后同人来寓集会。居住十二日，逐日讨论建设之事，和中等皆无异议。惟薛仙舟对于平均地权反驳其力，马德润对于五权宪法亦不甚赞成，主张直抄译德国宪法、普鲁士宪法为模本。他人均不以为然，认为德国君主国家之宪法不足为道。薛仙舟乃举美国宪法之优点以证之。马益无词。至最后一晚，宣誓加盟，马德润、张九维不至，入盟者为刘家伒、周泽春、宾敏陔、陈匡时、王发科、王相楚等。次日携朱和中往访马德润于其寓，适张九维亦在。遂复邀加盟，至言愿推马为首领，愿服从马革命，马终不赞成。张意似活动，终以从马为是。因见朱和中不发一言，乃问曰："子英兄，尔意如何？"朱曰："革命者牺牲之谓也，牺牲须出于自己，他人谁能代为牺牲？"马面赤，然终不肯加盟。是日又与朱和中、宾敏陔、刘家伒漫游柏林胜地，并摄影纪别。时宾新迁于安斯巴哈街十号，邀其与同人备果品聚会。各同人欢悦来聚。乃为众人述少年轶事及革命经过，众益钦服。当晚赴巴黎，留学生二十余人送往车站。临时指定宾敏陔寓为通讯总机关①。（朱和中：《欧洲同盟会纪实》，中国人民政治协商会议全国委员会文史资料研究委员会编：《辛亥革命回忆录》第6集，第8—9页；宾敏陔：《我之革命史》，《中华民国开国五十年文献》第1编第10册；冯自由：《中华民国开国前革命史》第1册，第188—189页）

赴法国之前，由陈赛沆先期介绍唐，复由唐介绍汤芗铭、向国华等加盟。（冯自由：《中华民国开国前革命史》第1册，第188—189页）据刘光谦记述："总理由柏林来法，寓巴黎东郊横圣纳（Nincemes）某旅馆中，光谦时留学巴黎，留学生往谒者甚众，每三四人至，总理即口讲指

① 宾敏陔记孙中山住在彼寓，当晚即主持宣誓入盟，三日后赴巴黎。

划,力言满清政府之腐败,国家之危急,继即详述革命学说,旁及平均地权、节制资本、约法及革命军前进时,后方政治如何组织,地方治安如何维持以及种种计划等,间亦由留法同学魏宸组等代讲。光谦每日下午必往听。""某日演讲毕,总理曰:'诸君对于革命学说既已明了,且又赞成,是同志矣,应立一凭据,以资信守。'听讲者均赞成。""既誓,总理云:'两广军事,不日即动,惟军费拮据,甚望诸同志勉力资助。'时光谦每月得学费四百佛郎,乃出其半,计二百佛郎,诸同志亦各有助。总理又云:'诸君加入革命矣,仍应努力求学,即返国后,亦可仍为清廷官吏,他日革命军起,诸君以官吏地位领导民众,更易奏效。如诸君学业未毕,而国内革命军已起事,遇有必要,余当来电,电到即盼返国,为我臂助也。'"(刘光谦:《总理在欧洲最初倡导革命之情形》,《中华民国开国五十年文献》第 1 编第 11 册,第 379—380 页)

△ 中国留学生就《要求归政意见书》展开大辩论。结果,大多数人反对。福建、安徽、贵州、直隶四省同乡会批评其为"不切时势,无补时局",江西同乡会批评其为"徒事喧嚣,毫无实际",两广同乡会在留学生会馆贴出了"两粤学生全部大反对川策六条"的标语,广西同乡会则明确宣告:"抵御瓜分之策,以革命为宗旨。"(杨天石:《从帝制走向共和——辛亥前后史事发微》,第 105 页)

1 月 26 日(十二月二十一日) 《警钟日报》发表《请看俄国之工人》,主张工民革命。

"俄国之民党,其进化亦有后先,由农民之革命进而为工民之革命,由暗杀之主义迫而为暴动之主义。及观于中国近事,则开封、宣城、丹徒,皆因加赋之故,蜂起抗官,此农民革命之渐也。万福华激于公愤,枪击王之春,以消灭联俄之主义,此暗杀主义之渐也。倘农民革命易以工民,暗杀主义易为暴动,则政府何难倾覆,而政体又何难改革哉!是在吾民自为之耳。"(《警钟日报》1905 年 1 月 26 日)

1 月(十一月中旬至十二月中旬) 结识乔义生。

乔义生记述:"1904 年冬,余在英京认识孙先生。当时余正毕业英京医科大学。因闻孙先生提倡中国革命,遂立志加入革命党焉。三月后,余奉孙先生命回国,就湖北武昌卅一标军医长(黎元洪任协统),在军中代售《民报》《猛回头》《警世钟》等书,以期发挥革命大义于军人中。"(冯自由:《中华民国开国前革命史》第 1 册,第 299 页)

2 月初(约甲辰年十二月底至乙巳年正月初)　于巴黎会见法国新任众议院议长韬美以及外交部官员拉法埃·罗等人。

逗留巴黎期间,会晤了 1 月 10 日新任法国众议院议长的韬美,又经韬美介绍结识诸多持共和主义、共济会会员或与共济会关系密切的政、商界领袖。主要是埃里奥(Edouard Herriot)、毕盛、班乐卫(Paul Pairleve)以及以"殖民派"著称的议会小组领袖。遂加深与共济会及工商界的联系,得以认识东方汇理银行和法国工商银行的金融家,从中获得大量援款。([法]巴斯蒂:《论孙中山与法国政界的关系》,林家有等编:《孙中山与世界》,第 339—341 页)

之后复会晤曾任职于华南法国领事馆的外交官拉法埃·罗(Ulysse Reau)。2 月 9 日,罗氏向法国外交部报告:"孙逸仙作为中国南方反清运动的领导人,曾三次在南方诸省份发动起义(1895、1900、1903),正领导目前已延续两年之久的广西暴动,使清朝官兵受困,束手无策。故孙逸仙领导的改革运动代表中国问题中之重要因素。孙于一月前抵达伦敦,现已来巴黎作短期逗留。"罗氏根据与孙中山的谈话,向法国外交部陈述了孙中山有关革命政治纲领的诸多阐释。

罗氏谓:"孙逸仙的政治纲领可归纳成三个主要目标:1. 废除满洲人的外族皇朝。2. 在中国南方建立一个联邦国家,包括广东、广西、贵州和湖南四省。3. 仿照欧洲模式,借鉴日本倒幕运动以来完成的业绩,改革中国的制度。""孙和他的拥护者们对中国的另外十四个省不感兴趣。""他们也担心把计划扩大到整个中国后会导致最后的失败。北方各省皇朝力量较强,非他们用武之地。

"孙逸仙认为,华南合众国应采用与美利坚合众国相仿的共和形式。但开始必须是军事独裁,即由'军政府'维持秩序和保证中央机构的正常运转。然后,这个政府才有可能将它的一部分权力分配给每个县里的文职人员,那时才是'国民政府'时期。最后,在约十五年后,居民的国民教育已相当圆满,他们自己已能与政府合作,那时将取消军事政权,各个县将接受某种政体,并组成联邦。那将是'国民政府'的最后阶段。

"孙逸仙认为他纲领中的军事部分是最容易做到的。他提请注意说,广西的暴动者们在离海岸线很远的地方战斗,他们不可能得到武器弹药的供应。他们获得军火的办法惟有从敌人手中夺取。然而他们三年来坚持斗争,多次击败所有的讨伐部队,包括从帝国的四面八方派来的部队。孙逸仙打算一旦时机成熟,他就到广西去,在十分有利的条件下作建立革命政府的第一次尝试,然后向广东进发并夺取广州。他希望通过在福建和湖北边界上的牵制攻击,恫吓这两个省的巡抚,迫使他们向他妥协,承认华南联邦政府的存在。这时联邦政府便在某种程度上取得了明确的国际地位,它就有希望得到外国的承认了。

"孙逸仙考虑了日本对俄战争在最终获得胜利或是遭到失败后可能出现的情况。如果获胜,日本便将成为在中国占优势的列强之一,满清政府将成为其掌握的听话的工具,从南到北,从广州到北京,日本人想怎么干便能怎么干。革命党将不得不对付领导帝国政治的日本人。那时,按孙逸仙的说法,法国从其亚洲政策的利益和其印度支那帝国的安全考虑,将支持改革派的努力。对于日本已取得的对中国政府的影响,表现为南方边界上的灵活政策,法国将不可能视若无睹。如果出现第二种情况,俄军获胜,孙逸仙肯定,被赶回岛国的日本人将像他们已经做过的那样支持革命党人的改革运动和分离主义运动,在南方寻求补偿。(我们认为,他这么说的根据是最近他看到的一些日本政治家的声明。)日本的这种干预在孙看来是有害的,因为它将使革命运动丧失民族主义的特性。孙逸仙仿佛很希望排除日本的干预。他认为,法国作为革命运动风起云涌的南方各省的邻邦,与这个运动首先有着利害关系,法国能够轻而易举地起到与日本相同的作用,从而防止日本的干预。

　　"按照孙逸仙的看法,法国可以用怎样的方式协助革命党人进行改革:1. 秘密的:以心照不宣的共谋关系,让必需的军需品通过东京地区边界。中国政府不会指责法国的态度,因为它对其他公开牵涉进去的国家并没提出过任何抗议。孙逸仙例举了香港总督卜力爵士给予他们的支持,爵士对广东起义的准备工作视而不见,他曾允许中国密探向英国警署告发的革命党人在被捕前离开殖民地。他还例举了香港和广州的德国商人在他们的领事的默许下,多次出售武器的事实。最后他还比较隐晦地暗示了日本人从前提供过的银钱上的帮助。2. 实在的:法国政府为革命党人谋求武器和现金上的援助,或者使他们得以签订巨额贷款。孙援引库坦、劳安贷款为先例,这笔在纽约与一些大资本家签订的古巴贷款,使古巴暴乱运动能延续抵抗,直至美国出面干预。

　　"鉴于未来的华南共和国将同它的邻邦印度支那保持关系,孙逸仙认为他首先必须请求我们的帮助。目前还有一些更紧迫的原由促使他这么做。迄今为止,香港一直是革命运动组织的中心所在地,英国政府方面为他们的活动提供了种种方便。然而,孙逸仙认为香港岛太小,离广州太近,他的拥护者们感到在那里不安全。两广总督的打手们也确实曾多次暗杀或绑架过改革派的知名人士。广州当局很容易得知购买和运送武器弹药的情况,军火一运进中国,当局便毫无困难地把它们截下了。相反,广阔的印度支那边界和广州湾海港却为广西叛乱者提供了安全秘密地引进军需品的良好基地。

　　"我们很想了解孙逸仙的那些计划的准备工作达到了何等程度,我们特别想悉他声明广西暴乱、攻取广州和在广州建立革命政权的发展情况。我们从而确认,这位革命党领袖曾十分仔细地研究各种不同问题,为了获得成功,他们仿佛商讨过最细微的方面。他担心的主要问题,是如何使人们相信,欧洲人的安全将得到充分的保证,黑社会的会党成员目前已十分遵守纪律,不用害怕有任何过火的行为,等等。

"按照他的说法,行动决定下来后,目前不愿与官兵有任何接触的广西叛乱者将发动进攻,击溃官兵,继而进入广东。广东省所有拥护改革的人和数目甚众的黑社会会党成员将公开表态,大批起义,与叛军汇合。预定在孙逸仙指挥下行动的朋友们将从马来亚、马六甲、新加坡、香港等地出发走上他们相应的岗位。如此构成的军队将秩序井然地向广州进发。孙逸仙相信胜券在握。他甚至希望在广州城下不要发生战斗,希望在保证官员们生命安全的情况下,他们会迅即出来谈判,为革命军不流血地进城提供方便。他肯定地说:'广州的秩序不会被扰乱。'

"孙逸仙深信,只有实现他的计划,才能使中国问题得到满意的解决。他认为中央政府没有能力维持秩序,在全国各个地方持续出现的骚乱将同过去一样,导致未来的外国干涉和中国的重新被瓜分。由于南方共和国的建立,满清政府将不得不修正它的统治方式,以保住对其他各省的权力。因此,孙逸仙尽管有他的革命纲领,仍声称这是一个真正的'和平因素'。"(《与孙逸仙的谈话》,章开沅等主编:《辛亥革命史资料新编》第7册,第3—4页。)

2月11日,又与曾在中国任职的法国外交部官员菲力浦·贝特洛(Philippe Berthelot)①会面,并题赠《中国问题的真解决》。(金·曼荷兰德著、林礼汉等译:《1900—1908年法国与孙中山》,《辛亥革命史丛刊》第4辑)冯自由记:"中山在巴黎时,欲与法国军政当局有所接洽,以旅囊空空,不得已再求助于留欧同志。于是各党员乃再发起筹款,供中山国际酬酢之需,计巴黎得千余佛郎,柏林千余马克,比京三千余佛郎,于是中山始得专心办理外交,尤以对法国参谋部之交涉为最得手。丙午年法国参谋部尝派武官多人,偕中国革命党员视察各省,欲对中

---

① 巴斯蒂认为"这次会见值得怀疑,因为不保存任何会谈的记录,而且贝特洛后来也从未提及与孙中山会面一事"。([法]巴斯蒂:《论孙中山与法国政界的关系》,林家有等编:《孙中山与世界》,第340页)

国革命有所协助,即中山是时驻法交际之力也。"(冯自由:《中华民国开国前革命史》第1册,第189页)

△ 在巴黎被王发科、王相楚等窃去盟据及法国政府致越南总督信件。

王发科、王相楚二人加盟,实因大势所趋,众意难违。后颇感后悔,遂潜往巴黎,约集在法加盟的汤芗铭、向国华同到孙中山下榻之旅馆。孙中山推心置腹、引入卧室闲谈。却被四人骗至咖啡馆,其中两人回房,用小刀割开皮包,盗去盟据及法国政府致安南总督函件①,急携赴清使孙宝琦处,叩头哭诉,备言悔状。使馆商务随员张人杰(静江)、孙之戚属夏循垍进言不加追究,孙宝琦亦不欲兴大狱,命吴宗濂及二王将各盟书发还本人。孙宝琦复见孙中山与法国政府交涉关于安南之重要函牍,大为惊异,急赴法国外交部破坏其事,并据以入奏。

之后,归旅馆,见皮包被割,物品失窃,疑留学生全体均叛,函责留德、留比学生:"若有悔心,曷不明言? 纵欲收回盟据,亦应好说,何须用此卑劣手段?"朱和中即复函告以不知二王去法,又召集同志商议公函声明盟据虽失,执心不变,愿补签盟据。布鲁塞尔同志公推胡秉柯赴巴黎。时孙中山已迁往别处,千方百计,始得见面。孙中山甚怒,且谓:"我早知读书人不能革命,不敌会党。"胡告以比京全体同志无一人闻盗盟据之事,并无一人有悔心。正谈论间,朱和中函及柏林同人公函亦至,孙中山阅之,始霁颜曰:"叛党只此四人,全体未叛。既已宣誓,盟据失去也无妨。最不该盗我收存之法国政府致安南总督要函。"其时清国公使馆差人送来一函,孙中山拆阅之,则所失法国政府至安南总督之原函。孙中山谓:"原函虽复得,此中秘密已泄露矣。"后孙中山告贺子才、胡秉柯等,谓被窃后惶急之状,为伦敦使署

---

① 一说适孙中山不在,遂径入行窃。(冯自由:《中华民国开国前革命史》第1册,第190页)

被困以来所未有，一则数十同志之生命攸关；二则恐因此遂失却联络知识阶级之机会；三则安南事件为所破坏，深为可惜。

事后，留比学生整顿组织，重具愿书，初仅有史青、贺子才、魏宸组、胡秉柯、喻毓西、刘荫莪、李藩昌、李仁炳、程光鑫、陈竟沅十人，在法者仅唐豸一人，在德之朱和中、周泽春、钱汇春三人至比利时加盟。并组织驻欧执行小组，由胡秉柯、史青、潘宗瑞、贺子才、魏宸组、程光鑫、陈竟沅、朱和中、孔庆叡九人负责执行会务。贺子才、史青等又组织公民党为外围机关，宗旨中取消平均地权一项。王鸿猷（子匡）、高鲁、石瑛、黄大伟、石鸿翥等人为中坚分子。是年冬，得东京同盟会本部来函，谓已确定会名为中国同盟会，于是德、法、比三处始一律通用同盟会名号。（朱和中：《欧洲同盟会纪实》，中国人民政治协商会议全国委员会文史资料研究委员会编：《辛亥革命回忆录》第 6 集，第 10—13 页；冯自由：《中华民国开国前革命史》第 1 册，第 190 页）

△ 自巴黎致信秦力山，谓"六月过星，约相待一见"。（冯自由：《革命逸史》第 2 集，第 229 页）

△ 偶见新加坡《图南日报》刊印宣传推翻清廷、革命成功的月份牌，对此深表赞赏。

冯自由记："是年冬，《图南报》更别开生面，乘庆祝乙巳（一九〇五年）新禧之机会，印刊一种富有刺激性之月份牌，分赠华侨，以资宣传。上题：'忍令上国衣冠沦于涂炭，相率中原豪杰还我山河'二十字。下题：'暂理皇汉帝位满清光绪三十一年岁次乙巳为耶稣降生后一千九百零五年至零六年'及'文字收功日，全球革命潮，图开新世界，书檄布东南'等句。中刊自由钟及独立旗各一，异常美观。"偶见《图南报》及月份牌，"知吾道不孤，至为欣悦"。亲寄美金二十元至《图南报》购取乙巳年月份牌二十张。复移书尤列查询该报为何人组织，以便通讯。（冯自由：《革命逸史》初集，第 172—173 页）

2 月 15 日（正月十二日）　新加坡华侨许雪秋等议定 4 月 19 日在广东潮州起义。事泄，未举。

2月21日(正月十八日) 黄遵宪致函梁启超,论及今后大局方针,应逃革命之名而行其实,并论实行之宗旨与办法。

函谓:"若论及吾党方针,将来大局,渠(康有为)意盖颇以革命为不然者。然今日当道实既绝望,吾辈终不能视死不救,吾以为当逃其名而行其实。其宗旨曰阴谋,曰柔道。其方法曰潜移,曰缓进,曰蚕食。其权术曰得寸得寸,曰辟首击尾,曰远交近攻。今之府县官所图者,一己之黜陟耳,一家之温饱耳。吾饵之饲之,牢之笼之,羁縻之,左右之,务使彼无内顾之忧,无长官之责。彼等偷安无事,受代而去,必无有沮吾事者,继任者必沿袭为例,拱手以事权让人矣。其尤不肖者,搜索其劣迹以要挟之,控诉于大吏以摘去之。总之,二百余年朝廷所以驭官之法,官长上图保位,下图省事之习,吾承其弊,采其隐迎其机而利用之。一二年间,吾人羽翼既成,彼地方官必受吾指挥,而唯命是听矣。"(丁文江等编:《梁启超年谱长编》,第228页)

是年春 姜守旦等筹划在萍浏醴等处起义。黄兴得讯后函告马福益,要求发动雷打石会党和萍乡、安源煤矿矿工中的会党成员响应。

3月(二月) 返回伦敦。

3月13日(二月初八日) 在大英博物馆借阅书籍。(《孙逸仙先生传》上册所附借阅卡影印件)

3月22日(二月十七日) 《申报》载武昌教育普及社因出售《革命军》《兄弟歌》等革命书籍被清政府查封。

《申报》记者对此评论道:"书有可法者,有可戒者。可法者使人知所从,可戒者使人毋敢犯。""故记者以为《革命军》《兄弟歌》等书不惟不必禁,在上者正可借以觇政治之得失,民智之高下。""专制之国,其治民也难于立宪,难于共和。何也?法重而民瘘,谤讽讥刺之文字有所慑而不敢为也。然惟如是民之疾苦,上无由知上之得失,民亦无敢妄议。而治民遂觉其难矣。中国之宜改为立宪、改为共和,记者兹不暇论。顾数千年来既沿守此专制之政体,民之受治于专制之下者,亦已久矣。宁不知文字之狱,可骇可惧,而乃敢以身干之者,非民之有所甚不得已,必上之政治容有未尽美善也。夫以民之有所不得已,而出此悖慢之词焉,则宜闵之,宜恕之。以上之政治未尽美善,而致此悖慢之词焉,则不宁宜闵之,宜恕之,而当自反之。反之而去其弊,兴其利,无一日不以民为心,无一事不谋民所便,内无寇盗之警,外无强敌之逼,国日几于富,国日进于强,则向之敢为悖慢之词者,皆将如烟之消云之灭,非徒不忍出诸口,而亦无从出诸口矣。故记者以为《革命军》《兄弟歌》等书,谓为有害,则诚有害也。谓为有益,亦诚有益也。在上者观是书而怒之嫉之,谓足以煽乱天下,斯诚有害矣。在上者观是书,而警之惕之,谓足借为殷鉴,斯诚有益矣。"(《再论武昌查封教育普及社事》,《申报》1905 年 3 月 22 日)

3 月 23 日(二月十八日)　《二十世纪大舞台》被封,六名工作人员被逮捕,陈去病因事离沪脱险。

3 月 27 日(二月二十二日)　上海《警钟日报》被封。

3 月 30 日(二月二十五日)　下午,偕吴稚晖至英国议院参观。(罗家伦等主编:《吴稚晖先生全集》第 12 卷,第 878 页)

4 月 3 日(二月二十九日)　邹容瘐死上海英租界狱中。民国成立,任南京政府临时大总统后,追赠邹为大将军。

4 月 23 日(三月十九日)　上午,吴稚晖偕庄文亚、丁在君二人来访,中午在饭店进餐。(罗家伦等主编:《吴稚晖先生全集》第 12 卷,第 880 页)在英期间,吸收孙鸿哲加盟。(冯自由:《中华民国开国前革命史》第 1 册,第 189 页)

是年春　访严复。

是春,严复(字又陵,一字几道)为开平矿务局事赴伦敦交涉。因此特往访,谈次,严复谓:"以中国民品之劣,民智之卑,即有改革,害之除于甲者将见于乙,泯于丙者将发于丁。为今之计,惟急从教育上着手,庶几逐渐更新乎。"对此表示:"俟河之清,人寿几何?君为思想家,鄙人乃实行家也。"(严璩:《侯官严先生年谱》,王栻编:《严复集》第 5 册,第 1550 页)

5 月 7 日(四月初四日)　黄兴由日本湖南同乡会公举为总理，固辞未就。后最终确定刘耕石任是职。(《宋教仁日记》,第 61—62 页)

5 月 10 日(四月初七日)　上海工商界为反对美国迫害华工,议决抵制美货等五项措施,反美爱国运动开始,全国各地相继响应。

5 月中旬(四月中旬)　至布鲁塞尔走访社会党国际执行局。

5 月(四月)　再赴布鲁塞尔,为了向社会党国际局请求接纳他的党为成员,经贺子才介绍,(冯自由:《革命逸史》第 2 集,第 104 页)通过比利时社会党机关报《人民报》(*Vooruit*)记者桑德(Sander)与该局主席王德威尔德(E. Vandervelde)、书记胡斯曼(C. Huysmans)晤谈。遂介绍纲领道:"第一,驱逐篡权的外来人(满洲人),从而使中国成为中国人的中国。第二,土地全部或大部为公共所有,就是说很少或者没有大的地主,但是土地由公社按一定章程租给农民。""防止往往一个阶级剥夺另一个阶级,如像所有欧洲国家都曾发生过的那样。""中国社会主义者要采用欧洲的生产方式,使用机器,但要避免其种种弊端。他们要在将来建立一个没有任何过渡的新社会,他们吸收我们文明的精华,而决不成为它的糟粕的牺牲品。换句话说,由于它们,中世纪的生产方式将直接过渡到社会主义的生产阶段,而工人不必经受被资本家剥削的痛苦。"(布鲁塞尔法文版《人民报》1905 年 5 月 20 日报道,《近代史资料》1979 年第 3 期)

5 月 17 日(四月十四日)　吴稚晖接函后即作复①。

6 月 3 日(五月初一日)　宋教仁、程家柽等在日本东京创办《二十世纪之支那》杂志,以"提倡国民精神,输入文明学说"为宗旨。(《本社简章》,《二十世纪之支那》第 1 号)

6 月 4 日(五月初二日)　由巴黎复函宫崎寅藏,告赴日本行期。

函谓:"日前寄英国之书,久已收读,欣闻各节。所以迟迟不答,

---

①　吴稚晖记为:"得柳甫、中山。复中山。"4 月 22 日条记为:"得孙中山。"蒋永敬《从吴稚晖的"留英日记"来补正国父几次旅英日程的错误》解释为与孙中山交往。(《传记文学》[台北]第 36 卷第 2 期)是时孙中山已住比京,应为通信来往。

盖因早欲东归,诸事拟作面谈。不期旅资告乏,阻滞穷途,欲行不得,遂致久留至于今也。兹定于 6 月 11 日从佛国马些港乘'东京'号佛邮船回东,过南洋之日,或少作勾留未定。否则,必于 7 月 19 日可以到滨矣。"(《孙中山全集》第 1 卷,第 274 页)

欲东归而无旅资,留欧学生遂再次筹集旅费。宾敏陔记:"总理一人在巴黎,川资尚无所出,来函于余,远筹速汇,以便启程。接函后,商之留德同人,均无承认,遂与朱和中二人私议,计总理来函有嘱汇至新加坡一路川资等语,彼此切实核计,算二等船费若干,由巴黎至马赛二等车费若干,沿途零用钱若干,统计汇去佛朗二千元。孰意总理接款后邮函申诉,略云:'吾乃中国革命领袖,若以来函所云,车船以二等计算,有失中国革命家脸面,绝对不可,望再筹汇'云云。此时余与朱君罗掘俱穷,同人亦不敢再谈革命,幸当时余任留德学生会会长,遂将会金二千余马克合成三千佛郎汇去,总理得以成行。余亦于二年内陆续将膳费节省归还会金。"(《中华民国开国五十年文献》第 1 编第 11 册,第 412 页)

6 月 7 日(五月初五日) 黄世仲著《洪秀全演义》在《有所谓报》连载,鼓吹民族主义革命。

6 月 4 日,郑贯一等人在香港所办《有所谓报》创刊。此报"阐扬民族主义,不亚于《中国报》"。(冯自由:《革命逸史》初集,第 114 页)是日,此报开始连载黄世仲《洪秀全演义》,刊至第二十九回。自第三十回起,又刊于香港《少年报》。是书"系摭拾太平天国遗事轶闻及故老传说,效《三国演义》体编演而成"。1906 年香港《中国日报》社发行完整的六十四回本,章太炎为之作序。"出版后风行海内外,南洋美洲各地华侨几于家喻户晓,且有编作戏剧者,其发挥种族观念之影响,可谓至深且巨。"(冯自由:《革命逸史》第 2 集,第 41—42 页)

6 月 11 日(五月初九日) 乘"东京"号邮船离马赛港东返。(《复宫崎寅藏函》,《孙中山全集》第 1 卷,第 274 页)

6 月 24 日(五月二十二日) 《二十世纪之支那》正式在日本东

京发刊。宋教仁为总庶务,程家柽为总编辑。宣传爱国主义,鼓吹革命。

6 月(五月)　与法国前印度总督韬美及殖民部长接触。

"中山以留欧革命团体已告成立,而驻日同志频函促归,遂拟由巴黎取道日本。行有日矣,会新任安南总督韬美与中山有旧,素赞助中国革命,中山因与法国殖民大臣有所接洽,尚未得要领,乃暂寓利倭尼街之瓦克拉旅馆,坐待好音。"(冯自由:《中华民国开国前革命史》第 1 册,第 189 页)

△　在巴黎结识俄国革命者 Г.契切林①,就革命问题进行长时间交谈。(转引自齐赫文斯基:《孙中山的外交观点与实践》,《国外中国近代史研究》1983 年第 4 期)

△　秦力山自香港至缅甸,革新《仰光新报》,著《说革命》二十四章,阐释革命理论,宣传革命思想。

冯自由记:"仰光为缅甸首府,甲辰年康有为自印度游缅,以保皇变政相号召,侨商受惑者颇不乏人。闽商庄银安被推为仰光保皇会分会长,并担任创办机关报,名之曰《仰光新报》。""其股东新旧不一,甚有认保皇变政之言论为危险性者。故该报形式陈腐,主张和平,不过稍偏于康梁方面而已。"秦力山抵仰后,说服庄银安,革新是报。(冯自由:《革命逸史》第 4 集第 141 页)并著《说革命》(亦称《革命箴言》)二十四章,前十六章登于《仰光新报》,阐释革命理论。7 月 22 日秦力山函告陈楚楠,谓《说革命》有两层用意,一、"因邹书徒事谩骂而不言理,故不得已而有此作"。二、"书中驳诘康党之处甚多,可一惩其烦焰"。(冯自由:《革命逸史》第 2 集,第 229—230 页)《说革命》阐释革命之定义,谓革命与反叛绝不相混,分为广狭二义。广义之革命谓:"有一物于此,其全体皆腐败,或腐败其大半,今欲修补之,反不如更张之,其资力既省,而效力益神,于是乎弃此而另置一物,其义直同于革

---

①　似即日后任苏俄外交人民委员会之契切林(亦译作齐契林)。

命。"其有宗教革命、君主革命、工艺革命、医学革命、文学革命、社会革命、交通革命等。而其中枢纽，则在君权革命，谓"近世各国制度、学术、工艺、军事、交通、美术等，以及百般文明机关之发生，皆在于君权革命(此言君权革命而不曰君主革命者，含日本、英、德、意、奥等国在内)以还"。故"当二十世纪竞争剧烈之秋，若欲希望种族与国家之生存，则一国之文物制度，自不得不因新理而革命旧谬。然苟欲达此目的，则不得不先去其障害之物。其物维何？则现政府是也"。"旧政府不去，而望新学术与新制度之有效力，诚南辕而北辙也。苟旧政府去，则支那一蹴而跻无上上雄之国。"故《说革命》"悉主于狭义而言君主革命"。(彭国兴等编:《秦力山集》，第114—116页)

△　因东京同人函告孙中山欲自欧美赴日本与黄兴等把晤，黄兴与刘揆一等人在是月东渡日本。(刘揆一:《黄兴传记》，中国史学会主编:《辛亥革命》第4册，第281页)

△　唐群英参加华兴会，成为此会唯一女会员。

7月初(约六月初)　途经新加坡，与尤列、陈楚楠、张永福、林义顺等会晤。

离巴黎前，曾致函秦力山等人，告六月(旧历)过星，约相待一见。(1905年7月23日秦力山致陈楚楠函，冯自由:《中华民国开国前革命史》第2册，第110页)船过科伦坡，致电尤列，预约届时率同志登船相见。及船泊新加坡，时秦力山已赴滇边干崖担任教务，尤列偕陈楚楠、张永福、林义顺登船晋谒，并请孙中山登陆，共商国是。孙中山因不得入境之五年限期未满，不能自由登岸。陈楚楠报告与张永福合资创办《图南日报》和种种困苦，孙中山连说:"不要紧，不要紧，革命党总要苦斗，将来自然有好结果。"并告以欧美和日本各处的留学生，大多数已经参加革命工作，革命声势已日益膨胀，不久便可大举推倒清朝，建立民国。并嘱陈楚楠等觅一能说各种方言，熟悉各方面情形之人，以俾再来新加坡时协助往各处工作。(陈楚楠:《晚晴园与中国革命史略》,《辛亥革命史料选辑》续编,第 33 页)又告"此行到日本即当组织革命党总部,南洋各埠可设分会,不日当由日本寄来章程及办法,嘱各人预为筹备"。(冯自由:《华侨革命开国史》,荣孟源主编:《华侨与辛亥革命》,第 61 页)尤列等与新加坡警厅磋商,竟得允许孙中山上岸,在小桃源俱乐部聚餐。在座者还有邵甘棠、李幼樵及与孙中山同行之陈汝和。张永福等复言及在潮州已有与之有关的友人余既成、许雪秋运动起义,闽省则此处派有黄乃裳前往宣传。孙中山以其不特用文字宣传,亦能做实际工作,不胜喜慰。"但以分道扬镳,终不如集中力量,事较易济。乃以组织同盟会,作大规模之运动为议。"尤列等亦以为然,旋乃偕往张永福别墅晚晴园摄影纪念。继而往访同学吴杰模,越日即启轮东去。(《南洋与创立民国》,荣孟源主编:《华侨与辛亥革命》,第 96—97 页)

7 月 7 日(六月初五日)　船过越南西贡。致函陈楚楠。

函中告以"不停西贡,直往日本,先查探东方机局,以定方针。方针一定,再来南地以召集同志,合成大团,以图早日发动。今日时机已熟,若再不发,恐时不我待,则千古一时之会恐不再来也"。"西贡人心亦大开,已有同志欲创一报馆于此,以联络各埠之声气。惟不知办法,及欠人员。弟今许助补此两缺点,大约二三个月后由东洋南回,则此事可以成矣。"(《孙中山全集》第 1 卷,第 275 页)

7 月 19 日(六月十七日)　抵横滨。

据报:"清国流亡人孙逸仙于本月 19 日搭乘自法国入港的该国邮船东京号前来日本。借宿于横滨市山下町一百二十号的一户人家。"(《孙逸仙乘船抵横滨》明治 38 年 7 月 28 日,章开沅等主编:《辛亥革命史资料新编》第 6 卷,第 111 页)

田桐记:"乙巳年夏,孙公将来日本,同人欢动。抵横滨后,复由程家柽传告,东京学生往来京滨之间者甚多。孙公礼贤下士,复留餐宿,自捧面盆盥客。"(《革命闲话》,《太平杂志》第 1 卷第 2 号)

7 月 20 日(六月十八日)　上海商务总会通电全国抵制美货,反美爱国运动掀起高潮。

7月下旬（六月）　赴东京，分别与黄兴、杨度、邓家彦等会晤，筹建同盟会。

居横滨数日，留日学生派代表百余人，迎往东京。（过庭：《纪东京留学生欢迎孙君逸仙事》，《民报》第1号）得程家柽、马君武、胡毅生及宫崎寅藏等协助，发动留日学生。以杨度为才气纵横之士，与程家柽等访杨于其畈田町寓所，二人聚议三昼夜不歇，满汉中外，靡不备论，革保利弊，畅言无隐。告杨度："当今之世，中国非改革不足以图存。但与清政府谈改革，无异于与虎谋皮。因此，必须发动民主革命，推翻这个昏庸腐朽的政府，为改革政治创造条件。"杨度则认为："民主革命的破坏性太大。中国外有列强环伺，内有种族杂处，不堪服猛剂以促危亡。"并引英日两国皆以君主立宪而强为例。"清政府虽不足以有为，倘待有为者出而问世，施行君主立宪，则事半功倍。"卒乃杨曰："度服先生高论，然投身宪政久，难骤改，案鞬随公，窃愧未能。""我们政见不同，不妨各行其是，将来无论打通哪一条路线，总比维持现状的好。将来我如失败，一定放弃成见，从公奔走。"（陶菊隐：《筹安会"六君子"传》，第17—18页；章士钊：《与黄克强相交始末》，《湖南文史资料》第1辑）

经宫崎寅藏介绍，与黄兴会晤[①]。

黄兴记述："适孙中山自美洲来日本，因日人宫崎寅藏介绍相见，谈论极合，始立同盟会。"（《1912年9月12日在旅京善化同乡会欢迎会上的讲话》，《辛亥革命史研究会通讯》第26期，1986年6月）

宫崎寅藏回忆："孙逸仙由欧洲回到日本后，来我家里访问。对孙询问有无杰出人物之事，我说：'仅仅两三年间，留日学生猛增，有一个叫黄兴的，是个非常的人物。'孙说：'那我们就去看看他。'我说：'我到他那里去把他请来吧。'孙说：'不要那么麻烦了。'于是，我们两

---

①　另有一说，由杨度介绍孙、黄认识。参阅王学庄：《孙黄东京初会的介绍人问题》，《辛亥革命史丛刊》第8辑，第1—8页。

人就一起到神乐坂附近黄兴的寓所访问。和我同住过的末永节,那时和黄兴同住在一起。到达黄寓时,我要孙逸仙在门口等一等,我推开格子门喊了一声:'黄先生!'末永节和黄兴一起探出头来,看到孙逸仙站在外面,说:'啊! 孙先生!'黄兴想到有许多学生在屋里,立即作手势,示意孙先生不要进去;我也会意了,随即出门去等待。顷刻,黄兴、末永节、张继三个人出来了,将我们带到中国餐馆风乐园。寒暄过后,彼此不拘礼节,有一见如故之感。""约有两小时,孙、黄两人一直商议国家大事,却酒肴少沾。直到最后两人才举杯祝贺。"①(《清国革命军谈》,[日]宫崎龙介、小野川秀美编:《宫崎滔天全集》第 1 卷,第 282—283 页)

张继记述:"(1904 年)冬,离沪赴倭,与克强同寓于牛込区神乐坂旁。""(1905 年)夏间,总理由美来倭,宫崎寅藏介绍克强晤面,商组革命大同盟事。"(《回忆录》,《国史馆馆刊》第 1 卷第 2 号)

又由马君武介绍,往访邓家彦等。邓家彦记述:前此,"在比利时留学的孔庆叡写信告以'名落孙山',知其已投先生。一日,马君武告诉我说:'你知道有一位大革命家要来吗?'我说:'不知道,是谁啊!'他说:'是孙逸仙先生。'我们听了非常高兴。马君武不是我们小团体里的人,但小团体的人都很愿意见见总理,所以要马君武给我们介绍。因为我们组织了小团体,总觉得没有人指导,如果总理来了,我们想从此可以上轨道,不会走错路了。过了两天,总理到了日本,并没有多少人知道。有一天,马君武和他来到明光馆(即邓家彦住处),来了以后,马君武给我们介绍。当天晚上,总理住在明光馆和我们谈革命,说革命要推翻满清,建设共和,又说不仅建设共和,社会革命也

---

①　郭子奇记述此事不同,谓其到东京后不久,"一日到牛込区若宫町二十七番地柳大任寓所,时黄克强先生亦住其处"。时"有一长发和服日人偕一西装革履人士叩门入室,云要会黄克强先生。是时克强不在,我辈款之,方知日人乃宫崎寅藏,所谓白浪滔天者是也,其他一人即中山先生。中山与宫崎用英语对话"。"宫崎与中山先生必欲见克强先生,坐候甚久,傍晚克强先生始归。三人寒暄逾时。""然时已晚,自宜款以酒食,而克强先生囊中一无所有,由我金五元为鱼酒之会,他们边饮边谈。"(郭子奇《清末留东回忆》,《湖南文史资料选辑》第 10 辑,第 24—25 页)

非常重要，还对我们讲平均地权。"次日，朱执信(大符)、胡毅生来见孙中山。(《访问邓家彦先生第一讲》，《中华民国开国五十年文献》第1编第11册，第343—344页)胡毅生先此在广东官费速成法政学生中间"将总理言行介绍于众，众皆兴奋，渴欲一见"。(《同盟会成立前二三事之回忆》，《中华民国开国五十年文献》第1编第11册，第3页)

7月28日(六月二十六日)　与宋教仁、陈天华等会晤于《二十世纪之支那》杂志社。

据《宋教仁日记》7月17日，接程家柽通知，宫崎约于19日会晤。届期同往，"滔天君乃言孙逸仙不日将来日本，来时余当为介绍君等"。又言"孙逸仙所以迟迟未敢起事者，以声名太大，凡一举足皆为世界所注目，不敢轻于一试。君等将来作事，总以秘密实行为主，毋使虚声外扬也"。"孙逸仙之为人，志趣清洁，心地光明，现今东西洋殆无其人焉"。7月25日至程家柽寓，程告"孙逸仙已至东京，君可与晤面云。余允之"。是日，"接程润生来信，称孙逸仙约余今日下午至《二十世纪之支那》社晤面，务必践约云。未初，余遂至该社，孙逸仙与宫崎滔天已先在。余既见面，逸仙问此间同志多少如何？时陈君星台亦在坐。余未及答，星台乃将去岁湖南风潮事稍谈一二及办事之方法。讫，逸仙乃纵谈现今大势及革命方法，大概不外联络人才一义，言中国现在不必忧各国之瓜分，但忧自己之内讧，此一省欲起事，彼一省亦欲起事，不相联络，各自号召，终必成秦末二十余国之争，元末朱、陈、张、明之乱，此时各国乘而干涉之，则中国必亡无疑矣。故现今之主义，总以互相联络为要"。主张招纳人才主持两广会党，"若现在有数十百人者出而联络之，主张之，一切破坏之前之建设，破坏之后之建设，种种方面，件件事情，皆有人以任之，一旦发难，立文明之政府，天下事从此定矣。(逸仙之言，余尚多，不悉记。)谈至申正，逸仙约余等来日曜日往赤阪区黑龙会会谈。余允之。遂回"。(陈旭麓主编：《宋教仁集》，第543—546页)

7月29日(六月二十七日)　旅居东京的华兴会员在黄兴寓所

讨论"参加孙逸仙会事"。

宋教仁记：是日"邀星台同至黄庆午寓，商议对于孙逸仙之问题。先是，孙逸仙已晤庆午，欲联络湖南团体中人；庆午已应之，而同人中有不欲者，故约于今日集议。既至，庆午先提议，星台则主以吾团体与之联合之说；庆午则主形式上入孙逸仙会，而精神上仍存吾团体之说；刘林生则主张不入孙会之说①；余则言既有入会、不入会者之别，则当研究将来入会者与不入会者关系如何。其余亦各有所说，终莫能定谁是，遂以'个人自由'一言了结而罢"。（陈旭麓主编：《宋教仁集》，第 546 页）

冯自由又记："无何孙文自美洲游日本，君（程家柽）集陈天华、黄克强、宋教仁、白逾桓、张继、但焘、吴旸谷与孙君会议于君之北辰社寓庐，孙文所斤斤者，仍以二十人为事，自午迄西未能决。君以历年所筹划者，默体于心，谓开山引泉，已达大川，奚事涔蹄之量以二十人为哉"。（冯自由：《革命逸史》第 6 集，第 48 页）

△ 召开预备会商定组织名称。

田桐记述：是日"开同盟会预备会于阪田町程家柽寓宅，到八九人，商量各事及会名。孙公主张定名'中国革命党'。黄公以此名一出，党员行动不便。讨论后，定名为'中国同盟会'"。（田桐：《同盟会成立记》，丘权政等编：《辛亥革命史料选辑》上册，第 94 页）

△ 与黄兴在同盟会成立前夜争论武装起义方略。

宫崎寅藏记述："由于我不懂他们的话，不知道吵的是什么问题。后来问人才知道：黄主张从长江一带开始干，孙则主张从广东开始干。黄对孙说：你不要光讲自己老家好不好？孙说：你要在长江一带干，但从哪里运送武器呢？长江一带很难运送武器进去，你知道吗？

---

① 据刘孝娥《先君革命史事闻见录》记述：刘揆一"觉得华兴会创业艰难，组织起来不容易，如果解散，这对湖南革命党人和哥老会众是一个打击，无形中取消了革命组织，于心不忍，实在舍下〔不〕得解散，故坚持不入同盟会甚力"。（饶怀民：《刘揆一与辛亥革命》，第 100 页）

而广东则有几个运送武器的地方。争来争去，终于是黄屈服了。"
（《宫崎滔天谈孙中山》，《广东文史资料》第25辑，第316—317页）

7月30日（六月二十八日）　召开中国同盟会筹备会议。

是日下午，由黄兴、宋教仁、程家柽、冯自由、胡毅生、马君武等分头通知，邀集留学生七十余人在东京赤阪区桧町三番地黑龙会本部（内田良平宅）召开中国同盟会筹备会议。与会留学生为黄兴、宋教仁、陈天华、曾继梧、余范傅、郭先本、姚越、张夷、刘道一、陶镕、李峻、周咏曾、邹毓奇、高兆奎、柳旸谷、柳刚、宋式善、范治焕、林风游、郭家伟（以上湘籍）、时功玖、耿觐文、涂宗武、余仲勉、曹亚伯、周斌、陶凤集、叶佩薰、王家驹、蒋作宾、李仲达、刘通、刘一清、李叶乾、范熙绩、许纬、陶德瑶、刘树湘、田桐、匡一（以上鄂籍）、黎勇锡、朱少穆、谢延誉、黄超如、区金钧、冯自由、姚东若、金章、汪兆铭、古应芬、杜之枕、李文范、胡毅生、朱大符、张树楠、何天炯（以上粤籍）、马君武、邓家彦、谭鸾翰、卢汝翼、朱金钟、蓝得中、曾龙章（以上桂籍）、程家柽、吴春旸、王天培、孙檠、吴春生、王善达（以上皖籍）、陈荣恪、张华飞（以上赣籍）、蒋尊簋（浙籍）、康保忠（陕籍）、王孝缜（闽籍）、张继（直籍），以上凡十省共七十五人。加上孙本人及宫崎寅藏、内田良平、末永节四人，合计七十九人①。

会上，被推为主席，演说革命理由、革命形势与革命方法，详言全国革命党派必须合组新团体，进行排满革命，约一时许。众无异议。继由黄兴宣告今日开会原为结会，即请各人签名。乃皆签于一纸。

---

①　与会人数，各书所记不一，田桐《革命闲话》谓四十余人；《宋教仁日记》谓七十余人；冯自由谓六十余人或七十余人，《革命逸史》第2集；《中华民国前革命史》第1册）邹鲁《中国国民党史稿》亦谓七十余人。此据《同盟会成立初期之会员名册》，并参照冯自由、邹鲁诸书记载。名册使用公历、夏历不一，凡署乙巳六月二十八日或七月三十日者均是。安徽程家柽等未署日期，酌定。该书记是会已有十七省留学生参加，误。其余各省最早参加者为：8月6日江苏高剑公，8月13日四川许行恽，8月14日山西谷思慎，8月19日河南曾昭问，8月21日贵州于德坤、平刚，9月9日云南吕志伊。山东徐镜心署期为乙巳六月七日，疑误。但由被介绍入盟者最早为乙巳七月二十七日。梁慕光等人系8月6日入会。

复提议定名为中国革命同盟会。湖南学生张明夷以定名不当,谓既抱倾覆满洲之志,当为对象立名,主张用对满同盟会名义。答曰:"不必也,满洲政府腐败,我辈所以革命,即令满人同情于我,亦可许其入党。革命党宗旨不专在排满,当与废除专制创造共和并行不悖。"众赞成。亦有谓本会属秘密性质,不必明用革命二字者。再四讨论,卒从后说,确定为"中国同盟会"。孙中山更提议本会宗旨,拟规定"驱除鞑虏,恢复中华,创立民国,平均地权"四事为纲领。有数人对于"平均地权"一节持疑义,要求取消。孙中山乃演讲世界各国社会革命之历史及其趋势,谓:"现代文明国家最难解决者,即为社会问题,实较种族、政治二大问题同一重要。我国虽因工商业尚未发达,而社会纠纷不多,但为未雨绸缪计,不可不杜渐防微,以谋人民全体之福利。欲解决社会问题,则平均地权之方法①,乃实行之第一步。本会系世界最新之革命党,应立志远大,必须将种族、政治、社会三大革命,毕其功于一役。""不当专问种族、政治二大问题,必须并将来最大困难之社会问题亦连带解决之,庶可建设一世界最良善富强之国家。"演讲约一时许,众大鼓掌。曹亚伯起而曰:"今日大家主张革命,始来此间,如有异议,何必来?兄弟凭良心首先签名。"全场无异议②。(冯自由:《革命逸史》第 2 集,第 138 页)即由孙中山拟一盟书,经众推黄兴、陈天华二人审定。盟书为:"联盟人, 省 府 县人○○○,当天发誓:驱除鞑虏,恢复中华,创立民国,平均地权,矢信矢

---

① 阎锡山回忆,加入同盟会时对于十六字纲领中的"平均地权"不甚了解,故向孙中山请教。孙中山答道:"平均地权的权字,不是量,也不是质,这也就是说,不是说地亩多少,也不是说地质好坏,是说它的一种时安价值。"(《阎锡山早年回忆录》,第 5—8 页)

② 宋教仁《程家柽革命大事略》记:"适有心怀首鼠而昧于孙文之为人者,崛然起立,诘问于孙文曰:'他日革命成功,先生其为帝王乎?抑为民主乎?请明以告我!'其在会场近三百人,正演说酣畅,闻诘问之言,忽然如裂帛中止。孙文、黄兴不知所谓,默然莫对,会之成分,间不容发。君(程家柽)知事急,乃越席而言曰:'革命者国人之公事也,孙先生何能为民主君主,惟在吾人之心中,苟无慕乎从龙之荣,则君主无自而生。今日之会,惟研求清廷之当否革除,不当问以帝王民主也。'议乃决,争具盟书。"冯自由认为,此说与事略有不符。(冯自由:《革命逸史》第 6 集,第 49 页)

忠,有始有卒。如或渝此,任众处罚。天运乙巳年七月　日　中国同盟会会员○○○"(冯自由:《中华民国开国前革命史》第 1 册,第 195 页)众各自书写盟书一纸签署,孙中山遂领导各人同举右手向天宣誓如礼。誓毕,孙中山谓在干事会未成立前,众人盟书由其暂为保管。孙中山盟书则由众推举黄兴保管。旋由孙中山至隔室分别授会员以同志相见之握手暗号及秘密口号,问:何处人? 答:汉人。问:何物? 答:中国物。问:何事? 答:天下事。(邹鲁:《中国国民党史稿》,第 47 页)随与各会员一一行新握手礼,欣然道喜曰:"为君等庆贺,自今日起,君等已非清朝人矣。"语毕,室之后部木板猝然坍倒,声如裂帛。孙中山曰:"此乃颠覆满清之预兆。"众大鼓掌欢呼。(冯自由:《革命逸史》第 2 集,第 139 页)复推举黄兴、蒋尊簋、汪精卫、陈天华、程家柽、马君武等八人为章程起草员①,约定于下次开会时提出。(陈旭麓主编:《宋教仁集》,第 547 页;冯自由:《革命逸史》第 2 集,第 132—139 页)

8 月 6 日(七月初六日)　派黎勇锡往何香凝处接洽借寓所开会及收信事。

是时,居于高阳馆旅店,书信及来往客人极多,常遭日本警察干涉。为此,派黎勇锡商借何香凝寓所为开会及收信地点,以作掩护,并嘱何严守秘密,勿雇佣日本下女。次日晚,亲至何寓,为之主盟,并签名介绍(何入盟日期据《中国同盟会成立初期之会员名册》)。数日后,何香凝在神田区觅屋迁居。孙中山每星期召集同志在其寓所开会两三次,并由其代收邮件。(何香凝:《回忆孙中山和廖仲恺》,第 4—5页)何香凝为同盟会第一位女盟员②。

8 月 7 日(七月初七日)　在程家柽寓所会晤宋教仁。宋告以"今晚六时约诸同志在山口方相会"。(陈旭麓主编:《宋教仁集》,第 548 页)

8 月初(七月初)　在程家柽寓所会见熊克武、但懋辛。

---

①　冯自由记宋教仁亦为起草员,且仅四人,田桐记为六人。今据《宋教仁日记》。
②　另有唐群英为第一位女同盟会员之说。

　　先是,熊克武等人到东京后,接触不少爱国志士与进步报刊,渐渐倾向革命,便希望能见到孙中山,获得革命的方向。七月初,程家柽在岩仓铁道学校暑期补习班的黑板上写明"孙逸仙先生到了东京",同住的熊克武与但懋辛便从该校川籍学生鄢奉先、吴嘉读处得知此消息,随后即在程家柽寓所获见孙中山。孙中山问熊、但二人来日本想学什么? 熊、但答道:"打算投考陆军学校,毕业后回国带兵,革命救国。"孙中山赞道:"青年人立志革命救国,很好,很好! 不过列强急谋瓜分中国,清廷腐败无能,亡国灭种祸在旦夕,爱国志士应该积极准备革命,以救危亡。要是都等到学成归国再来革命,时间恐怕来不及了。"熊、但领悟孙中山意思,当即表示随时可以听候号召,放弃学业,投身革命。孙中山又问:"要革命就得加入革命党,你们愿意参加吗?"熊、但回答:"我们今天就是为要革命而来的。"孙中山当时便命二人填写誓约,几天后,正式宣誓入盟。(熊克武:《辛亥前我参加的四川几次武装起义》,中国政协文史资料委员会编:《辛亥革命亲历记》,第260页)

　　8月13日(七月十三日)　出席东京留学生欢迎大会。

　　东京留学生闻孙中山抵日,咸欲一睹风采,由程家柽、田桐、彭君莱等三人发起,黄兴等人积极推动,筹备召开大会。宋教仁、田桐、张柄标等租用麴町区饭田河岸富士见楼为会场,并张贴海报,广寄通知。是日上午11时,宋至富士见楼,"经理开会一切事宜,毕。午正,至樱亭,孙逸仙已至,遂嘱其早至会场"。是会警方原限三百人,继许九百人,而会场能容千人。届时爆满,后来者犹络绎不绝,门久拥挤不通。警史令封门,诸人在外不得入,喧哗甚。宋教仁乃出而攀援至门额上,对众细述原由;又开门听其进。室内阶上下,厅内外,皆满无隙地。后至者皆不得入,踵门而退者殆数百人。然犹不忍去,伫立于街侧以仰望楼上者复数百人。有女学生十余人,结队而来,至则门闭,警察守焉。女学生大愤,恨恨而返。一时许,孙中山至会场,着鲜白之衣,数人导之,拾级而上,满场拍掌欢迎。立在后者,为前者所蔽,趾足以望,拥挤更甚,然皆肃静无哗。东京自有留学生以来,开会之人数,未有如是日之多而且整齐。

大会开始,由宋教仁致欢迎词,众皆拍手大喝彩。继请孙中山演说。孙中山先谢欢迎之盛意,继而叙述环游全球经历,谓:"近来我中国人的思想议论,都是大声疾呼,怕中国沦为非澳。""往年提倡民族主义,应而和之特会党耳,至于中流社会以上之人,实为寥寥。乃曾几何时,思想进步,民族主义大有一日千里之势,充布于各种社会之中,殆无不认革命为必要者。""从此看来,我们中国一定没有沦亡的道理。""中国土地人口,世界莫及。我们生在中国,实为幸福。""米国无此好基础。虽西欧英、法、德、意皆不能及。"若能"发愤自雄","鼓吹民族主义,建一头等民主大共和国","取法西人的文明而用之,亦不难转弱为强,易旧为新","十年二十年之后,不难举西人之文明而尽有之,即或且胜之"。并驳斥保皇派"由专制而立宪,由立宪而共和",不可躐等以及"中国人民的程度,此时还不能共和","只可立宪,不能革命"的谬论,指出:"君主立宪之不合用于中国,不待智者而后决","不把我们中国造起一个二十世纪头等的共和国来,是将自己连檀香山的土民、南米的黑奴都看做不如了"。"若我们今日改革的思想不取法乎上,则不过徒救一时,是万不能永久太平的。"①(《孙中山全集》第1卷,第277—283页)众人拍掌不绝。程家柽、蒯寿枢等数人继起演说。程谓法国不仅有一拿破仑,美国不仅有一华盛顿,先有无数之拿破仑、华盛顿,而此有名之拿破仑、华盛顿,乃始能奏其功。故吾国今日不可专依赖孙君一人,人人志孙君之志,为孙君之为,中国庶克有济。嗣由来宾宫崎寅藏及末永节演说。宫崎曰:"吾倾家以谋中国之革命,不成,无以为生,为优人以求食,所以不忍饿死者,欲留一命以见支那之革命也。吾初以今日之会,会者不过数十人,今见到会者如此之多,事之成就,不待三稔矣。""吾所演之剧,即俄革命事,何

---

① 演说稿是年9月30日由宋教仁、吴昆(昆生)等刊刻出版。

日能演支那革命,吾心始快。"(毛注青:《黄兴年谱》,第 53 页)又谓:"昔年孙君来此,表同情者,仅余等数辈耳;中国人士,则避之如恐不远。今见诸君寄同情于孙君如此,实堪为中国庆慰。"末永节亦发表演说:"敝国今日之强,为汉学之功,非取西法之效。故诸君亦惟先发挥其国学,定国基,再以西法辅之,则贵国之富强不难致,驾而过之亦不可知,否则必无效可见。""抑鄙人更有一言;敝国之国体,与贵国异,敝国为万世一系,而贵国今日之政府为异族所有。故敝国可以君主立宪,而贵国必须共和。倘亦以敝国为标准,则其害诚有不可胜言者。敝国之德川氏不去,则万事棘手;贵国不先去满洲政府,而欲有一事之克就绪,难为贵国信也。诸君勉旃,建三色之旗,击自由之钟,端与孙君与诸君是望。异日者,亚东大联盟,其起点于今日之会乎?"言至此,拍掌声如雷。5 时许,主席宣告散会,来宾先去,孙中山次之,众亦纷纷而散。(陈旭麓主编:《宋教仁集》,第 549 页;《纪东京留学生欢迎孙君逸仙事》,《民报》第 1 号;《孙逸仙欢迎会》明治 38 年 8 月 14 日,章开沅等主编:《辛亥革命史资料新编》第 6 卷,第 111—112 页)

陈天华撰文记此盛会:

"孙君逸仙者,非成功之英雄,而失败之英雄也;非异国之英雄,而本族之英雄也。虽屡失败,而于将来有大望;虽为本族之英雄,而其为英雄也,决不可以本族限之,实为世界之大人物也。彼之理想,彼之抱负,非徒注眼之本族止也,欲于全球之政界上社会上开一新纪元,放一大异彩。后世吾不知也,各国吾不知也,以现在之中国论,则吾敢下一断辞曰:是吾四万万人之代表也,是中国英雄之英雄也! 斯言也,微独吾信之,国民所公认也。""孙君由亚而美,由美而欧,所至之处,旅外华民及学生,开会欢迎,公请孙君演说。各国之政党,亦皆倒屣以迎孙君。孙君既获闻各国大政治家之绪论,益以参观所得,学识愈富,热度益涨,欲贡献祖国。""至于孙君所言,骤听似为人人所能言者,特人言之而不行,孙君则行之而后言,此其所以异也。况孙君于十余年之前,民智蒙昧之世,已能见及此而实行之,得不谓世间之豪杰乎? 夫豪杰之见地,亦惟先于常人一著耳。"(《纪东京留学生欢迎孙君逸仙事》,《民报》第1号)

　　孙中山的活动,引起清政府驻日公使杨枢的注意,据报:"讵料本月初旬,正值各校暑期放假之时,逆党孙文来自英国,屡在东京开会,登台演说,藉以鼓动学生。而学生之赴会听讲者,日千余人,至为可惧。枢窃欲设法禁阻,惟孙文系国事犯,不能公然照会日本外务省代为惩办,不得已以私情往晤珍田谆,托密派巡捕,随时踪迹,窥其举动。嗣准珍田饬人密探,并抄录孙文演说一纸封送前来。寻绎其意,虽无狂悖不法之词,然革命之意已在言外。"函附孙中山演说词:"东五六年以前来游日本,嗣有所感,更赴欧美各国,观其风土,察其人情,颇有心得。尝阅内外报纸,闻诸子为邦家游学日本,大有功效。将来致吾国于文明,非诸子其谁与归? 是留学诸子之责,不亦大乎! 余本不才无识,然眷怀故国,关心前途,若有隐忧,敢不让于诸子? 惟余之际遇,现时不得回国,谅亦诸子所知。切望诸子以勉励勤学为事,令我清国得跻文明,增进幸福,是后可免列强干涉,以保独立体面。至余将舒其素志,纵令若何险阻艰难,毫不介意。愿诸子专心力学,旷观世局,留意时务,使我国有所进步。诸子其勉旃乎哉。"①(《杨枢报告孙中山在东京发表演说函》,《历史档案》1985年第1期)

----

① 据日本外务省档案1905年8月14日东京警视总督安立纲之报,此即日本侦探所记8月13日孙中山之演说词的译文。惟文内称日本为"吾之第二故乡"一语脱译。此记内容与其他记载不同。(章开沅等主编:《辛亥革命史资料新编》第6卷,第111页)另据宋教仁《程家柽革命大事略》:会上孙中山谓"国人革命之心,自明亡国秘密结社到处皆是。惟各自分立,不相系属,其势微弱,不克大举。譬之太平天国洪杨之军所以与湘淮之冲突者,盖以三合会与哥老会、安清道会等先未通也。观于苗沛霖、张宗禹之与太平,同为清朝之仇敌而不能联为一贯,则其事可以知矣。曾国藩、李鸿章何能为哉? 必其联合留学,归国之后,于全国之秘密结社有以操纵之。义旗一举,大地皆应,旬日之间,可以唾手而摧虏廷。若乒连祸结,则外人商业必必损害,而成马倥偬,军士非受尽教育,则焚教堂。杀外人所不能免矣。外交牵涉,国难骤立。今留学既众,曷若设立革命本部于东京,而设分部于国内通商各口岸,他日在东留学毕业而归,遍于二十二省,则其支部之设,可以不谋而成。众金曰:善"。

8月中旬（七月）　返回横滨。

据报："清国流亡人士孙逸仙,深居读书,偶尔散步。此外无往来访客,惟屡赴东京,与逗留东京之本国学生会面。此人近日颇为意气昂扬,自觉贯彻宿志之时已经迫近。据闻其说:从中国古代皇朝变迁的历史来看,颠覆之时必然是国政倾颓之际,必有革新志士出而建国改造,古今无异。目前清国国势不振,盖其时将近,近来本国青年多留学日本欧美,人数不断增加。其毕业归国之后,必有位居枢要之地者。彼等必厌恶旧习,而欲发展局面,且不免与顽固保守者冲突。基此原因,可知改革之势正在鼓荡,及身可见清王朝崩溃,这是贯彻余多年宿望之秋。所以极有必要在此等学生中灌注这些观点。又留东学生之中,赞成余之计划,闻此说而欲实行者不少,余今后应多与此辈接近,极力鼓吹,期以勉其成功。过去在实行过程中,没有利用本国多数人去实行历来宗旨,应在旧金山、新加坡等地开设报馆,向各该处华侨灌输自己的主张。"(《清国流亡人士言行之报告》明治38年8月16日,章开沅等主编:《辛亥革命史资料新编》第6卷,第112页)

8月20日（七月二十日）　出席中国同盟会正式成立大会。

宋教仁日记:"是日为□□□会成立开会发布章程之期,会场在赤阪区灵南坂坂本珍弥邸。午后1时,余到会。时到会者约百人。2时开会,黄庆午宣读章程共三十条,读时会员有不然者,问有所增减。讫,乃公举总理及职员、议员,众皆举得□□□为总理①,举得□□□等八人为司法部职员,举得□□等二十人为议员,其执行部职员则由总理指任,当即指任□□□等八人为之。讫,总理复传授□□。末乃由黄庆午提议,谓《二十世纪之支那》杂志社同人半皆已入本会,今该社员愿将此杂志提入本会作为机关报,何如? 众皆拍手赞成,议决俟下次再商办法。会事既毕,乃大呼万岁而散。时已酉初

---

①　冯自由记:7月30日会上,黄兴倡议公推孙中山为本党总理,不必经选举手续,众咸举手赞成。(冯自由:《革命逸史》第3集,第138页)

矣。"(陈旭麓主编:《宋教仁集》下册,第550页)

　　章程规定以孙中山提出的十六字纲领为宗旨,以东京为同盟会本部所在地,设总理一人,由会员投票公举,任期四年,可连选连任,握有全权。下设执行、议事、司法三部;执行部下分庶务、内务、外务、书记、会计、经理六科。在国内外分设九个支部,即国内西部、东部、中部、南部、北部;国外南洋、欧洲、美洲、檀岛。以后又在各省设立分会。会上推举孙中山为总理,黄兴为庶务,协助总理主持本部工作,总理不在时,代行一切,马君武、陈天华为书记,朱炳麟为内务,程家柽为外务,廖仲恺、刘维焘为会计,谷思慎为经理。评议部议长为汪兆铭(精卫),议员田桐、曹亚伯、冯自由、梁慕光、胡衍鸿(汉民)、朱大符、胡瑛、康保忠、但懋辛、熊克武、董修武、范治焕、张树楠、周来苏、吴崑、吴鼎昌、于德坤、王崎等二十人。司法部判事长为邓家彦,判事张继、何天瀚,检事宋教仁[①]。(冯自由:《同盟会成立记》,《革命逸史》第2集;邹鲁:《中国国民党史稿》,第44—53页;《中国同盟会成立初期之会员名册》,《革命文献》第2辑,第73—74页)

　　自述:"自革命同盟会成立之后,予之希望则为之开一新纪元。盖前此虽身当百难之冲,为举世所非笑唾骂,一败再败,而犹冒险猛进者,仍未敢望革命排满事业能及吾身而成者也;其所以百折不回者,不过欲有以振起既死之人心,昭苏将尽之国魂,期有继我而起者成之耳。及乙巳之秋,集合全国之英俊而成立革命同盟会于东京之日,吾始信革命大业可及身而成矣。"(《建国方略》,《孙中山全集》第6卷,第237页)

　　8月27日(七月二十七日)　在东京召开演说会之计划,为日本警方禁阻,返横滨。

　　8月22日,程家柽等印发海报,通告"孙逸仙先生大演说会:列

---

　　① 目前所见《中国同盟会总章》,为1906年5月改订,调查科原名经理部。廖仲恺是时尚未入盟,不可能任职外务。议员于德坤、胡衍鸿、吴永珊(玉章)三人入盟亦在此会之后。

国能否瓜分中国之问题。无老无少，无贵无贱，无维新无守旧，无平和无激烈，苟非死其心，冷其血者，而一言瓜分，莫不心战胆寒，毛竖骨悚，有不啻狂热之炙手，冷水之浇背，而不知其所终极。诚以爱国一念，人皆所同，固无问其知愚不肖也。然中国之志士，非不焦心万虑，而无其解决之方；列强之政家，非不踌躇满志，亦无其下手之策。诚以仅知中国之情，而不知列强之实；惟知列强之外，而不知中国之内。故非深透彼己之隐情，洞悉彼己之形势，从无窥其究竟，而以事策机先。孙逸仙先生者，忧心国事，迹遍全球，民情国政，莫不烂悉。值兹国事阽危，人心惶惑，正如舟之乏柁，车之失御，四万万亲爱之同胞不啻彷徨于终夜，是以恳乞先生以其所见所闻所深得者，于本周日曜日（27日）下午2时起至5时止，在神田区美土代町青年会馆，欲批导窍，部解真元，一大演说。嗟乎！人心不同，虽其如面，然覆巢如卵，立逼目前，苟为冠带血气之伦要，莫不以是为当今最务之急也。雄论宏议，闻所未闻，其欲知中国前途之补救者，曷弗来座一听之。乙巳8月22日同人公启。

"入场券：特别座金二圆，预留座金一圆，普通座金五十钱。

"再启者：入场券在会馆及成昌楼味莼口维新号并当日会场门外临时发售。但广大房舍，实属难觅，恐座位不敷，无以报命，祈早购券以俟，不胜幸甚。"杨枢闻讯，"日夜忧之，因密托日本外务省暨警视总监严行禁阻"。杨枢8月25日报："顷据复称，业经停会。"（《杨枢报告孙中山在东京发表演说函》，《历史档案》1985年第1期）

是举因收费事引起留学生不满。8月22日，程家柽通告宋教仁开会事及入场券价格，宋嫌其太贵。8月25日，宋"接不知姓名之人来一函，责中山开演说会定价之大不然，谓必大失人心云。又接彭荫云、熊岳卿、杨仲达等来片，均大说演说之失"。宋"乃书一信，略述此事之宜变通，并将上数信亦封入，寄往中山处去焉"。（陈旭麓主编：《宋教仁集》，第551页）会既不得举行，孙中山即返回横滨。日本方面记："清国流亡人士孙逸仙，对近日访问之本国人有如下谈论：'本人近期到东京,欲借用本乡区内一处地方集清国留学生为之演说,该地警署派人勒令停止,本人不得已,只有服从命令。事出意外,令人吃惊。本人游历欧美各地之际,屡屡对留学生演说,未曾一次遇阻,此真言论自由,不背文明国之名。然而日本对此类言论却加限制,与清国略同其趣,实在令人感叹。'如此发泄不平。"(《孙逸仙之言行》明治38年9月2日,章开沅等主编:《辛亥革命史资料新编》第6卷,第113页)

△　同盟会开会,讨论《二十世纪之支那》移交事,举黄兴为接收代表,宋教仁为移交代表。《二十世纪之支那》第2期为日本警方以"有害公安"罪没收。(陈旭麓编:《宋教仁集》下册,第551—552页)

8月29日(七月二十九日)　中美签订《收回粤汉铁路美国合兴公司售让合同》。

8月31日(八月初二日)　张之洞与袁世凯、赵尔巽联衔奏请立停科举,推广学校。清廷诏准自1906年始所有乡会试及各省岁科考一律停止。

8月(七月)　梅屋庄吉等组织成立中国同盟会后援事务所。(俞辛焞等:《孙中山宋庆龄与梅屋庄吉夫妇》,第159页)

△　同盟会在横滨设制造弹药机关①。

刘揆一记:"设制造弹药机关于横滨,聘俄国虚无党人为教授,喻培伦、熊越山、黄树中、柳大任、陶铸、尹侗、王延祉、旷若谷、李刚与秋瑾、方君瑛、陈撷芬、林宗素、唐群英、蔡蕙、吴木兰诸女士,皆加入练习。"(刘揆一:《黄兴传记》,中国史学会主编:《辛亥革命》第4册,第282页)

9月1日(八月初三日)　应邀往廖仲恺、胡汉民寓所,并为其入会主盟。

胡汉民记:"1905年,余以暑假与廖仲恺同行返粤,挈妇淑子、妹宁媛往留学;仲恺则携其女梦醒往。途次闻孙先生已至日本,组织革命党,余与仲恺乃急返东京,至则中国同盟会已成立。""余既略闻其

---

①　时间不可考,故系于此。

情,时方与仲恺夫妇同居,乃夜延先生至寓,是为生平第一次得接先生之丰彩言论。先生为余等言中国革命之必要与三民主义之大略,余等皆俯首称善。先生曰:'皆已决心无疑义耶?'余与仲恺同词对曰:'革命本素志,民族主义、民权主义,俱丝毫无疑义矣;惟平均地权、民生主义,犹有未达之点。'盖是时法政学校所讲授之经济学,实为资本主义学说,即所谓参考书,亦不过至社会改良而止,因举所疑为问。先生乃更详析,辩正余等之见解,且言:'中国此时似尚未发生问题,而将来乃为必至之趋向,吾辈为人民之痛苦而有革命,设革命成功,而犹袭欧美日本之故辙,最大多数人仍受痛苦,非吾人革命之目的也。'余曰:'言至此,则无复疑问矣。'先生复言革命党之性质作用,党员对党之义务与牺牲服从之要求,则俱应曰:'唯。'于是余与仲恺、淑子、宁媛,皆受盟;同居之江誉聪、郑拜言亦使受盟[1](江、郑皆幼稚,尔时惟为防其泄漏秘密,党律严无敢犯者)。先生纵谈革命进行事宜,至于达旦。"(胡汉民:《胡汉民自传》,《近代史资料》总45号,第13—14页)

何香凝记:"孙先生、黎仲实和仲恺谈及同盟会的组织和主义,仲恺有志革命很早,他当然十分赞同。随即办理宣誓入盟手续,介绍人是黎仲实和我。但是,胡汉民为了'平均地权'四个字与孙先生展开了辩论。胡汉民认为不宜于在那个时候提出'平均地权'的口号。""当时孙先生详细地向胡汉民讲解说:'你参加反清朝帝制,这很好。但是解决民生问题,也是我们革命的目的之一。而要解决民生问题,首先就要平均地权。'他们二人反复争辩到深夜三时,胡汉民才入盟。"(何香凝:《回忆孙中山和廖仲恺》,第6页)

9月3日(八月初五日) 在黄兴寓所监收《二十世纪之支那》移交工作。

宋教仁记:"巳正,至黄庆午寓,以《二十世纪之支那》一切簿记、

---

① 郑拜言系9月4日入盟。(《中国同盟会成立初期之会员名册》)

款项、图书、器具、印信,交与黄庆午。庆午接受之。时孙逸仙在,余约其明日上午9时有人来会谈,为绍介□□□等五人也,逸仙允之。"次日上午,宋教仁等同至黄兴寓,"晤孙逸仙,谈良久始回"。(陈旭麓主编:《宋教仁集》,第554页)

9月5日(八月初七日)　日俄签订朴茨茅斯和约,日本与沙俄私相授受,取得在我国南满的所有特权。

9月8日(八月初十日)　委派冯自由、李自重往香港、广州、澳门联络同志,扩大组织。

冯自由记:"8月10日,中山以广东为革命策源地,特派冯自由、李自重二人赴香港,组织香港、澳门、广州等处同盟会分部,以扩张革命势力,并令冯主持香港《中国日报》编辑事务。是为同盟会派员回国之始。"(冯自由:《中华民国开国前革命史》第1册,第196—197页)孙中山并颁发委任状:"中国革命同盟会总理孙文,特委托本会会员冯君自由、李君自重二人,在香港、粤城、澳门等地联络同志。二君热心爱国,诚实待人,足堪本会委托之任。凡有志入盟者,可由二君主盟收接,特此通知,仰祈察照是荷。中国革命同盟会总理孙文。天运岁乙巳年八月十日发。"(《孙中山全集》第1卷,第286页)

9月17日(八月十九日)　同盟会开会议决出版机关刊物。

宋教仁9月19日记述:"午正,至黄庆午寓。庆午告余:《二十世纪之支那》前日□会议决不用原名,拟另出一报,一切关系,表面概与断绝,以□会不欲持排外主义启人嫌忌也云云。"(陈旭麓主编:《宋教仁集》,第558页)又9月21日记:"酉初,至黄庆午寓,庆午言《二十世纪之支那》停办后,拟另办之报,已名曰《民报》,下礼拜日拟开会商议办法。"胡汉民记:"先生即提议刊行本党机关杂志,停一部分党所办之《二十世纪之支那》,而采余之意见,定党报名为《民报》。"(胡汉民:《胡汉民自传》,《近代史资料》总45号,第15页)

9月23日(八月二十五日)　光复会员徐锡麟于绍兴创办大通

师范学堂,欲为起事机关。成立之后,本校学生咸为光复会会友,由是绿林豪杰汇集其间,势力大盛,成为草泽英雄聚会之渊薮。浙江革命大本营遂由温台处会馆而移于大通,光复会本部事权也由上海而移于绍兴。（冯自由:《革命逸史》第 5 集,第 55—69 页;陶成章:《浙案纪略》,中国史学会主编:《辛亥革命》第 3 册,第 27—28 页）

9 月 24 日（八月二十六日） 爱国志士吴樾（字梦霞,又作孟侠）在北京车站谋炸清政府派遣出洋考察宪政的载泽等五大臣,本人炸伤身殉。十天前,吴樾撰《意见书》,斥"立宪之声嚣然遍天下","实保皇会人为之倡",乃满人"欲增重于汉人奴隶之义务,以巩固其万世不替之皇基"。宣称"唯一原理民族建国主义","满洲皇室无立宪资格","立宪决不利于汉人","抱持唯一排满主义之图,建立汉族新国"。（《民报》第 3 号,1906 年 4 月）

9 月 29 日（九月初一日） 高旭等在日本东京创办《醒狮》,以"输入文明学说,提倡国民尚武精神"为宗旨。

9 月 30 日（九月初二日） 复函陈楚楠,告东京党务发展情形,并告将赴西贡筹款。

函谓:"近日吾党在学界中已联络成就一极有精彩之团体,以实力行革命之事。现舍身任事者已有三四百人矣,皆学问充实、志气坚锐、魄力雄厚之辈,文武材技俱有之。现已各人分门认担一事,有立即起程赴内地各省,以联络同志及考察各情者。现时同志已有十七省之人,惟甘肃省无之,盖该省无人在此留学也。""此团体为秘密之团,所知者尚少,然来投者陆续加多,将来总可得学界之大半;有此等饱学人才,中国前途诚为有望矣。

"在吾党中之留学生,有比宁、咥华等地之富家子弟者,今有数人不日拟回南洋商之其父兄,请出大资财以助革命者。此事亦甚有望,如此则革命之举不日可再起矣。

"弟于西十月七号由此发程去西贡,与彼中大商商办举行债券筹款一事。拟筹足二百万,以为革命之资。由南洋各埠富商认借,每券千元，实收二百五十圆，大事成功，还本利千元，由起事之日始，限五年内还清。西贡、喹华、比宁已有富商之子弟认股，将来又说其父兄，倘能答应，则二百万之款不日可以筹足。未知贵埠有无富商认借，此亦觅大利之一道也，望足下图之。欲知详细，请来西贡面商可也。东京留学界团体不日必有公函前来，星洲同志自后望常与通消息，以联两地之谊为幸。”

又告“近有冒充革命者×××，在东京为众所不容，遁回香港又被人所弃，今闻已去南洋”。“彼原长于文字，惟行为极坏，往年在香港、澳门二地教馆，俱犯出××之案，为学户所斥逐。彼本为康之学生，初为康党所不容而充革命，大攻保皇。今因所求不遂，又大攻革命。此真人面兽心，只知为利，稍有不遂，又立刻反噬。”如有到来，请为严拒。（《孙中山全集》第1卷，第286—287页）

9月（八月）　接晤程潜，讲述革命方略。

程潜回忆：“翌年八月，同盟会成立，我因仇亮介绍，加入了同盟会。我加入同盟会不到几天，仇亮引导我到东京赤阪区灵南阪日人金弥宅，谒见孙中山先生。先生态度和蔼可亲，与同志谈，谆谆不倦。我请面示革命方略，先生指示三点：

“一、首先打倒自己脑海中的敌人，抛弃富贵利禄的观念，树立爱国爱人民的思想，服膺主义，不与敌人妥协。

“二、革命军占领地区，必须立即成立政府，以为号召，即使占领地区小至一州一县，亦应如此。

“三、慎选革命基地，以发展革命力量。

“孙先生言尚未竟，我插问一句：‘中国如此广大，选择革命基地，究以何处为宜？’他讦谟在胸，不假思索地说：‘革命必须依敌我形势的变化来决定，如形势于我有利，于敌不利，则随处可以起义。至于选择革命基地，则北京、武汉、南京、广州四地，或为政治中心，或为经济中心，或为交通枢纽，各有特点，而皆为战略所必争。北京为中国首都，如能攻占，那么，登高一呼，万方响应，是为上策。武汉绾毂南北,控制长江上下游,如能攻占,也可以据以号召全国,不难次第扫荡逆氛。南京虎距东南,形势所在,但必须上下游同时起义,才有成功希望。至于广州,则远在岭外,僻处边徼,只因其地得风气之先,人心倾向革命,攻占较易;并且港澳密迩,于我更为有利。以上四处,各有千秋,只看哪里条件成熟,即可在哪里下手。不过从现时情况看来,仍以攻取广州,较易为力。'"(程潜:《辛亥革命前后回忆片段》,中国人民政治协商会议全国委员会文史资料研究委员会编:《辛亥革命回忆录》第 1 集,第70—71 页)

是年秋　在横滨两度与越南爱国志士潘佩珠会晤。

是时潘佩珠流亡来横滨欲购买武器,争取外援,闻孙中山名,往致和堂拜访孙中山。两人就越南的民族解放及两国革新事业的相互支持问题进行了长时间笔谈。先是,潘受中国改良派思想影响,主张驱逐法贼,恢复越南,建立君主立宪国。笔谈中孙中山主张推翻君主制,实现民主共和,"极痛斥君主立宪之虚伪,而其结果则欲越南党人加入中国革命党。中国革命党成功之时,则举全力援助亚洲诸被保护国同时独立,而首先着手于越南"。潘氏虽认为越南尚不能立即实行共和制,"亦谓其民主共和政体完全"。(《潘佩珠年表》;《越南民族革命耆宿潘佩珠先生自传》,越南堤岸《远东日报》1962 年8 月 19 日)

　△　与汪精卫谈约法问题。

告汪精卫道:"革命以民权为目的,而其结果,不逮所蕲者非必本愿,势使然也。革命之志在获民权,而革命之际必重兵权,二者常相抵触者也。使其抑兵权欤,则脆弱而不足以集事;使其抑民权欤,则正军政府所优为者,宰割一切,无所掣肘,于军事甚便,而民权为所掩抑,不可复伸,天下大定,欲军政府解兵权以让民权,不可能之事也。是故华盛顿与拿破仑,易地则皆然。""中国革命成功之英雄,若汉高祖、唐太宗、宋艺祖、明太祖之流,一丘之貉。不寻其所以致此之由,而徒斥一二人之专制,后之革命者,虽有高尚之目的,而其结果将不免仍蹈前辙,此宜早为计者也。

"察君权、民权之转捩,其枢机所在,为革命之际先定兵权与民权之关系……定此关系厥为约法。革命之始,必立军政府,此军政府既有军兵专权,复秉政权。譬如既定一县,则军政府与人民相约,凡军政府对于人民之权利与义务,人民对于军政府之权利义务,其荦荦大者悉规定之。军政府发命令组织地方行政官厅,遣吏治之;而人民组织地方议会,其议会非若今共和国之议会也,第监视军政府之果循约法与否,是其重职。他日既定乙县,则甲县与之相联,而共守约法;复定丙县,则甲、乙县又与丙县相联,而共守约法。推之各省各府亦如是。使国民而背约法,则军政府可以强制;使军政府而背约法,则所得之地咸相联合,不负当履行之义务,而不认军政府所有之权利……洎乎功成,则十八省之议会,盾乎其后,军政府即欲专擅,其道无繇。而发难以来,国民瘁力于地方自治,其缮性操心之日已久,有以陶冶其成共和国民之资格,一旦根本约法,以为宪法,民权立宪政体有磐石之安,无飘摇之虑矣。"(精卫:《民族的国民》,《民报》第 2 号)

△　秋瑾与刘道一、刘福船、王慕周、侯菊园、冯焕明、黄人漳、于深、成邦杰、李秉章组成"十人团",以反抗清廷、恢复中原为宗旨。(徐双韵:《记秋瑾》,中国人民政治协商会议全国委员会文史资料研究委员会编:《辛亥革命回忆录》第 4 集,第 209 页;《刘道一》,《湖南省志》第 30 卷《人物志》上,第 804 页)

10 月初(九月)　清政府谋促日本政府驱逐孙中山。

先是 8 月 25 日,杨枢密报:"孙文在东一日,学生一日不得安静。现拟设法讽日本政府,将孙文驱逐出境,能否办到,尚无把握。倘或不能办到,亦必另筹办法。唯使臣在外,一无治外法权,则事事都形棘手,尚求密示机宜,俾得遵循有自。"(《杨枢密报孙中山在东京演说函》,《历史档案》1985 年第 1 期)9 月 2 日,日本驻华公使内田致电桂外相:"北京报纸现有报道说:已由清国政府通过杨公使向我国政府提出请求,将孙逸仙流放日本国外,此事是否属实,恳请回电,以使下官有所了解。"(《清国驻日公使询问孙逸仙去向》明治 38 年 9 月 2 日,章开沅等主编:《辛亥革命史资料新编》第 6 卷,第 113 页)直至 10 月 4 日,《申报》仍刊发消息称:"前外部因车站之变,特发长电致驻日杨使,略谓学生中如有结党立会作谣生事,即行严为禁止,并饬转商日本政府,务将孙逸仙驱逐出境云。"(《电商查禁留学生结会并驱逐孙汶》,《申报》1905 年 10 月 4日)10 月 6 日,外相桂太郎复电:"关于贵电 251 号所询一事,帝国政府就放逐孙逸仙事宜已经下令,但至今日为止并未接受任何交涉。"(《查实放逐孙逸仙之事》,章开沅等主编:《辛亥革命史资料新编》第 6 卷,第 114页)据 10 月 9 日,桂太郎电内田公使称:"孙逸仙已于 7 日搭乘自横滨起程的法国邮船康德明号经由上海发往香港。此行原是该人任意行动,而勿论(帝国)政府之放逐。"(《孙逸仙之行踪》,章开沅等主编:《辛亥革命史资料新编》第 6 卷,第 114 页)

△ 袁世凯因侦得革命党密布津京一带,禁止慈禧、光绪阅河间大操。

10 月 6 日《申报》载:"北洋消息云,袁宫保现已查得革命党首领孙汶派有党羽多人,密布于津京一带,思图非常之举。九月间河间大操,两宫本有临幸阅操之议,兹已由袁宫保电奏力止,免出意外之险云。"(《袁宫保奏止两宫阅操》,《申报》1905 年 10 月 6 日)

10 月 6 日(九月初八日) 派胡汉民出席"戊戌庚子死事诸人纪念会"。

胡汉民记述:"所谓追悼戊戌庚子烈士大会者,康、梁之徒用为吸收学界同情之工具,每岁辄举行之。本党属余往,经登坛为演说三小时,举康、梁保皇之历史与其谬误,此种追悼之意义,为吾辈绝对反对。是日听众千人,拍掌狂呼,康、梁之徒皆瑟缩不敢置辩,即宣布从此不复开会于东京而散。余旋追录演稿于《民报》,另印小册子散布,批评康、梁一切,皆其真相。其中一二秘密,为当时人所不具知者,则余闻于先生。而梁启超当谈革命从先生游时,自泄于先生者也。"(胡汉民:《辛亥革命之回忆》,中国政协文史资料委员会编:《辛亥革命亲历记》,第

149 页)

10 月 7 日（九月初九日）　由横滨赴越南。

神奈川县知事周布公平致外相桂太郎电："清国流亡人士孙逸仙于本日上午 9 时搭乘自本港起程的法国邮轮康德明号经由上海前往香港。"（《孙逸仙离日出发》,章开沅等主编:《辛亥革命史资料新编》第 6 卷,第 114 页）

行前孙中山向留日学界筹措旅费三千元,由何斌兄弟、谢良牧、朱少穆等捐助足数。（冯自由:《中华民国开国前革命史》第 1 册,第 197 页）邓慕韩回忆:因西贡华侨三四十万人,粤籍占十分之八九,欲觅广东留学生数人,同往联络侨民,以利进行。然多为学业故,不暇抽身。慕韩闻之,以革命事大,学问事小,徒挂名党籍不事实行,未免有负入党本意。乃具陈于孙中山,愿附骥尾。孙中山大悦,遂携之与胡毅生、黎勇锡三人登船。梅县谢逸桥、谢良牧兄弟数人,亦同船往香港归国。（《追随国父之回忆》,《三民主义半月刊》第 10 卷第 3 期）

10 月 23 日《申报》纪孙中山去日详情称:"孙文游历东邦,前有去日消息。兹闻驻日杨钦使向日本内务省再四交涉,内务省始谕警察署下逐客之令,饬其速离横滨。先是,孙文行抵东京,中国人之好谈革命者开欢迎大会,时到会者不下二千人,杨使闻之恐干罪戾,不敢径达政府。至阳历上月二十七号,更请孙文大演说会,不料事前已有旅东之留学生某电达北京,政府飞电传来,责言甚厉。于是杨使谒请日本内务省,将会解散,而孙文之踪迹遂亦不克久留矣。并闻杨使近日已与各省留学监督筹议约束学生之法,坚请日政府实行其议。此后凡开会演说,一概禁制云。"（《孙文去日详情》,《申报》1905 年 10 月 23 日）

△　船过长崎,由日本黑龙会会员金子克己介绍,与俄国民粹派分子、《民意报》主编鲁塞尔（原名苏济洛夫斯基）会晤,一致认为中俄两国革命是相辅相成的。（[日]黑龙会编:《東亞先覺志士記伝》中卷,第

388—389页）

10月11日（九月十三日）　船过吴淞口，会见法国情报军官布加卑（Boucabeille）上尉。

本年3月间，法国军事情报部门建立一主要针对南部中国的特别情报网。7月，陆军部长下令法国驻华占领军任命布加卑上尉为分支机构领导。布氏来华前，曾与法国外交部一代表会晤，后者告以中国南方动乱的根源在于蓬勃兴起的共和革命运动。8月底9月初，布氏途经河内时，会见总督府秘书长布洛尼（时博往巴黎，由布洛尼代理总督），并与河内广东帮一位李姓首领取得联系，李将布加卑介绍给一位何姓华人，后者告诉布氏，一场强大的反清运动正在中国南部兴起，亟盼建立一个联邦共和国。并告以在香港的独立主义小组一位戴姓成员。布氏写信给戴，对方要他与在日本的孙逸仙联系。布氏复写信安排与孙于是日在吴淞登轮相见。会谈历时八小时。布加卑开始即宣称是由法国陆军部长派来与之联系，"'我的使命是为陆军提供情报，以保护印度支那不受侵略。我知道你在实施一项成立南方国家的分离计划。如能向我证明贵党是强有力的，或许本国政府会对你的努力感兴趣——这只是个人假设——您拥有一个谍报网，可由我调遣。'他表示接受，其密探将回答我的询问"。（杰弗里·巴洛著、黄芷君等译：《1900—1908年孙中山与法国人》，《辛亥革命史丛刊》第6辑）至于法国政府的态度，将根据运动的规模和力量而定。布加卑声称在视察南方诸省并与各革命组织领导人会晤期间，他的考察团成员将接受孙的指示。会晤后，布加卑到北京向法国驻华公使乔治·杜巴伊（George Dubail）报告。杜巴伊认为，与孙中山接触会引起清政府注意，法国不希望冒着损害法中关系的危险去与孙中山合作，因而警告布加卑不要再与中国革命党人接触。（金·曼荷兰德著、林礼汉等译：《1900—1908年法国与孙中山》，《辛亥革命史丛刊》第4辑）

据载：法国政府先此曾电告印支总督慎重介绍，总督乃觅河内帮长杨寿彭告知此事，将其人名片，裂而为二，一授寿彭转寄孙中山，一授布加卑,于二人相见时将名片验对符合,乃可洽商。故登舟后由船长介绍,各举密证相验,(《追随国父之回忆》,《三民主义半月刊》第10卷第3期)乃入舱密谈。布加卑传达法国政府有赞助中国革命事业之好意,问:"革命之势力如何?"孙中山略告以实情。又问:"各省军队之联络如何? 若已成熟,则吾国政府立可相助。"孙中山答以未有把握,请其派员相助,以办调查联络之事。(《建国方略》,《孙中山全集》第6卷,第237—238页)旋招胡毅生读一段英文报纸,孙中山告胡曰:"此为法国在天津驻屯军之参谋长,奉政府命,与吾党联络,彼欲派员赴各省调查吾党实力。如确有实力,则法国将欲助吾党独立建国。余已允派人随之同行。惟天津法军营中,须得娴英文者一人长驻,翻译文件,东京本部不知有何人愿往而能胜任者?"胡以廖仲恺对,孙中山以为可。遂命作书告之,书交布加卑带至沪邮寄。(胡毅生:《记布加卑与吾党之关系》,《中国国民党五十周年纪念特刊》,1944年,第57—58页)

10月中旬(九月)　船过香港,为陈少白等人入会主盟。

冯自由抵港后,即与李自重、陈少白、郑贯公等筹备组织同盟会分会。正进行间,孙中山舟过香港,冯自由、陈少白、李自重、郑贯公、李纪堂、容星桥、黄世仲、陈树人等登轮晋谒,即由孙中山亲自主持同盟会宣誓式,令少白等一一举手加盟,虽旧兴中会员亦须填写誓约①。其时《中国日报》与《有所谓报》因抵制美约事意见不合,互相攻击。冯自由多方调处无效。孙中山乃劝令陈少白、郑贯公和解,二人从之。后数日开同盟分会成立会于《中国报》社,众举陈少白为会长,郑贯公为庶务,冯自由为书记。(冯自由:《革命逸史》初集,第70页;第3集,第221页;《追随国父之回忆》,《三民主义半月刊》第10卷第3期)

10月下旬(九月下旬至十月初)　抵达西贡,随赴堤岸,组成同

---

①　据《中国同盟会成立初期之会员名册》,入盟日期分别为,黄世仲乙巳七月十五日,陈少白、李自重、陈树仁、李纪堂、容星桥、邓警亚九月十八日,郑贯公九月十九日。此日期应系旧历。

盟会分会,成立广东募债分局,发行债券,筹集经费。

船抵西贡,法国印支政府派参赞里安尼来接。初寓西贡旅馆,当地法国银行正副买办曾锡周、马培生及侨商李竹凝等大为欢迎。华人商店及各大米绞多在附近之堤岸,故留西贡一二日,即赴堤岸就华侨之欢迎会,居堤岸宏泰街(广东横街)。由黎勇锡、胡毅生、邓慕韩分头进行宣传联络,并兼任文书事务。该地闽粤商人李晓初、李卓峰、刘易初、黄景南、关唐、李亦愚、颜太恨、潘子东诸人招待优渥。孙中山亲自发动华侨,据陈良回忆,曾三次与孙中山会面。第一次在周观臣家,谈论西贡、堤岸两地华侨的商业、生活及社团组织情况,孙中山所知甚多,对华侨处境十分同情,称赞华侨的爱国观念,欣赏南洋一带的洪门会党组织,说很想多了解华侨情况,准备在此多留几天。二周后,在裕华公司楼上第二次会面,与会者有黄景南、陈伟南、李亦愚、李卓锋、周观臣、关唐、李晓初等,以及洪门会党首领瑞庐的王芝甫、胞怀堂的李亚洪和黎勇锡。孙中山指陈清廷腐败,丧权辱国,列强正在企图瓜分中国。国内革命风起云涌,欲挽救中国危亡,非驱除鞑虏,建立民国不可。斥责保皇党的君主立宪主张是救不了中国的。号召救国救民,人人有责。在座各人听了大受感动。第三次会见在堤岸平而美荻街304号刘易初之昌记行楼上,孙中山详细指示今后之革命宣传、筹款募捐及洪门会党合并统一诸问题,认为活动应秘密进行,以免法国殖民当局干涉及保皇党破坏。并说洪门会党本为反清之明朝遗老所组织,应恢复其反清宗旨,为建立民国事业而尽力。遂成立同盟会分会,举刘易初为会长,李卓峰副之,并以昌记行为通信机关和活动地点。该地洪门至众,堂号分立,常相斗争,害及治安。孙中山出而挽救,使邓慕韩与黎勇锡加入洪门义群会。(胡毅生在横滨已加入)自洪门之深明民族大义者,咸加入同盟会,各派无形解散,争斗消灭。(《追随国父之回忆》,冯自由:《革命逸史》第4集,第156页;陈良:《在西贡堤岸三次会见孙中山的回忆》,《孙中山与辛亥革命史料专辑》,第30—31页)

此行目的之一,系向华侨富商募款,因虑招法国殖民当局干涉,
与西贡侨商磋商后,成立广东募捐总局,以《中华民务兴利公司》名义
发行千元票面债券二千张。债券系在横滨印刷。陈良等第二次会见
孙中山时,与会者即认捐一万二千元。开设豆芽小店的黄景南,每日
恒以所得投入扑满中,是日一人认捐三千元。至12月11日,已签发
第一百卅五号债券。(冯自由:《革命逸史》初集,第179页)

10月(九月)　康有为得知孙中山在纽约,谋划刺杀。

康有为函告康同璧:"顷得铭三电,云孙文复到纽约。前得卓如
书,言孙文因吾会难,势运东学生(入京)谋害皇上,我已电北京泄之。
宁我事不成,不欲令彼事成也。此人险毒已甚,今复来此,必专为谋
我。我还纽本无事,不过于开银行耳,然立于险地,实非宜(且拒约事
泄),故决不东还,即入墨矣。今拟到新蕢约铭三或季雨来一见,授以
事乃行,到时或电汝来一见,亦未定。此人不除之,(与我)必为大害。
已授意铭、雨,并复呼岳崧出也。惟铭、雨二人皆胆小而多疑,又不能
出手,恐败事。趁其来美(美律甚宽),最好除之。幸文惕有财权,可
任大事(波利磨敢死部四十余人皆其至交)。岳崧与汝甚好(或汝令
纯甫密约此贼,而彼等伏而去之),汝可与岳、文密谋勉励之,穷我财
力,必除之。如不在纽,则跟踪追剿,务以必除为主,皇上与我乃得
安。铭、雨有他疑,汝密主之可也。余待后命。此与次女。两浑九月
廿二日。"(http://www.guancha.cn/history/2014_12_02_302177.shtml)

11月25日(十月二十九日)　清廷命各省严禁革命"排满"学
说,缉拿革命党。

《诏》:"近有不逞之徒,造为革命排满之说,假借党派,阴行叛逆。
各疆臣应严禁密缉。首从各犯,论如谋逆罪。"(《清史稿》第24卷)

11月26日(十月三十日)　《民报》发刊,公开提出"民族""民
权""民生"三主义。

内谓:"今者中国以千年专制之毒而不解,异种残之,外邦逼之,
民族主义、民权主义殆不可以须臾缓。而民生主义,欧美所虑积重难

返者,中国独受病未深,而去之易。是故或于人为既往之陈迹,或于我为方来之大患,要为缮吾群所有事,则不可不并时而弛张之。""近时志士舌敝唇枯,惟企强中国以比欧美。然而欧美强矣,其民实困,观大同盟罢工与无政府党、社会党之日炽,社会革命其将不远。""吾国治民生主义者,发达最先,睹其祸害于未萌,诚可举政治革命、社会革命毕其功于一役。还视欧美,彼且瞠乎后也。"又谓:"惟夫一群之中,有少数最良之心理能策其群而进之,使最宜之治法适用于吾群,吾群之进步适应于世界,此先知先觉之天职,而吾《民报》所为作也。"(《民报》第1号)

胡汉民谓:"《民报》序文,为先生口授而余笔之。"邓慕韩记:"一日,请国父撰一发刊词,以冠篇首。国父慨然允诺,爰命汉民纪录其意,曰:'吾国定名民国,党曰民党,权曰民权;现欲将吾平日所提倡之种族革命、政治革命、社会(亦名经济)革命,以一民字贯之。种族则拟为民族,政治则拟为民权,社会则尚未能定。'当时座中各有献议,均未能当。余无意中提出吾国常用国计民生,可否定名民生,众均曰善。遂以社会革命定名民生。由是民族、民权、民生三大主义之名词,于《民报》发刊词确定之。"①(《追随国父之回忆》,《三民主义半月刊》第10卷第3期)

《民报》发刊后,社会影响甚大。宫崎寅藏谓:"当时《民报》销路

---

① 冯自由称:"发刊词出孙总理手撰。"(冯自由:《革命逸史》第2集第143页)关于三民主义由来,刘成禺《先总理旧德录》记:"先生在旧金山论及:'设会必先有主义,主义定固乃能成功。林肯主义曰:For the people,by the people,of the people。所谓民治、民有、民享。孟鲁主义曰:美洲人不干涉美洲以外,亦不容非美洲人干预美洲。主义愈简单明了,愈生效力,此汉高祖约法三章之主义,乃战胜项羽。今设同盟会,党纲宣言,予意欲提出三民主义:一曰民族,此中国排满革命之主义;二曰民权,此世界建设民主政治主义;至于现代国家社会主义社会经济政策,欧美风靡,他日必为世界人民福利最大问题,无适当名词,不能沿用民享,当讨论之。'予进曰:'中国俗语,事不过三,所谓智仁勇,所谓土地人民政事,君子三畏三变,正德利用厚生。至若日本以三矢告庙,林肯以三民宣誓。先生开党,首定三民,亦约法三章也。'先生推案而起曰:'得之矣,第三主义定为民生,主意本汝言厚生意也。义意包括宏大,俄之虚无共产,德之国家社会政策,英、美、法之社会主义,皆在民生主义涵盖之下,推广之,将成世界主义矣。"

很好,不仅在东京的留学生之间,就是在中国国内,也拥有很多读者。"(宫崎滔天著、林启彦译注:《三十三年之梦》,第283页)孙中山后来也说:"同盟会成立未久,发刊《民报》鼓吹三民主义,遂使革命思想弥漫全国。"(《孙中山全集》第6卷,第238页)不过《民报》所刊文章也反映同盟会会员思想存在分歧。何香凝记述:《民报》"投稿的多为同盟会会员,他们所写宣传革命的文字很受读者欢迎。但是,当时发表在《民报》上的文章和一般参加同盟会的人思想状况,与明显地反映了同盟会会员内部存在的思想分歧"。分为三类:"其中第一类人仅有推翻清朝的单纯民族主义思想,至于推翻清朝以后中国往何处去,思想上还是完全模糊的,甚至还可以说根本就没有接触到这个问题。这一类的代表人物是章炳麟等。第二类人则在推翻清朝以后,要把中国引上资本主义的道路,也就是欧洲或日本式资产阶级民主的道路。代表人物就是胡汉民、汪精卫。""第三类人则接受了当时已经在日本青年学生中开始流行的早期社会主义思想,并试着把那种尽管还是处于萌芽状态的早期社会主义思想传播到中国来。""这一类代表人物就是朱执信和廖仲恺。"(何香凝:《我的回忆》,中国政协文史资料委员会编:《辛亥革命亲历记》,第17—18页)

△　陈天华发表《论中国宜改创民主政体》,反对君主立宪,主张民主共和。

陈天华谓:"法人孟德斯鸠恫法政之不如英善也,为《万法精理》一书,演三权分立之理,而归宿于共和。美利坚采之以立国,故近世言政治比较者,自非有国拘流梏之见存,则莫不曰:共和善,共和善。中国沉沦奴伏于异种之下者二百数十年,迩来民族主义日昌,苟革彼羶秽残恶旧政府之命,而求乎最美最宜之政体,亦莫若共和若。"并反驳从国民程度渐进的角度主张君主立宪的看法,认为:"欲救中国惟有兴民权改民主,而入手之方,则先之以开明专制,以为兴民权改民主之豫备,最初之手段则革命也。"(《民报》第1号)

11月(十月)　同盟会设大华书局于东京神田区小川町十八番地。

《民报》创刊后,设立大华书局,以横滨华侨同盟会会员缪菊辰为司理。该书局作为《民报》的代派所,曾为《民报》的发行所,又为同盟会所编《亡国惨记》的发卖所。同时和国内各省各地书店联系,以交流内地和国外的传播革命运动和进步思想的书报。书局也是革命党进行活动的掩护场所,廖仲恺、何香凝、马君武、章太炎、陶成章、张继等常在此开会。(陈灿章等:《孙中山革命活动与旅日华侨的关系》,中国人民政治协商会议广东省委员会文史资料研究委员会编:《孙中山与辛亥革命史料专辑》,第20页)

12 月 4 日(十一月初八日)　留日学生举行总罢课,反对日本文部省颁布《清国人入学规程》。8 日,陈天华愤而蹈海自杀,抗议日本报纸对中国留学生的诋毁。

其绝命书谓:"须亟讲善后之策,力求振作之方,雪日本报章所言。举行救国之实,则鄙人虽死之日,犹生之年矣。"论及救国之策,谓:"近今革命之论,嚣嚣起矣,鄙人亦此中之一人也。而革命之中,有置重于民族主义者,有置重于政治问题者。鄙人平日所主张,固重政治而轻民族,观于鄙人所著各书自明。去岁以前,亦尝渴望满洲变法,融和种界,以御外侮。然至近则主张民族者,则以满汉终不并立。我排彼以言,彼排我以实。我之排彼自近年始,彼之排我,二百年如一日。我退则彼进,岂能望彼消释嫌疑,而甘心愿与我共事乎? 欲使中国不亡,惟有一刀两断,代满洲执政柄而卵育之。彼若果知天命者,则待之以德川氏可也。满洲民族,许为同等之国民,以现世之文明,断无有仇杀之事。故鄙人之排满也,非如倡复仇论者所云,仍为政治问题也。盖政治公例,以多数优等之族,统治少数之劣等族者为顺,以少数之劣等族,统治多数之优等族者为逆故也。鄙人之于革命如此。"言下亦批评当时流行之革命理念,谓"鄙人之于革命,有与人异其趣者,则鄙人之于革命,必出之以极迂拙之手段,不可有丝毫取巧之心。盖革命有出于功名心者,有出于责任心者。出于责任心者,必事至万不得已而后为之,无所利焉。出于功名心者,己力不足,或至借他力,非内用会党,则外恃外资。会党可以偶用,而不可恃为本营。日、俄不能用马贼交战,光武不能用铜马、赤眉平定天下,况欲用今日之会党以成大事乎? 至于外资则尤危险,菲律宾覆辙,可为前鉴。夫以鄙人之迂远如此,或至无实行之期,亦不可知。然而举中国皆汉人也,使汉人皆认革命为必要,则或如瑞典、诺威之分离,以一纸书通过,而无须流血焉可也。故今日惟有使中等社会皆知革命主义,渐普及下等社会。斯时也,一夫发难,万众响应,其于事何难焉。若多数犹未明此义,而即实行,恐未足以救中国,而转以乱中国也。此鄙人对于革命问题之意见也"。(《民报》第2号)陈天华遗有小说《狮子吼》,反映他的政治理想。

12月15日(十一月十九日)　签发中华民务兴利公司债券。

债券背面书有:中华民务兴利公司今议立新章,兴创大利,以期利益均沾,特向外募集公债贰佰万元,以充资本。自本公司开办生意之日始,每年清还本利五分之一,限期五年之内本利清还。如到五年期满,有不愿收回本利者,以后则照本利之数,每年算回周息五厘,每年派息一次。特立此券收执为凭。广东募债总局立约。(《孙中山全集》第1卷,第291页)

12月18日(十一月二十二日)　钱玄同读《民报》,评:"此为兴中会(孙文所组织者)之机关报。内容不甚佳,《江苏》杂志之俦耳。"(杨天石主编:《钱玄同日记》,第10页。)

12月(十一月)　部分留日学生罢学归国,传闻其中四百余人系革命党,欲见机行事。

12月14日,首批二百零四人留学生乘安徽号启程回国。([日]实藤惠秀著,谭汝谦等译:《中国人留学日本史》,第397页)其后连续多批学生归国,估计总数有二千余人。(黄福庆:《清末留日学生》,第296—297页)12月27日《申报》载:"官场接到督抚密电,大略谓日本留学生罢学回国内,有一部分共四百余人,系孙文之党,主张革命。刻与长江会匪勾连,恐其乘机滋事,饬令文武严查,因之连日巡防员弁稽查极

为认真。"(《严防革命党密电》,《申报》1905年12月27日)

12月29日,日本驻长沙副领事井原真澄向日本外务大臣桂太郎报告:"清国留学生中,部分有革命思想者,印刷了读物,如《灭汉种策》及《孙逸仙演说》两种,秘密输入清国,在各地学生中散布。""《灭汉种策》的作者,据称系留美学生宗室某某。以此书向北京某亲王献策。大意是满人具有扑灭汉种之意图。作者的旨意,则在于将此书作为煽动学生的革命思想之具。又《孙逸仙演说》一书,其旨意在于将现满族朝廷推倒,实行共和政治,同样是在清国留学生中鼓吹革命思想的印刷物。上呈两书,想来均系在日本秘密印刷。此等书册,大概是由广东留学生以及湖南亡命者之中革命派学生等,在日印刷后,交付本地(长沙)二、三学堂的监督。(该监督)亦属革命派。让他们在当地秘密散发。众所周知,长沙地区自康有为一派势力奋发以来,具有革命思想的学生为数不少。再有,属于革命派的清人,常常致力于与湖南联络,让学生秘密阅读此等书册。"

井原真澄寄回日本的《孙逸仙演说》①封面,由墨笔大字书写。《孙逸仙演说》版权页记载:"演说者孙文,笔记者:吼生,印送者:欢迎会会员。黄帝纪元四千六百零三年九月二十日印刷,黄帝纪元四千六百零三年九月三十日出版,非卖品,以印刷代誊写。"《演说》前说明,谓:"黄帝纪元四千六百零三年乙巳秋八月,孙逸仙先生由欧西东至日本,留学同人开特别欢迎大会于日京之富士见楼,不期而会者二千余人。富士见楼者,日京大集会之名所也。犹以室小不能容,至有拥立道旁,仰首企望,而遥听先生之议论者,莫不鼓掌称善,以为相见先生之晚。歌钦盛矣!夫先生以茹苦含辛,奔走国事十余年,蹶而复起者再。至今日犹能以百倍精神,与我辈讨论民族主义,历言中国之大势,与君主立宪政体之害。纵横排阖,闻者动容。每语至吃紧,则掌声雷动,屋瓦为震。先生诚今世之人杰也哉!留学同人,既幸闻先

---

① 　与《孙中山全集》所收《在东京中国留学生欢迎大会的演说》属同一篇文章。

生之名论,皆倾心奉先生之言,以为救国之标准。特惜我四万万同胞,不得悉闻先生之言,而持此主义以维持亚东大陆也。因命吼生于演说时笔记之,以公我全国同胞之闻见。我同胞当亦闻风而兴起也。"

另一书也以墨笔书写大字书名《灭汉种策》,书名旁注:"五百万同胞必读。"该书封面、封里,均未署作者姓名。其序言谓:"此本系由余友某君所赠。某在北京某亲王邸居西席,甚见信任,一日误入签室,见案头有袖珍式小刻本。封面大书'灭汉种策',四字旁注:'五百万同胞必读'七小字,尾署'著者:留美学生宗室某某'。某大骇,极急翻之,才十余页,因窃出示余。并谓余:'彼族既视此本为枕中秘,而篇中所述种种方面,对付之法,语既狂悖,计尤狼〔狠〕毒。吾四万万同胞,犹梦梦如坐鼓中,盍亟翻印数十万部,遍赠吾同胞诸君,俾得早择就死之法耶'云云。至此篇中文言俚语杂用,兼多悖谬绝伦之处,确为彼族口吻,一无改削,俾存其真,若其政策之评判,则有俟诸读者。"(孔祥吉等:《〈孙逸仙演说〉与〈灭汉种策〉——对日本档案中两份重要反满文献之考察》,中国社会科学院近代史研究所编:《纪念孙中山诞辰140周年国际学术研讨会论文集》上卷,第111—135页)

△　朱执信发表《德意志社会革命家小传》,介绍马克思及社会革命[①]。

朱执信区分"社会革命与政治革命",谓:"政治革命者,第以对少数人夺其政权为目的耳,然则敌少而与者众也。社会革命则富族先起为阻,而政府又阴与焉,务绝灭其根株,以谋其一己之安,有政权与有资财者合,则在下之贫民无以抗也。"然"政治上势力不能变社会上势力,而因社会上势力以变者也。故政府之压抑,虽处心积虑,且继之以强力,不足以为社会革命家患也"。强调社会革命应与政治革命

---

①　《民报》第二号原应在阴历十一月出版,由于日本文务省颁布取缔中国留日学生办法,引起总罢课,陈天华投海自杀,以及回国派与不回国派争论,迟至次年正月才能出版。其中文章应系于是月。

并行。(《民报》第 2 号)

是年冬　由西贡经新加坡赴欧洲①。

是年　台湾连横(雅堂)主持《台南日报》,"时作眷怀故国及反对满清之言论,与香港《中国日报》通声气"。(《中华民国开国五十年文献》第 1 编第 10 册,第 623 页)

△　各地同盟会分会组织相继形成,并选出各地分会会长。直隶为张继、河南为杜潜山、江苏为高旭、浙江为秋瑾、香港广东为陈少白、上海为蔡元培。

△　曾朴在上海小说林书局刊刻《孽海花》②,其中第四、五回涉及革命党与孙中山。

《孽海花》小说林书局本前六回原作者是金一,最晚于 1904 年已成稿,后由曾朴改作。据曾朴回忆:"光绪三十年(1904),余因病修养沪上,创小说林书局于上海,苏州金一(字松岑)投来一稿,题名《孽海花》,计六回。余为之修改,且函商以赛金花为经,以清末三十年朝野轶事为纬,编成一部长篇小说。金一复函谓无此魄力,乃全委之于余。"(魏绍昌编:《孽海花资料》,第 142 页)金一早年倾向革命,是中国教育会吴江同里支部的发起人,创有自治学社及明华女学堂。曾撰《女界钟》一书,启迪女界,收效颇著。邹容所著《革命军》,金曾出资助其出版。(冯自由:《革命逸史》第 3 集,第 87 页)1903 年,金一还翻译出版宫崎滔天《三十三年落花梦》。以金一与革命派之关系看,此书中有关革命党人活动的描述,应出自金氏。

此书描述孙中山为"伟大人物",谓:"(杨衢云)刚说到这里,忽然外面走进一位眉宇轩爽、神情活泼的伟大人物,众皆喊道:'孙君来

---

①　据邓慕韩《追随国父之回忆》所记,孙中山居西贡一月,将有法国之行。因具体日期不详,酌置此。

②　曾朴回忆:"余作《孽海花》第一册既竟,岳父沈梅孙见之,因内容俱系先辈及友人轶事,恐余开罪亲友,乃藏之不允出版,但余因此乃余心血之结晶,不甘使之埋没,乃乘隙偷出印行,时光绪三十二年也。"此说时间有误,应为前一年的光绪三十一年(1905)。(魏绍昌编:《孽海花资料》,第 142 页)

说！孙君来说！'那孙君一头走、一头说,就发出洪亮之口音道:'上海有要电来！上海有要电来！'……列位,你道说这话的是谁呢?原来此人姓孙,名汶,号一仙,广东香山县人。先世业农,一仙还在香山种过田地,既而弃农学商,复想到商业也不中用,遂到香港去读书。天生异禀,不数年,英语汉籍,无不通晓,且又学得专门医学。他的宗旨,本来主张耶教的博爱平等,加以日在香港,接着西洋社会,呼吸自由空气,俯瞰民族帝国主义的潮流,因是养成一种共和革命思想,而且不尚空言,最爱实行的。那青年会组织之始,筹画之力,算他为最多呢！他年纪不过二十左右,面目英秀,辩才无碍,穿着一身黑呢衣服,脑后还拖根辫子。当时走进来,只见会场中一片欢迎拍掌之声,如雷而起。演台上走下来的,正是副议长杨云衢君,两边却坐着四位评议员。"(魏绍昌编:《孽海花资料》,第42—43页)